한국의 불교사상
: 실천적 지성인 혹은 지성적 실천가의 사상

| 고영섭 |

동국대학교 불교학과와 같은 학교 대학원 석박사과정을 졸업하고 고려대학교 대학원 철학과 박사과정을 수료하였다. 고려대학교 민족문화연구원 연구교수를 역임하였고 현재는 동국대학교 불교학과 교수로 있다. 사) 한국불교학회장 겸 법인이사장을 역임하였고 현재는 한국불교사학회 한국불교사연구소 소장, 동국대학교 세계불교학연구소 소장을 맡고 있다. 저서로는『한국사상사』,『한국불교사』,『한국불학사』1-3,『분황 원효』,『삼국유사 인문학 유행』,『한국불교사연구』,『한국불교사탐구』,『한국불교사궁구』1-2,『붓다와 원효의 철학』등이 있다.

저자는 오랫동안 인문정신의 활성화를 위해 인문학으로서 불교학, 사상사로서 불교사상사, 지혜의 보물창고로서 불교지혜론을 궁구하면서 저자와 독자, 학자와 대중과의 소통과 대화를 통한 인문학의 전문성과 대중성의 통로를 모색해오고 있다.

한국의 불교사상
: 실천적 지성인 혹은 지성적 실천가의 사상

초판 인쇄 2022년 12월 6일
초판 발행 2022년 12월 21일

지은이 고영섭
펴낸이 박찬익
편집 이기남
책임편집 권효진
펴낸곳 ㈜**박이정**   ▮ 주소 경기도 하남시 조정대로 45 미사센텀비즈 F827호
전화 031-792-1195   ▮ 팩스 02-928-4683
홈페이지 www.pjbook.com   ▮ 이메일 pijbook@naver.com
등록 2014년 8월 22일 제2020-000029호
ISBN 979-11-5848-850-5 (93220)
책값 35,000원

한국의 불교사상

실천적 지성인 혹은 지성적 실천가의 사상

고영섭 지음

박이정

'실천적 지성인' 혹은 '지성적 실천가'의 관점에서 본 한국불교사상사

붓다는 중도를 깨우치고 연기를 발견하였다. 그의 중도는 실천적 지성으로 그의 연기는 지성적 실천으로 꽃피워졌다. 붓다의 중도와 연기는 자비와 지혜의 이름으로 열매맺었다. 불교를 받아들인 동아시아 불교인들은 붓다의 중도 자비와 연기 지혜를 통섭하여 '실천적 지성인' 또는 '지성적 실천가'로 태어났다. 그리하여 한국불교사상사는 '실천적 지성인' 또는 '지성적 실천가'의 사고 방식과 살림살이를 수 놓을 수 있었다.

우리나라의 철학과 사상을 접하게 되면 깊이와 넓이를 느낄 수 있다. 인도와 중국을 거쳐 들어온 소승과 대승의 불학으로 이루어진 한국불교는 한국철학사 상사의 한 축을 형성하였다. 또 고대 동북아시아에서 선진 유학과 개신 유학으로 이루어진 한국유교는 한국철학사상사의 또 다른 한 축을 형성하였다. 또 고대 동북아시아에서 우리 고유의 삼재(三才)사상을 기반으로 이루어진 한국도교는 또 다른 한 축을 형성하였다. 이들 불교와 도교와 유교를 기반으로 한 한국철학사상은 오늘날 국학과 한국학의 기반을 이루고 있다.

고대에 이 땅에 먼저 들어온 한국불교는 그 깊이와 넓이의 면에서 동아시아 사상사에서 괄목할만한 금자탑을 세웠다. 고구려의 승랑과 백제의 혜균, 신라의 원측과 원효와 의상은 삼론학과 유식학, 기신학과 화엄학 방면에서 금자탑을 쌓았다. 나말여초 이래의 선학을 집대성한 고려의 지눌과 일연, 여말 선초 이래 선학을 집대성한 조선의 휴정과 각성은 선학 방면에서 기념탑을 쌓았다. 또 선말 한초 이래 선학을 집대성한 조선의 경허와 대한의 성철은 선학 방면에서 기념탑을 쌓았다. 나아가 선말 한초 이래 대한시대에 영호, 상현, 한암, 만해는 불교사상의 대중화와 사회화에 커다란 기념탑을 쌓았다.

제1부에 실린 「한국불학사 교재의 구성 목차와 수록 내용」은 한국불학사 기술의 요청이라는 문제의식 아래 종래에 간행된 불교사상 관련 교재의 성취를 비판적으로 검토한 글이다. 「신라 원측 유식과 당대 규기 유식의 동처와 부동처」는 원측-도증-태현으로 이어진 신라 유식학과 규기-혜소-지주로 이어진 당나라 법상학의 같은 점과 다른 점을 비교해 본 글이다. 「분황 원효의 기신사상」은 동아시아 사상사의 최정점에 다다른 원효의 일심 이해의 심층화와 고도화 지형에 대해 그의 저술의 논지와 주장을 중심으로 살펴본 글이다. 「부석 의상 화엄은 성기사상이 아닌가?」는 의상 화엄이 연기사상에 입각한 연구였다는 종래의 주장과 달리 성기사상에 입각한 연구였다는 기존의 연구에 대한 재검토를 시도해 그의 화엄이 연기사상에 의거하고 있다고 주장한 연구들에 대한 재비판을 통해 의상 화엄은 성기사상을 지향하고 있다고 밝힌 글이다.

　　제2부에 실린 「신라 중대의 선법 전래와 나말 려초의 구산선문 형성」은 신라 진덕여왕 때의 북종 선법 전래와 나말여초 때의 남종 선법 중심의 구산선문 형성 과정에 대해 살펴본 글이다. 「보조 지눌의 고유성과 독특성」은 보조 지눌의 선법이 지닌 고유성과 독특성에 대해 중층적 인식 구조의 확립과 통합적 이해 체계의 확보와 관련하여 논구한 글이다. 「한국의 간화선은 보조선인가 임제선인가?」는 보조 지눌의 선법은 조사선의 범주로 가둘 수 없고, 임제선의 범주로 가둘 수 없는 지눌선의 범주라고 주장한 글이다. 「일연 『삼국유사』 「의해편」의 중심 내용과 주요 특징」은 일연이 『삼국유사』 「의해편」을 기술한 것은 중국의 양·당·송 고승전을 의식하면서 이에 대응하는 신라고승전을 편찬하기 위한 것이었음을 밝힌 글이다.

　　제3부에 실린 「청허 휴정의 선교 이해」는 청허로 대표되는 조선시대 불교가 고려시대 지눌의 선교 일원을 넘어 (간화)선 중심의 선교 통합을 지향했음을 밝힌 글이다. 「벽암 각성의 생애와 사상」은 부휴 선수의 법맥을 이어 조선 후기의 법맥과 불사를 선양한 벽암 각성의 살림살이와 사고방식에 대해 살펴본 글이다. 「경허 성우의 실천성과 지성성」은 경허가 보여주었던 '탈지성적 지성인'과 '탈실천적 실천가'의 가풍에 대해 살펴본 글이다. 「용성 진종의 살림살이

와 사고방식」은 선사이자 율사이며 강사인 용성의 생애와 사상을 통해 그의 불교 내부의 활동상과 불교 외부의 활동상에 대해 밝힌 글이다.

제4부에 실린 「영호당 박한영과 상현거사 이능화의 학문 태도와 연구 방법」은 출가자인 영호(석전) 한영(정호)과 재가자인 상현 이능화의 학문 태도와 연구 방법에 대해 밝힌 글이다. 「한암의 조계종사 인식과 조계종의 회복」은 퇴경 권상로의 논설 「조계종」에 대응하여 지은 「해동조계종에 대하여」를 통해 한암의 조계종사 인식과 조계종의 회복을 위해 기울인 일련의 과정에 대해 살펴본 글이다. 「만해 한용운의 일본 체류 체험과 근대 유럽 인식의 지형」은 만해의 자유사상과 평화사상이 청나라와 일본, 영국과 독일과 프랑스 사상가들의 저술을 접하면서 사상적 연쇄(필터) 과정 속에서 이루어진 것임을 밝힌 글이다. 「퇴옹 성철의 실천성과 지성성」은 붓다의 중도의 실천성과 연기의 지성성이 성철의 사상 속에서 어떻게 어우러져 하나로 통섭되었는지에 대해 살핀 글이다.

한국의 불교사상에는 인도 서역에서 흘러와서 동아시아 권역 속에서 형성된 새로운 사유체계들이 스며들어 있다. 여기에는 불도유 삼교와 문사철 삼학 및 계정혜 삼론이 어우러져 있다. 이 때문에 한국불교사상사는 이 땅에서 착근하고 성장해간 불도유 삼교와 문사철 삼학과 계정혜 삼론에 대한 인식이 전제되어야만 온전한 이해가 가능해진다. 그동안에 연구발표에 참석시켜 준 여러 학술기관과 그 과정에서 쓴 논고들을 읽어준 학문적 도반인 오지연 박사 및 이 책의 색인을 만들어준 세계불교학연구소 강은행 간사, 출판을 허락해 준 박이정의 박찬익 사장님과 권효진 편집장께 감사의 마음을 전한다.

2022(불기 2566)년 11월 14일
서울 남산 동국대학교 교수회관 만해관 321호 書窟庵에서
還淨거사 고영섭 합장

| 일러두기 |

1. 여기에 수록된 글들은 그동안 여러 학술단체에서 발표한 글들을 '한국불교 사상사'의 흐름 속에서 묶은 것이다.

2. 제2부에 실린 「신라 중대의 선법 전래와 나말 려초의 구산선문 형성」은 저자의 다른 책인 『한국불교사궁구』 1에, 「한국의 간화선은 보조선인가 임제 선인가?」는 「보조선과 임제선의 동처와 부동처」의 이름으로 저자의 다른 책인 『불학과 불교학』에 수록된 것을 『한국의 불교사상』의 구성에 필요해 가져왔다.

3. 제3부에 실린 「청허 휴정의 선교 이해」는 저자의 다른 책인 『한국불교사궁 구』 2에 수록된 것을 『한국의 불교사상』의 구성에 필요해 가져왔다.

4. 본문에서 한자는 괄호로 묶었으며 각주에서는 한자를 노출하였다.

제1부

한국불학사 교재의 구성 목차와 수록 내용: 김동화·박종홍·조명기·고익진
『한국불교사상』 관련 저술의 비판적 고찰을 통하여 ··············· 15
  Ⅰ. 서 언 ··· 15
  Ⅱ. 교학사로서 불학사: 뇌허 김동화의 '四綱'과 '四敎' ·············· 22
  Ⅲ. 철학사로서 불학사: 열암 박종홍의 인식과 논리 ·············· 32
  Ⅳ. 지성사로서 불학사: 조명기의 지성과 이념 ··················· 40
  Ⅴ. 사상사로서 불학사: 고익진의 사상과 空觀 ··················· 47
  Ⅵ. 결 어 ··· 52

신라 원측(圓測) 유식과 당대 규기(窺基) 유식의 동처와 부동처 ············· 68
  Ⅰ. 서 언 ··· 68
  Ⅱ. 삼성론과 식론 ··· 71
  Ⅲ. 무상 유식과 유상 유식 ·· 76
  Ⅳ. 일성 개성과 오성 각별 ·· 81
  Ⅴ. 평등과 차별의 인간 이해 ·· 83
  Ⅵ. 결 어 ··· 86

분황 원효의 기신사상(起信思想): 일심(一心)과 본각(本覺)의
접점과 통로 ··· 89
  Ⅰ. 서 언 ··· 89
  Ⅱ. 기신학과 기신사상: 『기신론』의 지형과 내용 ················· 91
  Ⅲ. 원효 기신사상의 구조: 일심 이해의 표층 ················· 98
  Ⅳ. 원효 기신사상의 체계: 일심 이해의 심층 ················· 102
  Ⅴ. 일심과 본각의 상의성: 일심 이문과 일미(본각) 관행 ·········· 110
  Ⅵ. 결 어 ··· 118

부석 의상의 화엄은 성기사상이 아닌가?:
 '의상 화엄사상의 성기적 이해에 대한 재검토'의 비판적 고찰 ·········· 121
　Ⅰ. 서　언 ··· 121
　Ⅱ. 당나라 유학의 시말 ·· 124
　Ⅲ. 현장 유식에서 지엄 화엄의 수학 ·· 129
　Ⅳ. 중도사상 즉 성기사상의 확립 ·· 138
　Ⅴ. 의상 화엄학의 지형과 특징 ··· 146
　Ⅵ. 결　어 ··· 150

제2부

신라 중대의 선법 전래와 나말 려초의 구산선문 형성:
 북종과 남종의 전래와 안착 ··· 153
　Ⅰ. 서　언 ··· 153
　Ⅱ. 신라 중대 북종 선법의 접목 ·· 155
　Ⅲ. 신라 하대 남종 선법의 전래 ·· 158
　Ⅳ. 칠산 선문의 형성과 사상 ··· 164
　Ⅴ. 이산 선문의 형성과 사상 ··· 177
　Ⅵ. 결　어 ··· 180

보조 지눌 사상의 고유성과 독특성: '중층적 인식 구조'의 확립과
 '통합적 이해 체계'의 확보와 관련하여 ·· 183
　Ⅰ. 서　언 ··· 183
　Ⅱ. 국학의 고유성과 독특성 ··· 187
　Ⅲ. 사상의 형성과 구조: 중층적 인식 구조의 확립 ···································· 192
　Ⅳ. 사상의 통합과 체계: 통합적 이해체계의 확보 ···································· 197
　Ⅴ. 한국학에서 지눌 사상의 특징 ·· 205
　Ⅵ. 결　어: 다툼이 없는 문[無諍門]에 들어가 하나의
　　　 참된 길[一實道]을 밟자 ··· 211

한국 간화선의 정통성 문제:
한국의 간화선은 보조선인가 임제선인가 ·················· 213
Ⅰ. 서 언 ··················· 213
Ⅱ. 조사선의 '반조'와 간화선의 '간화' ·················· 216
Ⅲ. 당송대의 임제선은 보조선과 다른가 ················· 221
Ⅳ. 보조선은 조사선이자 간화선이 아닌가 ················ 227
Ⅴ. 정통의 근거는 법통인가 행법인가 ················ 230
Ⅵ. 결 어 ··················· 236

일연 『삼국유사』「의해」편의 중심 내용과 주요 특징:
'향가(鄕歌)' 계승 의지와 '찬시(讚詩)' 창작 수록과 관련하여 ············· 239
Ⅰ. 서 언 ··················· 239
Ⅱ. 『삼국유사』의 편재와 「의해」 ·················· 243
Ⅲ. 「의해」편의 구성 편재와 중심 내용 ················· 250
Ⅳ. 「의해」편의 편목 성격과 주요 특징 ················· 261
Ⅴ. 「의해」의 특성과 영향 ··················· 270
Ⅵ. 결 어 ··················· 274

제3부

청허 휴정(淸虛 休靜)의 선교(禪敎) 이해 ··················· 277
Ⅰ. 서 언 ··················· 277
Ⅱ. 청허의 선교(禪敎) 인식 배경 ·················· 279
Ⅲ. 청허의 선지(禪旨)와 교문(敎門) 이해 ··············· 287
Ⅳ. 결 어 ··················· 301

벽암 각성의 생애와 사상:
李景奭 撰「華嚴寺 碧巖堂 覺性大師碑文」을 중심으로 ·········· 303
Ⅰ. 서 언 ··················· 303
Ⅱ. 임란과 병란 참여 ··················· 305

Ⅲ. 사찰 중수와 산성 수축 ……………………………… 322
Ⅳ. 철학의 수립과 사상의 전개 ……………………… 333
Ⅴ. 조선후기 부휴계의 위상 확립 …………………… 339
Ⅵ. 결 어 ……………………………………………… 342

경허 성우의 실천성과 지성성: 종교적 삶과 철학적 앎 …………… 345
Ⅰ. 서 언 ……………………………………………… 345
Ⅱ. 중도와 연기의 무이 ………………………………… 348
Ⅲ. 법화 즉 깨침[悟]의 교화 ………………………… 355
Ⅳ. 행리 즉 취함[醉]의 교화 ………………………… 369
Ⅴ. 탈실천적 실천과 반지성적 지성 ………………… 374
Ⅵ. 결 어 ……………………………………………… 380

용성 진종의 살림살이와 사고방식 …………………………… 382
Ⅰ. 서 언 ……………………………………………… 382
Ⅱ. 불교 개혁과 포교 및 선학원 창건 ……………… 384
Ⅲ. 대처식육 엄금과 대각교 창설 …………………… 389
Ⅳ. 선농불교와 선율불교의 실천 및 율맥의 정립 …………… 392

제4부

영호당 박한영과 상현거사 이능화의 학문태도와 연구방법 ………… 397
Ⅰ. 서 언 ……………………………………………… 397
Ⅱ. 영호와 상현의 생애 ………………………………… 400
Ⅲ. 영호와 상현의 학문태도 ………………………… 407
Ⅳ. 영호와 상현의 연구방법 ………………………… 417
Ⅴ. 민족사학과 종교사학의 학문방법 ……………… 434
Ⅵ. 결 어 ……………………………………………… 443

한암 중원의 조계종사 인식과 조계종의 회복:
　퇴경의 「조계종」과 한암의 「해동초조에 대하야」와 관련하여 ·········· 445
　　I. 서　언 ··· 445
　　II. 불교 법통과 조계 종통의 연원 ······························· 449
　　III. 조계 종조와 조계 종명의 계통 ······························· 453
　　IV. '조계'의 계승과 '조계종'의 회복 ····························· 466
　　V. 조계종의 부활과 법통과 종통의 재구 ······················ 474
　　VI. 결　어 ·· 478

만해 한용운의 일본 체류 체험과 근대 유럽 인식의 지형:
　'자유사상'의 확립과 '평화사상'의 확보 ······························ 481
　　I. 서　언 ··· 481
　　II. 출가와 수학: 불교 인식의 두 갈래 ························· 483
　　III. 일본 동경 체험의 재구: 『조선불교유신론』의 집필 ······ 496
　　IV. 근대 유럽 인식의 소산: 『불교대전』의 편찬 ············· 511
　　V. 자유의 언어와 평화의 언어: 자유사상과 평화사상 ······ 521
　　VI. 결　어 ·· 527

퇴옹 성철의 실천성과 지성성:
　'산속의 육신'과 '현실의 원력'의 중층성을 중심으로 ··············· 529
　　I. 서　언 ··· 529
　　II. 불교에서 실천성과 지성성의 의미: 해탈의 자유와 열반의 행복 ···· 532
　　III. 퇴옹 성철의 경학: 바른 안목의 지성성 ·················· 541
　　IV. 퇴옹 성철의 경세학: 바른 소명의 실천성 ··············· 557
　　V. 경학과 경세학의 접점과 통로: 안과 밖의 소통 ·········· 576
　　VI. 결　어 ·· 580

참고문헌 ·· 583

색인 ·· 610

한국불학사 교재의 구성 목차와 수록 내용

: 김동화·박종홍·조명기·고익진『한국불교사상』
관련 저술의 비판적 고찰을 통하여

I. 서 언

대개 어떤 분야의 교육을 시키기 위해서는 교과 과정을 먼저 세워야 한다. 교과 과정이 마련되면 거기에 상응하는 전공 교재를 준비해야 한다. 선행의 교과 과정과 후행의 전공 교재는 해당 분야를 떠받치는 두 축이 된다. 마찬가지로 인문학 불교학의 전공 교재를 간행하려면 교과 과정을 수립하고 전공 교재를 준비해야 한다. 전공 교재를 편찬하려면 구성 목차와 수록 내용을 기획해야 하고 구성 목차와 수록 내용은 서로 부합해야 한다. 구성 목차는 학습 과정을 보여주는 지형도가 되며, 수록 내용은 전공 과정을 담아내는 콘텐츠가 된다.

역사분야의 한국역사와 한국불교역사 분과에서 '한국불교사'의 교과 과정이 수립되면 거기에 상응하는 한국불교사 전공 교재를 준비하게 된다. 마찬가지로 철학분야의 한국철학과 한국불교철학 분과에서 '한국불학사'[1] 의 교과 과정이 수립되면 거기에 부합하는 한국불학사 전공 교재를 준비하게 된다. 그런데 종래에 '한국불교사' 분과에서는 몇 종의 선행 통사[2]가 간

---

1) 한국불학사에서 '佛學'의 의미는 전승불학 즉 戒定慧, 文史哲, 佛仙儒와 禪敎를 함께 논구해 온 학문적 체계라고 할 수 있다. 佛敎學(Buddhist Studies)이 19세기 말 서양에서 발명된 개념이라면, 불학은 동양에서 仙/道學과 儒學에 상응하는 붓다 즉 佛에 대해 연구하는 학문이다. 高榮燮, 「책머리에」, 『불학과 불교학』(서울: 씨아이알, 2016), pp.3~8.
2) 高榮燮, 「한국불교사 기술의 문법과 방법」, 『한국불교사연구』 제1호, 한국불교사학회 한국

행되어 있지만 한국불학사 분과[3)]에서는 몇 종의 선행 통사조차 간행되지 않았다. '한국도교사'[4)]와 '한국유학사'[5)] 그리고 '한국철학사'[6)] 분과에서는

불교사연구소, 2012.

3) 高榮燮, 『한국불학사』(1~3책)(서울: 연기사, 1999~2005). 제1책 신라시대편은 제1장 한국불교의 정체성과 인식 틀/ 1.한국 불학의 보편성과 특수성/ 2.한국 불학의 무늬와 살결/ 3. 불학과 불교학의 화쟁과 회통// 제2장 신라불교사상사/ 1. 자장의 대승학-'호법'과 '정율'의 응축과 확산/ 2.문 아의 일승학-중관과 유식의 일승적 화회/ 3. 원효의 통일학-부정과 긍정의 화쟁회통법/ 4. 의상의 이기학-성기와 연기의 긴장과 탄력/ 5. 월명의 문화관/ 6. 무상의 삼구론-무상선, 남북종 이전의 한국선의 원류/ 7. 통일신라시대 유식학과 화엄학// 제3장 신라 선사상사/ 1. 새로운 수행법의 전개/ 2. 신라 하대 선문화의 형태/ 3. 신라 하대 선문화의 발전/ 4. 깨달음에로의 일대 진전// 제2책 고려시대편은 제1장 나말여초 불교사상사/ 고려 신개판 '조당집' 집성자/ 고려 광종대 불교 교단의 통합과 법안선의 도입// 제2장 고려불교사상사/ 균여의 주측학-인간 이해와 세계 인식의 틀/ 의천의 통방학-'일승'과 '원종'의 응축과 확산/ 지눌의 진심학-돈점축과 이사축의 긴장과 탄력/ 일연의 보편학-연기 패러다임을 통한 보편적 인간학의 탐색/ 태고의 자심학-몸체의 심화와 몸짓의 위축/ 나옹의 무심학-'검풍'과 '할풍'의 화쟁과 화통// 제3장 고려불교의 역사 인식/ 삼국유사의 연기사관/ 고려 불교인들의 현실 참여// 제3책 조선·대한시대편은 제1장 조선의 불유교섭/ 조선 전기 불자와 유자의 시공관 -연기설과 생생설의 소원과 소통/ 조선 전기 불학과 유학의 생사관 -윤회론과 귀신론의 긴장과 탄력/ 제2장 조선불교사상사/ 설잠의 경초선-선법과 교법의 응축과 확산/ 경허의 미도선-법화와 행리의 마찰과 윤활// 제3장 대한불교사상사/ 한일 불교연구에서 상호 인식의 문제-'무시'와 '인정'의 상극과 상생//으로 되어 있다. 현재 저자는 『한국불학사』의 증보작업을 진행하고 있다.

4) 이능화, 『한국도교사』(동국대출판부, 1956; 보성출판사, 1976); 차주환, 『한국의 도교사상』(동화출판공사, 1984); 송항룡, 『한국도교철학사』(성균관대 대동문화연구원, 1987); 정재서, 『한국 도교의 기원과 역사』(서울: 이화여대출판부, 2006).

5) 현상윤, 『조선유학사』(민중서관, 1977; 현음사, 2000; 나남, 2008; 심산, 2010; 예문서원, 2012); 이병도, 『한국유학사』(1974); 박종홍, 『한국사상사: 유학사상편』; 배종호, 『한국유학사』(연세대출판부, 1974); ; 유승국, 『한국의 유교』(1976); 김충열, 『고려유학사』(고려대출판부, 1984); 윤사순, 『한국유학논구』(현암사, 1980); 금장태, 『한국유학사사상』(서울대출판부, 1986); 윤사순, 『한국유학사상론』(열음사, 1989; 예문서원, 2002); 김충열, 『한국유학사』1(예문서원, 1995); 황의동, 『한국의 유학사상』(서광사, 1995); 최영성, 『한국유학사상사』1~5(아세아문화사, 1994); 한국사상연구회, 『조선유학의 학파들』(예문서원, 1996); 다카하시 도루, 『조선의 유학』(소나무, 1999);『다카하시 도루의 조선유학사』, 이형성(예문서원, 2001); 금장태, 『한국유학의 탐구』(서울대출판부, 1999); 한국사상연구회, 『도설로 보는 한국 유학』(예문서원, 2000); 최영성, 『한국유학통사』상중하(심산, 2006); 현상윤, 『조선사상사』(나남, 2008; 심산, 2010); 윤사순, 『한국유학사』상하(2012); 한형조, 『왜 조선유학인가』(문학동네, 2008); 한형조, 『조선유학의 거장들』(문학동네, 2008); 한국국학진흥원 편집부, 『한국유학대계1: 총론편』(한국국학진흥원, 2010); 지두환, 『한국사상사』(서울: 역사문화, 2012).

6) 안확, 『조선문명사』(우리역사연구재단, 2015); 정진석·정성철·김창원 공저, 『조선철학사』

이미 여러 종의 통사가 나와 있지만 이와 달리 '한국불학사'7) 분야에서는
통사8)를 찾아보기9)가 쉽지 않다.10)

7) 고려대 한국사상연구소가 펴낸 『자료와 해설, 한국의 철학사상』(서울: 예문서원, 2001)에도
한국불교사상이 실려 있다. 출판사의 '책소개' 란에는 "함축적 해설, 생생한 원문 자료로
재구성한 '한국의 철학사상'. 이 책은 한국의 철학사상을 유형별로 나누어 총 5부로 구성하
고, 각 부마다 다시 주제별, 시대별로 나누어 집필하였다. 각 장은 집필자들의 견해에 따라
절, 목 등으로 편목을 구성하였으며, 해설문, 번역문, 원문순으로 배열하였다. 해설문에는
해당 주제와 자료를 이해하는 데 도움이 되는 간결하면서도 총괄적인 설명을 담도록 하였
으며, 자료의 번역문은 원문의 어감을 크게 해치지 않는 범위 내에서, 전후의 문맥을 중시
하여 필요 사항을 보충하고 의역하였다. 자료의 원문은 한문 고유의 문장 규칙과 한글 번
역을 적절히 고려하고 문장 부호를 최대한 활용하여 표점을 달았다"고 하였다.

8) 서울대 철학사상연구소가 펴낸 '한국철학자료집' 불교편 1~3책(서울: 서울대출판문화원, 2011
~2015)에도 한국불교사상이 실려 있다. 허남진 편역의 제1책 『삼국과 통일신라시대의 불
교사상』(서울대출판문화원, 2011)은 머리말/ 일러두기/ 삼국과 통일신라시대의 불교사상/
제Ⅰ부 삼국시대의 불교사상/ 제1장 삼국의 불교 전래와 수용과정/ 제2장 삼국시대 불교
의 형성과 발전// 제Ⅱ부 통일신라의 불교사상/ 제3장 화엄학의 전개/ 제4장 유식학의 전
개/ 제5장 정토신앙과 미륵사상의 전개/ 제6장 밀교의 전개/ 제7장 선종의 전래와 구산선
문의 성립/ 참고문헌/ 찾아보기/ 발간사로 구성되어 있다. 심재룡 편역의 제2책 『고려시대
의 불교사상』(서울대출판문화원, 2011)은 머리말/ 일러두기/ Ⅰ. 고려시대의 불교사상/ 1.
개요/ 2. 고려불교의 사회적 성격과 불교 제도/ 3. 종파의 성립과 발전/ 4. 고려 후기 불교
계의 동향// Ⅱ. 화엄과 천태사상의 집대성/ 1. 균여(均如)/ 2. 제관(帝觀)/ 3. 의천(義天)//
Ⅲ. 정혜결사와 수선사의 선사상/ 1. 지눌(知訥)/ 2. 혜심(慧諶)// Ⅳ. 백련결사와 천태사상
/ 1. 요세(了世)/ 2. 천인(天因)/ 3. 천책(天頙)/ 4. 보환(普幻)/ Ⅴ. 고려불교계의 역사의식
/ 1. 일연(一然)/ 2. 각훈(覺訓)/ Ⅵ. 임제선과 여말 선사들의 선사상/ 1. 보우(普愚)/ 2.
혜근(慧勤)/ 3. 경한(景閑)/ 4. 야운(野雲)// Ⅶ. 고려대장경의 조판/ 찾아보기/ 발간사로
구성되어 있다. 심재룡 외의 제3책 『조선시대의 불교사상』(서울대출판문화원, 2020)은 머
리말/ 일러두기/ | 제1장 | 조선시대의 불교사상/ 1. 개괄/ 2. 조선 전기 불교/ 3. 조선
후기 불교// | 제2장 |조선 전기의 선사상과 삼교론/ 1. 기화(己和)/ 2. 『유석질의론(儒釋
質疑論)』/ 3. 지은(智誾)/ 4. 김시습(金時習)/ 5. 보우(普雨)/ 제3장 | 조선 선문의 정통성
형성과 전개/ 1. 휴정(休靜)/ 2. 선수(善修)/ 3. 일선(一禪)/ 4. 유정(惟政)/ 5. 경헌(敬軒)/

6. 법견(法堅)/ 7. 태능(太能)/ 8. 편양(鞭羊)// ㅣ제4장 ㅣ의궤(儀軌)의 정립을 위한 노력/ 1. 각성(覺性)/ 2. 진일(眞一)// ㅣ제5장 ㅣ선문의 정체성 확립을 위한 노력/ 1. 취미(翠微)/ 2. 성총(性聰)/ 3. 책헌(策憲)/ 4. 자수(子秀)/ 5. 수연(秀演)/ 6. 해원(海源)/ 7. 비은(費隱)// ㅣ제6장 ㅣ폐불정책에 대한 선문의 대응과 유교화/ 1. 처능(處能)/ 2. 유일(有一)/ 3. 혜장 (惠藏)/ 4. 의첨(義沾)/ 5. 대지(大智)// ㅣ제7장 ㅣ조선 후기의 선이론 논쟁과 발전/ 1. 긍선 (亘璇)/ 2. 의순(意恂)/ 참고문헌/ 찾아보기/ Abstract/ 발간사로 구성되어 있다.

9) 이병욱, 『한국 불교사상의 전개』(서울: 집문당, 2010). "서론: 인도불교와 중국불교의 전개/ 1. 초기불교의 사상/ 2. 대승불교의 등장/ 3. 중국불교의 특징/ 4. 중국불교의 주요종파 소개// 제1부 통일신라시대의 불교사상/ 통일신라시대 불교사상의 개관/ 제1장 원효의 사상－『대혜도경종요(大慧度經宗要)』를 중심으로－/ 1. 서론/ 2. 실상반야(實相般若)를 통한 화쟁/ 3. 관조반야(觀照般若)를 통한 화쟁/ 4. 실상반야와 관조반야를 합쳐서 바라보는 관점/ 5. 결론// 제2장 의상의 사상－의상의 중도(中道)이해를 중심으로－/ 1. 서론/ 2.『법계도(法界圖)』 모습의 의미: 중도/ 3. 삼성(三性)과 삼무성(三無性): '언어'와 '증득'의 중도(中道)/ 4. 수십전법(數十錢法): 속제와 제일의제의 중도/ 5. 육상(六相): 일승과 삼승의 중도/ 6. 결론: 중도의 의미에 대한 사상사적 접근// 제2부 고려시대의 불교사상/ 고려시대 불교사상의 개관/ 제3장 대각국사 의천의 사상－고려시대 개경에서 활동한 천태사상가－// 1. 고려시대의 개경: 불교문화의 중심/ 2. 고려시대 천태사상의 전개과정/ 3. 개성에서 활동한 천태사상가: 의천과 그의 제자/ 4. 결론: 철학적·교육학적 의의/ 제4장 보조국사 지눌의 사상/ 1. 서론/ 2. 지눌의 돈오점수: 순지와 이자현의 영향/ 3. 지눌의 선교통합방식/ 4. 지눌의 돈오점수와 간화선의 관계에 대한 관점/ 5. 결론// 제3부 조선시대의 불교사상/ 조선시대 불교사상의 개관/ 제5장 함허 득통의 사상－『선종영가집과주설의』를 중심으로－/ 1. 서론/ 2. 공(空)에 대한 이해/ 3. 공(空) 이해의 전개: 천태종·화엄종·선종에 대한 이해/ 4. 공(空)사상에 근거한 수행자세/ 5. 결론// 제6장 허응당 보우의 사상－사상구조에 대해서－/ 1. 서론/ 2. 선(禪)과 교(敎)의 일치와 특징:『화엄경』의 강조/ 3. 유교와 불교의 일치와 결합/ 4. 결론// 제4부 근.현대 한국의 불교사상/ 제7장 근대 한국 불교사상의 세 가지 유형/ 1. 서론/ 2. 한용운의 사상: 사회참여를 지향하는 불교사상/ 3. 박한영의 사상: 교육과 포교에서 변화를 추구함/ 4. 백용성의 대각교 운동: 불교계의 혁신을 추구함/ 5. 방한암의 사상: 전통을 계승하는 불교사상/ 6. 결론/ 제8장 이능화의 비교종교관－이능화 종교관의 변화－/ 1. 서론/ 2.『백교회통』에 나타난 두 가지 태도/ 3. 『백교회통』 이후에 나타난 이능화의 종교관 변화/ 4. 결론: 이능화 종교관 변화의 의미/ 제9장 최남선의 불교관/ 1. 서론/ 2. 최남선의 사상체계/ 3. 불교에 대한 최남선의 관점/ 4. 결론/ 제10장 성철의 사상－합리성과 엄격성으로 바라본 성철 사상－/ 1. 서론/ 2. 성철 사상의 중심 개념: 중도와 돈오돈수/ 3. 합리성과 엄격성의 구체적 적용/ 4. 결론: 성철 사상의 창조적 계승/ 찾아보기// 저자가 이전에 펴낸 『고려시대의 불교사상』(서울: 집문당, 2002)을 한국으로 확장한 것으로 짐작된다.

10) 동국대학교 대학원 불교학과 BK21 세계화시대 불교학교육연구단 제1팀 '한국학에서 불교학의 국제화' 교육연구팀, 『한국불교학자의 생애와 사상』 1~4권(서울: 동악사, 2009~2013)을 간행하였다.

에서 '한국불교통사' 내지 '한국불교사연구' 등의 이름으로 적지 않게 간행
되었다.11) 또 역사와 철학의 경계에 구애받지 않고 이들 분야를 자유롭게
넘나드는 통사와 약사가 다수 출간되었으며, 시대12), 주제, 학파, 인물13),
쟁점별로도 많은 연구서들이 출간되었다. 하지만 이들 대부분은 주제가 집
약된 시대별 개인 연구와 인물이 확산된 학파별 공동 연구였다. 이러한 경
향은 인문학 불교학 분야의 학자층이 두텁지 못하기 때문에 나타난 현상으
로 이해된다.

철학/동양철학/한국철학 혹은 한국사상 분야의 통사는 대개 '한국철학사'
혹은 '한국유학사'의 이름으로 출간하였다. 이와 달리 철학/동양철학/한국
철학/한국불교철학 분야에서 '한국불교철학' 또는 '한국불학사'14) 혹은 '한
국불교사상'의 이름으로 간행한 책은 매우 드물다.15) 종래에 몇몇의 학자들

---

11) 高榮燮, 「한국불교사 교재의 구성 목차와 수록 내용」, 『한국불교사연구』 제18호, 한국불
   교사학회 한국불교사연구소, 2020, pp.137~197. 이 논고에 선행의 한국불교통사와 한국
   불교사연구 목록이 제시되어 있다. 논자는 이 논고를 쓰기 이전에 고대 중심의 『한국사
   상사』(서울: 씨아이알, 2016)를 펴냈다. 목차/ 제1장 서언: 한국사상의 특성/ 제2장 섭령
   (攝嶺) 승랑(僧朗)의 무득정관(無得正觀)사상/ 제3장 영탑(靈塔) 보덕(普德)의 평등불이
   (平等不二)사상/ 제4장 불광(佛光) 겸익(謙益)의 비담율학(毘曇律學)사상/ 제5장 옹산(翁
   山) 현광(玄光)의 법화삼매(法華三昧)사상/ 제6장 가서갑(嘉栖岬) 원광(圓光)의 성실학과
   섭론학/ 제7장 황룡 안함(안홍)의 불연국토설 창안과 참서사상/ 제8장 통도(通度) 자장
   (慈藏)의 여래장학과 계율사상/ 제9장 서명 문아(원측)의 화회적 유식학/ 제10장 분황(芬
   皇) 원효(元曉)의 일심학과 화회법/ 제11장 부석(浮石) 의상(義湘)의 화엄인식과 정토이
   해/ 제12장 정중(淨衆) 무상(無相)의 선법(禪法)과 삼구(三句)// 중세와 근세 이후의 논고
   는 집필 중이다.
12) 사국시대의 고구려, 백제, 신라, 가야, 고려시대, 조선시대, 대한시대의 근대, 현대 등의
   이름으로 논저들이 간행되었다.
13) 박길진박사기념사업회, 『한국불교사상사』(이리: 원불교사상연구원, 1975); 동국대불교문
   화연구원, 『한국불교사상사개관』(서울: 동국대출판부, 1993); 불교신문사, 『한국불교인물
   사상사』(서울: 불교신문사, 1995); 중앙승가대신문사, 『한국불교인물사상사』상하(서울:
   중앙승가대신문사, 2000).
14) '한국불학사'라는 이름으로 간행된 책은 고영섭의 『한국불학사』(연기사, 1999~2005) 1~3
   권이 유일하다.
15) 김동화, 『한국철학사상사』(상, 油印本, 1960?). 이 책은 안타깝게도 상권만 확인되는 유인
   본이다. 저자가 하권까지 기획하고 쓴 것으로 추정되지만 현재 하권이 발견되지 않아 아
   마도 상권에서 집필을 멈춘 것으로 짐작된다. 이 책은 제1편의 '외국사상의 수입시대'에서

이 '한국불교사상' 혹은 '한국의 불교사상'이라는 이름으로 몇 종16)을 간
행17)했을 뿐이다.18) 그런데 "유교와 불교 등 각 사상유형에서 추상적인 개
념을 추출하고, 그것에 씌워져 있는 각 사상유형의 외피를 벗겨내고 당시
사람과 당시 사회에서 갖는 실질적인 의미를 밝혀내"는 철학사의 작업은
"각 사상유형의 일반적 의미를 추출해 내는 학설사"19)인 유학사와 불학사
기술 작업과 다르게 볼 수도 있을 것이다. 이 글에서는 우선 역사분야의
'한국불교사'에 대응하는 철학분야의 '한국불학사' 혹은 '한국불교철학' 또는
'한국불교사상'의 이름으로 간행한 대표적인 연구에 대한 비판적 검토를 통
해 새로운 '한국불학사' 혹은 '한국불교철학'의 구성 목차와 수록 내용에 대
해 고민해 보고자 한다. 물론 이 작업이 "각 사상유형의 일반적 의미를 추
출해 내는 학설사"로도 볼 수 있겠지만 여기에서는 뇌허(雷虛) 김동화(金東華,
1902~1980)의 『삼국시대의 불교사상20)·한국불교사상의 좌표』21)(전집 제11권)

중국의 유교사상과 도교사상 및 인도의 본체 문제와 유정론(修己論)과 중생교화론(治人
論)과 정토론(國家論)을 기술하고 있다. 이후에는 불교철학사상사를 염두에 둔 것으로 보
이지만 제2편의 '외국사상의 연구시대'에서 고구려의 불교 연구, 백제의 유교 연구, 백제
의 불교 연구, 신라의 불교연구열, 불교의 진호국가사상의 발현, 화랑도 구성의 기본사상
으로 되어 있다는 점을 고려하면 불교중심의 철학사상사의 기획 속에서 유교와 도교 및
인도사상의 개요를 기술한 것으로 이해된다. 고구려 백제 신라의 불교사상 부분은 후속작
인 『삼국시대의 불교사상』에 확장해 수렴한 것으로 추정된다.
16) 이기영, 『한국불교연구』(한국불교연구원, 1982). 이 책은 '불연 이기영 전집 5권'으로 2006
년에 다시 간행되었다.
17) 안계현, 『한국불교사상사연구』(동국대출판부, 1983). 이 책은 동국대출판부에서 2009년이
전자책으로도 나왔다.
18) 권기종, 『불교사상사연구』상하(한국불교연구원, 2004). 이 책은 제목에 한국이 붙어 있지
는 않지만 내용은 한국선종사상사를 다루고 있다.
19) 김문용 외1인, 「역자서문」, 주홍성 외2인, 앞의 책, p.7.
20) 김동화, 『삼국시대의 불교사상』(서울: 민족문화사, 1987). 이 책은 저자가 생존시에 몇
편의 연작 논문을 엮은 단행본이다.
21) 김동화, 『한국불교사상의 座標』(서울: 보림사, 1984). 이 책은 제1세대 대표 불교학자의
한국불교사상에 대한 마지막 저술이다. 저자는 본래 『純正佛敎理論』으로 출간하려던 것
을 '내용을 제시하고자 하는 바를 일반 사람들에게 보다 선명하게 부각시킬 수 있도록'
『한국불교의 再定立』이나 또는 『한국불교사상의 座標』로 고치는 것이 좋겠다는 제안을
받은 뒤 최종 확정한 제목이다. 『뇌허김동화전집』(전14권)에서는 『삼국시대의 불교사상』

와 열암(洌巖) 박종홍(朴鍾鴻, 1903~1976)의 『한국사상사-불교사상편』22) 및 효
성(曉城) 조명기(趙明基, 1905~1988)의 『신라불교의 이념과 역사』23)와 병고(丙
古) 고익진(高翊晉, 1934~1989)의 『한국의 불교사상』24) 등25)을26) 중심27)으로

과 『한국불교사상의 좌표』 두 저술을 묶어 『삼국시대의 불교사상·한국불교사상의 좌표』
(제11권)로 수록하고 있다. 김동화, 『한국불교사상의 좌표』(서울: 보림사, 1984). 이전에
간행한 『삼국시대의 불교사상』과 함께 전집 제11권에 합본 수록되었다.

22) 박종홍, 『한국사상사: 고대편』(서울: 일신사, 1966); 『한국사상사: 불교사상편』(서울: 서문
당, 1972; 1999). '서문문고 11'로 간행된 이 책은 저자의 전집에 유교사상과 함께 들어있던
불교사상 편을 독립해 문고판으로 간행한 것이다.

23) 조명기, 『신라불교의 이념과 역사』(서울: 신태양사, 1962; 경서원, 1962; 1982). 저자는 신
라불교에 이어 고려불교에 대한 자신의 생각을 담아 「고려 대각국사와 천태사상」(서울:
신태양사, 1964; 경서원, 1984)을 간행하였다.

24) 고익진, 『한국의 불교사상』(서울: 동국대출판부, 1987). '동국총서 1'로 간행된 이 책 이외에
도 저자에게는 박사학위논문을 출간한 『한국고대불교사상사』(서울: 동국대출판부, 1989)가
있다.

25) 김영태, 『한국불교사상』(특강)(서울: 경서원, 1997). 001. 민족불교사상 서설/ 002. 고구려
에서 수용 전개한 신앙들/ 003. 백제에서 수용 전개한 사상/ 004. 신라의 불국사, 호국,
풍월도사상/ 005. 민족불교로 정착된 신앙사상들/ 006. 祈禳적 神佛시대의 사상주류/ 007.
고려 개국초의 불교사상/ 008. -구산선문 형성과 조계종의 전개/ 009. 산중승단기의 신불
사상 특성/ 010. 조선초 기화의 저서와 그 정토관/ 011. 서산대사 휴정의 사상체계/ 012.
근래의 종통과 새로움에의 전망//

26) 동국대 불교문화연구원, 『한국불교사상사개관』(서울: 동국대출판부, 1993); 한국원전번역
연구회, 『인물로 보는 한국불교사상』(서울: 예문서원, 2009); 권기종, 『불교사상사연구』상
하(서울: 한국불교연구원, 2004); 안계현, 『한국불교사상사』(서울: 동국대출판부, 2009);
이병욱, 『한국의 불교사상』(서울: 집문당, 2010).

27) 서윤길, 『한국불교사상』(서울: 운주사, 2006). 책을 내면서/ 한국 불교사 서설/ 1. 신라
불교문화의 전개/ 2. 통일신라시대/ 3. 고려시대/ 4. 조선시대// 제1장 신라의 미륵사상/
1. 서언/ 2. 신라불교와 미륵사상/ 3. 신라 미륵사상의 학적 체계/ 4. 미륵사상의 신라적
수용/ 5. 결어// 제2장 원효시대의 신라불교사회/ 1. 서언/ 2. 민중불교의 정착/ 3. 밀교신
앙의 발전/ 4. 유식사상의 전개/ 5. 화엄신앙사상의 대성/ 6. 원효와 교학적 견해/ 7. 결어
// 제3장 임제선법의수용과 전개/ 1. 서언/ 2. 임제선과 그 특성/ 3. 임제선계와 초기적
교섭/ 4. 여말 임제선의 수용/ 5. 결어// 제4장 고려말 임제선의 수용/ 1. 서언/ 2. 임제선
과 그 초전/ 3. 보우의 법맥과 선사상/ 4. 혜근의 법통과 선사상/ 5. 경한의 법계와 선사상
/ 6. 삼사 임제선 수용의 배경/ 제5장 운묵의 천태염불/ 1. 서언/ 2. 생애와 법맥/ 3. 백련
사의 염불전통/ 4. 당시의 교계현황/ 5. 천태염불의 권수/ 6. 결어// 제6장 보우대사의
사상/ 1. 서언/ 2. 대사의 약전/ 3. 대사의 선관/ 4. 대사의 교관/ 5. 선, 교일체설
6. 불유융합과 일정론/ 7. 결론// 제7장 천태종의 심성론/ 1. 서언/ 2. 보통인의 심성/ 3.
법계심과 그 본성/ 4. 일심의 본질/ 5. 결어// 제8장 현대의 경제생활과 불교/ 1. 현대의
경제생활에 대한 반성과 그 문제점/ 2. 불교의 경제적 생활논리/ 3. 불교적 경제논리에

이들의 '학문적 방법'과 '저술의 내용'에 대해 살펴보고자[28] 한다.

II. 교학사로서 불학사: 뇌허 김동화의 '四綱'과 '四教'

1. 교학의 역사와 불교 교학

교학사는 불교 교학의 역사를 의미한다. 교리가 개별적 이치나 원리라면, 교학은 개별적 이치나 원리로 구성한 종합적 구조와 체계라고 할 수 있다. 이를테면 삼법인, 사성제, 팔정도, 십이연기로부터 사념처, 사선근, 오정심관, 견도위, 수도위, 무학위 등등처럼 개별적으로 제시한 교리를 종합적으로 구조화 하면 교학이 된다. 종래 불교에서는 교리보다는 종학에 상응하는 '교의', '교법', '교학'이라는 개념을 즐겨 사용해 왔다. 삼론교의, 법상교학, 천태교법, 화엄교학, 정토교학, 선학 등처럼 말이다.[29]

뇌허 김동화는 이러한 교학사를 시대[時]-근기[機]-국토[地]-교법[教]의 '네 가

의한 문제성의 극복// 제9장 평화의 원리로서의 불교/ 1. 평화를 위협하는 세 가지 요인// 2. 평화와 협조의 원리로서의 중도사상/ 3. 평화의 실현//

28) 한기두, 『한국불교사상연구』(서울: 일지사, 1980; 1985). 목차 / 001. 서론/ 002. 한국 불교사상의 주맥/ 003. 한국의 화엄사상/ 004. 한국의 천태사상/ 005. 한국의 선지/ 006. 선지의 논쟁/ 07. 결론; 한종만, 『한국불교사상의 전개』(서울: 민족사, 1998). 001. 〈1〉 서편/ 002. 불교의 법신론/ 003. 불교의 경세사상/ 004. 남북조 시대의 불교사상과 신유학// 005. 〈2〉 삼국과 통일신라시대의 불교사상/ 006. 백제의 불교사상/ 007. 원효의 화쟁사상/ 008. 의상의 화엄사상/ 009. 원측의 유식사상/ 010. 선사상의 전래와 수용/ 011. 최치원의 불교관// 012. 〈3〉 고려시대의 불교사상/ 013. 고려의 불교사상/ 014. 제관의 천태사교의의 특성/ 015. 정몽주의 불교관/ 016. 〈4〉 조선시대의 불교사상/ 017. 조선 전기의 불교철학/ 018. 조선전기의 불교/ 019. 김시습의 화엄, 선사상/ 020. 김시습의 천태사상/ 021. 조선중기의 불교/ 022. 조선후기의 불교/ 023. 백용성의 대각교 사상/ 024. '육조단경'과 박한영; 박성배, 『한국사상과 불교』(서울: 혜안, 2009). 목차/ 책 머리에/ 1. 원효 사상 연구/ 2. 퇴계 사상 연구/ 3. 돈오돈수와 돈오점수/ 찾아보기//

29) 高榮燮, 앞의 글, 앞의 책, p.153.

22 한국의 불교사상: 실천적 지성인 혹은 지성적 실천가의 사상

지 강요'[四綱]와 확신[信]-이해[解]-수행[行]-체증[證]의 '네 가지 교판'[四敎]의 방법론으로 파악해 가고 있다. 그가 "4강은 부처의 가르침이라는 하나의 큰 집에 있어서 사면의 벽이나 사방의 기둥과 같다. 또 4교는 마치 우리 신자들이 불교라는 큰 집의 문에 들어서서 점차 불교의 우주 및 인생관을 이해하기 시작하여 앞뒤 순서와 단계를 나누어 분간한 후 불교 목적지에 도달하기 위하여 한 걸음씩 실천으로 옮겨 드디어 그 완성된 경지에 도달해 가는 것과 같다. 이렇게 볼 때 4강설과 4교설은 서로 긴밀한 유기적 관계에 있다"[30]고 한 것도 이러한 맥락에서 이해해 볼 수 있다.

'교'와 '리'의 결합인 교리와 '교'와 '학'의 결합인 교학은 상호 의존 관계에 있다. 교리가 집을 짓는 각종의 부재들이라면, 교학은 이들 부재들로 지은 집이라고 할 수 있을 것이다. 이 때문에 교리와 교학의 관계는 부분과 전체, 개별과 종합, 하나와 여럿으로 볼 수도 있을 것이다. 결국 교리가 교학의 단편적인 구성체라면, 교학은 교리들의 종합적인 연합체라고 할 수 있을 것이다.[31] 이렇게 동아시아에서 형성된 13학종은 삼론교학, 열반교학, 비담교학, 성실교학, 지론교학, 섭론교학, 법상교학, 밀교학, 율학의 9교학과 천태종학, 화엄종학, 정토종학, 선종학의 4종학으로 이루어졌다.

뇌허는 교가든 선가든 그 요체는 자신을 찾는 것이며 자신의 진실한 주관체는 바로 각자의 일심이라는 사실을 역설한다.[32]

> "교가(敎家)의 팔만사천법문이나 선가(禪家)의 천칠백 공안의 시설(施設)의 요(要)는 모든 사람으로 하여금 오직 이 '나'를 찾아내도록 하자는 데 있는 것이다. … '나'의 주체(主體), 진실한 주관체(主觀體)는 우리들 각자의 '일심'(一心)이라는 것만을 이에 밝혀두는 바이다."[33]

---

30) 김동화, 『한국불교사상의 좌표』, pp.189~190(『전집』 제11책), p.578.
31) 高榮燮, 앞의 글, 앞의 책, p.153.
32) 高榮燮, 「뇌허 김동화의 불교인식」, 『선문화연구』 제18집, 한국선리연구원, 2014.
33) 김동화, 「불교인식론상의 너와 나」, 『불교 소논문·논설』(『전집』 제13책, p.121.

뇌허는 팔만사천 법문이나 천칠백 공안도 결국 나의 주체를 찾는 것이며, 진실한 주관체는 각자의 일심이라는 것을 강조하고 있다. 이처럼 뇌허의 종교적 철학적 기반은 일심에 있다. 그러면 그가 말하는 일심은 어떻게 전달할 수 있을까. 뇌허는 네 가지 강요, 즉 벼리와 네 가지 교법 즉 교판을 통해 일심을 전하고자 한다. 이러한 일심과 같은 사상적 기호와 사강과 사교와 같은 체계적 구조는 사상가로 나아가는 뇌허의 면모를 보여준다.[34]

한국불교사상은 삼론, 법상, 천태, 화엄의 사가대승(四家大乘)만이 아니라 비담, 성실, 지론, 섭론 그리고 밀교학, 율학의 토양에 큰 힘을 입었다. 삼론교학은 고구려의 승랑, 인법사와 실법사, 일본으로 건너간 혜자와 혜관과 도등, 백제의 혜현과 혜균, 일본으로 건너간 혜총과 관륵, 신라의 원효와 의상, 열반교학은 고구려의 보덕과 그의 11제자, 비담교학은 고구려의 지황, 성실교학은 고구려의 혜자, 백제의 도장, 신라의 원광, 지론교학은 고구려의 의연, 섭론교학은 신라의 자장, 법상교학은 신라의 원측과 도증, 둔륜과 태현, 밀교학은 신라의 안함, 불가사의, 율학은 백제의 겸익, 신라의 자장 등이며 이들은 대륙과 반도와 열도를 넘나들며 한국불교사상을 이룬 대표적인 교학자들이었다.

이들 교학자들이 펼친 저술들은 요서백제[35] 혜균의 『대승사론현의기』, 백제 도장의 『성실론소』 단간본들처럼 일부가 남아 있다. 그리고 신라 원효와 의상의 저술 및 둔륜과 태현 그리고 불가사의 등 신라 교학자들의 저술들이 다수 남아있다.[36] 뇌허 김동화는 9학파의 주요 개념을 추출하면서

---

34) 高榮燮,「뇌허 김동화의 불교인식」,『선문화연구』제23집, 한국선리연구원, 2018;『불학과 불교학』(서울: 씨아이알, 2016), p.508.

35) 요서백제는『宋書』,『梁書』등의 남조계 사서에 기록된 것처럼 백제 근구수왕 때 요녕성, 산동성, 강소성 일대 즉 대륙 요서에 세운 백제의 해외 정복 국가이다. 요서 지방 점령 기록이나 한편 요서 경략 시기에 대해 신채호는 근구수왕 때, 정인보는 책계왕·분서왕 때, 김상기·김철준은 근초고왕 때로 보기도 한다. 혜균의 저술에 기록된 지명 등을 통해 볼 때 그는 이곳에 머물며 강학하였고 백제와 왜나라에도 오갔을 것으로 추정된다.

36) 이들 저술들은『한국불교전서: 신라시대편』(1~3책) 및 보유편 제11~14책(서울: 동국대출

이 개념을 중심으로 다른 학파와의 교학적 상통성과 상이성을 구명해 나가고 있다.

뇌허는 이 책(전집 제11권) 전반부에서 인도의 설일체유부의 실재론적(實在論的) 사상, 성실종의 공(空) 사상, 중국의 삼론종의 중도(中道) 사상, 섭론종의 원시유식(原始唯識) 사상, 열반종의 인격(人格)주의적 사상, 법화종의 실상(實相)철학, 법상종의 유식(唯識)철학, 화엄종의 법계연기 사상, 미륵불의 도솔왕생(兜率往生)주의 신앙사상, 율종의 도덕궁행(道德躬行)주의 실천사상, 미타의 극락왕생(極樂往生)주의 정토사상, 진언종의 즉신성불(卽身成佛)주의 사상, 선종의 현신성도(現身成道)주의 사상의 내용과 특징에 대해 자세히 기술하고 있다.

또 뇌허는 이 책(전집 11권)의 후반부에서 인도불교의 특징을 원시불교, 부파불교, 소승불교, 대승불교로, 중국불교의 특징을 수입기의 불교, 연구기의 불교, 여러 종파의 분립, 종파불교의 장단점으로 정리하고 있다. 특히 연구기의 불교에서는 비담학, 성실론 연구, 반야 연구, 삼론학, 지론학, 섭론학, 법화연구, 열반경 연구, 정토사상의 유포에 대해 상세히 구명하고 있다. 그리고 이들 간의 차이점과 공통점을 비교하고 있다. 이처럼 각 학파에 대한 핵심 기호들을 중심으로 비교하는 방법은 뇌허의 여러 글들에서 확인할 수 있다.

뇌허가 일심으로서 불교 이해를 도모하고 시대(특성)·중생(근기)·지역(국토)·교법(불교)의 '네 가지 강요'[四綱]와 확신·이해·수행·체증의 '네 가지 교판'[四敎]으로 불교를 인식하고자 한 것은 석존의 근본교설인 중도 연기로 돌아가기 위한 것이었으며 종래의 중국불교의 종파불교의 폐해를 벗어나기 위한 것이었다. 이 때문에 한국불교가 지향해왔던 종합성과 통합성은 붓다의 원음에 다가가기 위한 노력에서 이루어진 것이며 불교의 전관(全觀)을

판부, 1979~2004)에 수록되어 있다. 보유편 제15책이 2022년 봄에 간행되었다.

위한 것이었다. 뇌허의 이러한 노력은 자연스럽게 한국불교의 절정이었던 신라불교와 통합사상가인 원효와 태현에게 주목하게 되었다.[37]

뇌허와 같이 주요 개념들의 핵심을 중심으로 비교하는 방법은 다른 학자들에게서도 발견할 수 있다. 박종홍은 승랑의 삼론학, 원측의 유식학, 원효의 기신학, 의천의 천태학, 나말여초 선학과 지눌의 선학에 대해 논구하였다. 조명기는 원효의 화쟁학, 의상의 화엄학, 원측의 유식학, 태현의 법상학, 경흥의 정토학에 대해 탐구하였다. 고익진은 대승반야경의 공 개념, 승랑의 중관적 공관, 원측의 유식적 공관, 원효의 화엄적 공관, 지눌의 선적 공관에 대해 궁구하였다.

한국 고중세 불교교학에 대한 이들 네 사람의 접근 방법은 다르다. 김동화의 교학사, 박종홍의 철학사, 조명기의 지성사, 고익진의 사상사적 방법론에 따른 기술은 각기 다른 결과로 나타났다. 이들의 개성들은 저마다의 방법론에 의해 구명되었고 그러한 방법론에 의해 해석되었다. 하지만 한국불교철학 또는 한국불교사상 혹은 한국불학사를 기술해 독자들과 널리 소통하겠다는 생각은 다르지 않았던 것으로 보인다.

2. 방법으로서 불교 교학과 사교

불교교학에서 방법은 선학이든 교학이든 모두 요청된다. 선종 혹은 선학과 달리 교종 혹은 교학을 종합 정리하기 위해서도 방법이 요청된다. 뇌허의 방법론은 선행 교학자들의 방법론을 찾아 전관하면서 자신의 방법론을 정립한 것이었다. 그는 먼저 세친이 교학을 '교법'(敎法)과 '증법'(證法)과 '수행법'(修行法)의 세 가지로 제시했다는 전거를 들며 논의를 전개하고 있다.

---

37) 高榮燮, 앞의 글, 앞의 책, p.509.

"모든 부처가 설한 법을 다 받아 가지는 것을 교법(教法)이라 한다. 경전 등[修多羅等]을 베껴 써서 바치고 읽어 외우며 남을 위해 설명하기 때문이다. 모두 부처의 깨달음을 받아 갖는 것을 증법(證法)이라 한다. 세 가지 부처의 깨달음의 법[三種菩提法]을 증득해서 교화하여 전해주기 때문이다. 모든 부처가 교화하는 법을 다 지키는 것을 수행법(修行法)이라 한다. 수행을 할 때에 여러 어려움과 장애가 있어도[有諸障難] 보호하고 구제하기[攝護救濟] 때문이다."[38]

김동화는 세친의 교법, 증법, 수행법의 삼종법을 전제하면서 다시 동아시아 텍스트의 전거를 제시하면서 논의를 이어가고 있다.

그는 중국의 수나라 광택사 법운(法雲)의 저서 『법화의기』 권1에서 『법화경』 「방편품」 제2의 부처 지혜를 권지(權智)와 실지(實智)로 나누어 논하는 부분을 거론하고 있다. 여기서 권지는 삼승(三乘) 근기의 대상이 있음을 인정하고 성문 연각 보살을 교화하는 지혜를 일컫는다. 실지는 네 가지 대상을 비추는 지혜를 가리킨다.

"실지가 비추는 대상에 무릇 네 가지가 있으니 첫째는 교일(教一), 둘째는 리일(理一), 셋째는 기일(機一), 넷째는 인일(人一)이다. 여래의 지혜가 이 네 가지 대상을 모두 비추니 이것이 곧 실지이다. 교일(教一)·리일(理一)이라고 하는 것은 오늘에 원인과 다른 결과가 없으며 결과는 별도로 따르지 않음을 밝혔으나 진실한 뜻은 둘이 아니다. 그러므로 나타내는 바 이치가 이미 하나이거늘 나타내는 가르침이 어찌 둘이랴. 또 기일(機一)이라고 하는 것은 『법화경』이 설해진 때로서 모든 사람들이 반드시 하나의 결과를 얻을 수 있는 근기라는 것이다. 인일(人一)이란 옛날의 성문 연각 등이 오늘 날 이미 마음을 고쳐 보살이 된다는 것이다. 아래 경문에 말하기를 단지 보살을 교화하고 성문 제자가 없다 하니 역시 한 사람이 하나의 근기로 한 가르침의 한 뜻을 안다는 말이다. 여래가 한 가지 가르침을 써서 한 가지 이치를 설명하니 한 근기에 응하여 한 사람을 교화한다. 그러므로

38) 世親, 『十地經論』 권3(『대정장』 제26, p.138하).

여래 지혜가 이 네 대상을 비추는 이것이 사일(四一)의 실체이다.39)

여기서 사일(四一)은 교·리·기·인의 네 가지가 하나임을 가리킨다. 그런데 김동화는 같은 책 권3에는 「방편품」의 글을 인용하여 사일의경[四一之境]을 논증하고 있어 위의 것과는 조금 다르다고 이해한다.

> "'사리불아, 여러 부처님이 오직 한 가지 큰 인연으로 이 세상에 나타나셨다'고 하는 이것이 제1의 과일(果一)이며, '부처님이 사리불에 고하되 여러 부처님과 여래는 다만 보살을 교화한다'고 하는 이것이 제2의 인일(人一)이며, '모든 지어진 행위는 항상 한 가지 일이 된다'고 하는 이것이 제3의 인일(因一)이며, 분명히 이 사람이 닦아 부처의 지혜와 견해가 되기 때문에 오직 부처의 지혜로 중생에게 보이고 깨닫게 한다. '사리불아, 여래는 오직 일불승으로써 중생을 위하여 법을 설한다' 이하는 제4의 교일(敎一)이니라."40)

여기서 사일(四一)은 과(果)·인(人)·인(因)·교(敎)의 넷으로 되어 있다. 그런데 지의는 그의 저서 『법화경문구』 권4에 법운의 인일(人一)과 과일(果一)을 행일(行一)과 리일(理一)로 고치고 있다.41) 김동화는 법운과 지의 두 논사의 사일설의 특징은 『법화경』 이전의 삼승교는 모두 교(敎)·리(理)·기(機)·인(人) 혹은 교(敎)·행(行)·인(人)·리(理)가 서로 다르게 구별되어 있지만, 이제 『법화경』에서는 사일(四一)로서 오직 일승법(一乘法)뿐이라는 뜻을 밝히고 있다고 보았다.

이어서 그는 교학의 방법론을 찾아 화엄의 텍스트를 검토하였다.

화엄종의 제2조인 지엄(602~664)은 『화엄경』 정종분의 각 품을 내용별로 나누어 「노사나품」에서 「광명각품」까지를 거과권락생신분(擧果勸樂生信分),

---

39) 法雲, 『法華義記』 권1(『대정장』 제33책, p.598상).
40) 法雲, 『法華義記』 권3(『대정장』 제33책, p.603하).
41) 智顗, 『法華經文句』 권5상(『대정장』 제34책, p.236상중).

「명난품」 이하를 수인계과생해분(修因契果生解分), 「이세간품」 이하를 의연수행성덕분(依緣修行成德分)이라 하고 그 가운데 「이세간품을」 탁법수행분(託法修行分)이라 하며, 「입법계품」을 의인입증분(依人入證分)이라고 보았다.[42] 결국 지엄은 『화엄경』 전체를 수행사단인 신·해·행·증의 넷으로 나누었다.

일본 정토진종의 종조인 친란(親鸞)은 자신의 저서인 『현정토진실교행문류』(顯淨土眞實敎行文類)에서 교·행·신·증의 네 항목으로 진종의 교지를 간단히 드러내고 있다. 그는 교(敎)에 대해서 "무릇 진실한 가르침을 나타내면 『대무량수경』(『문류』 제1권)이 그것이다"고 하고, 행(行)에 관해서는 "큰 행이란 무애광여래의 이름을 부르는 것이니 이 행은 곧 여러 착한 법을 포함하고 여러 덕의 바탕을 갖추며 지극히 빨리 원만해지므로 진실로 모든 덕의 보배로운 바다와 같으니 이름하여 큰 바다라고 한다"(『문류』 제2권)고 하였다.

또 신(信)에 대해서는 "이에 어리석은 승려 친란은 여러 부처님의 참된 말씀을 믿어 따르고 이론가·해석가의 으뜸가는 뜻을 파헤쳐 널리 세 가지 경의 큰 빛을 입고 특별히 일심의 화문을 열었다"(『문류』 제3권)고 밝히고 있다. 증(證)에 대해서는 "진실로 증득하면 남에게 이롭고 원만한 묘의 위치에 이르고 더할 나위 없는 열반의 궁극적 결과에 이른다"(『문류』 제4권)고 말하고 있다.

이렇게 본다면 세친은 『십지경론』의 학설을 불교의 교·증·행 세 가지 법[三種法]으로 요약했고, 법운과 지의는 『법화경』의 우수성을 사일(四一)이라 밝혔으며, 지엄은 『화엄경』의 품단을 경문의 내용에 따라 수행사단으로 나눴고, 친란은 정토진종의 교리를 교·행·신·증이라 하였음을 알 수 있다.

김동화는 세친, 법운, 지의, 지엄, 친란의 방법론을 제시하면서 불교교리 일반을 종합 재정리하는 방법으로서 위의 삼분설이 선례로서는 가장 보편적인 방법이라고 보았다. 그런 뒤에 그는 먼저 시대·국토·근기·교법의 사

---

42) 智儼, 『大方廣佛華嚴經搜玄分齊通智方軌』 권1상, 권4하(『대정장』 제35책, pp.15~16).

강(四綱)설을 전제하고, 위의 교·행·증·에 신을 더한 네 가지로 불교 전반을 종합 정리하여 사교(四敎)설을 제시하고 있다. 이렇게 하여 뇌허는 자신의 방법을 불교와 일심의 관계 속에서 다음과 같이 정리하고 있다.

불교(佛敎)	신(信)의 불교: 아함 및 기타	종교
	해(解)의 불교: 반야·방등부, 논부	철학
	행(行)의 불교: 화엄 외 여러 경, 율부	윤리
	증(證)의 불교: 법화·화엄 외 여러 경	완성의 불교[43]

이 도식처럼 "아함에는 '신'만 있고 '해'와 '행'과 '증'이 없지 않으며, 반야와 방등부 및 논부에 '해'만 있고 '신'과 '행'과 '증'이 없지 않을 것"이다. 또 "화엄 외 여러 경과 율부에 '신'과 '해'와 '증'이 없지 않으며, 법화와 화엄 외 여러 경에 '증'만 있고 '신'과 '해'와 '행'이 없지 않을 것"이다. 이러한 비정은 그가 말한 것처럼 어떤 절대적인 것이 아니라 해당 경전에서 더 강하게 설하는 부분, 더 힘주어 강조한 부분에 대한 하나의 예시로 보아야 할 것이다.[44]

또한 뇌허는 불교에 인간의 심리현상인 지·정·의, 인간이 추구하는 가치인 진·선·미, 여기에 상응하는 학문분과인 철학·종교·윤리를 대응시켜 일심과 증(證, 佛陀)의 완성으로 이해하려고 한다.[45]

$$
일심(一心)
\begin{cases}
지(知) - 철학 - 진(眞) - 해(解) \\
정(情) - 종교 - 미(美) - 신(信) \\
의(意) - 윤리 - 선(善) - 행(行)
\end{cases}
증(불타)
$$

---

43) 김동화, 앞의 글, 앞의 책, p.189(『전집』 제11책), p.578. 뇌허의 이러한 配對는 그의 첫 저술인 『불교학개론』 제3편 '僧寶論'에서 이미 보이고 있다.

44) 高榮燮, 앞의 글, 앞의 책, p.513.

45) 김동화, 『불교윤리학』(『전집』 제8책, p.27. 반면 『불교학개론』에서는 '一心'을 '佛敎'로 '佛陀'를 '聖'으로 기술하고 있다.

뇌허의 이 도식은 위의 신·해·행·증 교판에서 삼장을 각기 네 단계에 배당한 것을 제외하면 거의 같다. 해·신·행의 3교에 각기 지-정-의, 철학-종교-윤리, 진-선-미를 배대한 것처럼 절대적인 것이 아니라 하나의 예시에 지나지 않는 것으로 보아야 할 것이다. 이렇게 본다면 뇌허의 불교인식의 구조는 일심을 기반으로 한 4강(몸체)과 4교(몸짓)의 관계로 이루어져 있다고 할 수 있을 것이다. 이것은 『대승기신론』의 일심-이문(심진여/심생멸)의 구조에 상응한다고 할 수 있다.[46]

이처럼 뇌허는 시대·국토·근기·교법의 사강설과 신·해·행·증의 사교설을 방법론으로 정립하여 불교교학을 재구축하고 있다. 이러한 맥락에서 그는 고려 말 이래 조선 초에 선교 양종을 통합 이후 대한 초기의 원종과 임제종을 거쳐 대한불교가 조계종 하나로만 창종한 것에 대해 강력한 문제제기를 하고 있다.

"우리나라의 불교는, 삼국시대와 통일신라시대는 잠시 별문제로 하고서라도 고려 때 5교 양종, 조선 초에 11종 등이 있어 결코 단일종파의 불교가 아니었다. 뿐만 아니라 현재도 사실상으로는 선·교 양종으로서 특히 교종의 내용은 매우 복잡한 상태가 되어 있는데, 이것을 무시하고 선종인 조계종 하나만을 인정하려고 한다는 것은 어불성설에 그치는 것이 아니라 비정상적인 것이다. 현재의 이러한 비정상적인 실태가 이대로 계속될 수도 없는 일이다. 이 불가능한 상황을 실제로 입증하는 사실로서 이미 우리나라 불교계에 새로운 종파가 세워져 유포되고 있는 것이니 이에 대하여 먼저 수립된 종파라고 해서 이를 금지할 수 있는 법적 근거가 아무 데도 없는 것이다."[47]

김동화는 대한불교조계종의 시설 이후 우리나라 불교계에 새로운 종파가 세워져 유포되는 현상을 매우 자연스러운 것이며 고려 이래 교학의 중흥을 기약할 수 있는 것으로 보고 있다. 조계종 1종의 지속이 아니라 여러종단의

---

46) 高榮燮, 앞의 글, 앞의 책, p.514.
47) 『뇌허 김동화 전집』 제11권(서울: 불교시대사, 2001), p.549.

병진이 불교 교학 발전의 원동력이 될 수 있음을 강하게 주장하고 있다. 현재 한국불교는 조계종 이후 태고종, 천태종, 진각종, 총지종, 관음종, 원효종 등 7종을 필두로 하여 18개 종단연합 기구를 넘어 최근에는 2백여 개 이상의 종단으로 분화해 있다. 그가 사강설과 사교설의 방법으로서 불교 교학의 지형과 내용을 고민한 이유도 이러한 맥락 속에서 이해할 수 있다. 다만 저자의 이러한 방법론이 거의 만년에 이르러 구축했기에 선행 저술에 온전히 반영시키지 못했다는 점은 아쉬움이라고 할 수 있다.

Ⅲ. 철학사로서 불학사: 열암 박종홍의 인식과 논리

1. 철학의 역사와 불교 철학

대개 우리가 알고 있는 것처럼 '필로소피'(philosopy)는 희랍어인 '필로소피아'(philosophia)에서 비롯되었다. 필로소피아는 본디 '필로스'(philos, 사랑함)와 '소피아'(sopia, 지혜)를 결합한 말로서 '지혜에 대한 사랑' 혹은 '애지'(愛智)를 가리킨다.

이와 달리 '필로소피'에 대한 번역어인 '철학'(哲學)은 근대 일본의 계몽주의 철학자 니시 아마네(西周, 1829~1897)가 1862년에 행한 강의에서 유래하였다. 그는 '필로소피'라는 말은 그리스의 철학자 피타고라스가 처음 쓴 말로서 '현(賢)을 좋아한다'는 뜻으로 풀이하고, 이 뜻에 따라 '희철학'(希哲學) 즉 '철인을 희구하는 학문'으로 의역한다고 하였다.

이후 니시 아마네는 1870년에 창설된 육영사(育英社)가 '백학연환'(百學連環)이라고 명명한 강의에서 다시 '희'(希)자를 생략하고 '철학'(哲學)이라고 썼다.[48] 동양에서 철학이라는 말을 처음 사용한 것은 이 때부터이다. 그러면

동양에서는 본래 '철학'에 대응하는 말이 없었던 것일까? 그렇지는 않다.

서양철학자로 출발했던 열암 박종홍은 만년에 한국철학사상에 깊은 관심을 기울였다. 그리하여 그는 한국사상사에 집중하여 일정한 기간 동안 『한국사상』이라는 잡지에 한국불교사상과 한국유학사상에 대해 연재하였다. 열암이 지향하는 철학사로서 불학사는 자세히 드러나 있지 않지만 "심오하고 철저한 경지의 철학적 사색"[49]이라는 방법을 통해 철학적 내용을 이끌어 오는 것으로 이해된다.

동양에서 '철학'(哲學)은 '밝을 철'자와 '배울 학'자의 결합으로서 '밝은 배움'이란 뜻으로 태어났으며, '인간의 심연과 세계의 본질에 대한 탐구의 학문' 또는 '생에 대한 체계적 반성적 사색'[50]이 되었다. 이것은 히브리적 성서적 전통의 기반을 둔 '절대적이며 궁극적인 가치체계' 혹은 '인간 생활의 고뇌를 해결하고 삶의 궁극적 의미를 추구하는 문화 체계'인 '종교'[51]와 구분되는 개념이다.

반면 인도에서는 '다르샤나'(darśana)라는 단어를 '철학'에 대응하는 말로 사용해 왔다. 다르샤나는 '실재의 본성에 대한 통찰(觀)'이자 '그것으로의 경험'을 가리킨다. 인도 철학과 불교 철학은 이 다르샤나를 통해서 삶의 본질과 경험의 원천에 다가가고자 하였다.

한편 근대 중국의 철학자인 태염(太炎) 장병린(章炳麟, 1869~1936)[52]은 『순자』(荀子) 「천론」(天論)에 나오는 전거를 들어 새로운 번역어인 '철학'에 대응

---

48) 일본의 계몽주의 철학자인 니시 아마네는 'philosophy'의 원어는 그리스어의 'philosopia'로서 'philo'는 영어의 'love'에, 'sopia'는 'wisdom'에 해당하며 이것은 '賢智한 것을 사랑하고 희구한다'는 뜻이라고 설명하였다. 김충열, 『중국철학사』(예문서원, 1994), p.310.

49) 박종홍, 「머리말」, 앞의 책, p.3.

50) 풍우란, 『중국철학사』, 정인재 역(형설출판사, 1977; 1990), p.26.

51) 길희성, 『인도철학사』(민음사, 1984; 1986), p.12.

52) 본명은 炳麟, 字는 枚叔. 顧炎武와 黃宗羲를 추앙해 號를 太炎이라 했다. 浙江省 余抗縣 倉前 사람이다. 어릴 때부터 背滿意識이 강했으며 이후 중국의 근대민주혁명가이자 사상가가 되어 國學太師라 불려진다.

하여 '견'(見)이라는 홑글자(外字)를 쓸 것을 주장하였다.[53] 하지만 이후 중국 학자들은 '한 음절'로 된 '견'이라는 외자는 적절치 못하다는 지적을 하며 니시 아마네의 '철학'이란 번역어를 받아들였다. 결국 두 음절인 '철학'에 대응하는 홑음절인 '관'(觀)과 '견'(見)의 개념이 지식인들 사이에서 더 이상 의미를 확장하지 못하자 '철학'(哲學)이라는 말이 널리 퍼져나갔다.

그런데 니시 아마네(西周, 1829~1897)의 번역 이후 일본의 철학계에서는 '철학'(哲學, てつがく)이란 개념보다는 '사상'(思想, しそう)이라는 용어가 널리 통용되었다. 그리하여 철학 즉 '테쯔가쿠'보다 사상 즉 '시소우'가 널리 통용되었다. 바로 이 지점에서 서양 근대를 주체적으로 소화하려고 한 일본사상의 주요한 특징 중의 하나를 읽어낼 수 있다.[54]

이것은 서양에서 기원한 '철학'의 개념에 대한 반성을 통하여 '사상'이란 개념을 새롭게 발견한 결과로 보인다.[55] 이러한 영향은 서양의 선진적 연구결과를 번역을 통해 흡수한 일본과 일본의 성취를 다시 입수한 우리나라 동양학도들에게 커다란 영향을 미쳤다. 열암은 "우리나라의 선각자들이 사색한 자취를 더듬어 나가면서 그들의 근본사상을 구체적으로 제시"하고 있다. 그는 "특히 우리의 불교사상을 철학적인 면에서 깊이 다루"[56]고 있다. 그러면서도 열암은 이 책에서 인식과 논리라는 철학의 방법론을 지향하면서도 정작 책의 제목은 '사상사'로 붙이고 있다.

---

53) 『荀子』「天論」. "慎子有見於後, 無見於先; 老子有見於詘, 無見於身; 墨子有見於齊, 無見於畸; 宋子有見於少, 無見於多."
54) 丸山眞男, 『日本政治思想思硏究』(동경: 동경대학출판회, 1983), 마루야마 마사오·김석근 (서울: 통나무, 1998).
55) 高榮燮, 「철학으로서 불교철학의 지형과 방법」, 『한국불교학』 제77집, 한국불교학회, 2016), p.83.
56) 박종홍, 앞의 책, 뒷표지.

2. 방법으로서 불교철학과 논리

그러면 철학자들이 새로운 철학적 방법을 찾는 이유는 어디에 있을까? 아마도 1) 시대가 변하면 문제도 달라지고 그에 따른 대처방법도 달라져야 하며, 2) 같은 시대의 문제라 하더라도 남과 다른 방법으로 해결하고 싶어 하며, 3) 사람은 역사적 인식을 하므로 과거 철학적 방법에 대해 역사적 피로를 느끼기 때문[57]이 아닐까 한다.

유수한 철학자는 새로운 철학적 방법을 통해 해당 시대의 주요 '이슈'나 '테마'라는 새로운 철학을 모색하고 새로운 '철학함'을 시도하기 때문이다. 철학자는 당대의 이슈와 테마에 대해 '철학함'으로써 새로운 철학을 창출하는 존재이며 그것을 철학자의 정체성으로 삼기 때문이다.

방법이란 어떠한 목적을 이루기 위하여 취하는 법칙이나 도구이다. 철학에서 방법은 '객관적인 진리에 도달하기 위하여 연구하는 수법' 혹은 '사유 대상의 취급법'을 가리킨다. 방법론은 '학문의 연구방법에 관한 이론'을 탐구하는 것이며 그것은 어떠한 목적에 대한 탐구의 심화 또는 새로운 접근을 의미하는 것이다.

그리고 그 방법은 육하(六何)의 형식 즉 언제(When), 어디서(Where), 누가(Who), 무엇을(What), 어떻게(How), 왜(Why)라고 하는 '세계관적 범주' 속에서 특히 '무엇을', '어떻게', '왜'와의 상호관계 속에서 말할 수 있다.[58] 여기

---

57) 남상호, 『HOW로 본 중국철학사』(서광사, 2015), p.691; p.436. 사마천(기원전 145~86)은 역사의 興亡盛衰의 원인은 각종 폐단에 있으며, 폐단은 인간이 피로·권태를 느끼는데 있다며 "정신을 남용하면 衰竭하고, 몸을 너무 수고롭게 하면 疲弊하며, 정신과 육체가 분리되면 죽는다"고 하였다.

58) 조르주 캉길렘, 『정신과 병리』, 이광래 역(한길사, 1996), p.26. 조르주 캉길렘은 『과학사와 과학철학 연구』의 서두에서 과학사의 실천에 관한 질문을 '누가?'(Qui)·'왜?' (Pourguoi)·'어떻게?'(Comment)의 형식으로 제기해 왔으며 그러한 과학사에서는 누가·어디에서· 왜라는 질문과 대답만으로도 무엇에 대한 이해가 충분하기 때문이다. 이와는 달리 캉길렘은 '어떻게' 또는 '어떤 방식으로' 과학이 자신의 과거의 일부가 되는지를 이해하고 설명하길 바란다"고 말한다. 남상호, 위의 책, p.24. 남상호 또한 아리스토텔레스의 10개 범주를

에서 하위의 언제, 어디서, 누가와 상위의 무엇을, 어떻게, 왜와의 상호관계
가 설정된다.

불교학의 범위도 여러 갈래가 있지만 철학의 영역에서 이루어지는 불교
철학 역시 '존재의 내용'을 묻는 '무엇'보다는 '존재의 방법'을 묻는 '어떻게'
에 겨냥되어 있다고 할 수 있다. 여기에서도 서양 철학의 존재론에 대응하
는 주체론, 인식론에 대응하는 심성론, 가치론에 대응하는 수행론에 대해
보다 자세히 묻고[審問] 좀더 높깊게 배워[博學] 서로 대화하고 소통해 갈 수
있다. 오늘날 우리나라 보편적 문법으로 인식하는 철학과 소통하고자 하는
불교철학은 '내용'(What)에 앞서 '방법'(How)[59]으로 다가갈 때 비로소 온전한
지위와 위상을 확보해 갈 수 있다.

학적 이론의 전개를 추궁하는 철학사는 철학의 역사이며 일반 사상사에
비하여 보다 학적이며 이론적인 사상의 결정체를 철학적 견지에서 다루는
것[60]이다. 이런 견지를 불교 연구에 원용하게 되면 철학사로서 불학사로
방향을 잡게 될 것이다. 철학사로서 불학사는 주제, 학파, 인물, 쟁점 등의
내용과 방법에 의해 기술된 불교연구를 통칭한다.

'주제'는 연기, 무자성, 공성, 자비 혹은 아리(뢰)야식, 여래장, 불성(적멸),
일심 등과 같은 해당 논제에 대한 연구를 가리킨다. '학파'는 삼론, 열반,
비담(구사), 성실, 지론, 섭론, 법상, 밀학, 율학 등과 같은 학문적 계통에 대
한 탐구를 가리킨다. 이 때문에 중국불교의 선착 주자로서 안착된 9학의
교학은 최종 주자로서 정착된 천태종, 화엄종, 정토종, 선종 4종의 종학과

존재론적 범주라 하고, 칸트의 12범주를 인식론적 범주라고 한다면, 사물을 파악하는 '언
제'·'어디서'·'누가'·'무엇을'·'어떻게'·'왜' 등의 여섯 가지 문제의식은 세계관적 범주라 할
수 있다고 하면서 육하의 형식을 제시하고 있다. 여기서 논자는 그의 六何 즉 여섯 가지
물음의 형식을 원용하여 논의를 전개하고자 한다.
59) 불교 철학의 방법으로는 苦集滅道의 四聖諦와 信解行證의 修行四段이 원용될 수 있을
것이다. '도성제'는 '수행론'에 해당하기에 '고집도멸'의 순서로 '신해행증'의 순서에 대응할
수 있을 것이다.
60) 박종홍, 「緖論」, 앞의 책, pp.28~29.

는 구분된다.

'인물'은 용수, 제바, 청변, 불호, 미륵, 무착, 세친, 월칭, 법칭, 적호, 연화계, 구마라집, 도생, 승조, 도융, 승예, 승랑, 지의, 진제, 길장, 혜균, 현장, 원측, 원효, 의상, 규기, 혜소, 지주, 법장, 징관, 종밀, 태현, 균여, 의천, 지눌, 청허 등과 같은 이들에 대한 궁구를 가리킨다. '쟁점'은 천제성불론, 불성본유설, 불성시유설, 오성각별설, 일성개성설, 팔식구식설, 삼류경설, 사분설, 여래장/불성설 등 주요 쟁점에 대한 참구를 가리킨다.

위의 네 가지 불교사상 즉 불학사 중에서 철학사로서 불학사로 접근한 책은 박종홍의 『한국사상사』가 해당될 것이다. 저자는 "이 책은 『한국철학사』라는 제목으로 『한국사상』지에 연재되었던 글을 편집 수록한 것이며, 내용이 불교에 관한 것인만큼 부제를 '불교사상편'이라고 하였다."[61]

또 열암은 "사상사라고 하면 널리 정치·경제·사회·문학 등에 관한 것, 특히 사회사상사까지도 연상될는지 모르나 이것은 그런 광범위한 것이 못되고 철학적인 면, 그것도 나로서 중요하다고 생각되는 것을 중점적으로 다루어 본 것에 지나지 않는다"[62]고 밝히고 있다. 그는 이 책에서 진리를 드러내는 방법 혹은 진리를 파악하는 방법으로서 이제를 합론하는 인식 방법을 원용하고 있다.

> "진리를 드러내는 방법, 또는 파악하는 방법을 인식 방법이라 할 수 있다면, 승랑의 독특한 인식 방법은 이제합명중도(二諦合明中道)라는 방법이라 하겠다. 중도는 불교의 궁극적인 진리를 의미하는 것이요 이 중도를 밝히는 방법으로 이제를 합론(合論)하는 방법을 쓴다는 것이다. 이제라 함은 물론 세제(속제, 유제, 범제)와 진제(제일의제, 공제, 성제)의 둘을 의미한다. 제불(諸佛)은 항상 이제에 의하여 설법하였다. 그러므로 모든 경은 이 이제(二諦)를 벗어나는 것이 아니다. 그러기에 이제를 밝히면 모든 경을

---

61) 박종홍, 「머리말」, 앞의 책, p.3.
62) 박종홍, 위의 글, 위의 책, p.3.

해득하게 된다. 삼론종은 중론이 이제로써 종을 삼는다 하여 만일 이 이
제를 해득하면 중도의 진의(眞義)를 밝힐 수 있다고 한다. 따라서 만일 이
제를 해득하지 못하면 중도를 행할 수 없으며 불성을 볼 수 없다고 한다.
승랑은 이제(二諦)가 중도를 표시하는 묘교(妙敎)라고 하였다."63)

열암은 삼론종의 승랑에 대한 글에서 인식방법을 얘기하고 있지만 이러
한 방법은 이 책 전체를 관통하는 방법이기도 하다.

    "종요의 종(宗)이라 함은 다(多)로 전개함이요 요(要)라 함은 일(一)로
    통합함이니 종요가 곧 개합(開合) 이외의 다른 것이 아니다. 개(開)하면
    무량무변지의가 전개되지만 합(合)치면 하나로 혼융되어, 이른바 개합이
    자재하고 입파무애하여 개(開)한다고 번거로운 것도 아니요 합(合)친다고
    좁아지는 것도 아니다. 다시 말하면 개합에 따라 증감하는 것이 아니다.
    그리하여 정립하되 얻음이 없으며 논파하되 잃음이 없다고 한다. 원효의
    진리탐구 방법은 이 개합의 논리로써 철두철미 일관되어 있는 것이요, 그
    어느 경이나 논을 연구함에 있어서 우선 이 개합의 견지, 즉 종요의 입장에
    서 전체적인 통찰을 먼저 하곤 하였다. 개합이나 종요를 말한 사람이야
    다른 데서도 찾아볼 수 있을 것이요 원효에서 비롯된 것은 아니겠으나,
    이처럼 자초지종 근본적인 태도로 한결같이 뚜렷함은 원효에 있어서의 방
    법적 특색이 아닐 수 없다. 원효의 논리는 개합으로써 종요를 밝히는 화쟁
    의 논리인 것이다. 이 화쟁의 논리는 더 나아가 여러 각도와 관점에서 다루
    어지고 있다. 그러나 이것은 개합이나 종요와 다른 것이 아니요 그의 의의
    를 보다 널리 깊이 파악하기 위한 것이다."64)

또 열암은 원효의 진리탐구 방법을 '개합의 논리' 즉 '종요의 입장'과 개합
으로써 종요를 밝히는 '화쟁의 논리'를 방법으로서 제시하였다고 보았다.
이처럼 그는 개합이나 종요가 그의 의의를 보다 널리 깊이 파악하기 위한
것이라고 보고 있다. 원효에게 있어 화쟁의 논리는 다시 입파(立破)와 여탈

---

63) 박종홍, 「고구려 승랑의 인식방법론과 본체론」, 앞의 책, p.40.
64) 박종홍, 위의 글, pp.91~92.

(與奪), 동이(同異)와 유무(有無), 이변비중(離邊非中), 일미(一味)와 절언(絶言)의 방법론으로 이어지고 있다. 열암은 이것을 원효의 방법으로 해독하고 있다.

이처럼 열암은 '인식방법론'과 '본체론', '유식철학', '철학사상', '정신적 추세', '교관병수의 주체적 전통', '사상'의 방법과 기호로 다루고 있어 우리는 이 책을 철학사로서 불학사라고 할 수 있을 것이다. 그의 연재가 좀더 이어져서 고려 후기와 조선시대 및 대한시대까지 기술되었더라면 하는 아쉬움이 있는 저작이다.

열암의 본래 주요 전공이 서양철학임에도 불구하고 그는 만년에 한국사상을 천착하여 불교사상과 유교사상에 대한 저작을 남겼다. 이러한 방향은 국학자 즉 한국학자로서의 정체성을 고민했다는 증좌가 된다. 철학계나 불교학계에서는 열암의 시도와 같은 철학사로서 불학사가 아직 본격적으로 씌어지지 않고 있다. 이 방향의 불학사가 출간되기 위해서는 먼저 철학도 혹은 불교철학도들이 한국사상사 혹은 한국철학사 기술에 관한 문제의식을 가져야 한다.

아직까지 본격적인 한국불교철학사 또는 한국불학사가 기술되지 않는 것은 학자층이 두텁지 못한 탓도 있지만 이러한 문제의식을 가진 학자들이 성장하고 있지 않은 탓이라 여겨진다. 대개 자기 전공 분야에 대한 자긍심과 자부심은 전공 분야의 통사(通史)나 전사(全史) 기술에 대한 관심으로 확장되기 때문이다. 이러한 문제에 대한 자각[苦諦]과 진단[集諦]이 있어야 처방[道諦]과 치유[滅諦]의 방법도 모색될 것으로 기대해 본다.

열암의 『한국사상사-불교사상편』은 다루는 시대와 인물의 분량에서 일정한 한계가 있는 저작이지만 현재 단계에서 철학사로서 불학사의 한 모델로서 평가할 수 있을 것이다. 이 저작의 장점과 강점은 불교를 종교학의 분과로서가 아니라 철학의 분과로서 기술했다는 점이라고 할 수 있다. 반면 삼론학의 승랑, 유식학의 원측, 기신학의 원효, 나말여초 선종, 의천의 천태학, 선학의 지눌 등 한국불교의 주요 철학자를 다루고 있기는 하지만 화엄학의 의상, 정토학의 경흥, 비담학의 태현 등등을 다루지 않은 단점과 약점도 엄존하고 있다. 선학의 미진한 부분들은 모두 우리 후학들이 채워야 할 몫이라고 생각해야 할 것이다.

Ⅳ. 지성사로서 불학사: 조명기의 지성과 이념

1. 지성의 역사와 불교 지성

지성이란 "어떤 것에 대해 알거나 이해하고 판단하는 등의 지적 능력"을 가리킨다. 좁게는 "사물을 개념에 의하여 사고하거나 객관적으로 인식하고 판정하는 오성적 능력이나 그러한 정신의 기능"을 의미한다. 넓게는 감각적인 지각작용까지를 포함한 인간의 인식능력을 일컫는다. 그러니까 지성은 오성적 능력이나 정신의 기능 나아가 인간의 인식 능력을 가리킨다. 지성사는 지성의 역사를 일컫는다.

근래에 정치학과 역사학 방면에서 출발한 지성사(Intellectual History)는 역사 속의 언어와 사유를 가장 풍부하게 다루는 사유의 방법이다. 지성사 연구는 역사 속의 행위자가 남긴 발화와 주장을 탐구함으로써 과거를 조망하는 일에 겨냥되어 있다. 지성사의 가장 중요한 역할은 언제나 사람들이 마주하고 있는 쟁점을 더 깊이 파고들 수 있도록 하려는 것이라고 할 수 있다. 지성사는 특히 '언어맥락주의'를 주요한 방법론으로 사용하고 있다는 점에서 저술과 시대 사이의 상호텍스트성을 깊이 고려하는 역사 이해 방식이라고 할 수 있다.[65] 효성 조명기는 언어맥락주의를 주요한 방법론으로 사용하는 지성사의 방법론으로 한국불교사상을 기술하고 있다.

효성은 "종교니, 문화니 하는 것은 그 민족의 자율성과 창의성에 기조를 두지 아니하면 소위 민족문화가 되기 어려운 것"이라며 "종교는 인간의 가장 근원적인 생명의 통일을 그의 본령으로 하는 것"이며, "우리는 별개의 인간이 아니고 전족(全族)의 조직이며, 개생(個生)의 집합이 아니고 총화(總和)의 약동이니 종교의 묘미를 여기서 체득할 수 있다"[66]고 보았다. 그는 우리는 '전족' 즉 온전한 겨레의 조직이며, '총화' 즉 전체를 합하여 모은 총계의 약동이기에 종교의 묘미를 체득할 수 있다고 보았다.

그러면서 효성은 "불교는 인도의 제반문물을 옆에 끼고 아주 전 지역을 활보하여 이르는 곳마다 종교가 되어 신앙생활과 교단구성이 발전되었을 뿐 아니라, 정치 경제에 관련되고, 건축, 공예에 개창되고, 무용 음악에 습속되어, 일대문화권을 형성하였다"고 보았다. 나아가 "진실한 문화는 종교적이며 진실한 종교는 또 문화적이 아니면 안되는 것"이라며 "이 종교적 요구는 인간의 생명의 요구"이고 "생명이란 신심일여(心身一如)적인 것으로 부단히 활동 중 각각 새로운 것을 산출하는 주체를 말하는 것"이라고 보았다. 이러한 그의 시각은 불교가 지닌 종교와 문화로서의 기능과 불교인이 지닌 지성으로서의 면모를 강조하는 것으로 이해된다. 효성은 인도불교와 중국불교 및 일본불교와의 관계 속에서 한국불교의 '역사적 지위'를 분명히 하고 있다.[67]

인도불교는 원시불교의 다음에 소승불교가 비상한 세력을 펴고 그 다음에 대승불교가 일어나서 양자가 병행하였다. 중국불교는 인도에서 대승불교가 일어날 때에 전래하였기 때문에 최초부터 대승불교로서 출발하고 소승불교는 대승의 기초로서의 수학을 할 뿐이며 이것을 궁극이라고 하지 아

---

65) 리처드 왓모어, 『지성사란 무엇인가』, 이우창 옮김(파주: 오월의 봄, 2020), p.5.
66) 조명기, 「서언」, 앞의 책, p.10.
67) 高榮燮, 「효성 조명기의 불교사사상 인식」, 『한국불교사연구』 제3호, 한국불교사학회 한국불교사연구소, 2014.

니하였다. 그리고 전적으로 대승불교의 진의를 추구하는 사이에 당연히 귀결로서 대소승을 합쳐서 일승불교의 이상을 개현하게끔 하였다.[68]

효성은 인도불교는 원시불교 이래 소승불교와 대승불교가 병행하였고, 중국불교는 인도 전래의 대승불교에서 출발하여 대소승을 합쳐서 일승불교의 이상을 개현하였다고 파악하였다. 그리하여 인도불교는 소승에서 대승으로 발전한 것이고 중국불교는 대승에서 일승으로 진전된 것이라고 보았다.

> "소승으로부터 대승에 발전한 것이 인도불교의 특색이라 하면 대승으로부터 일승에 진전된 것이 중국불교의 특질이라 할 수 있다. 물론 인도에 있어서도 일승사상은 대승불교의 본질로서는 주창해 왔으나 이것이 완전한 교리와 실천을 구비하게 된 것은 실로 중국에 있어서 화엄, 천태의 이론과 정토, 선 등의 실천이었다. 그리고 한국불교는 최초부터 일승불교로서 출발하여 혹은 일대승에의 이론까지 전개하여 대소승을 초월한 통불교를 건립하였다. 이것을 중국불교의 전부와 아울러 일본에 보내니 일본에서는 현상 그대로 보존하고 실천을 철저히 하고 있는 것이 그의 특색일 것이다. 다시 말하면 각국 불교는 그 나라의 문화와 민족성을 가미하여 있기 때문에 각각 특수성을 가진 것이니 가령 인도불교를 석존기념적이라 하면 중국불교는 교리연구적이라 하고 일본불교는 보급실천적이라 하면 한국불교는 석존 구원의 이상불교라 할 수 있다."[69]

효성은 한국불교는 최초부터 일승불교로서 출발하여 일대승의 이론까지 전개하여 대소승을 초월한 통불교를 건립하였다고 보았다. 이것을 중국불교의 전부와 아울러 일본에 보내니 일본불교는 이것을 현상 그대로 보존하고 실천을 철저히 하고 있는 특색을 지니고 있다고 보았다. 그리하여 각국 불교는 그 나라의 문화와 민족성을 가미하여 각각의 특수성을 가지고 있다

---

68) 조명기, 앞의 책, p.37.
69) 조명기, 앞의 책, pp.37~38.

고 보았다. 효성은 지성사의 언어맥락주의를 원용하여 인도불교를 '석존기념적' 불교, 중국불교를 '교리연구적' 불교, 일본불교를 '보급실천적' 불교라고 파악하고, 한국불교를 '석존 구원의 이상' 불교라고 정의하였다.

이러한 측면에서 보면 효성이 그의 저서에서 기술하고 있는 신라의 원효, 의상, 원측, 태현, 경흥, 그리고 신라불교를 계승한 고려의 의천을 가장 대표적인 '지성'으로 파악하고 있음을 시사해 주고 있다. 그런데 이들이 모두 종교적 지성이자 문화적 지성이라는 점을 고려하면 그가 지향하는 이상적 지성상이 무엇인지를 파악할 수 있게 된다. 그는 신라와 고려의 철학자이자 사상가로서 보여준 이들의 면모를 '종교적 지성'과 '문화적 지성'으로 읽어 내고 있다는 사실을 알 수 있다.

원효의 '화쟁', 의상의 '화엄', 원측의 '유식', 태현의 '법상', 경흥의 '저서' 그리고 의천의 '천태'의 '언어'가 언어맥락주의에 집중하는 지성사에서 이들 지성의 성격과 특징이 이들 '기호'에 담겨있음을 시사해 주고 있다. 이들의 세계관과 가치관을 형성하고 있는 이들 기호는 여타의 저자들과 상통하지만 원효를 '화쟁'과 경흥을 '저서'로 파악한 것은 이들 지성의 성격에 대한 저자의 관점이자 신라 당시의 관점과도 연속된다는 점에서 방법론으로서 지성사의 방향을 암시해 주고 있다.

2. 방법으로서 불교 지성과 이념

효성은 지성사를 '종교'와 '문화'의 기호로 파악하고 한국 문화의 고유적 기본적 특질을 종교적이고 인륜적인 점에서 찾고 있다. 이것은 종교적인 면이 강한 불교사상과 인륜적인 면이 강한 유교사상의 조화 속에서 지성을 바라보고 지성사를 기술하고자 하는 맥락으로 이해할 수 있다.

효성은 불교의 교의가 구명되어 민족독자적 이론 즉 민족정신의 이념이 명확하게 중외에 표현된 것이니 이것이 곧 한국불교사상이며 이것이 곧 한국문화의 기간(基幹)이 되는 것이라고 하였다. 그리하여 그는 우리의 불교 수용방식은 우리가 가진 바 관심에서부터 행해지는 것이니 즉 그것은 기도적이고 호국적인 것이다[70]고 역설한다. 이처럼 효성은 불교의 교의가 구명되어 민족독자적 이론 즉 민족정신의 이념이 명확하게 중외에 표현된 것이 한국불교사상이고 이것이 곧 한국문화의 기간이라고 있다. 여기서 그는 민족독자적 이론이 곧 민족정신의 이념임을 분명히 하고 있다.

효성은 민족문화는 우리 민족이 문화창조에 노력했다는 것, 즉 창조력을 말하는 것이며, 창조력이 강하면 민족적 특색이 강하게 되어 소위 민족문화가 성립되고 그의 가치가 높아지는 것이라고 보았다. 그는 민족문화는 문화적 가치가 있어야 하며 민족문화는 그 민족의 소산이어야 한다고 보았다. 또 탁월한 가치성을 지닌 고귀한 문화재는 반드시 자동적으로 그의 작자가 소속된 민족성이 내재[71]되기 마련이라고 하였다.

그의 일례로 경주 불국사는 불교적 이념으로서 고유의 소재에 의하여 신라인이 창조한 걸작품이며 이것이야말로 민족 문화재라고 하였다. 결국 민족사상은 민족문화로 자리 잡을 때 비로소 민족정신의 이념이 되며, 우리의 시조 단군이 삼위태백을 내려다 보고 아사달 성지에 창세를 할 때에 '널리 인간을 이롭게 할만하다'[可以弘益人間]라는 건국정신을 천상과 천하에 선언을 하였듯이 이것이 우리나라의 최고이상이며 민족의 지도이념이었다[72]고 보았다. 여기서 효성의 '사상'-'문화'와 '이론'-'이상'-'이념' 개념의 연속성을 보게 된다. 그 이념은 '총화' 또는 '총화성'의 개념으로 이어진다.

더욱이 효성이 파악한 '총화' 혹은 '총화성'이란 개념은 지성사의 언어맥락주의에 부합되고 있다. 효성은 일체의 사물은 총화의 분절이며 총화에서

---

70) 조명기, 앞의 책, p.24.
71) 조명기, 앞의 책, pp.29~30.
72) 조명기, 앞의 책, p.30.

출생하여 각자 생활함에도 불구하고 이 총화와 결부되어 있다고 본다. 그가 얘기하는 총화는 분절에 의해 표현되는 것이며, 총화성은 분절에서 표현되고 분절에서 매개되고 분절에서 생겨난다. 이 때문에 총화성은 총화주의체계의 기본개념[73]이 된다. 그의 총화와 총화성은 이념과 지성의 맥락에서 구명해 볼 수 있다.

> "종교에 있어서는 교학적 과장이 능(能)히 아니고 진실상을 현(顯)하는 것이 임무이다. 종교학은 종교를 철학에서 해방하는 것이며 종교의 실상학(實相學)이라는 것은 교의만능의 학술에서 자기자신으로 돌아오는 것이다. 사리불 목건련 등의 주지(主智)적 불교학자가 대승가(大乘家) 앞에서는 이승(二乘)이라는 배척을 받았고 결국 보살가(菩薩家)가 종교학적 정형(定型)이 되었다. 이것은 결코 학술이 주가 아니고 수행불교가 되기 때문이다. 그러니 총화불교사상의 특징은 아전인수격의 학술을 버리고 먼저 고석(古昔)의 종교적 권위를 부흥하여야 한다. 세계신흥의 민족사회에서는 그 지도자를 고의로 신위(神位)에 봉(奉)하는 것이다."[74]

효성은 종교의 임무는 진실상을 드러내는 것이며, 종교의 실상학은 교의만능의 학술에서 자기 자신으로 돌아오는 것이라고 역설한다. 또 총화불교사상의 특징은 아전인수격의 학술을 버리고 먼저 옛적의 종교적 권위를 부흥해야 한다고 역설한다. 그러기 위해서는 지도자를 일부러 신격의 자리로 받들어야 한다고 하였다. 효성의 주장에 입각해 보면 이러한 지도자는 '종교적 지성'이자 '문화적 지성'이라고 할 수 있을 것이다.

> "총화불교교리라 하는 것은 인간중심으로서는 안 되고 초말신경적 이론으로서도 안 된다. 언제든지 본불중심(本佛中心)이라야 되니 인간은 이 대법해(大法海) 내에서 자기희생의 보살행을 하지 아니하면 안 된다. 이것

---

73) 조명기, 앞의 책, p.225.
74) 조명기, 앞의 책, pp.228~229.

이 대승교학의 출발점이다. 본불(本來)의 절대천계설(絶對天啓說)은 교권재흥의 노력이 주가 된다. 대승교학에 있어서 권위의 사모와 귀일의 갈앙은 총화불교교리의 기초가 된다. 그러니 지말에 주(走)하지 말고 석가에 귀(歸)하는 것이 이 시대의 신대승(新大乘)이 될 것이다. 대석가에 귀일하여 신대승을 작출(作出)한다 함은 불교도 초월한 이면(裡面)의 요구를 말함이다. 불타신관(佛陀神觀)을 철저히 고양할 때에 불법여대해(佛法如大海) 동일함미(同一鹹味) 절대유일신설(絶對唯一神說)에 여합(如合)하여 최후구극의 진여(眞如)에 귀일할 것이다. 실로는 석존도 아니고 불타도 아니고 진여실재(眞如實在)이며 여래여거(如來如去)이다. 불법은 비운(飛雲)과 여(如)하여 동거서래(東去西來)에 동일대공(同一大空)이다."75)

효성이 지성사의 방법으로 기획한 '불교총화성'의 교리는 깊고 넓다. 그것은 인간중심적 이론이나 말초신경적 이론으로는 되지 않는다. 그는 총화성은 '본불중심' 즉 붓다를 근본으로 하는 중심이어야 한다고 역설한다. 그리하여 실제로는 석존도 아니고 불타도 아니고 진여실재이며 여래여거라고 하였다.

효성은 "이론방면보다 실천적 선정방면을 보면 더욱 용이하게 총화성을 발견할 수 있다"며 "선정은 곧 직관이니 본성을 직관하여 여실지견하는 것"이라며 "직관철학으로 인생을 보면 우승열패도 없고 적자생존도 없고 총화공생할 뿐"76)이라고 하였다. "불타신관을 철저히 고양할 때 불법은 큰 바다와 같이 짠맛과 같아질 것"이라는 주장은 주목할 만하다. 이와 같이 수행을 강조하는 측면은 '종교적 지성'과 '문화적 지성'이 바로 '실천적 지성'이라는 점에 잘 부합하고 있다.

이처럼 효성은 지성의 방법으로 총화와 총화성의 이론을 제시하고 있다. 그의 이같은 방법은 오랜 연찬 끝에 나온 깊은 통찰력에서 비롯된 것으로 짐작된다. 이것을 현실에 어떻게 적용하고 어떤 방법으로 원용해 갈 지에

---

75) 조명기, 앞의 책, p.229.
76) 조명기, 앞의 책, p.230.

대해서는 각자의 몫에 달려 있다고 할 수 있다. 이처럼 효성의 방법론 적용과 원용이 개인의 주관적인 판단에 의해서 이루어질 수 있다는 점에서 일정한 어려움이 있다고 생각된다.

V. 사상사로서 불학사: 고익진의 사상과 空觀

1. 사상의 역사와 불교 사상

대개 사상은 인간의 사유체계 혹은 관념체계로 정의된다. 인간은 몸체[身]로 행위를 하고 언어[口]로 소통을 하며 생각[意]으로 사유를 한다. 이 때문에 인간의 몸체와 언어와 생각은 개체 인간의 역사를 이뤄가는 주체이며 이들의 역사는 곧 사회의 역사가 된다. 이 땅에 살던 이들의 역사는 바로 이들의 역사로 자리매김 되었다. 이들이 사유했던 생각들 속에는 이들의 기호와 토양과 언어와 문화 등이 녹아있다. 이것들이 모여서 이들의 사유 체계와 관념 체계를 형성하게 된다.

그런데 이러한 사상이나 관념은 시대를 떠나 존재할 수 없다. 해당 시대가 직면한 과제를 근원적으로 해결하기 위해 드러난 사유 체계 또는 관념 체계가 사상이기 때문이다. 그런데 그 시대에 부딪친 당면 과제를 근원적으로 해결하기 위해서는 그 시대의 가치관이나 세계관에 의거해서 문제를 해결해야 한다. 대개 그 시대의 가치관이나 세계관은 종교적 진리와 철학적 사유와 긴밀하게 연결되어 있다. 이러한 가치관과 세계관을 한국사상에서 찾아보게 되면 아마도 종교적 진리로서 불교사상과 철학적 사유로서 유교사상에 의거하게 될 것이다. 병고 고익진은 이러한 한국사상의 지형 속에서 한국의 불교사상을 '공관(空觀)'의 방법으로 천착하였다. 그는 공의 중요성과 공의 난해성으로 공 개념을 설명하고 "공이 이렇게 난해하기 때문에 그것을 체계적으로 이해하려는 노력이 이루어졌다"[77]고 보았다.

병고는 한국사상 속에서 종교적 진리와 철학적 사유에 입각하여 근원적 사유를 찾고자 했다. 그는 역사를 움직이는 근본적인 힘이 무엇인지, 그런 힘에 의해 형성되는 역사는 어떤 의미를 지니는지[78]에 대해 깊게 생각하였다. 그가 주목한 것도 유자인 이규보와 불자인 일연의 역사인식이었다. 역사창조의 근본적인 힘을 '비합리적 신성 관념'으로 보는 점은 「동명왕편」의 저자였던 이규보와 『삼국유사』의 찬자였던 일연이 상통하는 지점이라고 할 수 있다. 하지만 이들은 각기 입각지와 지향점이 조금씩 달랐다.

이규보는 고대의 무교적인 하늘임 관념을 동명왕 1인에 한정시켜 읊었다. 아마도 장편 서사시의 이름과 그를 통해 구현하려고 한 고구려의 기상을 담으려다 보니 그랬을 것이다. 이와 달리 일연은 고대의 무교적인 하늘임 관념이 불교의 수용으로 불교화한 역사적 사실을 인식하고 그러한 인식에서 단군신화에서 시작되는 한민족 전체의 신앙영이(信仰靈異)의 역사를 엮어나갔다. 그리하여 일연의 역사의식은 원나라의 지배 아래 신음하고 있던 우리 민족의 주체성 회복을 열렬하고 순수한 불교 신앙력에 기대하고 있었던[79] 것으로 추정된다.

이러한 역사인식은 자연스럽게 철학인식으로 이어진다. 한국불교의 역사적 현상에서 핵심적인 본질을 형성하고 있는 것은 한국 불교철학 사상이다. 사상사는 사상의 역사라는 점에서 사상에 가까운 철학과 상응하게 된다. 이렇게 되면 고구려 승랑의 삼론학과 신라 원측의 유식학과 원효의 기신

---

77) 고익진, 앞의 책, p.122,
78) 고익진, 「서문」, 『한국의 불교사상』(서울: 동국대출판부, 1987), p.iv. 저자는 정신사관에 대한 가설적 정의를 내리고 그런 관점에서 한국불교 1500년사를 재조명해 보고 있다.
79) 고익진, 위의 글, 위의 책, p.v. 이 책은 저자가 쓴 「한국불교의 정신사적 해석」, 「일연의 역사의식과 단군신화」, 「한국 불교철학의 원류와 전개」, 「불교윤리와 한국사회」라는 네 편의 논문을 엮은 것이다.

학80), 의상의 화엄학, 경흥의 정토학, 태현의 법상학, 고려 의천의 천태학과 지눌의 선학 등의 대승불교철학이 지닌 독창성을 살피는 작업과 자연스럽게 상응하게 될 것이다.

뇌허 김동화는 유교사상과 도교사상을 거론하면서 고구려와 백제와 신라의 불교사상을 개관하고 통일신라 이후의 불교사상계와 신라 말기의 불교사상계를 연구하였다. 그런 뒤에 그는 '한국불교의 재정리의 필요성'에서 한국불교의 현실과 한국불교의 역사와 민족성 및 세계 각 불교국에서의 신앙경향, '한국불교의 당위문제'에서 종합 재정리의 한계 및 종합 재정리의 방법론으로 분석하였다.

열암 박종홍은 승랑의 인식방법론과 본체론, 원측의 유식철학, 원효의 철학사상, 나말여초의 정신적 추세, 의천의 교관병수와 주체적 전통, 지눌의 사상을 탐구하였다. 효성 조명기는 원효의 화쟁, 의상의 화엄, 원측의 유식, 태현의 법상, 경흥의 저서를 궁구하였다. 병고 고익진은 대승반야경의 공 개념, 승랑의 중관적 공관, 원측의 유식적 공관, 원효의 화엄적 공관, 지눌의 선적 공관으로 참구하였다. 이들 네 사람은 각기 저마다의 방법으로서 한국불교사상에 대해 궁구하였다.

2. 방법으로서 불교 사상과 공관

불교사상을 방법적으로 연구하기 위해서는 방법적 전제가 요구된다. '방

---

80) 高榮燮, 「한국 기신학의 지형과 내용」, 『불교학보』 제86집, 동국대학교 불교문화연구원, 2018; 高榮燮, 「분황 원효의 일심사상」, 『선문화연구』 제23집, 한국선리연구원, 2018. 기신학은 동아시아 불교사상가들이 펴낸 228종의 『대승기신론』 관련 주석서에 대한 연구와 원효가 보여준 일련의 『대승기신론』 연구를 일컫는 학문적 체계를 가리킨다. 그는 『대승기신론별기』에서 중관과 유식의 종합 지양, 『대승기신론이장의』에서 망식인 아뢰야식으로서 일심과 진망화합식인 여래장으로서 일심, 『대승기신론소』에서 여래장과 적멸(불성)로서 일심, 『화엄경소』의 진심으로서 화엄 일심, 『금강삼매경론』의 선법의 본법으로서 일심 등으로 기신사상을 펼치고 있다.

법'은 어떤 일을 해나가거나 목적을 이루기 위한 수단이나 방식을 일컫는다. 마찬가지로 학문에 있어서도 해당 주제를 엄밀하게 논증해 나가기 위해서는 방법이 요구된다. 이 때문에 학문적 방법은 해당 주제를 종합적이고 입체적으로 보기 위한 앵글이자 렌즈가 된다.

열암 박종홍은 "중도는 불교의 궁극적인 진리를 의미하는 것이요, 이 중도를 밝히는 방법으로 이제를 합론하는 방법을 쓴다"고 보았다. 그는 "진리를 드러내는 방법 또는 파악하는 방법을 인식 방법이라고 하고 승랑의 독특한 인식 방법은 '이제합명중도'라는 방법"[81]이라고 보고 있다. 이러한 방법은 저마다 불교사상을 분석하기 위한 방법론적 시도라고 할 수 있다.

그리하여 제일[初重]은 유(有)를 세제로 하고 무(無)를 진제로 하는 것[세제-說有/ 진제-說無], 제이[兩重]는 설유설무(說有說無)의 이(二)를 세제로 하고 비유비무(非有非無)의 불이(不二)를 진제로 하는 것[세제-說有說無를 아우른 것/ 진제-非有非無의 不二를 설하는 것], 제삼[三重]은 유무(有無)의 이(二)와 비유무(非有無)의 불이(不二)를 세제로 하고, 비이(非二) 비불이(非不二)를 진제(眞諦)로 하는 것[세제-有無의 二와 非有無의 不二를 설하는 것/ 진제-非二와 非不二를 설하는 것]으로 방법을 시도하고 있다. 그는 이것이 승랑 이래 산문상승의 이제합명중도의 요령이라고 하였다.

병고는 『한국의 불교사상』 중 제3장의 '한국 불교철학의 원류와 전개'에서 여러 불교사상을 대승불교의 가장 핵심적인 개념인 '공관'에 입각하여 그것들의 사상적 특징을 밝히고 있다. 공관은 임시적으로 실체가 있다고 보는 유관(有觀)과 실제적으로 실체가 없다고 보는 무관(無觀)을 넘어서 실체가 '비어있는' '공'(空)의 관점(空觀)으로 대상을 바라보는 방법이다. 그는 대승불교에서 윤리적 행동의 정신기반이 되는 공 개념에 주목하여 '공관'의 방법으로 여러 불교사상을 조망하고 있다.

---

81) 박종홍, 「인식방법론(이제합명중도설)」, 앞의 책, pp.40~41.

병고는 "공이라는 개념은 대승불교에서 사물을 보는 기본적인 안목을 대표하며, 모든 법의 실상을 드러내는 핵심적인 개념"[82]이라고 보았다. 그런데 이 '공'은 인-연-과의 관계로 서로 존재하는 사물에는 본래 실체가 없다는 의미로 통용되어 왔다. 저자는 연기 무자성 공성으로 이어지는 대승불교의 철학을 '공관'으로 보고 공관의 방법론으로 불교사상을 조망하고 있다. 직접 원인인 '인'과 간접 조건인 '연'에 의해 생겨난 '과'는 연기된 제법이기에 그 자체에는 고유성이 없고 실체성이 없다. 병고는 '공'이라는 잣대로 모든 사물을 파악하는 '공관'으로서 한국불교사상을 구명하고 있다.

이처럼 병고는 대승불교의 핵심 철학인 '공관'에 입각하여 이들 사상의 연원과 체계를 이해하는데 집중하였다. 그리하여 그는 연기 즉 공에 입각한 승랑의 이제중도적 공관, 3성과 3무성으로 공유(空有)를 화회한 원측의 유식 공관, 중관과 유식을 종합 지양한 원효의 화엄적 공관, 그리고 지눌의 선적(禪的) 공관을 대승불교의 사상사적 맥락에서 탐구하여 한국불교사상의 정맥으로 자리매김하고 있다. 여기서 원효가 『기신론』을 중관과 유식을 종합하고 지양하는 논서라고 평가한다는 저자의 견해는 반론도 있었다.[83]

병고의 저서는 Ⅳ장으로 이루어진 선행 논문 4편의 집성이라는 점과 그 중 Ⅲ장인 '한국 불교철학의 원류와 전개' 속에서 대승반야경의 공 개념의 정의와 방법론 원용 뒤에 승랑, 원측, 원효, 지눌의 사상까지만 조명하였다는 점에서 아쉬움이 있다. 고중세 사상가들 중 이들 4인 이외 신라의 의상, 태현, 경흥, 둔륜, 고려의 균여, 의천, 태고, 나옹 등의 대표적인 사상가들이 다뤄지지 않은 점이다. '한국불교사상'이라는 기획 아래 이루어진 저술이 아니었기 때문이라고 할 수 있다.

---

82) 고익진, 「대승반야경의 공 개념」, 앞의 책, p.114.
83) 박태원은 원효의 『대승기신론별기』의 대의문과 『대승기신론소』의 대의문을 엄밀하게 분석하여 『별기』를 쓸 시절의 원효의 과제가 중관과 유식의 종합 지양이었다면, 『대승기신론소』를 쓸 시절의 과제는 유식과 여래장의 통섭이었다고 밝히고 있다. 『대승기신론사상의 연구(I)』(서울: 민족사, 1995).

지금까지 간행된 한국불학사 관련 서적은 뇌허 김동화의 불교와 일심의 이해를 위한 방법인 '사강'과 '사교', 열암 박종홍의 철학으로서 '인식'과 '논리', 효성 조명기의 '지성'과 '이념', 병고 고익진의 '사상'과 '공관'과 같은 나름의 방법론에 입각하여 기술되었지만 사상사로서 불학사가 기술되기 위해서는 '이제합명중도'와 '공관' 등과 같은 한국불교사상 연구를 위한 방법론의 수립이 요구된다. 새로운 '한국불교사상' 관련 기술은 선행 저서들이 지니고 있는 한계를 비판적으로 극복하면서 동시에 그들 저서들이 지닌 강점과 장점을 계승하고 약점과 단점을 보완해 가는 방향으로 진행해 가야 할 것이다.

단지 "각 사상유형의 일반적 의미를 추출해 내는 학설사" 내지 개념사적인 접근을 넘어서면서도 "유교와 불교 등 각 사상유형에서 추상적인 개념을 추출하고, 그것에 씌워져 있는 각 사상유형의 외피를 벗겨내고 당시 사람과 당시 사회에서 갖는 실질적인 의미를 밝혀내는" 철학사의 작업에 상응하는 불교의 자내적인 시각과 불교의 주체적인 관점에 기초한 국학 혹은 한국학으로서 불학사의 기술이 요청되기 때문이다.

VI. 결 어

인문학 불교학의 전공 교재를 간행하려면 교과 과정을 수립하고 전공 교재를 준비해야 한다. 전공 교재를 편찬하려면 구성 목차와 수록 내용을 기획해야 하고 구성 목차와 수록 내용은 서로 부합해야 한다. 구성 목차는 학습 과정을 보여주는 지형도가 되며, 수록 내용은 전공 과정을 담아내는 콘텐츠가 된다.

뇌허 김동화의 교학사에서 '사강'과 '사교', 열암 박종홍의 철학사에서 '인식'과 '논리', 효성 조명기의 지성사에서 '지성'과 '이념', 병고 고익진의 사상사에서 '사상'과 '공관'의 기호들은 한국불학사 기술을 위한 방법들이라는 점에서 주요한 참고가 될 수 있다. 『한국불교사상』 관련 저서들을 펴낸 이들 저자들의 학문적 방법에 입각한 구성 목차와 수록 내용은 후행 연구를 위한 비판적 검토의 대상이 될 것이다. 나아가 새로운 목차를 구성하고 필요한 내용을 수록하는 과정에서 하나의 지남이 될 수 있을 것이다.

새로운 목차는 교학사로서 불학사, 철학사로서 불학사, 지성사로서 불학사, 사상사로서 불학사를 지향하면서 이러한 불학사를 통섭할 수 있는 시야를 제공해 줄 것이다. 새로운 불학사 기술에 유념해야 할 사항은 통사에서 요청되는 사관을 전제로 하면서 인물, 주제, 학파, 쟁점 등의 주요 분야를 통섭하는 역량의 확보일 것이다. 그렇게 될 때 새로운 『한국불학사』 혹은 『한국불교철학』 또는 『한국불교사상』은 전문성과 대중성이 만날 수 있는 접점을 확보하고 통로를 모색해낸 통사가 될 수 있을 것이다.

따라서 새로운 '한국불교사상' 관련 기술은 선행 저서들이 지니고 있는 한계를 비판적으로 극복하면서 동시에 그들 저서들이 지닌 강점과 장점을 계승하고 약점과 단점을 보완해 가는 방향으로 진행해 가야 할 것이다. 여기에서는 선행 '한국불교사상' 관련 저술들의 비판적 검토를 통해 교학사, 철학사, 지성사, 사상사의 성격을 종합한 새로운 전공 교재의 '구성 목차'와 '수록 내용'을 작성해 본다.

서설: 한국불학사를 어떻게 기술할 것인가?
　　　중도사관과 시대구분: 교학사, 철학사, 지성사, 사상사로서 불학사의 통섭
　　　사국과 남북국 및 고려와 조선 그리고 대한 시대 불학의 내용과 특징

제1장. 사국시대: - 업설과 연기설

고구려불학 백제불학 가야불학 신라불학의 내용과 특징
전래 수용 공인 유통의 과정

승랑의 어교이제설
의연의 지론 사상
보덕의 열반 사상
현광의 법화 사상
혜현의 삼론 사상
겸익의 계율 사상
수로와 질지의 불교 공인
원광의 생태 인식
안함의 호법 인식
자장의 호국 인식

제2장. 남북국시대: 중도불학의 지형도와 방법론
통일신라불학 대(진)발해불학 후삼국불학의 내용과 특징
– 교학과 선학의 논변과 과제

원측의 구유식과 신유식 인식
신방의 지장경 인식
원효의 일심 이해
의상의 성기 이해
경흥의 정토 사상
의적의 법화와 정토 인식
태현의 유식론과 약사경 인식
둔륜의 유가사지론과 해심밀경 인식
법일의 정토 인식
표원의 화엄 인식
견등의 기신 인식
칠산 선문과 이산 선문의 성립
현소의 법화 인식

제3장. 고려시대: 교학과 선학의 대립과 전환

고려불학의 내용과 특징 – 교학에서 선학으로 전환

의통의 전법과 지종의 법안선
제관과 탄문의 천태와 화엄
균여와 의천의 화엄과 천태종 개립
지눌의 조사선풍과 혜심의 간화선풍
일연의 조동선과 백운의 무심선
태고의 자심 선풍과 나옹의 무심 선풍
무학의 나옹 계승과 혼수의 태고 계승

제4장. 조선시대: 선 수행 중심의 선교 통합 – 자생불교와 자립불교
조선불학의 내용과 특징 – 선학에 교학까지 겸수

기화와 보우의 유교 인식
벽계와 벽송의 선법 사상
일선과 영관의 선법 인식
휴정과 부휴의 삼교 회통과 간화선
유정의 영명-목우자-강월헌 법통설
편양의 임제-태고 법통설
벽암과 환성의 선법 이해
백파 긍선과 초의 의순의 임제 삼구 인식
영산 경순과 허주 덕진
경허 성우의 조심선

제5장. 대한시대: 교학의 재정비와 선법의 현대화
대한 불학 대일항쟁기 불학, 남한 불학, 북한 불학의 내용과 특징
– 교학의 부흥과 선법의 정비

용성과 만해의 애국 사상
이능화와 영호의 역사 인식
만공과 구하의 독립 운동
한암과 경봉의 선법 이해
효봉과 운허의 선법 인식

육당과 춘원의 민족 이해
백성욱과 김법린의 불교 인식
청담의 정화와 구산의 보조 선양
성철과 향곡의 선법 이해
서옹과 탄허의 선과 화엄
일엽과 대행의 불교 인식
벽초와 혜암(현문)의 선법 인식
법전과 혜암(성관)의 선법 이해
법정의 무소유 가풍과 오현의 만해 선양

결어: 한국불학사를 어떻게 이해할 것인가?

제1책

김동화, 『한국철학사상사』(상, 유인본, 1960?)
→ 삼국의 불교사상 부분은 『삼국시대의 불교사상』으로 수렴.

서론
　제1장 국토환경
　제2장 민족의 원류
　제3장 국가형태의 변천

본론
　제1편 외국사상의 수입시대
　　제1장 중국사상의 개요
　　　제1절 유교의 사상
　　　제2절 도교의 사상
　　　제3절 고구려의 유교 급 도교의 수입
　　　제4절 백제의 유교 금 도교의 수입
　　　제5절 신라의 유교 급 도교의 수입
　　제2장 인도사상의 개요
　　　제1절 본체의 문제
　　　제2절 유정론 (수기론)
　　　제3절 중생교화론 (치인론)
　　　제4절 정토론 (국가론)
　　　제5절 소결
　　　제6절 삼국의 불교수입

제2편 외래사상의 연구시대

　제1장 고구려의 불교연구

　　제1절 불교사의 연구

　　제2절 삼론학의 연구

　　제3절 설일체유부학의 연구

　　제4절 열반학의 연구

　제2장 백제의 유교연구

　제3장 백제의 불교연구

　　제1절 백제 율종의 창시

　　제2절 삼론학의 연구

　　제3절 성실학의 연구

　　제4절 백제불교문화의 일본전달

　제4장 신라의 불교연구

　제5장 불교의 진호국가사상의 발현

　제6장 화랑도 구성의 기본사상

김동화, 『삼국시대의 불교사상』(서울: 민족문화사, 1987).

간행사

일러두기

고구려시대의 불교사상

　1. 서설

　2. 불교 수입 당시의 사상계

　3. 불교교단사의 개관

　4. 불교사상의 개관

　　1) 수입 초기의 불교사상

　　2) 말기 불교의 연구상태

　　3) 삼론학의 연구

　　　(1) 진속이제에 관한 견해

(2) 삼종론설

4) 설일체유부의 연구

5) 열반종의 연구

6) 천태학의 연구

백제시대의 불교사상

1. 서설

2. 불교 수입 당시의 사상계

3. 불교 교단사의 개관

4. 불교사상의 개관

    1) 초기의 불교사상

    2) 백제의 율종 창시

    3) 열반학의 연구

    4) 삼론학의 연구

    5) 성실학의 연구

5. 백제불교가 일본에 미친 영향

신라시대의 불교사상

1. 서설

2. 불교 수입 당시의 사상계

3. 불교교단사의 개관

    1) 불교의 수입문제

    2) 통일기까지의 교단 발전

4. 초기의 불교사상계

    1) 묵호자 소전의 불교사상

    2) 아도 소전의 불교사상

    3) 법흥왕 이후의 불교사상

5. 통일 이전의 불교사상계

    1) 신라의 불교연구

    2) 진호국가사상의 발전

        (1) 백고좌법회의 의의

        (2) 사천왕사 건립의 의의

        (3) 팔관재회 虔修의 의의

    3) 화랑도정신의 기본사상

  6. 통일 이후의 불교사상계

    1) 이론적 제종의 사상

        (1) 설일체유부의 사상(실재론적 사상)

        (2) 성실종의 사상(공사상)

        (3) 삼론종의 사상(중도사상)

        (4) 섭론종의 사상(원시유식사상)

        (5) 열반종의 사상(인격주의적 사상)

        (6) 법화종의 사상(실상철학)

        (7) 법상종의 사상(유식철학)

        (8) 화엄종의 사상(법계연기사상)

        (9) 소결

    2) 실천적 제종의 사상

        (1) 미륵불의 신앙사상(도솔왕생주의)

        (2) 율종의 실천사상(도덕궁행주의)

        (3) 미타의 정토사상(극락왕생주의)

        (4) 진언종의 사상(즉신성불주의)

        (5) 선종의 사상(현신성도주의)

        (6) 소결

  7. 신라 말기의 불교사상계

김동화, 『한국불교사상의 좌표』(서울: 불교시대사, 2002).

헌사

Ⅰ. 한국불교 재정리의 필요성

  1. 한국불교의 현실

2. 한국불교의 역사와 민족성

3. 세계 각 불교국에서의 신앙 경향

Ⅱ. 인도불교의 특징

　1. 원시불교

　　1) 불교의 시원

　　2) 순수교법의 불교

　　3) 이장통의(二藏通依) 삼학병수(三學并修)의 불교

　2. 부파불교

　　1) 부파의 분열

　　2) 소의의 전적

　　3) 사상적 특징

　3. 소승불교

　　1) 소승불교의 성립

　　2) 교리의 정리·조직

　　3) 초세속적인 불교

　4. 대승불교

　　1) 대승불교 발생의 원인

　　2) 대승 삼장의 성립

　　3) 발전의 교리

　　4) 불교의 대중화

　5. 소결론

Ⅲ. 중국불교의 특징

　1. 수입기의 불교

　2. 연구기의 불교

　　1) 비담학　　　　　2) 성실론 연구

　　3) 반야 연구　　　　4) 삼론학

　　5) 지론학　　　　　6) 섭론학

　　7) 법화 연구　　　　8) 열반경 연구

    9) 정토 사상의 유포
  3. 여러 종파의 분립
    1) 원시교판론의 유형
    2) (인도) 논사의 교판사상
    3) 중국 논사의 교판설
  4. 종파불교의 장단점

Ⅳ. 한국불교의 당위문제
  1. 종합 재정리의 한계
  2. 종합 재정리의 방법

Ⅴ. 종합적 불교 통일의 원리론
  1. 4강설 각론
    1) 불교의 시대관
    2) 불교의 중생 근기관
    3) 포교의 지역관
    4) 교법설
  2. 4교설 각론
    1) 믿음의 불교   2) 이해의 불교
    3) 실행의 불교   4) 증득의 불교

후기
연보 및 주요논저

제2책

박종홍, 『한국사상사: 불교사상편』(서울: 서문당, 1972; 1999).

머리말
序論 - 한국사상연구의 구상
緖論 - 난제와 의도

I. 高句麗 僧朗의 認識方法論과 本體論
  1. 삼론종의 선구
  2. 인식방법론
  3. 본체론

II. 圓測의 唯識哲學
  1. 원측의 학적 위치
  2. 자은종파의 시기
  3. 근본적인 연구태도
  4. 독자적인 견해

III. 元曉의 철학사상
  1. 화쟁의 논리
  2. 각의 원리
  3. 각의 방법
  4. 무애의 구현

IV. 羅末·麗初의 정신적 추세
  1. 개관
  2. 풍수도참 사상
  3. 자칭 미륵불의 출현에 이르기까지
  4. 선조의 도입

V. 義天의 敎觀幷修와 주체적 전통
  1. 교관병수
  2. 전통의 확립과 주체성의 선양

VI. 知訥의 사상
  1. 회광반조
  2. 돈오점수

3. 정혜쌍수

4. 무사로 계동

5. 회향의 보현행

추기

조명기, 『신라불교의 이념과 역사』(서울: 신태양사, 1962; 경서원, 1982).

001. [통설]

002. 국사와 불교

003. 고유문화와 불교

004. 역사적 지위

005. [창시기의 활동]

006. 불교의 전래

007. 초전불교의 내용

008. 연학의 지반

009. 전파의 역량

010. [발전기의 학귀]

011. 불교의 흥륭

012. 원효의 화쟁

013. 의상의 화엄

014. 원측의 유식

015. 대현의 법상

016. 경흥의 저서

017. [신라불교 지향의 일반]

018. 불교와 총화성

019. 십문화쟁의 논거

고익진, 『한국의 불교사상』(서울: 동국대출판부, 1987).

I. 한국불교의 정신사적 해석
  1. 정신사관의 가설적 정의
    1) 정신의 작용
    2) 역사의 의미
    3) 역사적 관점
  2. 정신사관에서 본 한국불교
    1) 시대구분
    2) 초전기불교의 국가적 전개
    3) 대승교학의 연구와 화엄사상
    4) 신라 하대의 선(禪) 전래
    5) 고려초의 신라불교 계승
    6) 교학의 흥륭과 그 방향
    7) 결사운동의 전개
    8) 고려말의 임제선 도입
    9) 조선 전기의 척불과 흥법
    10) 태고법통의 등장과 그 계승

II. 일연의 역사의식과 단군신화
  1. 동명왕편의 역사의식
  2. 삼국유사의 체제와 찬술의도
  3. 단군신화의 형성과 일연의 관점
  4. 합리적 도덕 사관의 인용

III. 한국 불교철학의 원류와 전개
  1. 대승반야경의 공(空) 개념
    1) 공의 중요성

2) 공의 난해성

3) 체계적 이해

2. 승랑의 중관적 공관

1) 한국불교철학의 원류

2) 약교이제의 설

3) 중도위체의 설

3. 원측의 유식적 공관

1) 신유식의 선양

2) 제9아마라식의 문제

3) 원융실상에 대한 견해

4) 삼무성에 대한 견해

5) 전의에 대한 견해

6) 중관·유식의 화회

4. 원효의 화엄적 공관

1) 한국 땅의 불교 철학

2) 중관·유식의 비판

3) 기신론의 지혜

4) 각과 불각의 모습

5) 금강삼매의 실천

6) 삼대와 보법의 세계

5. 지눌의 선적 공관

1) 결사운동의 전개

2) 돈오점수의 설

3) 화엄사상의 도입

4) 무자(無字) 이 무엇고

6. 결론

Ⅳ. 불교 윤리와 한국 사회

1. 불교의 윤리적 교설

1) 선업과 악업

2) 정도와 사도

3) 보시·지계의 대승적 전개

4) 궁극적 깨달음의 윤리

2. 한국사회에 정착된 불교 윤리

1) 인과응보의 설

2) 보시 사상

3) 보은 관념

4) 보살계 정신

3. 불교윤리의 현대적 의의

1) 현대적 윤리사상

2) 자유와 책임

3) 민주적 국가이념

4. 맺는 말

신라 원측(圓測) 유식과 당대 규기(窺基)
유식의 동처와 부동처

I. 서 언

신라 유식과 당대 유식의 동처와 부동처에 대해 살펴보기 위해서는 인도 불교와의 긴밀한 관계 속에서 고찰할 수밖에 없다. 삼국 통일 이전의 신라 불교는 인도불교가 주요 담론이며 통일 이후에는 인도불교 뿐만 아니라 중국불교의 담론이 부가되고 있기 때문이다. 기원을 전후한 시기에 전법승과 상인들에 의해 중국에 전래된 이래 불교는 다양한 학파를 거쳐 점차 종파로서 자리를 잡아갔다. 삼론과 열반 및 구사(비담)와 성실을 거쳐 지론과 섭론 및 자은(법상)과 율학과 밀학 그리고 천태와 화엄 및 정토와 선법은 중국불교의 최종적 주자로서 확고하게 뿌리를 내렸다. 이 중에서 자은(法相)은 중국불교의 최종 주자인 천태와 화엄 및 정토와 선법처럼 완주하지는 못했지만[1] 7세기 전후에 크게 제기되었던 동아시아 불교의 심식(心識) 논변을 주도했다.

17년에 동안의 인도 유학을 마치고 돌아온 현장(玄奘, 602~664)에 의해 많은 경론이 번역되면서 당대 유식(법상)은 종래의 심식이론에 대한 다양한 해석의 지평을 열어나갔다. 특히 인도의 유가행 유식을 중국의 심식이론으로 재해석한 규기(窺基, 632~682) 이래의 법상유식은 범부의 인식과 마음의

---

1) 물론 淸末民國 초에 南京의 金陵刻經處를 중심으로 일어났던 불교 근대화 노력의 이념적 근간이 불교 唯識이었다는 점은 또 다른 차원에서 검토해야 할 것이다. 고영섭, 「한중일 삼국의 근대불교학 연구방법론」, 『불교학보』 제51집, 동국대학교 불교문화연구원, 2009, pp.165~187.

근거와 관계를 해명하는 식론(識論)을 주요 담론으로 삼았다. 즉 아뢰야식을 중심으로 하는 식론이 범부의 마음과 미혹한 현실세계에 대한 이론적 분석에 치중하고, 요가 수행을 통해 체험한 내용을 이론화한 유가행(瑜伽行)은 깨달음으로의 실천적 전환에 집중하는 반면, 삼성론(三性論)은 식론과 유가행을 통일적으로 파악하는 사고방식을 제시했다. 해서 존재의 세 가지 본성[三性論]의 하나인 변계소집(遍計所執)의 세계를 의타기(依他起)로서 인식하는 이론적 측면이 식론이라면, 변계소집에서 원성실성(圓成實性)으로 전환하는 실천적 측면은 유가행으로 볼 수 있으며, 바로 이런 점에서 삼성론은 불교 유식의 체계를 총체적으로 드러내는 것이라고 할 수 있다.[2]

유가행 유식의 궁극적 지향은 번뇌가 있는 미혹의 인식[有漏識]을 전환시켜 번뇌가 없는 깨침의 지혜[無漏智]를 얻는 것이다. 이를 위해 유가사들은 오랫동안 보살지와 성문지를 닦아왔다. 유가사들은 자량위(수행의 시작)로부터 가행위(수행의 진전), 통달위(지혜의 개화), 수습위(지혜의 숙성), 구경위(수행의 완수)에 이르는 수행의 과정을 몸소 경험하였다. 동시에 유식 논사들은 세친의 『유식삼십송』을 유식경(境)-유식행(行)-유식과(果)의 체계로 분류하면서 이론적 근거를 확보하였다. 보리유지 삼장은 동아시아에 보살지와 성문지의 수행계위와 이론체계를 처음으로 소개하였다. 이후 7~8세기 동아시아 불교사상사는 황금기였다. 현장 삼장이 번역한 6경 11론[3]의 신역(新譯) 경론(經論)에 기초하여 규기는 자은(법상)종을 창종하였다. 자은 현장과 규기로부터 혜소(惠沼)와 지주(智周)로 이어지는 자은학통과 문아 원측(文雅圓測, 613~696)과 도증(道證)/승장(勝莊)/자선(慈善)으로부터 태현(太賢)으로 이어지는 서명학통을 비롯하여 장안 관정(長安灌頂, 561~632)과 형계 담연(荊溪湛然,

---

2) 上山春平 외, 『佛敎의 思想』, 박태원·이영근, 『불교의 역사와 기본사상』(대원정사, 1989), p.234.
3) 『화엄경』 『심밀경』 『여래출현공덕장엄경』 『아비달마경』 『능가경』 『후엄경』 등의 6경과 『유가사지론』 『현양성교론』 『장엄론』 『집량론』 『섭대승론』 『십지경론』, 『분별유가론』, 『관소연론』, 『이십유식론』, 『변중변론』, 『집론』 등의 11론이다.

711~782)으로 이어지는 천태종, 두순(杜順)과 지엄(智儼, 602~668)으로부터 법장(法藏, 643~712)과 징관(澄觀, 738~839)과 종밀(宗密, 780~841)로 이어지는 화엄종, 여산 혜원 이후 노(혜)안老(慧)安과 법조(法照) 등으로 이어지는 정토(염불)종, 달마(達磨) 이래 혜가(慧可)와 승찬(僧瓚) 그리고 도신(道信)과 홍인(弘忍) 문하의 신수(神秀)/지선(智詵)/혜능(慧能, 638~713)으로 이어지는 선종이 꽃을 피웠다. 이러한 황금시기가 만들어지기까지는 현장계 자은학통과 원측계 서명학통이 소통시킨 인식[識]과 마음[心]의 담론이 커다란 역할을 하였다.

원측은 신라 왕손 출신으로서 3세에 출가하여 15세에 당나라에 들어가 84세에 불수기사(佛授記寺)에서 삶을 마감했다. 그는 신역가인 현장이 호법(護法)의 학설을 중심으로 합유(合糅) 편역(編譯)한 신역 유식의 소의논서인 『성유식론』에 대한 최초의 주석서인 『성유식론소』(659, 10권[4])를 필두로 평생 동안 23부 90여권을 저술했다. 특히 원측은 『성유식론별장』(3권), 『성유식론찬요』(20권), 『성유식론응초』, 『성유식론광초』 등을 저술했지만[5] 현재 이들 주석서들은 모두 전해지지 않는다. 때문에 종래의 연구들은 주로 그의 다른 대표작인 『반야심경찬』과 『해심밀경소』 및 『인왕경소』를 통해 그의 인간 이해와 세계 인식에 대해 논구해 왔다. 그런데 근래에 당송시대 동아시아 유식가들의 저술에 인용된 그의 논의를 집일한 『성유식론측소』가 이미 오래 전에 간행되어 국내에도 소개[6]되어 있다. 반면 규기는 출가한 뒤 현장 문하에서 역경과 강론을 하면서 자은(법상)종을 창종하였다. 그는 현장이 합유 편역한 『성유식론』에 대한 주석서인 『성유식론술기』(20권)를 비롯

---

4) 고려 의천(1055~1101)이 국내외에서 수집한 1010종(부) 4749권의 저술을 목록화한 『신편제종교장총록』(전3권)의 권3에는 원측의 『성유식론소』가 20권(上下十卷) 또는 10권(或十卷)으로 적혀 있어 의천 당시까지 이 저술이 현존하고 있었음을 알 수 있다.

5) 고영섭, 『한국불교 서명문아(원측)학통 연구: 문아대사』(불교춘추사, 1998), p.99.

6) 『成唯識論測疏』는 支那內學院의 편집자가 당송시대의 저술에 수록된 遺文을 輯逸하여 『성유식론』의 차례에 따라 편집하고 1938년 중국 북경의 불학서국에서 간행하였다. 고영섭, 「문아 원측 『성유식론소』의 연구」, 『문학 사학 철학』 제14호, 2008년 가을, 대발해동양학 한국학연구원 한국불교사연구소, 2008년 가을, pp.108~122.

하여 『성유식론장중추요』(4권), 『성유식론요간』(2권), 『성유식론별초』(10권) 등 50여권의 저술을 지어 '백본소주'(百本疏主)라고 불렸다. 여기에서는 원측의 『성유식론측소』(輯逸本)를 비롯하여 그의 현존 저술과 규기와 혜소 등의 저술과의 대비를 통해 신라 유식과 당대 유식의 동처와 부동처에 대해 살펴보고자 한다. 논의의 기술상 원측과 규기의 동처(같은 점)인 교판론[三法輪]과 심분설[四分說7)] 및 심식설[8識說] 등에 대해서는 생략하고 주로 부동처(다른 점)인 '삼성론과 식론'[唯識觀]과 '무상 유식과 유상 유식'[空觀] 및 '일성개성과 오성각별'[佛性觀]과 '평등과 차별의 인간 이해'[修行觀] 등을 중심으로 살펴보고자 한다.

Ⅱ. 삼성론과 식론

  불교 유식은 원인과 조건에 의한 결과로서 우리 눈앞에 던져진 존재를 어떻게 인식할 것인가라는 물음에서 출발한다. 유식에서는 이 존재를 의타기성과 변계소집성과 원성실성의 세 가지 속성(상태)으로 구분하여 해명하고 있다. 의타기성은 어떠한 다른 여건들에 의지해서 생겨나는 성질이다. 즉 여러 인연에 의해 생겨나는 사물과 마음의 모든 현상을 타자에 의지해서 생겨하는 특성을 가리킨다. 때문에 이 의타기성은 모든 존재의 기반을 형성하므로 부정할 수 없다. 반면 변계소집성은 존재하는 것은 모두 명칭에 의해 세워진 것이자 분별에 의해 생겨난 것이며 실재하지 않는 성질로 이루어졌다. 즉 거북이의 털이나 토끼의 뿔 및 허공의 꽃과 석녀의 아이처럼 실재

---

7) 원측은 護法의 四分說을 지지하면서도 각 설이 지니고 있는 상황과 맥락에 대한 이해를 보임으로써 사분설만을 지지하는 窺基와 달리 각 分說을 탄력적으로 이해하고 있다.

하지 않는 비존재를 존재하는 것으로 계탁하는 것이다. 원성실성은 현상의 본체이자 본디부터 원만히 성취되어 있는 진실한 자성인 있는 그대로의 진여를 가리킨다. 때문에 있는 그대로의 진여는 인연으로 성립된 허망한 존재가 아니고, 있지 아니한 데가 없으며, 생하고 멸하는 변화가 없는 것이다. 이처럼 삼성설은 우리의 사유 대상인 존재에 대한 세 가지 인식방법이자 인식 주체가 지니고 있는 마음의 세 가지 존재방식이라고 할 수 있다.

원측은 번뇌가 없는 지혜만이 아공(我空)과 법공(法空)의 경지를 증득할 수 있으며, 이러한 이치에 의하여 진정한 공성을 증득할 수 있다고 했다. 이러한 관점은 미혹의 세계로부터 깨침의 세계로 나아가려는 실천적 관점에서 성립된 것이다. 이처럼 원측은 구역 유식의 삼성론에 입각하여 자신의 유식사상을 취입(趣入)하고 있다. 반면 규기는 신역 유식이 치중했던 식론을 중심으로 자신의 유식사상을 건립하고 있다. 그는 호법의 주장을 중심으로 합유 편역한 『성유식론』을 아뢰야식 중심의 식(識)의 전변을 통해 해명해 가고 있다. 여기서 거론하는 아뢰야식은 우리의 인식과 경험을 간직하는 저장의식이다. 동시에 다음 생에 윤회하는 주체가 머무르는 심층의식이다. 때문에 아뢰야식을 중심으로 파악하는 식론은 미혹한 현상세계의 모습에 대한 이론적 해명이 덧붙여져야 설득력을 확보할 수 있게 된다. 해서 규기는 이 식론에 의거하여 미혹한 현상세계의 모습에 대한 논리적 설명에 치중하고 있다.

원측은 자신의 저술에서 이 식론과 요가 수행을 통해 체험한 내용을 이론화한 유가행(瑜伽行)을 통일적으로 파악하는 사고방식을 제시하고 있다. 그리하여 그는 깨달음으로의 실천적 전환에 집중하는 유가행과 미혹한 현상세계의 모습에 대한 이론적 해명에 집중하는 식론을 통섭한 삼성론에 의거하여 미혹의 세계로부터 깨침의 세계로 나아가는 실천적 통로의 제시에 집중하고 있다. 그는 『성유식론소』(집일본)에서 현장삼장의 풀이를 인용하면서 청변과 호법의 공유 논변에 대한 자신의 견해를 덧붙이고 있다.

붓다가 멸도한 뒤 삼백 여년에 이르러 용맹(勇猛)이라는 대보살이 남인도에서 세상에 출현하여 『중론』 등과 같은 여러 논서를 널리 지어 소승을 논파하고 대승 학종의 무상(無相)의 이치를 현양하였다. 때마침 제바(提婆)라는 보살이 세상에 출현하여 라후(羅㬋) 법사 등과 함께 용맹보살의 설을 공부하여 저 소승의 '법은 결정코 존재한다는 집착'[執法定有]을 논파하자 대승의 무상의 이치가 세상에 성행하였다. 구백 년이 지났을 무렵, 다시 무착(無著) 보살과 세친(世親) 보살이 동시에 출현하여 『해심밀경』과 『유가사지론』 등에 의거하여 널리 여러 논서를 지어 팔식(八識)과 삼성(三性)의 제법을 갖추어 밝히고 일체법이 오직 무성(無性)이지만은 않음을 밝혔다. 그때가 되자 대승 학종의 유종(有宗)이 바야흐로 유포되었다. 비록 이렇게 공유(空有)의 두 설이 있기는 하지만, 불법은 일미(一味)여서 논쟁이 있은 적이 없었다.[8]

원측은 '현종'(顯宗)단[9]에서 현장의 주장을 인용하면서 공유 논쟁의 시원이 결국 삼성설에 대한 이해 차이에서 비롯되었음을 지적하고 있다. 즉 그는 먼저 소승의 '삼세실유'(三世實有)와 '법체항유'(法體恒有)의 주장을 비판하고 대승 무상(無相)의 이치를 세운 반야가인 용맹과 제바 보살과 라후법사 등을 소개한다. 그 뒤 다시 팔식(八識)과 삼성(三性)의 제법을 갖추어 밝히고 일체법이 오직 무성(無性)이지만은 않음을 분명히 한 유가행가인 무착과 세친 보살의 등장에 대해 언급하고 있다. 이것은 대승 무상의 이치를 주장한 반야 중관학에 이어 나타난 대승 유종(有宗)의 이치를 역설한 유가행 유식학의 등장을 소개하는 대목이자 정당화하는 대목이라고 할 수 있다. 여기에서 원측은 공유(空有)의 두 설이 제기되었지만 '불법은 일미'여서 붓다의 입멸 직후 천년 이래 논쟁이 있은 적이 없었음을 역설한다.

---

8) 圓測, 『成唯識論測疏』, 高榮燮, 『한국불교 서명 문아(원측)학통 연구』(서울: 불교춘추사, 1998), p.259.

9) 圓測은 『成唯識論測疏』에서 '顯宗', '出體', '題名', '釋文'의 네 문으로 分科하고 있다.

천 백년이 되자 청변(淸辯)보살이 여러『반야경』과 용맹(勇猛)보살의 주
장에 의거하여『반야등론』과『대승장진론』을 지어 무착 등의 유상대승(有
相大乘)을 논파하였다. 그 무렵 호법(護法)은『해심밀경』과『유가사지론』
등에 의거하여 유종(有宗)을 수립하고는 공의(空義)를 논파하였다. 그러므
로『불지론』에서는 '불멸 후 천년 이전에는 불법이 일미였다'고 하였다.
　　질문: 자씨(慈氏)와 용맹의 공에 차이가 있는데 어째서 '천 년 이전에는
불법이 일미였다고 말하는가?'
　　대답: 용맹이 공을 설명할 때는 변계소집성과 의타기성을 구분하지 않
아서 천년 이전에는 논쟁이 없었고, 천년 이후에는 호법과 청변이 각기 자
기 학종(學宗)에 의거하여 그 교의(敎意)를 풀이하였다. 호법보살은『대승
광백론석』을 지어 그 교의를 풀이하면서 '변계소집에 의거해서만 공하다'
라고 하였고, 청변보살은『대승장진론』을 지어 그 교의를 해석하면서 '변
계소집 뿐만 아니라 나머지(의타기와 원성실) 둘도 공하다'고 하였다. 이러
한 교의들을 한꺼번에 표시하였기 때문에 '이때 대승이 비로소 공유에 대
해서 논쟁하였다'고 하였다.10)

　붓다 당시에는 '불법이 일미'임에도 불구하고 공유 논변이 일어나게 된
이유는 존재의 세 가지 본성인 삼성에 대한 이해 차이에서 비롯되었다 즉
중관가인 청변이 무착 등의 유상대승을 논파하자 유식가인 호법은 유종(有
宗)을 수립하고 공의(空義)를 논파하면서 비로소 공유 논변이 이루어졌다. 다
시 말해서 청변보살은 변계소집과 의타기와 원성실성의 삼성 모두가 공하
다고 밝힌 반면 호법보살은 변계소집에 의해서만 공하다는 밝힘으로써 비
로소 공유 논변이 시작되었다. 결국 존재의 세 가지 본성에 대한 관점의
차이에서 비롯된 삼성설과 삼무성설로 이어지는 이 논변은 유식가들에 의
해 삼성론의 담론으로 마무리 되었다. 원측 역시 삼성론에 입각하여 자신의
유식사상을 취입해 가고 있다.
　또 원측은 진제가『불성론』의 '집착하지 않는다'[無執]는 말을 풀이하면서

---

10) 圓測, 『成唯識論測疏』, 高榮燮, 위의 책(서울: 불교춘추사, 1998), p.259.

"집착하는 작용(能執)으로서의 의타기성과 집착하는 대상(所執)으로서의 변계소집성이 모두 없는 것이다"라고 해석하는 것에 대해 단호하게 비판하고 있다. 그는 "그것은 번역자의 잘못이라고 할 수 있으며, 의타기성까지 부정(遣)하는 것은 진제 자신이 의거하고 있는『유가사지론』등의 뜻과 어긋나기 때문이다"고 했다.[11] 또 삼무성에 대한 해설에서도 원측은 진제가『삼무성론』등에 의거하여 삼성을 차례대로 다 부정(遣)하는 것을 삼무성이라 하고, 규기가『유식삼십송』에 의거하여 변계소집성만을 부정하고, 의타기성과 원성실성은 부정하지 않는다는 해석을 소개한 뒤 진제의 해석을 비판하고 규기의 해석을 지지한다.[12] 왜냐하면 의타기성을 부정하는 것은 모든 존재의 근거를 부정하는 것이 되어 잘못된 현상들뿐만 아니라 올바른 진리조차도 부정하여 악취공에 떨어지게 되기 때문이다.[13]

이처럼 원측은 구역 유식이 강조하는 삼성론에 입각하여 불교 유식을 바라본다. 하지만 그가 삼성론으로 존재를 이해한다고 해서 구역 유식의 대표자인 진제설을 지지하지만은 않는다. 원측은 구역 유식의 삼성론을 긍정하면서도 의타기성까지 부정하는 진제설을 지지하지 않고 오히려 신역 유식의 현장설을 지지하고 있다. 그는 구역 유식의 삼성론이 현상세계를 이론적으로 설명하는 측면과 깨달음으로의 전환이라는 측면을 전체적으로 포괄하고 있기 때문[14]에 이를 받아들인다. 하지만 삼성설과 삼무성설에 대한 구체적 설명에 있어서는 현장설이 불교 유식의 이치에 부합하기 때문에 그를 지지하고 있다. 때문에 원측은 보다 포괄적인 구유식의 틀에다 보다 논리적인 신유식의 이론을 결합하여 자신의 체계를 완성했다고 할 수 있다.[15]

---

11) 圓測,『解深密經疏』(『韓佛全』제1책, p.241중).
12) 圓測,『仁王經疏』(『韓佛全』제1책, p.17상).
13) 圓測,『仁王經疏』(『韓佛全』제1책, p.18).
14) 정영근,「신라유식과 중국유식 - 그 연속과 불연속」, 김영호 엮음,『한국불교의 보편성과 특수성』(한국학술정보[주], 2008), p.137.
15) 정영근, 앞의 글, 앞의 책, pp.137~138.

반면 규기는 원측과 달리 식론에 입각하여 호법-계현-현장으로 이어지는 신역 유식의 충실한 계승자로 살았다. 그리하여 그는 평생을 호법이 주장하는 신유식의 이론을 조술하고 전파하는 데에 헌신하였다. 규기가 원측과 도증 등의 신라계 유식가들을 비판한 것은 아마도 유식을 바라보는 관점의 차이뿐만 아니라 그 자신이 법상종 건립자라는 대내외적 시선을 고려했기 때문일 것으로 짐작된다. 원측은 유가행이라는 실천적 유식보다 식론이라는 이론적 유식에 치중한 규기와 달리 유가행과 식론을 아우르는 삼성론에 입각하여 유식을 이해하고 있다. 이것은 미혹의 범부가 깨침의 부처가 되기 위해서는 '머리의 이론'(식론)을 '가슴의 실천'(유가행)을 아우르는 '온몸의 삶'(삼성론, 삼무성론)이 요청된다는 것을 암시하고 있다. 바로 이 점에서 원측과 규기는 크게 변별된다. 그리고 바로 이 점이 신라 유식과 당대 유식의 상이점이라고 할 수 있다.

Ⅲ. 무상 유식과 유상 유식

신라에는 신역 유식을 제창한 현장 이전부터 이미 구역 유식이 전래되어 있었다. 일찍이 원광(圓光)은 수나라로 유학하여 『섭대승론』 등을 공부하고 돌아와 신라에서 구역 유식을 강론하였다. 자장(慈藏) 또한 당나라로 유학하여 『섭대승론』을 연구하고 돌아와 신라에서 구역 유식을 강론하였다. 원효(元曉)는 섭론학의 아마라식설에 입각하여 구역 유식을 이해한 뒤 다시 법상학의 아뢰야식설에 의거하여 신역 유식을 수용했다.16) 당시 원효의 『무량

---

16) 이것은 舊譯 三性說의 표현인 '分別性', '依他性', '眞實性'이 그의 『금강삼매경론』에서 新譯 三性說의 표현인 '遍計所執性', '依他起性', '圓成實性'으로 표기되고 있음에서도 확인된다.

수경종요』와 경흥(憬興)의 『무량수경술문찬』 및 법위(法位)의 『무량수경의소』 등의 정토계 경전 주석들에서도 유식사상에 의거한 분석이 이루어지고 있었다. 이러한 흔적은 불교의 원류인 인도불교의 문헌들과 긴밀하게 소통해 왔던 신라불교 사상가들의 저술 속에 깊이 투영되어 있다.

원측은 반야 중관학과 유가행 유식학의 조화와 통일을 모색하려 한 사상가였다. 대승불교는 용수와 제바 이후 불호와 청변의 계보로 이어지는 중관학통과 미륵과 무착 및 세친과 호법의 계보로 이어지는 유식학통으로 상승되고 분화되었다. 앞 시대에 중관학통과 유식학통 사이의 공유 논변이 있은 뒤에 활동했던 원측의 학문적 화두는 불설의 핵심인 중도의 관점에서 이들 두 사유체계의 통로를 모색하여 불법을 바르게 이해시키는 것이었다. 그런데 당시 중국의 법상 유식은 불설을 소승교와 무상교와 요의교로 구분하는 삼시교판의 입장에서 불교를 바라보았다.

원측 역시 삼시교판을 따르면서도 불설의 요의(구극적 진리)성과 불요의(방편적 진리)성의 관계를 이치의 옳고 그름을 밝혀내는 입장에서 시설된 현료문과 은밀문으로 보고 있으며 이것은 단지 설교 방법의 차이에 불과하다 이해하고 있다. 반면 규기는 요의법륜을 절대 우위로 해명함으로써 제2시의 무상법륜을 평가절하하고 있다. 결국 유식가인 원측은 모든 존재를 비실체의 다발로 파악하는 공관(空觀)을 수용하여 무상 유식의 입장을 수용하였고, 법상가인 규기는 모든 존재를 가유의 다발로 인식하는 가관(假觀)을 수용하여 유상 유식의 입장을 견지하였다.

존재를 인식으로 환원한 식(識) 일원론을 지향하는 불교 유식에서 이 식은 '인식하는 것'이기도 하고 '전변하는 것'이기도 하다. 이 때 비실체인 이 식을 인식하는 것으로 보는 관점을 구역 유식이라고 하고, 가유인 이 식을 전변하는 것으로 보는 관점을 신역 유식이라고 한다. 전자는 공관에 입각하여 반야 중관과의 통로를 열어둔 무상 유식이며, 후자는 유관에 의거하여 유가 유식에만 충실한 유상 유식이다. 그런데 신역 유식은 의식 바깥의 객관적 실재가 의식 속에서 실재한다고 해명하는 유상 유식의 입장을 취하는 반면, 구역 유식은 의식 속에 투영된 객관적 실재는 허망한 존재이므로 우리의 의식 속에서 실재하지 않는다는 무상 유식의 입장을 취한다.

또 신역 유식은 인간의 의식을 8가지로 설명하는 반면, 구역 유식은 인간의 의식을 9가지로 해명한다. 이것은 인간과 세계 이해의 차이에서 비롯된 것이다. 같은 유식가임에도 불구하고 공관(空觀)을 적극적으로 원용하는 원측과 달리 규기는 유관(有觀)에 입각하여 유식의 절대적 우월성을 주장한다. 또 원측은 구역 유식의 입장에서 신역 유식을 받아들인 반면 규기는 구역 유식의 관점을 배제한 채 오직 신역 유식의 입장에서만 자종의 논리를 전개한다.

자씨보살은 진(眞)과 속(俗)의 도리를 말하면서 모두를 긍정[竝存]했고, 용맹대사는 공(空)과 유(有)의 도리를 말하면서 모두를 부정[雙遣]했다. 그러므로 긍정[遣]과 부정[存]이 위배되지 않으므로 유식(唯識)의 뜻이 더욱 빛나고, 부정과 긍정이 위배되지 않으므로 무상(無相)의 뜻이 늘 수립된다. 공이기도 하고 유이기도 하니 이제(二諦)의 종지가 순순히 이뤄지며[順成], 유가 아니기도 하고 공이 아니기도 하니 중도(中道)의 이치에 계합하여 모아진다[契會]. 그러므로 미혹한 사람[迷謬者]은 공을 말하면서도 유에 집착하지만, 현명한 사람[悟解者]은 유를 말하면서도 공에 통달함을 알아야 할지니 불법의 깊은 근원이 어찌 이것이 아니겠는가? 다만 제접하고 유인하는 데에는 여러 방법이 있어 이치에 들어가는 길은 하나가 아니기 때문에 법왕께서는 세 가지 법륜을 설하셨다.[17]

반야가인 용맹보살은 공과 유를 말하면서도 모두를 부정하고[雙遣], 유가행가인 자씨보살은 진과 속을 말하면서도 모두를 긍정했다[竝存]. 이들은 불

---

17) 圓測, 『解深密經疏』 권1(『한불전』 제1책, 123중 면).

법의 근본인 중도(中道)와 이제(二諦)의 관점에 서서 긍정과 부정이 어긋나지 않으므로 유식의 뜻이 더욱 빛나고, 부정과 긍정이 어긋나지 않으므로 무상의 뜻이 항시 수립된다고 강조한다. 때문에 미혹한 사람은 공을 말하면서도 유에 집착하지만, 현명한 사람은 유를 말하면서도 공에 통달할 수 있다고 역설한다. 다만 그 제접 유인 방법에는 여러 가지가 있기 때문에 유식의 세 가지 법륜이 설해졌다고 말한다. 이 대목에서 원측은 삼시 교판의 정당성을 지지하고 있다.

붓다가 열반에 드시고 나서 일천년이 지난 뒤 두 보살이 한 시대에 세상에 나왔으니 하나는 청변(淸辨)이었고 하나는 호법(護法)이었다. 이들은 각기 유정으로 하여금 붓다의 가르침을 깨달아 들게 하기 위하여 각기 공종(空宗)과 유종(有宗)을 세워 모두 붓다의 뜻을 완성하였다. 청변보살은 공을 취하고 유를 버림으로써 유에 대한 집착을 없애게 하였고, 호법보살은 공을 세우고 유를 버림으로써 공에 대한 집착을 없애게 하였다. 그러므로 (청변이 세운) 공은 곧 유에 위배되지 않고, (호법이 세운 有인) 비무(非無)는 공이 곧 색이라는 교설에 위배되지 않았다. 본디 공이면서도 또한 유를 이루면 이제 (二諦)와 수순하여 이루고, 비공(非空)이면서도 또한 비유(非有)를 이루면 중도(中道)와 계합하여 만나니 불법의 근본이 이것이 아니고 무엇이겠는가. … 하물며 두 보살이 서로 영향을 주어 중생들에게 이해시키려고 한 것이니 어찌 붓다의 뜻과 어긋나겠는가?[18]

중관가인 청변은 공관에 입각하여 유관에 대한 집착을 버리게 하였고, 유식가인 호법은 유관에 의거하여 공관에 대한 집착을 버리게 하였다. 이들은 불법의 근본인 중도(中道)와 이제(二諦)의 관점에 서서 본디 공이면서 또한 유를 이루면 이제와 수순하여 이루고, 비공이면서 또한 비유를 이루면 중도와 계합하여 만난다고 역설한다. 이들의 관점들은 모두 중생들을 이해

---

18) 圓測, 『般若波羅蜜多心經贊』 권1(『韓佛全』 제1책, p.3상).

시키기 위하여 시설된 것이다. 태현의 『성유식론학기』에 인용된 원효의 언급에 의하면 "호법은 공(空)과 유(有) 이성의 묘유(二性妙有)를 주장했고, 청변은 공(空)과 유(有) 이성의 묘무(二性妙無)를 주장했으며, 불공(不空)이 존재하므로 공(空)도 또한 존재하며, 유(有)를 버리면 무(無)도 또한 버리게 된다"고 했다.[19] 이들 대승불교의 주요 쟁점이었던 공유 논변은 다시 실크로드를 넘어 동아시아로 넘어왔다.

원측과 원효와 태현으로 이어지는 신라계 사상가들은 청변과 호법의 공유 논변을 엄밀히 검토하여 불설의 핵심인 중도의 관점에 서서 화회시켜 내었다. 이들의 논점은 모두 중생들을 깨우치기 위한 동일한 지향을 지녔다. 특히 유식가였던 원측은 반야의 공(空)관을 수용하여 중관과 유식의 통로를 열어둠으로써 무상 유식을 지향하였다. 반면 같은 유식가였던 규기는 유식의 유(有)관에 치중하여 중관과 유식의 통로를 닫아버림으로써 유상 유식을 지향하였다. 원측이 유식가이면서도 반야중관사상을 받아들인 것은 인간의 구원을 중시하는 그의 종교적 관점 때문인 것으로 보인다. 원측의 이러한 관점은 중생을 평등한 존재일 뿐만 아니라 무한한 가능성을 지닌 존재로 파악하고 있기 때문에 가능한 것이었다. 원측의 일성개성(一性皆成)설은 여기에 기초한 것이었다. 반면 규기의 오성각별(五性各別)설은 중생을 차별적 존재일 뿐만 아니라 한계가 있는 존재로 파악하고 있음을 보여주고 있다. 이것은 인간 이해와 세계 인식의 차이에서 비롯된 것으로 짐작된다. 원측이 규기의 유상 유식의 관점과 달리 무상 유식의 관점에 선 것 역시 이러한 측면에서 이해할 수 있다.

---

19) 太賢, 『成唯識論學記』(『한불전』 제3책, p.484상).

IV. 일성 개성과 오성 각별

불교의 궁극적 지향이 깨침에 있듯이 불교사상사에서 불성론(佛性論)은 중생의 성불가능성을 다루는 주요 담론이다. 『아함경』이래 "인연이 없는 중생은 구제할 수 없다"고 했다. 하지만 대승불교의 경교는 위의 구절에 대해 "아직 시절 인연이 도래하지 않은 중생은 구제할 수 없지만, 언젠가 시절 인연이 도래하게 되면 모두 다 성불할 수 있다"는 활로를 열어 상호 충돌을 피해갈 수 있게 했다. 『열반경』이래 대승경전에서는 일체 중생은 모두 평등하기 때문에 여래가 될 가능성을 가지고 있다[20]고 설한다. 붓다는 999명의 생명을 끊은 앙굴리말라조차도 제도하여 출가시킨 뒤 아라한으로 거듭 나게 하였다. 또 무수한 생명을 끊은 일천제(一闡提)조차도 성불할 수 있는 길을 열어주고 있다. 그런데 자은(법상)학통에서는 『해심밀경』에서 방편으로 설한 경설을 자종의 주요 담론으로 채용하여 유정의 성불을 제한하는 오성각별설을 주장하였다.

오성각별설이란 모든 유정은 본래부터 스스로 그러해서[法爾自然]으로 다섯 가지 종성의 구별을 타고 난다는 것이다. 즉 첫째는 본래부터 부처가 될 무루종자를 갖춘 이[보살정성], 둘째는 벽지불이 될 무루종자를 갖춘 이[연각정성], 셋째는 아라한이 될 무루 종자를 갖춘 이[성문정성], 넷째는 두 가지 종자나 세 가지 종자를 갖춘 이[삼승부정성], 다섯째는 성문 연각 보살의 무루 종자는 없고 다만 인승이나 천승이 될 유루종자만 갖춘 이[무성유정]이다.

여기서 위의 넷째의 성품은 다시 첫째의 부처가 될 종자와 아라한이 될 종자[보살·성문 부정성], 둘째의 부처가 될 종자와 벽지불이 될 종자를 갖춘 이[보살·연각 부정성], 셋째의 아라한이 될 종자와 벽지불이 될 종자를 갖춘 이[성문·연각 부정성], 넷째의 아라한이 될 종자와 벽지불이 될 종자와 부처가 될

---

20) 圓測, 『解深密經疏』(『한불전』 제1책, p.256상중).

종자를 갖춘 이[성문·연각 보살 부정성]처럼 인간의 성품은 태어날 때부터 각기 따로따로 결정되어 있다고 했다. 자은(법상)학통은 이것을 영구히 성불할 수 없는 무상유정과 성문과 연각의 과증만 얻을 결정성문과 결정연각의 종성을 세우고, 부정종성과 보살종성만이 성불할 수 있다고 말한다.

그런데 자은학통의 규기는 자신의 논지를 위해『해심밀경』에서 단지 경계해서 교화하는 방편으로 설한 '무성천제(無性闡提)의 존재를 언급하여 다시 생사를 즐기는 단선근(斷善根)천제, 열반을 즐기지 않는 대비(大悲)천제, 영원한 열반의 성품이 없는 무성(無性)천제로 나누어 일분무성론(一分無性論), 즉 일천제불성불론을 입론한다. 이것은 결정코 성불할 수 없는 이가 존재한다는 주장이다.

이에 대해 원측은 "보살종성과 부정종성만이 성불할 수 있고 무성종성인 일천제는 성불할 수 없다"는 것은 삼승가의 방편적 담론이고, "모든 존재는 누구나 성불할 수 있다"는 것이 불설의 핵심인 중도설에 입각한 진실한 담론이다. 해서 일승가의 입장에서 모든 중생의 성불을 논변하였기 때문에 '일성개성설'(一性皆成說) 혹은 '일체개성설'(一切皆成說)이라고 한다.[21] 유식의 소의경전인『해심밀경』에서 방편설로 제기된 오성각별설과 "살아있는 것들은 모두 여래가 될 가능성을 지니고 있다"는 대승경설은 서로 위배된다. 원측과 규기의 부동처는 인간의 성불 가능성을 바라보는 지점에서 두드러지게 드러난다.

원측은 어떠한 중생이라도 언젠가는 성불한다며 중생에 대한 희망과 긍정의 시선을 열어두고 있다. 그는 "중생의 성품은 여의주와 같아서 반드시 모두 다 성취할 수 있고, 중생의 근기는 청정한 물과 같아서 자비심과 같이

---

21) 키츠카와 토모아키(橘川智昭),「원측사상의 재검토와 과제 - 일승해석의 논의를 중심으로」,『보조사상』제16집, 보조사상연구원, 2001.8. 여기서 논자는 원측의 저술에 근거하여 그가 일성개성론자가 아니라 오성각별논자였음을 밝히고 있다. 원측이 처음에는 오성각별론을 수용했다가 불설의 전모를 섭렵한 뒤 일성개성론을 수용했는지 아니면 다른 이유가 있는지 등등에 대해서는 다른 논고에서 검토해 볼 계획이다.

그림자와 조화하여 더욱더 푸르게 하며, 중생의 지혜는 허공과 같아서 여여하여 바뀌지도 않고 다르지도 않으니 그 성품은 고칠 수 없는 뜻이다"[22]며 기리고 있다. 그는 비록 현재는 모가 나고 이해가 모자라지만 언젠가는 둥글어지고 이해가 깊어지게 될 것임을 굳게 믿는다. 그리하여 원측은 긍정적이고 희망적인 시선으로 인간과 세계를 바라보고 있으며 중생의 성불 가능성을 활짝 열어젖히고 있다. 이처럼 그는 불교의 종교적 기능과 성격을 잘 이해하고 있다. 이와 달리 규기를 비롯하여 혜소-지주로 이어지는 자은학통의 인간관과 세계관은 대단히 제한적이고 배타적이다.

V. 평등과 차별의 인간 이해

인도불교에서의 수행자상은 소승의 아라한상과 대승의 보살상 및 금강승의 시륜승으로 제시되었다. 소승은 사성제를 듣고 깨달은 성문승과 홀로 수행하여 십이연기를 깨달은 연각승을 인간상으로 하는 가르침이다. 반면 대승은 육(십)바라밀을 깨닫고 상구보리와 하화중생의 실천이념으로 살아가는 보살승을 인간상으로 하는 가르침이다. 때문에 대승은 그 궁극인 일승과 소통의 통로를 열어놓고 있다. 금강승 역시 밀교수행을 기반으로 하면서 대승과 일승의 통로를 마련하고 있다.

그렇다면 불교에서는 중생을 어떻게 구분하고 위계를 짓고 있는가. 그리고 어떠한 인간상을 가장 이상적인 불교적 인간상으로 제시하는가. 일부 대승 경론에서는 인간을 '상중하' 3품과 다시 각기 그 아래에 3품의 차등을 두어 차별의 '근기론'을 시설하고 있다. 또 다른 대승 경론에서는 '일체중생

---

22) 圓測, 『仁王經疏』(『韓佛全』 제1책, p.88상).

(一切衆生) 실유불성(實有佛性)'의 맥락에서 '근기는 끊기다'라는 평등의 관점에서 인간을 보고 있다. 동아시아 불교 전통에서는 이들 두 전통이 혼재하고 있다. 종래 신라 유식가들은 일승(一乘)의 입장에서 소승과 대승을 아우르는 반면 당대 유식가들은 소승과 차별된 삼승(三乘) 우위의 입장에서 인간을 이해해 왔다.

화엄계 경전으로 분류되는 『보살영락경』에 의해 보살의 52계위설이 확립된 이래 불교 수행위는 여러 경론에서 변주를 거듭해 왔다. 즉 십신, 십주[十解], 십행, 십회향, 십지, 등각, 묘각의 52계위 중 화엄은 십신을 전제하고 42계위설을 제시하였다. 반면 자은(법상)종을 건립한 규기는 대승경론과 같이 '대승을 수행하고 해탈분을 수순하는 보살위'에서 바라보고 있다. 그리하여 그는 십신의 단계를 전제하고 십주, 십행, 십회향, 십지에 이은 등각과 묘각을 불과(佛果)로 통합하여 41계위설을 제시하고 있다.

이것은 여타의 유식가들처럼 수행위에서 범부로부터 출발할 수 있는 길을 미리 막아 놓은 것이며, 이미 십신위를 거쳐 상당한 수행에 이른 십주위의 보살을 첫 출발선으로 삼은 것이다. '일체의 중생이 모두 성불할 수 있다'는 경설을 수용한다면 '대승의' 화엄과 유식에서처럼 10신을 전제할 필요는 없다. 삼승 유식을 주장하는 규기의 입장이라면 마땅히 삼승에 포함된 성문, 연각, 보살승뿐만 아니라 범부조차도 성불할 수 있는 길을 열어두어야 하지 않을까. 하지만 규기는 범부들이 성불할 수 있는 길을 철저하게 차단하고 있다. 반면 원측은 여타의 유식가들과 달리 범부들도 성불할 수 있는 길을 열어두고 있다.

원측은 규기 이래 당대 유식이 취한 것처럼 보살의 52계위에서 십신위를 생략하고 곧바로 41위를 세우지 않는다. 그는 『성유식론』 제9권설에서 "어떻게 유식오위로 깨달음에 들어간다고 하는가"라는 질문에 대해 수행의 시작인 자량위를 경론에서처럼 '대승을 수행하여 해탈분을 수순하는 것'이라고 전제한 뒤 해석을 덧붙여 수행의 첫 단계인 십신을 발심위(發心位)라 명명하고 발심보리(發心菩提)를 강조한다.[23] 즉 그는 유식 오위의 첫 단계인 자량위를 '십신으로부터 시작하여 십회향에 이르는 단계'로 해명한다. 이것은 부처와 범부의 경계를 갈라보지 않으려는 그의 불교관을 보여주는 대목이라고 할 수 있다.

일체 중생이 불성을 가지고 있어 붓다가 될 수 있다면 발심과 보리는 분리할 수 없다. 불교에 대한 마음을 일으킨 범부가 '발심'의 주체라면, 깨침을 얻은 붓다는 '보리'의 증득자이다. 그러므로 십신으로부터 십주와 십행과 십회향까지가 자량위라면 이것은 대승의 수행자만을 전제로 할 필요는 없다. 비록 자량위가 대승을 닦아 해탈분에 수순하는 단계라 하더라도 이미 전제된 십신을 발심위로 상정한 원측의 관심은 규기보다 아래쪽으로 향하고 있다.[24] 여기에서 우리는 중생을 긍정과 희망의 존재로 보려는 원측의 대승의 마음과 일승의 지향을 읽어낼 수 있다.

중생을 긍정과 희망의 존재로 보려는 시선은 그의 8식설 지지에서도 드러나고 있다. 구역 유식은 부처와 범부의 경계를 갈라 8식 바깥에 제9식을 따로 설정한다.[25] 반면 신역 유식은 인간과 부처의 관계를 8식 안에서 해명하려 한다. 이런 점에서 9식설을 주장하는 진제와 달리 원측과 규기는 8식설을 지지한다. 원측은 구역 유식의 삼성설을 지지하면서도 신역 유식의 주요 학설을 수용하고 있다. 이 때문에 연구자들은 그를 신구 유식의 비판적 종합자로 평가하고 있다.[26]

원측의 이러한 관점은 범부로 하여금 발심을 통해 불교에 귀의할 것을

---

23) 圓測, 『解深密經疏』(『韓佛全』 제1책, p.253상).
24) 丁永根, 앞의 글, 앞의 책, p.144.
25) 『대승기신론』은 일심을 진망화합식으로 규정한 뒤 심진여문과 심생멸문으로 나누어 해명한다.
26) 元義範, 「원측의 유식사상」, 『숭산박길진박사화갑기념논총: 한국불교사상사』(익산: 원광대, 1974).

권장하면서, 동시에 이승 등의 수행자로 하여금 보리를 얻도록 촉구하기 위한 것으로 짐작된다. 하지만 중생의 성불가능성과 보살의 선교방편행을 인정하는 일승 유식가인 원측과 달리 삼승 유식가인 규기는 성불의 제한과 방편의 부정을 통해 평등의 인간상이 아니라 차별의 인간상으로 이해하였다. 그리하여 그는 삼승 유식을 일승 유식보다 우위에 두어 자종 중심의 배타적 유식관을 견지하였다.

Ⅵ. 결 어

원측은 구역(舊譯) 유식이 강조하는 삼성론(三性論)에 입각하여 불교 유식을 바라본다. 하지만 그가 사물이 지닌 세 가지 속성인 삼성론으로 존재를 이해한다고 해서 구역 유식의 대표자인 진제(眞諦)설을 지지하지만은 않는다. 원측은 구역 유식의 삼성론을 긍정하면서도 의타기성(依他起性)까지 부정하는 진제설을 지지하지 않고 오히려 현장(玄奘)설을 지지하고 있다. 반면 규기는 원측과 달리 식론(識論)에 입각하여 호법(護法)-계현(戒賢)-현장으로 이어지는 신역 유식의 충실한 계승자로 살았다. 그리하여 그는 평생을 호법이 주장하는 신유식의 이론을 조술(祖述)하고 전파하는 데에 헌신하였다. 규기가 원측과 도증(道證) 등의 신라계 유식가들을 비판한 것은 아마도 유식을 바라보는 관점의 차이뿐만 아니라 그 자신이 법상종 건립자라는 대내외적 시선을 고려했기 때문일 것으로 짐작된다. 원측은 유가행(瑜伽行)이라는 실천적 유식보다 식론이라는 이론적 유식에 치중한 규기와 달리 유가행과 식론을 아우르는 삼성론에 입각하여 유식을 이해하고 있다. 바로 이 점에서 원측과 규기는 크게 변별된다.

원측과 원효와 태현으로 이어지는 신라계 사상가들은 청변(淸辯)과 호법(護法)의 공유(空有) 논변을 엄밀히 검토하여 불설(佛說)의 핵심인 중도(中道)의 관점에 서서 화회(和會)시켜 내었다. 이들의 논점은 모두 중생들을 깨우치기 위한 동일한 지향을 지녔다. 또 신역 유식은 우리 의식 바깥의 객관적 실재가 의식 속에서 실재한다고 해명하는 유상(有相) 유식의 입장을 취하는 반면, 구역 유식은 우리의 의식 속에 투영된 객관적 실재는 허망한 존재이므로 우리의 의식 속에서 실재하지 않는다는 무상(無相) 유식의 입장을 취한다. 유식가였던 원측은 반야의 공(空)관을 수용하여 중관과 유식의 통로를 열어둠으로써 무상 유식을 지향하였다. 반면 같은 유식가였던 규기는 유식의 유(唯)관에 치중하여 중관과 유식의 통로를 닫아버림으로써 유상 유식을 지향하였다. 원측이 유식가이면서도 반야중관사상을 받아들인 것은 인간의 구원을 중시하는 그의 종교적 관점 때문인 것으로 보인다. 구역 유식은 부처와 범부의 경계를 갈라 8식 바깥에 제9식을 따로 설정한다.[27] 반면 신역(新譯) 유식은 인간과 부처의 관계를 8식 안에서 해명하려 한다. 이런 점에서 9식설을 주장하는 진제와 달리 원측과 규기는 8식설을 지지한다. 이처럼 원측은 구역 유식의 삼성설(三性說)을 지지하면서도 신역 유식의 주요 학설을 수용하고 있다.

원측의 이러한 관점은 중생을 평등한 존재일 뿐만 아니라 무한한 가능성을 지닌 존재로 파악하고 있기 때문에 가능한 것이었다. 원측의 일성개성(一性皆成)설은 여기에 기초한 것이었다. 반면 규기의 오성각별(五性各別)설은 중생을 차별적 존재일 뿐만 아니라 한계가 있는 존재로 파악하고 있다. 이것은 인간 이해와 세계 인식의 차이에서 비롯된 것으로 짐작된다. 그가 규기의 유상 유식의 관점과 달리 무상 유식의 관점에 선 것 역시 이러한 측면에서 이해할 수 있다. 원측은 어떠한 중생이라도 언젠가는 성불한다며 중생

---

27) 高榮燮,「원효 一心의 神解性 분석」,『불교학연구』제20호, 불교학연구회, 2009.『대승기신론』은 一心을 眞妄和合識으로 규정한 뒤 심진여문과 심생멸문으로 나누어 해명한다.

에 대한 희망과 긍정의 시선을 열어두고 있다. 그리하여 원측은 긍정적이고 희망적인 시선으로 인간과 세계를 바라보고 있으며 중생의 성불 가능성을 활짝 열어젖히고 있다. 이처럼 그는 불교의 종교적 기능과 성격을 잘 이해하고 있다. 이와 달리 규기를 비롯하여 혜소-지주로 이어지는 자은학통(慈恩學統)의 인간관과 세계관은 대단히 제한적이고 배타적이다.

원측은 유식 오위(五位)의 첫 단계인 자량위(資糧位)를 '십신(十信)으로부터 시작하여 십회향(十廻向)에 이르는 단계'로 해명한다. 이것은 부처와 범부의 경계를 갈라보지 않으려는 그의 불교관을 보여주는 대목이라고 할 수 있다. 원측의 이러한 관점은 범부로 하여금 발심(發心)을 통해 불교에 귀의할 것을 권장하면서, 동시에 이승(二乘) 등의 수행자로 하여금 보리(菩提)를 얻도록 촉구하기 위한 것으로 짐작된다. 하지만 중생의 성불가능성과 보살의 선교 방편행을 인정하는 일승(一乘) 유식가인 원측과 달리 삼승(三乘) 유식가인 규기는 성불의 제한과 방편의 부정을 통해 평등의 인간상이 아니라 차별의 인간상으로 이해하였다. 그리하여 그는 삼승 유식을 일승 유식보다 우위에 두어 자종 중심의 배타적 유식관을 견지하였다. 따라서 바로 이러한 관점들이 신라 유식과 당대 유식의 상이점이라고 할 수 있다.

분황 원효의 기신사상(起信思想)
: 일심(一心)과 본각(本覺)의 접점과 통로

I. 서 언

우리의 본래마음은 부처의 마음과 같이 해맑고 깨끗할까? 아니면 무명의 바람으로 물들어 있을까? 붓다는 우리의 "마음이 모든 존재의 근본이며, 마음에 따라 행이 이루어진다"[1]고 하였다. 또 우리의 "마음은 본래 청정하지만 일시적 번뇌로 더럽혀졌다"[2]고 하였다. 이 때문에 붓다의 제자인 불자들은 중생의 본성은 부처나 여래의 본성처럼 평등하지만 현실 속에 살면서 번뇌로 뒤덮여 있다는 가르침을 자각하게 된다. 그리고 우리의 "번뇌로 물들고 더러운 마음을 본래의 해맑고 깨끗한 마음으로" 전환하는 수행을 하게 된다.

대승불교에서는 미혹을 전환시켜 깨침을 열기 위해[轉迷開悟] 진리에 대한 확신, 이해, 실행, 체증의 단계를 시설하고 있다. 대승불교의 중요서로 평가받는 마명의 『대승기신론』은 '대승에 대한 믿음을 일으키는 논서'이다. 그런데 수행의 네 단계는 불교건축의 상징인 사찰(寺刹)의 구조를 원용하면

---

1) 『法句經』 제1장, 제1구. "心爲法本". 한역본은 "마음이 모든 존재의 근본이다" 즉 "마음에 따라 행이 이루어진다"고 옮겼다. Juan Mascaro, The Dhammapada, England Books Ltd, 1973. 후앙 마스카로는 이 구절을 "삶은 이 마음이 만들어 내는 것이니"로 번역하고 있다. 석지현 역, 『법구경: 불멸의 언어』(민족사, 1994; 1997), p.12 참고.

2) Aṅguttara Nikāya I-6, F. L. Woodward 번역, The Book of the gradual Sayings(London: Pali Text Society, 1979), p.5. "비구들이여, 이 마음은 밝게 빛나고 있다. 단지 일시적인 번뇌에 더럽혀져 있다."; 『增支部經典』 I-10, 11-13). "自性淸淨心, 客塵煩惱染"

쉽게 이해할 수 있다. 이를테면 '심체(心體)의 멸상(滅相)이 실로 나쁜 것임을 알았지만 오히려 멸상이 꿈이라는 것은 아직 깨닫지 못한'[不覺] 범부(凡夫) 정도의 사람이 '일주문'(一柱門)을 통과하기 위해서는 몸으로 짓는 과보인 살생, 도둑질, 삿된 음행, 말로 짓는 거짓말, 욕지거리, 이간질, 허황된 말 등 '전5식의 허물'[滅相7]을 제거하고 업의 과보를 믿고 능히 열 가지 선업을 일으켜 생사의 고통을 싫어하고 위없는 보리를 구하는 마음을 일으켜야만 진리를 믿는 마음을 성취하여[信成就] 결정심을 일으켜서[發心] 열 가지 안주하는 지위의 첫 단계인 발심주(發心住)에 들어서게 된다.

이어 '거친 집착상을 버리기는 했지만 아직 분별이 없는 깨침을 얻지는 못한'[相似覺] 이승의 관지(二乘觀智)와 초발의 보살(初發意菩薩) 정도의 사람이 '천왕문'(天王門)을 통과하기 위해서는 애착하는 마음, 미워하는 마음, 어리석은 마음, 지나친 교만, 인과의 의심, 잘못된 견해, 등 '제6식의 모순'[異相6]을 제거하고 바른 마음, 깊은 마음, 대비의 마음을 일으켜 진리를 믿는 마음을 성취하여 결정심을 일으켜서 열 가지 안주하는 지위[十住]의 다음 단계인 치지주(治地住)에 들어서게 된다. 다시 '비록 분별이 없는 깨침을 얻었지만 아직도 생상(生相)의 꿈에 잠들어 있는'[隨分覺] 법신 보살(法身菩薩) 등 정도의 사람이 '불이문'[解脫門]을 통과하기 위해서는 무아의 도리를 모르는 번뇌[我癡], 내가 있다고 잘못 아는 번뇌[我見], 나라고 애착하는 번뇌[我愛], 스스로를 과신하고 드높이는 번뇌[我慢] 등 '제7식의 오류'[住相4]를 제거하고 보시, 지계, 인욕, 정진, 선정, 지혜의 바라밀을 일으켜야 한다. 그리하여 열 가지 이해[十解]의 자리에 있으며 아울러 열 가지 행[十行]을 성취하여 십행의 자리 중에서 법공을 잘 알고 법계를 수순하여 여섯 바라밀행을 닦아서 육바라밀행이 순결해지고 성숙되어 회향심을 일으켜 회향의 자리에 들어서게 된다.

또 다시 '시각과 본각이 다르지 않은 도리에 의하는'[究竟覺] 보살지가 다한[菩薩地盡] 정도의 사람이 '대웅전'(大雄殿, 大寂光殿)으로 나아가기 위해서는 무명에 의해 불각의 망념이 움직여 생멸을 일으키는 의식[業識], 망념의 움직임에 의해 능견을 이루는 의식[轉識], 능견에 의해 대상을 나타내는 의식[現識] 등 '제8식의 (미세한) 번뇌'[生相3]를 제거하고 진실한 마음, 방편의 마음, 업식의 마음을 일으켜야 한다. 그리하여 위없이 바르고 평등한 바른 깨침을 증득하려는[證] 마음을 일으켜[發心] 붓다의 자리에 들어서게 된다.

이처럼 대승불교의 수행의 네 단계인 신-해-행-증은 "마음이 본래는 청정하지만 우연적 요소에 물들어졌다"는 성찰과 함께 전식득지(轉識得智), 즉 "번뇌가 남아있는 지식을 전환시켜 번뇌를 없애버린 지혜를 성취하는 길"을 열어준다. 분황 원효(芬皇元曉, 617~686)는 당시 동아시아 사상계의 주요한 논제였던 구역과 신역의 문제, 성종과 상종의 대립, 공집과 유집의 갈등, 무성과 유성의 논쟁 등의 갈등을 해소하기 위해 고심하였다. 이 과정에서 그는 『대승기신론』의 일심-이문-삼대의 구조를 원용하여 갈등을 해소하고 회통의 근거로 삼았다. 이 글에서는 원효가 수립한 일심과 본각의 접점과 통로를 통하여 기신사상의 구조와 체계에 대해 살펴보기로 한다.

Ⅱ. 기신학과 기신사상: 『기신론』의 지형과 내용

1. 기신학의 지형: 『기신론』 주석서들

'기신학'은 대승불교의 종요서로 평가받는 『대승기신론』을 중심으로 한 연구체계를 가리킨다. 기신학이란 표현은 아리(뢰)야식으로서 일심을 설하는 유식학, 화엄 진심으로서 일심을 설하는 화엄학, 본법으로서 일심을 설하는 선법학에 상응하는 표현이다. 즉 동아시아 불교학에서 심식론을 깊이 천착해 온 유식학의 망식으로서 일심, 화엄학의 진심으로서 일심, 선법학의 본법으로서 일심에 대응하는 기신학의 진망화합식으로서 일심을 드러내기 위한 표현이다.

 필자는 '여래장' 혹은 '불성'과 같은 개념3)만으로는 한 분야의 학문적 체계 속에서 논의하기 어렵다고 본다. 이 때문에 불교사상사로서 전개된 삼론사상, 지론사상, 섭론사상, 유식사상, 천태사상, 화엄사상, 정토사상, 선사상에 대응하는 교학적 체계와 학문적 지형 수립의 필요성을 절감해 왔다. 근래에 들어서 필자는 마명의『대승기신론』과 관련된 교학적 체계와 학문적 지형을 '기신교의' 또는 '기신사상' 혹은 '기신학'이라는 이름을 사용하고 있다.

 마명의『대승기신론』은 대승불교의 교리를 주도면밀하게 조직하여 편찬한 논서이다. 이 때문에 이 한 권의 논서에 대해 고중세의 여러 논사들과 근현대의 여러 학자들은 적지 않은 주석서를 간행하였다. 일본의 고노겐묘(小野玄妙)가 편찬한『불서해설대사전』제7권에 의하면 동아시아 한중일 삼국에서 간행된『대승기신론』주석서는 230여종에 이르고 있으며, 이후에 간행된 현대적 해설까지 계산하면 300여종에 이를 것으로 짐작된다.『대승기신론』에 대한 다수의 주석서 산출은 이 논서가 머금고 있는 철학적 응축력과 사상적 치밀도를 환기시켜 주고 있다.

 예전의 번역인 구역의 대표적 삼장이었던 진제(499~569)가 번역한『대승기신론』의 주석서로서 지개의『대승기신론일심이문대의』(1권)4), 행우서옥 소장돈황문헌(杏雨書屋所藏敦煌文獻)『대승기신론소』, 疑題, 羽333V)5), 담연의『대

---

3) '여래장' 혹은 '불성'이라는 개념은 지론학, 섭론학, 법상학 등에 두루 걸쳐있는 개념이지만 여래장 삼부경과『능가경』을 적극적으로 원용하는『대승기신론』의 체계 속에서 설명할 때 가장 잘 드러나기 때문이다. 이것은 원효가 기신학의 지형 속에서 여래장과 불성 및 일심과 본각 등의 지평을 펼쳐낸 사실을 통해서 잘 알 수 있다.

4) 智愷,『大乘起信論一心二門大意』(『속장경』제71책, 4투).

5) 池田將則,「杏雨書屋所藏敦煌文獻『大乘起信論疏』(疑題, 羽333V)について」,『불교학리뷰』Vol. 12, 2012, pp.46~47. 이케다 마사노리 씨는 아주 최근에 공개된 일본 교우 쇼오쿠(杏雨書屋)가 소장하고 있는 돈황 문헌 중에 현존 최고 주석서인 曇延疏에 선행하는『기신

승기신론의소』(상권만 존), 정영 혜원(523~592)의 『대승기신론의소』(4권)가 간행되었다. 이어 원효는 『대승기신론별기』(1권), 『대승기신론이장의』(1권), 『대승기신론일도장』(1권), 『대승기신론소』(2권) 등 7권의 주석서를 펴냈다.

법장(643~712)은 『대승기신론의기』(5권)와 『대승기신론의기별기』, 태현(742~765 활동)은 『대승기신론내의약탐기』(1권), 견등은 『대승기신론동이약집』(2권)을 펴냈다. 또 마명 저작과 진제 번역[6]으로서 알려져 온 의론인 신라에서 작성되어 중국으로 전해진 것으로 추정되는 작자 미상의 『대종지현문본론』(20권)[7], 용수 저작과 벌제마다 번역으로서 알려져 온 의론인 신라에서 작성된 것으로 추정되는 『석마하연론』(신라 월충 저작?)[8]이 간행되었다.

이어서 법장의 주석서를 자신의 관점에서 축약한 종밀(780~841)의 『대승기신론소』(宗密疏, 2권 본말), 이것을 다시 주석한 석벽 전오(?~?)의 『대승기신

론』 주석서라며 두 주석서를 비교하여 몇 가지 사항을 밝히고 있다. "① 曇延疏가 杏雨書屋본 없는 설명을 부가한 예를 여러 곳에서 찾을 수 있어 杏雨書屋본이 曇延疏에 선행한다. ② 杏雨書屋본은 眞諦譯 『攝大乘論釋』을 인용하고 있고, 또한 曇延疏에 선행하므로 杏雨書屋본이 찬술된 것은 『섭대승론석』의 역출(564년) 이후, 담연의 입멸(588년) 이전이다. ③ 杏雨書屋본에는 진제가 찬술한 『九識章』이나 그가 번역한 『섭대승론석』, 『불성론』에 나온 교설들에 기초하여 주석한 예가 다수 있으며, 또한 曇延疏와 비교할 경우 杏雨書屋본이 진제에 보다 가까우므로 杏雨書屋본의 찬술자는 진제가 번역 또는 찬술한 여러 문헌에 친숙했으며 진제와 밀접한 관계에 있던 사람이었을 가능성이 높다. ④ 현존하는 사본에는 저자 자신에 의해 의한 것이라고 생각되는 수정의 흔적들이 있으며, 한편 편집자가 개입하였을 것이라는 의구심을 가질만한 서사의 생략도 존재한다. 또한 그러한 수정들 가운데 일부분은 曇延疏에 알려졌을 가능성이 있지만, 다른 몇 가지 것들은 曇延疏에는 알려지지 않았다고 생각된다. 따라서 杏雨書屋본은 아마도 저자(즉 스승)와 편집자(즉 제자들)가 공동으로 만든 강의록과 같은 성질의 문헌이며, 저자에 의한 수정을 반영하면서도 각기 편집 양상이 다른 복수의 異本이 존재했던 것이 아닐까 생각한다. ⑤ 慧遠疏 및 元曉疏와 杏雨書屋본과의 관계는 알 수 없지만 法藏疏는 杏雨書屋본을 참조하고 있다. 따라서 杏雨書屋본은 적어도 법장의 시대까지는 中原에서 유통했을 것이라고 생각된다"고 밝히고 있다. 그의 연구에 따른다면 杏雨書屋본은 曇延疏보다는 빠른 시기에 성립된 주석서임을 알 수 있지만, 이 텍스트와 智凱의 『大乘起信論一心二門大意』와는 어떠한 관계에 있는지도 검토해 보게 된다면 『대승기신론』 주석서의 초기 성립사를 보다 구체적으로 알 수 있을 것이다.

6) 『大宗地玄文本論』(『대정장』 제32책, pp.668~693).
7) 石井公成, 『東アジア佛教史』, 최연식 역, 『동아시아 불교사』(서울: 씨아이알, 2020), p.180.
8) 『釋摩訶衍論』(『대정장』 제32책, pp.591~668).

론수소기』(隨疏記, 6권), 석벽의 주석을 비판적으로 계승한 장수 자선(965~1038)의 『대승기신론필삭기』(筆削記, 20권)가 간행되었다. 또 새로운 번역의 대표적 삼장인 실차난타의 『대승기신론』의 유일한 주석서로서 우익 지욱(1599~1655)의 『대승기신론열망소』(裂網疏, 6권9))도 간행되었다. 이 외에도 구역인 진제의 번역본에 대한 명나라 감산 덕청(1546~1623)의 『대승기신론소략』(疏略, 4권)과 『기신론직해』(直解, 2권)10), 통윤의 『대승기신론속소』(續疏, 2권), 명나라 진계(眞界)의 『대승기신론찬주』(纂註, 2권)11), 조선 후기 성총의 『대승기신론필삭기회편』(20권) 등도 간행되었다.

조선 후기 이래 우리나라 전통 강원에서는 『대승기신론필삭기회편』을 주로 읽었다. 대한시대(1897~남북통일)의 탄허 택성(1913~1983)은 특히 진계의 『대승기신론찬주』를 중심으로 학인들에게 강론하였다. 반면 대부분의 전통 강원에서는 성총의 『대승기신론필삭기회편』을 중심으로 강론해 왔다.12) 이러한 여러 주석서들은 불학자들에게 여래장과 불성, 대승과 진여, 일심과 본각을 주요 개념으로 하는 기신사상의 내용을 보여주면서 기신학의 지형을 제시해 주고 있다.

---

9) 진제 삼장이 번역한 구역 『대승기신론』과 달리 신역 『대승기신론』은 실차난타 삼장에 의해 번역되었다.

10) 명나라 말엽 甘山 德淸(1546~1623)은 법장의 주석을 요약해서 알기 풀어낸 『대승기신론소략』(4권)과 『대승기신론직해』(直解, 2권)도 저술했다.

11) 명나라 通潤의 『대승기신론속소』(續疏, 2권)도 널리 읽혔으며, 명나라 眞界의 『대승기신론찬주』(纂註, 2권)는 대한시대 呑虛 宅成에 의해 강론되었다.

12) 공주 동학사 강원은 지금도 성총의 『대승기신론필삭기회편』을 대교과의 강원 교재로 삼고 있다.

2. 기신사상의 내용: 일심 이문 삼대와 실천 수행

마명의 『대승기신론』은 대개 유심·유식설, 공불공(空不空)의 사상, 불신론 (佛身論), 지관(止觀), 발심수행의 단계, 아미타 신앙 등 대승의 중요한 문제를 다수 도입하고, 이를 여래장사상의 입장에게 체계화하고 있다.[13] 여기서 필자는 여래장사상을 기반으로 드러낸 사상을 '기신교의' 혹은 '기신학' 또는 '기신사상'이라고 부르고자 하며, 기신사상은 '기신철학'[14]에 대응하는 표현이라고 할 수 있다. 학문적 체계를 지니고 있는 기신학에 대응하여 기신사상은 대승불교의 교과서로 평가받는 『대승기신론』과 이 논서에 대한 일련의 주석서[15] 등에 담긴 '사상'[16] 을 가리킨다.

---

13) 石井公成, 「東アジア佛敎史」, 최연식 역, 『동아시아 불교사』(서울: 씨아이알, 2020), p.289.
14) 근대 일본의 계몽주의 철학자 니시 아마네(西周, 1829~1897)가 '필로소피'(philosophy)를 '희철학'(希哲學) 즉 '철인을 희구하는 학문'이라고 옮긴 뒤 다시 '희'를 떼고 '철학'(哲學) 즉 '밝은 배움'이라는 말을 만들어 냈다. 하지만 니시 아마네의 번역 이후 일본의 철학계에서는 '철학'(哲學, てつがく)이란 개념보다는 '사상'(思想, しそう)이라는 용어가 널리 통용되었다. 그리하여 철학 즉 '테쯔가쿠'보다 사상 즉 '시소우'가 널리 통용되었다. 일본인들이 '철학'이란 번역어 대신 '사상'이라는 개념을 즐겨 사용하는 바로 이 지점에서 서양 근대를 주체적으로 소화하려고 한 일본사상의 주요한 특징 중의 하나를 읽어낼 수 있다. 丸山眞男, 『日本政治思想史研究』(동경: 동경대학출판회, 1983), 마루야마 마사오·김석근 (서울: 통나무, 1998).
15) 高榮燮, 「한국 起信學 연구의 지형과 내용」, 『불교학보』 제86집, 동국대학교 불교문화연구원, 2019.3. 원효는 자신의 '一心' 철학을 통해 '起信學'의 체계를 수립하였다. 여기서 '기신학'은 『대승기신론』과 그 주석서들에 대한 학문적 연구 지형을 일컫는다. '기신학'은 '지론학', '섭론학', '법상학'을 총섭하는 '유식학'과 '천태학', '화엄학', '정토학', '선학'에 대응하는 학문적 체계를 가리킨다. 논자는 고려 후기까지 존재했던 '芬皇宗' 즉 '海東宗'도 이 기신학을 기반으로 한 종파가 아닐까 생각하고 있다. 중국의 청나라 말엽에 근대중국불교학의 부흥을 주도한 楊文會(1837~1911)는 『대승기신론』을 소의경론으로 하는 '馬鳴宗'을 창종하기도 했다. 일본의 小野玄妙 편찬의 『불서해설대사전』 제7권 pp.285b~297a에 의하면 『대승기신론』에 대한 원본과 주석서는 230종이나 되며 이후 현대에도 지속적으로 연구된 저술들이 간행되고 있다.
16) 高榮燮, 「철학으로서 불교철학의 지형과 방법」, 『한국불교학』 제77집, 한국불교학회, 2016), p.83. 이것은 서양에서 기원한 '哲學'의 개념에 대한 반성을 통하여 '思想'이란 개념을 새롭게 발견한 결과로 보인다. 철학에 대응하는 '사상'이라는 개념은 서양의 선진적 연구결과를 번역을 통해 흡수한 일본과 일본의 성취를 다시 수입한 우리나라 동양학도들에게 커다란 영향을 미쳤다.

원효는 동아시아사상사의 난제를 해결하기 위해 고심하던 중 『대승기신론』을 만나게 되었다. 그는 대승불교의 종요서이자 교과서로 평가받는 『대승기신론』에 기반하여 자신의 일심 철학을 입론하였다. 원효는 전체 717)~818)종의 주석서를 작성하여 범부 중생의 성불과 왕생을 위한 활로를 열고자 했다. 현존하는 원효의 주석서는 『대승기신론별기』, 『대승기신론이장의』, 『대승기신론소』 3종뿐이다. 그리고 단간이지만 『대승기신론일도장』이 가끔 거론되고 있다.

이들 중 『대승기신론별기』는 『대승기신론』에 대한 젊은 날의 연구 노트이다. 『대승기신론일도장』는 단간으로만 존재하지만 종성과 계위의 상충을 해소하는 주석이다. 『대승기신론이장의』는 『대승기신론』의 수행신심분에 대한 주석이다. 그리고 『대승기신론소』는 이 논서에 대한 그의 무르익은 이해를 집약시킨 대표작19)으로 평가받고 있다.

---

17) 永超, 『東域傳燈目錄』(『대정장』 제55책, p.1158하)과 圓超, 『華嚴宗章疏幷因明錄』(『대정장』 제55책, p.1134중) 및 동국대학교 불교문화연구소가 펴낸 『한국불교찬술문헌총록』(서울: 동국대학교출판부, 1976), p.33에는 『大乘起信論私記』가 원효 저술로 적혀 있다. 앞의 두 목록의 題名 아래에는 이 글의 "문장이 『元曉別記』와 같으며, 또 '塞部撰'이라고 적혀 있다"는 점을 고려하고 현존본 원효의 『대승기신론별기』 말미에도 '塞部撰'이라고 적혀있는 점으로 보아 '대승기신론私記'는 '대승기신론別記'를 가리키는 것으로 보인다. 『大乘起信論私記』 밑의 저자명인 '塞部 撰'의 표기는 그의 젊은 시절 이름인 '塞部' 즉 '새벽'의 借字標記이기 때문이다. 이렇게 본다면 원효의 기신학 주석서는 7종으로 정리된다.
18) 원효의 기신학 주석서들은 『大乘起信論疏』(2권 存,), 『大乘起信論別記』(1권 혹 2권 存,) 『大乘起信論宗要』(1권 失), 『大乘起信論大記』(1권 失), 『大乘起信論料簡』(1권 失), 『大乘起信論私記』(1권 失), 『大乘起信論一道章』(1권 失), 『大乘起信論二障義』(1권 失) 등이다. 『기신론종요』는 의천 목록에 원효 『대승기신론종요』(1권)와 亡名의 『大乘起信論一道章』(1권) 2종이 실려 있다. 그런데 大覺國師 義天의 대표적 문도였던 無礙智國師 戒膺의 계승자로서 태백산 일대에서 1181년(명종 11년)까지 활동하였던 화엄종의 고승인 廓心의 『圓宗文類集解』(3권 중 中卷만 存) 卷中에서 『기신(론)종요』를 1차례 인용하고 있으며, 이 책에 원효의 『十門和諍論』 등 그의 저작을 2, 3회 인용하고 있는 점으로 보아 이 '종요'는 원효의 저술로 볼 수 있을 것 같다. 許興植, 「義天의 圓宗文類와 廓心의 集解」, 『季刊書誌學報』 제5집, 1991, p.55; 吉津宜英·慈崎照和, 「郭心 圓宗文類集解 卷中について」, 『駒澤大學佛教學部研究紀要』, 제52집, 1994, p.90 참조.
19) 高榮燮(b), 「분황 원효 『대승기신론소』의 내용과 특징」, 『불교철학』 제6집, 동국대학교 세계불교학연구소, 2020, 4, p.44.

원효의 기신사상을 구성하고 있는 7종의 텍스트 중 이들 네 텍스트는 그가 그려간 일심의 구도를 알 수 있는 일부의 문헌이다. 이들 중 현존하지 않는 『대승기신론일도장』을 포함한 나머지 3종은 그의 기신사상을 알 수 있는 중심 저술들이라고 할 수 있다. 원효는 『대승기신론』의 '대의' 즉 '전체의 취지'에서 『대승기신론』을 '제론지조종'(諸論之祖宗) 즉 '여러 논서들의 가장 뛰어난 우두머리'이자 '군쟁지평주'(群諍之評主) 즉 '온갖 말다툼을 평정하는 주인공'이라고 했다. 나아가 '중전지간심'(衆典之肝心) 즉 '뭇 경전의 심장'이자 '일이관지자'(一以貫之者) 즉 '한 이치로 모든 일을 꿰뚫은 것'이라고 하였다.

이 논서에 대한 이러한 일련의 표현들은 원효가 이 논서를 어떻게 인식하고 있었는지를 잘 보여주고 있다. 그는 『대승기신론』을 지금까지의 논서 중 최고로 평가하면서 자신의 사상적 과제였던 중관학과 유식학을 자재와 무애로 통섭하고, 종성과 계위의 상충을 해소했으며, 현료문의 아리야식 즉 번뇌장과 소지장 및 은밀문의 여래장 즉 번뇌애와 소지애의 접점과 통로를 모색하고, 여래장과 적멸, 일심과 본각, 진여와 생멸과 본법의 통로를 열어나갔다.

이처럼 원효는 당시 동아시아 사상계가 직면하고 있던 문제에 대해 깊이 천착하였다. 그 과정에서 그는 『대승기신론』의 '일심 이문 삼대'의 이론 체계와 '사신 오행 육자법문'의 실천 체계를 철저히 자기화하여 자신의 철학적 기반으로 삼았다.[20] 특히 원효는 이 논서의 일심-진여문/생멸문의 구조와 관계를 일심 인식의 지형에 깊이 원용하였다. 그리하여 그는 일심 인식을 시대별과 저서별로 변주하고 수행 체계로 확장시킬 수 있었다. 그 결과 원효가 그려낸 일심의 지형과 내용은 그의 기신사상의 특징으로 나타나고 있다.

---

20) 高榮燮(a), 「분황 원효의 일심사상」, 『선사상연구』 제23집, 한국선리연구원, 2017.12.

Ⅲ. 원효 기신사상의 구조: 일심 이해의 표층

1. 『대승기신론별기』: 중관학과 유식학의 자재와 무애

원효의 일심관은 시기별과 저서별로 변주되면서 수행체계로 확장되어 왔다. 당대의 유수한 철학자였던 그는 시대의 요청에 부응하면서 자신의 일심철학을 독자적으로 수립하였다. 젊은 시절의 원효는 대승불교의 반야 중관과 유가 유식 대립의 종합 지양을 하나의 과제로 삼았다. 당시 그에게는 불교의 심식설에서 실체적 존재를 부정하는 중관과 임시적 존재를 인정하는 유식의 대립을 어떻게 해소하느냐가 관건이었다. 그래서 그는 중관이지닌 특징과 유식이 지닌 특징을 적출하여 이 둘을 아우르는 '개합(開合)의자재'와 '입파(立破)의 무애' 논리로 돌파해 나갔다.

먼저 원효는 젊은 시절에 『대승기신론』 본문(依文顯義 중 正立論體의 依章別解)의 5분 중 「입의분」과 「해석분」에 대해 주석한 『대승기신론별기』를 펴냈다. 그런데 이 저술에는 『대승기신론』의 본론인 「인연분」, 「수행신심분」「권수이익분」에 대한 설명은 거의 보이지 않는다. 원효는 이 저술에 대해 "간략히 가장 요긴한 벼리[綱領]만 거론해서 나 자신을 위해 기술했을 뿐이니감히 세상에 널리 유통되기를[宣通] 바라지 않는다"[21]고 하였다. 그가 말미에 이러한 생각을 덧붙인 것은 아마도 당시 자신의 역량이나 여건이 성숙되지 않아서였을 것이다.

당시에 원효는 이 저술에 대한 자신의 문제의식에 집중했을 뿐이며, 그결과 이 책은 자신을 위해 강령만 적은 연구노트에 지나지 않는다고 보았던것 같다. 『대승기신론별기』는 그가 젊은 시절에 썼다는 점, 그 분량이 매우

---

21) 元曉, 『大乘起信論別記』 本(『대정장』 제44책, p.226중). "略舉綱領, 爲自而記耳, 不敢宣望通世."

소략하다는 점, 그리고 매우 겸손한 태도를 보이고 있다는 점 등의 특징이 있다. 그러나 원효는『대승기신론별기』의 어느 부분에선 상세한 주석을 덧붙이고 있으며, 그의 특징적인 사상의 대부분이 담겨있을 정도로 상당한 자신감도 담아내고 있다. 여기에서 원효는 사상적으로 주요한 문제를 다루고 있으며 후기의 저작에서는 '별기'를 참고하라 명기하고 있다.[22]

원효는 의상과의 두 차례의 유학 시도 끝에 깨침을 얻은 뒤 중관학과 유식학의 대립을 해소하기 위한 종합 지양의 방법에 집중하였다. 그런데 범부들은 중관철학이 제시하는 존재에 대한 그릇된 이해로 악취공(惡取空), 공병(空病), 낙공(落空)과 같은 단견을 일으켜 왔다. 반면 범부들은 유식철학이 제시하는 존재에 대한 임시적 인정으로 존재를 실유(實有)로 오해케 하여 상견을 일으켜 왔다. 그래서 원효는『대승기신론별기』의 대의에서 밝힌 것처럼 반야 중관학의 '왕이불편론'(往而不偏論) 즉 '깨뜨려 보내기만 하고 [두루] 허용하지 않는 논서'와 유가 유식학의 '여이불탈론'(與而不奪論) 즉 '드세워 주기만 하고 [두루] 탈취하지 않는 논서'의 성격으로는 이러한 쟁론을 통섭할 수 없었다. 그리하여 그는『대승기신론별기』에서 중관과 유식의 대립을 지양하고 이 두 사유를 종합하고자 하였다.

원효는 중관학의 '파이불립'(破而不立) 즉 '타파하기만 하고 수립하지 않는' 속성을 넘어서고, 유식학의 '입이불파'(立而不破) 즉 '정립하기만 하고 논파하지 않는' 속성을 넘어서서 기신학에서 '무불립이자견'(無不立而自遣) 즉 '수립하지 아니함이 없으면서도 스스로 타파하고', '무불파이환허'(無不破而還許) 즉 '논파하지 아니함이 없으면서도 도리어 허용하여' '개합자재'(開合自在) 즉 '전개와 통합이 자재하고', '입파무애'(立破無碍) 즉 '수립과 타파에 구애 없는' 중도 지혜를 발견하였다. 그리하여 그는 중관학과 유식학의 대립을 지양하고 종합하기 위한 일련의 과정 속에서 자신의 일심 철학을 수립할 수 있었

---

22) 高榮燮(b), 앞의 글, 앞의 책, p.65.

다.[23) 이것은 『대승기신론』의 사상을 만나면서 가능할 수 있었다.

2. 『대승기신론일도장』: 종성과 계위의 접점과 통로

원효는 당시 동아시아 사상계에서 문제되고 있는 종성과 계위의 대립을 해소하고자 하였다. 이를 위해 그는 『대승기신론일도장』에서 종성과 계위의 상충을 해소하는 방법을 기술하였다. 현존하지는 않지만 이 저술은 원효의 『기신론소』('一道章')와 『본업경소』('一道義')에서 각기 언급하고 있다. 일본 정창원(正倉院) 문서에서 현존하지 않는 『일도장』과 현존하는 『이장의』 모두 『기신론일도장』, 『기신론이장장』이라고 적고 있어 『일도장』과 『이장장』 모두 『대승기신론』의 주석서임이 분명하다.[24)

일본의 응연(凝然)은 이 책을 『일도의』라고 적고 있으며 여기에 의거해 추론해 보면 『기신론일도장』은 『대승기신론』의 주석서임이 분명해 보인다. 현존하는 『이장의』의 인용대목으로도 이 사실은 확인되고 있다. 『대승기신론일도장』은 고려시대 균여와 일본 에도시대의 응연 등 불학자들의 저술에 흩어져 있는 문장(逸文)을 통해 이 저술의 성격을 살펴볼 수 있다.

『일도장』은 『대승기신론』의 '해석분'을 구성하는 세 부분인 '현시정의'(顯示正義), '대치사집'(對治邪執), '분별발취도상'(分別發趣道相) 중 마지막의 '분별발취도상'에 의거해 종성[25)과 계위의 문제를 해소하기 위한 저술로 추정된다. 『대승기신론』에서 '분별발취도상'은 [마음을] 일으켜 [부처가 체득한] 깨달음을

---

23) 高榮燮(b), 「분황 원효 『대승기신론소』의 내용과 특징」, 『불교철학』 제6집, 동국대학교 세계불교학연구소, 2020년, pp.65~66.

24) 石田茂作 編, 『寫經より見たる奈良朝佛教の研究』, 「奈良朝現在一切經目錄」(東洋文庫, 1930), p.126.

25) 均如, 『釋華嚴教分記圓通抄』 권3(『한불전』 제4책, p.315하). "曉師一道章云種: 性位者, 略有四句, 一定位限, 二出住體, 三明勢力, 四辨相狀. 位限者, 始取無始, 終除發心, 於其中間, 立爲種性."

향해 나아가는 양상을 구별하는 부분이다.

『일도장』에서 '일도'(一道)라는 말은 '[마음을] 일으켜 [부처가 체득한] 깨달음을 향해 나아가는 양상을 나누어 구별한' 뒤에 다시 한 가지 길[一道]로 나아가는 방도에 대해 서술한 것으로 이해된다. 원효는 한 가지 길로 나아가기 위해 깨달음으로 나가가는 양상을 먼저 구별했던 것으로 추정되기 때문이다.

부처의 경지[佛地]에 이르면 두나[二]를 떠나서 오직 하나[一]이므로 그 하나를 '일도'(一道)라고 한다. 이와 같이 하나의 진리[一諦]는 잘 통하여 막힘이 없고, 모든 부처의 깨달음[道]은 한결같아서 '하나의 길'이라고 일컫는다.[26]

원효는 부처의 경지에 이르면 '일제'(一諦) 즉 '하나의 진실한 이치'는 잘 통하여 막힘이 없고, '일도'(一道) 즉 '모든 부처의 길은 한결같다'고 하였다. 이렇게 본다면 『일도장』의 '일도' 또한 '잘 통하여 막힘이 없고', '한결같아서 하나의 길'이라는 의미라고 할 수 있을 것이다.[27] 그런데 이 저술에서 다루는 종성과 계위는 당시 불교계의 주요 사상이었던 유식학과 기신학의 주요 논제 중의 하나였다.

현장은 범부는 태어날 때부터 성문종성, 연각종성, 보살종성, 삼승부정성, 무성종성의 다섯 성품 중 하나를 지니고 태어난다고 하였다. 이것은 오성각별설 즉 오성이 각기 차별을 지닌다는 학설로 전개되었다. 이와 달리 진제는 중생은 부처와 동일한 성품을 지니고 있기에 끝내는 성불한다고 하였다. 이것은 일성(일체)개성설 즉 일체의 존재는 모두 성불한다는 학설로 전개되었다. 수행 계위의 논제 또한 종성과 함께 범부, 이승관지와 초발의 보살, 법신보살, 보살지진(菩薩地盡) 등의 수행 차제를 잘 보여주고 있다.

---

26) 元曉, 『本業經疏』(『한불전』 제1책, p.519하). "今至佛地, 離二唯一, 一謂一道. 如是一諦通泰無閡, 諸佛道同, 故名一道. 如經頌言, 文殊法常爾, 法王唯一法, 一切無礙人, 一道出生死."

27) 高榮燮(b), 앞의 글, 앞의 책, pp.68~69.

『대승기신론』의 불각-상사각-수분각-구경각의 네 계위에 배대하는 시각 사단(四段)과 멸상(滅相, 7)-이상(異相, 6)-주상(住相, 4)-생상(生相, 3)의 네 가지 양상을 배대하는 사상(四相)은 수행 계위의 핵심 논제라고 할 수 있다. 원효 는 사단과 사상 즉 수행 상에서 도달하는 계위에 대한 독자적 안목을 통해 법장과의 차이를 보여주고 있다. 그의 『일도장』이나 『이장의』 모두 구역 경론과 신역 경론의 주장 차이를 밝히고 이 둘을 회통하기 위해 지은 저작 들이라는 점에서 원효의 화회적 학문 지향을 보여주고 있다.[28]

따라서 『대승기신론일도장』은 원효가 당시 불학자들의 종성과 계위 이해의 차이를 밝힌 뒤에 이들 사이의 접점을 찾아내고 통로를 모색한 저술이라고 할 수 있다. 그 통로는 곧 '일도'(一道) 즉 '한 가지 길' 혹은 '한 가지 도리'라고 할 수 있다. 이 책은 이러한 통로를 모색해간 저술로 짐작된다.

Ⅳ. 원효 기신사상의 체계: 일심 이해의 심층

1. 『대승기신론이장의』: 아리야식과 여래장의 통섭

원효는 『대승기신론별기』의 대의에서 중관학과 유식학의 자재와 무애를 모색한 뒤 『대승기신론일도장』에서는 종성과 계위의 접점과 통로를 모색하였다. 이러한 일련의 과정은 그의 일심 이해의 표층 부분을 보여주고 있다. 『대승기신론일도장』이 일심 이해의 표층 부분을 보여주고 있다면 『대승기신론이장의』는 번뇌론을 통해 일심 이해의 심층 부분을 보여주고 있다.

원효의 대표작 중 하나인 『이장의』는 중생의 깨달음을 주제로 한 논서라

---

28) 高榮燮(b), 앞의 글, 앞의 책, p.69.

고 할 수 있다. 그는 이 책에서 인간의 번뇌를 치단하고 부처의 깨침을 얻는 방안에 대해 치밀하게 논구하고 있다. 원효는 6부분으로 구성한『대승기신론이장의』에서 현상적인 관점의 현료문과 근본적인 관점의 은밀문의 구도를 통해 번뇌론에 대해 집중적으로 해명하고 있다.

그는 먼저 1) 번뇌를 단멸 항복(斷伏)시키기 위해 번뇌를 이장(二障)으로 나누고 이에 대한 명칭을 해석하였다. 두 가지 번뇌는 현료문의 번뇌장(혹장)과 소지장(지장)의 이장, 은밀문의 번뇌애와 지애의 구조로 나누어 밝히고 있다. 이어 그는 2) 번뇌의 체상을 현료문과 은밀문으로 나눈 뒤 다시 현료문은 자성, 팔식과 삼성, 전과 수면, 정사와 습기, 오법 등 다섯 가지로 분류하여 번뇌의 몸체를 설명하였다. 은밀문에서는 번뇌애의 체인 육종염심과 지애의 체인 근본무명을 해명하였다.

또 3) 이장의 공능에 대해 현료문에서는 번뇌장과 소지장 각각의 공능을 밝히고, 은밀문에서는 번뇌애의 발업과 결생상속력 그리고 지애에서의 발인업과 그것이 지닌 두 가지 수승한 공능을 밝혔다. 다시 또 4) 모든 번뇌의 차별을 여섯 가지 문, 즉 128번뇌, 104혹, 98사(使), 8망상, 3번뇌, 2번뇌로 나누어 설명하였다.

이어 5) 다각도로 분석한 번뇌들을 다스려 끊는 도, 끊어야 할 대상, 끊는 것의 차별, 다스려 끊는 계위로 구분하여 설명하였다. 6) 여섯 가지 문답을 통해 전체적인 내용을 총괄해서 그의 번뇌에 대한 입장을 밝히고 있다.[29] 그리하여 원효는 현료문과 은밀문의 구도를 통해 유식학의 아뢰야식과 기신학의 여래장을 통섭하고 있다.

『이장의』는 정영 혜원이 『대승기신론의소』에서 "이장의 뜻은 헤아리기 어렵도다"라고 감탄하며 장대한 주석을 붙인 것처럼 '번뇌애'와 '지애', 즉 번뇌장과 소지장의 문제를 상세히 논한 역작이라 할 수 있다. 혜원과 원효

---

29) 은정희, 「원효의 번뇌론」, 『이장의』(서울: 소명출판, 2004), pp.8~10.

는 모두 '이장의'라는 이름으로 『기신론』을 담고 있는 구역 경론의 설과 신역 경론의 설과의 차이를 제시하고 이를 회통하려 했던 것이다.[30]

원효는 특히 『대승기신론』의 주요한 문장인 "홀연히 염(念)이 일어남을 이름하여 무명이라 한다"는 구절에 대해 자세한 주석을 붙이고 있다. 이것은 담연의 주석서나 정영의 주석서에는 찾아볼 수 없는 대목이다. 그는 『이장의』에서 『영락본업경』의 "그 주지(住地) 전에는 다시 법이 일어남이 없기 때문에, 무시무명주지(無始無明住地)라고 한다"는 문장을 인용한다. 그런 뒤에 그는 『기신론』의 '홀연염기'(忽然念起)를 들고, 이 두 문장은 "이것은 종(縱)으로 시절의 전후를 뜻하는 것이 아니며, 오직 횡(橫)으로 거침과 미세함의 연기를 논하는 것이다"[31]고 하였다.

원효의 해석에서 주목되는 것은 '홀연'이라는 말은 시간적인 흐름 속에서 돌연히 발생함을 의미하는 것이 아니라, 연기의 구조가 그와 같이 되어 있어 시원(始原)을 물을 수 없음을 나타내고 있다[32]고 해석하는 지점이다. 즉 이것은 '홀연' 즉 '뜻밖에', '갑자기'라는 말에는 현상세계가 연기의 구조로 이뤄져 있으므로 어느 시점이나 지점에서 시작되는 것이 아님을 의미하는 것임을 보여주는 대목이다. 무명에 대한 이러한 해석은 『해동소』에서도 『이장의』에서 널리 분별한 바와 같다[33]고 미루고 있음을 통해 『이장의』에 대한 그의 자긍심을 읽어낼 수 있다.

이처럼 원효는 『대승기신론』에 대한 일련의 저술을 통해 사상적 전환 과정을 보여주고 있다. 그의 기신학은 『대승기신론별기』(私記), 『대승기신론일도장』, 『대승기신론이장의』에 이어 『대승기신론소』로 이어졌다. 이들 3~4종의 서명 사이에는 『대승기신론종요』, 『대승기신론대기』, 『대승기신

---

30) 石井公成, 앞의 책, p.291.
31) 高榮燮(b), 앞의 글, 앞의 책, pp.70~71.
32) 石井公成, 앞의 책, p.309.
33) 元曉, 『二障義』(『대정장』 제44책, p.215상).

론요간』 등과 같은 저술이 있었을 것이다. 원효는 현존하는 그의 기신학 관련 3종의 주석서 이외에도 해당 구절에 대한 보다 구체적인 설명을 현존하는 『본업경소』(일부 存), 『무량수경종요』, 『열반경종요』에 해당 부분의 해명을 미루고 있다.[34]

원효는 『대승기신론소』에 이르러 이 논서에 대한 종래의 주석들을 집대성하고 있다. 그러면서도 좀더 자세한 설명은 『대승기신론별기』와 『대승기신론이장의』에 돌리고 있다. 이렇게 본다면 『대승기신론소』가 이 논서에 대한 그의 최종적인 완결태라기 보다는 오히려 『별기』와 『이장의』가 그의 저작 지형에서 『대승기신론소』의 보완 혹은 부연의 의미도 지니고 있다[35]는 사실을 암시해 주고 있다.

원효의 일련의 사상적 통섭 과정은 그의 기신사상이 하나의 단계에 머물지 않았음을 시사해 주고 있다.[36] 그의 인식은 시기별 그리고 저서별로 다른 층위의 모습을 보여주기 때문이다. 그러면 그의 일심 이해의 표층 아래에 있는 일심 이해의 심층 속으로 더 들어가 보기로 하자.

2. 『대승기신론소』: 식위 배대와 삼세 육추설 배대

원효는 마명의 『대승기신론』을 해석하면서 『능가경』(4권, 10권)을 경증으로 적극 활용하고 있다. 그가 이 경전을 경증으로 삼은 것은 이 논서의 권위를 높이기 위한 것임과 동시에 이 논서가 이 경전의 주석 혹은 이 경전이 이 논서의 원천이었음을 짐작했기 때문이 아니었을까? 원효에게 『능가경』의 아리야식의 각의와 불각의의 구도는 이 논서를 이해하는 데에 주요한 활로를 열어주었다.[37]

---

34) 高榮燮(b), 앞의 글, 앞의 책, p.71.
35) 高榮燮(b) 앞의 글, 앞의 책, p.72.
36) 高榮燮(b), 앞의 글, 앞의 책, p.72.

마명은 이 논서에서 『능가경』의 종요를 총괄하여 아리야식이 지니고 있는 각의(覺義) 즉 '깨달음의 면모'와 불각의(不覺義) 즉 '깨닫지 못하는 면모'의 이의성을 적극적으로 끌어오고 있다. 그는 "깨달음의 면모[覺義]를 '심체가 망념을 여읜 것'으로 정의하고 있다. 그러면서도 망념을 여읜 상이란 허공계와 같아서 두루 하지 않는 바가 없어 모든 현상세계가 하나처럼 통하는 양상[法界─相]이며 바로 여래의 평등한 법신이니 이 진리의 몸[法身]에 의하여 깨달음의 본연[本覺]이라고 말하는 것"[38]이라고 하였다. 그리하여 본각과 시각은 불일(不─)이면서 불이(不異)의 관계로 있다고 하였다.

마명은 여기서 본각이란 시각에 대하여 말한 것이며, 시각이란 본각에 의하기 때문에 불각이 있고, 불각에 의하기 때문에 시각이 있다. 이 때문에 본각과 시각은 같지는 않지만 다르지도 않다. 이처럼 본각과 시각과 불각의 삼각의 관계는 떨어질 수도 없고 섞일 수 없는 관계로 보고 있다. 이처럼 본각과 시각과 불각의 삼각(三覺)의 관계는 불상리(不相離) 즉 '서로 떨어질 수 없고', 불상잡(不相雜) 즉 '서로 뒤섞일 수 없는' 관계로 구성되어 있다.

이러한 관계를 해명하기 위해서 원효는 일심을 여래장으로서 일심과 적멸로서 일심으로 구분하고 있다. 원효는 『대승기신론』의 현시정의(顯示正義)의 '일심법에 의하여 두 가지 문이 있다'는 구절을 해석하는 대목에서 보리유지 번역의 『입능가경』을 원용하여 자신의 일심관을 전개하고 있다. 여기서 그는 적멸로서 일심과 여래장으로서 일심을 구분하여 해명하고 있다.[39] 이것은 『이장의』에서 보여주는 현료문의 아뢰야식과 은밀문의 여래장의 층위와는 또 다른 층위를 보여주는 지점이다.

'일심법에는 두 가지 문이 있다'는 것은, 『능가경』에서 '적멸이란 일심이라 부르는 것이며, 일심이란 여래장이라 부르는 것이다'[40]고 말한 것과 같

---

37) 高榮燮(b), 앞의 글, 앞의 책, pp.72~73.

38) 馬鳴, 『大乘起信論』, 眞諦 譯(『대정장』 제32책, p.576중).

39) 高榮燮(a), 「분황 원효의 일심사상」, 『선문화연구』 제23집, 한국선리연구원, 2017.12.

다. 이『대승기신론』에서 심진여문이라고 한 것은 곧 저『능가경』에서 '적
멸이란 일심이라 부른다'함을 풀이한 것이며, 심생멸문이라고 한 것은『능
가경』에서 '일심이란 여래장이라 부른다'함을 풀이한 것이다. 어째서 그러
한가 하면 일체법은 생동함도 없고 적멸함도 없으며 본래 적정하여 오직
일심이니 이러한 것을 심진여문이라 부르기 때문에 '적멸이란 일심이라 부
른다'고 한 것이다.[41]

　원효는 중관학과 유식학의 자재와 무애의 근거인『대승기신론』의 만남
이후 현료문과 은밀문으로 아리(뢰)야식과 여래장, 여래장으로서 일심과 적
멸로서 일심의 구도로 자신의 일심관 즉 심식관을 보여주고 있다. 그런데
이 일심 즉 심식에는 몇몇 층위가 시설되어 있다. 대표적인 층위는 각 식위
(識位)에 대한 삼세상(三細相)과 육추상(六麤相)의 배대로 해명된다.『대승기신
론』에 대한 최초의 주석을 남기고 있는 지개(智愷)의『대승기신론일심이문
대의』(1권)에는 삼세상과 육추상에 대한 주석 부분을 찾아볼 수 없다.

　대신 수나라 담연의『대승기신론의소』(상권 存)에서는 무명업상, 능견상,
경계상의 삼세상을 제8식이 아니라 제7식에 배대하고, 지상, 상속상, 집취
상, 계명자상, 기업상, 업계고상의 육추상을 전6식에 배대하고 있다. 이렇
게 본다면 그에게는 삼세상을 제8식에 배대한다는 인식이 처음부터 없었다
는 사실을 알 수 있다.[42]

　한편 혜원은 무명업상과 능견상과 경계상과 지상과 상속상까지를 제7식
에 배대하고, 집취상, 계명자상, 기업상, 업계고상을 전6식이라 하고 아리
야식은 직식(直識)이라고 하였다.[43] 담연도 그렇지만 혜원은 제8식을 전연

---

40) 菩提流支 譯,『入楞伽經』,「請佛品」(『大正藏』제16책, p.519상).
41) 元曉,『大乘起信論疏』(『韓佛全』제1책, p.610상).
42) 曇延,『大乘起信論義疏』卷上(『속장경』제71책, 4투).
43) 曇延,『大乘起信論義疏』卷上(『속장경』제71책, 4투). 이 판본의 상권 말미에는 "高野山
　　妙瑞律師가 如意輪寺에 머물던 어느 날 寶庫本을 가지고 謄寫를 할 때였다. 상하 2권을
　　내(沙彌 行曉)가 청하여 讎校하려 했는데 "하권은 海東疏와 같으므로 등사하지 않았다고

언급하지 않고 있다. 이와 달리 원효는 무명업상, 능견상, 경계상의 삼세를 제8식이라 하고, 지상을 제7식이라 하였으며, 제6식인 분별사식에 생기식(生氣識)인 상속상, 집취상, 계명자상, 기업상과, 고과(苦果) 즉 생기식으로 인한 과보[所起果]에 업계고상을 배대44)하였다.

원효가 삼세상을 제8식에 배대한 이래 법장도 원효의 설을 수용하면서도 제7식은 논하지 않고 제켜두었다. 그리고 지상과 상속상을 세혹(細惑)으로 보아 법집(法執)이라 하고, 집취상과 계명자상을 추혹(麤惑)으로 보아 아집(我執)이라 하며, 기업상을 업(業, 起業)으로, 업계고상을 고(苦, 惑果)로 본 뒤 육추를 분별사식에 배대하였다.45) 이처럼 법장은 원효의 삼세상의 관점을 답습하였고 『대승기신론』에서 원효가 보여준 육추상을 분별사식에만 한정해 배대하였다.46)

그런데 원효는 『대승기신론소』에서 종래의 육추상 배대를 수정하여 지상을 제7말라식에 배대47)함으로써 심층의 삼세상과 표층의 육추상을 유기적으로 연결시키고자 하였다. 바로 이 지점이 진과 속, 염과 정, 선과 불선

하권 말미에 적혀 있었다"[天平 13년(741) 1월 2일 隅寺溫室院에서 등사를 마치다고 사문 快道가 적고 있다[安永8년(1779) 을해 6월 8일 轉寫의 직무(功)를 마치다].

44) 元曉, 『大乘起信論疏』(『大正藏』 제44책, p.212중). "初之一相, 是第七識, 此四相者, 在生起識, 後一相者, 彼所生果也."

45) 馬鳴/元曉, 『大乘起信論/疏記會本』(『한불전』 제1책, p.756하), "又此三但爲無明所動, 故在第八. 後六乃爲境界所動, 故在七識, 卽由是義, 故說七識一向生滅, 不同黎耶俱含二義也." 원효는 『대승기신론별기』의 이 대목에서 三細相은 第八識에 있으며, 六麤相은 七識에 있다고 하였다.

46) 高榮燮(d), 「원효의 三細六麤說과 퇴계의 四端七情論의 통로」, 『한국불교사연구』 제11호, 한국불교사학회 한국불교사연구소, 2017, p.92.

47) 馬鳴/元曉, 『大乘起信論/疏記會本』(『한불전』 제1책, p.756상). "此中先三相是微細, 猶在阿黎耶識位. 後六麤相, 是餘七識, 但望彼根本無明, 皆是所起之末, 通名枝末不覺也." 원효는 『大乘起信別記』에서는 앞의 三細相은 미세해서 오히려 阿黎耶識位에 있고, 뒤의 六麤相은 나머지 七識이다. 다만 저 根本無明과 비교한다면 모두 근본무명이 일으킨 枝末이기 때문에 통털어 枝末不覺이라 한다고 하였다. 그리고 이후에 원효는 『大乘起信論疏』를 지으면서 六麤相에 대한 인식이 변화하여 구체적으로 智相은 第七末那識에, 나머지 相續相, 執取相, 計名字相, 起業相은 生起識으로, 業繫苦相은 所起果로서 分別事識에 배대한 것으로 짐작된다.

의 관계를 유기적으로 파악하려 했던 원효의 심층 마음과 표층 의식 이해의 독자성이라 할 수 있을 것이다.[48)

이처럼 원효는 삼세상에 무명업상, 능견상, 경계상을 배속하고, 제8(아리야)식위에 배대하고 있다. 이어 육추상의 첫 번째인 지상을 제7(말라)식위에 배대하고, 육추상의 상속상, 집취상, 계명자상, 기업상, 업계고상을 제6 요별경식에 배대하고 있다. 그의 이러한 배대는 제8(아리야)식위를 제외하는 이전의 담연과 혜원과 다른 것이며, 제8(아리야)식위를 인정하면서도 제7(말라)식위를 제외하는 이후의 법장과도 구분되는 독자적인 주장이다. 여기에는 원효의 인간 이해와 세계 인식이 투영되어 있는 것으로 이해된다.[49)

한편 원효와 다른 법장의 삼세 육추상 배대는 우선적으로는 그가 유식적 인간 이해보다는 기신적 인간 이해의 기반 위에 서 있음을 보여준다. 즉 그의 이상적 인간상은 망식으로서 아리야식을 지닌 인간상이 아니라 진망 화합식으로서 여래장을 지닌 인간상을 겨냥하고 있었기 때문이다. 원효와 법장은 바로 이 지점에서는 동일성을 지니고 있다. 그러나 법장이 이러한 여래장을 지닌 인간상을 제시한 것은 최종적인 것이 아니었다. 그는 궁극적으로 진심으로서 화엄 일심을 지닌 인간상과 접목하려는 의도를 지니고 있었다. 이러한 법장의 태도는 기신적 인간상을 방편적으로 원용하면서 궁극적으로 그는 화엄적 인간상을 진실상으로 보고자 했기 때문이다. 바로 이러한 지점이 원효와 법장의 차이성이라고 할 수 있다.

---

48) 高榮燮(d), p.106.
49) 高榮燮(d), 위의 글, p.106.

V. 일심과 본각의 상의성
: 일심 이문과 일미(본각) 관행

원효의 사상은 통섭적이고 화회적이다. 그의 기신학에는 여러 갈래의 지형과 특징이 있다. 원효는 마명의『대승기신론』심생멸문의 불각위에서 제시한 삼세 육추상을 해석하는 대목에서 인명논리를 끌어와 풀어내고 있다. 또 그는 6추상의 지상을 제7 말나식위에 배대하고 나머지 5추상의 특성을 구분해 배대함으로써 이전 주석가들과 차별화된 해석학적 지평을 열어 보이고 있다.

뿐만 아니라 원효는『대승기신론』과『금강삼매경』을 종합한 삼제설의 입장에서 여래장으로서 일심[생멸문, 因]과 적멸로서 일심[진여문, 果]의 차이를 넘어 본법으로서 일심[非因非果, 本法]의 인간상을 수립함으로써 새로운 인간 이해의 시야를 열어 보이고 있다. 법장의 이제설이 현실적 인간의 차이성에 집중해 단선적인 대립의 입장을 취하였다면, 원효의 삼제설은 현실적 인간의 차이성과 평등성을 아울러 중층적인 통섭의 입장을 취하였다고 할 수 있다.

1. 구상설 제창과 인명학 원용

앞에서 논자는 중관학과 유식학의 자재와 무애를 모색해간『대승기신론별기』, 종성과 계위의 접점과 통로를 모색한『대승기신론일도장』, 아리야식과 여래장의 통섭을 꾀한『대승기신론이장의』, 구상설의 제창과 인명학을 원용한『대승기신론소』등의 측면을 살펴왔다. 이들 중에서도 가장 특징적인 것은『기신론』의 삼세 육추설 즉 구상설의 제창을 통한 독자적 해명과 인명학의 도입[50]일 것이다.

수많은 『기신론』 주석서와 달리 원효는 『대승기신론소』에서 처음으로 인명(因明)을 사용51)하고 있다. 그는 『대승기신론별기』에서 구상설(九相說) 즉 삼세(三細)인 무명업상과 능견상과 경계상과 육추(六麤)인 지상과 상속상과 집취상과 계명자상과 기업상과 업계고상을 해석하는 대목에서 인명의 논리를 끌어 쓰고 있다. 그리하여 원효는 지상에 대해 "지상을 말하면 이것은 제7식이며, 추(麤)상 가운데 첫 번째이다"고 말한 뒤에 문답으로 풀어가고 있다.

> 질문: 이 제7식이 단지 마음을 대상으로 할 뿐 아니라, 또한 경계도 대상으로 함을 어떻게 알 수 있는가.
>
> 대답: 이것에는 두 가지 증명이 있다. 첫째는 비량도리(比量道理)에 의하고, 둘째는 성언량(聖言量)에 의한다. 비량도리란, 이 의근은 반드시 의식과 똑같은 경계를 대상으로 한다. 이것은 종(宗)을 세운 것이다. 그 의식은 불공(不共)의 소의이기 때문이다. 이것은 인(因)을 분별한 것이다. 무릇 이 불공 소의는 반드시 능의(能依)와 경계를 같이 한다. 안근 등과 같다. 이것은 동품(同品)을 따라서 말한 것이다. 혹은 동일한 것을 대상으로 하지 않는다면 반드시 불공의 소의가 아니다. 차제멸(次第滅)과 같다. 의근 등은 멀리 떨어짐으로써 말하는 것이다. 이와 같은 주장문[宗]과 이유문[因]과 예시문[喩]에는 과실이 없다. 그러므로 알라. 의근도 또한 육진(六塵)을 대상으로 삼는다는 것을.52)

불교 경론의 번역사에서 조망해 보면 원효는 『별기』를 지을 때에 현장이 번역한 『성유식론』(659년 역출)이 간행되지 않았다. 하지만 그는 "제7식은 통설과는 달리 심인 아리야식만을 대상으로 하여 작용하는 것이 아니라, 제7식을 불공의(不共依)로 삼는 의식과 마찬가지로 육진(六塵)도 대상으로 한

---

50) 高榮燮(b), p.87.
51) 石井公成, 앞의 책, p.303.
52) 元曉, 『大乘起信論別記』(『대정장』 제44책, 234중).

다"53)고 보았다. 여기에서 원효는 "능의(能依)인 의식이 '일체법'을 대상으로 하는 이상 소의(所依)인 제7식도 '일체법'을 대상으로 할 것"이라고 보았다. 이것은 능의인 의식이 제7식의 활동 외연을 넓힌 것이었다.54)

또 원효는 '일체법'이라 하는 이상 자기 자신도 포함된다고 보고 자증분의 문제를 언급한 뒤에, 성교량으로서 제7식[=7종식]이 경계에 의해 움직이게 된다고 설하는 『사권능가경』과 『십권능가경』을 인용하고 있다. 이로부터 알 수 있듯이 원효의 유식설은 『능가경』에 의존하는 면이 크다.55) 이러한 이유 때문에 원효의 사상적 기반을 유식학에 두려는 이들이 적지 않다. 그러나 원효의 사상적 지형을 전관하게 되면 그는 유식학을 넘어 자신의 사상적 기반을 기신학에 두고 있음을 알 수 있다.56)

다시 또 원효는 "경계에 의해 마음이 일어나고, 애(愛)와 불애(不愛)를 분별한다고 정의하는 『기신론』의 지상을 제7식에 배정하였다. 그는 신역 유식 중에서도 초기 단계에 속하는 『현양성교론』이 "의식이란 이른바 아뢰야식의 종자로부터 생기는 것이다. 의근에 의해서 그것과 함께 작동하여 일체의 공(共)과 불공(不共)의 법을 대상으로 하며, 요별(了別)을 성(性)으로 한다"57)라고 설한 것 등에 주목하여 의식의 소의인 의근도 일체법을 대상으로 한다고 설하고, 제7식을 『기신론』의 지상(智相)쪽으로 억지로 끌어들인 것이다.58) 이처럼 원효는 지상의 공능에 대한 깊은 이해를 통해 지상을 제7식에 배정하였다.

이와 달리 신역 유식에서는 팔식설 중에서 제7식 해석이 『기신론』이 설한 지상(智相) 작용 중 일부만 해명한 것에 지나지 않는다고 보았다. 이 때문

---

53) 元曉, 『大乘起信論別記』(『대정장』 제44책, 234하).

54) 高榮燮(b), 앞의 글, 앞의 책, p.88.

55) 舟橋尙哉, 『初期唯識思想の硏究』(동경: 國書刊行會, 1976), pp.128~131); 石井公成, 앞의 책, p.304 재인용.

56) 高榮燮(b), 앞의 글, 앞의 책, p.88.

57) 玄奘 譯, 『顯揚聖教論』(『대정장』 제32책, 577상).

58) 石井公成, 앞의 책, p.305.

에 원효는 여러 경론의 이설을 회통하기 위해서 『이장의』에서 은밀문에 기신학의 여래장설을, 현료문에 유식학의 아리야식설을 배대하여 풀어가고 있다. 이처럼 원효는 번뇌론에서 단혹(斷惑) 문제를 구역과 신역의 주장을 원용하여 각각의 특징을 논한 뒤 화쟁하고 회통하고 있다.[59]

원효는 은밀문에서 인집과 법집의 이집인 번뇌애와 지애가 본말의 관계가 되어 서로 의지하고 서로 생성한다고 하였다. 반면 그는 현료문에서 번뇌장과 소지장은 각기 내부에서 현행과 종자를 서로 생성한다고 설하지만 인집과 법집의 상호관계에 대해서는 설명이 미진하다고 보았다. 그리하여 원효는 이 점을 분명히 하기 위하여 신구의 경론을 읽으면서 신역 유식과 『기신론』에 대한 이해[60]가 더욱 깊어지고 보다 넓어졌던 것으로 추정된다.

그런데 원효는 『이장의』에서도 인명학을 끌어들이고 있다. 그는 먼저 제7식의 소연(所緣) 문제에 대해 거론하고 있다.

> 질문: 위의 말나(末那)는 일체법을 대상으로 한다고 설하는 것은 무슨 도리로 증명할 수 있는가?
> 대답: 논리적 증명의 도리[證成道理]에는 대략 2종이 있다. 먼저는 비량을 세우고, 후에는 성언을 인용한다. 비량 중에 또한 2종이 있다. 첫째는 능입정(能入正)이고, 둘째는 능파사(能破邪)이다. 먼저 능입(能入)이란 제7말나는 의식이 발생할 때에 반드시 같은 대상[境]과 함께 한다. 불공의 소의이기 때문이다. 무릇 불공의 소의는 능의가 발생할 때에 반드시 대상을 같이 한다. 마치 눈 등과 같이.[61]

먼저 원효는 말나식이 반드시 의식과 소연을 같이 하는 것은 아니라는 두 가지 비량을 소개한다. 그리고 이것들에는 결정상위(決定相違)의 과실이 있기 때문에 옳지 않다고 비판한다. 그런 뒤에 『사권능가경』을 인용하여

---

59) 高榮燮(b), 앞의 글, 앞의 책, p.89.
60) 高榮燮(b), 앞의 글, 앞의 책, p.89.
61) 元曉, 『二障義』(『대정장』 제44책, 215상).

성언량으로서 제7식이 경계의 바람에 움직인다고 하였다. 여기서 주목되는 것은 논리적 증명의 도리에 대해 비량과 성언량만을 들고 현량을 언급하지 않는다[62]는 지점이다.

원효는 『이장의』에서 신인명의 현비이량설(現比二量說)을 채용하지 않는다. 이것은 성현의 가르침을 중시하는 중국의 학승이 성교량을 비량 안에 포함시켜 따로 설정하지 않는 신인명에 대해 곤혹스러워했다[63]는 사실과 다르다. 하지만 원효는 신역과 구역을 회통하지 않으면 안 된다는 사정이 더해졌기 때문에 이와 같이 특수한 해석이 나왔다고 볼 수 있다. 이러한 특이한 해석에 의해서 무리하게 제7식이 제8식만을 연으로 하는 것이 아니다라는 명제를 증명한 것[64]으로 읽을 수 있기 때문이다.

이처럼 원효는 진나와 신인명설을 원용하면서도 그것을 자신의 안목 속에서 취사선택하여 철학적 논제를 해결하였던 것으로 이해된다. 그 과정에서 일찍이 볼 수 없었던 독자적 해석의 지평을 열었던 것이다. 그리고 그러한 해석은 당시의 여러 인명학자들에게 타당하게 받아들여져 왔다.[65] 그의 '구상설 제창'이나 '시각 사단의 사상(四相) 배대' 그리고 '인명학 원용' 등은 모두 그가 『대승기신론』을 통해 '일심 철학'을 수립하기 위한 과정이었다고 할 수 있다. 그것은 곧 범부 중생의 성불과 왕생을 위한 일련의 해석학적 시도로 읽을 수 있을 것이다.

원효는 동아시아 최초로 이전시대에 편찬된 『대승기신론』을 '뭇 경전의 심장을 하나로 관통하는 것'으로 파악하였다. 그의 『해동소』는 특히 "발심 수행을 중시하고, 그것이 『기신론』 해석에도 반영되어 있으며"[66], "실천을

---

62) 高榮燮(b), 앞의 글, 앞의 책, p.90.
63) 武邑尚邦, 「シナ·日本の因明思想」, 『講座佛教思想第二卷 認識論·論理學』(동경: 이상사, 1974), pp.311~333, 石井公成, 앞의 책, p.310 재인용. 법장 또한 『華嚴經探玄記』 권3(『대정장』 제35, p.148중)에서 證成道理로서 比量과 現量만을 들고 있다.
64) 石井公成, 앞의 책, p.311.
65) 高榮燮(b), 앞의 글, 앞의 책, pp.90~91.
66) 鎌田茂雄, 「新羅元曉の唯識思想」, 『伊藤眞誠·田中順照 兩敎授頌德記念佛教學論文集』

중심으로 교리를 체계화하고 있다. 원효의 이러한 경향은 후년이 될수록 더욱 현저해졌다"[67]고 평가되었다. 그는 「수행신심분」에서 지관을 해석할 때 『유가론』의 지관 설명을 원용한 뒤, 이것은 성문 지관법이지만 "이 법으로써 대승의 경계로 나아가면 곧 대승의 지관이 되기 때문에"[68]라고 말하며 지자의 『천태소지관』을 대폭 원용하면서 회통을 시도하고 있다.

나아가 원효는 「수행신심분」의 말미에 나오는 왕생정토의 문제에 대해 『무량수경요간』(양권무량수경종요)에 미루고 있다. 하지만, "아직 법신을 보지 못하였다고 왕생을 얻을 수 없는 것은 아니다"고 하면서 이 논서의 진의가 진여법신을 관할 수 없는 범부의 왕생을 설하는 데에 있다[69]고 힘주어 설하고 있다. 이러한 원효의 태도는 그의 정토관의 특징을 보여주는 것이며 그의 정토관에서 『대승기신론』은 '부수적으로 정토를 밝히는'[傍明淨土] 논서가 아니라 '직접적으로 정토를 밝히는'[直明淨土] 논서임을 암시해 주고 있다. 『대승기신론』의 마지막을 장식하는 나무아미타불의 '육자법문'은 이러한 특징을 반영해 주고 있다.

2. 일심 진여 생멸의 삼제설 주장

원효는 『대승기신론』의 일심과 『금강삼매경론』의 본각의 관계를 종합하면서 본법으로서 일심을 제기하고 있다. 이러한 관점은 균여(932~982)의 저술에 인용되어 있지만 원효의 저술을 인용하고 이를 지지한 균여의 저술이라는 점을 고려하면 이것은 원효 만년의 일심관을 보여주는 것으로 볼 수 있다. 고려 균여의 저술에 인용된 문장에 의하면 원효는 이러한 두 측면의

(동경: 동방출판, 1979), pp.355~364.
67) 石井公成, 앞의 책, p.314.
68) 元曉, 『大乘起信論疏』 권하(『대정장』 제44책, p.222중).
69) 元曉, 『大乘起信論疏』 권하(『대정장』 제44책, p.225하).

인간상을 통섭하기 위해 '본법 일심'의 인간상을 드러내 보이고 있다.[70]

원효는 '진망화합식으로서 여래장을 지닌 인간'[심생멸문, 因]이자 '적멸로서 일심을 지닌 인간'[심진여문, 果], 수행할 것이 남아있는 존재로서의 현실적 인간[因]과 수행을 완성한 존재로서의 이상적 인간[果]을 모두 아우른 '일심을 지닌 인간상' 즉 '본법 일심의 인간상'(非因非果)[71]을 수립한 것을 알 수 있다. 그리하여 원효는 법장의 진여 생멸 이제설과 달리 진여와 생멸 이외에 본법으로서 일심을 별립하여 자신의 삼제설을 열어 보이고 있다.

원효는 망식으로서 아리야식을 지닌 인간상은 아직 불완전한 인간상이며, 진식으로서 화엄 일심을 지닌 인간상은 이미 완성된 인간상으로서 더 이상 수행이 필요 없는 존재로 보았다.[72] 스스로가 이미 부처라는 인식이 강하게 되면 더 이상 수행할 필요가 없게 되고, 동시에 스스로가 절대 부처가 될 수 없다는 인식이 강하게 되어도 더 이상 수행을 안 하게 될 것이다. 전자처럼 '자신을 높이는 마음'[自高之心]이 더 하게 되면 수행을 하지 않게 되고, 후자처럼 '자신을 낮추는 마음'[自屈之心]이 더 하게 되어도 수행을 하지 않게 될 것이다.

그러면 어떻게 해야 이 두 가지 극단의 마음을 중도의 지혜로 통합할 것

---

70) 均如, 『釋華嚴教分記圓通鈔』 권제3(『韓佛全』 제4책, p.324하). "言有異者, 曉公意, 非因非果, 是本法一心, 章主(法藏)意, 非因非果, 是眞如門故, 有不同也. 何者, 章主意者, 眞如生滅外, 更無一心故, 非因非果, 是眞如門, 曉公意者, 眞如生滅外, 別立本法一心故, 非因非果者, 是本法一心也. 是故章主唯立二諦, 曉師卽三諦也." 원효의 저술을 다수 인용했던 均如는 法藏의 설을 따르면서도 元曉를 원용한 그의 입장을 보여주고 있다. 이 구절에 의하면 법장은 '진여와 생멸 이외에 따로 일심이 없다'[一心=眞如, 生滅]는 二諦說을 주장한 반면 원효는 '진여와 생멸 이외에 본법으로서 일심을 별립한다'[一心, 眞如, 生滅]는 三諦說을 주장하였다.

71) 원효가 진여문(果)과 생멸문(因) 이외에 진여문(果)과 생멸문(因)이 아닌 非因非果 즉 本法으로서 일심을 시설한 것은 그가 舊譯唯識에 의거하여 제9菴摩羅識을 인정하고 있기 때문으로 이해된다.

72) 균여는 많은 부분에서 원효의 논지를 수용하고 있으며 元曉와 法藏과의 차별성을 밝힘으로써 자신의 입장을 분명히 하고 있다. 이 때문에 均如의 저술에 인용된 '本法 一心'을 '균여가 원효의 논지를 해석한 것일 뿐'이라고만 볼 수는 없다.

인가? 교만상과 비굴상을 넘어서서 중도의 활로를 열려면 중도 지혜의 안목으로 두 측면의 사람들을 통섭해 나가야만 할 것이다. 원효가 진망화합식으로서 여래장을 중요시 한 것은 이 때문이다. 하지만 그는 여래장에만 머물지 않는다. 그는 다시 여래장으로서 일심과 적멸로서 일심, 화엄 진심으로서 일심과 본법으로서 일심의 관계를 논함으로써 일심 이해의 깊이를 더하였고 일심 이해의 두께를 두텁게 하였다.

이처럼 원효의 시각 사위의 사상 배대와 삼세 육추상의 배대는 이러한 그의 인간관을 잘 보여주고 있다. 그는 진여문의 적멸로서 일심과 생멸문의 여래장으로서 일심 바깥에 '본법으로서 일심'을 시설하여 일심지원 즉 구역 유식이 제시하는 제9아마라식과의 상통성을 분명히 보여주고 있다. 신라 둔륜의 『유가론기』에 인용된 것처럼 원효가 "자성청정심인 제9아마라식의 본연/바탕[體]은 제8아리야식과 같지만 이치/내용[義]은 다르다"[73]고 한 것은 바로 이 부분과 상통한다. 그는 자성청정심인 '본법으로서 일심의 바탕'은 '아리야식'과 같지만 '본법으로서 일심의 내용'은 '아마라식'과 통한다고 보았던 것이다.[74]

원효는 범부 중생의 성불과 왕생을 위한 기획으로서 일심의 변주를 통해 기신사상의 지형도를 그려나갔다. 그는 『대승기신론』의 일심 이문 삼대의 이론 체계와 사신 오행 육자법문의 실천 체계가 어떻게 서로 보완될 수 있는지에 주목하였다. 원효는 『대승기신론별기』에서의 중관학과 유식학의 자재와 무애, 『대승기신론일도장』에서의 종성과 계위의 접점과 통로 및 『대승기신론이장의』에서의 아뢰야식과 여래장의 통섭, 『대승기신론소』에서의 식위 배대와 삼세 육추설 배대를 근거로 하면서 구상설 제창과 인명학 원용을 통해 일심 이문(一心二門)의 교학 체계를 수립하였다. 동시에 그는 『금강

---

73) 遁倫, 『瑜伽論記』(『한불전』 제2책, p.410중하). "新羅元曉法師云, 自性淸淨心, 名謂阿摩羅, 與第八阿賴耶識, 體同義別."
74) 高榮燮(b), 앞의 글, 앞의 책, p.86.

삼매경론』에서 방편관과 정관을 통해 일미 관행(一味觀行)의 수행 체계를 확립하였다. 그리하여 그는 일심 이문의 이론 체계와 일미(각) 관행의 실천 체계를 확보하였다.

따라서 원효에게 있어 『대승기신론』은 그의 일심 철학의 근간을 이루는 논서이며, 그의 현존하는 『대승기신론별기』와 현존하지 않지만 산일문만 남아있는 『대승기신론일도장』, 그리고 『대승기신론이장의』와 『대승기신론소』는 그의 일심 철학을 구축하는 저술들이라고 할 수 있다. 그는 중관학과 유식학의 자재와 무애, 종성과 계위의 접점과 통로, 아뢰야식과 여래장의 통섭, 식위 배대와 삼세 육추설 배대를 근거로 하면서 아리야식으로서 일심, 여래장/적멸로서 일심, 화엄 진심으로서 일심, 본법으로서 일심을 구축해 내었다. 그의 만년작인 『금강삼매경론』[75] 또한 그가 완수하고자 한 기신학의 일심 철학을 끝까지 궁구한 저작이라 할 수 있다.

VI. 결 어

원효의 사상은 통섭적이고 화회적이다. 동시에 그의 기신학 혹은 기신사상의 지형은 유기적이고 중층적이다. 그는 중관학과 유식학의 자재와 무애, 종성과 계위의 접점과 통로, 아리(뢰)야식과 여래장의 통섭, 식위 배대와 삼세 육추의 배대를 통해 이론 체계와 수행 체계를 동시에 보여주었다. 특히 그는 심생멸의 불각위에다 삼세 육추상을 배대하고 인명학을 원용하면서 독자적인 인간 이해를 보여주었다. 또 그는 6추상의 지상을 제7 말나식위

---

75) 高榮燮(c), 「분황 원효 『금강삼매경론』의 주요 내용과 특징」, 『불교철학』 제7집, 동국대학교 세계불교학연구소, 2020년 10.

에 배대하고 나머지 5추상의 특성을 구분해 배대함으로써 이전 주석가들과 차별화된 해석학적 지평을 열어 보였다.

원효는 범부 중생의 성불과 왕생을 위한 기획으로서 일심의 변주를 통해 기신사상의 지형도를 그려나갔다. 그는『대승기신론』을 만난 이후 이 논서의 일심 이문 삼대의 이론 체계와 사신 오행 육자법문의 실천 체계가 어떻게 서로 보완될 수 있는지에 주목하였다. 원효는『대승기신론별기』와『대승기신론일도장』및『대승기신론이장의』와『대승기신론소』에서 구상설 제창과 인명학 원용을 통해 일심 이문(一心二門)의 교학 체계를 수립하였다. 동시에 그는『금강삼매경론』에서 방편관과 정관을 통해 일미 관행(一味觀行)의 수행 체계를 확립하였다. 그리하여 그는 일심 이문의 이론 체계와 일미(각) 관행의 실천 체계를 확보하였다.

균여의 인용이 보여주는 것처럼 원효가 생멸문(因)과 진여문(果) 이외에 생멸문(因)과 진여문(果)이 아닌 비인비과(非因非果) 즉 본법(本法)으로서 일심을 시설한 것은 구역 유식(舊譯唯識)에 의거하여 제9아마라식(菴摩羅識)을 인정하고 있기 때문으로 이해된다. '진여와 생멸 이외에 따로 일심이 없다'(一心=眞如, 生滅)는 법장의 이제설(二諦說)과 달리 원효는 '진여와 생멸 이외에 본법으로서 일심은 별립한다'(一心, 眞如, 生滅)는 삼제설(三諦說)을 제시하였다. 이처럼 원효는 법장의 '일심=진여, 생멸'의 이제설과 달리 '일심, 진여, 생멸'의 삼제설을 주장하였다. 이것은 그가 진여와 생멸의 차이뿐만 아니라 일심과 진여의 차이를 분명히 한 것이라고 할 수 있다. 그리하여 원효는 여래장으로서 일심(생멸문, 因)과 적멸로서 일심(진여문, 果)의 차이를 넘어 본법으로서 일심(非因非果, 本法)의 인간상을 수립할 수 있었다.

따라서 원효는『대승기신론』과『금강삼매경』을 종합한 삼제설의 입장에서 여래장으로서 일심(생멸문, 因)과 적멸로서 일심(진여문, 果)의 차이를 넘어 본법으로서 일심(非因非果, 本法)의 인간상을 수립함으로써 새로운 인간 이해의 지평을 열어 보였다. 법장의 이제설이 현실적 인간의 차이성에 집중해 단선적인 대립의 입장을 취하였다면, 원효의 삼제설은 현실적 인간의 차이성과 평등성을 아울러 중층적인 통섭의 입장을 취하였다고 할 수 있다. 그 결과 원효는 망식인 아리(뢰)야식으로서 일심, 진망화합식인 여래장/적멸로서 일심, 화엄 진심으로서 일심, 본법으로서 일심의 지형을 통해 자신의 표층적 일심관과 심층적 일심관을 보여주었다.

부석 의상의 화엄은 성기사상이 아닌가?

: '의상 화엄사상의 성기적 이해에 대한 재검토'의 비판적 고찰

Ⅰ. 서 언

부석 의상(浮石義湘, 625~702)과 분황 원효(芬皇元曉, 617~686)는 한국의 대표적 철학자이자 사상가이다. 이들은 당시 인도 서역의 여러 나라를 거쳐 가져온 불교 경론을 번역하던 자은 현장(慈恩玄奘, 602~664) 삼장의 문중을 흠모하여 두 차례나 당나라 유학을 시도하였다. 원효의 오도 이후 그와 헤어진 의상은 배를 타고 서해를 가로질러 당시 산동성 등주(登州) 해안의 문등(文登)현을 관할하는 양주(揚州)1) 자사 유지인(劉至仁, 善妙의 父)의 집에 잠시 유숙하였다. 이어 그는 장안(長安) 지상사의 지엄(602~668)을 찾아가 그의 문하에서 8년 남짓 동안 구역 화엄을 수학하여 스승을 능가하는 성취를 얻었다. 때마침 백제 옛 땅에 대한 통할 주체문제로 나당연합군과의 관계가 틀어졌다. 의상은 당나라가 신라 침입을 준비하고 있다는 첩보를 김인문에게 전해받고 신라로 돌아와 문무왕에게 대비하게 하였다. 이어 그는 영주 봉황산 부석사와 소백산에 들어가 독자적 성취를 얻어 해동(海東) 화엄의 비조가 되었다.

종래 선학들은 『화엄일승법계도』에 나타난 의상 화엄사상의 특징은 진

---

1) 一然, 『三國遺事』 제5, 「義解」, '義相傳敎'. 당나라 고종 때의 登州는 文登현과 觀陽현을 관할하면서 하남도(河南道) 즉 강소성의 성도인 揚州에 소속되었기 때문이다. 758년 숙종 이후에는 蓬萊, 黃縣, 문등, 牟平 4현을 관할하였다.

리의 본래 모습인 성기(性起)의 세계를 드러내고 있으며, 이후 한국 화엄은 이러한 성기적 세계관을 그대로 계승하여 왔다고 보았다. 그리하여 이들은 의상 화엄사상의 핵심을 '중도실제사상', '성기사상', '오척법신사상' 등으로 구명해 왔다.[2] 특히 김지견은 의상의 『화엄일승법계도』에 나타나는 법성(法性), 구래성불(舊來成佛), 해인삼매(海印三昧) 등은 성기사상을 보다 분명하게 드러낸 것이라고 주장하였다.[3] 전해주는 의상의 『일승법계도』와 명효의 『해인삼매도』를 비교하면서 전자가 성기사상에 입각해 있는 반면 후자는 연기사상에 입각해 있다고 주장하였다.[4] 이들의 주장은 교판론, 이리상즉설(理理相卽說), 수십전법(數十錢法), 십현(十玄), 육상(六相)의 법계연기설 등의 검토를 통해 의상 화엄사상의 특징을 찾으려는 판본행남(坂本幸男)의 것[5]과는 다른 시각이라고 할 수 있다.

그런데 근래에 최연식은 의상 화엄사상의 성기적 이해에 대한 재검토를 통해 의상의 화엄사상은 연기사상이지 성기사상이 아니라는 주장을 제시하였다[6]. 필자는 의상의 입당로 추적과 함께 화엄사상의 핵심이 성기사상이

2) 金知見(1988), 「華嚴과 禪의 세계」, 『大華嚴一乘法界圖幷序: 김시습의 선과 화엄』(서울: 대한전통불교연구원), pp.261~262; 金杜珍(1992), 「의상의 횡진법계관」, 『의상, 그 생애와 사상』, 『擇窩許善道先生停年紀念 한국사학논총』(서울: 일조각); 김두진(1993), 「의상의 中道實際思想」, 『역사학보』 제139집(서울: 역사학회), pp.1~34; 김두진, 『의상: 그 생애와 사상』(서울: 민음사, 1995); 全海住(1990), 「신라 의상의 화엄교학 연구」, 동국대학교대학원 박사학위논문; 전해주(1993), 「의상화엄사상사연구」(서울: 민족사); 丁永根(1998), 「의상 화엄학의 실천적 지향」, 『종교연구』 제16집(서울: 한국종교학회), pp.176~183; 朴太源(1996), 「의상의 성기사상」, 『철학』 제49집(서울: 한국철학회, pp.5~31; 高榮燮(1999), 「의상의 二起學: 性起(理·橫)와 緣起(事·竪)의 긴장과 탄력」, 『한국불학사: 신라·고려시대편』(서울: 연기사), pp.197~206; 金天鶴(2012), 「동아시아 화엄사상에서 의상과 법장의 위상」, 『불교학보』 제61집(서울: 동국대학교 불교문화연구원), pp.65~87.
3) 김지견(1988), p.96.
4) 전해주(1993), pp.136~154.
5) 坂本幸男(1956), 『華嚴敎學의 研究』(경도: 평락사서점), pp.421~449.
6) 최연식(2016), 「한국불교에서의 성기와 연기: 의상 화엄사상의 성기적 이해에 대한 재검토」, 『불교학보』 제74집(서울: 동국대학교), pp.245~269. "이통현(李通玄, 635~730)의 『신화엄경론』에 의거하여 모든 존재의 동질적 본체인 근본보광명지의 증득을 『화엄경』의 궁극적 진리인 성기로 파악하고 그와 달리 사물들의 사사무애적 모습의 증득을 중시하는 기존

라는 주장이 의상과 그 문도들의 화엄사상 검토를 통해서 이루어진 것이 아니라 이통현과 지눌에 의해서 규정된 것이며 후학들은 이들 두 사람의 주장을 반복하고 있다는 최연식의 주장을 비판적으로 고찰할 것이다. 근래에 법장의 저술로 명기되어온 『화엄경문답』 즉 『추동기』[7]가 의상이 추동에서 90일간 『화엄경』을 강론한 내용을 제자 지통(智通)이 적은 노트라는 사실이 확인되었다. 이 저술의 확인에 의해 의상 화엄사상의 성기적 측면이 잘 드러나 있지 않았던 『화엄일승법계도』 중심의 검토와 한계를 넘어설 수 있는 계기가 마련되었다.

이 글은 의상의 성기사상을 이해할 수 있는 새로운 텍스트인 『화엄경문답』 즉 『추동기』의 확보[8]라는 상황을 염두에 두면서 『화엄일승법계도』[9]와 『화엄경문답』을 통해 의상 화엄사상의 근간이 중도사상 즉 성기사상에 근거하고 있음을 구명해 보고자 한다. 이것은 의상 화엄사상의 핵심이 성기사상이 아니라 연기사상이라는 주장에 대한 비판적 검토의 의미를 지니는 것이기도 하다.

화엄교학을 연기에 그친 것으로 비판한 지눌(知訥, 1158~1210)의 견해에 근거한 것으로서, 실제 의상 및 그 문도들의 화엄사상을 제대로 파악하였다고 보기 힘들다."

7) 義天, 「新編諸宗敎藏總錄」 권1(『한불전』 제4책, p.682상). "但以當時集者, 未善文體遂致章句鄙野, 雜以方言, 或是大敎濫觴務在隨機耳, 將來君子宜加潤色." 『高麗史』 권102, 列傳 제15의 「李藏用傳」. 이장용(1201~1272)이 『화엄추동기』를 윤색하였다는 기록이 있으며 이로 미루어볼 때 13세기까지 이 저술이 유통되었음을 알 수 있다. 동시에 문체가 거칠고 장구가 촌스러우며 방언이 뒤섞여 있어 더러는 화엄대교가 어지럽게 되었기에 마침내 자신(이장용)이 근기에 따라 고쳐 썼으니, 장래에 군자가 마땅히 윤색을 더해야 한다고 덧붙이고 있다.

8) 吉津宜英(1983), 「舊來成佛について」, 『印度學佛敎學硏究』 32-1, p.243; 石井公成(1985), 「華嚴經問答の著者」, 『印度學佛敎學硏究』 33-2; 石井公成(1996), 『華嚴思想の硏究』(동경: 춘추사); 金相鉉(1996), 「『錐洞記』와 그 異本 『華嚴經問答』」, 『韓國學報』 제84집, 가을호, pp.28~45.

9) 종래에는 이 저술뿐만 아니라 「백화도량발원문」도 검토의 대상이 되어 왔다.

II. 당나라 유학의 시말

원효와 의상은 평소에 잘 알고 지내던 도반이었다. 이들은 때마침 인도에서 돌아온 당나라의 현장(602~664)이 제자들과 많은 경론을 번역하고 있다는 소문을 전해 들었다. 두 사람은 그의 신역 경론을 통해 신역 유식을 공부하고자 했다. 두 차례의 시도 끝에 도중에 깨침을 얻은 원효는 서라벌로 돌아가 독자적 길을 걸어갔고, 호학심이 강했던 의상은 초지일관 유학의 길을 걸어갔다.

당시 국찰이었던 황룡사는 진흥왕에 의해 창건되어 태사인 동륜계(銅輪系)에 의해 장악되었을 가능성이 있다. 이와 달리 의상이 당시에 실질적인 주도세력이었던 사륜계(舍輪系) 왕실이 경영하였던 유가계 사찰인 황복사10)로 출가하였다는 점과 초지일관 유학의 길을 포기하지 않았던 것으로 미루어보아 원효와의 유학은 그의 적극적인 권유에 의해 이루어진 것으로 짐작된다. 『송고승전』 「원효전」과 「의상전」 및 『삼국유사』 '원효불기'와 '의상전교' 그리고 일부 금석문의 전기류들11)마다 약간12)의 출입과

---

10) 신라의 국찰이었던 황룡사, 분황사, 황복사 등에 안함, 자장, 원효 등이 주석하였고, 원광, 안함, 자장 등이 중국에 유학하여 전해온 경론들이 여래장 및 유가계 전적이었음을 고려해 보면 황복사 또한 유가계 사찰이었음을 짐작해 볼 수 있다.

11) 贊寧(1995), 『宋高僧傳』 권4, 「義解」, 「唐新羅國黃龍寺沙門元曉傳」 상하(북경: 中華書局), p.78. "嘗與湘法師入唐, 慕奘三藏慈恩之門, 厥緣旣差, 息心遊往." "(원효는) 일찍이 의상대사와 함께 당나라에 들어가고자 했다. (그는) 현장 삼장(玄奘三藏, 602~664)의 자은사 문중을 흠모하였다. 그러나 당나라로 건너온[入唐]의 인연이 어긋났기에 마음을 내려놓고 여러 곳을 돌아다녔다."

12) 贊寧(1995), 『宋高僧傳』 권4, 「義解」, 「新羅國義湘傳」 상하(북경: 中華書局), p.75 "(의상은) 나이 약관에 이르러 당나라에 교종이 솥발처럼 융성하다는 소식을 듣고, 원효법사와 뜻을 같이하여 서쪽으로 유행하고자 하여 길을 떠났다. 본국 신라의 해문(海門)마을인 당나라로 나아가는 경계[唐州界]에 도착하여 장차 큰 배를 구해서 푸르른 파도[滄波]를 건너려고 했으나 중도에서 심한 폭우를 만났다. 이에 길옆의 흙굴[土龕] 사이에 몸을 숨겨 회오리바람의 습기를 피했다. 다음날 날이 밝아 바라보니 그곳은 해골이 있는 옛 무덤이었다. 하늘에서는 궂은비가 계속 내리고, 땅은 질척해서 한 발자국도 앞으로 나아갈 수가

중복이 있다.[13)]

두 사람의 유학 기록을 담고 있는 「원효전」과 「의상전」은 당시 상황을 서로 보완해 준다. 원효와 의상 두 사람의 1차 유학(650)로는 당시 고구려행의 주요 루트였던 죽령로를 거쳐간 것으로 이해된다. 이들은 반도내의 고구려 영토를 가로질러 대륙의 요하 가까이의 요서까지 간 것으로 추정된다.

이들은 이곳에서 고구려 수라군(戌羅軍)에게 세작(細作) 혐의로 잡혀 수십 일을 갇혔다. 그 뒤에 가까스로 풀려남으로써 1차 유학은 실패하였다. 새 것에 대한 호기심을 넘어 진리에 대한 호학심이 강했던 두 사람은 11년 뒤(661)에 다시 2차 유학의 길에 들었다. 이들은 백제가 무너진 다음해(661)[14)]에 제2차 유학의 길을 떠났다. 이들은 신라로 편입된 백제의 옛 땅을 가로질러 계립령으로 나아가 화성 당항성을 지나 당은포를 향해 갔다. 때마침 장마철이라 비가 내리고 날이 어두워지자 더 이상 나아갈 수가 없었다. 할

없었다. 또 무덤 속에 머물다가 밤이 깊기 전에 갑자기 귀신이 나타나 놀라게 했다. 원효 법사는 탄식하여 말했다. "전날 밤에는 땅막이라 일컬어서 또한 편안했는데, 오늘 밤에는 무덤 속에 의탁하니 매우 뒤숭숭하구나. 마음이 일어나므로 갖가지 것들이 일어나고, 마음이 사라지므로 땅막과 무덤이 둘이 아님을 알겠구나. 또한 삼계는 오직 마음일 뿐이고, 만법은 오직 인식일 뿐이니 마음 밖에 어떤 법이 없는데 어디에서 따로 구하리오, 나는 당나라에 들지 않겠다." 원효는 물러나 바랑을 메고 본국으로 돌아가 버렸다. 이에 의상은 외로운 그림자처럼[隻影] 홀로 나아가 죽기를 맹세코 물러나지 않았다. 총장(總章) 2년(669)에 상선에 의탁하여 (당나라의) 등주 해안에 다다랐다." 여기서 總章 2년(669)은 옳지 않고 제1차 유학에 대해 기술한 崔致遠의 「浮石本碑」의 永徽 元年 庚戌(650)이 합당하다. 다만 이 기록은 고구려 요동으로 건너갔던 제1차 유학과 경기도 화성 당항성 인근의 무덤에서 오도한 제2차 유학을 동일시하고 있다.

13) 17세기 후반(1682)에 제작된 지도인 『東輿備考』는 『동국여지승람(東國輿地勝覽)』에서 동(東)자와 『여지승람』의 여(輿)자를 취하고 '『동국여지승람』을 이용하는데 참고가 되는 지도'라는 뜻에서 '備考'를 붙인 것으로 추정된다. 이 지도에 의하면 조선후기 당시 인근의 水原에는 同化馹, 安山에는 重林馹, 南陽에는 '海門馹'이라는 驛站이 있었고, 당시까지 물길이 들어오던 '海門馹'이라는 역참이 있었으며, 지금도 '海門里'라는 지명이 있는 것으로 보아 '本國 海門'은 '본국의 바다로 나아가는 문이 있는 마을'인 海門里로 보아야 할 것이다.

14) 백제의 부흥군은 복신과 도침, 왕자풍(주류성), 흑치상지(임존성) 등과 왜에서 건너온 3만 명과 함께 복국을 시도했으나 백강전투에 패하고 부흥을 시도했으나 663년에 실패하였다.

수 없이 두 사람은 주위의 땅막[土龕] 속에 들어가 하루를 잤다. 이들이 아침에 일어나보니 그곳은 무덤[鬼鄕]이었다.

아침에 일어나 바깥을 내다보니 날은 칠흑같이 어둡고 비는 그치지 않았다. 이들은 그곳에서 머물며 하루를 더 자고 가기로 했다. 한동안 잠을 자던 원효가 강력한 동티[動土] 즉 지신의 노여움을 만나 벌떡 일어났다. 그 순간 그는『대승기신론』의 핵심구절을 "마음이 생겨나므로 갖가지 현상이 생겨나고, 마음이 사라지므로 땅막과 무덤이 둘이 아니다"라고 자리바꿈 하며, "삼계는 오직 마음에 있을 뿐이고, 만법은 오직 인식에 있을 뿐이다. 마음 밖에 현상이 없는데, 어찌 따로 구하려 하는가"라며 노래를 불렀다. 일심을 발견한 원효는 유학을 떠날 필요가 없다며 서라벌로 돌아가겠다고 했다.

의상은 등주지방의 항구를 향해 출항하는 당은포를 향해 나아가다가 무덤 속에서 오도한 원효와 헤어졌다. 당시 신라와 당나라 사이의 바닷길에는 북부연안항로와 중부연안항로의 두 항로가 있었다. 북부연안항로는 등주에서 묘도열도(廟島列島)와 요동반도(遼東半島) 남단을 거쳐 황해 연안을 따라 남하하여 당은포에 다다르며, 중부연안항로는 산동반도 끝에서 황해를 횡단하여 황해도 서단을 거쳐 덕물도와 당은포에 이르게 된다.[15] 초기의 신라 견당사들은 북부연안항로를 주로 이용하였다.[16] 하지만 고구려와 신라 사이의 국제관계가 악화되면 신라는 이 항로 대신에 중부횡단항로와 새로운 항로로 개척된 남부사단항로[17]를 이용하였다.

---

15) 孫兒鉉(1982), '老鐵山水路航路'『韓國海運史』, pp.29~30. 반면 申瀅植은 '高麗渤海航路'라고 하였다. 申瀅植(1989), 「한국 고대의 西海交涉史」, 『국사관논총』 제2집, pp.2~120. 이와 달리 尹明哲은 '북부연안항로'라고 일컫는다. 윤명철(1993), 「고구려 해양교섭사 연구」, 성균관대 박사논문, pp.163~170.

16) 金富軾, 『三國史記』 권4, 眞平王 17년 11월 조;『新唐書』 권43, 地理志.

17) 金在瑾(1989), 「한국 중국 일본 고대의 선박과 조선술」, 『진단학보』 제68집, p.194. 필자는 '동중국해사단항로'라고 일컫고 있으나 종래의 '東中國海(East China Sea, 북태평양 연해에 대한 명칭)과 혼동되므로 '南部斜斷航路'로 명명하는 것이 적절할 것 같다. 권덕영,

이들 항로 중에서 중국의 산동반도와 황해도 대흥만(大興灣) 혹은 해주만(海州灣) → 교동도 → 덕물도 → 당은포를 잇는 중부횡단항로는 산동반도와 황해도 서단을 잇는 최단거리 직선코스로서 고구려와 발해의 영향권에서 벗어남과 동시에 보다 신속하게 나당(羅唐) 사이를 왕래할 수 있었다.[18] 경기도 화성시의 남양만에 자리한 당은포와 산동반도의 등주지방을 잇는 새로운 뱃길이 바로 중부횡단항로였다고 할 수 있다. 의상은 이 항로를 이용하여 입당하려고 당항진 즉 당은포로 나아갔던 것으로 추정된다.[19]

당은포를 떠난 배들은 등주지방의 항구로 도착하였다. 당시 등주지방에는 문등현 관내의 성산포(成山浦), 산동반도의 용구시에 해당하는 황현포구(黃縣浦口), 적산포(赤山浦), 유산포(乳山浦) 등의 좋은 항구들이 있었다. 신라의 견당사들이 당은포와 회진에서 서해 연안의 해로를 나아갔다. 그리고 남쪽 해로의 최단거리인 회수와 장강 하구의 초주와 양주 및 절강 하구 지역의 항주와 명주에 도착하거나 북쪽 해로의 최단거리는 산동지방의 등주에 도착하였다.

등주는 한반도와 가장 가까운 중국 땅이며 황해와 튀어나온 산동반도의 동북부에 자리한 항구이다. 등주는 삼면이 바다에 접해 있고 각처에 좋은 항구들이 발달해 있었으며 나당 왕래의 관문이었다는 여러 기록들이 있다. 신라의 견당사들은 등주의 관내에 드나들면서 지금의 산동반도 용구시(龍口市)에 해당하는 황현포구(黃縣 浦口)를 주로 이용하였다. 황현포구는 예로부터 중국에서 신라와 발해를 왕래하는 선박들의 발착지였다.[20] 또 현의 치소(縣治) 북쪽 20리 지점에 사마선왕(司馬宣王)이 요동을 정벌할 때 쌓은 대인

앞의 논문, p.14, 각주 45) 참조.

18) 권덕영, 앞의 논문, p.15.

19) 高榮燮(2017), 「원효의 오도처와 화성 당항성」, 『신라문화』 제48집, 동국대학교 신라문화연구소.

20) 『太平寰宇記』 권20, 登州. "大海在縣北三里, 又縣西至海四里, 當中國往新羅渤海大路由此."

고성(大人古城)이 있는데 신라와 백제를 왕래할 때는 항상 이곳을 통한다고 하였다. 21)

가탐의 『황화사달기』에서는 당나라에서 신라로 들어갈 때의 출발지점을 등주로 잡아 자세한 행정을 적고 있다. 22) 특히 나당 사이를 왕래하던 신라 사신들이 묵었던 산동 지역의 신라관이 등주에 있었다는 사실은 등주가 출발 지점이자 도착 지점임을 증명해 주고 있다. 당시 산동반도의 등주지방은 많은 양항(良港)들을 거느린 해로의 출발 지점이자 도착 지점이었다. 의상은 신라의 당은포를 떠나 최단 거리의 해로를 넘어 산동 등주에 기착했다. 소정방 또한 660년에 당나라의 백제 침략군을 이끌고 등주의 문등현 관내의 성산포(成山浦)에서 발진하였다. 23)

당시 강소성의 양주 및 절강성의 항주 등에는 신라방 혹은 고려방이 있을 정도로 국제적인 도시들이 넘쳐났다. 24) 이후 고구려 장군이었던 이정기가 세운 제(濟) 시대에는 산동성 등주에도 신라방이 생겨났다. 의상은 처음의 뜻을 굽히지 않고 혼자서 신라의 견당선 내지 당나라로 돌아가는 사람들의 배편을 탔다. 처음으로 배를 탄 의상은 가까스로 등주지역의 항구에 기착했다. 그는 서해의 파도가 일으키는 배 멀미가 심해 몸이 좋지 않게 되자 결국 등주의 문등현을 관할하는 양주자사(揚州刺史) 유지인(劉至仁) 집에 유숙했던 것으로 추정된다. 25)

---

21) 李吉甫, 『元和郡縣圖誌』권11, 登州. "大人古城在縣北二十里, 司馬宣王伐遼東造此, 運糧船從此入, 今新羅百濟往還常由於此."

22) 『新唐書』권43, 地理志 7(下).

23) 金富軾, 『三國史記』권28, 義慈王 18년 조; 一然, 『三國遺事』권1, 「太宗春秋公」조; 『舊唐書』권83, 列傳, 「蘇定方傳」; 『新唐書』권111, 列傳 「蘇烈傳」; 『新唐書』권220, 「百濟傳」.

24) 일본 구법승이었던 圓仁의 『입당구법순례행기』는 당시의 상황을 자세히 기록하고 있다.

25) 贊寧, 『宋高僧傳』「義湘傳」. 一然의 『三國遺事』에서는 배를 얻어 타고 중국에 들어가 처음에 揚州에 머물렀는데 州將 劉至仁이 官衙에 머물기를 청했다고 했다. 그런데 당시 당나라 고종 때의 登州는 文登현과 觀陽현을 관할하면서 하남도(河南道) 즉 강소성의 성도인 揚州에 소속되었기 때문에 이러한 기록상의 차이가 있는 것으로 추정된다.

Ⅲ. 현장 유식에서 지엄 화엄의 수학

1. 유식과 화엄의 만남

의상은 7세기 초반 불교 교단의 주류이자 사륜계의 원찰이었던 유가계 사찰인 황복사(皇福寺)[26]로 출가하였다. 그는 29세 혹은 관세(卯歲, 8~9세)에 출가했다고 알려져 있지만 원효와의 유학시도를 고려하면 관세 출가설이 설득력이 있다. 진골 출신이었던 부친 김한신(金韓信)은 당시 불교교단의 주류였던 유가계와 긴밀한 관계를 가지고 있었을 것이다. 의상이 원효와 함께 신유식을 공부하기 위해 당나라 현장 문하로 두 차례나 유학을 시도한 것은 이러한 배경에 의거한 것이다. 의상은 유학승과 견당사 및 상인들을 통해 현장 삼장이 당나라 수도 장안의 대자은사에 돌아와 신역 경론을 번역하고 있다는 얘기를 들었을 것이다.

당시 동아시아 불교는 정영사 혜원의 지론, 진제의 섭론 등 구역의 유가 경론 중심으로 마음 즉 심의식(心意識)의 철학을 이해하고 있었다. 법상(法常)과 승변(僧辯)은 구사학과 섭론학의 대가들이었다. 현장은 이들의 문하에서 공부하다가 구역 『유가사지론』(17품, 17권)의 미진한 부분을 알고 싶어 인도 유학을 결심하였다. 결국 그는 범본 경론을 구하고 불적 순례를 위해 인도로 유학을 떠났다. 현장은 17년 만에 138개국을 유행한 뒤 돌아와 제자 변기(辯機)에게 구술하여 『대당서역기』(12권)를 남겼다.[27]

인도에서 돌아온 현장은 태종 황제의 명을 받고 제자들과 함께 번경원에서 신역 경론을 번역하고 있었다. 태종 승하 이후에는 고종(649 재위) 황실의

---

26) 皇龍寺, 芬皇寺, 皇福寺 등과 같이 皇福寺는 '皇'자가 들어간 절 이름으로 미루어 보아 당시의 실질적인 주도세력이었던 舍輪系 왕실과 긴밀한 관계가 있었을 것으로 추정된다. 의상이 이곳에서 출가를 했고 이후 景文王이 崩御(875)하자 이곳 황복사에서 화장하였다.
27) 현장은 138개국 중 126개국은 직접 답사하였고 나머지 12개국은 자료들과 인근에서 전해 들은 것으로 『대당서역기』(12권)를 제자 辯機와 함께 편찬해 내었다.

강력한 지원을 받으며 번경원을 이끌었다. 이 때문에 당시 현장은 해동 신라에서 건너온 의상을 제접(提接) 교화하기가 어려웠을 것이다. 이 때의 역경장에 대해서는 『송고승전』「역경편」을 통해서 가늠해 볼 수 있다. 여기에는 역장(譯場)과 경관(經館)에 관을 시설하고 직을 나누어[設官分職] 불경 번역의 임무를 아래와 같이 적고 있다.

> "이 업무를 맡은 직책은 먼저 역주(譯主)를 우두머리로 하니 곧 범어 원전을 가지고 온 삼장이며 현교와 밀교 두 가르침에 밝게 숙련된 자로 채워 맡게 했다. 다음은 필수(筆受)이니 반드시 말이 중국의 학문과 인도의 학문에 통달해야 하니 …(중략)… 또는 철문(綴文)이라고도 한다. …(중략)… 다음은 도어(度語)이니 바르게 말하면 역어(譯語)이며 전어(傳語)라고도 했다. …(중략)… 다음은 증범본(證梵本)이니 설명하는 말의 잘못이 없게 하고 설명되는 뜻의 오류가 없게 했으며 …(중략)… 인도어의 득실을 살펴서 중국어가 범어의 뜻을 잃지 않도록 귀하게 하는 것이다. …(중략)… 다음은 윤문(潤文)이니 …(중략)… 불교와 불교 이외의 학문에 통달한 자로 채워 맡게 했다. …(중략)… 다음은 증의(證義)이니 대개 번역을 끝낸 문장이 설명하는 뜻을 증명하는 것이다. …(중략)… 다음은 범패(梵唄)이니 법연을 열 때 범패로 앞선 흥[前興]을 일으켜 몸가짐을 짓게 하고 무리를 선하게 살게 하는 것이다. …(중략)… 다음은 교감(校勘)이니 이미 번역된 문장을 대조하여 교정하는 것이다. …(중략)… 다음은 감호대사(監護大使)이니 번역 관련 일을 관장하고 감독하였다. …(중략)… 또 정자(正字)를 두었으니 자학(字學)과 현응(玄應)이 일찍이 이 직책을 담당하였다."[28]

당시의 역장과 경관에는 역주를 좌장으로 하여 필수-철문-도어(역어, 전어)-증범본-윤문-증의-범패-교감-감호대사-정자(자학, 현응) 등으로 관을 시설하고 직을 나누었다. 이러한 관직을 통하여 당시 번역장의 구성과 문아 원측(文雅圓測, 613~686)이 맡았던 증의(證義)의 역할을 엿볼 수 있다. 경론의 증

---

28) 贊寧, 『宋高僧傳』「譯經」篇 1~3(『大正藏』 제50책, p.724중하).

의는 '번역을 마친 경전의 문장을 바르게 고증하는' 직책이었다. 증의를 하기 위해서는 해당 경전에 대한 해박한 이해가 있어야만 가능한 일이었다.[29] 당시 현장의 역장에는 신라 출신의 신방과 원측이 참여하고 있었다.

원효와 헤어진 의상은 유지인의 집에서 몸을 추스른 뒤 자은사의 현장 삼장을 찾아간 것으로 추정된다. 당시 현장은 제자들과 함께 『반야심경』(645년 역출)을 필두로 하여 『유가사지론』, 『성유식론』(659년 역출) 등의 주요한 경론을 번역해 내었다.[30] 의상은 이미 신라 황복사에서 앞 시대의 원광, 안함, 자장 등이 전해온 불교의 구역의 여래장 및 유가계 경론을 접하였을 것이다. 특히 지적 호기심과 학문적 호학심이 강했던 의상은 구역 경론을 접했으며 또한 현장이 주도해 펴내는 신역 경론에 대한 소문은 깊은 관심을 불러 일으켰던 것으로 추정된다.

하지만 당시 현장은 수많은 경론을 번역하고 있어 신라에서 온 의상을 제접하고 교화할 여건이 되지 않았을 것이다. 이렇게 되자 의상은 현장의 유식학에서 지엄의 화엄학 공부로 옮겨간 것으로 짐작된다. 이것은 사상적 전향이기보다는 시절 인연이 어긋났기 때문으로 이해된다. 그 결과 당시 당나라 불교계의 주요 사상적 지형을 형성한 유식 법상을 '껴안고[抱] 화엄 법성으로 넘어가[越] 마음의 철학을 더욱 깊게 하고 보다 넓게 할 수 있었다.[31] 이것은 구역의 유가계 경론을 접한 의상이 신역의 유식계 경론을 껴안고 구역의 화엄계 경론으로 나아갔다는 의미로 이해할 수 있다.

---

29) 高榮燮(2019), 「한국불교가 중국불교에 미친 영향: 철학자의 길과 번역자의 길」, 『문학사학 철학』 제56호, 대발해동양학한국학연구원 한국불교사연구소.
30) 현장은 제자들과 번역장에 머무르며 모두 73종 1,350여권의 경론 번역을 완수하였다.
31) 법상가인 규기의 3교 8종 교판을 원용하고 보완하여 유식가인 법장이 5교 10종 교판을 시설한 것도 같은 맥락에서 이해할 수 있다.

2. 지엄 화엄의 수학

지엄은 초조인 두순(杜順)의 문하에서 화엄을 수학한 이래 『화엄경』과 『십지론』 등을 중심으로 자신의 화엄사상을 구축하였다. 그는 연성이기(緣性二起) 즉 연기론과 성기론을 아우르면서도 특히 성기론의 입장에서 연기론을 해명하려 하였다. 즉 가로[橫]에서 세로[竪]로 올라가는 연기문과 세로[竪]에서 가로[橫]로 나아가는 성기문은 날실을 세우는 날줄의 건립문과 씨실을 펼치는 씨줄의 취입문으로 구성된다. 다시 말해서 연기문은 레고 블록을 켜켜이 쌓아가는[重重] 것처럼 건립(建立)적이지만 성기문은 우리 두 발을 끝없이 걸어가는[無盡] 것처럼 취입(趣入)적이기 때문이다.

지엄은 『수현기』에서 「십지품」의 제6현전지의 "삼계는 오직 마음일 뿐이며 단지 이 마음이 짓는 것이다"[32]를 해석하는 대목에서 법계연기를 논하고 있으며 연기와 성기와의 관계를 밝히고 있다. 그는 법계연기를 범부의 염법[凡夫染法]과 보리의 정분[菩提淨分] 측면으로 나눈다. 지엄은 정분인 보리정분을 본유(本有), 본유수생(本有修生), 수생(修生), 수생본유(修生本有)로 세분한다. 그리고 뒤의 수생과 수생본유는 「십지품」에 있지만, 앞의 본유와 본유수생은 『화엄경』의 「보현품」과 「성기품」에 있다면서 유정(唯淨)연기를 별도로 시설한다.

여기서 본유는 「여래성기품」에서 '미진경권'(微塵經卷)과 '보리대수'(菩提大樹)로 비유하는 것처럼 중생의 깨달음은 본래부터 완성되어 있는 것이며, 본유를 따라서 동성(同性)에서 일어남이 본유수생이며 보리심을 일컬어 성기(性起)라고 한다. 이렇게 그는 본유와 본유수생을 성기와 연결시켜 해명하고 있다.[33] 지엄은 본유와 본유수생, 수생과 수생본유의 두 그룹으로 구분하면서 본유와 수생의 관계에서 본유를 '성'(性), 수생을 '기'(起)로 보아 본유

---

32) 『大方廣佛華嚴經』(『대정장』 제9책, p.568하). "三界唯心 但是心作."
33) 智儼, 『華嚴經搜玄記』(『대정장』 제35책, pp.62하~63하).

와 수생을 '성'과 '기'의 관계로 해명해 가고 있다.

> "성(性)이란 것은 몸체이고, 기(起)라는 것은 마음자리[心地]에 드러남
> 이다. 이것은 기상(起相)을 모아 실다움에 들어가는 것이다."[34]

여기서 성기는 '성'과 '기'의 결합을 뜻한다. 그런데 이 '기'는 마음자리에
드러남이다. 지엄은 기상을 모아 실다움에 들어가는 것이라고 하였다.

> "성기란 일승법계를 밝히는 것이니 연기의 구극이다. 본래의 궁극적 경
> 지이니 닦아서 이룬다는 것이 아니다. 어찌하여 그러한가? 상을 여의었기
> 때문이다. 기(起)라는 것은 대해(大解)와 대행(大行)에 있는 것이니, 분별
> 을 떠난 보리심 안에 있음을 '기'(起)라 부른다. 연기성으로 말미암아 '기'
> (起)라는 말을 붙이지만, '기'(起)는 곧 '불기'(不起)이며, '불기'(不起)는 곧
> '성기'(性起)이다."[35]

지엄의 연성이기(緣性二起)설에 근거해 보면 그는 법계연기의 극치를 성기
로 보면서도, 성기는 법계연기의 보리정분에 속하기에 연기와 성기의 관계
에서 성기를 연기에 포섭시키고 있음을 알 수 있다.[36] 그러면서도 지엄은
기가 대해(大解)와 대행(大行)에 있는 것이다고 하여 분별을 떠난 보리심 안
에 있음을 '기'라고 한다고 하였다. 이것은 연기라는 상위 개념 속에서 성기
를 거론하고 있는 것으로 볼 수 있지만, 궁극적으로 성기는 중도 혹은 여래
성의 상위개념으로 사용하고 있음을 알 수 있다.

지엄은 스스로 법계연기를 정문(淨門)과 염문(染門)으로 구성하면서 정문
의 본유와 본유수생에 상응하는 개념으로 성기를 제시하고 있다. 그는 성기
즉 여래성의 현현을 본유와 본유수생의 관계로 해명하고 있는 것이다. 본래

---

34) 智儼, 위의 책, p.63중,
35) 智儼, 『華嚴經孔目章』(『대정장』 제45책, p.580하).
36) 전해주(2002), 「의상의 법성과 법계관-일승법계도를 중심으로」, 한국불교학결집대회 조직
　　위원회, 『한국불교학결집대회논문집』 제1집 상권, p.369.

의 진실성을 뜻하는 본유는 '성'으로, 본유수생은 '기'로 보아 자신의 성기론을 입론하고 있다. 이것은 『화엄경』이 강조하는 보현보살의 원력 수행 즉 원행에 겨냥되어 있음에 유념해야 한다.

지상사의 지엄을 찾아간 의상은 그의 문하에서 8년간 화엄을 수학하였다. 이후 그로부터 수학한 의상은 '문장 이해의 뛰어남'이라는 '문지'(文持)를 받은 법장과 달리 '의미 파악의 뛰어남'이라는 '의지'(義持)의 별호를 받았다. 이 두 별호는 단지 두 사람의 개성을 드러내는 별호에 머무르지 않고 당대 화엄과 신라 화엄의 특징을 담고 있다. 철학이 앎과 삶의 일치를 지향하고 있듯이 붓다의 가르침이 지향하는 궁극적인 의미 파악은 삶의 문제로 귀결되기 때문이다.

의상 화엄이 앎의 문제보다도 삶의 문제에 집중한 것은 붓다의 가르침이 지향하는 '실제'에 집중하였기 때문이다. 그가 두 발을 뚜벅뚜벅 딛고 앞으로 나아가는 성기 취입적인 측면에 집중하여 횡진법계관을 수립한 것도 이러한 맥락에서 이해할 수 있다. 반면 법장 화엄이 삶의 문제보다는 앎의 문제에 치중한 것은 붓다의 가르침이 드러내는 '이론'에 집중하였기 때문이다. 그가 레고 블록을 켜켜이 쌓아가는 연기 건립적인 측면에 집중하여 수진법계관을 수립한 것도 이러한 맥락에서 이해할 수 있다.

당시 법장은 아직 출가 전의 재가자로서 함께 수학하였다. 지엄은 평생을 지론학과 화엄학을 연구하면서 화엄 일종의 교과서를 쓰고 싶어 했다.37) 때마침 해동에서 건너온 의상의 총명함을 눈여겨 본 그는 의상에게 그 과제를 부여하였다. 그는 의상에게 일종의 졸업 논문격으로 『화엄경』(60권, 418~420년)의 요지를 간추려 오게 하였다. 의상은 화엄대경을 간추려서 『대승장』(大乘章, 10권)이라고 이름을 붙인 서책을 가져 왔다.

---

37) 대개 예로부터 주요 학자들은 20대는 어학을, 30대는 번역을, 40대는 논문을, 50대는 저서를, 60대는 교과서를, 70대는 그 증보판을 내는 것을 학문적 지형으로 생각해 왔다. 당시 지엄이 의상을 만난 때는 이미 50대 후반에서 60대에 들어서고 있었다.

이것을 본 지엄은 흡족해 하지 않고 그에게 더 줄여올 것을 명하였다. 의상은 다시 이것을 간추려서 『입의숭현장』(立義崇玄章, 4권)이라고 이름을 붙인 서책을 가져 왔다. 지엄은 "글(문장)을 줄이느라 오히려 뜻(의미)이 옹색하다"며 이 서책을 가지고 나오게 한 뒤 불을 붙이라 하였다. 의상은 불속에서 타지 않고 남은 7언 30구 210자의 '법성게'를 간추려 내었다. 이것을 본 지엄이 감격의 눈물을 흘리며 '쪽에서 나온 물감이 쪽보다 더 푸르다'(靑出於藍)며 자신을 넘어섰다고 인정하였다.

의상은 이것을 다시 54각의 반시에 담아 『화엄일승법계도』로 완성시켜 냈다. 이 법계도는 원도인 법계도인(法界圖印)과 법성게(法性偈)와 법계도기(法界圖記)로 이루어져 있다. 그런데 여기에는 저자의 이름이 적혀 있지 않다. 다만 발문을 통해 저자를 확인할 수 있을 뿐이다.[38]

> "일승법계도합시일인은 『화엄경』 및 『십지론』을 의지하여 원교의 종요를 나타낸 것이다. 총장 원년 7월 15일에 적는다. 질문: 무슨 까닭에 집성자의 이름이 보이지 않는가? 대답: 인연으로 생겨난 제법은 작자가 없기 때문이다. 질문: 어째서 연, 월, 일은 있는가? 대답: 일체의 제법은 인연에 의지하여 생겨남을 보이기 때문이다.[39]

의상은 『법계도』 첫머리에서 이 글을 짓게 된 동기를, "무릇 큰 성인의 빼어난 가르침은 근기에 따라 병을 다스려 일정한 처방이 없으나; 미혹한 자의 얽매인 자취는 본체를 잃는 줄을 몰라 부지런하더라도 근본에 돌아갈 기일이 없다. 그러므로 이치(理)에 의하고 교법(敎)에 근거하여 간략히 반시(槃詩)를 만들어 '이름에만 집착하는 무리들'로 하여금 '이름마저 없는 참된 근원'(無名眞源)으로 돌아가게 하고자 한다"고 하였다.

---

38) 이 때문에 이 저술의 저자에 대해 한중일 3국의 학자들간의 논쟁이 있었다. 한편 현대문학사에서 롤랑 바르트의 '저자의 죽음'이나 보르헤스의 '저자의 부재'처럼 저자의 붓을 떠난 작품은 이미 독자의 해석을 통해 만들어지고 읽혀지므로 '저자'는 문제가 되지 않는다.

39) 義湘, 『一乘法界圖』(『한불전』 제2책, p.8중).

큰 성인의 빼어난 가르침과 미혹한 자의 얽매인 자취는 이렇게 다르다. 반시(槃詩)란 타이포그래피 즉 빙빙 돌아가는 그림시라고 할 수 있다. '법'자에서 시작하여 '불'에서 끝나는 7언 30구 210자의 그림시는 실제적인 수행과 실제적인 체증을 간간하고 절절하게 권하고 있다. 의상은 이 『법계도』원문을 크게 자서(自敍), 합시일인(合詩一印, 法界圖印, 槃詩), 석문(釋文), 발문(跋文)으로 구성하였다.

석문은 다시 총석인의(總釋印意)와 별해인상(別解印相)로 나눠진다. 별해인상은 ① 설인문상(說印文相), ② 명자상(明字相), ③ 석문의(釋文意)로 되어 있다. 이 중 「석문의」는 『법계도』를 구성하는 칠언 삼십구(七言三十句)를 풀이하고 있다. 석문의에서는 자리행(證分①~④과 연기분(緣起分)⑤~⑱)에 의거하는 것과 이타행(⑲~㉒) 그리고 수행자의 방편을 밝힘(㉓~㉖)과 이익 얻음(㉗~㉚)에 대해 변론하고 있다. 「총석인의」에서는 인(印)이라는 형식을 취하여 법계도를 짓게 된 까닭을 밝혔다.

지엄의 과제로 이루어진 「법성게」는 『화엄일승법계도』로 집성되면서 의상 화엄사상의 이론적 기반이 되었다. 그렇지만 의상은 지엄의 화엄사상을 계승하면서도 자신의 체계 속에서 새롭게 나아가고 있다. 바로 이 점이 그의 '의지'(義持) 즉 '의미 파악의 뛰어남'을 보여주는 것이다. 먼저 지엄 교판론을 계승하고 재해석해 가는 대목에서도 잘 드러나고 있다. "의상의 교판은 잘 드러나 있지 않지만 대체로 지엄의 소·시·점·돈·원 5교판과 동별 이교판을 계승했다."[40] 또 "의상은 지엄의 돈·점·원 삼교판을 계승하였으며, 동별이교판 가운데서 별교일승원교를 더 중시하고 있다."[41]

"의상이 지엄의 삼교판설을 계승하기는 하였으나 표제에 '일승'이라고 붙인 것처럼 소승·삼승에 대해서 일승을, 점교·돈교에 대해서 원교를 중시하며, 지엄의 동별 이교 병존의 원교로부터 별교일승 독존의 원교에 역점을

---

40) 坂本幸男(1956), pp.428~431.
41) 吉津宜英(1986), 『華嚴禪の思想史的研究』(동경: 대동출판사), p.82.

두고 있으며, 이 점이 지엄과 다른 의상의 특징적인 교판사상"[42)이라고 할 수 있다.

또 지엄의 연기론의 해석에 있어서도 의상은 십현, 수십전법, 육상설을 계승하면서도 이것을 성기론으로 해명해 가고 있다. 지엄의 연기론 해석에 대한 의상의 관점은 최연식의 비판과 달리 의상은 자신의 화엄을 성기사상으로 분명히 드러내고 있다.

"『법계도』에 나타나 보이는 의상의 화엄성기사상은 그의 법성관·구래부동설·해인삼매론 등과 긴밀히 연관되어 있다."[43) 『법계도』의 중심인 '법성게'는 처음을 '법' 즉 '법성'에서 시작하고 있다. 물론 '법성'은 불설의 가장 기준이 되는 개념이다. 이 법성(Dharmadhātu)은 어원적으로 보면 '본연으로서 자연'과 '법계로서 자연'으로 해명된다. 의상은 전자 즉 본연으로서 자연으로 법성을 해명해 가고 있다. 바로 이 점에서도 그는 자신의 정체성이 성기에 있음을 분명히 보여준다.

지엄과 달리 의상은 『법계도』에서 연기와 성기를 종속의 관계가 아니라 병렬의 관계로 해명하고 있다. 그는 증분의 법성을 진성의 연기분으로 분류하지 않고, 증분과 연기분을 자리행의 두 측면으로 포함시키고 있다.[44) 그럼에도 불구하고 아직 『법계도』에서는 법성을 성기라고 표현한 용례는 발견되지 않는다. 하지만 그가 소백산 추동에서 『화엄경』을 강론한 것을 제자 지통이 기록한 『추동기』 즉 『화엄경문답』에 의하면 의상은 '법성'이 '성기'이며 법성과 성기를 결합한 '법성성기'의 사상을 논하고 있다. 이처럼 의상이 지엄에게 수학한 화엄사상은 연기화엄을 넘어 독자적인 법성사상 즉 성기화엄으로 심화되고 확대되어 있다.

---

42) 전해주(1993), pp.126~127.
43) 전해주(1993), p.136.
44) 의상, 『華嚴一乘法界圖』(『한불전』 제2책, pp.2하~3상).

Ⅳ. 중도사상 즉 성기사상의 확립

1. 법성과 성기

붓다는 공성의 무아와 생사의 윤회로부터 해탈의 자유와 열반의 행복을 실현해온 실천적 지성이었다. 일생을 무아와 윤회를 넘어 자유의 해탈과 행복의 열반을 제시하였던 붓다가 열반에 직면하면서 제자들에게 마지막 가르침을 전했다. 그는 자신이 가르친 경과 율을 스승으로 삼아 수행할 것을 역설하였다.[45]

> "아난이여! 내가 열반에 든 뒤에 그대들은 다시 보호해 줄 것이 없고 지녀야 할 것을 잃었겠느냐? 이렇게 보아서는 아니 된다. 내가 부처가 된 이래로 설했던 경전과 계율 바로 이것이 그대를 보호할 것이니 이것이 받아 지녀야 할 것이다."[46]

붓다는 자신이 열반한 뒤에는 자신이 설한 경전과 계율이 그대들을 호지(護持)할 것이니 이것들을 잘 보호(保護) 임지(任持)하여야 함을 역설하였다.

> "아난다여! 비구들은 경(經)을 의지처로 삼는 이가 되어야지 사람(人)을 의지처로 삼는 이가 되어서는 안 된다."[47]

이 경론의 주장은 유한한 사람의 주장에 의지해서는 아니 되고 무한한 붓다의 경전에 의해야 된다는 것이다. 주석서에 의하면 붓다가 말한 법과

---

45) 高榮燮(2019), 「퇴옹 성철의 실천성과 지성성」, 『한국불교사연구』 제15호, 한국불교사학회 한국불교사연구소.

46) 『長阿含經』 「遊行經」(『대정장』 제1책, p.26상); 南傳 『대반열반경』(Mahāparinibbāna Sutta, DN16.6.1); 『디가니까야』 2, 각묵 역(2003), (울산: 초기불교연구원), p.283.

47) 『根本說一切有部毘奈耶雜事』 권37(『대정장』 제24책, p.384중), "始終今日, 當依經敎, 不依語人."

율은 『대반열반경』이며 거기의 네 가지 대교법(Mahāpadeśa)이라고 할 수 있다. 붓다는 이 네 가지 교법을 통해 불설의 기준을 제시하였다.

> "어떤 비구가 어떤 법문(경·율·교법)을 ① 불타로부터 직접들은 것이라고 말할 경우, ② 대다수 박식한 (혹은 율장에 밝은) 장로로 구성된 승가로부터 직접들은 것이라고 말할 경우, ③ 경과 율과 논모(論母)를 지닌 다수의 장로비구로부터 혹은 그러한 한 명이 장로비구로부터 직접 들은 것이라고 말할 경우, ④ 그의 말을 잘 듣고 단어와 문장을 잘 파악한 다음 경(經, sūtra)에 포함되어 있는지 율(律, vinaya: 煩惱調伏)을 드러내는지, 법성(dharmatā)에 어긋나지 않는지를 검토하여, 만약 그렇지 않다면 비불설(非佛說)로 판단하여 버려야 하고, 그러하다면 불설(佛說)로 취해야 한다."[48]

붓다로부터 들은 말이든, 내지는 한 명의 장로로부터 들은 말이든, 그들에 대한 믿음(信) 때문이 아니라 불설 정의에 어긋나지 않기 때문에 불설(佛說)로 수지하는 것을 [경에서] "① 법(法, dharma)에 의지하고 사람(人, pudgala)에 의지하지 말라"고 총괄하여 설하였지만, '경(修多羅)에 포함되어 있다'고 함은 요의경(了義經) 중에 포함된 것을 말하고, 요의경이라 함은 경설의 뜻이 법상(法相 즉 法性)에 위배되지 않는 것을 말하며, 법상이란 [번뇌의] 멸(滅)인 율(毘尼, vinaya)에 수순하는 것을 말하는 것으로, 말하자면 무상(無常)·고(苦)·공(空)·무아(無我)이다. 그리고 5온의 法相은 다만 인식(認識)이 아니라 여실(如實)히 통달(通達)하여 알아야 하기 때문에 다시 "② 요의경(了義經, nītārtha sūtra)에 의지하고, 불요의경(neyārtha)에 의지하지 말 것이며, ③ 뜻(義, arthal)에 의지하고 말에 의지하지 말 것이며, ④ 지(智, jñāna)에 의지하고 식에 의지하지 말라"고 설한 것이라고 이해하기도 하였다.[49] 이것이 여래 입멸 뒤에 제자들이 의지해야 할 사의(四依, pratisaraṇa)설이다.[50]

---

48) 『디가니까야』 2, p.243, 주267); 권오민(2015), 「불교 지성의 전통과 역사」, 『동아시아불교문화』 제23집, 동아시아불교문화학회, p.9 재인용.
49) 訶梨跋摩, 『成實論』(『대정장』 제32책, p.250상).

이 네 가지 대교법에 대해서는 『유가사지론』, 『유마경』, 『대지도론』, 『성실론』 등 각 경론마다 다르지만 가장 정형화된 것은 『성실론』의 법(法), 요의경(了義經), 의(義), 지(智)의 순서라고 할 수 있다.[51] 결국 불설이란 법성에 위배되지 않아야 한다는 것이다. 그러면 초기불교나 아비달마불교의 법성과 화엄의 법성은 연속되는 개념일까? 불설이 법성에 의거한다는 것은 화엄이 불설이라는 것과 불설이 법성에 위배되지 않는다는 것이다. 이 점을 고려하면 필자는 초기불교와 부파불교의 법성과 화엄의 법성이 만날 수 있다고 생각한다.

근래에 의상이 소백산 추동에서 강설한 『화엄경』 법문을 기록한 『추동기』(錐洞記)의 이본이 『화엄경문답』이라는 주장이 통설로 확정되었다.[52] 이미 10세기 중반 헤이안(平安) 시대부터 이 저작이 법장의 저술이 아닌 위작설이 제기되어 왔다. 근래에 요시즈 요시히데는 이 저작이 지엄교학의 강한 영향 아래 신라에서 편집되었을 것[53]이라고 추정하였고, 이시이 코우세이는 이 저작의 문체나 인용 및 사상 등을 검토하여 이 책은 법장의 저작이 아니라 현존하는 『도신장』(道身章)과 『추동기』처럼 의상의 강론을 제자가 받아 적은(筆錄) 것 중의 하나이거나 그것들을 편집하여 찬술했을 것[54]으로 추정하였다. 『추동기』 즉 『화엄경문답』의 내용상으로 보나 텍스트의 전승상으로 보나 의상의 강론을 지통이 받아 적은 것이 분명해 보인다.

의상은 『화엄일승법계도』에서 법성과 성기와 법성성기의 관계를 잘 보여주어 왔다. 법성이 본연으로서 자연을 일컫는 것이라면, 성기는 여래성의 현현, 즉 진성의 연기라고 할 수 있다. 법성성기는 법성과 성기의 결합이자

---

50) 권오민(2012), 「다양성과 유연성의 불교② 법성: 성전의 기준과 불설 정의」, 『문학 사학 철학』 제31·32호, 대발해동양학한국학연구원 한국불교사연구소, 2012.
51) 권오민(2012), 주12) 참고 재인용.
52) 장진영(진수, 2013)), 「화엄경문답의 연구」, 동국대학교 대학원 불교학과 박사논문.
53) 吉津宜英(1983), p.243.
54) 石井公成(1996), pp. 593~596; pp.270~289.

법성 즉 여래성인 '성'과 '기'의 결합으로 이해할 수 있다. 다시 말해서 여래성의 현현이란 여래성의 발현으로 이해할 수 있으며 이것은 법성의 성기화라고 할 수 있을 것이다. 법성은 '본연으로서 자연'과 '법계로서 자연'의 의미를 모두 갖고 있다. 전자인 본연으로서 자연을 법성이라고 한다면, 후자인 법계로서 자연은 법계라고 할 수 있을 것이다.

『법계도』에서의 법계는 증분의 법성과 연기분의 진성을 모두 포섭한다. 이 때문에 법계가 법계연기만을 의미하거나 법계연기 내에 정분으로서 성기가 포함되는 것이 아니다. 진성의 법계연기와 법성의 성기세계를 함께 포섭한 세계가 화엄법계 곧 일승법계로 나타나고 있는 것이다. 그것은 54각의 굴곡으로 이루어진 「법계도인」이 한 줄로 연결되어 하나의 인(印)을 이루어서 지정각세간을 상정하고 있는 것과도 같다. 한 줄의 도인인 일승이 굴곡으로 표현되어진 삼승을 포섭하면서도 굴곡 자체가 곧 도인인 것은 삼승이 곧 일승임을 뜻하기 때문이다. 『법계도인』은 육상원융의 연기세계를 의미하는 것이면서 동시에 지정각 세간의 불보살경계를 보인 것이다. 이 또한 연기와 성기의 두 세계가 함께 아울러서 일승의 법계로 그려지고 있는 것이다.55)

붓다의 중도사상은 양극단을 넘어서는 지혜의 활로로서 전해져 왔다. 중도는 연기, 무자성, 공성을 넘어 자비로 확장되어 왔으며 대승불교에서는 제일의공으로서의 무분별지로 거듭 강조하였다. 그리하여 붓다의 중도는 법성이며 법성은 성기이며 성기는 법성의 성기화(性起化)라고 할 수 있다. 의상은 성기의 개념을 통해 자신의 화엄사상을 구축하였다.

---

55) 전해주(2002), pp.370~372.

2. 성기사상의 확립

'법성'은 지엄의 성기설에서는 보이지 않는 개념이다. 물론『법계도』에서 '성기'의 개념은 보이지 않는다. 하지만 개념은 보이지 않으나 여래성의 현현인 '성기'의 내용이 나타나 있다. 의상에게 법성은 성기의 다른 표현이며 성기는 법성의 다른 표현이다. 의상의 성기관은 법성의 현현으로서 법성성기이며, 그의 이러한 법성성기설은 이후 법장을 위시한 중국 화엄조사들이 성기를 이해하는데 많은 영향을 주었다.[56]

> "법성(法性)은 무엇으로써 상(相)을 삼는가? 무분별로써 상으로 삼는다. 그러므로 일체의 심상(尋常)은 중도(中道)에 있으며 무분별 아님이 없다."[57]

의상의 "법성은 무분별로 상을 삼으며 일체의 심상은 중도에 있다"는 주장은 자신의 사상이 법성사상 혹은 중도사상임을 드러내는 것이다. 또 일체의 심상은 무분별이며 법성과 중도에 있음을 표방하는 것이다.

> "무슨 까닭에 처음(法)과 끝(佛)의 두 글자가 가운데에 위치하는가? 원인과 결과 두 자리가 법성 집안의 진실한 덕용이며, 성(性)이 중도(中道)에 있기 때문에 글자의 모양이 이와 같은 것이다."[58]

의상이 말하는 '중도' 즉 '성'(性)은 무분별이지만 사물들과 관계를 맺기에 '기'(起)라는 것이다. 이 때문에 법성 즉 여래성이 현현하는 것이다.

> "일체의 연생법은 한 법도 정해진 상으로서 성이 있는 것이 아니다. 자성이 없으므로 자재하지 아니하니, 곧 생하지만 생하지 않는 생이다. 생하지

---

56) 전해주(1993), p.136.
57) 義湘, 『一乘法界圖』(『한불전』 제2책, p.8중).
58) 義湘, 『一乘法界圖』(『한불전』 제2책, p.1중).

않는 생은 머물지 않는다는 뜻이며, 머물지 않는 것이 곧 중도이다. …(중략)… 중도의 뜻은 곧 분별이 없다는 것이며, 분별이 없는 법은 자성을 고수하지 않으므로 인연을 다룸이 끝이 없으니 또한 머물지 않는 것이다."[59]

원인과 조건에 의해 생겨나는 연생법은 정해진 상으로서 성이 있지 않다. 자성이 없기에 자재하지 않으며, 생하지만 생하지 않는 생이다. 그러므로 생하지 않는 생은 머물지 않기에 중도인 것이다.

"법성이란 미진법성·수미산법성·일척법성·오척법성을 말한다. 만일 오늘 오척법성을 가지고 논한다면 미진법성·수미산법성 등이 자기 자리를 움직이지 않고 오척이라고 일컫게 될 것이다. … 제법(諸法)이란 앞의 '법'을 가리키고 부동(不動)은 앞의 '성'을 가리키니, 성은 무주법성이다. 그러므로 (의상)화상이 이르기를, '오늘 오척신의 부동함을 무주라 한다'고 하였다. 본래적이란 '무이상'을 가리키니 다만 오척법성 외에 나머지 사물이 없으므로 본래의 공적(本來寂)이라고 한다."[60]

법성은 그 자체의 의미뿐만 아니라 미진, 수미산, 일척, 오척과 결합하여 새로운 법성의 용례로 사용되었다. '법성원융무이상'과 '제법부동본래적'에서 보여지는 것처럼 제법은 '법'이고 부동은 '성'이다. 그런데 이 성은 무주법성 즉 '머무르지 않는 법'이자 '성'이다. 의상은 오척신의 부동함을 무주라 했고, 본래적은 무이상이라고 했다. 머무름이 없고, 두 모습이 없는 것이 본래의 공적인 것이다. 이처럼 의상은 법성과 성기 각각의 의미와 상호 관계를 분명히 보여주고 있다.

---

59) 義湘, 『一乘法界圖』(『한불전』 제2책, p.6중하).
60) 體元?/天其?, 『法界圖記叢髓錄』(『한불전』 제6책, p.775중). 金知見(1973), 「해동화엄학의 계보와 사상」, 『학술원논문집』, 제12집, p.12; 채인환(1982), 「의상화엄교학의 특성」, 『한국화엄사상연구』(서울: 동국대출판부), p.95; 김상현(1984), 「신라화엄학승의 계보와 그 활동」, 『신라문화』 제1집, 동국대학교 신라문화연구소, pp.37~38. 이 저서의 편자를 선행연구에서는 '體元'(김지견, 채인환)이라고 보기도 하고, '天其'(김상현)로 보기도 한다.

"성기는 곧 법성이니 무기(無記)로써 성을 삼는 까닭이다. 즉 (법성은 다) 불기(不起)로써 기(起)라 한다."[61]

의상은 『추동기』 즉 『화엄경문답』에서 성기가 곧 법성이며 무기로써 성을 삼기 때문이라고 했다. 그런데 이 법성은 모두 '불기'로써 '기'라고 한다고 했다.

"기(起)란 법성(法性)이 분별을 떠난 보리심 중에 나타나 있기에 기(起)라고 한다. 이는 곧 불기(不起)로써 기(起)라 함이다."[62]

의상은 법성이 분별을 떠난 보리심 속에 있기에 기(起)라고 한다고 했다. 그런데 이 '기'를 '불기'의 '기'로 봄으로써 법성의 의미를 분명히 드러내려고 했다.

"기(起)란 크게 이해하고[大解] 크게 실행하여[大行] 분별을 떠난 보리심 중에 있음을 기(起)라고 한다. 연기(緣起)를 말미암기에 기(起)라고 하나 기(起)는 불기(不起)이다. 불기(不起)는 성기(性起)이니 경문에서 설하는 것과 같다."[63]

의상이 법성과 성기와 법성성기를 주장한 것은 '여래성'과 '현현'과 '여래성의 현현'이 하나임을 역설하기 위해서였다. 법성이 보리심 속에 나타나 있는 '기'라면 이것은 '불기의 기'이므로 법성은 역동적인 존재로 이해된다. 바로 이 법성이 성기화 되어 법성성기가 되는 것이다. 이러한 법성성기의 사상에 입각하여 의상은 성기취입적인 횡진법계관을 제시한 것이다. 이것은 법장의 연기건립적인 수진법계관과는 분명히 다른 것이다. 이렇게 본다면 "의상 화엄사상 연구는 지눌의 화엄이해에 근거한 것"이라며 "의상 및

---

61) 義湘/智通, 『華嚴經問答』 하(『대정장』 제45책, p.10중).
62) 義湘/智通, 『華嚴經問答』 하(『대정장』 제45책, p.10중).
63) 智儼, 『孔目章』 권4(『대정장』 제45책, p.580하).

그 문도들의 화엄사상을 제대로 파악하였다고 보기 힘들다"[64]는 최연식의 비판은 재고되어야 한다. 또 "법장과 의상 양사 모두 화엄사상의 궁극적 원점을 성기사상에 두고 있다"[65]는 김천학의 주장도 재고의 여지가 있다.

의상의 화엄성기사상이 지눌의 화엄사상 형성에 미친 영향을 비판하기 위해 거꾸로 이통현 사상을 원용한 지눌이 의상의 성기사상을 수용한 것이 아니라는 맥락에서 의상 화엄사상이 성기사상이 아니라고 한 것인지는 모르겠다. 최연식은 "지눌은 선승으로서, 기존의 화엄학 중에서 선종의 일종의 일상의 행위가 곧 도(道)의 실천이라는 주장 및 모든 중생이 공적영지(空寂靈知)를 공유하고 있다는 주장 등과 상통하는 이통현의 이해에 공감하는 한편, 심성의 체득보다 현상세계의 사물들의 상즉상입을 중시하는 당시 고려 화엄학자들의 이해를 비판하기 위하여 양자를 성기(性)과 연기(緣)으로 구별하였던 것으로 생각된다"[66]고 하였다.

이러한 최연식의 지적과 달리 의상은 『일승법계도』와 그의 강론을 기록한 『화엄경문답』 즉 『추동기』에서 중도사상 즉 성기사상적 관점에서 자신이 구축한 화엄사상을 보여주고 있다. 그런데 최연식은 '의상 화엄의 성기적 이해에 대한 재검토'라고 스스로 비판하면서도 의상 화엄사상에 대해 곧바로 파고드는 것이 아니라 이통현의 화엄관을 비판적으로 수용한 지눌의 화엄 이해의 관점 아래에서 의상의 화엄사상을 파악[67]하고 있어 아쉽다.

---

64) 최연식(2016), p.264. "의상의 화엄사상을 부처가 증득한 진리 그 자체의 체험에 중점을 두는 성기사상으로 보면서 이를 현상세계의 사사무애적 모습을 설명하는데 중점을 둔 법장이나 징관 등의 연기적 사상과 구별하는 이해는 이통현의 『신화엄경론』에 의거하여 모든 존재의 동질적 본체인 근본보광명지의 증득을 『화엄경』의 궁극적 진리인 성기로 파악하고 그와 달리 사물들의 사사무애적 모습의 증득을 중시하는 기존 화엄교학은 연기에 그친 것이라고 비판한 지눌(知訥, 1158~1210)의 견해에 근거한 것으로서, 실제 의상 및 그 문도들의 화엄사상을 제대로 파악하였다고 보기 힘들다."

65) 김천학(2012), pp.65~87. "의상과 법장은 서로의 강조점이 다르지만 둘 다 실천적이라는 데서는 차이가 없다. 화엄사상의 궁극적 원점을 양 사 모두 성기사상에 두고 있다."

66) 최연식(2016). p.264

67) 최연식(2016), pp.264~265. "의상의 사상을 계승한 신라와 고려의 화엄학자들은 성기와

하지만 의상의 제자들이 보여준 해석에 의상과 법장 및 연기계 화엄해석이 뒤섞여 있을지라도 엄밀하게 분석해 보면 의상계 제자들은 법장 및 연기계 화엄해석과는 결이 다르다는 사실도 확인할 수 있다. 의상의 화엄사상은 법장 및 연기계의 사사무애와 연기사상과 달리 중도사상과 성기사상에 입각해 구축되어 있기 때문이다.

V. 의상 화엄학의 지형과 특징

의상 화엄학을 이해하기 위해서 종래에는 그의 『화엄일승법계도』 등에 의지해야만 했다. 그런데 이제는 의상이 태백산 추동에서 강론한 『화엄경』 강의를 기록한 『추동기』 즉 『화엄경문답』을 통해서도 그의 화엄사상을 탐구할 수 있게 되었다. 물론 『일승법계도』가 분량이 매우 소략하여 의상의 화엄사상이 온전히 드러나 있지 않다고 볼 수도 있을 것이다. 하지만 이 저술은 대단히 집약적인 저술이라는 점에서 분량이 적을 뿐 내용은 어느 저술보다도 촘촘하고 풍부하다고 할 수 있다.

여기에는 법성사상이 잘 드러나 있다. 반면 성기의 개념뿐만 아니라 성기사상에 대한 본격적인 의미는 후자의 저술보다는 상대적으로 소략하다. 하지만 법성이 곧 성기라는 면을 고려해서 본다면 성기라는 말을 사용하지 않았을 뿐 내용은 이미 성기의 의미를 담고 있음을 알 수 있다. 이 때문에

연기에 대해 독자적인 이해를 가지고 있었다. 그들은 일승의 진리를 증득하기 위한 수행법으로서 사물들의 상즉상입적 관계를 파악하는 계기적 인식으로 인연관, 연기관, 성기관 등을 제시하였고, 이에 의거한 진리의 증득을 위한 (점차적인) 수행을 실천하였다. 이들은 사물들의 상즉상입적 관계에 대한 인식이야말로 일승의 증득을 위한 수행의 요체라고 생각하였고, 이런 점에서 이통현이나 지눌의 수행법과는 대척적인 위치에 있었다고 할 수 있다.”

의상의 성기사상이 그의 저술에서 보이지 않고 뒷날의 이통현이나 지눌의 견해에 근거한 것이라는 비판은 정당한 지적이 아니다.

의상의 제자인 표훈과 진정 등의 십여 명의 대덕들이 그에게 이 도인을 배울 때에 "움직이지 않는 범부의 몸이 곧 법신 자체라는 의미를 어떻게 알 수 있느냐"고 물었다. 이에 의상은 문도들의 질문에 대해 4구게로 답하였다.

> "여러 인연이 근본적인 나이니
> 일체 법은 마음에 근원하도다
> 언어가 커다란 종요이므로
> 진실을 잘 알아야 하나니."[68]

여러 원인과 조건에 의해 내가 존재하듯이 일체의 존재는 마음에 근원을 두는 것이다. 하지만 언어는 의미와 가치의 기반이 되므로 진실을 잘 알아야 한다. 4구의 게송을 읊은 의상은 너희들은 마땅히 마음을 잘 써야 할 뿐(汝等當善用心耳)이라고 하였다. '마음을 잘 써야 한다는 것'은 자신의 의도와 맥락을 잘 이해해야 한다는 것이다. 그의 사구게의 의미를 잘못 이해하게 되면 그의 중도사상 즉 성기사상을 연기사상으로 오해하게 될 것이기 때문이다.

이 4구게에 대해 의상의 만년제자인 표훈은 실상관, 무주관, 성기관, 연기관, 인연관의 오관석(五觀釋)으로 풀이하고 있다.[69] 표훈은 향하문으로 보아 성기관을 세 번째에 두고 있다. 표훈이 이를 실상관, 무주관, 성기관, 연기관, 인연관 등 5관으로 풀이하자 의상이 이것을 옳다고 인정하고 그

---

68) 義湘, 「四句偈」, 體元?/天其?, 『法界圖記叢髓錄』 卷下之二(『대정장』 제45책, p.721상중). "諸緣根本我, 一切法源心, 語言大要宗, 眞實善知識."

69) 體元?/天其?, 『法界圖記叢髓錄』 卷下之二(『대정장』 제45책, p.721상중); 均如, 『법계도원통기』 권하(『한불전』 제4책, p.32중하). 이들 五觀釋에다 변계관과 의타관을 더하여 七觀釋으로 해석을 추가한 예도 있다.

5관으로 법계도시 30구를 해석하였다고 한다.[70] 이렇게 의상은 표훈의 향하관에 대해 긍정의 답변을 주었던 것이다. 반면 해인사에 머무르다 남악의 화엄사로 이주한 관혜(觀惠)는 의상의 4구게에 대해 인연관, 연기관, 성기관, 무주관, 실상관의 오관석(五觀釋)으로 풀이하고 있다. 여기서 관혜는 향상문으로 보아 성기관을 세 번째에 두고 있다.

> "나는 여러 인연으로 이루어진 존재이고, 여러 인연은 나로 인하여 인연이 된다는 것이 곧 인연관(因緣觀)이다. 인연이 나를 이루므로 나는 몸체가 없고, 내가 인연을 이루므로 인연은 본성이 없다는 것이 곧 연기관(緣起觀)이다. 여러 존재들의 있고 없음이 원래 하나이고, 있고 없는 여러 존재가 본래 둘이 아닌 것이 곧 성기관(性起觀)이다. 있을 때에 있는 것이 아니어서 도리어 없는 것과 같고, 없을 때에 없는 것이 아니어서 도리어 있는 것과 같은 것이 곧 무주관(無住觀)이다. 여러 존재가 본래 움직이지 않으며, 바라보는 마음도 또한 일어나지 않는 것이 곧 실상관(實相觀)이다."[71]

표훈의 후배인 진정은 어떠한 사물이라도 모두 여러 요소들의 결합으로 이루어졌다는 인연관, 여러 요소들의 결합으로 이루어진 것이기에 각 요소들의 실체가 없다는 연기관, 실체가 없는 사물은 공과 유의 두 측면을 동시에 갖는다는 성기관, 부분과 전체, 전체와 부분의 두 측면이 전체를 드러낸다는 무주관, 사물과 사물의 구별, 인식주체와 인식대상의 구별이 없는 경지 자체인 실상관으로 분류해 해명하고 있다. 여기서 오관석 중 세 번째에 성기관이 자리하고 있다.

살펴본 것처럼 표훈의 향하관/문과 관혜의 향상관/문은 상호 대비된다. 향상문의 일즉일체, 일중일체와 향하문의 일체즉일과 일체중일은 이렇게 대비된다. 이것은 향하문에 입각한 북악의 표훈(희랑)과 향상문에 입각한 남악의 연기(관혜) 화엄관의 차이인 것이다. 이외에 의상의 제자인 표훈과 견

---

70) 體元?/天其?, 『法界圖記叢髓錄』 卷下之二(『대정장』 제45책, p.721상).
71) 體元?/天其?, 『法界圖記叢髓錄』 卷下之二(『대정장』 제45책, p.721상).

흰의 복전이 된 관혜의 오관석과 달리 인연전, 연기전, 성기관의 3관석이 제시되기도 했다. 여기에서는 '인연전'과 '연기전'의 '전'(錢)은 '관'(觀)의 오기로 보인다. 아마도 필사본을 풀어 읽는 과정에서 '관'을 '전'으로 해독(解讀)했기 때문으로 보인다.

> "일승에서 이 인연에 친소가 없음을 밝혔기 때문에 인연전(因緣錢)이라고 한다. … 이 문에서는 단지 연기가 현전할 때의 유력생과(有力生果)의 뜻을 밝혔을 뿐이다. 다음 문에서는 연기가 무성공평등(無性空平等)의 뜻을 나타냈기에 연기전(緣起錢)이라고 한다. … 다음으로 공과 유가 둘이 아니어서 혼연히 일체가 되는 자체 공의 뜻을 밝혔기에 성기전(性起錢)이라 한다. 무주를 논할 때에는 공이라고 말하면 충분해 말을 더 하지 않으며, 유라고 말할 때에도 마찬가지이다. 한 척(一尺)을 말하면 곧 존재를 만족시켜서 나머지 말을 더 할 필요가 없다. 의거하는 것마다 곧 만족하게 되고, 성품과 성품이 모두 원만하게 된다. 본래의 지위를 고치지 않고도 만족하게 하고, 이전의 이름을 바꾸지 않고도 원만하게 한다. 좁은 것을 늘이지 않고도 넓게 하고, 낮은 것을 높이지 않고도 높게 한다. 그래서 옛 사람이 "무주(無住)는 부동(不動)의 다른 이름이다"고 하였다. 실상(實相)이란 이름 없는 진리의 근원에 처음 들어가는 교문이고, 연기를 모두 없애는 구경의 실제이다. 이해[解]를 마쳐 실행[行]에 들어가고 실행[行]이 이루어져서 체증[證]에 들어간다."72)

표훈과 관혜의 오관석과 달리 인연관, 연기관, 성기관 등 삼관석으로 풀이한 제자는 이를 각기 가명(生)-공(不生)-중도에 대응시켜 해석73)하기도 하였다. 이것은 용수 『중론』의 '삼시게' 즉 "중인연생법(衆因緣生法), 아설즉시공(我說卽是空), 역위시가명(亦爲是假名), 역시중도의(亦是中道義)"를 원용한 해석으로 이해할 수도 있다. 또 인연관에 불자생불타생(不自生不他生), 연기관에 불공생(不共生), 성기관에 비무인생(非無因生)을 배대하여 설명하기도 하였

---

72) 體元?/天其?, 『法界圖記叢髓錄』 卷下之二(『대정장』 제45책, p.762상중).
73) 體元?/天其?, 『法界圖記叢髓錄』 卷下之二(『대정장』 제45책, p.762상중).

다.[74]

　나아가 6상을 각 3관에 상응시켜 동·이상을 인연관, 성·괴상을 연기관, 총·별상을 성기관에 대응시키기도 하였다.[75] 또 상입(相入, 力義)을 인연관, 상즉(相即, 體義)을 연기관, 양자를 종합한 성기관으로 보기도 하였다.[76] 이렇게 본다면 오관석 혹은 삼관석 중의 성기관은 하위의 성기관임에 틀림없다. 이 때문에 이것에 근거해 의상의 화엄사상이 성기사상이 아니라고 단정할 수는 없다.[77] 의상의 화엄은 오히려 중도사상 혹은 성기사상으로 명명할 수 있기 때문이다.

　의상 화엄사상의 특징을 규정하는 데에 더 이상 이통현과 지눌과 같은 후대 사상가에 의존할 필요는 없다. 우리는 곧바로 의상 화엄 텍스트의 직접적인 대면을 통해서 그의 사상적 기호와 논리 및 체계를 수립할 수 있기 때문이다. 우리가 곧바로 그의 『화엄일승법계도』 등과 『추동기』 즉 『화엄경문답』을 통해서 구명해 보면 의상 화엄의 특징은 중도사상 혹은 성기사상임을 확인할 수 있기 때문이다.

Ⅵ. 결 어

　부석 의상(625~702)은 유가계 사찰이었던 황복사에서 출가했다. 그는 두

---

74) 體元?/天其?, 『法界圖記叢髓錄』 卷上之二(『대정장』 제45책, p.735중).

75) 體元?/天其?, 『法界圖記叢髓錄』 卷下之二(『대정장』 제45책, p.762상중).

76) 均如, 『華嚴敎分記圓通鈔』 권4(『한불전』 제4, p.439상); 均如, 『華嚴敎分記圓通』 권4(『한불전』 제4, p.439중).

77) 최연식(2016), p.265. "성기와 연기에 대한 차별적 파악은 본래 일승의 증득을 위한 동질적이고 계기적인 수행방법으로서의 연기(관)과 성기(관)를 근거에 따른 차별적 수행으로 본 고려 화엄학계 일부의 속류적 이해로부터도 영향받은 것이다."

차례의 유학 시도 끝에 원효와 헤어져 서해의 당항진에 다다랐다. 당시 의상은 경기도 화성시의 남양만에 자리한 당은포와 산동반도의 등주지방을 잇는 항로를 이용하여 입당하려고 당항진 즉 당은포로 나아갔다. 당시 신라와 당나라 북쪽 해로의 최단거리는 산동지방의 등주였다. 여기에는 문등현 관내의 성산포(成山浦), 산동반도의 용구시에 해당하는 황현포구(黃縣浦口), 적산포(赤山浦), 유산포(乳山浦) 등의 좋은 항구들이 있었다. 당시 신라의 견당사들은 이곳 등주의 관내에 드나들면서 지금의 산동반도 용구시(龍口市)에 해당하는 황현포구를 주로 이용하였다.

의상은 현장과의 인연이 어긋난 뒤 여러 곳을 노닐었다. 이어 그는 지상사(至相寺)의 지엄을 찾아가 그의 문하에서 8년간 화엄을 수학하였다. 의상은 지엄으로부터 수학한 뒤 '문장 이해의 뛰어남'이라는 '문지'(文持)를 받은 법장(643~712)과 달리 의미 파악의 뛰어남'이라는 '의지'(義持)의 별호를 받았다. 이들 두 별호에는 당대 화엄과 신라 화엄의 특징이 담겨 있다. 붓다의 중도사상은 연기, 무자성, 공성을 넘어 자비로 확장되어 갔으며 대승불교에서는 제일의공으로서의 무분별지로 거듭 강조하였다. 이 때문에 붓다의 중도는 법성이며 법성은 성기이며 성기는 법성의 성기화(性起化)라고 할 수 있다. 의상은 법성성기의 개념을 통해 자신의 화엄사상을 구축하였다.

의상이 법성과 성기와 법성성기를 주장한 것은 여래성과 현현과 여래성의 현현이 하나임을 역설하기 위해서였다. 법성이 보리심 속에 나타나 있는 '기'(起)라면 이것은 불기(不起)의 기(起)이므로 법성은 역동적인 존재로 이해된다. 바로 이 법성이 성기화 되어 법성성기가 되는 것이다. 이러한 법성성기의 사상에 입각하여 의상은 성기취입(性起趣入)적인 횡진법계관을 제시한 것이다. 이것은 법장의 연기건립(緣起建立)적인 수진법계관과는 분명히 다른 것이다.

의상은 『일승법계도』와 그의 강론을 기록한 『화엄경문답』 즉 『추동기』

에서 중도사상 즉 성기사상의 관점에서 자신이 구축한 화엄사상을 보여주고 있다. 의상의 제자들이 보여준 해석에는 의상과 법장 및 연기계 화엄해석이 뒤섞여 있을지라도 엄밀하게 분석해 보면 의상계 제자들은 법장 및 연기계 화엄해석과는 결이 다르다는 사실을 확인할 수 있다. 의상의 화엄은 중도사상 혹은 성기사상을 특징으로 하고 있다. 이것은 법장 및 연기계의 사사무애 또는 연기사상과 변별되는 것이다.

신라 중대의 선법 전래와
나말 려초의 구산선문 형성
: 북종과 남종의 전래와 안착

Ⅰ. 서 언

붓다의 말씀을 가리키는 교법(敎法)과 달리 붓다의 마음을 가리키는 선법(禪法)이 서쪽에서 동쪽으로 흘러오면서 동아시아 불교계는 크게 변모하였다. 선법은 인도에서 중국으로 건너온 선종의 초조 달마(達磨)-이조 혜가(慧可, 488~593)-삼조 승찬(僧讚)-사조 도신(道信, 580~651, 583~654)의 법을 이은 법랑(法朗, ?~?)에 의해 신라사회에 접목되었다. 법랑이 전해온 북종(北宗)에 뒤이어 도의(道義)를 필두로 각지에 전래된 남종(南宗)에 의해 신라불교의 사상 지형은 다른 변모를 보이기 시작하였다. 때문에 신라의 선법은 중대에 전래된 북종의 수용과 하대에 전래된 남종의 안착으로 확산된 것으로 보아야 할 것이다.

김부식[1]의 상대, 중대, 하대의 시대구분에 따르면 법랑의 선법 전래는 스승 도신의 몰년(651, 654) 기준으로 보면 신라 '중대'(654~779)까지 소급해 볼 수 있다. 또 일연[2]의 상고, 중고, 하고의 시대구분에 의하면 선법은 신라

---

1) 金富軾은 『三國史記』에서 제1대 赫居世麻立干부터 제28대 眞德女王대까지를 '古代'(기원전 48~기원후 653), 제29대 太宗武烈王부터 제36대 惠恭王대까지를 '中代'(654~779), 제37대 宣德王부터 제56대 敬順王대까지를 '下代'(780~935)로 시대구분하고 있다.
2) 一然은 『三國遺事』에서 제1대 赫居世麻立干부터 제19대 智證麻立干대까지를 '上古'기로, 제23대 法興王부터 제28대 眞德女王대까지를 聖骨이 중심이 되는 '中古'기로, 제29대 武烈王부터 제56대 敬順王대까지를 眞骨이 중심이 되는 '下古'기로 比定하고 있다.

'중고기' 말에서 '하고기' 초에는 이미 들어와 있었음을 알 수 있다. 그러므로 신라의 선법은 이미 신라 중대 즉 신라 중고기에 전래되어 신라 사회에 접목된 것으로 볼 수 있다. 달마 이래 사조 도신의 북종선을 받아 호거산(虎踞山)에 은둔하여 전법에 힘쓴 법랑으로부터 신행-준범(遵範)-혜소-법량/혜은-도헌-양부-긍양으로 이어지는 희양산문의 계보가 이것을 입증해 주고 있다.

법랑 이외에도 해동에서 자생적인 수행법을 정립한 원효(元曉, 617~686)의 각관(覺觀)[3]과 당나라 사천성에서 홍인(弘忍-지선(智詵)-처적(處寂)의 계보를 이어 정중종(靜衆宗)을 개창한 무상(無相, 680~762, 686~762)[4]의 삼구(三句), 안휘성 구화산에서 수행한 지장(地藏, 699~797), 돈황 하란에서 수행한 무루(無漏)가 있다. 반면 남종은 혜능-회양-마조-지장(智藏)의 선법을 받아 돌아온 도의(道義, ?~?, 821년 귀국)와 홍척(洪陟/直, 826년 귀국)과 혜철(慧徹, 785~861, 837년 귀국) 등에 의해 안착되면서 새롭게 전개되었다. 또 홍인(弘忍, 602~675)-혜능(慧能, 638~713)-신회(神會)의 법을 이어 당에서 전법한 혜각(慧覺)[5]도 있다. 마조 도일 이래 당대의 선법은 위앙(潙仰)-임제(臨濟: 黃龍 慧南/ 楊岐 方會)-조동(曹洞)-운문(雲門)-법안(法眼), 즉 오가 칠종의 선종으로 분화되었다. 이들 계보와 갈래들이 다시 신라 중대 이래 신라불교와 접목되었고 하대에 이르면서 점차 선종 산문으로 형성되어 갔다.

특히 남악 일대에서 선법을 펼친 법랑과 달리 북악에 정착한 도의의 남종선은 설악산 진전사(陳田寺)를 중심으로 동심원을 그리면서 억성산-수미산

---

3) 元曉는 그의 『대승기신론소/별기』의 '一心의 神解性'과 『금강삼매경론』의 '本覺의 決定性'의 개념을 통해 독자적인 覺觀을 보여주고 있다.

4) 高榮燮, 「無相의 無念學」, 『한국불교학』 제49집, 한국불교학회, 2008.

5) 崔致遠, 「鳳巖寺智證大師寂照塔碑」, 『조선금석총람』 상권, 90면. "西化則靜衆無相·常山慧覺, 禪譜益州金, 鎭州金者是."
樓正豪, 「새로 발견된 新羅 入唐求法僧 慧覺禪師의 碑銘」, 『史叢』 제73집, 고려대사학회, 2011. 필자는 '선종 7조로 불리는 하택 신회의 직제자로 정통 남종선의 법맥을 계승한 신라 고승 혜각(惠覺, ?~774)의 비문에 근거하여 河北 지역에서 남종선의 권위를 확립했음을 입증하고 있다. 혜각은 崔致遠이 '鳳巖寺智證大師寂照塔碑'에서 靜衆 無相과 함께 거론했던 '常山 慧覺'이라는 점에서 주목된다.

등으로까지 뻗어나갔다. 이어 남악에 정주한 홍척의 남종선은 지리산-쌍계산 등으로까지 뻗어나갔다. 그리하여 전국에 형성된 "구산선문은 이 땅에 들어왔던 선풍(禪風)이 해동(海東)의 선(禪)으로 정착되어 집성된 하나의 모습이요, 한국선문(韓國禪門)의 최초적 정립형태였다"[6]고 평가받고 있다. 이 글에서는 신라 중대에 전래된 북종 선법의 접목과 하대에 전래된 남종 선법이 나말 여초에 구산선문을 어떻게 형성해 갔는지에 대해[7] 살펴볼 것이다.

Ⅱ. 신라 중대 북종 선법의 접목

통일 전후기 신라불교는 섭론(攝論)-유식(唯識)-기신(起信)-화엄(華嚴)으로 이어지는 교학이 중심이었다. 통일기에 접어들면서 점차 유식-기신과 화엄이 교학의 중심으로 자리잡아 갔다. 유식-기신과 화엄 교학의 저변에는 정토와 계율 및 밀교신앙과 지장신앙 등도 자리하였다. 당대의 사상계를 주도하였던 화엄학승들은 현실의 모순을 해결하려는 사상 전개의 노력을 보이지 않고 지배세력의 보호아래 안주하면서 안으로는 의상(義湘, 625~702)의『일승법계도』등을 모방하거나[8] 그것에 대한 훈고학적인 주석학에 빠지고, 밖으로는 선왕들의 봉덕(奉德)과 추선(追善) 공양(供養) 의례에 광분하고 있었다.[9]

---

6) 金煐泰,「曦陽山禪派의 成立과 그 法系에 대하여」,『韓國佛敎史正論』(불지사, 1997), 472면.
7) 추만호,『나말여초 선종사상사 연구』(이론과실천, 1992); 金杜珍,『신라하대 선종사상사 연구』(일조각, 2007); 趙凡煥,『羅末麗初 禪宗山門 開創 研究』(경인문화사, 2008). 이 세 권은 九山禪門을 비교적 종합적으로 고찰해 놓은 단독 저술들이며 九山 각 禪門 開創에 대한 논구를 집성해 놓고 있다. 이외에도 申千湜 외,『韓國佛敎禪門의 形成史硏究』(민족사, 1986); 정성본,『신라선종의 연구』(민족사, 1995); 조범환,『신라선종연구』(일조각, 2001) 등이 있다.
8) 明曉,『海印三昧圖』(『韓國佛敎全書』제3책). 明曉의『해인삼매도』는 義湘의『一乘法界圖』에 자극받아 작성한 것으로 짐작된다.
9) 高翊晋,「新羅 下代의 禪 傳來」,『한국선사상연구』(동국대출판부, 1984), 56면;『한국고대

당시 방계 왕족들 역시 자신들의 선왕(先王) 열조(列祖)를 봉덕하기 위한 사찰을 건조하였다.[10]

한편 경덕왕과 혜공왕 이후 신라사회는 더욱더 귀족화되어가면서 골품(骨品)귀족과 두품(頭品)사족 사이에서 잦은 왕위 쟁탈 사건이 일어났다. 왕권을 둘러싼 주도권 다툼은 통치체제의 이반을 가져왔고 지방호족의 발호를 부추겼다. 당시 불교계와 긴밀한 관계를 형성하고 있던 정계 왕족들의 권력 독점으로 방계 왕족과 두품귀족 출신 및 그 자녀들은 새로운 사상과 새로운 탈출구를 모색하였다. 이들에게 접목된 새로운 사상은 선종(禪宗)이었고 새로운 탈출구는 당(唐)나라였다. 방계 왕족들과 두품 귀족들은 자신의 능력을 인정받는 '출사'(出仕)와 자기의 면목을 찾기 위한 '출가'(出家)를 위해 당나라로 향하였다.

비교적 이른 시기에 중국으로 건너간 법랑(法朗)은 도신의 북종선을 전수받아 신라로 돌아왔다. 그의 선법을 전수받은 신행(神行) 등의 영향 탓일까 선에 대한 관심은 은은히 메아리쳐 갔다. 당대(唐代) 선법의 황금시기에 활동하였던 출가자들은 자기를 확인하고 자신을 확립하는 선법에 매료되었다. 그들은 치열한 수행과 빼어난 지혜로 당대 선법의 정수를 흡수하였다. 특히 법랑의 선법은 그의 선법과 북종 신수(神秀)-보적(普寂)-지공(志空)으로 이어지는 법을 함께 받은 신행(信/神/愼行, 704~779) 그리고 그의 선법을 받은 준범(遵範)의 법과 함께 마조 도일 문하 창주 신감(滄州神鑑)의 법을 이은 혜소(惠昭, 774~850)에 의해 법량(法諒)/혜은(慧隱)-도헌(道憲)-양부(楊孚)-긍양(兢讓)으로 이어지면서 신라 사상계를 점차 변화시켰다.

일부 화엄계 학승들은 시대가 안고 있는 현실 문제에 눈을 감고 이를 해

불교사상사』(동국대출판부, 1989), 478~479면. 고려 말에 集成된 『法界圖記叢髓錄』 4권(『한국불교전서』 제6책)과 均如의 저술에 인용된 화엄가들의 '義記' 名目 30여종이 이를 입증해 주고 있다.

10) 金富軾, 『三國史記』 권38, '職官' 上. 哀莊王이 개혁한 四天王寺成典, 奉聖寺成典, 感恩寺成典, 奉德寺成典 등이 대표적인 사성전들이다.

결하려는 사상적 노력을 간과한 채 현실에 안주하는 화엄계를 떠나 법랑-신행-준범-혜소-법량/혜은-지증-양부로 이어지는 북종 선법과 접목하였다. 이후 이들을 주축으로 고려 초에는 희양산문이 형성되었다. 북종을 전해온 법랑에 뒤이어 다수의 신라 선사들은 중국으로 건너가 혜능의 문하인 남악 회양계와 청원 행사계의 문하에서 치열하게 수행하여 스승들의 살림살이의 정수를 받아왔다.

신라로 돌아온 선사들은 왕실의 화엄교단에 맞섰던 방계 왕족들과 중앙의 진골 귀족들과 연루된 지방호족들의 도움으로 수도 경주에서 멀리 떨어진 곳에 터를 잡았다. 이들은 왕족들과 귀족들의 도움을 받아 산문 건립을 지원하면서 새로운 집단을 형성하기 시작하였다. 선종이 왕실 주변의 화엄교학에 맞서는 새로운 사상이었고 이를 배경으로 지방에 형성된 새로운 집단이었음에도 불구하고 당시의 산문은 중앙 왕실과의 긴밀한 관계 속에서 이루어졌다. 심지어 왕실과 중앙 진골 귀족들의 지원에 의해 이루어진 산문도 있었다.[11]

왕실은 각 지역에 둥지를 틀고 있는 선종 산문이 큰 세력을 가지고 있었던 것을 알고 있었다. 때문에 왕실은 선사들의 부도(浮屠) 조성과 비문(碑文) 설립에 적극적으로 참여하였다. 산문의 형성을 위한 경제적 지원은 물론 정치적 배경이 되어주었다. 나아가 왕들은 선사들을 특정한 산문에 머물게 하고 그들을 중사성(中事省)과 선교성(宣敎省)에 예속시켰다. 그 결과 비교적 중앙의 통제에서 자유로웠음에도 불구하고 산문은 왕실 주변의 화엄교학과 마찬가지로 인적 물적 토대 등에서 왕실과 깊이 연루될 수밖에 없었다.

---

11) 수미산문의 형성 배경에는 고려 태조 왕건의 절대적 후원이 있었다.

Ⅲ. 신라 하대 남종 선법의 전래

『능가경』과 달마선법에 의거한 여래청정선을 전해온 법랑의 북종과 달리 도의는『금강경』과『육조단경』등의 선지에 입각한 조사돈오선을 전해 왔다. 그는 신라로 돌아온(821) 이후 마조 이래 서당 지장의 남종선풍을 펴려고 하였다. 때마침 신라에는 기근이 들었고 백성들의 삶은 매우 곤궁하였다. 이듬해에는 원성왕에게 왕위를 빼앗긴 채 명주(溟州)로 퇴거한 김주원(金周元)의 아들 김헌창(金憲昌)이 난(822)을 일으켜 정계 왕실에 대항하였다. 해서 도의는 아직 시절 인연이 무르익지 않았다고 판단한 뒤 설악산 진전사(陳田寺)로 은거하여 선 수행에 매진하였다. 하지만 점차 도의가 전해 온 남종 선법에 관심을 기울이는 이들이 점차 생겨나기 시작하였다.

도의에 이어 귀국한 남원 실상사의 홍척(洪陟)과 곡성 동리산의 혜철(慧徹)과 상주 장백사에서 하동 쌍계사로 옮긴 혜소(惠昭) 등은 왕실의 극진한 존경과 함께 지방 호족들의 열렬한 환영을 받았다. 왕실의 적극적 지원과 방계 왕족 및 중앙 진골 귀족의 지원 그리고 지방호족들의 외호에 힘입어 가지산 보림사, 실상산 실상사, 동리산 태안사, 성주산 성주사, 봉림산 봉림사, 사자산 흥령사(법흥사), 사굴산 굴산사, 수미산 광조사, 희양산 봉암사 등에 대표적인 산문들이 건립되기 시작하였다. 이들 이외에도 쌍계산 쌍계사, 혜목산 고달사, 오관산 서운사(오룡사) 등지에도 산문에 상응하는 선문의 총림들이 건립되었다. 이들 산문들은 통일신라의 불교 지형을 크게 변화시켜 나갔다.

그리하여 신라 하대에 전래된 남종 선법은 중대에 전래된 북종 선법과 함께 전국에 많은 산문을 형성하였다. 그런데 종래 학계에서는 교종을 13종으로, 선종을 중국 5가에 연결시켜 이해하려 하였다. 그 결과 선적종(禪寂宗)과 조계종(曹溪宗)을 양종(兩宗)이라 해석하고 선적종을 9파로 보아 소략하나마 9산설을 언급하기도 하였다.[12] 이와 달리 양종을 천태종(天台宗)과 조계종(曹溪宗)으로 해석하고 의천(義天, 1055~1101)이 천태종을 공인받게 되자 9산파가 합쳐 조계종이라고 불렀다[13]는 견해도 제시되었다. 상현(이능화)은 선적종과 조계종을 다른 것으로 보고 양종으로 이해하였고, 포광(김영수)은 이를 같은 것으로 파악하고, 양종이란 조계종과 천태종을 의미한다고 해명하였다.

그 이후 학계에서는 나말 여초에 형성된 산문의 수가 아홉 개냐 아니면 더 많으냐에 대한 논란이 있었다. 즉 고려 말에 충지(沖止)에 의해 집성된 『선문조사예참문』(禪門祖師禮懺文)을 분석하여 "9산문은 신라 말 고려 초의 선종을 총괄하는 용어로 부적당하다"[14]는 주장이 제기되었다. 이와 달리 "국내에서 사법(嗣法)함이 없이 입당(入唐)하여 귀국·전법한 선승(禪僧)만을 개산조(開山祖)로 설정하고, 그 뒤 아무리 새로운 종풍(宗風)을 전래했어도 모두 (遊學 전에 嗣法한) 선사(先師)의 산문에 소속시켰기 때문이며, 이것이야말로 9산 이외에 좀더 많은 종파로 분열하는 것을 막아준 미묘한 장치였다"[15]고 강조하였다.

이에 대해 "위와 같은 견해는 9산파를 형성한 기준을 설명하려는 중요한 착안이라고 할 수 있다. 다만 이와 같은 착안을 제시하고도 이를 뒷받침하는 논증이 없었다. 이에 대해서 두 가지 방법으로 타당한 견해인가를 검증할 수 있다. 하나는 똑같은 견해가 제시된 사료(史料)의 문구(文句)가 있는가 하는 점이고, 또 하나는 사료가 없더라도 사례가 이를 뒷받침하기에 충분한가라는 두 가지 측면에서 검토할 수 있다"며, 전자에 대해서는 "아직 이에 부합하는 적절한 표현의 자료를 찾지 못했으므로 사례로써 검증하는 후자

---

12) 金映遂, 「曹溪禪宗에 就하야」, 『震檀學報』, 1938.

13) 李能和, 『朝鮮佛敎通史』 중권(보련각), 481~484면.

14) 許興植, 「禪宗 九山派說의 批判」, 『高麗佛敎史硏究』(일조각, 1986; 1990), 174면.

15) 高翊晋, 「新羅 下代의 禪 傳來」, 『한국선사상연구』(동국대출판부, 1984), 56면; 『한국고대불교사상사』(동국대출판부, 1989).

의 방법에 의존할 수밖에 없다"16)고 하였다.

그러면서 "단속사(斷俗寺)의 「신행선사비」(神行禪師碑)는 생애를 알 수 있는 가장 오랜 것에 해당한다. 그는 법랑(法朗)을 이었고, 후에 다른 비문에는 그를 신수(神秀)-지공(志空)으로 이어지는 북종선과 연결시켰지만 그의 인맥은 양부(楊孚)에 이르기까지 계속되었으면서도 법랑이나 그가 개산조가 되지 못하는 사실은 위의 주장에 맞지 않는다"고 하였다. 이와 달리 쌍계사(雙溪寺)의 혜소(惠昭)는 사승(師僧) 없이 유학하여 중국의 창주 신감(滄州神鑑)을 사법(嗣法)하였으나 9산의 개산조가 아니다. 최치원도 그를 쌍계소(雙溪昭)라 특기할 정도로 독립성을 강조하였으나 그의 법손인 도헌(道憲)을 희양산(曦陽山)의 개산조로 수록하고 있다.17)

이외에도 국내에서 사승이 없이 유학한 고승이 귀국하여 산문을 열었으나 9산에 속하지 못하는 인물로 오관산(五冠山) 서운사(瑞雲寺) 순지(順之)와 월암산(月巖山) 월광사(月光寺) 대통(大通)을 들 수 있다. 이외에 『경덕전등록』에 밝혀진 인물로 임제종을 계승한 지리산 화상도 9산에 들지 못했다. 『삼국유사』에는 해룡왕사(海龍王寺)의 보요(普耀/燿)도 개산조라 하였으나 9산에는 포함되지 못한다. 이와같이 뚜렷이 개산조이거나 국내의 사승이 없이 유학하여 법맥을 잇고 귀국하여 개산한 경우에도 산문에 포함되지 못한 예가 입증되므로, 이러한 주장은 특수한 예외 정도가 아니라 일반성에까지 문제점이 있다"18)고 주장하였다. 하지만 이러한 주장 역시 문제가 없지 않다. 먼저 최치원이 봉암사비문에서 언급한 13사와 승명이 실제로 13산문과

---

16) 許興植, 앞의 글, 앞의 책, 175면.
17) 金煐泰, 「曦陽山禪派의 成立과 그 法系에 대하여」, 『한국불교학』 제4집, 한국불교학회, 1978; 金煐泰, 『韓國佛敎史正論』(불지사, 1997). 필자는 '鳳巖寺靜眞國師碑'에서 그의 법계를 조계 혜능(육조)-남악 회양-강서 도일-창주 신감-쌍계 혜조-현계 도헌-백엄 양부-긍양이라고 강조하고 있지만, 慧照와 道憲 사이에 아무런 嗣法 관계가 없어 法系 造作이 행해진 것으로 볼 수 있다고 주장하고 있다.
18) 허흥식, 위의 글, 위의 책, 175면.

승명(僧名)인지부터 검토되어야 한다. 제12산문으로 제시된 '무염'(無染)과 제13산문으로 제시된 '광종'(廣宗)이 분리될 수 있는 인물인지부터 살펴야 한다.[19]

당시 무염은 신라 문성왕 9년경에 왕자 김흔(金昕, 山中宰相)의 청으로 웅주 오합사(烏合寺, 昕의 祖가 受封한 곳)를 중수하여 머물자 문도가 구름처럼 모여들었다. 문성대왕이 '성주사'(聖住寺)로 개칭하고 경주의 대흥륜사(大興輪寺)에 편록(編錄)시켰으며, 문성, 헌안, 경문, 헌강, 정강, 역대왕의 부름과 자문에 의하여 선법을 홍포하는 기회로 삼았다. 헌강왕은 그를 '광종'(廣宗)이라 존칭하였고[20] 그는 '양조국사'(兩朝國師)로 불렸다. 그렇다면 '성주(무)염'과 '보리(광)종'의 관계는 동격이거나 역사적 사실 그대로 '성주사 무염'을 이은 '보리사 여엄'으로 보아야 할 것이다.

또 선종 산문의 개창과 개립에서 분명하게 이해해야 할 것은 '개조'(開祖)와 '개산조'(開山祖, 開創者)의 정의와 구분이다. 1) '개조'는 시절인연이 맞지 않아 물리적인 산문을 열지는 못하였지만 산문을 열 수 있는 단서와 기반을 마련한 조사로서 개산조에 의해 추존된 조사(道義 등)이다. 반면 2) '개산조'(개창자)는 물리적인 산문을 열었을 뿐만 아니라 앞서 기반을 마련한 조사를 개조로 추존한 조사(體澄 등)라고 할 수 있다. 이와 달리 3) '개조'이자 '개산조'라는 병칭은 시절인연이 딱 들어맞아 물리적인 산문을 열었을 뿐만 아니라 개조까지 겸한 조사(洪陟 등)를 가리킨다. 이에 근거하여 신라 말에서 고려 초에 형성된 산문과 개(산)조의 내용은 선행연구를 참고하여 도표로 그

---

19) 최병헌, 「신라 하대 선종구산파의 성립」, 『한국사연구』 제7호, 한국사연구회, 1972. 필자는 '慧目育'을 '慧目山 玄昱'으로, '雙峰雲'을 '澈鑑禪師 道允'으로 보면서도 '菩提宗'은 寺名과 人名의 倂記가 아니라 '菩提之宗'으로 보고 있다. 그리고 이지관, 『역주고승비문: 신라편』(가산문고, 1993), 306면. 주)118에서 '雙峰雲'은 '和順 雙峰寺의 慧雲禪師로 적고 있다. 하지만 '菩提宗'에 대해서는 번역을 하지 않고 '聖住寺의 無染和尙 '등으로 넘어가 버렸다.

20) 신라 경애왕은 스승 楊孚의 주처인 康州 伯嚴寺에 머무는 兢讓의 명성이 널리 떨쳐지자 '奉宗大師' 賜號하였다. 고려 광종도 璨幽에게도 '證眞大師'라 賜號하고 國師의 禮를 다했으며 '元宗'이라는 諡號를 내렸다.

려보면 아래와 같다.21)

<도표 1> 신라말 고려초에 형성된 산문과 개(산)조

	13산선문(崔致遠) 鳳巖寺智證大師碑	15산선문-孤 雲 이후 형성	18산선문-孤 雲 이후 형성	9산선문 (禪門祖師禮懺文)	현재 지명
1	北山 (道)義			가지산조사 道義국사	전남 장흥
2	南岳 (洪)陟			사굴산조사 梵日국사	강원 명주
3	大安 (惠)徹			사자산조사 澈鑑국사	강원 태백
4	惠目 (玄)育			성주산조사 無染국사	충남 보령
5	智力 (?)聞			봉림산조사 玄昱국사	경남 창원
6	雙溪 (惠)炤			희양산조사 道憲국사	경북 문경
7	新興 (忠/仲22))彦			동리산조사 慧徹국사	전남 곡성
8	湧岩 (覺)體			수미산조사 利嚴존자	황해 해주
9	珍丘 (覺)休			실상산조사 洪陟국사	전북 남원
10	雙峰 (道)雲			願力受生 中興祖道 海東佛日普照國師	전남 순천
11	孤山 (梵)日				
12	聖住 (無)染				
13	菩提 (廣)宗				
14		須彌山 利嚴			
14		五冠山 順之			
16			道峰院 慧炬		
17			海龍王寺普耀		
18			曦陽山 道憲	*月巖山 月光寺	강원 원주

21) 허흥식, 「禪宗의 繼承과 所屬寺院」, 『고려불교사연구』(일조각, 1986; 1990), 224~274면 참조.
22) 李智冠, 『譯註高僧碑文: 新羅篇』(가산문고, 1990), 306면.

19				*彌知山 菩提寺	경기 양평
20				*鳴鳳山 境淸禪院	경북 영풍
21				*五冠山 瑞雲寺	황해 해주
22				*小伯山 毘盧庵	경북 영주
23				*靈鳳山 興法寺	강원 원주
24				*開天山 淨土寺	충북 중원
25				*慧目山 高達禪院	경기 여주

* 신라 말 고려 초의 선종산문 - 『선문조사예참문』의 9산 이외 산문들

　남종 선문이 몇 개이냐는 질문에는 다양한 대답이 나올 수 있을 것이다. 하지만 최치원의 『봉암사지증대사탑비』에서 거론한 12(13)산문을 기준에 두고 나머지를 늘려간다는 것 역시 적지 않은 문제를 안고 있다. 즉 '성주염'과 '보리종'의 동일성 여부 뿐만 아니라 산명과 사명이 분명하지 않은 '지력문'(智力聞), '신흥언'(新興彦), '용암체'(湧岩體), '진구휴'(珍丘休) 등은 산명과 사명 및 법명과 전기도 분명히 알 수 없다. 또 '혜목육'(慧目育)을 '혜목산 현욱'(慧目山 玄昱)으로, '쌍봉운'(雙峰雲)을 '쌍봉사 도윤'(雙峰寺 道允)으로 볼 수 있는지도 좀더 검증해야할 대목이다.

　그리고 『선문조사예참문』의 9산 이외의 산문인 월암산 월광사, 미지산 보리사, 명봉산 경청선원, 오관산 서운사, 소백산 비로암, 흥봉산 흥법사, 개천산 정토사, 혜목사 고달선원 등은 산명과 사명 및 지역명과 주석자 이름이 분명한 사찰들이다. 이들 사찰들은 구산산문에 필적하는 사세를 지녔고 거기에 필적하는 인물들을 길러냈다. 구산이 확정되는 고려 말에는 조계종과 달리 이들 사찰이 왕실과 긴밀한 관계를 유지했음에도 불구하고 구산

선문에서는 배제되었다. 선종 산문은 오직 '선종 중심의 구산' 혹은 '구산선문'만을 한국불교로 보았다. 그 결과 천태종 사찰은 13(12)산 선문에는 끼이지 못하였다. 이렇게 본다면 『선문조사예참문』은 아마도 조계선종 중심의 사찰만을 정비의 대상으로 삼았을 것으로 짐작된다. 그리하여 천태종 사찰은 애초에 대상에서 제외하였거나 교종 사찰로 인식하였기 때문으로 이해된다.

따라서 아직 밝혀지지 않은 산명과 사명 및 법명과 전기들을 확정할 자료를 확보하지 못하는 한 최치원의 12(13)사와 승명에 근거하여 산문 수를 계산하는 것은 무리한 시도라고 할 수밖에 없다. 좀더 새로운 사료를 발견하거나 다른 간접 사료를 통해 정합성을 확보하지 않는 한 구산선문의 명칭은 여전히 유효할 수밖에 없기 때문이다. 여기에서는 우선 신라 말 형성의 7산선문의 형성과 안착에 대해 살펴보기로 하자.

IV. 칠산 선문의 형성과 사상

1. 가지산문의 형성과 사상

가지 도의(迦智道義, ?~?)는 왕씨이자 북한군(北漢郡) 사람이었다. 당나라에 들어간 뒤(783) 곧바로 오대산의 문수보살을 찾아가 화엄의 교의를 감응받고자 하였다. 그 뒤 광부(廣府) 보단사(寶壇寺)에서 구족계를 받고 조계산에 이르러 육조(六祖)대사를 참배하였다. 다시 강서성 홍주의 개원사(開元寺)를 찾아가 서당 지장(西堂智藏, 735~814)에게서 참문한 뒤 법을 받고서 다시 백장산의 회해(懷海)를 찾아가 수행하였다. 도의는 헌강왕 13년(821)에 신라로 돌아왔다. 하지만 이 해는 전국에 도적이 들끓고 백성이 굶주린 어지러운 때였다. 이듬해는 김주원(金周元)의 아들인 김헌창(金憲昌)이 반란을 일으켜 정국이 매우 혼미하였다.

그는 이러한 혼미한 정국 아래에서 자신이 가져온 남종선법의 이치를 설했다. 하지만 당시의 신라 사람들은 화엄 등의 경교를 숭상하여 선법을 '허탄'(虛誕)한 '마어'(魔語)라고 배척하였다. 세상이 어지럽고 백성이 굶주린 현실에서 직지인심(直指人心), 견성성불(見性成佛), 불립문자(不立文字), 교외별전(敎外別傳)의 선사상은 도저히 수용될 수 없었다. 최치원은 도의가 처음 신라에 돌아왔을 때의 당시 교종의 비방에 대해 '원숭이의 마음과 같은 분주한 망상에 얽매여서' '북쪽으로 달아나는 얕은 길을 옹호하고', '종달새와 같은 뱁새가 날개를 자랑하면서' '남으로 길이 날아가려는 대붕의 높은 의지를 비웃으며' '선법을 마구니의 말이라고 헐뜯었다'며 그를 옹호하고 있다.

> 원숭이의 마음과 같은 분주한 망상에 얽매여서 북쪽으로 달아나는 얕은 길을 옹호하고, 종달새와 같은 뱁새가 날개를 자랑하면서 남으로 길이 날아가려는 대붕의 높은 의지를 비웃으며 종래의 교종에만 심취하여 선법을 '마구니의 말'[魔語]이라고 입을 다투어 헐뜯었다.[23]

최치원과 마찬가지로 김영 역시 당시 사람들은 '경교와 관법으로 정신을 보존하는 방법'[習觀尊神之法]을 숭상하여 '무위 임운의 종지[無爲任運之宗]인 선종에 모이지 아니하고' '허망하고 황탄하다고 여겨' '높이 받들거나 귀중하게 여기지 않았다'고 비판하고 있다. 모두들 당시의 주류 사상이었던 화엄의 존신(尊神, 尊佛)의 종지만을 숭상하였지 선법의 함이 없이[無爲] 자유자재한[任運] 종지를 귀담아 듣지 않았다.

> 처음 도의대사가 서당(西堂)에게서 심인(心印)을 전해 받고 뒷날 우리나라에 돌아와 그 선의 이치를 설하였다. 당시 사람들은 경의 가르침[經敎]

---

23) 崔致遠, 「聞慶鳳巖寺智證大師寂照塔碑文」, 『조선금석총람』 권상(아세아문화사, 1976), 89면.

과 관법(觀法)을 익혀 정신을 보존하는 교종의 법만 숭상하여 무위(無爲) 임운(任運)의 종지인 선종에 모이지 아니하고 허망하고 황탄하다고 여겨 높이 받들거나 귀중하게 생각하지 않았으니 마치 달마(達磨)대사가 양무제(梁武帝)를 만났지만 뜻이 통하지 않은 것과 같았다. 이로 말미암아 (도의국사는) 아직 때가 되지 않았음을 알고 산림에 은거하여 염거(廉居)선사에게 법을 전했다. 염거 선사는 설악산 억성사(億聖寺)에서 조사의 마음을 전하고 스승의 가르침을 여니 우리 체징(體澄)선사가 거기에 가서 그를 섬겼다.24)

마치 맹자가 양혜왕을 만났지만 인의(仁義)의 뜻이 통하지 않았듯이, 달마가 양무제를 만났지만 무공덕(無功德)의 뜻이 통하지 않았듯이, 도의는 헌강왕을 만났지만 무위 임운(無爲任運)의 종지가 통하지 않았다. 하지만 도의는 이러한 상황 아래에서도 시대와의 소통에 소홀하지 않았다. 그는 당시의 화엄가의 승통(僧統)인 지원(智遠)과 법거량을 하였다. 도의는 지원의 질문에 주로 대답하는 형식으로써 선법의 요체를 전하였다.

질문: 화엄의 사종법계(四種法界) 외에 다시 어떤 법계가 있으며, 오십오 선지식(善知識)의 항포법문(行布法門) 외에 다시 어떤 법문이 있다는 것인가? 이 교(敎) 밖에 따로 조사선(祖師禪)의 도(道)라는 것이 있다는 말인가?

대답: 승통이 드는 바와 같은 사종법계는 조사문 아래서는 곧바로[正當] 이치의 당체[理體]를 바로 들어[直擧] 일체의 바른 이치[正理]를 얼음 녹이듯 하는 것으로 손바닥 속의 법계 모습도 오히려 얻을 수 없음이요, 행(行)과 지(智)가 본래 없는 조사선의 마음[祖師心禪] 속에는 문수(文殊)와 보현(普賢)의 모습도 오히려 볼 수 없다. 오십오 선지식의 항포법문은 물거품과 같고, 네 지혜와 보리 등의 가르침[道]은 금의 광석과 같을 뿐이다.

질문: 그렇다면 교리행(敎理行)의 신해수증(信解修證)은 어떤 정(定)에 해당되고, 어떤 불과(佛果)를 성취한다는 것인가?

---

24) 金穎, 「長興寶林寺普照禪師彰聖塔碑」, 『조선금석총람』 권상(아세아문화사, 1976), 62면.

대답: 무념(無念) 무수(無修)의 이성(理性)이 신해행증일 따름이다. 조종(祖宗)의 시법(示法)에는 부처와 중생을 얻을 수 없고, 도의 성품[道性]이 곧바로 나타날 뿐이다. 그러므로 오교(五敎) 밖에 따로 조사의 심인법(心印法)을 전하고, 부처의 형상을 나투는 것은 조사의 정리(正理)를 알지 못하는 근거를 위해 짐짓 방편의 몸을 빌어쓰는 것이다. 아무리 오래 불경을 전해 읽어도[傳讀] 그로써 심인법(心印法)을 깨닫고자 한다면 겁이 다해도 끝내 얻기 어려울 것이다.25)

당시 신라의 사상계를 이끌었던 화엄계의 승통 지원과 새롭게 전래된 선법의 종장인 도의의 거량은 상징적인 사건이자 만남이었다. 지원은 사종법계와 오십오 항포법문 만으로도 충분한데 다시 조사선의 도가 있는가라는 질문을 던지고 도의는 조사심선은 도의 성품이 곧바로 나타나며 오직 무념과 무수의 이성이 신해행증(信解行證)일 따름이라고 대답하였다.

결국 이들 두 사람의 거량은 지원이 도의의 답변에 승복하는 것으로 마무리 되었다. 주로 지원의 질문에 대한 도의의 대답 형식으로 이루어진 이 대화는 도의의 선법이 당시 주류의 화엄에 정면으로 도전하고 있음을 시사해 주고 있다. 결국 도의는 비록 시절인연이 되지 않아 설악산 진전사로 은거하였다. 하지만 이 기록은 그가 지원 승통과의 거량을 통해 당시 사회와의 소통에 소홀하지 않았음을 보여주는 증좌라고 할 수 있다.

2. 실상산문의 형성과 사상

실상 홍척/직(實相洪陟/直, ?~?)은 성씨와 관향을 알 수 없다. 일찍이 출가하여 수행하다가 당나라로 건너갔다. 마조 문하의 서당 지장 아래에서 수행하다가 그의 심인(心印)을 받았다. 흥덕왕(826~836) 때 신라로 돌아와(826) 남악

---

25) 天頙, 『禪門寶藏錄』 권중(『한불전』 제6책, 478하~479상).

인 지리산에 머물렀다. 그는 왕실의 부름에 응하여 자신의 선지를 표명하고 있다.

> 닦되 닦을 것이 없음을 닦고
> 깨치되 깨칠 것이 없음을 깨치니
> 그 고요할 때는 산처럼 서 있고
> 그 움직일 때는 골처럼 응하네
> 조작함 없이 이익되며
> 다투지 않고 이기네.26)

　홍척은 마조 도일의 법을 이은 서당 지장으로부터 법을 받고 돌아왔다. 홍덕왕이 국태민안을 위해 법문을 청하자 그는 차제 교법(次第敎法)을 보이지 않고 일초직입여래지(一超直入如來地)의 돈오 선법(頓悟禪法)을 보여서 '아침의 범부가 저녁의 성인이 되게 하는' 법을 가르쳤다. 그리하여 홍척은 '닦되 닦을 것이 없음을 닦고, 깨치되 깨칠 것이 없음을 깨쳐, 조작함이 없이 이익을 얻으며, 다투지 않고 승리를 얻는' 선법을 역설하였다.

　홍척이 마조 가풍의 '즉각적으로 이룸'(頓成)과 '닦음도 없고 깨침도 없는'(無修無證) 선법과 그 이익됨을 설하자 홍덕왕과 선강태자(忠恭)가 귀의하여 제자가 되었다. 그는 신라로 돌아오자마자 왕의 부름을 받아 선사상의 요체를 왕실에 전할 수 있었다. 그 결과 왕실의 지원을 받아 도의(道義)보다 귀국은 늦었지만 산문 건립은 오히려 앞서 구산선문 가운데 처음으로 실상산문을 개창할 수 있었다. 그는 이곳에서 크게 홍법과 교화를 다하다가 입적하였다. 그의 선사상은 수철(秀澈, 816~892)과 흠광(欽光) 등으로 이어졌다.

---

26) 崔致遠, 「鳳巖寺智證大師寂照塔碑」, 『조선금석총람』 상권 90면. "修乎修沒修, 證乎證沒證, 其靜也山立, 其動也谷應, 無爲之益, 不爭而勝." 원문의 '設'은 모두 '沒'의 誤記로 보아야 할 것이다.

3. 동리산문의 형성과 사상

　동리 혜철(慧徹, 785~861)은 박씨이자 경주 사람으로서 은사(隱士)의 가문에서 태어났다. 부석사에서 화엄 강의를 듣고 22세 때 구족계를 받고 선에 대한 관심이 깊어졌다. 헌덕왕 6년(814)에 당나라로 건너가 습공산(襲公山)의 서당 지장(西堂智藏)에게서 수행하다가 그의 심인을 전수하였다. 지장의 입적 뒤 서주(西州) 부사사(浮沙寺)에 이르러 3년간 대장경을 찾아다니며 선교(禪敎)를 아울러 배웠다. 신무왕 1년(839)에 귀국하여 무주 동리산 대안사(大安寺, 泰安寺)에서 개당하여 교화를 폈다. 문성왕이 그의 도(道)의 성가(聲價)를 듣고 치국(治國)의 요체를 묻자 '시정(時政)'의 급무(急務)'를 논하였다. 그의 선사상은 본여(本如), 윤다(允多, 864~945), 도선(道詵, 821~898), 경보(慶甫, 868~948), 천통(泉通), 현가(玄可) 등으로 이어졌다.

　혜철의 제자 도선은 김씨이자 영광사람으로서 태종의 서얼 후손이었다. '무설(지)설', '무법(지)법'의 선론을 통해 불립문자, 교외별전의 역동적인 선지를 제시하였다. 그는 "그러한 선지에 맞는 법문이 곧 '말이 없는 말'[無說之說]이며, '법이 없는 법'[無法之法]이다. 그렇기 때문에 텅 빈 가운데[虛中]에서 (스승이) 주고 (제자가) 받았다는 것이며, 그 소식[禪旨]을 도선이 활짝 초연하게 깨달은 것이다.[27] 따라서 "도선은 교격(敎格) 밖의 따로 전한 선지[敎外別傳 格外禪旨]와 문자에 얽매이지 않는 도리[不立文字道理]인 중국의 전통선을 받아들여 신라의 토양에 자리잡아 가던 당시의 분위기 속에서 그 선구자의 한 분이었던 혜철 선사로부터 '말이 없는 말과 법이 없는 법'을 전해 받은 전형적인 신라의 선사였다"고 평가되고 있다.[28] 도선은 풍수지리(風水地理)와 음양오행(陰陽五行) 등을 연구하여 비보사탑(裨補寺塔)설에 입각하여 전국의 길지에 사찰을 건립하게 하였다.

---

27) 金煐泰, 『7월의 문화인물: 道詵』(문화체육부, 1996), 32면.
28) 高榮燮, 『한국불학사: 신라시대편』(연기사, 2005), 378면 재인용.

혜철의 제자 경보는 김씨이자 영암 구림(鳩林)사람으로서 아버지는 알찬(閼粲)벼슬을 하였다. 성주산의 무염(無染)과 사굴산의 범일(梵日) 등도 역참하였고 당나라에 들어가 조동종의 무주(撫州) 소산(疎山)의 법을 전해 받고 신라로 돌아왔다. 중국 조동종의 운거 도응으로부터는 이엄, 형미, 여엄 등과 함께 '해동사무외대사'로 불렸다. 도선의 무설지설과 무법지법의 사상과 경보의 가풍과 살림살이는 혜철의 살림살이와 사고방식을 이은 것으로 추정된다.

4. 봉림산문의 형성과 사상

봉림 현욱(奉林玄昱, 787~868)은 김씨이자 동명관족(東溟冠族) 출신이었다. 애장왕 9년(808)에 구족계를 받고 헌덕왕 15년(824)에 당나라로 건너가 태원부에 이르러 마조 도일 문하의 장경 회휘(章敬懷暉)에게서 수행하였다. 그의 법을 이어 희강왕 2년(837) 왕자 김의종(金義宗)을 따라 신라로 돌아왔다. 이어 남악의 실상산에 머물자 민애왕, 신무왕, 문성왕, 헌덕왕이 사자(師資)의 예를 다 하였다. 경문왕은 그를 혜목산 고달사(高達寺)에 주석하게 하였다.[29]

그의 제자 심희(審希, 855~923)는 김씨이자 선대부터 임나(任那伽倻)의 왕족이었다. 9세 때 현욱의 문하에서 출가하여 법을 부촉받고 진성왕 때에 전남의 송계(松溪)와 강원의 설악(雪岳)에 연좌하자 학인이 운집하였다. 하지만 진성왕의 부름에는 응하지 않았다. 명주(溟洲)를 거쳐 남계(南界)의 진례(進禮)에 이르자 성주 김율희(金律熙)가 정로(精盧)를 지어 머물게 하였다. 효공왕이 '봉림사'(鳳林寺)라고 편액을 내리고(賜額) 장군 김인광(金仁匡)이 수축을 도왔다. 경명왕이 그를 초청하자 사자(師資)의 예를 받고 '나라를 다스리고 백성

---

29) 閑靜·筠, 『祖堂集』 권17, '東國慧目山和尚'.(『고려장』 제45책).

을 편안하게 하는[理國安民] 기술[術]'을 설하여 '법응대사'(法膺大師)라는 존호를 받았다. 심희의 선사상은 경질(景質), 융제, 찬유 등 500여인으로 이어졌다.

심희의 제자 찬유(璨幽, 869~958)는 김씨이자 계림의 하남인이었다. 그의 집안은 대대로 명문가였다. 13세에 상주 팔공산 삼랑사(三郎寺)의 융제(融諦) 선사에게서 낙발하고 그의 지시로 그의 스승인 혜목산 심희 아래에서 묘리(妙理)를 정밀히 궁구하여 삼각산 장의사(莊義寺)에서 구족계를 받았다. 진성왕 6년에 당나라로 건너가 청원 행사-석두 희천-단하 천연-취미 수초로 이어지는 투자 대동(投子大同)의 법을 전수하고 경명왕 5년(921)에 신라로 돌아와 진경의 지시로 삼랑사에 머물렀다. 이후 고려 태조를 찾았더니 광주(廣州) 천왕사(天王寺)에 머물게 하였다. 혜종, 정종, 광종의 존숭을 받았으며 광종은 그에게 '증진대사'(證眞大師)라는 법호를 내리고 국사의 예를 다하였다. 그의 선사상은 흔홍(昕弘), 동광(同光), 행근(幸近), 전인(傳印) 금경(金鏡), 훈선(訓善), 준해(俊解) 등 500여인으로 이어졌다.

5. 성주산문의 형성과 사상

성주 무염(聖住 無染, 800~888)은 김씨이자 무열왕의 8대손이었으나 진골에서 족강(族降)되어 난득(難得, 6두품)이 되었다. 12세 때 설악산 오색석사(태백산 부석사)에서 출가하여 법성(法性)선사 아래서 능가문(楞伽門)을 두드리고, 부석사 석징(釋澄) 아래에서 화엄(華嚴)을 배웠다. 선덕왕 13년에 왕자 김흔(金昕)의 도움으로 입당하여 마조 문하의 마곡 보철(麻谷寶徹)을 찾아가 공부한 뒤 그에게서 심인을 전수받았다. 문성왕 7년(845)에 신라로 돌아왔다. 문성왕 9년경에 왕자 김흔의 청으로 웅주 오합사(烏合寺)를 중수하여 머물자 문도들이 구름처럼 모여들었다. 문성대왕이 '성주사'(聖住寺)로 제명을 고치고 대흥륜사에 편록시켰다. 문성, 헌안, 경문, 정강왕 등 역대왕의 부름과 자문에 응하여 선법을 홍포할 기회로 삼았다. 헌강왕은 그를 '광종'(廣宗)이라 존칭하였고 이후 '양조국사'(兩朝國師)로 불렸다.

일찍이 무염은 은사인 법성(法性)선사에게 선교의 다름을 물었다. 법성은 '백 명의 관료가 은나라 재상 이윤(伊尹, 阿衡)과 같아 각자 직능을 다하는 것이 교(敎)요, 제왕이 묘당(廟堂) 위에 공묵(拱默)하고 만백성은 그로써 편안한 것이 선(禪)이다"[30]고 하였다. 이때부터 그는 선교의 차이에 대해 깊은 관심을 가지고 있었다. 무염은 당나라 유학 이후 자신의 독자적 담론으로 유설토 무설토론을 입론하였다.

> 질문: "유설과 무설의 뜻이 무엇인가?"
> 앙산이 말하였다: "유설토는 불토이니 근기에 따라 전하는 문[應機門]이요, 무설토는 선이니 곧바로 전하는 문[正傳門]이다."
> 질문: "응기문이란 무엇인가?"
> 대답: "선지식이 눈썹을 치켜세우고[揚眉] 눈동자를 움직이는 것[動目]으로 법을 보이는 것은 모두 응기문이요, 따라서 유설이니 항시 어언(語言)이겠는가? 선근인이 그것이니 이 속에는 스승도 없고 제자도 없다."
> 질문: "만일 그렇다면 왜 사자상승(師資相承)한다 하는가?"
> 장경(會暉)은 일렀다: "허공이 무상으로 몸꼴[相]을 삼고 무위로 몸짓[用]을 삼듯이 선을 전하는 자 또한 전함 없이 전함을 삼기[無傳爲傳]에 전하나 전함이 없다."
> 질문: "무설토 중에 교화하는 이와 교화받는 이가 없다는 것과 교문(敎門)의 여래의 깨침의 마음[證心] 중에 교화하는 이와 교화받는 이를 볼 수 없다는 것과 어떻게 다른가? 교문이 지극한 여래의 깨침의 마음을 해인삼매(海印三昧)라 부르고, 삼종세간법(三種世間法)이 인현(印現)하여 영원히 이해함이 없다 하니, 이것은 곧 삼종세간의 자취가 있는 것이다. 그러나 조대(祖代)의 법은 등한한 도인의 마음속에 영원히 정예(淨穢) 두 가지 풀이 나지 않기에 삼종세간의 풀을

---

30) 天頙, 『禪門寶藏錄』 권중(『한불전』 제6책, 474상).

황폐케 하지 않고, 출입의 자취 또한 없나니, 이 때문에 다르다고 하는 것이다. 정(淨)이란 진여와 해탈 등의 법이요, 예(穢)란 생사와 번뇌 등의 법이다. 때문에 옛사람이 이르기를 행자의 심원은 깊은 물과 같아서 깨끗하고 더러운 풀이 영원히 나지 않는다고 했다. 그리고 불토(佛土)란 먼저 정혜(定慧)의 옷을 입고 불구덩이 속에 들어가 이제는 정혜의 옷을 벗어던지고 현지(玄地)에 서는 것이므로 종적(蹤迹)이 있다. 조토(祖土)란 본래 벗어남[脫]과 벗어나지 않음[不脫]이 없어서 실 한 오라기 입지 않은 것이기에 불토와 크게 다른 것이다.31)

무염은 앙산(仰山, 借名, 假託?)과 장경 등과 법거량을 통해 유설토와 무설토의 차이를 분명히 터득할 수 있었다. 유설토는 교의 문이고, 무설토는 선의 문이며, 유설토는 근기에 따라 전하는 문[應機門]이고, 무설토는 곧바로 전하는 문[正傳門]이다. 유설토론과 무설토론은 당시의 교와 선의 대립을 해소하기 위한 무염의 독자적인 담론으로 짐작된다.

무염은 신라 왕실에 대해 비협조적이었음에 견주어 지방호족 세력들에 대해서는 협조적인 것으로 비추어져 왔다. 하지만 그는 올바른 역사인식에 근거한 현실인식도 남달랐던 것으로 짐작된다. 경문왕 때에 무염은 왕의 부름에 선뜻 응하여 국가시책에 도움을 주고 있다.

도가 행해지려면 때를 놓쳐서는 아니된다. (석존의) 부촉(咐囑)을 생각할 때 가지 않을 수가 없다.32)

그는 『인왕경』에서 석존이 불법의 홍통을 왕력에 부촉한 것에 의거하여 왕력(王力)의 중요함을 역설하고 있다. 헌강왕이 부르자 적극 응하였으며 왕이 '나라에 이로움을 일으키고 해로움을 없애는 대책'[興利除害策]을 묻자 다

---

31) 天頙, 『禪林寶藏錄』 권중(『한불전』 제6책, 473하~474상 면).
32) 崔致遠, 「聖住寺朗慧和尙碑」, 『조선금석총람』 상권, 77면.

음과 같이 역설하고 있다.

> (天命과 大人과 聖人을 畏敬하는) 삼외(三畏)는 (佛法僧) 삼귀(三歸)에 대
> 비되고 (인의예지신) 오상(五常)은 (不殺과 不盜와 不淫과 不妄과 不酒) 오계
> 에 균등하므로 능히 왕도(王道)를 밟는 것이 불심(佛心)에 부합(符合)된
> 다.[33]

무염은 '일심이 군주'[一心爲君主][34]라는 가르침으로 유교의 통치술과 불교
의 통심술을 부합시켰다. 그는 세간과 출세간의 균형적 시각을 제시하여
두 왕들로 하여금 '국사'(國師)로 추존을 받았으며 그 결과 그는 '양조국사'(兩
朝國師)로 불렸다. 그의 선사상은 대통(大通, 816~883)으로 이어졌으며 현휘(玄
暉, 875~941), 여엄(麗嚴, 862~930) 등에 의해 크게 펼쳐졌다.

6. 사자산문의 형성과 사상

철감 도윤(澈鑑道允, 798~868)은 박씨이자 한주 휴암인(鵂巖人)으로서 누대로
호족이었다. 18세에 출가하여 귀신사에서 화엄을 공부하였다. 어느 날 "원
돈(圓頓)의 방편[筌蹄]이 어찌 심인(心印)의 묘리(妙理)만 하겠느냐?"고 느껴 헌
안왕 17년(825)에 당나라로 건너가 마조 도일 문하의 남전 보원(南泉普願)에
게서 수행을 하였다. 그 뒤 그에게서 법인(法印)을 전해 받고 문성왕 9년
(847)에 신라로 돌아와 풍악(楓岳, 화순 쌍봉산)에 머물자 경문왕이 귀의하였다.
그의 선사상을 자세히 알 수 없으나 화엄으로 출발하여 선사상에 이르렀던
점에 근거해 보면 교와 선의 통섭 혹은 통로에 대해 고민했을 것으로 이해
된다. 그의 법은 절중으로 이어져 강원도 영월의 사자산 흥령선원에서 사자
산문으로 성장하게 된다.

---

33) 崔致遠, 「聖住寺朗慧和尚碑」, 『조선금석총람』 상권, 79면.
34) 崔致遠, 「聖住寺朗慧和尚碑」, 『조선금석총람』 상권, 76면.

도윤의 제자인 절중(折中, 826~990)은 성씨를 알 수 없다. 그는 휴암 사람이 었으며 집안은 무신 호족이었다. 해주 오관산 진전(珍傳)법사 아래서 낙발하고 15세 때 부석사에서 화엄학을 연구하였다. 그 뒤 19세에 백성군 장곡사(長谷寺)에서 구족계를 받았다. 이후 풍악산(전남 화순?) 쌍봉사에서 도윤화상을 만나 동산법문을 받고 당나라에서 돌아온 도담(道潭), 자인(慈忍)선사와 문답을 하였다. 헌강왕 8년에 국통이었던 위공(威公)의 청을 받아 곡산사(谷山寺)에 머물렀다. 하지만 수도[京輦]가 너무 가까워 석운(釋雲)대사가 내어준 사자산 흥령선원으로 처소를 옮기자 학인들이 구름처럼 모여들었다. 헌강, 정강, 진성왕의 존경을 받았다. 하지만 진성왕대의 적난(賊難)을 겪고 국사로 모시려는 왕의 요청을 받아들이지 않았다.

절중의 선사상은 자세히 알 수 없으나 스승인 도윤과 마찬가지로 화엄과 선법의 통로에 대해 고민했을 것으로 짐작된다. 그의 문하에서 공부한 여종(如宗), 홍가(弘可), 이정(李靖), 지공(智空) 등 1,000여명의 제자들에게 전해져 사자산문이 굳건하게 형성될 수 있었다.

7. 사굴산문의 형성과 사상

범일(梵日, 810~887)은 김씨이자 구림관족(鳩林冠族)이었으며 명주도독의 손자였다. 15세에 출가하고 20세에 득도하여 수행하다가 흥덕왕 때 왕자 김의종(金義琮)을 따라 입당하였다. 마조 도일 문하의 염관 제안(鹽官濟安)을 만나 수행하다가 크게 깨친 뒤 약산 유엄(藥山惟儼)과 거량을 하였다. 하지만 회창법란(會昌法難, 844)이 일어나자 소주로 가서 육조(六祖) 조사탑을 참배하였다. 그 뒤 그는 문성왕 9년(847)에 신라로 돌아와 백달산(白達山)에 연좌하였다. 그러자 명주도독 김공(金公)이 굴산사(崛山寺, 강릉오대산)에 머물게 하였다. 경문왕 11년(871), 헌강왕 6년(880), 진성왕 1년(887)에 각기 국사로 모시고자 경사(京師)로 불렀으나 모두 응하지 않았다.

그러나 범일은 왕실과의 관계를 끊지는 않았다. 때마침 진성여왕이 선과 교 두 가지의 차이를 묻자 이렇게 답하였다.

> 석가는 성을 넘어 집을 떠난 설산에서 별[星]로 인해 도를 깨쳤지만 그 법이 아직도 극(極)에 이르지 못함을 느끼고 수10월을 유행한 끝에 조사 진귀대사(眞歸大師)를 만나 처음으로 현극(玄極)의 뜻을 전해 얻었으니 이 것이 교외별전(敎外別傳)이다.35)

범일의 진귀조사설(眞歸祖師說)은 역사적 사실과 무관하게 선과 교의 차이 가 어디에 있는지를 극명하게 보여준다. 그는 불교의 창시자인 석존조차도 그 법이 극에 이르지 못하자 조사를 만나 현지를 얻었다고 주장하고 있다. 이와같은 실마리는 천척의 『선문보장록』에 인용된 『달마어록』에서 확인할 수 있다.

> 진귀조사가 설산에 있으면서
> 총림 방에서 석가를 기다렸네
> 임오년에 조사의 인장을 전해주자
> 마음으로 조사의 종지를 동시에 얻었네.36)

천척의 같은 책 권하에 인용된 「위명제소문제경편」(魏明帝所問諸經篇)에도 유사한 기록이 있다. 범일의 진귀조사설은 이들 저술들에서 착안한 담론으 로 추정된다. 범일의 진귀조사설은 당시 뿐 아니라 조선 휴정의 『선교석』 (禪敎釋)에도 널리 회자되었을 정도로 자생적이고 독자적인 담론이었다. 지 방호족 출신이었던 범일은 경문왕과 헌강왕과 진성왕이 국사로 모시고자 하였으나 응하지 않았다.

---

35) 천척, 앞의 책, 권상(『한불전』 제6책, 474상 면).
36) 천척, 앞의 책, 권상(『한불전』 제6책, 479중하 면). "眞歸祖師在雪山, 叢林房中待釋迦, 傳 持祖印壬午歲, 心得同時祖宗旨."

하지만 그의 제자 개청(開淸, 854~930)은 경애왕으로부터 국사를 예를 받았으며, 행적(行寂, 832~916) 역시 효공왕에게 나아가 '나라를 다스리는 기술'[治國之術]을 설하였다. 무염의 선사상은 개청과 행적, 신의(信義) 등으로 이어졌으며 특히 사굴산문은 이후 고려 중기의 지눌(知訥)과 후기의 나옹(懶翁) 등을 배출하여 고려시대의 주요 산문이 되었다.

V. 이산 선문의 형성과 사상

신라 하대에 칠산 선문이 형성된 이후 고려 초에 이르러 수미산문과 희양산문이 후발주자로 선종 산문에 합류하였다. 일부 연구에서는 수미산문만이 고려 초에 형성되었다고 주장하고 있지만 고려의 건국 기점(918)과 신라의 멸망(935) 기점을 고려하면 수미산문과 희양산문의 물리적인 산문 형성은 고려 초에 완수되었음을 알 수 있다.

1. 수미산문의 형성과 사상

수미 이엄(須彌 利嚴, 870~936)은 김씨이자 웅주사람이었다. 그의 선대는 계림의 세가였다. 12세에 가야갑사(迦耶岬寺)의 덕량(德良) 법사 아래에 출가하여 반년 만에 경율론 삼장을 두루 통하였다. 이어 본사(本寺)로 가서 도견(道堅) 율사에게서 구족계를 받았다. 그 뒤 당나라로 건너가(896) 운거 도응(雲居道膺, ?~902)의 진여선사(眞如禪寺)에서 수행하여 법인(法印)을 전수하였다. 이엄은 당시 조동종의 종장이었던 운거 도응을 찾아온 신라의 형미(가지산), 여엄(성주산), 경유(慶猷, 871~921, 용암산 서운사/오룡사?)와 함께 '해동사무외대사'(海東四無畏大師)라고 불렸다. 효공왕 15년(911)에 신라로 돌아와 소율희(蘇律熙)가 시주한 승광산에 4년간 머물다가 12년간 적난(賊難)을 피해 영각산으로 옮기자 귀의자가 많았다.

고려 태조가 도의 성가를 듣고 태흥사(泰興寺)를 수리하여 주석하게 하였고 이듬해에는 사자(師資)의 예를 다해 '제왕의 도'를 물었다. 다시 개경 서북 해주 수미산에 광조사를 지어 주석하게 하자 배우는 이들이 구름처럼 모여들었다. 이엄의 선사상은 자세히 알 수 없으나 그가 조동선풍을 이었다는 점을 고려하면 묵조선의 살림살이를 펼쳤을 것으로 짐작된다. 그의 선사상은 처광(處光), 도인(道忍), 정능(貞能), 경숭(慶崇), 현조(玄照) 등으로 이어졌다.

2. 희양산문의 형성과 사상

진감 혜소의 '일심이 군주'라는 가풍을 계승한 희양산문의 사상은 혜은(慧隱)을 거쳐 뒷날 이 산문의 개조로 여겨진 도헌에게 계승되었다.[37] 그의 증손인 지증(선) 도헌(智證/誐道憲, 824~882)은 김씨이자 왕도인 경주 사람이었다.[38] 부석사 범체(梵體)대덕에게 화엄을 배우고 17세 때 경의(瓊儀)율사에게 구족계를 받은 뒤 당나라로 건너가지 않고 제4조 도신-법랑-신행-준범-혜소

---

37) 金煐泰, 「五敎 九山에 대하여」, 『불교학보』 제16집, 동국대 불교문화연구소, 1979, 179~182면. 필자는 김포광이 희양산문의 법계를, 도헌이 혜은과 진감혜소 양쪽에서 법을 받았으리라 추측한 데 대해 1) 지증비와 도헌비에 각각 일방적인 법계만을 기록하여 전혀 양사사법(兩師嗣法)의 사실이 보이지 않는 점, 2) 두 비문은 지은이가 동일인인 최치원이므로 사제간이라면 반드시 어느 한쪽 비문에는 그 사실이 기록되어야 할 것이라는 점, 3) 더구나 정진비가 동일 경내의 도헌비를 무시하고 혜소의 법계로서 새로이 등장시킨 점 등의 의문을 제기하여 긍양에 의해 종래의 법계가 새롭게 개정된 것이라 추측되므로 도헌이 진감 혜소의 전법제자가 아니라고 논증하고 있다.

38) 趙凡煥, 「新羅 下代 道憲禪師와 曦陽山門의 開創」, 앞의 책, 183~188면. 필자는 도헌의 부친 金贊瓖이 진골 귀족으로서 신라 하대 왕실의 정치적인 혼란과 관련이 있어 죽음을 맞이하자 당시 대아찬 金嶷勳(嶷勛)이 부석사 범체대덕에게 출가하여 화엄을 수학할 수 있게 해 주었다고 하였다.

를 이은 스승 혜은(慧隱)의 현리(玄理)를 탐구하였다.[39] 계감산 수석사에서 후학을 깨우칠 때 경문왕이 교지를 보내 불렀으나 나아가지 않았다. 경문왕 4년(864) 단의장옹주(端儀長翁主, 景文王의 女弟)가 현계산(賢溪山) 안락사(安樂寺)를 시주하자 그곳에 이석(移錫)하여 고(故) 한찬(韓粲) 김의훈(金顗勳) 공을 위해 장육현금상(丈六玄金像, 16척 鐵佛像)을 주조해서 금을 입혔다.

경문왕 7년(807)에 옹주가 다시 가람 남쪽의 농장(南畝, 農莊)과 노비의 문서[臧獲本籍]를 보냈으며, 이를 헌납하여 화상의 거처로 삼게 하였다. 이윽고 자기 소유의 농토(田) 12구역(區)과 밭(田) 500결(結)을 절에 예속시키자 왕이 윤허하였다. 그 뒤 심충(沈忠)이 희양산 봉암용곡(鳳巖龍谷)을 희사하자 비보사탑설에 의거해 "승려들[靑衲]의 거처가 되지 못하면 황건의 소굴이 될 것'[40] 그곳에 와첨(瓦簷) 4주(柱)를 세워 지세를 누르고, 철불 2구를 주조하여 그것을 지키게 하였다. 헌강왕 7년(881)에 봉암사라 일컬었으며 왕의 부름에 응한 뒤에 현계산에 돌아가 입적하였다.

도헌은 구산선문의 개조 및 개산조 가운데 드물게 국내에서만 공부한 특별한 선승이었다. 그는 정계에서 밀려난 부친의 부재로 인해 중국에 유학을 할 수 있는 여건이 아니었을 것으로 짐작된다. 뿐만 아니라 진골출신이었기에 중국에 유학할 필요성을 느끼지 않았을 수도 있었을 것이다. 그리하여 부친의 요청을 받은 김의훈의 안내로 범체 대덕에게서 화엄을 공부할 수 있었고, 경의 율사에게서 구족계를 받았으며, 마침내 더높이 도달할 적엔 스승 혜은 엄군(嚴君)으로부터 현묘한 이치를 탐구할 수 있었다. 범체의 스승인 숭업(崇業)화상으로부터 신수의 북종선도 흡수할 수 있었다.[41]

---

39) 崔致遠,「鳳巖寺智證大師寂照塔碑」, 앞의 책, 90면. 이 비에서는 자신의 스승이었던 범체 대덕(經과) 경의 율사(律)와 혜은 엄군(禪)에 대해서만 언급할 뿐 惠炤에 대해서는 기술하고 있지 않다. 그렇다면 慧隱은 法諒과 함께 혜소의 법을 이은 제자임에 분명해 보인다.

40) 조선총독부 편, 『조선금석총람』 상권(아세아문화사, 1976), 93면. "不爲靑衲之居, 其作黃巾之窟."

41) 均如, 『釋華嚴敎分記圓通鈔』(『韓佛全』 제4책, 308중 면).

이러한 이력과정은 그로 하여금 북종선에 맥을 대고 화엄교학에 선을 대는 주체적이고 자생적인 선사상을 제창하게 하였던 것으로 이해된다. 최치원은 「봉암사비에서 '대붕의 높은 의지'를 지닌 선사로서 높게 평가하고 있다. 그의 선사상은 양부(楊孚), 성익(性益蜀), 민휴(敏休), 계휘(繼徽), 형초(逈超) 등에게 이어졌으며 양부의 제자인 긍양(兢讓, 878~956) 대에 와서 봉암사는 희양산문으로 크게 확장되어 구산선문의 최종주자가 되었다. 법랑-신행-준범(遵範)-혜소-법량/혜은의 북종선을 받아들였던 도헌 이래 양부까지는 북종선을 계승하였던 것으로 짐작된다. 하지만 긍양대에 와서부터는 당시의 주요 선풍인 남종선으로 방향을 틀었다.

그리고 수미산에 가까이 있었던 오관산의 순지(順之)는 표상현법(表相現法)과 삼편성불편(三遍成佛篇)을 통해 위앙선풍을 육화하여 자기의 가풍으로 정립하였다. 그는 '때에 따라 그림을 그려 진리를 나타내어 문도들에게 진리 깨달음의 더딤과 빠름을 보여주는' 표상현법과 진리를 깨달은 성불과 수행이 원만해진 성불과 중생을 위하여 여덟 가지 원상을 드러내 보여 도를 이루게 한 성불인 '삼편성불편'을 통해 앙산의 가풍[2종]과 변별되는 신라 선법의 독자적인 성취[18종]를 보여주었다.

Ⅵ. 결 어

신라 중대의 북종 전래와 하대의 남종 안착으로 신라 사상계는 커다란 변모를 겪었다. 당대의 사상계를 주도하였던 화엄학승들은 현실의 모순을 해결하려는 사상 전개의 노력을 보이지 않고 지배세력의 보호아래 안주하면서 선학들의 저술들에 대한 훈고학적인 주석학에 빠지고, 밖으로는 선왕들의 봉덕(奉德)과 추선(追善) 공양(供養) 의례에만 관심을 두었다. 방계 왕족들도 자신들의 선왕(先王) 열조(列祖)를 봉덕하기 위한 사찰을 건조하였다. 당시 불교계와 긴밀한 관계를 형성하고 있던 정계 왕족들의 권력 독점으로 방계 왕족과 두품귀족 출신 및 그 자녀들은 새로운 사상과 새로운 탈출구를 모색하였다. 이들에게 접목된 새로운 사상은 선종이었고 새로운 탈출구는 당나라였다.

방계 왕족들과 두품 귀족들은 자신의 능력을 인정받는 '출사'(出仕)와 자기의 면목을 찾기 위한 '출가'(出家)를 위해 당나라로 향하였다. 당대(唐代) 선법의 황금시대에 참여하였던 출가자들은 자기를 확인하고 자신을 확립하는 선법에 매료되었다. 그들은 치열한 수행과 빼어난 지혜로 당대 선법의 정수를 흡수하였다. 일부 화엄계 학승들은 시대가 안고 있는 현실 문제에 눈을 감고 이를 해결하려는 사상적 노력을 간과한 채 현실에 안주하는 화엄계를 떠났다. 이들은 법랑-신행-준범-혜소-법량/혜은-지증-양부로 이어지는 북종 선법과 접목하였고 뒤이어 도의가 전해 온 남종 선법에 관심을 기울이기 시작하였다. 도의에 이어 귀국한 남원 실상사의 홍척(洪陟)과 곡성 동리산의 혜철(慧徹)과 상주 장백사에서 하동 쌍계사로 옮긴 혜소(慧昭) 등은 왕실의 극진한 존경과 함께 지방 호족들의 열렬한 환영을 받았다.

구산선문의 개조 및 개산조들은 선사들은 왕실의 화엄교단에 맞섰던 방계 왕족들과 중앙의 진골 귀족들과 연루된 지방호족들의 도움에 의해 수도에서 멀리 떨어진 곳에 터를 잡았다. 방계 왕족들과 귀족들은 산문 건립을 지원하면서 새로운 집단을 형성하기 시작하였다. 그러나 산문의 형성은 중앙 왕실과의 긴밀한 관계 속에서 이루어졌다. 고려의 왕성과 가까이 있었던 수미산문은 왕실과 중앙의 진골 귀족들의 지원에 의해 이루어졌다. 왕실은 각 지역에 둥지를 틀고 있는 선종 산문이 큰 세력을 가지고 있었던 것을 알고 있었다. 때문에 왕실은 선사들의 부도(浮屠) 조성과 비문(碑文) 설립에 적극적으로 참여하였다. 산문의 형성을 위한 경제적 지원은 물론 정치적 배경이 되어주었다. 나아가 왕들은 선사들을 특정한 산문에 머물게 하고 그들을 중사성(中事省)과 선교성(宣敎省)에 예속시켰다. 그 결과 비교적 중앙의 통제에서 자유로웠음에도 불구하고 산문은 왕실 주변의 화엄교학과 마찬가지로 인적 물적 토대 등에서 왕실과 깊이 연루될 수밖에 없었다.

이들 선사들은 중국의 북종과 남종을 수입하면서도 그 안에는 독자적인 가풍을 담았다. 무염의 유설토(有舌土) 무설토(無舌土)론과 범일의 진귀조사(眞歸祖師)설, 도선의 무설지설(無說之說) 무법지법(無法之法), 순지의 위앙선풍(潙仰禪風) 등은 중국선과 한국선과 변별되는 독자적인 시선을 열었다. 이들의 사상들은 모두 석존의 중도연기사상을 우리들의 일상적 삶 속에서 실현하고자 한 것이었다. 그리고 인간들의 삶의 구체적인 층위들에 다가가지 못하는 화엄교학과 달리 인간들이 직면하고 있는 삶의 구체적인 층위들에 섬세하게 다가가 문제를 해결해 주고자 하였다. 그리하여 구산선문의 선사들은 이 땅에 살면서 이 땅 사람들이 직면하고 있는 다양한 문제를 해결하여 이 땅(海東)의 선(禪)으로 정착시켰다. 따라서 신라 중대 북종의 전래와 하대 남종의 안착에서 비롯된 나말 여초의 구산선문의 형성은 이들 선사상의 한국적인 집대성(集大成)이자 한국선의 구심점(求心點)이라고 할 수 있을 것이다.

보조 지눌 사상의 고유성과 독특성
: '중층적 인식 구조'의 확립과 '통합적 이해 체계'의
확보와 관련하여

I. 서 언

국학은 모든 학문(萬學)의 제왕이다. 국학은 자신의 고전 해석에 기초한 경학(經學)과 대등한 학문이다. 그런데 경학은 보편주의와 절대주의를 표방해 온 반면 국학은 지역주의와 상대주의를 표방한 것처럼 오해되어 왔다. 서양인들이 말하는 '철학'은 서양의 국학이며 서양의 국학은 동양의 경학에 지나지 않는다. 우리의 국학은 우리 학문의 고유성과 독특성, 정체성과 독자성, 자내성과 특수성을 머금고 있다. 하지만 동아시아문화권에서 중국의 경학을 중국의 국학으로 상대화시키고 자신의 국학을 경학시한 일본[1]과 달리 우리는 우리의 국학을 경학시하지 못해 왔다. 그리하여 동양의 경학과 우리의 국학은 서양의 '철학'이라는 말에 짓눌려 우리의 국학이 우리의 경학이며 우리의 경학이 우리의 철학이라고 우리 자신을 온전히 표현하지 못해 왔다.

지난 세기 이래 국학 즉 한국학의 정체성을 찾는 작업은 한국의 인문학계와 사회학계에서 몇 차례 시도를 해 왔다. 어떤 경우는 동아시아 사상의 보편성으로 평가받고 있었던 당시 중국의 사상계에서 유행하였던 사상을 유입했기 때문에 한국 불교/유교를 정초한 입당 유학승(원광, 자장, 안함, 원측,

---

[1) 김용옥, 「序」, 『三國遺事引得』(서울: 통나무, 1992), p.3.

의상 등)/유학자(김가기, 최치원 등), 고려의 의천(義天)/안향(安珦), 여말 삼사(三師, 백운, 태고, 나옹)/삼은(三隱, 이색, 길재, 정몽주) 등의 사상을 한국사상의 고유성과 독특성의 측면에서 일관성 있게 기술해 오지 못한 이유라고 보았다. 이러한 시각 때문에 보편성과 특수성, 종합성과 독자성, 고유성과 독특성의 균형 위에서 한국사상사를 살펴오지 못한 측면이 있다. 또 다른 경우는 '원효의 일심과 의상의 일승' → '지눌의 진심' → '태고의 자심'의 사상적 연속성이 내적 연관성과 사상적 진보성 그리고 그렇게 보았을 경우 그들 사상의 온전성이 확보될 수 있는가[2]라는 질문이 제기되었다. 다른 경우는 우리의 국학에 대해 '서구 중심 학문의 범주' 속에서 논의를 해오거나 '일제 식민사관 극복의 과제' 속에서 논의[3]를 해왔다. 그 결과 한국철학과 한국철학사의 관점 위에서 이러한 질문과 시도조차 제기하지 못하다 보니 우리는 국학 즉 한국학과 경학의 범주 내에서 그리고 철학의 분류 안에서 한국철학과 한국철학사를 본격적으로 논의해 오지 못했다.

하지만 근래에 이르러 국학 즉 한국학의 양적 연구가 누적되고 질적 연구가 온축되면서 고유성과 정체성에 대한 논의를 새로 시도해야할 시점에 이르렀다. 더욱이 최근에 이르러 한국의 국격이 높아지고 한국의 문화에 대한 관심이 증폭되고 있다. 우리나라의 대표적인 국학자이자 경학자인 분황 원효(617~686)와 부석 의상(625~702) 및 보조 지눌(1158~1210)과 태고 보우(1301~1383), 퇴계 이황(1501~1570)과 율곡 이이(1536~1584) 및 다산 정약용(1762~1836)과 혜강 최한기(1803~1879) 등과 관련해 국학과 한국학의 지형 속에서 한국철학과 한국철학사의 연구 방법을 찾아보아야 한다. 그리하여 불교의 틀과 유교의 곽 속에서 벗어나 국학과 경학을 아우르는 철학과 철학사

---

2) 김방룡, 『동국대학교 세계불교학연구소 제20차 학술대회 자료집: 국학과 한국학으로서 불교학의 지형과 방법』(2021), p.45.
3) 김형찬, 「한국철학의 정체성과 한국철학사의 관점」, 『한국사상과문화』 제100집, 한국사상과문화학회, 2019.12. p.1084.

의 관점에서 논의를 해야 할 것이다.

최근 한류를 계기로 전 세계에서 세종학당을 통해 한국어를 배우려는 사람들이 늘어나고 한국의 문사철학이 널리 알려짐에 따라서 국학 혹은 한국학을 담당하고 있는 문사철학 내지 종교학과 예술학 분야의 인문학자나 정경사회학 내지 문화학과 과학 분야의 사회학자와 자연학자들은 한국문화의 정체성과 고유성에 대한 질문과 답변을 요청받고 있다. 이 시점에서 왜 한국성이고 왜 세계성인가? 어떤 것이 독특성이고 어떤 것이 다양성인가? 무엇이 고유성이고 일반성인가? 이러한 질문은 지난 시절의 무비판적 외적(타자) 추종과 현재 시점의 유비판적 내적(자아) 성찰을 요구하고 있다. 이제 우리는 우리를 자아화하고 주체화한 국학과 우리를 세계화하고 타자화하는 한국학의 경계가 사라지는 시대에 살고 있다.

그러나 시대가 아무리 급변하고 있다고 해도 우리가 살아온 철학과 사상의 '고유성'과 '독특성'은 '보편성'과 '특수성'의 대비 속에서 우리가 여전히 궁구해야할 유효한 개념일 수밖에 없다. 여기서 '고유성'이란 어떠한 사물이 지니고 있는 고유한 성질이자 그것이 지니고 있는 특유의 속성을 가리킨다. '독특성'이란 다른 곳에서 특별히 찾아보기 어렵거나 다른 것과 비교할 수 없이 빼어난 성질을 일컫는다. 우리나라 국학계 즉 한국학계가 우리의 정체성과 고유성에 대한 탐구라는 방향으로 연구방법을 열어간다면 원효와 의상 및 지눌과 태고의 불교철학, 퇴계와 율곡 및 다산과 혜강의 유교철학의 특성에 대해 해명하는 작업은 국학의 내포를 단단히 하고 한국학의 외연을 넉넉히 할 수 있는 계기가 될 것이라고 생각한다.

한국의 대표적인 철학자들은 모두 그 시대의 역사적 현실 문제 속에서 과제를 설정하였고, 철학적 대안 모색을 통해서 성취를 도출하였다. 그리하여 그들은 한국철학의 고유성을 확보하고 한국사상의 독특성을 수립하였다. 한국불교의 대표적인 불교철학자로 평가받는 지눌 또한 원효와 의상에 이어 태고와 함께 한국철학으로서 고유성과 독특성, 정체성과 독자성이 무엇인가에 대한 질문을 받아 왔다. 그동안 하택 신회와 규봉 종밀 사상의 연속성과 불연속성, 영명 연수와 대혜 종고 사상의 원용성과 변용성의 맥락 속에서 일정한 비교 연구가 있어 왔다.

그 결과 지눌의 선풍을 조사선과 간화선의 범주로 볼 것이 아니라 보조선의 범주에서 조사선과 간화선을 보아야 할 것이라는 결론이 도출되었다. 그가 『권수정혜결사문』에서 수선을 부정하고 '헛되이 침묵만 지키는 치선자[空守黙之癡禪者]와 '오로지 문자만 찾고자 하는 광혜자'[但尋文之狂慧者][4]와 같은 어리석은 사내[愚夫]의 편향을 극복하고 '정혜를 나란히 돌리고'[定慧雙運] '만행을 똑같이 닦자며'[萬行齊修] 정혜결사(定慧社)를 주도한 것도 그가 직면했던 불교계의 현실을 전환시키기 위해서였다. 이 때문에 지눌은 한국 조사선의 완성자이자 한국 간화선의 계승자로서 지위에서 보조선의 주창자이자 지눌선의 정초자로서 위상이 새롭게 부각되어 오고 있다.[5]

이처럼 지눌은 고려 중기 당시의 사상적 혼란기에 하택 신회와 규봉 종밀 사상 및 영명 연수와 대혜 종고 사상을 원용하고 변용하였다. 그리하여 그는 자심(自心/佛心)과 자성(自性/佛性)을 통섭한 진심(眞心)의 체계 속에서 발효시키고 숙성시켜 고유성과 독특성을 확립함으로써 한국불교철학의 정체성과 독자성을 확보하였다고 할 수 있다. 지눌 이전 시대 원효와 의상이 일심과 일승의 기호로 한국불교학의 고유성과 독특성을 확립했고, 지눌과 이후 시대의 태고 또한 자심의 기호로 정체성과 독자성을 확보하여 한국불교학으로 자리매김 시켰다. 그리고 퇴계와 율곡 및 다산과 혜강도 유교 성리학을 발효시키고 숙성시켜서 조선성리학으로 자리매김 시켰다. 이 글에서는

---

4) 知訥, 『勸修定慧結社文』(『韓佛全』 제4책, p.700중). "若能如是定慧雙運 萬行齊修則, 豈比 〈愚〉夫空守黙之癡禪, 但尋文之狂慧者."
5) 高榮燮, 「보조선과 임제선의 간화선의 동처와 부동처 – 한국의 간화선은 보조선인가 임제선인가 –」, 『동아시아불교문화』 제40집, 동아시아불교문화학회, 2018.

지눌의 철학을 한국성과 세계성과 대비하여 선교의 대립을 현실 문제로, 선교의 일치를 과제 설정으로, 결사의 주도로 대안을 모색하고, 사상의 통합으로 그 산물을 성취하는 과정에서 드러난 고유성과 독특성을 '물리적 종합'과 '화학적 삼투'[6]의 관점을 원용하여 살펴볼 것이다.

II. 국학의 고유성과 독특성

대개 '국학'이란 그 나라의 고유한 철학, 역사, 언어, 풍속, 신앙 등을 연구하는 학문의 자내적 혹은 향내적 표현이다. '한국학'이란 국학인 한국의 문사철과 종교학 내지 예술학과 정경사회학과 문화학 내지 과학 등을 연구하는 학문의 자외적 또는 향외적 표현이다. 한국학의 한 범주인 한국철학이란 '철학의 한국성'을 구명하는 학문이다. 한국성은 보편학으로 인식되어온 국학/한국학/한국철학의 사유체계로 이해해온 철학사상의 한국적 특성을 일컫는다. 동시에 한국적 특성이란 인도, 중국, 일본 등에서 찾아보기 어려운 이 땅의 고유한 정체성을 가리킨다. 우리말의 '크다'[大]와 '하나'[一]를 의미하는 무한공간의 '한'과 과거 현재 미래로 이어져 흘러가는 시간의 연속성을 나타내는 무한 시간인 '늘'의 합성에서 '한늘' 즉 '하늘'이라는 말이 이루어졌다. 그리하여 작은 '하나' 즉 '작은 내가 있다'[有我]와 큰의 '크다' 즉 '작은 내가 없다'는 '덜 큰 나'[無我]를 넘어 '작은 내가 있다'와 '작은 내가 없다'는 두 극단을 넘어서서 '더 큰 하나' 즉 '더 큰 나'[大我/眞我]를 탄생시켰다.

---

6) 고영섭, 「한국불학의 보편성과 특수성: 물리적 결합과 화학적 삼투」, 『한국불학사: 신라시대편』(서울: 연기사, 1999); 고영섭, 「한국불교의 보편성과 특수성: 물리적 비빔과 화학적 달임」, 『대학원논문집』 제3집, 중앙승가대학교 불교학연구원, 2013.; 고영섭, 『불학과 불교학: 인문학으로서 불교학 이야기』(서울: 씨아이알, 2016),

국학의 고유성과 독특성이란 이 땅에서 형성되어온 한국학의 어떤 본질적인 성질을 지속적으로 공유하는 성질이자 자기 내부에서 일관된 동일성을 유지하는 성질인 '정체성'이며 동시에 다른 것과 구별되는 혼자만의 특특한 성질인 '독자성'을 의미한다. 철학의 한국성에 기반한 불교철학의 한국성 또한 보편학으로 인식되어온 불교철학의 한국적 특성을 일컫는다. 원효의 일심과 의상의 일승 철학이 담고 있는 특성처럼 지눌의 진심과 태고의 자심 철학이 담고 있는 특징이 국학 또는 경학 내지 한국불교철학의 독특성이 될 것이다. 고유성과 독특성은 한국인들이 즐겨먹는 비빔밥의 '물리적 비빔'과 곰탕(탕약)의 '화학적 삼투'(달임)의 비유로 설명할 수 있다.7)

대개 지눌 철학의 주제어는 진심 즉 무심, 선교일치, 정혜결사, 삼문수행, 돈오점수, 간화결택으로 대표된다.8) 지눌의 진심 즉 무심은 무분별심이 곧 진심이며, 선교일치는 고려 중기 불교계의 선종과 교종의 갈등을 극복하기 위한 선교일원(禪敎一元)의 사상적 지향을 일컫는다. 지눌은 『화엄경』 속에서 '미진경권유'(微塵經卷喩)와 '신중불지설'(身中佛智說)을 통해 선지와 교문이 둘이 아님을 확인한 뒤 선종과 교종의 갈등을 해소시켰다.

지눌의 정혜결사는 계정혜 삼학의 동시적 수행에 입각한 선정과 지혜의 통합 과정이라고 할 수 있다. 그는 당시 '단지 화두만을 들고 참선 수행만

---

7) 1882년 임오군란 이후 청나라 상인과 노동자들이 들어와 먹기 시작한 炸醬麵이 이후 1948년 화교 출신인 왕송산이 중국 된장의 하나인 '첨면장'에 캐러멜을 섞어 우리 입맛에 맞게 만든 춘장을 튀기고 야채와 고기를 식용유에 볶아 국수에 비벼먹는 한국식 중화요리인 짜장면으로 변모시켰다. 이후 1950년대 밀가루로 만든 한국식 춘장이 탄생되어 우리 입맛에 맞는 짜장 소스가 만들어졌다. 따라서 중국 작장면과 한국 짜장면은 다르다. 또 중국에서 만들어진 羅麵이 일본을 거쳐 한국에 들여와서 한국식 라면으로 만들어진 뒤 오늘날 전 세계 라면시장을 제패하고 있다. 중국인이 먹던 胡餠도 한국에 도입되어 한국식 호떡으로 안착되었다. 이처럼 이전 것의 원용과 그것의 변용을 거쳐 자기에 맞는 새로운 것으로 탄생시키는 노력을 자기화 혹은 주체화의 과정이라고 할 수 있다.

8) 김방룡, 「최근 30년간 보조 지눌의 선사상에 대한 연구동향과 앞으로의 과제 -『보조사상』에 수록된 내용을 중심으로-」, 『보조사상』 제50집, 보조사상연구원, 2018.3, pp.82~115. 필자는 여기서 제1기(1987~1997), 제2기(1998~2007), 제3기(2010~2017)의 연구동향을 분석하면서 앞으로의 과제를 제시하면서 마무리 하고 있다.

할 뿐 교학 공부를 소홀히 하는 선종의 수좌들'과 '오직 경전만을 펴고 교학 공부만 할 뿐 참선 수행을 소홀히 하는 교종의 수좌들'을 경책하고 불교의 깨달음을 얻기 위해서는 두 가지 공부와 두 가지 수행의 방식이 모두 필요함을 재인식시켰다. 그리하여 지눌은 '교의 구극이 선'이며 '선의 구극이 교'임을 역설하여 선교 일원(禪敎一元)이 수행자가 나아가야 할 길임을 분명히 제시하였다.

지눌이 깨달음을 얻기까지에는 세 차례의 전기가 있었다. 이 과정에서 그가 체험했던 수행의 전기를 흔히 성적등지문(惺寂等持門), 원돈신해문(圓頓信解門), 간화경절문(看話徑截門)의 삼문수행이라고 일컫는다. 그는 ① 25세에 창원(안성) 청평사에서 혜능(惠能, 638~713)의 『법보기단경』을 읽다가 활짝 열렸다. 이어 ② 31세에 예천 하가산 보문사에서 이통현(李通玄, 635~730)의 『신화엄합론』을 읽고 선법과 화엄이 하나임을 자각하였다. 다시 ③ 41세 때 지리산 상무주암에서 대혜 종고(大慧宗杲, 1088~1163)의 『대혜어록』을 읽다가 간화선을 체인하였다.[9] 지눌의 비문을 쓴 김군수는 그가 깨침을 얻기까지의 일련의 전기를 삼문 즉 세 가지 교문(三門)으로 적고 있다.[10] 이 전환의 계기를 만들어준 것은 모두 경교(經敎) 즉 경과 율과 론과 교(敎)의 사장(四藏)이었다는 점이 주목된다.

지눌이 입론한 성적등지문은 『법보기단경』과 같은 선경에 입각한 또렷또렷함(惺惺)과 고요고요함(寂寂)을 나란히 지니는 정혜문이다. 그의 『권수정혜결사문』과 『수심결』에 잘 드러나 있다. 또 그가 입론한 원돈신해문은 원

---

9) 大慧 宗杲, 『大慧普覺國師語錄』(『大正藏』 제47책, pp.893하~894상). "禪不在靜處[선정은 고요한 곳에도 있지 않고], 亦不在鬧處[또 시끄러운 곳에도 있지 않으며], 不在日用應然處[날마다 반연에 응하는 곳에도 있지 않고], 不在思量分別處[생각하고 분별하는 곳에도 있지 않다]. 然第一不得捨却靜處鬧處[그러나 먼저 고요한 곳이나 시끄러운 곳이나 日用應然處[날마다 반연에 응하는 곳이나 思量分別處[생각하고 분별하는 곳을 버리고서 참구하지도 말아야 한다].

10) 金君綏, 「佛日普照國師碑銘」, 『普照全書』(서울: 보조사상연구원, 1989), p.420.

교와 돈교의 경교에 입각한 『화엄경』의 성기사상이다. 그의 『원돈성불론』과 『화엄론절요』에 잘 드러나 있다. 나아가 그가 제시한 간화경절문은 깨달음으로 나아가는 지름길인 간화선이다. 그의 『간화결의론』에 잘 드러나 있다. 지눌은 그의 만년작이자 혜심에 의해 간행된 『법집별행록절요병입사기』에서 이들 성적등지문과 원돈신해문과 간화경절문 삼문을 간화경절문 즉 무심합도문(無心合道門) 하나로 통섭하고 있다.

돈오점수는 깨달음과 닦음에 있어 돈오 이후에도 점진적인 닦음이 전제되어야 함을 주장한 것이다. 즉 아득히 먼 과거[無始] 이래의 미세한 망념은 한방에 끊어버릴 수 있는 것이 아니므로 점진적인 수행을 통해 끊어야 된다는 것이다. 지눌은 『청량소』를 인용하여 돈오점수(解悟), 점수돈오(約證名悟), 점수점오(證悟), 돈오돈수(解悟), 선수후오(證悟), 수오일시(修悟一時, 悟通解證), 본구일체만덕(本具一切萬德) 구족십도만행(具足十度萬行, 亦通解證)의 일곱 가지 수행의 방법을 제시하였다. 그는 이 중 하나인 돈오돈수를 증오(證悟)가 아니라 해오(解悟)로 비정하였다.

지눌은 돈오돈수(頓悟頓修)를 증오(證悟)가 아닌 해오(解悟)로 보았으며, 그의 '해오' 비정은 성철이 깨달음 이후에 닦을 것이 남아있다면 그것은 완전한 깨달음이 아니라고 한 돈오돈수의 맥락과는 달리 이해해야 할 것이다. 또 지눌의 선풍은 조사선과 간화선의 범주 속에서 논의할 것이 아니라 보조선의 범주에서 조사선과 간화선을 보아야 한다는 새로운 시선을 제공한다. 그는 첫 번째와 두 번째의 전기에서 모두 조사선으로 수행하다가 마지막 관문인 세 번째의 전기에서 간화선 수행법을 취했을 뿐 이전의 조사선 수행법을 부정하지 않았다.

다시 말해서 지눌은 지금까지의 수행법에다 대혜의 간화선법을 접목하였지만 종래의 조사선풍을 완전히 버린 것이 아니었다. 오히려 조사선풍의 외연을 넓히기 위해 간화선법과 접목한 것으로 볼 수도 있다. 그리고 간화선법은 그의 제자인 진각 혜심(眞覺慧諶)에 의해 본격화되었다.[11] 그러므로 그를 조사선의 범주에서만 논할 수 없고 간화선의 범주에서만 논할 수도 없다. 지눌은 '반조'(返照)를 통한 조사선자이면서 '간화'(看話/擧話)를 통한 간화선자라고 할 수 있다. 이렇게 불교 선법의 수증론을 기존의 범주 속에서 입론한 것이 아니라 자신의 주체적 범주 속에서 입론한 것이 바로 지눌철학의 고유성이자 독자성이라 할 수 있다. 그는 당시에 직면한 불교계의 현실 문제를 해결하기 위해 철학자로서 고뇌하면서 과감한 해석과 과감한 실천을 통해 자신의 고유성과 독자성을 확보할 수 있었다.

따라서 보편학인 국학 내지 경학의 범주 아래에서 철학 그리고 다시 불교철학이라는 분류 아래 한국불교철학으로 명명하기 위해서는 해당 철학 사상의 고유성과 독자성의 확보가 요청된다. 지눌이 우리에게 보여준 것처럼 그의 국학 속에는 그가 직면한 고려 중기의 불교계의 현실 문제 속에서 고뇌하면서 해결책을 찾아가는 과정이 전제되었고 그 결과는 성공적이었다고 평가할 수 있다. 그의 국학과 경학은 현실의 문제로부터 출발하여 그 해결을 위한 대안의 모색과 결과로 이루어져 있다. 지눌의 국학과 경학은 당대의 문제를 해결한 대안으로서 수용되고 그 결과 하나의 가풍으로 자리매김되어 지눌의 철학과 사상으로 존재하게 되었던 것이다. 그것은 원효 이래 한국사상가들의 '중층적 인식구조'의 확립과 '통합적 이해체계'의 확보라는 문제의식을 계승한 것이라고 할 수 있다. 이러한 흐름은 '선 수행 중심의 선교 통합'을 지향한 청허 휴정(清虛休靜)과 그 문도들에게서도 확인할 수 있다.

---

11) 高榮燮, 「보조선과 임제선의 간화선의 동처와 부동처 – 한국의 간화선은 보조선인가 임제선인가 –」, 『동아시아불교문화』 제40집, 동아시아불교문화학회, 2018; 高榮燮, 『불학과 불교학』(서울: 씨아이알, 2016), p.304.

Ⅲ. 사상의 형성과 구조: 중층적 인식 구조의 확립

1. 현실 문제: 선교의 대립

  고려는 태조 이래 호족 연합으로 출발한 초기와 달리 광종과 성종 이후에는 점차 왕권 중심으로 국가를 운영하였다. 고려 중기에는 거란, 여진이라는 외세를 맞이하였고 무신의 집권기를 관통하면서 고려 사상계는 새로운 지형으로 전개되어 나갔다. 특히 고려 중기의 무신정권 시대에 권력에 휘둘리던 불교 교단은 극심한 선교의 대립을 겪고 있었다. 지눌은 이러한 현실을 깊이 고뇌하였다. 이에 지눌은 사상적 기반의 확립과 수행의 체계적 정립을 위해 수도 개성에서 멀리 떨어진 곳에 터전을 잡고자 하였다. 그가 선배 득재(得才)의 요청에 의해 거조사(居祖寺)에서 결사를 시작하게 된 것이나 제자 수우(守愚)를 보내 수도로부터 멀리 떨어진 조계산(修禪社)에 자리를 잡게 한 것이 이 때문이다. 지눌은 권력과의 긴밀한 연루로 인한 교단의 타락상과 모순을 비판하면서 무신정권과 일정한 거리를 두고자 하였다.[12]

  이와 달리 혜심은 고려의 대외적 위기상황을 타개하고자 수선사의 현실적 위상을 이용하여 무신정권과의 상호 이해를 도모하였다. 그는 국가적 위기를 극복하기 위해서 대장경(大藏經) 조성을 주도하였고, 항몽(抗蒙) 의식을 고취하였으며 진병(鎭兵) 법석을 주관하고 축성(築城) 법회를 통해 국가의식을 강조하였다.[13] 수도 개성에서 멀리 떨어진 곳에서 무신정권과 일정한 거리를 두고자 했던 지눌과 무신정권과 적극적으로 소통하면서 불교의 사회적 역할에 충실하였던 혜심의 입장은 결과적으로 왕실과 무신정권의 지원 아래 수선사를 더욱더 견고하게 하는 계기를 만들었다고 판단된다.

---

12) 高榮燮, 앞의 글, 앞의 책, p.318.
13) 高榮燮, 앞의 글, 앞의 책, p.319.

지눌은 무신정권 시대에 권력에 휘둘리며 극심한 선교의 대립을 겪고 있던 불교 교단의 현실을 애석히 여기고 선교일원을 위해 두 저술을 썼다. 그는 먼저 '제교'(諸教)와 '선종'(禪宗)이 대립하는 현실을 해소하기 위해 두 주체를 '개장'(開張)과 '촬요'(撮要)의 성격으로 구분하고, 촬요의 방법을 원용하여 '법'(法, 不變/隨緣)과 '인'(人, 頓悟/漸修)의 방식을 통해 회통하고자 했다. 그래서 지눌은 "제교(諸教)가 널리 펼치는[開張] 것이라면, 선종(禪宗)은 추려 고르는[撮略] 것이다. 이 때문에 골라 추리는 것으로서, 법(法)에 의거해서는 불변(不變)과 수연(隨緣)의 두 가지 이치가 있고, 사람[人]에 의거해서는 돈오(頓悟)와 점수(漸修)의 두 관문이 있다. 두 가지 이치가 나타나면 모든 경론의 귀착점을 알 수 있고, 두 가지 관문이 열리면 모든 성현의 자취를 볼 수 있다. 달마의 깊은 뜻도 여기 있는 것이다."14)고 하였다.

　　대개 불교사상사가 그렇기도 하지만 지눌 또한 제교의 개장과 선교의 촬요, 법의 불변과 수연, 인의 돈오와 점수의 구조를 중층적으로 인식하면서 통합적 이해 체계를 모색하였다. 그의 이러한 노력은 선 수행 중심의 선교 통합을 지향하는 결과로 이어졌고 이러한 방향성은 조선 중기 청허 휴정의 문도들에게로 계승되었다. 선 수행을 기반으로 하면서 다시 선교를 겸수하는 방식은 시대정신을 반영하면서도 역사현실을 수용하는 활로였다고 판단된다. 시대정신과 역사현실을 수용하는 절묘한 활로의 개척을 통해 지눌철학의 고유성이 확보되었고 독특성이 확립되었다. 그가 수립하고자 했던 선교일원 혹은 선교일치의 방향도 여기에 부합하는 것이었다. 정혜결사 당시의 선교일원 또는 선교일치의 화두는 다시 그의 선 수행 중심의 선교 통합의 화두로 이어졌다.

---

14) 知訥, 『法集別行錄節要幷入私記』(『한불전』 제4책, p.743하).

2. 과제 설정: 선교의 일치

지눌이 살았던 고려 중기 불교계는 나말여초 이래의 불교의 지형이 이어져 있었다. 교학을 전공하는 왕실 중심의 교종과 참선을 주로 하는 호족 중심의 선종이 병립하면서 서로 대립하였다. 붓다의 말씀인 대장경이 참된 붓다의 법이라는 교종(教宗)과 붓다의 말씀 밖에 따로 전한 마음이 선법이 되었다는 선종(禪宗)은 자종의 우월성을 강조하면서 시비를 다투어 반목하고 서로 적을 대하듯 갈등하였다. 이에 지눌은 이들의 주장을 의심하면서 교와 선이 다른 것인가를 따져 들어갔다.

지눌은 28세 이후 하가산 보문사에 머무르면서 비로소 『화엄경』과 인연을 맺게 되었다. 그는 여기서 "선문의 마음이 곧 부처(라는 구절)에 마음을 두어 이 문을 만나지 못하면 영원히 수고만 하고 성역에는 이르지 못하리라"[15]고 확신했다. 그래서 "화엄교의 깨달아 들어가는 문(悟入)은 과연 어떤 것인가"[16]하고 참구하였다. 그러다가 강사를 찾아가 물었더니 "마땅히 사사무애(事事無碍)를 관하라"[17]고 하였다. 다시 경계하기를 "그대가 만일 다만 자기 마음만 관하고 사사무애(事事無碍)를 관하지 아니하면 곧 불과(佛果)의 원만한 덕을 잃을 것이다"[18]라고 하였다. 이 답을 듣고 지눌은 심사숙고하다가 물러나 다시 산으로 들어갔다.

> 물러나 산으로 돌아와서 대장경을 열람하며 붓다의 말씀이 마음의 종지[心宗]에 계합함을 찾기 3년, 『화엄경』 「여래출현품」에 "한 티끌이 천 권 경전을 머금었다"는 비유와 뒤에 통틀어서 말한 "여래의 지혜 또한 이와 같아서 중생의 몸 가운데 구족해 있으나 다만 어리석은 범부들이 알지 못하고 깨닫지 못한다"는 교설을 열람하게 되었다. 그리하여 나는 경권을

15) 知訥, 「序」, 『華嚴論節要』(『한불전』 제4책, p.767하).
16) 知訥, 위의 글, 위의 책, p.767하.
17) 知訥, 위의 글, 위의 책, p.767하.
18) 知訥, 위의 글, 위의 책, p.767하.

머리에 이고 갑자기 눈물을 흘렸다.19)

　그 때에 한 사람이 있어 지혜가 환히 사무치어 맑고 깨끗한 천안(天眼)
을 구족 성취하여, 이 경권이 티끌 안에 있어서[見此經卷, 在微塵內] 중생
들에게 조그마한 이익도 없음을 보고 생각하기를 "내가 마땅히 정진력으로
써 저 티끌을 깨뜨리고 경권(經卷)을 내어서 일체 중생을 요익케 하리라"라
고 하였다. 이 생각을 하고는 곧 방편으로써 티끌을 깨뜨리고 경권을 내어
서 모든 중생들로 하여금 요익을 얻게 하니 마치 한 티끌처럼 일체 티끌도
마땅히 다 그러함을 알라. 불자여! 여래 지혜(如來智慧) 또한 이와 같이
헬 수 없고 걸림 없이 널리 일체 중생을 이익되게 하여 중생의 몸 안에
구족해 있으나[具足在於衆生身中] 다만 여러 어리석은 범부들이 망상 집착
으로 알지 못하고 깨닫지 못하여 이익을 얻지 못한다.20)

　지눌은 당시 교단의 대립을 해소하기 위해 『대장경』을 열람하였고, 『화
엄경』 「여래출현품」의 '미진경권의 비유'와 '신중불지의 교설'을 발견하였
다. 그리하여 지눌은 『화엄경』 속의 "한 티끌이 대천경권을 머금었다"는 비
유와 "중생 몸속에 여래의 지혜가 있으나 중생들이 어리석어 알지 못하고
깨닫지 못한다"는 교설에서 크게 깨달았다고 하였다. 그래서 지눌은 자신이
찾고 있던 이치를 『화엄경』 「여래출현품」에서 발견하고 나서 너무나 기쁜
나머지 경을 머리에 이고 감격의 눈물까지 흘렸다. 그는 선문의 '즉심즉불'
(卽心卽佛)과 화엄교의 '사사무애관'(事事無碍觀)의 두 벽에 막혀 있다가 이 '신
중불지의 교설'과 '미진경권의 비유'에서 선교의 일치점을 발견하였다.
　지눌이 거론하고 있는 "여래의 지혜 또한 이와 같아서 중생의 몸 가운데
구족해 있지만 어리석은 범부들이 망상 집착으로 알지 못하고 깨닫지 못하
여 이익을 얻지 못한다"는 교설과 "한 티끌이 천 권 경전을 머금었다"는 비
유는 선법의 선지와 화엄의 교문이 둘이 아님을 시사하는 것이다.

---

19) 知訥, 「序」, 『華嚴論節要』(『한불전』 제4책, p.767하).
20) 실차난타 역, 『大方廣佛華嚴經』(『대정장』 제10책, pp.272하~273상).

지눌은 일찍이 개성의 보제사 담선법회에서 동학 10여 명과 결사를 권유하면서 동지들에게 언제나 습정(習定)·균혜(均慧)·예불(禮佛)·간경(看經)·운력(運力) 등의 수행방편을 권했다. 이들 수행 방편 중 특히 '습정'과 '균혜'는 그가 제창한 수선사의 핵심 이념인 '정혜쌍수'(定慧雙修)로 탈바꿈하였다. 여기에서 역설하는 '습정'과 '균혜' 내지 '정혜쌍수'는 지눌 사상의 핵심을 이루고 있다. 그것은 지눌이 모색했던 '선교일원' 혹은 '선교일치'를 완수하기 위한 구체적인 활로였다. 『화엄경』「여래출현품」의 '신중불지의 교설'과 '미진경권의 비유'가 결국 선과 교가 둘이 아님을 열어젖히는 살길이었다.

지눌은 자기 사상의 체계와 구조를 선교의 일원에 기반하여 구축하였다. 그 구체적인 실행은 정혜결사의 주도로 나타났다. 지눌의 선교 일원을 위한 노력은 그의 사상 체계를 형성[21]해 가는 과도기적인 과정이었으며 궁극적으로 그는 교법에 대한 선법 우위의 확보를 위해 노력하였다. 지눌의 제교의 개장과 선교의 촬요, 법의 불변과 수연, 인의 돈오와 점수, 습정과 균혜, 선정과 지혜의 쌍수의 '중층적 인식 구조'의 확립은 '통합적 이해 체계'의 확보로 이어졌다. 그의 이러한 중층적 인식 구조는 유식학의 아뢰야식으로서 일심, 기신학의 여래장/적멸로서 일심, 화엄학의 진심으로서 일심, 선법학의 본법으로서 일심으로 자신의 중층적 인식 구조를 확립한 원효의 지형도를 계승한 것으로 볼 수 있다.

---

21) 高榮燮,「보조 지눌의 사상 형성에 영향을 미친 고승」,『보조사상』제42집, 보조사상연구원, 2013.

IV. 사상의 통합과 체계: 통합적 이해체계의 확보

1. 대안 모색: 결사의 주도

지눌은 고려 중기 불교 교단의 대립의 원인을 선학자의 병인 '헛된 참선'[癡禪]과 교학자의 병인 '마른 지혜'[狂慧]로 규정하고 선교 일치의 논리를 『화엄경』 「여래출현품」에서 찾아내었다. 그래서 그는 선법과 교법이 서로 돕고[禪敎相資], 선정과 지혜를 함께 닦음[定慧雙修]의 필요성을 절감하고 과감하게 「권수정혜결사문」을 반포하였다. 이러한 일련의 과정은 그의 화두였던 '자기 마음이 곧 부처의 마음'[自心是佛心]이며 '자기 성품이 곧 진리의 성품'[自性是法性]임을 확인하려는 결단에서였다.[22] 진심의 몸체와 몸짓인 자성과 자심은 그의 진심을 떠받치는 두 축이었으며 이 두 기호는 지눌이 철학자로서 그 시대를 껴안고 역사로 나아가면서 발견한 것이었다.

내 들으니 "땅으로 인하여 넘어진 사람은 땅으로 인하여 일어난다"고 하였다. 그러므로 땅을 떠나 일어나려는 것은 될 수 없는 일이다. (……)

지눌이 젊어서부터 조사의 경역에 몸을 던져 선방을 두루 돌아다니면서 부처님과 조사님네가 중생을 위해 자비를 내리신 법문을 자세히 살펴보았으나, 결국은 우리들로 하여금 모든 반연을 쉬고 마음을 비워 가만히 합하고 밖에서 찾지 말게 한 것이었으니, 경전에서 말씀하신 바 "부처의 경지를 알려하거든 그 뜻을 허공처럼 맑게 하라"는 말들과 같은 것이었다. (……)

그러나 우리들의 소행을 아침 저녁으로 돌이켜 보면 어떠한가? 불법에 핑계하여 '나'다 '남'이다를 구별하여 재물과 자양(利養)의 길에서 허덕이고 풍진의 가운데에 골몰하여 도덕은 닦지 않고 의식만 허비하니, 비록 출가하였다 하나 무슨 덕이 있겠는가? (……)

---

22) 高榮燮, 「지눌의 眞心學」, 『한국불학사: 고려시대편』(서울: 연기사, 2005), p.228.

나는 오래 전부터 이런 일을 한심스럽게 여겼었다. 마침 임인(1182년) 정월에 서울(개경) 보제사의 담선법회에 참석하였다가, 하루는 동학(同學) 10여 인과 약속하였다. "이 법회가 끝나거든 우리는 명예와 이익을 버리고 산속에 들어가 함께 단체(同社)를 만들어, 항상 선정을 익히고 아울러 지혜를 닦기에 힘쓰며, 예불하고 경 읽기와 나아가서는 노동으로 운력하는 데까지 각각 제가 맡은 일을 해 나가서, 인연을 따라 심성을 수양하여 한평생을 구속 없이 지내어 이치에 밝아 얽매이지 않는 사람(達士)과 진리를 깨달은 아라한과 같은 사람(眞人)의 높은 수행을 따르면 어찌 기쁘지(快) 않겠는가?[23]

수행자로서 지눌은 한평생을 구속 없이 지냈다. 그는 이치에 밝아 얽매이지 않는 달사와 진리를 깨달은 아라한과 같은 진인의 높은 수행을 따르고자 했다. 이와 달리 철학자로서 지눌은 그 시대의 현장과 그 역사의 한복판을 떠나지 않으려 했다. 이 과정에서 사상이 형성되고 구조가 확립되었으며 점차 사상이 통합되고 체계가 확보되었다.

대정 22년 임인(1182)에 승선에 합격하고 얼마 안 되어 남방에 노닐다 창평 청원사에 이르러 거기서 머물렀다. 하루는 우연히 학료에서 『육조단경』을 펼쳐보다가 "진여의 본래 성품이 생각을 일으키므로 비록 육근이 보고 듣고 느끼고 알더라도, 진여의 성품은 아무것도 물들지 않고 항상 자재하다"라는 대목에 이르러, 이에 놀라고 기뻐하며, 일찍이 겪지 못했던 것을 체험하였다. 그리하여 곧 일어나 불전(佛殿)을 돌고 외고 생각하면서 스스로 그 뜻을 얻었다.[24]

지눌은 『육조단경』을 통해 "진여의 성품은 아무 것도 물들지 않고 항상

---

23) 知訥, 『勸修定慧結社文』(『韓佛全』 제4책, p.698상중).

24) 金君綏, 「松廣寺普照國師甘露塔碑」, 조선총독부편, 『朝鮮金石總覽』(서울: 아세아문화사, 1976), pp.949~953); 徐居正의 『東文選』에는 「昇平府 曹溪山 松廣寺 佛日普照國師 碑銘竝書」라는 題額으로 실려 있다.

자재하다"는 사실을 자각하였다. 이것이 그의 첫 번째 전환의 계기였다.

대정 25년 을사(1185)에 하가산에 노닐 때, 보문사(普門寺)에 몸을 붙여 대장경을 읽다가 이통현 장자의 『신화엄론』을 얻어 더욱 신심을 내었다. 더듬고 파헤쳐 그윽한 뜻을 찾고, 씹고 또 씹어 정(精)을 맛들이매, 이전의 앎이 갈수록 밝아졌다. 그리하여 원돈의 관문(觀門)에 마음을 잠그고, 또 미혹한 말세 학인들을 지도하기 위하여 못[釘]을 버리고 말뚝[橛]을 빼어 주려고 하였다.[25]

지눌은 『신화엄론』을 통해 이전의 앎이 더욱 밝아져 "원돈의 마음을 잠그고 미혹한 말세 학인들을 지도하기 위해 못을 버리고 말뚝을 빼어주려"고 하였다. 이것이 그의 두 번째 전환의 계기였다.

내가 보문사에 온 지 이미 10여 년이 되었지만 뜻을 얻어 부지런히 닦아 헛되이 때를 보낸 일이 없었다. 그러나 정견(情見)을 아직 버리지 못하여 어떤 물건이 가슴에 걸리어 마치 원수와 함께 있는 것 같았다. 지리산에 있을 때에 『대혜보각선사어록』을 얻었는데, 거기에 "선은 고요한 곳에도 있지 않고, 또 시끄러운 곳에도 있지 않으며, 날마다 반연에 응하는 곳에도 있지 않고, 사량하고 분별하는 곳에도 있지 않다. 그러나 비록 이와 같지만 먼저 고요한 곳이나 시끄러운 곳이나 날마다 반연에 응하는 곳이나 생각하고 분별하는 곳을 버리고 참구하지도 말아야 한다. 홀연히 눈이 열리면 바야흐로 이 모두가 집안일임을 알 것이다."라고 하였다 나는 거기서 가만히 그 뜻을 깨치게 되어, 저절로 물건이 가슴에 걸리지 않고 원수도 한 자리에 있지 않아 당장에 편하고 즐거워졌다. 이로 말미암아 지혜에 대한 이해가 더욱 높아 대중의 숭앙을 받았다.[26]

---

25) 金君綏, 위의 글, 위의 책.
26) 金君綏, 앞의 글, 앞의 책; 大慧 宗杲, 『大慧普覺國師語錄』(『대정장』 제47책, pp.893 하~894상). 대혜의 어록 앞구절에서는 "不在思量分別處와 不在日用應然處"의 순서로 기술되어 있다.

지눌은 『대혜어록』을 통해 홀연히 눈이 열려 그것이 집안일[家裏事]임을 알았다. 이것이 그의 세 번째 전환의 계기였다. 1차 전기와 2차 전기를 경험했지만 여전히 "정견을 아직 버리지 못하여 어떤 물건이 가슴에 걸리어 마치 원수와 함께 있는 것" 같았다. 결국 지눌은 지리산 영원사의 상무주암에서 깨달음을 얻고 난 뒤(1200)부터 이전까지의 은둔적 생활에서 벗어나 길상사(송광사)로 거처를 옮겨왔다. 그는 이곳에다 수선사를 결사하여 11년 동안 본격적인 정혜결사를 주도하면서 대중들을 이끌고 도를 설하며 선을 닦으면서 많은 사람들을 만났다.

이후 지눌은 율장에 의거하여 도를 말하고[談道], 선을 닦으며[修禪], 안거(安居)와 두타(頭陀) 등을 지도하였다. 사방의 사문과 신도들이 그의 고매한 명성을 듣고 찾아왔다. 그리하여 지눌은 자연스럽게 새로운 대안을 모색할 수 있었고 그 결과 사상의 통합을 성취의 산물로 도출해 낼 수 있었다.

2. 성취 산물: 사상의 통합

지눌이 만년에 지은 『원돈성불론』과 『간화결의론』은 그의 입적 5년 뒤인 1215년에 그의 제자인 혜심에 의해 발견되어 간행되었다. 혜심이 적은 발(원)문에서 보이는 것처럼 지눌은 당시 불교계의 혼탁한 모습을 개선하기 위해 고뇌하면서 이 저술들을 지었다.[27]

슬프다. 근고 이래에 불법의 쇠퇴와 피폐가 심하다. 더러는 선(禪)을 종지 삼아 교(敎)를 배척하기도 하고, 더러는 교를 숭상하여 선을 비방하기도 한다. 선은 곧 부처의 마음(佛心)이요, 교는 곧 부처의 말씀(佛語)이며, 교는 선의 그물(綱)이고, 선은 교의 벼리(綱)임을 특히 알지 못한다. 마침내 이에 선과 교 두 집안은 길이 원수의 견해를 지어서 법(法)과 의(義) 두 체계를 도리어

---

27) 高榮燮, 앞의 글, 앞의 책, p.317.

모순의 주장으로 만들어 끝내 다툼이 없는 문[無諍門]에 들어가 하나의 참된 길[一實道]을 밟지를 못하였다. 그러므로 선사는 이 점을 애석하게 여겨 곧 『원돈성불론』과 『간화결의론』을 저술하였다.[28]

지눌은 당시 고려 중기 불교계 현실을 '불법의 쇠퇴'와 '피폐의 심각'으로 규정하였다. 그 이유는 선종의 교종에 대한 비방과 교종의 선종에 대한 배척 때문이었다. 그 결과 선과 교 두 집안은 원수의 견해를 지어 법(法)과 의(義) 두 체계를 도리어 모순의 주장으로 만들어 버렸다. 결국 선사는 '다툼이 없는 문'[無諍門]에 들어가 '하나의 참된 길'[一實道]을 밟게 하기 위해 이 두 저술을 지었음을 제자 혜심은 밝히고 있다.

지눌의 가장 만년작으로 평가받는 『법집별행록절요병입사기』는 규봉 종밀이 편집한 『법집별행록』을 절요하고 사기를 덧붙인 저술이다. 이 저술은 지눌 당시에 간행되지 못했으며 그의 제자인 진각 혜심에 의해 간행되어 일부에서는 진각 혜심의 저술이라고 간주하고 있다. 하지만 저술의 후기에서 진각이 분명히 밝히고 있는 것처럼 지눌의 저술로 보아야 할 것이다. 지눌은 종래에 자신이 수립한 수행 체계를 이 저술에서 종합하고 있다는 점에서 이 저술은 그의 만년의 대표작으로 평가할 만하다. 아래의 서문에는 지눌의 집필 의도가 잘 드러나 있다.

목우자는 말한다. 하택 신회(荷澤神會)는 지해종사(知解宗師)로 조계의 적자(嫡子)가 되지 못하였다. 그러나 깨닫고 이해한 바가 높고 밝아서 수행을 결택하고 이치를 분별하는 일이 분명하였으므로 규봉 종밀이 그 뜻을 이어받들었기 때문에, 그의 『별행록』에서도 그것을 부연하고 밝혀 환히 보게 하였던 것이다. 그래서 지금 교(敎)에 의해 마음을 깨달으려는 사람을 위해 번거로운 말을 버리고 가르침의 요점만을 가려 뽑아서 관행(觀行)의 귀감으로 삼고자 한다.

---

28) 慧諶, 「圓頓成佛論 看話決疑論 跋文」, 『普照全書』(서울: 보조사상연구원, 1989, pp.426~427.

내가 보기에 요즘의 수심(修心)하는 사람들은 문자(文字)의 취지가 돌아가는 곳에 의지하지 않고 바로 비밀한 뜻을 전한 것만을 도(道)라 하면서, 혼침 속에 앉아 졸기도 하고 정신이 산란하여 어지럽기도 한다. 그러므로 오직 여실(如實)한 가르침에 의지하여 수행의 근본과 지말을 분별하고 결정하여 그것으로서 자기의 마음을 비춰보면 항상 관조(觀照)하는 공부에 있어서 그 노력이 그릇되지 않을 것이다. (……)

또 『별행록』에서 신수(神秀) 등의 여러 종을 앞에 둔 것은 그 종들의 득실을 밝게 분별하여 얕은 데서 깊은 데로 들어가게 하려 함이요, 지금 이 (여러 종파의 심천을 다루는) 초(鈔)에서 하택종(荷澤宗)을 먼저 둔 것은 관행(觀行)하는 사람으로 하여금 먼저 자신의 마음이 미혹하거나 깨닫거나 영지(靈知)가 어둡지 않아 본 성품이 변하는 일이 없음을 깨달은 뒤에 모든 종파(諸宗)를 두루 살펴보면(融會), 그 근본의 뜻이 다 사람들을 위한 선교방편에 있음을 알게 하고자 함이다. (……)

또 관행하는 사람이 텅 비고 신령하다는 생각을 버리지 못하고 의리에 걸릴까 걱정하기 때문에 맨 끝에 본분종사(本分宗師)의 경절문(徑截門) 언구(言句)를 끌어와 지견(知見)의 병을 씻어 버리고 몸을 빼어내어 살 길(出身活路)이 있음을 알게 하였다.[29]

지눌은 규봉 종밀의 『법집별행록절요』를 편집하고 사기를 덧붙이면서 대략 세 가지 맥락을 중심으로 자신의 취지를 밝히고 있다.

1) 하택 신회의 안목에 의지하여 규봉 종밀이 그 뜻을 이어 받들은 『별행록』에 근거하여 모든 종파를 회통(會通)하고자 하였다. 그는 하택이 깨닫고 이해한 바가 높고 밝아서 수행을 결택하고 이치를 분별하는 일이 분명하다고 평가하면서 후학들은 오직 여실한 가르침에 의지하여 수행의 근본과 지말을 분명히 결택하여 자기의 마음을 비춰보아 항상 관조하는 그 노력이

---

29) 知訥, 『法集別行錄節要并入私記』(『한불전』 제4책, p.741상).

그릇됨이 없게 해야 한다고 하였다.

2) 북종과 하택종을 아울러 선교의 일치를 표방하였다. 북종 등의 여러 종파를 앞에 둔 것은 여러 종파들의 득실을 밝게 분별하여 얕은 데서 깊은 데로 들어가게 하려 함이고, 하택종을 처음에 둔 것은 관행하는 사람으로 하여금 먼저 자기 마음에 미혹하거나 깨닫거나 신령스런 지혜가 어둡지 않아 그 본 성품은 변하는 일이 없음을 깨달은 뒤에는 그 근본 뜻이 다 사람을 위한 문으로서 참으로 묘한 방편임을 알게 하려 함임을 밝히고 있다.

3) 본분종사의 경절문 언구를 끌어와 간화경절문을 제시하였다. 지눌은 관행하는 사람이 텅 비고 신령하다는 생각을 버리지 못하고 의리에 걸릴까 걱정하기 때문에 지견(知見)의 병을 씻어 버리고 몸을 빼어내어 살 길(出身活路)이 있음을 알게 함임을 밝히고 있다.

이 책의 서문 내용은 제교융회, 선교일치, 간화경절문으로 정리되는데, 그 특징은 종합과 회통성이라고 규정할 수 있을 것이다. 그리고 이러한 제종융회, 선교일치, 간화경절문이라는 이 세 가지 편집방향은 그대로 『절요사기』의 내용에 반영되어 있다.[30] 이러한 지눌 선사상의 특징은 '제교의 융회'와 '선교일치'라는 물리적 종합(비빔)과 본분종사의 경절문 어구를 끌어온 '간화경절문'이라는 화학적 삼투(달임)의 과정으로 이루어져 있다.

지눌은 고려 중기 불교 교단의 과제였던 선교의 일치라는 화두를 들고 철학적 체계를 확립하고 사상적 기반을 마련하고자 했다. 이것은 지눌 스스로가 냉철한 시대정신과 투철한 역사인식을 지니고 있었기에 해볼 만한 것이었다. 먼저 그는 선교일치 혹은 선교일원이라는 결사 당시의 사상적 과도기를 넘어서서 최종적 단계에 선 수행 중심의 선법 우위 기반을 확립하고자 했다. 그리하여 지눌은 당시 불교 교단의 갈등을 극복하기 위해 결사의 주도를 통해 대안을 모색하였고, 사상의 통합을 통해 성취의 산물을 도출하였

---

30) 김형록(인경), 「知訥 禪思想의 體系와 構造」, 『보조사상』 제10집, 보조사상연구원, 1999, p.185.

다. 이러한 성취의 산물은 그의 만년의 사상을 집대성한 저작으로 평가받는 이『법집별행록절요병입사기』의 성적등지문, 원돈신해문, 간화경절문의 삼문의 구조와 체계를 통해 엿볼 수 있다.

지눌은 화엄종의 집성자인 법장(法藏, 643~712) 이래 돈교에 배대한 선법과 원교에 배대한 화엄의 5교판을 비판하고 선에도 원교적 특징이 있다고 보았다. 또 그는 간화선은 의리선적 경향과 참의(參議)의 성격을 지닌 화엄의 관행을 뛰어넘는다는 점을 입증해 내었다. 그 결과 신라 통일기 이후 고려 초중기의 교단을 주도했던 화엄종을 왕실에서 밀어내고 선종이 사상계를 주도하는 결과를 이끌어 내었다. 이후 고려 사상계는 종래의 '주교종선'(主敎從禪) 즉 교학을 주로 하고 선을 종으로 하는 지형에서 '주선종교'(主禪從敎) 즉 선법을 주로 하고 교법을 종으로 하는 지형으로 전환되어 갔다.

고려시대의 철학 내지 불교철학은 교종이 주도하던 이전 시대와 선종이 주도하던 이후 시대의 전환기를 맞이하였다. 이러한 전환은 당시의 정치적인 배경이 커다란 계기를 마련해 주었다. 고려 의종 24년(1170) 이래 원종 11년(1270)까지 선종은 이의방-정중부-경대승-이의민(제1기) 이후 최충헌-최우(이)-최항-최의(제2기) 그리고 김준-임연-임유무(제3기)의 무신 집권 시대에 약진하였다. 이러한 시기에 지눌은 선교일원 혹은 선교일치를 거쳐 성적등지문, 원돈신해문, 간화경절문의 삼문을 집대성하여 선법 우위의 사상적 기반을 확립하였다. 그리하여 지눌이 구조화시키고 체계화시켜낸 국학과 경학으로서 철학 내지 불교철학, 나아가 한국철학 내지 한국불교철학은 기존 사상의 물리적 종합(비빔/이론)에 머물지 않고 화학적 삼투(달임/실천)로 나아가 체화시켜 낼 수 있었다.

지눌이 교를 배우는 사람들로 하여금 격외의 한 가지 문(格外一門)으로서 간화경절문이 있음을 알게 하여 바른 믿음을 낼 수 있게 한 것도 이러한 맥락에서였다. 여기서 '격외'는 '교격 외'(敎格外)를 의미하며 '일문'은 '교격

외 선문'(敎格外禪門)을 가리키는 것으로 보아야 할 것이다. 지눌이 입론한 간화경절문은 교격 외 일문이기는 했지만 그는 종래의 교격이었던 성적등지문과 원돈신해문을 버리지 않았다. 그는 결사 당시의 선교일원 또는 선교일치의 화두를 껴안으면서 다시 교법에 대한 선법의 우위의 화두를 놓지 않았다. 지눌은 이 과정에서 '중층적 인식 구조'의 확립과 '통합적 이해 체계'를 확보하여 철학자이자 사상가로서의 기반을 수립하였다. 그리하여 그는 유수한 철학자와 사상가로서 그 시대의 정신과 역사의 인식을 주체화하고 자기화할 수 있었다.

V. 한국학에서 지눌 사상의 특징

국학이 모든 학문의 제왕이듯이 한국학은 국학의 객관화와 타자화의 표현이다. 이 때문에 이 땅에서 이루어지는 학문은 궁극적으로 국학 즉 한국학의 내용물이 된다. 국학이 한 나라의 고유한 철학 역사 언어 풍속 신앙 등을 연구하는 학문에 대한 향내(向內)적 또는 자내(自內)적 표현이라면, 한국학은 국학을 세계화 또는 대상화한 향외(向外)적 혹은 자외(自外)적 표현이다. 오랫동안 이 땅에서 국학이자 경학으로 자리매김해 왔던 불학의 탈영토화를 극복하고 재영토화 하기 위해서는 그동안 탈국학화 되고 탈경학화 된 불학을 국학으로 재영토화 하고 경학으로 재영토화 해야 한다.

그러기 위해서는 불학 내지 불교학의 지형을 인문학 불교학으로서 그려내고 국학 내지 한국학의 방법을 한국철학 한국불교철학으로서 해석해야만 한다. 즉 지눌의 불학이 국학이 되고 경학이 되기 위해서는 그의 철학 내지 불교철학을 한국철학 내지 한국불교철학으로서 자리매김 하는 노력이 요청된다. 그리하여 지눌의 철학 내지 불교철학이 국학 내지 한국학이라는 앵글 속에서 해석된다면 지눌의 철학 내지 불교철학이 한국학의 렌즈 속에서 비춰지고 논의할 수 있게 될 것이다. 또 국학이 한국학이 되는 과정처럼 국학의 객관화와 타자화 방안이 동시에 요청된다. 자내적인 국학이나 향외적인 한국학이 연구의 탄력성을 회복하기 위해서는 이러한 객관화와 타자화의 노력이 전제되어야 하기 때문이다. 그리하여 불교의 틀과 유교의 곽을 벗어나서 자유롭게 논의하게 된다면 국학 내지 한국학의 범주 속에서 불교와 유교를 담론할 수 있게 될 것이다.

지눌이 자신의 사상을 통합하기 위해 제시한 방법은 물리적 종합(비빔/이론)과 화학적 삼투(달임/실천)의 통섭이라고 할 수 있다. 김군수가 지은 『보조국사비명』에 실린 것처럼 그는 성적등지문과 원돈신해문 그리고 간화경절문을 시설한 뒤에 여기에 의거한 수행을 역설하였다. 지눌이 입론한 삼문은 돈오돈수보다는 돈오점수와 긴밀한 관계 속에 있다. 그가 수립한 원돈신해문은 돈오문에 짝지어지고, 성적등지문과 (간화)경절문은 점수문에 짝지어진다. 물론 지눌의 철학 내지 지눌의 불교철학을 전기의 돈오점수와 후기의 경절문으로 구분하여 이 둘을 다른 체계로 볼 수도 있을 것이다. 하지만 지눌이 지향한 돈오점수에서 점수의 구체적인 행법은 선정과 지혜를 닦는 정혜쌍수라고 할 수 있다.[31]

> 질문: 그대의 비판에 의하면, 깨친 뒤에 닦는 문 가운데 선정과 지혜를
>   고루 가진다[等持]는 뜻에는 두 가지가 있다. 첫째는 자기 본성의
>   선정과 지혜[自性定慧]요, 둘째는 형상을 따르는 선정과 지혜[隨相
>   定慧]이다 … (중략) …
> 대답: 내 해석은 분명한데, 만일 그 두 문에 나아가 각각 수행한 바를 판
>   단한다면, 자성(문)정혜를 닦는 이는 단박 깨치는 문에서 공용이 없
>   는 공용을 사용하며, 두 가지의 고요함을 함께 운용하여, 스스로 자

---

31) 高榮燮, 앞의 글, 앞의 책, p.325.

성을 닦아 스스로 불도를 이루는 사람이다. 수상(문)정혜를 닦는 이
는 깨치기 전의 점차적인 문에서 하등 근기가 다스리는 공용으로써
마음과 마음에 의혹을 끊고 고요함을 취해 수행하는 사람이다.[32]

지눌은 근기가 수승한 이들은 돈오한 뒤에 겪게 되는 점수의 과정에 들어
가더라도 '단박 깨치는 문에서 공용이 없는 공용을 사용하고', '두 가지의
고요함을 함께 운용하며', '스스로 자성을 닦아 스스로 불도를 이루는' 자성
문 정혜의 과정을 통해 해탈의 길로 들어가게 된다고 하였다. 반면 근기가
열등한 이들은 '깨치기 전의 점차적인 문에서 하등 근기를 다스리는 공용을
사용함으로써', '마음과 마음에 의혹을 끊고 고요함을 취해' 수상문 정혜의
과정을 통해 수행하게 된다[33]고 하였다.

점종(漸宗)의 관심문(觀心門)에서는 먼저 고요고요함(寂寂)으로써 반연하는
생각(緣慮)을 다스리고 이어 또렷또렷함(惺惺)으로써 혼미한 정신(昏住)을 다스
리는 것이다. 거기에 비록 선후가 있기는 하나 또한 반드시 또렷또렷함(惺)
과 고요고요함(寂)을 고루(等) 가져야(持) 하고, 비록 고루 가진다 하지만 다만
고요함(靜)을 취해서 행동함(行)을 삼을 뿐이다.[34]

이미 지눌은 『대혜어록』을 접하기 전에 조사선 수행법으로 두 차례의 깨
달음을 체험하였다. 이것은 불법에 들어가는 두 개의 수행문을 열었다는
것을 의미한다. 그가 연 두 개의 수행문은 돈오와 점수를 통한 순차적인
수행을 가리킨다. 이것은 지눌이 의거했던 종밀(780~841)의 교선일치 선관
과 상통하는 것이었다. 이어서 지눌은 다시 영명 연수(904~975)의 『종경록』
과의 만남을 통해 선정 이외에 불법에 들어가는 무심합도문을 새롭게 개설
하였다.[35]

---

32) 知訥, 『修心訣』, 『普照全書』(서울: 보조사상연구원, 1989), pp.40~41.
33) 高榮燮, 앞의 글, 앞의 책, p.326.
34) 知訥, 『法集別行錄節要幷入私記』(『한불전』 제4책, p.748상); 『普照全書』 p.121.
35) 高榮燮, 앞의 글, 앞의 책, p.327.

무심합도문은 선정과 지혜를 닦는 것 이외에 시설된 격외의 일문이다. 이 문은 선정과 지혜를 밝히고 뒤에 무심을 나타낸 것이다. 이것은 선정이나 지혜의 구속을 받지 않는 문이다.

선문에 또 선정과 지혜를 닦는 것 이외에 무심합도문(無心合道門)이 있다. 여기에 간략히 기록하여 교를 배우는 사람들로 하여금 격외의 한 가지 문(格外一門)이 있음을 알게 하여 바른 믿음을 낼 수 있게 하고자 한다. …… 먼저 선정과 지혜를 밝히고 뒤에 무심(無心)을 나타낸 것이다. 선정은 자기 마음의 본체요, 지혜는 자기 마음의 작용이다. 선정은 곧 지혜이므로 본체가 작용을 떠나지 않고, 지혜는 곧 선정이므로 작용이 본체를 떠나지 않는다. …… 지금 또 조사의 가르침에 의거해 볼 때 다시 한 문이 있어 가장 중요하게 살펴야 하니 이를테면 무심(無心)이라고 한다. 왜 그런가 하면 마음이 있은 즉 마음이 편안하지 못하고, 마음이 없는, 즉 저절로 즐겁기 때문이다. …… 조사나 종사로서 무심합도(無心合道)한 자는 선정이나 지혜의 구속을 받지 않게 되는 것이다. 왜 그런가 하면 선정을 배우는 자는 이치에 맞게 산란한 마음을 거두어 잡는[稱理攝心] 까닭에 인연을 잊는 힘[忘緣之力]이 있기 때문이며, 지혜를 배우는 자는 법을 가리어 공(空)을 보는[擇法觀空] 까닭에 방자함을 쫓아버릴 공력[遺蕩之功]이 있기 때문이다. …… 이 무심합도(無心合道)도 또한 경절문(徑截門)으로 들어갈 수 있는 것이다. 그 간화(看話)나 하어(下語)의 방편은 오묘하고 비밀한 것이라 자세히 말할 수 없으니, 다만 지음(知音)을 만나기가 드물 뿐이다.[36]

지눌은 두 차례의 전기를 경험 한 뒤에 자신이 겪고 있는 수행자로서의 고뇌를 해소시킬 활로를 모색하고 있었다. 그는 돈오를 체험한 이후에 정혜를 닦지 않아도 곧바로 증득할 수 있는 경절문을 보고 눈이 번쩍 띄었다. 오랫동안 『육조단경』과 『신화엄론』을 보면서 참구했던 그였지만 "아직 정

---

36) 永明 延壽, 『宗鏡錄』 권45(『대정장』 제48책, p.679중); 知訥, 『法集別行錄節要并入私記』 (『한불전』 제4책, p.748중하); 知訥. 『普照全書』(서울: 보조사상연구원, 1989), pp.122~123.

견(情見)을 버리지 못하여 어떤 물건이 가슴에 걸리어 마치 원수와 함께 있는 것 같았다" 그런데 이 무심합도문은 일찍이 영명 연수에 의해 제시된 적이 있었다. 대혜 또한 이를 원용하여 무심합도문을 새롭게 정비하였다. 지눌 역시 영명의 무심합도문과 대혜의 무심합도문을 모두 수용하였다.[37]

지눌은 이 무심합도문에는 선정을 배우는 자에게는 이치에 맞게 산란한 마음을 거두어 잡는 까닭에 인연을 잊는 힘이 있으며, 지혜를 배우는 자에게는 법을 가리어 공(空)을 보는 까닭에 방자함을 쫓아버릴 공력이 있다고 보았다. 그리하여 그는 조사나 종사로서 무심합도한 자는 선정이나 지혜의 구속을 받지 않게 되었다[38]고 하였다. 이어서 지눌은 그의 가장 만년작으로 추정되는 『간화결의론』이 마지막 부분에서 화두의 참구(參句)와 참의(參意)의 이치를 구명하면서 수행자를 경책하고 있다.[39]

선종에서 근원과 갈래를 구별하는 이들은, 법이 다르고 문이 다르며 근기도 다르다 한다. 그러나 그 이치는 그렇지 않다. 즉 다만 속박된 자리[縛地]의 범부 지위에서 바로 꺾어 증득해 들어가는 데에는 문이 다르고 근기가 다르겠지만, 어찌 큰 보살로서 몸소 한 마음의 법계를 증득하더라도 그것들이 다르다 하겠는가? (……) 화두에도 참의(參意)와 참구(參句)의 두 가지 이치가 있으니, 요즈음의 의심을 깨뜨렸다는 이는 대개 참의하는 사람으로서, 아직 참구하지 못했기 때문에 원돈문(圓頓門)의 바른 지혜를 밝힌 이와 같다. 그런 사람으로서 관행에 마음을 쓰는 이에게도, 보고 듣거나 알고 행하는 공이 있지마는, 다만 요즈음의 문자(文字)법사들이 관행문(觀行門)에서, 안으로는 마음이 있다고 헤아리고 밖으로는 온갖 이치를 구하되, 구하는 이치가 더욱 미세하여 갈수록 바깥 모양만 취하는 병하고는 다를 뿐이다. 그런데 어찌 참구문(參句門)에서 의심을 깨뜨리고 한 마음을 몸소 증득하여 반야를

---

37) 高榮燮, 앞의 글, 앞의 책, p.328.
38) 高榮燮, 앞의 글, 앞의 책, p.328.
39) 高榮燮, 앞의 글, 앞의 책, p.328.

발휘한 뒤에, 넓고 크게 그 법을 유통시키는 이와 같다고 하겠는가? 이런 증득한 지혜가 앞에 나타나는 이를, 요즈음은 보기도 드물고 듣기도 드물다. 그러므로 요즈음에는 다만 화두의 참의문(參意門)에 의하여 바른 지견을 밝히는 것을 귀히 여길 뿐이다. 그런 사람이 본 바와 같은 교문에 의해 관행하여 알음알이를 떠나지 못한 이에게 견주면, 하늘과 땅의 차이가 있다. 그러므로 삼가 바라노니, 관행으로 세상에서 뛰어나려 하는 이는 선문의 활로를 참구하여 빨리 보리를 증득하면 매우 다행한 일이라 하겠다.[40]

지눌은 원돈문과 관행문의 구분 아래 화두의 참구문과 참의문의 두 가지 이치에 대해 풀이하고 있다. 그는 "의심을 깨뜨렸다는 이는 대개 참의(參意)하는 사람으로서, 아직 참구(參句)하지 못했기 때문에 원돈문의 바른 지혜를 밝힌 이와 같다."라고 지적한다. 이어 그는 "요즈음의 문자(文字)법사들이 관행문에서, 안으로는 마음이 있다고 헤아리고 밖으로는 온갖 이치를 구하되, 구하는 이치가 더욱 미세하여 갈수록 바깥 모양만 취하는 병과는 다를 뿐이다"[41]라고 지적한다. 화엄과 선법의 대비 속에서 서로 갈등을 해소해 나가고 있다.

지눌은 말 자체에 집착하는 "참구문에서 의심을 깨뜨리고 한 마음을 몸소 증득하여 반야를 발휘한 뒤에, 넓고 크게 그 법을 유통시키는 이"와 "이런 증득한 지혜가 앞에 나타나는 이를, 요즈음은 보기도 드물고 듣기도 드물다"라고 하였다. 그는 "요즈음에는 다만 화두의 참의문에 의하여 바른 지견을 밝히는 것을 귀히 여길 뿐"이라고 안타까워한다. 그리하여 그는 참의와 참구가 모두 필요하건만 참의나 참구 어느 하나 만에 국집하여 나머지 하나를 소홀히 하는 세태를 경책하고 있다. 지눌의 수행법은 조사선풍을 계승한 임제선법과 다르지 않았다. 동시에 그는 임제선법을 재정비한 대혜의 간화선법도 주체적으로 수용하였다.[42] 그리하여 지눌은 중층적 인식 구

40) 知訥, 『看話決疑論』, 『普照全書』(서울: 보조사상연구원, 1989), p.102.
41) 知訥, 위의 글, 위의 책, p.102.
42) 高榮燮, 앞의 글, 앞의 책, p.330.

조 확립과 통합적 이해 체계를 확보할 수 있었다.

이처럼 지눌은 자신의 안목 속에서 조사선과 간화선을 수용하였다. 그리고 이것을 우리는 보조선 혹은 지눌선이라고 부르고 있으며 이러한 독자성을 근거로 지눌 사상을 국학 혹은 한국학으로 자리매김할 수 있는 것이다. 이것은 분황 원효(芬皇元曉, 617~686)의 유식학의 아뢰야식으로서 일심, 기신학의 여래장/적멸로서 일심, 화엄학의 진심으로서 일심, 선법학의 본법으로서 일심의 중층적 인식구조와 통합적 이해체계를 원용한 것이라고 할 수 있다.

따라서 지눌은 원효 일심 해석의 폭이 넓은 지형과 속이 깊은 방법의 수립 이래 전개된 한국사상가들의 '중층적 인식 구조'의 확립과 '통합적 이해체계' 확보라는 문제의식을 계승 발전시킨 것이라고 할 수 있다.

VI. 결 어
: 다툼이 없는 문[無諍門]에 들어가 하나의 참된 길[一實道]을 밟자

고려 중기를 살았던 지눌이 국학자이자 경학자로서 모색한 것은 선교의 대립이라는 현실 문제에서 선교의 일치라는 과제를 설정하여 '다툼이 없는 문[無諍門]에 들어가 하나의 참된 길[一實道]을 밟자'는 것이었다. 그는 선종과 교종이 대립하는 현실에서 첨예한 시대정신과 투철한 역사인식 위에서 다툼이 없는 '무쟁문'과 하나의 참된 길인 '일실도'의 과제를 제시하였다. 그리하여 그는 그가 추구한 진심 즉 무심의 지형 속에서 불도의 추구와 현실의 수용이 균형 있게 실현될 수 있다고 보았다.

지눌은 당시의 현실 문제를 선교의 대립으로 보고 선교의 일치라는 과제를 설정하여 결사를 주도하면서 대안을 모색하여 사상의 통합이라는 성취의 산물을 도출하였다. 이 과정에서 진심 즉 무심, 선교일치, 정혜결사, 삼문수행, 돈오점수, 간화결택의 구조와 체계로 자신의 사상을 구축할 수 있었다. 그는 여기에서 한 걸음 더 나아가 자신의 사상 구축을 위해 당대의 하택 신회와 규봉 종밀의 사상을 자신의 비판적 관점에서 수용하였고, 또 송대의 영명 연수와 대혜 종고 사상을 주체적 안목에서 수용하였다. 그리하여 그는 고려 선학이 활력을 잃고 타성에 빠질 무렵에 그는 당송대 선학을 비판적 관점 위에서 적극 수용하여 철저하게 자기화할 수 있었다

지눌은 고려 중기에 정혜결사를 주도하면서 '주인공'으로서 "땅에서 넘어진 자 땅을 짚고 일어나라"라는 '마음의 토대' 혹은 '사유의 입각지'로서 주체성을 강조하였다. 그것은 진심을 구성하는 두 축인 '자심이 곧 불심'이고 '자성이 곧 법성'이라는 사실을 확인하려는 결단에서였다. 지눌에게 진심의 몸체와 몸짓인 자성과 자심은 그의 진심 즉 무심을 떠받치는 두 축이었으며 이 두 기호는 그가 철학자로서 그 시대를 껴안고 역사로 나아가면서 발견한 것이었다. 지눌의 이러한 노력은 '선 수행 중심의 선교 통합'의 결과로 이어졌고 이러한 방향성은 조선 중기 청허 휴정의 문도들에게로 계승되었다.

선을 기반으로 하면서 다시 선교를 겸수하는 지눌의 방식은 시대정신을 반영하면서도 역사현실을 수용하는 활로였다고 판단된다. 이러한 절묘한 활로의 개척을 통해 지눌 사상의 고유성이 확보되었고 독특성이 확립되었다. 그가 수립하고자 했던 선교일원 혹은 선교일치의 방향도 여기에 부합하는 것이었다. 지눌의 사상이 국학이 되고 한국학이 될 수 있는 근거는 선교일원 또는 선교일치라는 주제와 쟁점이 한국인들이 겪어온 역사의 현실 속에서 이루어진 문제의 설정과 대안 모색의 산물이라는 점이다. 이것은 분황 원효의 일심 해석의 폭이 넓은 지형과 속이 깊은 방법의 수립 이래 한국사상가들의 '중층적 인식 구조'의 확립과 '통합적 이해 체계'의 확보라는 문제의식을 계승 발전시킨 것이라고 할 수 있다.

한국 간화선의 정통성 문제
: 한국의 간화선은 보조선인가 임제선인가

I. 서 언

불교는 부처[佛體]가 되는 것을 본분사로 한다. 자신의 근본 마음자리를 확연히 깨쳐[見性] 부처가 되는 것[成佛]은 사람으로 태어난 우리가 할 수 있는 가장 큰 일이다. 부처가 되는 것은 우주의 근본이치인 중도를 확연히 깨쳐 '영원한 대자유인'이 되는 것을 뜻한다. 그렇다면 어떠한 행법으로 닦아야만 생사 윤회의 연쇄 고리에서 벗어나 '부처가 될' 수 있을까. 고타마 싯다르타(기원전 624~544)처럼 제8 아뢰야식의 근본무명까지 완전히 제거하고 구경의 묘각(妙覺)을 성취하는 견성(見性)은 현생에서 과연 가능한 것일까. 고타마 붓다는 우리에게 무시이래의 미세망념을 현생에서 돈단(頓斷)하여 구경 묘각의 성취가 가능함을 몸소 보여주었다.

불교사상사는 다양한 수행법을 제시해 왔다. 인도의 요가 명상법, 동아시아의 천태선, 화엄선, 염불선, 간화선, 묵조선 등의 수행법이 대표적이다. 그렇다면 이들 여러 수행법 중에서 어떤 행법이 견성 즉 성불로 가는 지름길일까. 보리 달마(菩提達磨, ?~529) 이래 오조 홍인(五祖弘忍)의 선법을 이은 대통 신수(大通神秀, 606~706)와 그의 문하인 숭산 보적(崇山普寂, 651~739)과 정주 석장(定州石藏)은 점차적인 닦음을 통해 깨달음에 이르는 북종선의 점수법을 창안하였다. 이와 달리 대감 혜능(大鑑慧能, 638~713)과 그의 문하 수행자들은 마음에 단도직입하여 깨치는[見性] 남종선의 돈오법을 창안하였다.

특히 남종 선학(禪學)의 돈오법은 교학(敎學)의 교판에 입각한 종학(宗學)에 상응하여[1] 다시 오가선(五家禪) 혹은 칠종선(七宗禪)으로 분기하였다. '강호'(江湖)에서 남악(회양)을 이은 강서(江西)성 마조 도일(馬祖道一, 709~788)계의 임제선, 위앙선 및 임제선 양기파와 황룡파의 선풍 그리고 청원(행사)을 이은 호남(湖南)성 석두 희천(石頭希遷, 700~790)계의 조동선, 운문선, 법안선 등의 뛰어난 용상들[諸賢]이 각축전을 펼쳤던 오가 칠종은 자파의 조사선 가풍을 최상승의 선법[2]이라고 주장하였다.

달마-혜가-승찬 이래 사조 도신(道信)의 문하에서 선법을 받아온 신라의 법랑(法朗)에 의해 북종선과 접목했던 한국의 선법은 7~8조에서 그 맥이 끊어진 북종 뿐만 아니라 육조 혜능(慧能)에 의해 남종선이 시작된 이래 남악(懷讓)-마조(道一)-서당(智藏) 이래 도의(道義)에 의해 남종선에 접목하였다. 그리하여 고려 이래 남종선의 임제종 양기(楊岐)파의 법맥을 이은 한국선은 선사상사의 지형도를 크게 변형시켰다. 하지만 조사선의 흐름을 계승해온 임제선과 남종선의 사굴산문 선법을 계승해온 보조선은 그 법통과 법맥이 다르지 않다. 고려 중기에 구산선문을 통합하고 선(禪) 중심의 선교(禪敎) 통합을 도모했던 보조 지눌(知訥, 1158~1210)의 선법과 당송대를 거치면서 고려 후기에 다시 전래된 임제선의 원천 역시 애초부터 다른 것이 아니었다. 송대 초기에 조사선의 가풍을 계승하여 공안화된 화두를 의심의 대상으로 삼아 뚫어야 할 관문으로 제시한 오조 법연(五祖 法演, 1024~1104)과 원오 극근(圜悟克勤, 1063~1135) 그리고 대혜 종고(大慧宗杲, 1089~1163)는 화두를 들고 수

---

1) 법화계 天台 智顗의 5시 8교판, 화엄계 賢首 法藏의 5교 10종판, 유식계 慈恩 窺基의 3시 교판이 대표적이다.
2) 圭峰 宗密, 『中華傳心地禪門師資承襲圖』(『卍續藏經』제110책). 여기서 종밀은 교학과 선법의 내용을 대비하여 교를 ① 密意依性說相敎 ② 密意破相顯性敎 ③ 顯示眞心卽性敎의 3敎로, 선을 ① 息妄修心宗 ② 泯絶無寄宗 ③ 直顯眞性宗의 3禪으로 구분하였다. 그는 이러한 구분을 통하여 교와 선의 일치를 주장하였다. 이러한 관점에 입각하여 종밀은 『華嚴經』, 『圓覺經』, 『大乘起信論』 등은 각기 ③에 해당하는 하택종의 사상과 상응하는 것으로 파악하였다.

행을 하는 간화선법[3]을 제창하였다. 이들은 종래의 조사선의 '반조'(返照) 수행법을 간화선의 '간화'(看話) 수행법으로 정비하였다.

대혜는 당시의 문자선(文字禪)[4]과 무사선(無事禪)[5]과 묵조선(黙照禪)[6]을 비판하고 '선의 대중화'를 위해 일상선으로 돌아갈 것을 역설하였다. 때문에 간화선은 조사선의 본래정신을 강조한 것일 뿐 조사선의 정신과 이치와 다른 것이 아니다. 조사선법으로 수행해온 지눌 역시 간화선법과 주체적으로 접목하였다. 지눌은 대혜의 간화선법을 접목하면서도 종래의 조사선법을 완전히 버린 것은 아니었다. 오히려 조사선법의 외연을 넓히기 위해 간화선과 접목한 것으로 볼 수도 있다. 그리고 간화선풍은 그의 제자인 진각 혜심(慧諶)에 의해 본격화되었다. 이 때문에 고려 중기에 자생한 보조선(普照禪)과 고려 후기에 재전래한 임제선(臨濟禪)이 같은 것인가 다른 것인가가 늘 문제가 되어 왔다. 지눌은 "제교(諸敎)가 널리 펼치는[開張] 것이라면 선종(禪宗)은 추려 고르는[撮略] 것이다. 때문에 골라 추리는 것으로서, 법(法)에 의거해서는 불변(不變)과 수연(隨緣)의 두 가지 이치가 있고, 사람(人)에 의거해서는 돈오(頓悟)와 점수(漸修)의 두 가지 관문이 있다. 두 가지 이치가 나타나면 모든 경론의 귀착점을 알 수 있고, 두 가지 관문이 열리면 모든 성현의 자취를 볼 수 있다. 달마의 깊은 뜻도 여기 있는 것이다"[7]고 하였다. 이렇게

---

3) 看話는 '화두를 본다'[看話] 또는 '화두를 든다'[擧話]는 뜻이다. 대개 우리가 본채에 들어갈 때 안방으로 곧장 가는 것이 아니라 현관문을 통과해 가는 것처럼 화두는 본채에 들어가는 관문 즉 현관문과 같다. 반면 조사선은 현관을 통과하지 않고 곧장 안방으로 들어가는 것이라고 할 수 있다.

4) 당말 이후 송대 초기에 語錄이 편찬되면서 유행한 慧洪 覺範(1071~1128)의 文字禪은 불교의 대중화에 크게 기여하였지만 문자의 본래 쓰임새를 잘못 알아 文字에 치우친 선 이해로 흘러갔다.

5) 本來無事란 깨친 이의 任運自在한 경지이지 범부가 단지 그 흉내만 내는 것은 옳지 않은 것인데도 牛頭 法融의 無事禪은 깨달음이 있다는 것을 인정하지 않고 수행하지 않아도 된다는 잘못된 선 이해로 나아갔다.

6) 공부는 靜과 動 모두에 間斷 없이 해야 하며 根機에 따라 차별화된 方便을 베풀어야 하는 것인데도 宏智 正覺(1091~1157)의 黙照禪은 靜坐의 坐相에 대해 지나치게 집착하고 있었다.

7) 知訥, 『法集別行錄節要并入私記』(『韓佛全』 제4책, p.743하).

본다면 지눌의 선은 조사선인가 간화선인가. 또 한국의 간화선은 보조선인가 임제선인가. 여기에서는 한국 간화선의 정통성에 대한 선행 논구들[8]을 검토한 뒤 지눌의 저술 속에 나타난 선법에 대해 살펴보기로 한다.

Ⅱ. 조사선의 '반조'와 간화선의 '간화'

흔히 '정통성'이란 지극히 계보학적인 개념이다. 계보(系譜)가 조상 때부터 전승되는 혈통과 집안의 간단한 역사를 계통적으로 기록한 책을 뜻하듯, 계보학은 사람의 혈연관계를 도식적(圖式的)으로 나타내는 기록에 대한 연구를 의미한다. 해서 정통성은 '본래의 정체' 즉 '본심의 모양'을 가리키는 정체성과 달리 '올바른 계통' 즉 '적장(嫡長)의 계통'에 대한 성격을 의미한다. 한국 간화선의 정통성 역시 한국의 간화선이 어느 사상가의 계보를 잇고 있느냐의 문제와 직결된다. 여기에서는 먼저 간화선의 원류인 조사선과의 연속성과 불연속성에 대한 검토가 요청된다. 그런 뒤에 임제선과 보조선과의 관계를 살펴야 할 것이다.

조사선은 일상의 삶에 대한 선문답을 매개로 하여 이루어진다. 조사선은 붓다로부터 물줄기가 흘러나오고 있다. 붓다는 오랜 수행 끝에 스스로 체득한 깨침의 세계를 마음에서 마음으로 전하였다[以心傳心]. 그는 1) 영산회상에서 꽃을 들어 보여 가섭에게 보이었고[靈山會上 擧拈花[9]], 2) 다자탑 앞에서 가섭과 자리를 나누어 앉았으며[多子塔前 分半座[10]], 3) 사라쌍수 아래에서 두

---

8) 강건기, 『목우자 지눌연구』(부처님세상, 2001); 길희성, 『지눌의 선사상』(소나무, 2001); 심재룡, 『지눌연구』(서울대출판부, 2004); 김방룡, 『보조 지눌의 사상과 영향』(보고사, 2006); 이덕진, 『보조지눌 연구』(해조음, 2007).
9) 『大梵天王問佛決疑經』(『大日本續藏經』 제1책).
10) 「大迦葉始來品」 제12, 『佛說中本起經』 卷上(『대정장』 제3책).

발을 관 밖으로 내 보였다[沙羅雙樹下 槨示雙趺][11]. 이렇게 '영산회상에서 꽃을 들어 보이고', '다자탑 앞에서 자리를 나누어 앉고', '사라쌍수 아래에서 가섭이 여러 제자들과 함께[與諸弟子] 오른 쪽으로 일곱 번을 돌자[右繞七匝] 두 발을 관 밖으로 내보였다. 이처럼 붓다는 가섭에게 세 곳에서 마음에서 마음으로 전하였다[三處傳心]. 그리고 그의 마음에서 가섭의 마음으로 전한 소식은 조사선의 원천이 되었다.

조사선은 모든 사람이 본래 지닌 자성을 직시하여 바로 그 자리에서 '몰록' 깨치는 돈오견성(頓悟見性)을 천명한다. 즉 조사선은 본래성불(本來成佛) 즉 중생이 본래부터 성불해 있다는 것에 근거하여 일상의 생활에서 선법을 실천하고자 한다. 때문에 조사선은 깨침을 완성한 여러 조사들이 본래 이루어져 있는 깨침의 세계를 바로 눈앞에 들어 보인 법문이라고 할 수 있다. 이 법문에 들어서면 말의 길[語路]과 생각의 길[義路]이 끊어지고 스스로가 본래의 붓다를 명확히 깨달아 어디에도 걸리지 않는 자유자재한 삶을 누리게 된다. 따라서 조사선은 말과 생각이라는 자아의 존재방식이 허물어져 법계의 참모습이 있는 그대로 드러나게 하는[12] 수행법이라고 할 수 있다.

그런데 이 조사선은 '반조'(返照)의 수행법을 특징으로 한다. 조사선의 '반조'는 '자신의 마음을 돌이켜 비춰보는[返照自心] 수행법이다. 즉 자신이 본래 부처라는 사실을 '돌이켜 비춰보는 행법인 것이다. 반면 간화선의 '간화'(看話) 즉 화두참구(照了專精)는 의단을 참구함으로써 의단을 넘어서는 수행법이다. 깨침의 계기를 주었던 화두 즉 에피소드를 집중적으로 탐구함으로써 그 이외의 의단을 끊어버리고 오직 하나의 의단에만 몰입하여 마침내 그것조차 버리는 순간 활연대오(豁然大悟)하는 행법이다. 조사선과 간화선의 수행법은 법(法) 즉 불변과 수연에 의거한 진리관에 있어서는 서로 다르지 않지만, 인(人) 즉 돈오와 점수에 의거한 실천론에 있어서는 서로 다른 것처럼

---

11) 『大般涅槃經』 後分 卷下(『大正藏』 제12책).
12) 대한불교조계종교육원, 『간화선』(조계종출판부, 2005), p.28.

보인다. 해서 논자는 이 둘이 각자의 입각지에서 해명한 것일 뿐 진리에 대한 인식은 서로 다르지 않음을 해명해 보고자 한다.

조사선은 우리 모두가 1) 본래부터 부처임[本來成佛]을 강조한다. 때문에 2) 부처의 깨침과[佛覺]과 조사의 깨침[祖覺]은 다르지 않다. 이것은 3) 스승과 제자 사이의 선문답[擧揚]과 몽둥이[棒] 및 고함[喝] 그리고 기이한 인연[奇緣] 등을 통해 깨치게 한다. 수행자는 4) 스승의 설법이나 말끝에 곧 깨닫는다[言下便悟]. 여기서 '본래성불'은 보이는 모든 것이 본래 완성되어 있는 부처이므로 있는 그대로가 모두 극락이라는 것이다. 그래서 이미 해탈되어 있는 자신의 본래모습을 바로 보는 반조의 수행법이 제시되는 것이다. 여기서 선지식인 조사와 부처의 경계는 서로 다르지 않다. 부처와 조사를 동일하게 여기기 때문에 조사는 '불조'(佛祖)이자 '조불'(祖佛)로 불리고 있다.

조사선에서는 스승이 법을 설하고, 고함을 치고, 눈썹을 치켜 올리고, 방망이를 휘두르는 등의 행위를 매개한다. 이러한 행위와 기연 등은 모두 언어와 사량을 떠나 살아있는 마음의 당처를 곧바로 보여주는 법문이다. 그리하여 수행자의 마음을 바로 가리켜 본래 성품을 돌이켜 비춰보고[返照] 깨닫게 한다. 이처럼 조사선은 '반조'의 행법을 통해 자신의 본래면목을 보고 스스로 부처임을 확인하게 된다. 이와 달리 간화선은 '간화'의 행법을 통해 깨침에 이르는 수행법이다.

간화선에서는 붓다와 역대 조사가 이른 한 마디 말이나 순간적으로 보인 짧은 행위 끝에 백억 가지 법문을 뛰어넘어 곧바로 깨침에 이른다. 해서 간화선이란 '화두를 간(看)하여 자성 즉 본래 성품자리를 바로 보고 깨닫는 것이다. 이 성품을 보고 깨닫는다고 해서 견성성불(見性成佛)이라고 한다.[13] 화두는 현관과 같아 간절히 의심하며 참구해야 안방(본향)에 들어갈 수 있다. 수행자의 마음이 화두에 대한 의정(疑情)으로 가득하여 깊이 참구해 들

---

13) 대한불교조계종교육원, 위의 책, p.51.

어가면 마침내 그 의심덩어리[疑團]가 툭 터지는 경지로 들어가게 된다. 이 간화선은 오조 법연과 원오 극근을 거쳐 대혜 종고에 의해 체계화되어 가장 발달된 수행법으로 자리를 잡아 왔다.

선가의 수많은 공안들은 이러한 맥락에 의해 탄생하였다. 가장 널리 활용된 공안들은 '세존이 꽃을 들어보이다'[世尊拈花], '세존이 자리에 오르다'[世尊陞座], 육조의 '선도 악도 생각하지 말라'[不思善 不思惡], '무슨 물건이 이렇게 왔는가'[什麼物恁麼來], '만 가지 법이 하나로 돌아가는데 그 하나는 어디로 돌아가는가'[萬法歸一 一歸何處], '사구를 떠나고 백비를 끊어라'[離四句絕百非], '백장의 기러기'[百丈野鴨子], '백장의 여우 몸'[百丈野狐身], '남전의 고양이를 베어버림'[南泉斬猫兒], 조주의 '개에게는 불성이 없음'[狗子還有佛性也無], 조주의 '놓아버려라'[放下着], 조주의 '차나 마셔라'[喫茶去], 조주의 '뜰앞의 잣나무'[庭前栢樹子], 임제의 '금강왕보검'[金剛王寶劍], '동산의 마서근'[洞山麻三斤], 운문의 '마른 똥막대기'[乾屎橛], 운문의 '수미산'[須彌山], '덕산의 탁발화'[德山托鉢話], '설봉의 공굴림'[雪峰輥球], '비마의 나무집게'[秘魔擎杈], '화산의 북두드림'[禾山打鼓], '양기의 밤송어리와 금강의 테두리'[楊岐金剛圈栗棘蓬] 등이다. 이러한 공안들은 대혜의 간화선 정립에 의해 수행자들에게 본격적으로 원용되었다.

대혜는 진소경(계임)에게 답하는 서간에서 간화선의 행법에 대해 이렇게 역설하고 있다.

> 바라건대 그대는 단지 의정(疑情)이 타파되지 못한 곳을 향하여 참구(參究)하되 가거나 머무르거나 누울 때에 놓아 버리지 마십시오. 한 승려가 조주에게 물었다. "개에게도 불성이 있습니까?" 조주가 대답하였다. "없다." 이 한 글자가 바로 생과 사에 관한 의심을 타파하는 길입니다. 이 칼자루가 다만 당사자의 손안에 있어서 다른 사람이 손을 쓰게 할 수 없으니, 모름지기 자기가 손을 써서 비로소 이루어집니다.[14]

---

14) 宗杲, 「答陳少卿(季任)」, 『大慧普覺禪師語錄』(『大正藏』 제47책, p.923상).

붓다의 경전에서는 일체 중생이 모두 불성이 있다고 했는데 조주는 '없다'고 하였다. '없다'는 이 한 글자는 곧 생과 사에 관한 의심을 타파하는 길이다. 조주는 '어째서 없다고 했을까?' 이렇게 의심하고 또 의심하여 그 의심이 간절해지면 수행자의 마음이 온통 의심덩어리가 되게 하여 마침내 그 의심덩어리가 뻥 터지는 경지로 나아가게 된다. 이 때의 그 의심은 단지 하나의 의심일 뿐이다.

> 천 가지 의심과 만 가지 의심이 단지 하나의 의심입니다. 화두 위에서 의심을 타파하면, 천 가지 의심과 만 가지 의심을 일시에 타파할 것입니다. ······ 옛 사람의 공안 위에서 의심을 일으키거나, 일상에 작용하는 번뇌 가운데 의심을 일으키면 모두 다 사악한 마귀의 무리입니다.15)

대혜는 여사인(거인)에게 답하는 서간에서도 의심에 대해 역설하고 있다. 천 가지 의심과 만 가지 의심이 곧 하나의 의심일 뿐이다. 사유의 출구가 모두 차단되고 오직 화두 위에서 의심만을 풍선처럼 끝까지 불어 키워나가면 수행자의 마음과 의심의 풍선이 하나가 된다. 그리하여 주체와 객체가 사라져 전체가 되는 어느 순간에 그 의심은 타파된다. 지눌 역시 화두에 대해 이렇게 역설하고 있다.

선종에서 말을 배우는 사람들은, 이 화두에 두 가지 뜻이 있다고 말한다. 즉 첫째는 완전히 붙들고 돕는다는 말[全提之語]이요, 둘째는 병을 부순다는 말[破病之談]이다. 그러나 화두의 미묘한 이치를 알아 다만 타일러 깨닫도록 하는 지도로 배우는 이는 완전히 붙들고 돕는다는 생각[全提之解]도 없거늘, 하물며 병을 부순다는 생각[破病之念]으로 은밀한 뜻을 파묻어 버리겠는가? 한 생각이라도 완전히 붙들고 돕는다거나 병을 부순다거나 하는 지해가 있으면, 곧 뜻으로 헤아리는 병에 떨어질 것이니 어찌 활구를 참구하는 사람

---

15) 宗杲, 「答呂舍人(居仁)」, 『大慧普覺禪師語錄』(『大正藏』 제47책, p.930상).

이겠는가?[16]

활구를 참구하는 사람들은 화두에 대해 분별을 일으키지 않아야 한다. 분별을 일으키는 순간 화두는 이미 사구가 되기 때문이다. 지눌 역시 화두에 대해 '한 생각이라도 붙들고 돕는다거나 병을 부순다거나 하는 지해가 있으면 곧 뜻으로 헤아리는 병에 떨어질 것이므로 활구라고 할 수 없음을 역설하고 있다. 그는 조사선 수행을 해오면서 새롭게 접한 간화선의 활구에 대한 철저한 이해가 있었다. 그 결과 『원돈성불론』과 『간화성불론』을 지어서 간화선을 수용하였다.

Ⅲ. 당송대의 임제선은 보조선과 다른가

불교사상사에서는 심성본정(心性本淨)설과 심성부정(心性不淨)설이 대립된 적이 있었다. 부파불교의 대중부는 심성은 본래 청정한 것이므로 본래성에 회귀하면 된다고 주장하였다. 반면 설일체유부는 심성은 본래 부정한 것이므로 더욱 열심히 닦아서 청정을 이루어야 한다고 주장하였다. 이들 주장은 대승불교와 중국불교에서 불성본유(佛性本有)설과 불성시유(佛性始有)설로 발전하였다.

남북조 시대의 도생(道生)은 또 일체중생이 본래 불성을 지니고 있기 때문에 조작적 수행을 더하지 않아도 구경에 성불할 수 있다는 '불성본유설'을 제기하였다. 그는 또 '불성시유설' 즉 1) 일체중생은 본래 오염되어 부정하므로 반드시 수행을 통해서 비로소 불성을 얻는다와 2) 중생이 본래는 불성을 갖추고 있지만[本有] 지금 현재는 번뇌망념에 가려서 없으므로[今無] 수행

---

16) 知訥, 『看話決疑論』(『韓佛全』 제4책, p.733중).

을 통해야만 불성을 드러낼 수 있다는 주장을 제기하였다.

흔히 선은 생사를 해탈하는 지름길이며 모든 부처와 조사의 심지법문이라고 알려져 있다. 이에 상응하여 도생은 "돈오하면 성불한다"는 돈오성불론(頓悟成佛論)을 주장하여 돈점논쟁을 점화시켰다. 그는 보살 십지 중 칠지(七地)에 무생법인(無生法忍)을 증득한다는 소돈오(小頓悟)와 십지(十地)에 돈오한다는 대돈오(大頓悟)의 주장을 제기하여 돈오의 지위를 수행상의 어디에 두어야 하느냐고 되물었다. 도생이 제기한 문제는 다시 수당대 선법의 수증론에서 남북종 모두 점수와 돈오로 나뉘어 쟁론하였고, 본각과 불각 그리고 시각 중 어느 것에 중점을 두느냐의 문제로 부각되었다.

남종은 돈교의 입장에서 돈오에 초점을 맞추고 있고, 북종의 점수선은 지위 점차(地位漸次)의 수행을 통하여 깨달음을 성취하는 수인증과(修因證果)를 내용으로 하고 있다. 반면 남종의 돈오선은 인과동시(因果同時)의 입장에서 단박 깨닫는 돈오(頓悟) 혹은 돈수(頓修)를 강조하였다.[17] 이들 수증론 가운데에서 가장 널리 제기된 것은 달마 이래 도신과 홍인의 동산법문의 점수이오(漸修而悟), 북종선의 돈오점수(頓悟漸修), 남종선의 돈오돈수(頓悟頓修)라고 할 수 있다.

북종선은 관심간정(觀心看淨)을 내용으로 하는 동산법문의 좌선간심(坐禪看心)으로 이어져 관심법문으로 전개되었다. 신수(神秀)는 일체의 모든 법을 포괄하고 있는 관심일법(觀心一法)이 선수행의 요체라고 주장하였다. 중생은 본래성불이지만 무명업장에 가려 불성을 드러내지 못하고 있으므로 관심을 통하여 그 불지견을 계발해야만 비로소 성불할 수 있다. 본래성불이 본각의 본래태라면 무명에 가려진 중생은 불각의 현실태이며, 수행을 통한 불성의 발현은 시각의 미래태라고 할 수 있다. 북종의 선법은 본각의 본래태보다는 불각의 현실태의 입장에서 시각의 당래태를 지향하고 있기 때문에 반드시

---

17) 김태완, 『조사선의 실천과 사상』(장경각, 2001), p.251; 월암, 『간화정로』(클리어마인드, 2006; 2009), pp.34~35.

관심간정(觀心看淨)의 좌선수행이 필요하다. 이와같이 신수의 관심일법(觀心一法)의 좌선법은 그 구체적 실천으로 동산법문의 수심(守心)설을 이어 섭심(攝心)을 강조함으로써 관심간정의 선사상을 적극적으로 표명하고 있다.[18]

반면 혜능은 『단경』에서 '자성청정'(自性淸爭)의 기초 위에 '식심견성'(識心見性)하는 '돈오성불'(頓悟成佛)의 사상을 제시하고 있다. 그래서 돈오는 혜능의 해탈수증관의 핵심요소이며, 심지어 돈오성불은 남종선 고유의 상징이라고 말할 수 있다. 돈오성불은 곧 자성이 청정(淸爭, 空)함을 단박에 깨닫는 것을 말한다. 혜능은 '언하변오'(言下便悟) 혹은 '언하대오'(言下大悟) 즉 '말끝에 단박 깨달았다'는 돈오(頓悟)에 대해 1) 돈점(頓漸)을 함께 제시하는 상대적인 '점중돈'(漸中頓)과 2) 오(悟)와 수(修)를 아우르는 절대적인 '돈중돈'(頓中頓)을 제시하고 있다. 여기서 우리는 혜능이 강조하고 있는 수증의 핵심은 '돈오돈수'(頓悟頓修)임을 알 수 있다.[19]

마조는 혜능의 돈오자성청정(頓悟自性淸爭)의 사상을 계승하여 '즉심시불'(卽心是佛), '평상심시도'(平常心是道)를 주창하였다. 종밀에 의하면 그는 '도불용수'(道不用修) 즉 "도는 닦을 필요가 없다"고 하고, '단막오염'(但莫汚染) 즉 "다만 오염시키지 말라"고 하였다.[20] 그리하여 마조는 '조작'(造作), '시비'(是非), '취사'(取捨), '단상'(斷常), '범성'(凡聖)이 없는 '평상심이 곧 도'임을 역설하였다. 이것은 시각(始覺)보다는 본각(本覺)의 입장을 더 강조한 것이라고 할 수 있다. 종밀은 이러한 홍주종의 핵심을 "부딪치는 모든 것이 도"[觸類是道]라고 하고 "도가 곧 마음이니, 마음으로써 마음을 닦지 못하고, 악 또한 마음이니 마음으로써 마음을 끊지 못한다." 그러므로 "마음에 맡기는 것[任心]이 수행이요, 그대로 맡겨서 자재함[任運自在]이 해탈이다"고 풀이하였다.[21]

---

18) 월암, 위의 책, pp.55~56.
19) 월암, 앞의 책, pp.63~64.
20) 馬祖, 『馬祖道一禪師語錄』(『續藏經』 제119책, p.406좌상).

이렇게 본다면 조사선의 수증에서 가장 중요한 것은 바깥 모양을 향해 구하지 말고 자신의 마음, 즉 일념심(一念心)을 반조하여 단박에 작용의 불성을 깨닫는 지점이라고 할 수 있다. 이것은 조사선의 수선(修禪) 원칙이 형식상의 앉음(坐)과 앉지 않음(不坐)에 집착하지 않고, 일체처(一切處), 일체시(一切時)의 생활 모두가 일념심(一念心)의 좌선수행이 되는 것을 말하고 있다. 이것이 조사선에서 강조하고 있는 진정한 의미의 좌선이요 수선이다. 이처럼 조사선의 전체 수증(修證)의 원칙은 본각(本覺)의 측면을 강조하는 입장에서 전개되었다.[22] 이러한 정신은 임제선에도 그대로 계승되었다.

조사선의 계보를 잇고 있는 마조선과 임제선 역시 '도불용수'(道不用修)의 관점을 견지하고 있다. 이 개념이 머금고 있는 돈오본성(頓悟本性)의 수증론에는 돈오돈수의 강조와 돈오점수의 보림이 전제된다. 돈오돈수는 본성을 돈오함에 있어서 삼현(三賢), 사과(四果), 십지(十地) 등 차제점수(次第漸修)를 거치지 않고 바로 깨닫는 것이다. 단박 깨닫기 때문에 닦음 또한 단박에 완성되므로 돈오무수(頓悟無修) 혹은 무수돈오(無修頓悟)라고 하는 것이다. 이와 달리 돈오점수는 돈오 이후에 보림(保任)이 필요하다. 이 점수는 돈오 이전의 점수와는 완전히 다르며 돈오 이후에 저절로 이루어지는 닦음(自然之修)이라고 한다.[23]

한편 대혜는 당시 수행자들이 돈오돈수에 안주하고 있는 것을 비판하고 돈오돈수를 환기시킬 필요를 느끼고 있었다. 해서 그는 당말 송초 이래의 문자선과 무사선과 묵조선의 문제점을 비판하고 당송대의 조사선을 체계화하여 간화선을 제시하였다. 그리고 지눌은 당송대의 조사선풍 위에서 대혜의 간화선을 주체적으로 원용하여 돈오점수와 간화결택을 강조하였다. 반면 고려 후기에 다시 임제선을 전해온 태고와 나옹 등은 돈오돈수에 입각하

---

21) 宗密, 『圓覺經大疏鈔』 권3之 下(『續藏經』 제14책, pp.556상~557하).
22) 월암, 앞의 책, p.87.
23) 월암, 앞의 책, pp.103~104.

고 본색종사를 찾아 결택할 것을 강조하였다. 결국 지눌의 돈오점수는 태고의 돈오돈수와 대비되고, 자기 스스로 결택하는 지눌과 본색종사를 찾아가 결택하는 태고로 대조된다.

그런데 지눌은 선사상을 진리[法]와 실천[人]으로 구분해 파악하고 있다. 여기서 법(法)이 선의 근원[禪源]이라면 인(人)은 선의 실천[禪行]을 가리킨다. 보조 지눌과 태고 보우에게서 법은 마음이며, 이들 사이의 차이는 법이 마음이라는 인식에 도달하는 방법론이 다를 뿐이다. 지눌이 만년에 지은 『원돈신해문』과 『간화결의론』은 그의 입적 5년 뒤에 1215년에 그의 제자인 혜심에 의해 발견되어 간행되었다. 혜심이 적은 발(跋)문에서처럼 지눌은 당시 불교계의 혼탁한 모습을 개선하기 위해 고뇌하면서 이 저술들을 지었다.

> 슬프다. 근고 이래에 불법의 쇠퇴와 피폐가 심하다. 더러는 선(禪)을 종지 삼아 교(敎)를 배척하기도 하고, 더러는 교를 숭상하여 선을 비방하기도 한다. 선은 곧 부처의 마음[佛心]이요, 교는 곧 부처의 말[佛語]이며, 교는 선의 그물[網]이고, 선은 교의 벼리[綱]임을 특히 알지 못한다. 마침내 이에 선과 교 두 집안은 길이 원수의 견해를 지어서 법(法)과 의(義)의 두 체계를 도리어 모순의 주장으로 만들어 끝내 다툼이 없는 문[無諍門]에 들어가 하나의 참된 길[一實道]을 밟지를 못하였다. 그러므로 선사는 이 점을 애석하게 여겨 곧 『원돈성불론』과 『간화결의론』을 저술하였다.[24]

고려 중기의 불교인들은 법(法)과 의(義)의 두 체계에 의해 선과 교가 존재함을 알지 못하였다. 그 결과 선과 교 두 집안은 상호 비방과 상호 쟁투가 심하여 '단지 문자만 찾으려는 광혜'[但尋文之狂慧]와 '헛되이 침묵만 고수하는 치선'[空守默之癡禪]으로 서로를 규정하고 원수처럼 서로 멀어져 있었다. 그리하여 불교인들은 '다툼이 없는 문'에 들어가 '하나의 참된 길'을 밟지를 못하였다.

---

24) 慧諶, 「圓頓成佛論 看話決疑論 跋文」, 『普照全書』(보조사상연구원, 1989), pp.426~427.

이에 지눌은 이것을 애석히 여기고 선교일원(禪敎一元)을 위해 두 저술을 썼다고 혜심은 발(跋)문에서 밝히고 있다. 이렇게 본다면 당송대 임제선과 고려 중기의 보조선 역시 진리에 있어서는 다르지 않았다. 다만 송대 초와 고려 중기의 역사적 상황에 대한 시대인식과 교단적 현실이라는 문제의식이 달랐다. 고려 중기의 무신정권 시대에 권력에 휘둘리던 불교 교단은 극심한 선교의 대립를 겪고 있었다. 이에 지눌은 사상적 기반의 수립과 수행의 체계적 정립을 위해 수도 개성에서 멀리 떨어진 곳에 터전을 잡고자 하였다.

그가 득재(得才)의 요청에 의해서 거조사에서 결사를 시작하게 된 것과 수우(守愚)를 보내 수도로부터 멀리 떨어진 송광사에 자리를 잡게 한 것도 이 때문이다. 지눌은 권력과의 긴밀한 연루로 인한 교단의 타락상과 모순을 비판하면서 무신정권과 일정한 거리를 두고자 하였다. 반면 혜심(慧諶)은 고려의 대외적 위기상황을 타개하고자 수선사의 현실적 위상을 이용하여 무신정권과의 상호 이해를 도모하였다. 그는 국가적 위기를 극복하기 위해서 대장경(大藏經) 조성을 주도하였고 항몽(抗蒙) 의식을 고취하였으며 진병(鎭兵) 법석을 주관하고 축성(築城) 법회를 통해 국가의식을 강조하였다.

당대와 송대의 임제선이 지닌 장점 못지 않게 고려의 보조선이 지닌 장점 역시 엄존한다. 물론 증오(證悟)보다 해오(解悟)를 강조해온 돈오점수(頓悟漸修)와 선교일원(禪敎一元)의 체계가 돈오돈수(頓悟頓修)에 입각한 간화결택(看話決擇)을 역설해온 체계보다 더 강력하다고 할 수는 없다. 하지만 임제선이 '수처작주 입처개진'(隨處作主 立處皆眞)의 기치로 '주인공'을 강조해온 선사상이듯이 보조선 역시 고려 중기의 '주인공'으로서 "땅에서 넘어진 자 땅을 짚고 일어나라"는 '마음의 토대' 혹은 '사유의 입각지'로서의 '주체성'을 강조한 선사상이라는 점은 분명하다. 따라서 당송대의 임제선과 보조선은 진리 즉 법의 입장에서는 다르지 않다. 다만 실천 즉 인의 입장에서 다를 뿐이다.

Ⅳ. 보조선은 조사선이자 간화선이 아닌가

지눌은 깨달음의 제2차 전기까지는 조사선법에 의해 수행을 해오고 있었다. 깨달음의 제3차 전기를 경험하면서 비로소 간화선의 공능을 인정하여 수용하였다. 그는 우연히 조사선의 소의경전이라 할 『육조단경』을 보다가 일찍이 경험하지 못한 새로운 수행체험을 하게 되었다. 여기에서 지눌은 정혜쌍수에 입각한 자신의 선교일원의 사상체계를 수립할 수 있는 실마리를 찾을 수 있었다.

> 대정 22년 임인(1182)에 승선에 합격하고 얼마 안 되어 남방에 놀아 창평 청원사에 이르러 거기서 머물렀다. 하루는 우연히 학료에서 『육조단경』을 펼쳐 보다가 "진여의 제 성품이 생각을 일으키므로, 비록 육근이 보고 듣고 깨닫더라도, 진여의 성품은 아무것도 물들지 않고 항상 자재하다"는 대목에 이르러, 이에 놀라고 기뻐하며, 일찍이 겪지 못했던 것을 체험하였다. 그리하여 곧 일어나 불전(佛殿)을 돌고 외고 생각하면서 스스로 그 뜻을 얻었다.25)

지눌은 『육조단경』 속에서 "진여와 제 성품이 생각을 일으키므로, 비록 육근이 보고 듣고 깨닫더라도, 진여의 성품은 아무것도 물들지 않고 항상 자재하다"는 대목에 이르러 '일찍이 겪지 못했던 것'을 체험하여 놀라고 기뻐하였다. 그리하여 그는 곧 일어나 불전(佛殿)을 돌고 외고 생각하면서 스스로 그 뜻을 얻었다. 이 과정에서 그는 성적등지에 대한 이해가 더욱 깊어졌다. 이어서 지눌은 보문사에서 대장경을 열람하다가 이통현의 『신화엄론』을 얻어 신심을 내고 더듬고 파헤쳐 그윽한 뜻을 찾고 씹고 또 씹어 더욱더 밝아졌다.

---

25) 金君綏, 「昇平府 曹溪山 松廣寺 佛日普照國師 碑銘竝書」, 조선총독부 편, 『朝鮮金石總覽』 상(아세아문화사, 1976).

대정 25년 을사(1185)에 하가산에 놀 때, 보문사(普門寺)에 몸을 붙여 대장경을 읽다가 이통현 장자의 『신화엄론』을 얻어 더욱 신심을 내었다. 더듬고 파헤쳐 그윽한 뜻을 찾고, 씹고 또 씹어 정(精)을 맛들이매, 이전의 앎이 갈수록 밝아졌다. 그리하여 원돈의 관문(觀門)에 마음을 잠그고, 또 미혹한 말세 학인들을 지도하기 위하여 못[釘]을 버리고 말뚝[楔]을 빼어 주려고 하였다.26)

지눌은 이 과정에서 원돈신해에 대한 이해가 깊어졌다. 이때까지만 해도 그는 『육조단경』과 『화엄경론』 등의 가르침에 의거하면서 조사선의 수행을 하였다. 그러면서도 지눌은 원돈(圓頓)의 관문에 깊이 몰입하였지만 아직 정견(情見)을 버리지 못하여 어떤 물건이 가슴에 걸려 마치 원수와 함께 있는 듯하였다.

나는 보문사에서부터 이미 10여년이 되었다. 비록 뜻을 얻어 부지런히 닦아 헛되이 때를 보낸 일이 없었다. 그러나 아직 정견(情見)을 버리지 못하여 어떤 물건이 가슴에 걸리어 마치 원수와 함께 있는 것 같았다. 지리산에 있을 때에 『대혜보각선사어록』을 얻었는데 거기에 "선정은 고요한 곳에도 있지 않고, 또 시끄러운 곳에도 있지 않으며, 날마다 반연에 응하는 곳에도 있지 않고, 생각하고 분별하는 곳에도 있지 않다. 그러나 먼저 고요한 곳이나 시끄러운 곳이나 날마다 반연에 응하는 곳이나 생각하고 분별하는 곳을 버리고 참구하지도 말아야 한다. 만일 갑자기 눈이 열리면 비로소 그것이 집안일임을 알 것이다" 하였다. 나는 거기서 가만히 그 뜻을 깨치게 되어, 저절로 물건이 가슴에 걸리지 않고 원수도 한 자리에 있지 않아 당장에 편하고 즐거워졌다. 이로 말미암아 지혜에 대한 이해가 더욱 높아 대중의 숭앙을 받았다.27)

지눌은 지리산에 머물며 『대혜보각선사어록』을 구하여 읽으면서 한 구절에서 그 뜻을 깨치게 되어 저절로 물건이 가슴에 걸리지 않고 원수도 한

---

26) 金君綏, 위의 글, 위의 책.
27) 金君綏, 앞의 글, 앞의 책.

자리에 있지 않아 당장에 편하고 즐거워졌다. 이를 계기로 그는 지혜에 대한 이해가 더욱 높아져 대중의 숭앙을 받게 되었다. 대혜의 만남 이후 지눌의 현실 인식은 확대되었다. 이것은 현실정치와 일정한 거리를 두고자 했던 그의 현실 인식이 현실성을 자각해가는 과정으로 나타났다. 이를 통해 지눌은 종래의 정과 혜의 두 문 즉 성적등지문과 원돈신해문에다 간화경절문을 추가할 수 있었다.

간화선이 고려에 수용된 것은 대체적으로 세 단계를 거쳤다. 첫째는 보조 지눌과 진각 혜심에 의한 대혜의 간화선 수용이다. 둘째는 원나라 간섭기인 충렬왕대의 만항(萬恒)을 중심으로 한 수선사계의 몽산 덕이(夢山德異)의 간화선 수용이다. 셋째는 태고 보우, 나옹 혜근, 백운 경한 등 여말 삼사에 의한 원나라 조선(祖先)계의 간화선 수용이다.[28] 이러한 세 갈래의 흐름은 이후 한국 간화선의 기반을 형성하였다. 하지만 그럼에도 불구하고 첫째와 둘째의 줄기는 '가장 나중에 오는 장작이 제일 위에 온다'[後來居上]는 관점에 의한 탓인지 셋째의 줄기에 덮여버린 감이 없지 않다.

세 차례의 간화선 수용이 있었지만 조선 중기까지의 간화선은 사굴산문의 보조 지눌과 같은 산문이었던 나옹 혜근 계통이었다. 그런데 조선 후기에 다분히 정치적인 맥락에서 여말 삼사 중에서 태고 보우계 중심으로 간화선이 기술되고 재편되었다. 임제법통을 이은 석옥 청공에게 인가를 받은 태고 보우를 정맥으로 하는 임제법통의 법맥을 정계로 세움으로써 종래의 영명-목우자(지눌)-나옹의 법통은 방계로 밀려났다.[29] 임제로부터 이어져온 법통을 이어 간화선의 순결성을 강조하기 위해서라고 하더라도 임제선을 체계화한 대혜의 간화선을 이 땅에 처음 소개하고 자신의 철학 속에 체계화시킨 지눌의 공을 인정하지 않을 수는 없다.

---

28) 김방룡, 「여말 삼사의 간화선 사상과 그 성격」, 『보조사상』 제23집, 보조사상연구원, 2005.
29) 高榮燮, 「浮休 善修系의 선사상과 법통인식」, 『한국불교사연구』 제4호, 한국불교사연구소, 2014.2

현행 우리나라 강원(승가대학)의 수업 교재나 수행 방식은 여전히 보조 지눌의 주요 저작과 수행 체계를 따르고 있다.30) 그렇다면 한국 간화선의 정통성은 어디에 있다고 보아야 하는가. 조사선을 체계화한 간화선의 법통과 법맥의 주도권 장악이라는 정치사적인 맥락에서 보지 않는다면 한국의 간화선은 '보조선이자 임제선'이라고 할 수 있다. 선교일원의 기반 위에서 돈오점수와 간화결택을 강조하였던 보조선의 장점이 사교입선의 기반 위에서 돈오돈수와 본분종사의 인가를 강조하였던 임제선의 가풍 속에 투영되어 있기 때문이다. 따라서 보조선은 '조사선이자 간화선'이라고 할 수 있다. 종래의 조사선법에 새로운 간화선법을 주체적으로 결합한 것이 보조선이기 때문이다.

V. 정통의 근거는 법통인가 행법인가

정통은 이단을 구분하는 배타적인 개념이다. 해서 정통성을 수립한다는 것은 '올바른 계통' 즉 '적장(嫡長)의 계통'을 가린다는 것을 의미한다. 한국 간화선의 정통성 문제 역시 한국의 간화선이 어느 사상가의 계통을 잇고 있느냐의 물음과 직결된다. 불교의 올바른 정통성을 세우기 위해서는 법통 이전에 행법을 검토해야만 할 것이다. 바른 행법을 통해 정통의 법통을 부여할 수 있기 때문이다. 정통성을 규명하기 위해서는 한국 간화선의 원류인 조사선과의 연속성과 불연속성에 대한 검토가 이루어져야 한다. 그런 뒤에 그 행법을 통하여 임제선과 보조선과의 관계를 살펴야 할 것이다.

---

30) 해인사승가대학은 성철선사의 수행 인식에 따라 2011년부터 宗密의 『都序』와 知訥의 『節要』를 교과목에서 배제하고 있다.

김군수가 지은 『보조국사비명』은 지눌이 성적등지문과 원돈신해문 그리고 간화경절문의 삼문 체계를 세우고 여기에 의거하여 수행을 지도하였다[31]고 전하고 있다. 성적등지문과 원돈신해문의 체계에 따르면 지눌은 간화선을 접하기 전에 조사선법을 실천해 왔음이 분명하다. 그는 조사선법의 체계 속에서 수행을 해왔고 수행법의 체계를 세워왔다. 이후 지눌은 대혜의 간화선을 접하고 난 뒤 조사선법에 간화선법을 결합하여 삼문의 체계를 수립하였다.

이 삼문은 돈오점수와 긴밀한 관계 속에 있다. 먼저 원돈신해문은 돈오문에 짝지어지고, 성적등지문과 (간화)경절문은 점수문에 짝지어진다.[32] 이렇게 본다면 돈오점수에서 점수의 구체적인 행법이 선정과 지혜를 닦는 정혜쌍수라고 할 수 있다.

> 깨달은 뒤에 닦는 문 가운데 선정과 지혜를 가진다는 뜻에는 두 가지가 있다. 첫째는 자성의 선정과 지혜[自性定慧]요, 둘째는 형상을 따르는 선정과 지혜[隨相定慧]이다. …… 만일 그 두 문에 나아가 각각 수행한 바를 판단한다면, 자성정혜를 닦는 이는 단박 깨치는 문에서 공로가 없는 공로를 사용하며, 두 가지의 고요함을 함께 운용하여, 스스로 자성을 닦아 스스로 불도를 이루는 사람이다. 수상문정혜를 닦는 이는 깨치기 전의 점차적인 문에서 하등근기가 다스리는 공로를 사용하여 마음 마음에 의혹을 끊고 고요함을 취해 수행하는 사람이다.[33]

지눌은 근기가 수승한 이들은 돈오한 뒤에 겪게 되는 점수의 과정에 들어가더라도 '단박 깨치는 문에서 공로가 없는 공로를 사용하고', '두 가지의 고요함을 함께 운용하며', '스스로 자성을 닦아 스스로 불도를 이루는' 자성

---

31) 金君綏, 앞의 비명, 앞의 책, p.420.
32) 물론 전기의 돈오점수와 후기의 경절문으로 구분하여 이 둘을 다른 체계로 볼 수도 있을 것이다.
33) 知訥, 「修心訣」, 『普照全書』(보조사상연구원, 1989), pp.40~41.

문정혜의 과정을 통해 해탈의 길로 들어가게 된다고 하였다. 반면 근기가 열등한 이는 '깨치기 전의 점차적인 문에서 하등근기를 다스리는 공로를 사용하여', '마음 마음에 의혹을 끊고 고요함을 취해' 수상문정혜의 과정을 통해 수행하게 된다.

> 점종의 관심문(觀心門)에서는 먼저 고요고요함[寂寂]으로써 산란한 생각을 다스리고 그 뒤에 또렷또렷함[惺惺]으로써 혼미한 정신을 다스리는 것이다. 거기에 비록 선후가 있기는 하나 또한 모름지기 또렷또렷함과 고요고요함을 고루 가져야 하고, 비록 고루 가진다고 하지만 그것은 다만 고요함[靜]을 취해서 행(行)을 삼을 뿐이다.[34]

지눌은 『대혜어록』을 접하기 전에 이미 조사선에 입각한 두 번의 전기를 체험하였다. 그것은 불법에 들어가는 두 개의 수행문을 열었던 것을 의미한다. 그 두 개의 수행문은 돈오와 점수를 통한 순차적인 수행을 일컫는다. 그것은 지눌이 의거했던 종밀(780~841)의 교선일치 선관과 상통하는 것이었다. 여기에서 이제 지눌은 다시 영명 연수(永明延壽, 904~975)의 『종경록』과의 만남을 통해 선정 이외에 불법에 들어가는 새로운 문을 개설하게 된다.

> 선문에 또 선정과 지혜를 닦는 것 이외에 무심합도문(無心合道門)이 있다. 여기에 간략히 기록하여 교를 배우는 사람들로 하여금 격외의 한 가지 문이 있음을 알게 하여 바른 믿음을 낼 수 있게 하고자 한다. …… 먼저 선정과 지혜를 밝히고 후에 무심(無心)을 나타내는 것이다. 선정은 자기 마음의 본체요, 지혜는 자기 마음의 작용이다. 선정은 곧 지혜이므로 본체가 작용을 떠나지 않고, 지혜는 곧 선정이므로 작용이 본체를 떠나지 않는다. …… 지금 또 조사의 가르침에 의거해 볼 때 다시 한 문이 있어 가장 중요하게 살펴야 하니 이를테면 무심(無心)이라고 한다. 왜 그런가 하면 마음이 있은 즉 마음이 편안하지 못하고, 마음이 없은 즉 저절로 즐겁기 때문이다. …… 조사나 종사로서 무심합도(無心合道)한 자는 선정이나 지

---

34) 知訥, 『法集別行錄節要并入私記』(『韓佛全』 제4책, p.748하~749상); 『普照全書』 p.21.

혜의 구속을 받지 않게 되는 것이다. 왜 그런가 하면 선정을 배우는 자는 이치에 맞게 산란한 마음을 거두어 잡는 까닭에 인연을 잊는 힘이 있기 때문이며, 지혜를 배우는 자는 법을 가리어 공(空)을 보는 까닭에 방자함을 쫓아버릴 공력이 있기 때문이다. …… 이 무심합도(無心合道)도 또한 경절문(徑截門)으로 들어갈 수 있는 것이다. 그 간화(看話)나 하어(下語)의 방편은 오묘하고 비밀한 것이라 자세히 말할 수 없으니, 다만 지음(知音)을 만나기가 드물 뿐이다.35)

두 차례의 전기를 경험한 지눌은 자신이 겪고 있던 수행자로서의 고뇌를 해소시킬 활로를 모색하고 있었다. 그는 돈오를 체험한 이후에 정혜를 닦지 않아도 곧바로 증득할 수 있는 경절문(徑截門)을 보고 눈이 번쩍 띄었다. 평소 『육조단경』과 『신화엄론』을 오랫동안 보면서 참구했던 그였지만 "아직 정견(情見)을 버리지 못하여 어떤 물건이 가슴에 걸리어 마치 원수와 함께 있는 것 같았다." 이 무심합도문은 이미 영명 연수에 의해 제시된 적이 있었다. 대혜는 이를 원용하여 무심합도문을 새롭게 정비하였다. 지눌 역시 영명의 무심합도문과 대혜의 무심합도문을 모두 수용하였다.

지눌은 조사나 종사로서 무심합도(無心合道)한 자는 선정이나 지혜의 구속을 받지 않게 되는 것으로 파악하였다. 왜 그런가 하면 선정을 배우는 자는 이치에 맞게 산란한 마음을 거두어 잡는 까닭에 인연을 잊는 힘이 있기 때문이며, 지혜를 배우는 자는 법을 가리어 공(空)을 보는 까닭에 방자함을 쫓아버릴 공력이 있기 때문이다. 지눌의 가장 만년작으로 추정되는 『간화결의론』의 마지막 부분에서 그는 화두의 참구(參句)와 참의(參意)의 이치를 통해 수행자를 경책하고 있다.

선종에서 근원과 갈래를 구별하는 이들은, 법이 다르고 문이 다르며 근기도 다르다 한다. 그러나 그 이치는 그렇지 않다. 즉 다만 박지(縛地) 범부

---

35) 永明 延壽, 『宗鏡錄』 권45(『大正藏』 제48책, pp.679중하); 知訥, 『法集別行錄節要并入私記』(『韓佛全』 제4책, p.748중하); 知訥, 『普照全書』(보조사상연구원, 1989), pp.122~123.

의 지위에서 바로 꺾어 증득해 들어가는 데에는 문이 다르고 근기가 다르겠지만, 어찌 큰 보살로서 몸소 한 마음의 법계를 증득하더라도 그것들이 다르다 하겠는가? (……) 화두에도 참의(參意)와 참구(參句)의 두 가지 이치가 있으니, 요즈음의 의심을 깨뜨렸다는 이는 대개 참의하는 사람으로서, 아직 참구하지 못했기 때문에 원돈문의 바른 지혜를 밝힌 이와 같다. 그런 사람으로서 관행에 마음을 쓰는 이에게도, 보고 듣거나 알고 행하는 곳이 있지마는, 다만 요즈음의 문자(文字)법사들이 관행문에서, 안으로는 마음이 있다고 헤아리고 밖으로는 온갖 이치를 구하되, 구하는 이치가 더욱 미세하여 갈수록 바깥 모양만 취하는 병과는 다를 뿐이다. 그런데 어찌 참구문(參句門)에서 의심을 깨뜨리고 한 마음을 몸소 증득하여 반야를 발휘한 뒤에, 넓고 크게 그 법을 유통시키는 이와 같다고 하겠는가? 이런 증득한 지혜가 앞에 나타나는 이를, 요즈음은 보기도 드물고 듣기도 드물다. 그러므로 요즈음에는 다만 화두의 참의문(參意門)에 의하여 바른 지견을 밝히는 것을 귀히 여길 뿐이다. 그런 사람이 본 바와 같은 교문에 의해 관행하여 알음알이를 떠나지 못한 이에게 비하면, 하늘과 땅의 차이가 있다. 그러므로 삼가 바라노니, 관행으로 세상에서 뛰어나려 하는 이는 선문의 활로를 참구하여 빨리 보리를 증득하면 매우 다행한 일이라 하겠다.[36]

지눌은 "의심을 깨뜨렸다는 이는 대개 참의(參意)하는 사람으로서, 아직 참구(參句)하지 못했기 때문에 원돈문의 바른 지혜를 밝힌 이와 같다"고 지적한다. 이어 그는 "요즈음의 문자(文字)법사들이 관행문에서, 안으로는 마음이 있다고 헤아리고 밖으로는 온갖 이치를 구하되, 구하는 이치가 더욱 미세하여 갈수록 바깥 모양만 취하는 병과는 다를 뿐이다"라고 지적한다.

지눌은 말 자체에 집착하는 "참구문에서 의심을 깨뜨리고 한 마음을 몸소 증득하여 반야를 발휘한 뒤에, 넓고 크게 그 법을 유통시키는 이"와 "이런 증득한 지혜가 앞에 나타나는 이를, 요즈음은 보기도 드물고 듣기도 드물다"고 하였다. 그는 "요즈음에는 다만 화두의 참의문에 의하여 바른 지견을 밝히는 것을 귀히 여길 뿐"이라고 안타까워 한다. 그리하여 그는 참의와

---

36) 知訥, 『看話決疑論』, 『普照全書』, p.102.

참구가 모두 필요하건만 참의나 참구 어느 하나 만에 국집하여 나머지 하나를 소홀히 하는 세태를 경책하고 있다. 이처럼 지눌의 수행법은 조사선을 계승한 임제선과 다르지 않았다. 동시에 그는 임제선을 재정비한 대혜의 간화선도 주체적으로 수용하였다.

이렇게 본다면 지눌의 수행법은 불교 전통을 충실히 계승하면서도 조사선과 임제선의 전통을 자신의 체계에 맞게 창안하였음을 알 수 있다. 성적등지문과 원돈신해문 및 간화경절문의 삼문 체계는 종래의 수행법을 계승하면서도 조사선법에만 머무르지 않고, 새로운 수행법을 모색하면서도 간화선법에만 머물지 않는 독창적인 사상체계라고 할 수 있다. 해서 조사선과 간화선의 범주를 회회하는 지점에 보조선이 자리한다고 할 수 있다.

흔히 사상사 연구의 경우에는 사상의 차이성을 주로 천착하지만 그 과정에서 사상의 상동성도 동시에 드러나게 된다. 이 과정에서 수세적인 연구와 진취적인 연구가 왜 다른가를 밝히는 과정에 사상사 연구의 묘미가 있다. 주제와 쟁점 등의 연구 과정에서 시대정신과 역사의식을 강조하게 되면 사상의 차이성이 드러나게 되고, 사고방식과 마음가짐을 강조하게 되면 사상의 상동성이 드러나게 된다. 지눌과 태고의 경우에도 차이성과 상동성의 잣대를 모두 들이대어 바라볼 수 있다.

종래의 연구 과정에서 다른 점만 강조하여 왔거나 이해되어 왔다면 새로운 연구에서는 주제와 쟁점 등의 균형적 인식과 전관적 인식을 위해 같은 점도 탐구하고 탐색해 볼 필요가 있다. 고려 중기에 지눌이 돈오점수의 수행법과 선교일원의 사상체계를 모색한 것과 달리 고려 말기에 태고(太古)와 나옹(懶翁) 등에 의해 재전래된 임제선법에는 돈오돈수에 입각한 본색종사의 인가 수행법과 사교입선(捨敎入禪)의 사상체계를 강조한 것 역시 시대상황과 역사인식이 투영되어 있다. 태고는 동산법문의 점수이오, 북종선의 돈오점수, 남종선의 돈오돈수의 수행법이 있건만 당시에는 대부분 돈오점수

수행법에만 안주하는 현실을 개선하여 한국 간화선을 새롭게 정립해 가는 과정에서 임제선의 활발발성과 성성적적성을 확보하고자 하였던 것이다.

지눌 사상과 태고 사상은 그것을 듣는 대상이 달라서 배제하였거나 서 있는 입각지가 달라서 계승의 강조점이 달라졌을 뿐 근본적인 차이는 존재하지 않는다. 당대의 임제선과 여말 선초의 임제선이 달라 보이는 것도 이러한 이유 때문이다. 하지만 그 본래의 맥락은 다르지 않다. 이제는 대상의 '배제'와 입각지의 '강조'를 넘어 화쟁과 회통의 방법과 논리를 통해 한국불교의 전관의 노력과 득실의 고려가 선행되어야 한다.

신라 이래 현실에서는 정토 수행이 엄존하고 있었다는 점에서 보면 지눌이 선정일원(禪淨一元)을 추구한 것이나 태고가 염불선(念佛禪)을 주장한 것역시 당시의 시대상황과 역사인식에서 비롯된 것이었다. 그 시대 상황이 선정일원을 요구하였고 염불선을 요청하였기 때문이다. 그럼에도 불구하고 한국의 학계에서 보조선과 임제선이 근원부터 다른 것처럼 인식되고 있는 것은 청허 휴정 이후 편양 언기 등의 임제법통 정립이라는 정통성 문제를 가미시켜 이해하기 때문이다. 바로 이 대목에서 올바른 수행법을 통해 올바른 정통성이 부여되어야 한다는 인식의 전환이 요청된다.

VI. 결 어

달마 이래 사조 도신(道信)의 문하에서 선법을 받아온 법랑(法朗)에 의해 북종선과 접목했던 한국의 선법은 도의(道義)에 의해 남종선에 접목하면서 한국선의 지형도를 크게 변형시켰다. 육조 혜능(慧能)에 의해 남종선이 시작된 이래 한국의 선법은 7~8조에서 그 맥이 끊어진 북종 뿐만 아니라 남종선 중 특히 임제종 양기(楊岐)파의 법맥을 이어왔다. 때문에 고려 중기에 자생한 보조선(普照禪)과 고려 후기에 재전래한 임제선(臨濟禪)이 같은 것인가 다른 것인가가 늘 문제가 되어 왔다. 지눌의 성적등지문과 원돈신해문 및 간화경절문의 삼문 체계는 종래의 수행법을 계승하면서도 조사선법에만 머무르지도 않고 새로운 수행법을 모색하면서도 간화선법에만 머물지 않는 독창적인 사상체계라고 할 수 있다.

조사선의 흐름을 계승해온 임제선과 남종선의 사굴산문 선법을 계승해온 보조선은 그 법통과 법맥이 다르지 않다. 고려 중기에 구산선문을 통합하고 선법 중심의 선교통합을 도모했던 보조선과 당송대를 거치면서 고려 후기에 다시 전래된 임제선의 원천은 애초부터 다른 것이 아니었다. 오조 법연(五祖法演)과 원오 극근(圜悟克勤) 그리고 대혜 종고(大慧宗杲)가 종래의 조사선의 '반조'(返照) 수행법을 간화선의 '간화'(看話) 수행법으로 정비하자 조사선법으로 수행해온 지눌 역시 간화선법과 주체적으로 접목하였다. 지눌은 대혜의 간화선법을 접목하면서도 종래의 조사선법을 완전히 버린 것은 아니었다. 오히려 조사선법의 외연을 넓히기 위해 간화선과 접목한 것으로 볼 수도 있다. 그리고 간화선풍은 그의 제자인 진각 혜심(慧諶)에 의해 본격화되었다.

고려 중기 무신정권 시대에 권력에 휘둘리며 극심한 선교의 대립을 목격한 지눌은 권력과의 긴밀한 연루로 인한 교단의 타락상과 모순을 비판하면서 무신정권과 일정한 거리를 두고자 하였다. 반면 혜심(慧諶)은 고려의 대외적 위기상황을 타개하고자 수선사의 현실적 위상을 이용하여 무신정권과의 상호 이해를 도모하였다. 그는 국가적 위기를 극복하기 위해서 대장경(大藏經) 조성을 주도하였고, 항몽(抗蒙) 의식을 고취하였으며, 진병(鎭兵) 법석을 주관하고, 축성(築城) 법회를 통해 국가의식을 강조하였다. 고려 말기에 태고(太古)와 나옹(懶翁) 등에 의해 재전래된 임제선법은 돈오돈수에 입각한 간화결택의 수행법과 사교입선(捨敎入禪)의 사상체계를 강조하였다. 그런데 지눌과 태고의 사상은 그들이 처한 시대상황과 역사인식 및 교단상황으로 인해 그것을 듣는 대상이 달라서 배제하였거나 서있는 입각지가 달라서 계승의 강조점이 달라졌을 뿐 근본적인 차이는 존재하지 않는다. 이제는 대상의 '배제'와 입각지의 '강조'를 넘어 화쟁과 회통의 방법과 논리를 통해 한국불교의 전관의 노력과 득실의 고려가 선행되어야 한다. 지눌이 선정일치(禪淨一致)를 추구한 것이나 태고가 염불선(念佛禪)을 주장한 것 역시 당시의 시대상황과 역사인식에서 비롯된 것이었다. 그럼에도 불구하고 한국의 학계에서 보조선과 임제선이 근원부터 다른 것처럼 인식되고 있는 것은 청허 휴정 이후 편양 언기 등의 임제법통 정립이라는 정통성 문제를 가미시켜 이해하기 때문이다.

당대와 송대의 임제선이 지닌 장점 못지 않게 고려의 보조선이 지닌 장점 역시 엄존한다. 물론 증오(證悟)보다 해오(解悟)에 집중해온 돈오점수(頓悟漸修)와 선교일원(禪敎一元)의 체계가 돈오돈수(頓悟頓修)에 입각한 간화결택(看話決擇)을 역설해온 체계보다 더 강력하다고 할 수는 없다. 하지만 임제선이 '수처작주 입처개진'(隨處作主 立處皆眞)의 기치로 '주인공'을 강조해온 선사상이듯이 보조선 역시 고려 중기의 '주인공'으로서 "땅에서 넘어진 자 땅을 짚고 일어나라"는 '마음의 토대' 혹은 '사유의 입각지'로서의 '주체성'을 강조한 선사상이라는 점은 분명하다. 따라서 조선 후기에 이루어진 법통과 법맥의 주도권 장악이라는 정치사적인 맥락에서 보지 않는다면 한국의 간화선은 '보조선이자 임제선'이며, 보조선은 '조사선이자 임제선'이라고 할 수 있다. 선교일원의 기반 위에서 돈오점수와 간화결택을 강조하였던 보조선의 장점이 사교입선의 기반 위에서 돈오돈수와 본분종사의 인가를 강조하였던 임제선의 가풍 속에 투영되어 있기 때문이다.

일연 『삼국유사』 「의해」편의 중심 내용과 주요 특징
: '향가(鄕歌)' 계승 의지와 '찬시(讚詩)' 창작 수록과 관련하여

I. 서 언

　『삼국유사』에는 생명 탄생의 세 요소인 한국인들의 정(精)과 혈(血)과 식(識)이 깊이 새겨져 있다. 이 서물은 한국인들이 가장 친근하게 여기는 고전이어서 지금 이 순간에도 이곳에 스며있는 한민족의 유전인자가 끊임없이 복제되고 있다.[1] 이 때문에 『삼국유사』는 유교적 세계관에 의해 기술된 정사 『삼국사기』가 온전히 감당하지 못하는 천신, 산신, 무속 신앙과, 불교, 도교 등의 세계관을 담아내어 우리 민족문화를 대신한 대안 사서로 평가받고 있다. 종래의 『삼국사기』는 인간계의 '군자'(君子)와 '성인'(聖人)을 이상적 인간상으로 내세우는 유교의 세계관에 입각해 편찬했다. 이 때문에 일연은 『삼국사기』를 현재와 미래에 의거하여 천상계의 '지인'(至人)과 '신인'(神人)을 이상적 인간상으로 내세우는 도교의 세계관과 과거와 현재와 미래를 넘나들며 범천계와 불계의 '성문'(聲聞)-'연각'(緣覺)-'보살'(菩薩)-'부처'(佛體)를 이상적 인간상으로 내세우는 불교의 세계관을 제대로 감당하지 못하는 사서로

---

[1] 최근 한류의 1단계인 케이(K) 드라마/시네마, 2단계인 케이(K) 팝, 3단계인 케이(K) 컬처 (한복, 한식, 한옥, 뷰티 등등), 4단계인 케이(K) 클래식(문사철학) 등에 대해 전 세계에서 주목하게 된 것은 여러 가지 이유가 있을 것이다. 다만 이러한 결과가 나올 수 있었던 원천 자료는 우리 민족의 에너지이자 유전인자가 새겨진 『삼국유사』일 것이다. 한국영화 '기생충'과 '미나리', 넷플릭스 '오징어게임', '지옥', 케이 팝의 '비티에스'와 '블랙핑크' 등등이 주목을 받고 있는 것은 『삼국유사』에 내장된 유전인자에서 복제되어 나온 것이라고 필자는 보고 있다. 『삼국유사』는 한국인들의 유전인자를 보관하는 빅데이터(Big Data)라고 할 수 있다.

인식하였다.

선사이자 국사였던 목암 견명(睦庵見明, 1206~1289) 즉 인각 일연(麟角 一然)은 송나라와 원나라의 교체기 및 몽골의 침입기에 살면서 몽골에 의해 짓밟히는 국토의 온갖 참상을 경험하였다. 그는 이 나라의 강토가 짓밟히는 현장을 온몸으로 겪으면서 찬란했던 민족 문화를 수호하고 계승하기 위해 불교의 정신사관에 입각한 새로운 사서 편찬의 필요성을 절감하였다. 일연은 고려인들이 부처의 힘으로 거란의 침입을 막아내기 위해 『초조대장경』을 판각한 사례와 몽골의 침입을 물리치기 위해 『재조대장경』을 판각한 사례를 참고하여 『삼국유사』라는 역사서의 찬술을 통해 국난을 극복하고자 하였다. 이를 위해 그는 민족의 사표(師表)가 되는 인물의 전기를 수록하고 그의 가풍을 찬시로 창작해 기림으로써 민족의 역할 모델을 세우고자 하였다. 그리하여 일연은 우리 전국에 흩어져 있는 고대의 사서를 수집하고 강화도경 도서관의 여러 사서를 탐구하여 '삼국의 빠진 일들'과 '삼국의 남긴 일들'을 찾아내어 『삼국유사』를 찬술하고 이 안에다 불교의 정신사관을 담아내었다. 그는 『삼국유사』 안에서 불교의 중도 연기적 세계관에 입각해 천신, 산신, 무속 신앙을 넘어 도교와 유교 사상까지 통섭해 내고 있다.

신라 말 진성여왕은 후백제와 후고구려의 발흥으로 나라가 위기에 직면하자 이를 헤쳐 나가기 위해 대구(大矩)화상과 위홍(魏弘) 각간에게 향가집 『삼대목』 편찬을 명하여 국난을 극복하려고 하였다. 일연 또한 신라의 향가 14수(17수[2])를 수록하여 국난을 극복하려 하였고 아울러 불교의 고승들

---

[2] 『삼국유사』 수록 향가 14수 중 제4권 「의해」 편에는 '양지사석' 조에 '풍요' 1수가 들어있다. 김영회, 『천년 향가의 비밀』(서울: 북랩, 2020; 2022). 필자는 오랫동안 『삼국유사』(14수), 『균여전』(11수), 『고사기』, 『일본서기』, 『만엽집』(20권, 4516수)을 조사하여 향가 창작법을 '노랫말' - '請言' - '報言'의 구조로 제시하여 최근 『삼국유사』 수록 향가를 종래의 14수에서 '龜旨歌', '智理歌', '海歌'를 추가하고, 『삼국사기』 「고구려본기」 유리왕 조의 '黃鳥歌'까지 향가를 추가하여 '새로 발견한 향가' 9수를 편입시키고 있다. 여기에다 최근에는 고조선의 白首狂夫의 처가 노래한 '公無渡河歌' 등도 향가로 보아 필자는 우리의 고대 향가 24수와 「도이장가」 1수 그리고 『균여전』의 향가 11수를 합쳐 36수로 보고 있다.

을 수록한 「의해」편 14조목 중 11조목에 12편의 찬시를 창작하여 수록함
으로써 민족의 사표(師表)가 되는 인물들을 선양하려 하였다. 그는 『삼국유
사』의 9편목 중 제5편 「의해」에 원광/원안, 보양, 양지, 아리나발마, 혜업,
현태, 구본, 현각, 혜륜, 현유, 망명 두 법사, 혜숙, 혜공, 자장/원승, 원효/대
안, 의상/오진/지통/표훈/진정/진장/도융/양원/상원/능인/의적, 사복, 진표
/영심/보종/신방/체진/진해/진선/석충, 승전/범수, 심지, 태현, 법해 등 신
라 고승들의 전기를 서술하고 있다. 그리고 이들 14조목에다 일연은 인물
의 이름(元曉)에다 가풍의 특징(不羈)을 붙이고 그 스승과 제자 및 주변 인물
을 집성해 '또 하나의 독립된 고승전'을 기술해 내었다.

　'귀축제사' 조목에서는 아리나발마(阿離那跋摩)를 비롯한 9명(十亡名 2인)의
서역 구법승에 대해 간략히 기술하였다. '이혜동진' 조목에서는 혜숙과 혜
공의 대중교화에 대해 서술하고, '원광서학' 조목에서는 원광의 제자 원안
(圓安)을 기술하였다. '자장정률' 조목에서는 자장보다 먼저 유학했다가 자장
과 함께 귀국해 그를 도와 율부를 널리 편 원승(圓勝)을 서술하고, '원효불기'
조목에서는 대안(大安)에 대해 기술하였으며, '의상전교' 조목에서는 의상의
10대 제자를 열거하고 있다. '진표전간' 조목에서는 진표의 7대 제자들을
서술하고, '승전촉루' 조목에서는 범수(梵修) 등에 대해 기술하고 있다. 이렇
게 보면 「의해」편은 대체적으로 소략하고 체계적이지는 않지만 신라의 주
요 고승 40여 명의 전기를 다룬 신라의 고승열전이라고 할 수 있다. 여기에
다 일연은 이들의 살림살이와 사고방식을 기리는 찬시 12편을 창작하여 수
록하고 있다.

　일연은 고승의 전기를 기술한 양나라 혜교의 『고승전』, 당나라 도선의
『속고승전』, 송나라 찬녕의 『송고승전』 등과 같이 고승들의 행장을 참고하
였다. 그러면서도 그는 해당 인물의 여러 전승들을 종합하여 같은 이야기를
재수록 하지 않고 기존 사서에서 빠진 부분과 그와 다른 이야기를 담아내어

이야기꾼으로서 발군의 역량을 발휘하고 있다. 「의해」편에 수록된 이들 모두가 극성했던 신라불교의 대표적인 종장들이며 신라불교의 드높은 성취를 남긴 인물이라는 점에서 이 편명의 주요 특징을 잘 보여주고 있다. 「의해」편은 이전의 「흥법」편과 「탑상」편의 인물들과도 긴밀하고 「의해」편에서 수록하지 못한 인물들은 「신주」「감통」「피은」「효선」편에 담아냄으로써 『삼국유사』전체에 수록된 인물들과도 밀접한 연관을 맺게 하였다.

바로 이러한 점에서 「의해」편은 『삼국유사』의 찬술 이유를 가장 잘 담아낸 편명이라고 할 수 있다. 특히 이 편명이 역사의 주역인 인물에 대해 집중적으로 다루고 있는 점, 그리고 이들이 모두 신라 불교를 대표하는 주요한 고승인 점, 그리고 이들이 동아시아에서 펼친 불교적 영향이 오늘날 한국불교의 지형도를 형성하고 있는 점에서 그 의미와 가치가 매우 크다고 할 수 있다. 이 글에서는 「의해」편에 대한 선행연구[3]의 논지들을 검토하면서 『삼국유사』와 「의해」편의 편재, 「의해」편의 중심 내용, 「의해」편의 주요 특징, 「의해」편의 특성과 영향 등에 대해 종합적[4]으로 살펴보고자 한다.

---

3) 정규훈, 「삼국유사 의해편 소재 고승 전설 소고」, 『계명어문학』 제1집, 계명어문학회, 1984; 최병헌, 「삼국유사 의해편과 신라불교사」, 『신라문화제학술논문집: 신라 왕경유적과 고승이야기-『삼국유사』「의해」편I; 김상현, 「삼국유사 의해편의 내용과 성격」, 『신라문화제학술논문집: 신라 왕경유적과 고승이야기-『삼국유사』「의해」편II, 제33집, 경주시 신라문화제선양위원회, 2012; 정병삼, 「신라불교사상사와 『삼국유사』의해편」, 『불교학연구』 제16호, 불교학연구회, 2007.4; 이정훈, 「삼국유사 의해의 성격 고찰」, 『한국문학이론과 비평』 제41집, 한국문학이론과 비평학회, 2008; 이정훈, 「삼국유사 의해의 성격 고찰 II」, 『건지인문학』 제6집, 전북대학교 인문학연구소, 2011; 신태수, 「『삼국유사』〈의해편〉의 인물 층위와 그 입전방법」, 『국학연구론총』 제21집, 택민국학연구원, 2018.6.30.

4) 『삼국유사』를 철학서로 보느냐, 사상서로 보느냐, 역사서로 보느냐, 예술서로 보느냐에 따라 접근방식이 달라질 것이다. 즉 '우리는 어떤 생각을 하고 살았을까?'에 입각한 철학사로서 『삼국유사』, 사상사로서 『삼국유사』와 '우리는 어떻게 살았을까?'에 의거한 역사서로서 『삼국유사』, 예술사로서 『삼국유사』로 이해하기에 따라 초점에 달라질 수 있기 때문이다. 논자는 여기에서 역사/예술과 철학/사상의 두 측면을 아울러 보고자 한다. 이렇게 보면 『삼국유사』에 나타난 유식사상, 밀교사상, 계율사상, 법화사상, 화엄사상, 정토사상, 미륵사상, 미타신앙, 관음신앙, 선사상 등의 관점으로도 볼 수 있게 될 것이다. 결국 '우리는 어떻게 살았을까?'와 '우리는 어떠한 생각을 가지고 살았을까?'를 아우르는 편이 지혜로운 삶의 방식이 아닐까 한다. 한 인물의 삶과 앎에는 그가 살아온 살림살이와 그가 펼쳐온

Ⅱ.『삼국유사』의 편재와 「의해」

『삼국유사』「의해」편은 전 9편 중 가장 핵심이 되는 편목이라고 할 수 있다. 삼국의 불교 전래와 수용에 대해 기술한 「흥법」편, 불교 유물과 유적에 대해 기술한 「탑상」편과 함께 신라 불교 인물과 사상을 기술한 「의해」편은 삼국의 불법, 불교 유물과 유적과 신라의 인물을 담은 『삼국유사』의 핵심 3편이라고 할 수 있다. 이들 3편에 담긴 내용들 자체가 『삼국유사』의 찬술 취지를 제일 잘 견지하는 편목들이기 때문이다. 논자는 앞서 「흥법」편과 「탑상」편에 대해서 논구해 본 적[5]이 있기에 여기서는 고승 즉 인물에 집중하고 있는 「의해」편을 중심으로 논의를 전개하고자 한다.

1. 사대 고승전과 『불조통기』와의 편목 대조

『삼국유사』의 편재와 성격에 대해서는 이미 선학들의 적지 않은 논구들[6]이 있다. 「의해」편은 고승 즉 인물에 대해 집중하고 있는 편목이어서 이들의 전기를 기술한 여타의 고승전을 떠올려 보게 된다. 그런데 삼대 고승전은 모두 고승들의 전기를 기록한 반면 『삼국유사』는 일반사와 불교사를

사고방식이 공존하기 때문이다.

5) 高榮燮, 「『삼국유사』의 「흥법」편과 「탑상」편의 성격과 특징」, 『신라문화제학술논문집: 신라 초전불교와 그 특징』 제32집, 경주시 신라문화선양위원회, 2011.

6) 이기백, 「삼국유사의 사학사적 의의」, 『진단학보』, 제36집, 진단학회, 1973; 김태영, 「일연의 역사의식」, 『경희사학』 제5호, 경희사학회, 1974; 金煐泰, 「삼국유사의 체재와 그 성격」, 『동국대논문집』 제13집, 1974; 高翊晋, 「삼국유사 찬술고」, 『한국사연구』 제38호, 1982; 허흥식, 「삼국유사를 저술한 시기와 사관」, 『인하사학』 제10집, 인하역사학회, 2003.2; 정구복, 「삼국유사의 사학사적 고찰」, 『삼국유사』의 종합적 검토』(성남: 한국정신문화연구원, 1987), pp.16~17; 김두진, 「삼국유사의 體制와 내용」, 『한국학논총』 제23집, 국민대 한국학연구소, 2000, p.22; 김두진, 「삼국유사의 불교사자료와 그 성격」, 『청계사학』 제16~17집, 한국정신문화연구원, 2002, pp.758~768 등 다수가 있다.

동시에 서술한 책이다.[7] 이러한 점에서 고유성과 독자성을 찾을 수 있다.

일연은 편목 이름을 선정할 때 선행의 양·당·송 삼대 고승전의 편목(10과)을 어느 정도 참고한 것으로 짐작된다. 그런데 그가 이들 삼대 고승전들을 참고하였다는 것은 그 또한 삼대 고승전들을 의식하면서 『신라고승전』을 쓰고자 했음을 시사해 준다. 종래 선행연구에서는 『삼국유사』의 편목이 이들 고승전들의 편목과 다르다는 것만을 강조했을 뿐 정작 이러한 고승전들을 의식하고 참고하면서 일연 또한 『신라고승전』을 쓰고자 했다는 지점에 대해서는 크게 주목하지 않았다.

논자는 일연이 삼대 고승전을 의식하면서 이와 다른 고승전 편찬을 기획했다는 지점에 주목하고자 한다. 그는 『삼국유사』 「의해」 편을 중심에 두고 그 이전에 「왕력」, 「기이 1」, 「기이 2」, 「흥법」 편을 두어 일반사와 불교사를 담아내었고, 「의해」 편 이후에 「신주」, 「감통」, 「피은」, 「효선」을 부가하여 「의해」 편에서 미처 다루지 못한 민족의 사표 내지 불교의 정신사관 속에서 살았던 불자들 특히 고승과 성사의 살림살이와 사고방식을 담아내려고 하였던 것이다.

여기에서는 양·당·송 삼대 고승전과 각훈의 『해동고승전』(5권 혹은 10권, 현재 2권) 및 지반의 『불조통기』(1269, 54권)[8]와 일연의 『삼국유사』(5권)의 편재의 비교를 통해 앞 시대 고승전류의 편목과 대조해 보기로 한다.

---

7) 김상현, 앞의 글, 앞의 책, p.11.

8) 志磐의 『佛祖統紀』는 일연의 『삼국유사』 보다 조금 앞서 편찬된 송나라 불교사서이며 편재는 司馬遷의 『사기』 편재와 같이 本紀·世家·列傳·表·志로 되어 있다. 여기서 '志'에 해당되는 부분에 9편목이 시설되어 있어 『삼국유사』 편목과 비교해 볼 수도 있다.

<도표 1> 사대 고승전9)과 『불조통기』와의 편목 대조표

서명/편명	제1	제2	제3	제4	제5	제6	제7	제8	제9	제10
(梁)高僧傳 (14권)	譯經	義解	神異	習禪	明律	亡身	誦經	興福	經師	唱導
唐)續高僧傳 (30권)	譯經	義解	習禪	明律	護法	感通	遺身	讀誦	經師	雜科 聲德
宋高僧傳 (30권)	譯經	義解	習禪	明律	護法	感通	遺身	讀誦	興福	雜科 聲德
海東高僧傳 (5권?/10권?)	流通	以下 ?								
佛祖統紀(54권) 本紀/世家/列傳 表/志 -9편	山家 教典	淨土 立教	諸宗 立教	三世 出興	世界 名體	法門 光顯	法運 通塞	名文 光教	歷代 會要	
三國遺事 (5권)	王曆	紀異	興法	塔像	義解	神呪	感通	避隱	孝善	

「왕력」편은 제왕의 연표이자 연대기이기는 하지만 특히 '신이를 기술함' 혹은 '『삼국사기』와 다르다'는 뜻으로 이해할 수 있는 「기이」편의 경우는 이들 고승전의 편명에서 찾아볼 수 없다. 세속의 명예와 이익을 피해 숨어 사는 선비의 살림살이를 기록한 「피은」편과 유교적 효행을 불교적 선행으로 귀결시키는 「효선」편의 편명도 마찬가지이다.

〈도표 1〉에 의하면 『양고승전』, 『당고승전』, 『송고승전』에도 『삼국유사』 「의해」편과 같은 편명이 보인다. 이들 세 고승전에는 모두 「의해」를 하나의 편목으로 입전하고 있다. 하지만 이들 세 고승전의 편명 10개가 일연의 『삼국유사』의 편명 9개와 모두 동일하지 않다는 점에서 『삼국유사』 편명들이 지닌 독자성과 창의성이 드러나고 있다. 「감통」편의 경우는 『당고승전』과 『송고승전』에도 보이며, 「홍법」편의 경우는 『당고승전』과 『송고승전』 모두 「호법」편으로 편재되어 있다.

---

9) 중국의 梁·唐·宋 삼대 고승전과 覺訓의 『해동고승전』 이외에 『화랑세기』의 저자인 김대문도 『고승전』(702~737)을 지은 것으로 알려져 있으나 현존하지 않는다.

'불법을 일으키는 흥법'과 '불법을 보호하는 호법'은 상통점과 상이점이 공존하는 편명이다. 신라 자장의 경우는 『속고승전』에서 「호법」 편에 입전된 반면, 『삼국유사』에서는 「의해」 편에 '자장정률' 조목으로 입전되어 있다. 도선은 「명률」과 「호법」을 구분해 편명으로 채용하고 있다. 이렇게 본다면 찬술자들이 자장의 생평 중 어느 부분을 더 주목해 강조했느냐에 따라 조목 이름의 소속 편명이 달라졌던 사실을 알 수 있다. 도선은 자장의 생평 중 '불법의 보호' 즉 '호법'에 방점을 둔 반면, 일연은 자장의 '수계'를 통한 '불교의 홍포'와 '정률'을 통한 '교단의 통제'에 역점을 둔 것으로 이해된다.

따라서 이들 삼대 고승전의 편목에서 나오는 「의해」와 편과 「감통」 편의 이름이 『삼국유사』의 편목(9과)에도 실려 있는 까닭은 일연이 이들 고승전을 의식하면서 『신라고승전』 편찬을 기획하였다는 사실을 시사해 주는 대목이다. 그동안 우리는 이러한 부분에 크게 주목하지 않아왔었다. 이 부분은 일연이 「의해」 편을 어떻게 인식하고 있었는지를 보여주는 대목이기도 하다.

한편 『삼국유사』에서는 이들 두 편명 이외에 나머지는 전혀 다른 편명을 사용하고 있을 뿐만 아니라 매우 주체적이고 독자적인 편명으로 편재하고 있다. 이들 삼대 고승전에서는 『삼국유사』의 「왕력」, 「기이」, 「피은」, 「효선」과 같은 편명은 발견되지 않기 때문이다. 바로 이 점에서 우리는 또 『삼국유사』 편재의 독자성을 찾을 수 있다.

2. 『삼국유사』의 편재와 성격

『삼국유사』(5권) 「왕력」, 「기이 1」, 「기이 2」, 「흥법」, 「탑상」, 「의해」, 「신주」, 「감통」, 「피은」, 「효선」 9편의 편재와 '고조선'부터 '빈녀양모'까지 138조목의 개략적인 내용은 도표 2에서 살펴볼 수 있다. 제1권은 신라, 고구려, 백제, 가야, 후고구려, 후백제의 간략한 연표를 담은 「왕력」 편과 고조선 이래 진덕왕까지의 중고기와 하고기의 시작인 태종무열왕까지의 한국 고대사와 고대불교사를 담은 「기이1」(36조목) 편으로 이루어져 있다. 제2권은 '문무왕 법민'에서 '후백제의 견훤' 및 '가락국기'까지 하고기의 한국고대사와 고대불교사를 담은 「기이 2」(23조목) 편으로 이루어져 있다.

제3권은 삼국의 불법 전래와 수용 및 번성에 대해 기술한 「흥법」(7조목) 편과 이 땅에서 이루어진 불탑과 불상에 대해 기술한 「탑상」(30조목) 편으로 이루어져 있다. 제4권은 신라 고승들의 살림살이와 사고방식을 전기 형식으로 기술한 「의해」(14조목) 편으로 이루어져 있다. 제5권은 신라 밀교승들의 신이행을 서술한 「신주」(3조목) 편, 지극하면 통하는 신앙의 가치와 영험을 기록한 「감통」(10조목) 편, 세속의 명예와 이익을 피한 숨은 선비의 살림살이를 서술한 「피은」(10조목) 편, 부모에 대한 효행이 불교적 선행과 만나게 되는 과정을 기술한 「효선」(5조목) 편으로 이루어져 있다. 이것을 권차와 편차 및 조목과 내용으로 정리하면 〈도표 2〉와 같다.

<도표 2> 『삼국유사』의 편재와 내용

권차	편 차	조목	내 용
권1	王曆		신라, 고구려, 백제, 가야, 후고구려, 후백제의 간략한 연표
	紀異 제1	36	'고조선' 이래 삼국의 역사와 신라의 상고기, 진덕왕까지의 중고기와 하고기의 시작인 '태종 춘추공'과 '장춘랑과 파랑'까지 역사적 사실의 단편적 기록
권2	紀異 제2	23	신라 '문무왕 법민' 이래 하고기와 '후백제의 견훤' 및 금관가야의 '가락국기'까지 역사적 사실의 단편적 기록
권3	興法 제3	7	'순도조려' 이래 '동경 흥륜사 금당 십성'까지 삼국의 불교 전래와 수용 및 번성의 기술
	塔像 제4	30	'가섭불 연좌석' 이래 '오대산 문수사 석탑기'까지 이 땅에서 이루어진 불사와 불탑과 불상의 연기 기록
권4	義解 제5	14	'원광서학' 이래 '현유가 해화엄'까지 신라 고승들의 살림살이와 사고방식을 전기 형식으로 기술
권5	神呪 제6	3	'밀본최사'와 '혜통항룡' 및 '명랑신인'까지 신라의 대표적 밀교승

			3인의 신이행 서술
感通 제7	10		'선도성모 수희불사' 이래 '정수사 구빙녀'까지 지극하면 통하는 신앙의 가피와 영험의 기록
避隱 제8	10		'낭지승운 보현수' 이래 '염불사'까지 세속의 명예와 이익을 피한 숨은 선비의 살림살이 서술
孝善 제9	5		'진정사 효선쌍미' 이래 '빈녀양모'까지 부모에 대한 효행이 불교적 선행과 만나게 되는 과정 기술
5	9	138	계

일연은 『삼국유사』의 한 축이라고 할 「흥법」편의 '순도조려', '난타벽제', '아도기라'10), '원종흥법 염촉멸신', '법왕금살', '보장봉로 보덕이암', '동경 흥륜사 금당 10성'의 7조목을 통해 삼국의 불교 전래와 수용 및 신행의 주체와 관련 사실들을 수록하고 있다. 이 중에서도 「흥법」편으로 보아야 할 '동경 흥륜사 금당 10성'에 입전된 혜숙, 혜공, 자장, 원효, 의상, 사파' 등 6명의 인물이 「의해」편에 들어있다는 점은 주목된다. 이들 6명과 「의해」편과의 유기적 관계를 고려해 「의해」편 고승들의 성격을 추정해 볼 수 있다. 이들 모두는 신라의 고승이자 현인이라는 점과 이들이 신라 불교 대중화의 주역들이라는 점에서 주목된다.

일연은 『삼국유사』의 또 하나의 축이라고 할 「탑상」편에 한국고대사와 고대불교사 관련 사실을 「기이 1」의 36조목과 「기이 2」의 23조목에 이어 30조목이나 수록하고 있다. 여기에는 '가섭불 연좌석', '요동성 육왕탑', '금관성 파사석탑', '고(구)려 영탑사', '황룡사 장륙', '황룡사 9층탑', '황룡사 분황사 약사 봉덕사종', '영묘사 장륙', '사불산 굴불산 만불산', '생의사 석미륵', '흥륜사 벽화 보현', '삼소관음 중생사', '백률사', '민장사', '전후 소장 사리', '미륵선화 미시랑 진자사', '남백월 2성 노힐부득 달달박박', '분황사 천수대비 맹아득안', '낙산사 2대성 관음 정취 조신', '어산불영', '대산 5만 진

10) 高榮燮, 「『삼국유사』「흥법편」의 '아도기라' 조 고찰」, 『신라문화제학술논문집: 신라 초전 불교와 그 특징』 제32집, 경주시 신라문화선양위원회, 2011.

신', '명주 오대산 보질도태자 전기', '대산 월정사 5류 성중', '남월산', '천룡사', '무장사 미타전', '백엄사 석탑사리', '영취사', '유덕사', '오대산 문수사 석탑기' 등이 실려 있다. 이들 30조목은 대개 고구려와 백제 및 신라와 가야에서 이루어진 불탑과 불상의 조성 이유 및 이들에 대한 예배와 영험 등의 기록들이다.

일연은 이들 두 편을 잇는 또 다른 축이라고 할 「의해」 편에 '원광서학', '보양이목', '양지사석', '귀축제사', '이혜동진', '자장정률', '원효불기', '의상전교', '사복불언', '진표전간', '관동풍악발연수석기', '승전촉루', '심지계조', '현유가 해화엄'의 14조목을 수록하여 신라 고승들의 살림살이와 사고방식을 전기형식으로 담아내고 있다. 이들 세 편은 삼국불교 특히 신라불교 신행의 전개와 과정 및 주체와 대상을 아우른 주인공에 대해 기술하고 있으며 『삼국유사』를 떠받치는 세 축三軸이자 세 발三足이라고 할 수 있을 정도로 유기적이고 긴밀한 관계를 형성하고 있다.[11]

여기에서 한 걸음 더 나아가 일연은 신라 고승 중심의 『삼국유사』 「의해」 편에서 다 담아내지 못한 부분을 마지막 제5권의 「신주」, 「감통」, 「피은」, 「효선」 등 4편명에서 신라불교의 신행과 문화 전반에 대해 간략히 기술하고 있다. 그는 신라 밀교승들의 신이한 행법에 대해 서술한 「신주」 편에서 밀본과 혜통과 명랑, 지극하면 통하는 신앙의 가피와 영험을 기록한 「감통」 편에서 선도성모, 욱면비, 광덕과 엄장, 경흥, 진신, 월명사, 선율, 김현, 융천사, 정수사 등으로 수록하고 있다. 또 세속의 명예와 이익을 피하여 숨은 선비[逸士]의 살림살이를 기술한 「피은」 편의 낭지, 연회, 혜현, 신충, 포산2성, 영재, 물계자, 영여사, 포천산 5비구, 염불사, 그리고 부모에 대한 효행이 불교적 선행과 만나게 되는 과정에 대해 서술한 「효선」 편의 진정사, 대성, 손순, 향덕, 빈녀 등으로 수록하고 하고 있다.[12] 이들 네 편목과 이들

---

11) 高榮燮, 앞의 글, 앞의 책.
12) 高榮燮, 앞의 글, 앞의 책.

속에 들어있는 조목의 인물은 삼국불교의 인물이자 신라불교의 주역이라는 점에서 「의해」 편과 관련해 주목하지 않을 수 없다.

Ⅲ. 「의해」편의 구성 편재와 중심 내용

1. 『삼국유사』의 중심 편목

일연은 『삼국유사』(5권)의 제1권의 「왕력」, 「기이 1」, 제2권의 「기이 2」, 제3권의 「흥법」, 「탑상」, 제4권의 「의해」, 제5권의 「감통」, 「신주」, 「피은」, 「효선」 등 9개 편명을 시대순, 국가순, 인물순 등의 체계를 고려하면서 전5권 9편 138 조목의 조직적인 구성으로 담아내었다. 그는 삼국의 연대기를 서두에 편재한 다음 「기이」 편에서 상고시대에 대륙과 반도에 걸쳐있었던 전삼한과 고대의 후삼한의 역사를 기술하고 있다. 특히 삼국불교와 신라불교의 장대한 역사는 「흥법」 편과 「탑상」 편과 「의해」 편을 주축으로 담아내고 있다. 그리고 마지막 제5권의 「신주」, 「감통」, 「피은」, 「효선」 편을 통해 빠진 부분을 보완하고 있다.

일연은 「흥법」 편과 「탑상」 편에서 삼국 불교 신행의 주체가 누구이고, 신행의 대상이 무엇인지에 대해 구체적으로 보여주고 있다. 그는 해당 편의 각 조목 말미에 '찬시'(讚詩)를 붙임으로써 이들 인물과 주제에 대한 의도와 취지를 보여주고 있다. 일연은 해당 조목에서 등장인물의 행장과 사상이 밋밋하거나 보완이 필요한 곳에는 시인의 안목으로 통찰하여 찬시를 지어 붙였다.

특히 국난의 극복을 위해 수록한 '향가' 계승 의지와 국난 극복을 위해 사표가 될 만한 인물을 기리는 '찬시' 창작 수록은 『삼국유사』의 주요한 특

징 중 하나이며 「의해」 편을 이해하는 관문이라고 할 수 있다. 그리하여
일연은 저술과 활동으로 신라불교에 존재감을 남긴 고승들 즉 신라 불교
신행의 주체인 신라 고승들을 「의해」 편 14조목에 담아 기술하고 있다. '의
해'란 경전 '교의의 밝은 풀이' 혹은 '저술과 역경에 뛰어난 고승들의 강해'라
고 할 수 있으며, 이 편목에는 '불법의 교의를 잘 풀어낸 고승들'을 담아내고
있다. 〈도표 3〉은 「의해」 편의 조목과 찬시의 유무에 대해 정리한 것이다.

<표 3> 「의해」 편의 조목과 찬시 유무

목차	조목 이름	조목 내용	분류/讚
1	圓光西學	원광의 출자와 출가 및 진나라 유학과 귀국 후 세속오계 제시	유학/讚
2	寶壤梨木	원광의 전기 속에 보양의 사적을 혼합해 기록한 金陟明과 『속고승전』 「원광전」과 『고본수이전』의 「원광법사전」을 그대로 인용해 鵲岬, 璃目, 雲門의 사실이 관계 없음을 밝혀 운문사의 개조인 나말 여초의 고승인 보양의 전기를 바로 잡은 연기	국내
3	良志使錫	지팡이를 부린 양지와 향가 <풍요>	국내/讚
4	歸竺諸師	천축으로 간 서역 구법승 7인의 이름과 행장	국내/讚
5	二惠同塵	세속을 따른 혜숙과 혜공의 행장과 혜공의 원효 명랑과의 교유	국내/讚
6	慈藏定律	계율을 정한 자장의 행장과 유학 및 화엄 강론과 문수 도량 시설	유학/讚
7	元曉不羈	구속받지 않았던 원효의 행장과 대중교화 및 절필과 설총	국내/讚
8	義相傳教	화엄 원교를 전한 의상의 행장과 화엄 십찰 및 그의 10대덕	유학/讚
9	蛇福不言	말을 못한 사복과 그 모친에 대한 원효의 포살 수계	국내/讚
10	眞表傳簡	『점찰경』의 간자를 전해 탑참법과 박참법을 보인 진표	국내/讚
11	關東楓嶽鉢淵藪石記	주지 瑩岑이 지은 관동 풍악산 발연사의 진표율사 비석	瑩岑撰
12	勝詮髑髏	승전의 유학과 「寄海東書」 소지 및 상주 개령군의 갈항사 石髑髏에게 불경 강의	유학
13	心地繼祖	진표 조사 뒤를 이은 심지의 정진과 지장보살의 위문	국내/讚
14	賢瑜伽海華嚴	유가업의 대덕 태현과 화엄업의 대덕 법해의 기우제를 통한 법력 대결	국내/讚2편

선행연구에서는 「의해」 편의 내용을 구법승의 활동, 불교 교단의 정비와 대중교화, 신라 화엄사상의 전개, 고승들의 경전 강의와 신이한 행적의 측면[13]으로 살피고 있다. 또 각 조목을 신라불교사상사와 연결시켜 논하거나[14] 해당 고승들을 신라불교사의 흐름 속에서 분석하고[15] 있다. 하지만 「의해」 편 인물들에 대한 일연의 찬시 창작 수록과 그 의미 그리고 이들을 포함해 거론된 44명을 종합적으로 살펴보지는 않았다.

2. 민족의 사표 발굴과 선양

「의해」 편은 신라의 고승 40여 인을 기리는 고승열전이라고 할 수 있다. 조목은 14개이지만 여기에 수록한 고승들의 학덕과 인품 및 지역과 역할은 실로 다양하다. 일연은 이들을 통해 몽골의 침입으로 온 강토가 짓밟힌 현실을 직면하면서 우리 고대의 사표가 될 만한 이들을 세워 그들의 살림살이와 사고방식을 기술하고 그들을 기리는 찬시를 덧붙여 민족의 자존을 재건하고 있다. 그리하여 그는 진성여왕 당시 국난 극복을 위해 대구화상과 위홍 각간에 의해 간행한 향가집 『삼대목』과도 상통하는 『삼국유사』의 찬술을 이루어낼 수 있었다.

1) '원광서학'에서 일연은 원광을 최초로 서쪽으로 유학을 간 인물로 기술하고 있다. 그에게는 속성이 박씨라는 전승(續高僧傳, 99세 입적)과 설씨라는 전승(古本殊異傳, 84세 입적)이 있다. 원광은 황룡사로 출가하여 주석하다가 바다를 건너 서쪽으로 유학을 하였다는 전승과 늙은 여우 신의 권유로 서쪽으로 유학을 가 11년간 배웠다는 전승이 실려 있다.

---

13) 김상현, 앞의 글, 앞의 책, pp.6~11.
14) 정병삼, 앞의 글, 앞의 책, pp.34~41.
15) 최병헌, 앞의 글, 앞의 책, pp.13~20.

처음에 원광은 속세의 경전을 잘 알아 유교의 진리가 신묘하다고 생각하였다. 이후 그는 장엄사 승민 공의 제자의 강의를 듣고 도리어 자신이 썩은 지푸라기 같았다고 고백하고 있다. 그런 뒤에 원광은 그동안 명분과 교화를 추구하는 명교(名敎) 즉 유교만 찾다가는 실로 생애가 우려스럽다고 여기고, 진나라 왕에게 아뢰어 불법에 귀의할 것을 청하여 진왕으로부터 칙명으로 허락을 받고 승려가 되었다. 신라로 돌아온 원광은 왕의 명을 받아 전문(牋文), 표문(表文), 장계(狀啓), 사서(私書) 등 국가에서 오가는 외교문서를 도맡아 작성하였다. 특히 그는 왕의 명을 받아 고구려의 침입을 막기 위해 수나라에게 군사를 청하는 '걸병표'(乞兵表)를 짓고, 사대부와 교유하는 방식에 대해 물은 추산과 귀항에게 세속오계를 제시하였다.[16] 그 중에서도 살생유택의 계목에 대해 '택시' 즉 시일을 가림과 '택물' 즉 생물을 가림을 통해 생명존중의 지혜를 열어주었다.

　　그런데 일연은 원광의 정체성을 밝혀내고자 했을 뿐만 아니라 운문사의 개조인 보양의 사적을 원광의 사적에 뒤섞어 서술했던 김척명(金陟明)의 잘못을 분명히 밝히기 위하여 『속고승전』「원광전」과 『고본수이전』「원광법사전」을 그대로 인용하여 기술하고 있다. 그는 (『당전』과 『향전』의) 두 전기에는 작갑(鵲岬), 이목(璃目), 운문(雲門)의 사적이 없음을 확인할 수 있으며, 보양의 사적을 『원광전』에 뒤섞은 폐해를 자세히 적고 있다.[17]

　　일연은 이러한 김척명의 오류 때문에 뒷날의 각훈 또한 『해동고승전』에서 오류를 범하였다고 지적하고 있다. 특히 그는 태조 26년(943)에 작성한

---

16) 一然, '圓光西學',「義解」제5,『三國遺事』권제4.
17) 一然, '圓光西學',「義解」제5,『三國遺事』권4(『한불전』제6책, p.342하). "그러나 위의 두 전기에는 鵲岬과 璃目 및 雲門寺의 사적이 없는데, 우리나라 사람인 金陟明이 항간의 말을 잘못 윤색하여 『원광법사전』을 만들면서 운문사 개산조사 寶壤의 사적을 합쳐 하나의 전기를 만들었다. 뒤에 『해동승전』을 저술한 자도 잘못된 것을 그대로 기록했기 때문에 지금 사람들이 잘못 알고 있다. 여기에 확실히 구별하고자 하여 한 글자도 가감하지 않고 두 전기를 자세히 기록했다."

청도군의 장적(淸道郡司籍), 진양부의 주첩공문(奏貼公文), 청도군 내의 고적비보기(古籍裨補記) 등의 고문서의 자료를 활용해 「의해」 편의 '원광서학' 조목 바로 뒤에 '보양이목' 조목을 서술하고 종래의 잘못에 대해 지적하고 있다.[18] 이 때문일까, 일연은 '원광서학'의 조목에는 찬시를 붙이면서도 '보양이목' 조목에는 드물게 찬시를 붙이지 않고 있다.

2) '보양이목'에서 일연은 보양의 행적이 원광의 사적과 혼동된 내용을 시정하려고 하였다. 이렇게 본다면 '보양이목' 조는 독립된 조목이라기보다는 '원광서학' 조에 부속되는 항목으로 보는 것이 합리적이라고 본다는 지적은 설득력이 있다. 그렇게 될 경우 '의해' 편의 항목 순서가 시기순으로 배열되게 되고, 또한 7~8세기의 인물들 가운데 유독 9세기말 10세기의 보양이 포함되는 부자연스런 상황이 시정되어 '의해' 편이 좀더 체계적인 내용이 될 수 있다[19]고 본다는 지적도 타당하다. 이렇게 본다면 '보양이목'의 조목은 '원광서학'의 부속 항목으로 보든가 아니면 「의해」 편 말미로 옮겨 나말 여초의 인물로 보아야 자연스럽다.

3) '양지사석'에서 일연은 불상과 불탑을 조성하는 집단 예술가로서 양지의 활동을 그리고 있으며, 석장 즉 지팡이를 잘 부렸기에 '양지사석'이라는 조목 이름을 붙였다. 일부 연구자는 양지가 예술가여서 「탑상」 편에 수록하는 것이 낫겠다고 했지만 유적과 유물 중심으로 편재된 「탑상」보다는 인물 중심으로 편재된 「의해」 편에 실은 것이 적절하다고 생각된다. 그런데 여기서 주목되는 것은 일연이 국난 극복을 위해 집성한 『삼대목』과 같은

---

18) 一然, '寶壤梨木', 「義解」, 『三國遺事』 권4(『한불전』 제6책, p.344상). "후세 사람들이 『新羅異傳』을 고쳐 지으면서 鵲岬寺의 탑과 璃目의 사실을 원광의 傳記 속에 잘못 기록해 넣었다. 또 犬城의 사실을 毗虛師의 전기에 넣은 것도 이미 잘못인데, 또 『海東僧傳』을 지은 이도 여기에 따라서 글을 윤색하고 보양의 전기가 없어 뒷사람들이 의심하고 잘못 알게 했으니 그 얼마나 터무니없는 일인가?"

19) 최병헌, 앞의 글, 앞의 책, p.16.

의미를 지닌 『삼국유사』 안에 향가의 계승 의지를 담아 향가 「풍요」를 싣고 있으며 찬시도 창작해 수록하고 있는 지점이다.

「풍요」는 내용으로 보아 제목의 '풍'자는 '풍'(諷)자로 볼 수 있다. 여기서 '풍'(諷)자는 '풍간'(諷諫) 즉 '완곡한 표현으로 잘못을 고치라'는 의미로 짐작된다. 영묘사 장육존상 불사에 참여한 이들이 부른 노래이지만 맥락을 살펴보면 공덕 대신 바치는 노역에 대한 고통이 섞여 있는 것으로 보인다. 영묘사의 장육존상을 조성할 때에 들은 비용이 곡식 2만 3천 7백석이었다고 한다. 그런데 '좋은 뜻'[良志]이라는 이름을 지닌 양지는 사찰의 재와 불사에 드는 큰 비용을 거둬들이는 데에 발군의 재주를 지니고 있었다. 이 때문에 많은 사람들에게 고통을 주었기에 더 이상 이런 일이 없도록 해달라는 노래로 이해된다.

여기서 '여래'(如來)를 '래여 래여 래여 래여'(來如 來如 來如 來如)로 네 차례나 불렀다는 것은 '부처님의 가르침에 반대되는 일이여'라며 장육존상 조성 불사의 의미를 뒤튼 것으로 보인다. 그래서 "슬픔이 반복됨이라/ 슬픔이 반복되는 일은 무리어라/ 공덕을 닦으라 하지 말라/ 부처님의 가르침에 반대되는 일이여"라고 부르는 것이며 현대에 와서 영묘사 불사에서 노래를 불렀던 '공덕! 공덕!'이란 말이 '쿵덕! 쿵덕!'이란 말로 바뀌었다[20]는 지적은 설득력이 있다.

일연은 양지의 '사석' 즉 지팡이 끝에 포대를 달아두면 지팡이가 스스로 시주의 집으로 날아가 스스로 흔들면서 소리를 내면서 그 집에서 재에 쓸 비용을 담아 주었고 포대가 차면 지팡이가 날아서 돌아왔다고 기록했다. 하지만 그는 한편으로는 백성들의 고뇌를 이해하고 이러한 일을 경계를 보여주기 위해 향가 「풍요」를 싣고 있다. 일연은 향가의 의미를 이해하고 있었을 것이다. 그는 선사일 뿐만 아니라 뛰어난 시인이었기에 「풍요」의 의

---

20) 김영회, 「風謠」, 앞의 책, pp.181~184.

미를 정확히 알고 있었기에 이 조목에 향가를 실었던 것으로 추정된다.

그러면서도 일연은 찬시를 통해서는 "공양 뒷면 석장 짚고 뜰에서 노닐고/ 고요하면 화롯불에 전단향을 피우네"라며 수행자 양지와 "경을 읽고 끝낸 뒤 다른 일 없어/ 불상을 조성하고 합장하여 우러르네"라며 예술가 양지의 모습을 모두 기리고 있다. 바로 이 지점에서 그가 양지를 「의해」편에 수록한 이유를 읽을 수 있다.

4) '귀축제사'에서 일연은 7세기 중반 경에 인도로 구법여행을 갔던 아리나발마 이래 9명(玄遊 1명은 고구려인)의 신라 승려에 대해 적고 있다. 이 기록은 의정의 『대당서역구법고승전』에 의거한 것이다. 그는 여기서 보이지 않는 구본(求本)이라는 승려를 추가하였다. 구본이 누구인지, 어떠한 자료에 의거했는지에 대해서는 다른 사료를 추적해 볼 필요가 있다. 그런데 각훈의 『해동고승전』에서 의정의 『대당서역구법고승전』을 인용하면서 착오로 당나라 승려 현조(玄照)를 신라승에 포함시킨 오류를 범한 바 있었는데, '귀축제사'에서는 현조를 제외시켜 바로 잡은 부문[21]은 주목된다.

5) '이혜동진'에서 일연은 신라 불교 대중화 운동의 주역이었던 혜숙과 혜공의 살림살이를 담고 있다. 두 사람의 출현은 기존 왕실불교에 대한 비판적인 그룹의 양산으로 이어졌다. 이들은 뒷날 신라 10성에 포함되어 신라 최초의 절인 대왕흥륜사에 소상으로 봉안되었다. 혜공은 신라 대중화 운동의 선배이자 구마라집의 제자로서 『조론』(肇論)을 지은 승조(僧肇)의 후신으로 알려졌으며 중관학의 공성과 유식학의 가유의 통합을 꾀한 선구적인 학승이었다. 특히 혜공은 7세기 중엽에 신라에서 성립된 『금강삼매경』을 지은 저자로 추정되며[22] 이 경전은 대안의 편집을 거쳐 원효의 주석에

---

21) 최병헌, 앞의 글, 앞의 책, p.17.
22) 高榮燮, 「분황 원효 『금강삼매경론』의 중심 내용과 주요 특징」, 『불교철학』 제7집, 동국대학교 세계불교학연구소, 2020.10.

의해 강론되었다. 그는 원효의 길잡이로서 신라 불교사상사에 일정한 영향을 미친 인물로 평가받고 있다.

6) '자장정률'에서 일연은 이 조목을 '원광서학'과 함께 가장 잘 정비된 전기를 기술하고 있다. 그러면서도 일연은 '원광서학'의 사례처럼 향전에 의거하면서 『당고승전』과 비교하여 차이점을 기술하고 있다. 주목되는 것은 자장의 행적 중 계율을 제정하고 교단을 정비한 사실에 의거하여 항목의 제목으로 삼은 지점이다. 그는 신라의 승관제도의 정착 과정에 대한 자세한 주석을 덧붙이고, 교단의 정비에 공헌한 부분을 강조해 적고 있다. 하지만 자장은 신라 10성의 1인으로 추앙되었음에도 불구하고 말년에는 강릉 수다사에서 문수보살이 감응한 이상한 승려와 어떤 늙은 거사를 알아보지 못한 부정적인 모습으로 그려지고 있다.

하지만 일연은 찬시에서 "일찍이 청량산에서 꿈을 깨고 돌아오니/ 칠편삼취를 일시에 폈도다"라며 그의 불교 교화와 "승속들의 옷을 부끄러이 여겨/ 신라의 의관을 중국처럼 만들었네"라며 그의 국제화의 업적을 크게 기리고 있다. 일연은 이전 시대의 역사적 사료에 의거하여 찬술하면서도 자신은 현재의 관점에 서서 자장의 업적을 온전히 기리고 있다.

7) '원효불기'에서 일연은 『당고승전』과 '원효행장'에 실린 행적과 불법을 홍포한 자취는 수록하지 않고 있다. 대신 민간전승과 향전(鄕傳)에 의거하여 원효의 출생설화, 요석공주와의 만남과 아들 설총의 출생, 대중교화, 『화엄경소』와 『금강삼매경론』의 찬술, 설총에 의한 분황사 원효 소상의 조성 등에 의한 사실 등을 단편적으로 적고 있다. 특히 일연은 원효의 살림살이를 '굴레에 걸리지 않는 무애의 행위'로 보아 '원효불기'라는 조목 이름을 붙였다. 이러한 일연의 원효에 대한 '불기'(不羈)의 평가는 의천의 원효에 대한 '통방지학'(通方之學)의 평가 즉 「제분황사효성문」(祭芬皇寺曉聖文)에서 보여주

는 극찬과 대비해 볼 수 있다. '불기' 즉 어떠한 경계(분야)에 걸림이 없다는 것은 모든 분야에 통한다는 '통방'과 상통되는 지점이 있기 때문이다.

8) '의상전교'에서 일연은 '원효불기'조와 같이 의상의 전기를 완성하지 않고 최치원의 「의상전」에 미루고 있다. 대신 의상과 법장의 인연, 귀국과 부석사 창건 사실, 전교 10찰과 10 제자 중의 몇몇 제자의 사적 등을 간략히 서술할 뿐이다. 원효와의 2차례 유학을 떠난 사실을 적지 않고 대신 의천이 편집한 『원종문류』에 수록된 '기해동서'(寄海東書) 즉 법장의 신라인 제자 승전 편에 의상에게 보낸 서신의 전문을 전재하고 있다. 의상의 행적과 제자에 대해서는 「의해」 편의 '승전촉루' 조목 외에도 2권의 '문무왕법민' 조목과 '경덕왕 충담사 표훈대덕' 조목, 3권의 '전후소장사리' 조목, 5권의 '진정사 효선쌍미' 조목에도 보인다. 의상의 10대 제자 중에서 특히 표훈은 신라의 마지막 성인으로 평가되고 있다.

9) '사복불언'에서 일연은 원효와 교류한 사복에 대해 기술하고 있다. 이 '사복불언'을 미천한 출신의 인물과 다양하게 교유하던 원효의 모습이라고 보면, 앞에서 본 '이혜동진'과 「감통」 편의 '광덕엄장'과 「피은」 편의 '낭지 승운 보현수'와도 상통하는 부분이 있다. 이러한 살림살이는 당시 신라불교의 대중화의 모습들로 볼 수 있을 것이다.

10) '진표전간'에서 일연은 진표와 그의 제자들에 대한 기록에 의거해 점찰계법의 전승에 대해 기술하고 있다. 여기에서는 진표의 출신과 출가, 점찰계법의 수행과 제자들에의 전승에 관한 사실을 서술하고 있다. 특히 『송고승전』「진표전」의 내용을 전재하고 있어 주목된다.

11) '관동풍악발연수석기'는 일연의 의도와 관계없이 추가된 것이다. 일연의 제자 무극(無極)은 『삼국유사』의 내용을 보완하기 위해 발연사 주지

영잠(瑩岑)이 지은 「진표비문」을 첨가하였다. 그는 비문이 앞의 '진표전간'의 내용과 다른 점을 발견하고 이를 대비하고 보완하기 위해 이 조목을 덧붙인 것으로 추정된다. 또 무극은 이 조목 이외에도 「탑상」편의 '전후소장사리'에서 일연의 내용을 보완하고 있다.[23)]

12) '승전촉루'에서 일연은 법장이 신라인 제자 승전 편에 의상에게 보낸 서간의 별지를 전한 사실과 갈항사를 짓고 돌로 만든 해골[石髑髏]로 관속을 삼고 『화엄경』을 강론한 이적을 적고 그 밖의 다른 사적은 그의 비문으로 미루고 있다.

13) '심지계조'에서 일연은 제41대 헌덕왕 김씨의 아들로서 출가한 심지가 진표의 점찰계법을 전해 받은 영심에게 출가하여 그 점찰계법을 이어받고 팔공산 동화사에 주석하였음을 밝히고 있다. 심지는 '원광서학'의 부속 항목으로 이해되는 '보양이목' 이전에 활동한 신라의 최후 고승으로 볼 수 있다. 보양은 심지 이후 나말여초에 활동한 인물로 보이기 때문이다.

14) '현유가 해화엄'에서 일연은 유가법상업 용장사의 태현과 화엄업 황룡사의 법해 사이의 기우제를 둘러싼 법력 경쟁 설화를 서술하고 있다. 7세기 후반 이후 대두된 신라 유식학과 화엄학 사이의 대립과 경쟁을 반영한 일화로 이해된다. 결과적으로 이 경쟁에서는 화엄업의 법해가 유가업의 태현을 누르고 기우제에서 승리한 것으로 기록되어 있다.

『삼국유사』는 문학, 역사, 철학, 종교, 예술 및 정치, 경제, 사회, 문화, 과학 등의 여러 분야를 담고 있어 한 분야의 저서로 제한하기가 쉽지 않다.

---

23) 一然, '前後所將舍利', 「塔像」, 『三國遺事』. 無極은 최치원이 쓴 '義湘傳' 즉 「浮石本碑」를 인용하여 智儼삼장과 道宣율사 및 義湘의 법력에 대해 기술하고 있다. 이 두 조목에 덧붙인 無極의 기록 때문에 한때 학계에서는 제5권에 유일하게 적힌 일연의 찬술 기록을 주목하지 않은 채 『삼국유사』의 찬술자를 無極으로 오인해 왔다.

다만 학문사적으로 분류해 볼 때 이 서물이 담고 있는 성격을 철학서, 사상서, 역사서, 예술서 등으로 볼 수 있을 것이다. 「의해」 편의 14조목을 역사서나 예술서의 입장에서 볼 수도 있고, 철학서나 사상서의 입장에서 볼 수가 있을 것이다. 저술과 글이 남아있지 않은 원광과 자장과 양지의 경우는 역사서나 예술서의 입장에서 볼 수 있는 반면, 저술과 글이 남아있는 원효와 의상과 태현은 철학서나 사상서의 입장에서 볼 수 있을 것이다.

이 때문에 선행연구와 같이 이들 14개 조목을 10개 조목으로 묶어 논의할 수도 있고(최병헌), 14조목 낱낱이 살펴 논의할 수(정병삼)도 있을 것이다. 전자는 이들 14개 조목을 10개 조목으로 묶어 신라불교사와 「의해」 편을 대조하여 논구한 반면, 후자는 이들 14개 조목을 신라불교사상사와 「의해」 편을 대조하여 논구하였다. 그런데 불교사와 불교사상사의 관점은 상통한 지점도 있고 상이한 지점도 있다. 이 둘의 상이점은 역사의 범주에 서서 교단의 역사에 집중하느냐 철학의 범주에 서서 사상의 논리에 집중하느냐의 차이일 것이다.

이러한 관점의 차이는 『삼국유사』를 철학서로 보느냐, 사상서로 보느냐, 역사서로 보느냐, 예술서로 보느냐에 따른 접근방식으로 이해된다. 즉 삼국시대 사람들은 어떤 생각을 하고 살았을까?에 입각한 철학사로서 『삼국유사』와 사상사로서 『삼국유사』, 그리고 삼국시대 사람들은 어떻게 살았을까?에 의거한 역사서로서 『삼국유사』와 예술사로서 『삼국유사』로 이해하기에 따라 초점에 달라질 수 있기 때문이다.

이러한 맥락에서 「의해」 편은 '삼국시대 사람들은 어떻게 살았을까?'와 '삼국시대 사람들은 어떤 생각을 하고 살았을까?'를 아우른 삶을 보여주는 편이라고 할 수 있을 것이다. 한 인물의 삶과 앎에는 그가 살아온 살림살이와 그가 펼쳐온 사고방식이 공존하기 마련이다. 인간의 앎은 삶으로 드러나고 삶은 앎을 더욱 공고하게 해 주기 때문이다.

Ⅳ. 「의해」편의 편목 성격과 주요 특징

신라 말 진성여왕 기에 본격화된 후삼국의 정립으로 인한 나라의 위기를 극복하기 위해 대구(大矩)화상과 위홍(魏弘) 각간은 향가집 『삼대목』을 통해 국난을 극복하려고 하였다. 대구화상이 그러했던 것처럼, 고려인들이 부처의 힘으로 거란의 침입을 물리치기 위해 『초조대장경』을 판각하고, 몽골의 침입을 물리치기 위해 『재조대장경』을 판각한 것처럼 일연 자신도 『삼국유사』를 찬술하면서 고대의 향가 14수(17수)를 수록하여 국난을 극복하려 하였다.

또 그는 『삼국유사』 5권 9편 138조목 중 48조목에 찬시 49편을 창작하여 수록함으로써 민족의 사표(師表)가 되는 인물들을 기리고자 하였다. 그 중에서도 불교의 고승들의 열전이라 할 「의해」 편에서는 14조목 중 11편의 조목에 12편의 찬시를 수록하고 있다. 신라의 사표들을 기리는 12편의 찬시는 「의해」 편의 내용과 성격을 잘 보여주고 있다.

1. 신라의 고승열전 편찬

일연은 「기이」 편에서 고조선과 부여 및 고구려와 백제, 가야와 발해말갈 등을 수록하였고 「왕력」에서는 후고구려와 후백제까지 편재해 기록하고 있다. 이어 그는 신라의 고승을 중심으로 다루고 있는 「의해」 편을 『삼국유사』의 본편으로 삼고, 이전에 「왕력」과 「기이 1」, 「기이 2」, 「흥법」, 「탑상」을 두고, 그 이후에 「신주」, 「감통」, 「피은」, 「효선」 편을 편재한 것으로 추정된다.

「의해」 편의 편재와 내용 및 성격을 면밀히 분석해 보면 일연은 『삼국유사』 9편의 한복판에 제5의 「의해」를 두고 이전의 4편과 이후의 4편을 덧붙여 우리나라의 역사와 문화를 신라 중심으로 선양하고자 한 것으로 짐작된다. 이것은 그가 역사의 주체인 인물, 그 중에서도 민족의 사표가 될 만한 불자들을 내세움으로써 국난을 이겨내려고 한 문법과 문세가 보이기 때문이다.

「의해」편에 수록된 고승들은 원광/원안, 보양, 양지, 아리나발마, 혜업, 현태, 구본, 현각, 혜륜, 현유, 망명 두 법사, 혜숙, 혜공, 자장/원승, 원효/대안, 의상/오진/지통/표훈/진정/진장/도융/양원/상원/능인/의적, 사복, 진표/영심/보종/신방/체진/진해/진선/석충, 승전/범수, 심지, 태현, 법해 등 44명이다.

그런데 14개의 조목 중 '보양이목'과 '승전촉루' 및 일연의 제자 무극이 추가한 '관동발연사수석기'에만 찬시를 수록하지 않고 나머지 조목에는 모두 찬시를 지어 해당 인물을 기리고 있다. 영잠이 쓴 '발연수석기'를 제자 무극이 발췌하여 기재한 것을 제외하더라도 일연은 유독 '보양이목'과 '승전촉루'에는 찬시를 붙이지 않았다.

일연은 보양이 다시 세운 작갑사를 태조 왕건이 '운문선사'(雲門禪寺)라고 사액(賜額)했음에도 불구하고 보양이 선사였음에 대해 침묵하고 있다. 이것은 선사 보양이 다시 세운 작갑사에 대해 기술하고자 한 것이 아니라 운문선사에 주석한 법사 원광의 전기를 바로잡는 것이 목표였음을 시사해 주는 것이기도 하다.

승전의 경우는 그가 당나라로 유학한 뒤 법장의 저술과 편지를 가져온 뒤 돌해골에게 『화엄경』을 강론한 것 말고는 구체적인 활동이 보이지 않았기 때문인 것으로 이해된다.

2. 개성적인 기술 태도 견지

「의해」편에는 44명 중 42명의 고승 이름이 등장한다. 2명의 이름은 알 수 없어 의정의 기록처럼 '망명 2인'이라고 적고 있다. 또 고구려인으로서 중국인 승철(僧哲)을 따라 인도로 가서 스리랑카의 승려가 된 현유가 있지만 나머지 43명은 모두 신라의 고승들로 알려져 있다. 그리고 이 정도 숫자의 고승들이면 독립된 행장을 담은 신라의 고승전이라고 할 수 있을 것이다. 물론 이들의 행장이 또렷한 체재나 형식을 갖춘 것만은 아니다. '원광서학'과 '자장정률'과 같은 조목을 제외하면 대체적으로 소략할 뿐만 아니라 체계적이지도 않다.

여기에 실린 고승들은 원광/원안, 보양, 양지, 아리나발마, 혜업, 현태, 구본, 현각, 혜륜, 현유, 망명 두 법사, 혜숙, 혜공, 자장/원승, 원효/대안, 의상/오진/지통/표훈/진정/진장/도융/양원/상원/능인/의적, 사복, 진표/영심/보종/신방/체진/진해/진선/석충, 승전/범수, 심지, 태현, 법해 등 44인이다. 이들의 이름과 관계 및 활동을 정리해 보았다.

<도표 4> 「의해」편 수록 고승

번호	법 명	관 계	활 동	비 고
1	圓光	설씨, 박씨	신라 학승의 유학의 문을 열음	유학승
2	圓安	원광 제자	圓光의 행적을 기술	유학승
3	寶壤	운문사 개산 조사	김척명이 원광 전기와 착종된 기록을 실은 운문사의 선사	'원광서학'의 부속 항목?
4	良志	불교 예술가	영묘사 장육존상의 조성을 위해 백성들의 공덕을 적극 권한 양지와 향가 '풍요'를 싣고 있다.	불사를 주로하는 사판승이자 조각승
5	阿離那跋摩	인도서역구법승	義淨의 『西域求法高僧傳』에 수록된 인도로 구법한 9인의 법사들	각훈, 『해동고승전』 수록
6	惠業	인도서역구법승		각훈, 『해동고승전』 수록
7	玄泰	인도서역구법승		각훈, 『해동고승전』 수록

8	求本	인도서역구법승		추가된 1인
9	玄恪	인도서역구법승		각훈, 『해동고승전』 수록
10	惠輪	인도서역구법승		각훈, 『해동고승전』 수록
11	玄遊	고구려인, 인도서역구법승		인도 거쳐 錫蘭 출가, 각훈, 『해동고승전』 수록
12	亡名 1법사	인도서역구법승		無名법사, 각훈, 『해동고승전』 수록
13	亡名 1법사	인도서역구법승		無名법사, 각훈, 『해동고승전』 수록
14	惠宿	원효의 길라잡이	대중불교의 선구자	자유인
15	惠空	원효의 길라잡이	서민불교의 선구자	자유인
16	慈藏	원효 이전의 대국통	국가불교 상징의 대표적 법사	유학승
17	圓勝	자장의 도반	자장의 율부 전교를 위한 조력자	유학승
18	元曉	일심 철학의 구축	전문 저술과 대중 교화	角乘, 자유인
19	大安	원효의 길라잡이	『금강삼매경』 편집, 불교 대중화	자유인
20	義湘	화엄업의 시조	화엄 전교와 강론 통한 제자 양성	지계인
21	悟眞			
22	智通			『錐洞記』 정리
23	表訓			신라의 마지막 성인
24	眞定	의상 10대 제자	소백산 錐洞에서 의상의 『화엄경』 강론을 들은 이들로 모두 亞聖 즉 '聖人 다음 가는 賢人'이었고 각각의 전기가 있다고 적고 있다.	孝善雙美
25	眞藏			
26	道融			
27	良圓			
28	相源			
29	能仁			
30	義寂			

31	蛇福	원효의 도반 후배	불교 대중화 노력	자유인
32	眞表	법상업의 시조	불교 대중화 노력	자유인
33	永深			진표 법통 계승
34	寶宗			
35	信芳			
36	體珍	진표 7대 제자	진표에게 법을 얻은 각 산문의 조사들	
37	珍海			
38	眞善			
39	釋忠			진표의 가사와 戒簡子를 왕건에게 바침
40	勝詮	당나라 법장의 제자	법장의 저술을 의상에게 전하고 돌해골에게 『화엄경』을 강론함	유학승
41	梵修	승전 이은 화엄학의 후배	『後分華嚴經觀解義疏』를 구해 불법을 널리 선양	799년, 유학승
42	心地	진표 제자 永深의 제자	진표 이래 점찰법을 계승함	왕자 출신
43	太賢	해동 유가업의 초조	해동 유가업을 널리 선양함	
44	法海	해동 화엄업의 중흥조	해동 화엄업을 널리 선양함	

〈도표 4〉는 「의해」 편에 수록한 인물 44명의 이름과 관계 및 활동에 대해 정리한 것이다. 이들 중 현유를 제외한 43명의 신라 고승들 이외에도 신라의 고승들은 더 있을 것이다. 일연은 국내외의 고승을 막론하고 그들의 행장을 언급하거나 그들의 이름을 거론하여 이들을 역사 위로 소환하고 호명하여 존재감을 부여하고 있다. 이들의 행장은 일정한 전기 형식을 갖춘 것도 있고 그렇지 못한 것도 있다.

'원광'과 '자장'의 행장은 일정한 격식을 갖춘 전기였지만 원효와 의상의 전기는 전기의 문법에 맞추어 기술하지는 않았다. 오히려 『당고승전』이나 최치원의 「의상전」 및 『송고승전』에 나오는 이야기는 피하고 민간전승이나 향전에 의거하여 기록하였다. 이러한 기술 태도는 당나라나 송나라의 전기 문법에 구애받지 않고 자신의 문법에 의해 서술한 것이라는 점에서 개성적이라고 할 수 있다.

3. 찬시 창작을 통한 역사 주역 부각

일연은 『삼국유사』를 5권 9편 138개 조목으로 찬술하면서 역사적 사료를 충실히 검토하여 엄밀하고도 객관적인 안목을 견지하려고 노력하였다. 그러면서도 그는 해당 조목의 내용이 밋밋하거나 의미를 보완할 필요가 있을 경우에는 뛰어난 시인의 안목으로 7언 4구의 찬시를 창작하여 수록하였다. 현재의 「의해」편 14조목 중 11개 조목에는 모두 12편의 찬시가 있다.

'원광서학'의 부속 항목이라 할 '보양이목'과 영잠이 쓴 「발연수석기」를 제자 무극이 발췌하여 수록한 '관동풍안산발연수석기' 그리고 '승전촉루'를 뺀 11개 조목에 모두 12편의 찬시가 수록되어 있다. 「의해」편 14조목에 12편의 찬시가 집중되어 있는 것은 일연이 「의해」편에 기울인 공력이 상당하다는 사실을 시사하고 있다. 그는 민족의 사표가 될 만한 고승들에게 한 편의 찬시를 바치고 있는 것이다.

찬시를 덧붙인 조목은 '원광서학', '양지사석', '귀축제사', '이해동진', '자장정률', '원효불기', '의상전교', '사복불언', '진표전간', '심지계조', '현유가해화엄' 조목이다. 조목 이름에 나타나듯이 일연은 서쪽으로 유학 간 원광, 지팡이를 부린 양지, 천축으로 간 아리야발마 등 9인의 승려들, 세속을 따른 혜숙과 혜공, 계율을 정한 자장, 구속받지 않는 원효, 화엄종을 전한 의상, 말을 못한 사복, 간자를 전한 진표, 진표조사 뒤를 이은 심지, 유가업의 태현과 화엄업의 법해에 대해 찬시를 창작해 수록하고 있다.

'원광서학' 조목의 찬시에서는 "처음으로 바다 건너 중국 구름 헤쳤으니/ 몇 사람이 왕래하며 맑은 향기 품었던가"[24]라고 기리고 있으며, '자장정률'

조목의 찬시에서는 "일찍이 청량산에서 꿈을 깨고 돌아오니/ …… 신라의 의관을 중국처럼 만들었다"[25]고 기리고 있다. 이들 모두가 서쪽 유학을 마치고 돌아와 신라에 국제화와 세계화의 기준을 만든 업적에 대한 헌시라고 할 수 있다.

하지만 일연은 '원광서학'의 부록 항목이라 할 '보양이목' 조목과 '승전촉루'에는 찬시를 붙이지 않았고[26], 제자 무극이 뒷날 추가한 '관동풍안산발연수석기'에도 찬시를 붙일 수 없었다. 그러나 '이혜동진' 조의 혜숙과 혜공 두 명의 고승에 대해서는 1편의 찬시 안에 전구와 후구에 두 인물의 가풍을 각기 기리고 있다.

> 들판에서 사냥하고 여자와 누웠다가
> 술집에서 미친 듯 노래하고 우물에서 잠잤네
> 짚신 한 짝만 남겨 놓고 공중으로 어디 갔나
> 한 쌍의 보배로운 불 가운데 연꽃이로다.

일연은 1구와 3구처럼 걸림 없는 무애 자재행을 펼치는 혜숙과 2구와 4구에서 이적을 보이는 혜공에 대해 기리고 있다. 그가 신라의 대중불교의 시조인 혜숙과 서민불교의 시조인 혜공에게 바친 헌시라고 할 수 있다.

'원효불기' 조목의 찬시에서는 "각승'(角乘)은 처음으로 『삼매경』의 축을 폈고/ '무호'(舞壺)는 마침내 온 거리의 풍습 됐네"[27]로 기리고, '의상전교' 조목의 찬시에서는 "연진 무릅쓰고 산 넘고 바다 건너/ …… 종남산과 태백산이 똑같은 봄이로다"[28]고 기리고 있다. 원효의 각승 가풍과 의상의 화엄

---

24) 一然, '圓光西學', 「義解」 제5, 『三國遺事』 제4권.
25) 一然, '慈藏定律', 「義解」 제5, 『三國遺事』 제4권.
26) 일연이 '勝詮髑髏' 조목에 찬시를 창작해 수록하지 않은 이유에 대해서는 알 수 없다. 승전이 당나라 유학을 다녀왔으며 법장의 저술을 의상에게 전하고 상주 영내의 개령군에 절을 짓고 석촉루를 관손으로 삼고 『화엄경』을 강론했음에도 그는 찬시를 창작해 수록하지 않았다.
27) 一然, '元曉不羈', 「義解」 제5, 『三國遺事』 제4권.

가풍을 선양하고 있다. '진표전간' 조목의 찬시에서는 "말세에 현신하여 귀 먹은 자 일깨우니/ 영악과 선계가 감응해 통했네"29)고 기리고 있으며, '심 지계조' 조목의 찬시에서는 "부처의 뼈 간자를 찾아서 얻었으니/ 정결한 곳 모셔들어 정성을 드리겠네"30)라고 기리고 있다. 진표의 점찰 가풍과 이를 이은 심지의 진표 가풍에 대해 선양하고 있다.

이와 달리 「의해」 편의 마지막 조목인 '현유가 해화엄'에서는 『금광명경』 을 강론한 태현과 『화엄경』을 강론한 법해를 기리는 찬시를 각기 1편씩을 덧붙이고 있다. 당대의 두 고승에 대한 기록을 한 조목에 담아 기술하였지 만 내용은 지극히 소략하다. 하지만 일연은 이들에 대해서는 각기 찬시 한 편을 바치고 있다.31)

> 남산의 불상 돌 때 불상도 따라 돌고
> 청구의 불일 다시 중천에 걸었네
> 궁중 우물 맑은 물을 용솟음치게 하니
> 금향로 한줄기 연기를 뉘 알았으랴.32)

1-2구에서는 남산의 용장사 미륵불을 돌며 청구의 불일을 다시 중천에 걸리게 한 업적을 기리고, 3-4구에서는 황룡사에서 궁중의 맑은 우물을 용 솟음치게 했음을 기리고 있다. 즉 미륵유가를 통해 청구의 불교를 드높였 고, 기우제로 궁중의 맑은 우물을 솟아나게 했음에 대해 크게 기리고 있다.

> 법해의 파도가 법계에 충만하니
> 사해의 차고 줄임 어렵지 않았네

---

28) 一然, '義湘傳敎', 「義解」 제5, 『三國遺事』 제4권.
29) 一然, '眞表傳簡', 「義解」 제5, 『三國遺事』 제4권.
30) 一然, '心地繼祖', 「義解」 제5, 『三國遺事』 제4권.
31) 일연은 「興法」 편의 '原宗興法 猒髑滅身' 조목에서도 원종 즉 法興王과 염촉 즉 異次頓을 기리는 시를 각기 창작하여 수록하고 있다.
32) 一然, '賢瑜伽 海華嚴', 「義解」 제5, 『三國遺事』 제4권.

백억 세계 수미산이 크다고 하지 말라
　모두가 우리 법사 손끝에 달렸네.

　1-2구에서는 화엄의 장대한 시공관을 보여주고, 3-4구에서는 지극히 큰 수미산도 우리 법사의 손끝에 달렸다고 기린다. 화엄가 법해가 일미진중함 시방, 일즉일체다즉일과 같이 미진과 시방, 일과 일체, 다와 일의 원융 관계를 보여주고 있다.

　'관동풍악발연수석기' 조목에 실린 「관동풍악 발연수석기」는 금강산 발연사의 주지 영잠(瑩岑)이 1199년에 지어 발연사에 세운 것이다. 그런데 이 「발연석기」는 '진표전간' 조목의 진표 사적과 서로 다른 내용이 들어 있다. 이 둘 사이의 다른 내용에 대해 무극(無極)이 주목하여 이 비문을 발췌해 새로운 조목으로 덧붙인 것이다. 이 「발연석기」는 일연이 찬술한 원래의 『삼국유사』에는 없던 것이다. 뒷날 일연의 제자 무극이 후대인의 참고를 위해 '발연석기'를 『삼국유사』 '진표전간' 조목 뒤에 덧붙였던 것이다.

　이처럼 일연은 우리나라의 국난을 극복하기 위해 시대의 사표가 될 만한 인물의 전기를 수록하고 '양지사석'조의 향가 「풍요」의 수록과 함께 14조목 중 11조목에 12편의 찬시를 창작해 역사의 주역을 부각시키려 하였다. 이러한 그의 일련의 노력은 우리 민족의 정신을 공고히 하여 국난을 극복하려는 노력의 일환으로 이해할 수 있다. 바로 이 점에서 「의해」편은 『삼국유사』의 핵심 편목이라 할 수 있으며, 아울러 이 저술을 찬술하려 한 본래 의도가 담긴 편명이라고 할 수 있을 것이다.

V. 「의해」의 특성과 영향

1. 책 제목 '유사(遺事)'와 「의해」

『삼국유사』의 제명에 붙은 '유사'는 삼국의 '빠진 일들' 혹은 삼국의 '남긴 일들'로 이해할 수 있다. 여기서 빠지거나 남겼다는 의미는 정사인 『삼국사기』에 대응한 표현으로 이해할 수 있을 것이다. 눈에 보이고 손에 잡히는 현세 1세 중심의 유교사관에 의거해 편찬한 『삼국사기』에 대응하여 현세와 미래 2세 중심의 도교사관과 과거와 현세와 미래 3세를 아우르는 불교사관을 담아내려는 의지의 표현으로 이해할 수 있다.

일연은 몽골의 침탈로 국토가 짓밟히고 민족정신이 무너지는 상황에 직면하면서 현세 중심의 유교사관으로는 도저히 이들을 물리칠 수 없다고 판단하였기 때문이다. 이러한 현실을 극복하기 위해서 그는 과거와 현재와 미래를 아우르는 불교의 정신사관에 의존해야 한다는 인식을 확고하게 가졌다. 일연은 고려인들이 부처의 힘으로 거란의 침입을 물리치기 위해 『초조대장경』을 판각하였고, 몽골의 침입을 물리치기 위해 『재조대장경』을 판각한 사례를 참고하여 『삼국유사』라는 역사서의 편찬을 통해 국난을 극복할 수 있다고 확신하였다.[33]

이미 후삼국이 정립되기 시작한 신라의 진성여왕 때 대구화상과 위홍 각간에 의해 신라의 상중하대 안목인 『삼대목』을 편찬하여 국난을 극복하고자 했던 역사가 있었다. 일연은 이를 거울삼아 『구삼국사』와 『삼국사기』 등 180여종의 역사기록을 참고하여 『삼국유사』를 찬술해 내었다. 그가 『삼국유사』에 수록한 14수 내지 17수[34]의 향가가 국난 극복을 위해 지은 '청언

---

33) 그는 당시 무신정권의 실력자인 최우의 처남인 정안의 천거에 의해 남해 분사도감의 재조 장경 판각을 교감하기도 하였다.
34) 김영회, 앞의 책. 필자는 고대 향가와 『만엽집』을 분석하여 도출해낸 향가 창작법에 근거하

시'(請言詩)들이라는 분석은 일연의 이러한 의도를 시사해 주고 있다.

『삼국유사』에서 '유사'라는 표현은 유교사관으로는 수용하지 못해 배제한 삼국의 '빠진 이야기' 내지 '남긴 이야기'들을 수용하겠다는 의지를 담은 용어라고 할 수 있다. 일연은 고려인들이 거란의 침입을 부처의 힘으로 막아내기 위해 『초조대장경』을 판각하였고, 몽골의 침입을 부처의 힘으로 막아내기 위해 『재조대장경』을 판각한 사례에 주목하였다.

일연이 명명한 '유사'라는 제명은 여러 편명 중에서 고승과 성사를 수록한 「의해」편에 와서 참다운 의미를 발휘할 수 있었다. 그는 『삼국유사』라는 역사서의 찬술을 통해 국난을 이겨내고자 하였다. 일연은 이를 위해 우리 민족의 사표가 되는 인물의 전기를 수록하고, 그의 가풍을 7언 4구의 찬시로 창작해 수록함으로써 민족의 역할 모델을 세우고자 하였다. 바로 이러한 점에서 「의해」편은 『삼국유사』를 찬술하고자 한 일연의 속마음(本懷)이었으며 본마음(本心)이었다고 할 수 있다.

이처럼 일연은 역사에서 남거나 빠뜨린 인물을 역사 위로 소환하고 호명하여 존재감을 부여해주는 일이 바로 국난을 극복하는 지름길임을 잘 알고 있었다. '유사'는 의상이 「법성게」에서 "이름에만 집착하는 무리들로 하여금 이름 없는 참된 원천(無名眞源)으로 되돌아가게 하고자 210자로 화엄의 골수를 추려 현실적 인간들을 화엄의 세계로 이끌려고 했던 것"의 의미를 승화시켜 과거와 현재와 미래를 아우르는 불교사관을 자신의 세계관으로 받아들인 불자들의 삶을 역사 위에 불러내어 자리매김 시켜내었다. 그리하여 그는 불자들의 보살적 삶과 이타적 삶에서 비롯된 중도사관 연기사관 업설사관[35])을

여 『삼국유사』에 실린 가야의 「龜旨歌」, 신라의 「海歌」와 「智理歌」 3수를 향가로 보고 있다.
35) 高榮燮, 「한국불교사 기술의 방법과 문법」, 『한국불교사연구』 제1호, 한국불교사학회 한국불교사연구소, 2012.6; 고영섭, 한국불교사 교재의 구성 목차와 수록 내용, 한국불교사연구 제18호, 한국불교사학회 한국불교사연구소, 2020.12. 불교는 기본적으로 업설 사관 혹은 연기 사관을 견지하고 있다. 불교는 현실의 고통에 대한 자각(苦)과 진단(集)과 처방(道)과 치유(滅)를 동시에 보여준다. 즉 내가 고통스럽다는 자각으로부터 그 원인을 밝혀

불교의 정신사관으로 승화시켜 국난을 극복할 수 있는 원동력으로 삼았다.

2. 새로운 고승전의 간행 촉구

일연은 국난의 극복을 위해 새로운 사표를 찾아 제시하기 위해 역대의 고승전을 참고하였다. 그는 양나라 혜교의 『고승전』, 당나라 도선의 『속고승전』, 송나라 지반의 『불조통기』와 찬녕의 『송고승전』 그리고 각훈의 『해동고승전』, 지반의 『불조통기』 등의 편재와 내용을 참고하여 새로운 형식의 고승전을 제시하였다. 그리하여 일연은 고대 신라의 고승열전으로서 44명(1명 고구려인)의 전기와 이름을 담아 「의해」 편을 편찬하고 이 편목의 14조목 중 11조목의 인물에 대해 12편의 찬시를 창작하여 수록하였다.

고승은 학덕이 높은 승려이자 지위가 높은 승려이다. 학덕은 학문과 덕행을 가리키며 이것이 높은 승려들은 민족의 사표 즉 남의 모범이 될 만한 이들이다. 불교가 전래된 이래 고승들은 시대를 이끄는 지식인들이자 문화영웅들이었다.[36] 이들은 확고한 역사인식과 또렷한 시대정신을 가지고 시대의 한복판에 살면서 대중들을 바른 길로 이끌어 주었다. 일연은 이러한 고승으로서 성사의 삶을 산 이들을 「의해」 편에 담아냈으며 여기에서 온전히 다루지 못한 이들은 이후의 「신주」, 「감통」, 「피은」, 「효선」 편에서 다

낼 수 있으며, 그 원인 진단으로부터 高榮燮, 「한국불교사 교재의 구성 목차와 수록 내용」, 제18집, 한국불교사학회 한국불교사연구소, 2020.12. 처방의 방법과 치유의 결과가 이루어지는 것이다. 그것은 인간의 역사가 현실에 대한 불만족과 존재에 대한 불안정으로 표현되는 고통의 역사임을 간파한 부처의 가르침에서 이미 확인된다. 부처는 우리의 역사 속에서 비롯되는 현실적 인간의 고통인 불만족과 불안정을 보다 근원적으로 해결하기 위해서 상속이 가능한 권력과 재력을 버리고 내면의 아름다움인 매력을 구하기 위해 숲 속으로 향했던 것이다. 그 결과 숲 속에서 부처의 깨침으로부터 비롯된 불교철학이 수립될 수 있었다.

36) 高榮燮, 「삼국유사의 고승과 성사 이해」, 『한국불교사연구』 제15호, 한국불교사학회 한국불교사연구소, 2018; 高榮燮, 『한국불교사궁구』 1(서울: 씨아이알, 2019) 재수록.

루어 내고 있다.

일연은 고승으로서 성사의 삶을 보여준 이들을 발견하고 그들을 문화 영웅으로서 기리기 위해 헌신하였다. 그는 이상적인 삶의 모델을 보여준 성사들이 당대의 문화 영웅이었으며 그들은 사회적 리더로서 남다른 모습을 보여주었다고 파악하였다. 그리하여 일연은 그들의 행장을 발굴하고 그들의 전기를 기술함으로써 『삼국유사』의 분량을 확장시켰으며, 『삼국사기』가 담아내지 못한 주체적 인간의 삶, 능동적 인간의 삶을 후세에 남겨주기 위해 노력하였다.[37]

일연에 의해 「의해」 편에서 거론된 44명의 승려들과 「신주」 편의 밀본, 혜통, 명랑, 「감통」 편의 선도성모, 욱면비, 광덕과 엄장, 경흥, 진신, 월명사, 선율, 김현, 융천사, 정수사, 「피은」 편의 낭지, 연회, 혜현, 신충, 관기, 도성, 반사, 첩사, 도의, 자양, 성범, 금물녀, 백우사, 영재, 물계자, 영여사, 포천산 5비구, 염불사, 「효선」 편의 진정사, 김대성, 향덕, 손순, 빈녀 등의 불자들은 시대의 사표가 될 만한 이들이다.

일연은 「의해」 편과 「의해」 편의 부록이라 할 이들 네 편명 속의 불자들을 역할 모델로 삼아 고려 후기의 국난을 극복하고자 하였다. 이를 위해 그는 역사의 주체인 인물 즉 불교의 중도 연기적 세계관 속에서 살아가는 불자들을 소환하고 호명하였다. 김대문의 『고승전』과 각훈의 『해동고승전』 이후 편찬된 『삼국유사』「의해」 편은 새로운 고승전 간행에도 일정한 영향을 미쳤다.

조선시대에는 저자 미상의 『동국승니록』, 범해 각안의 『동사열전』이 간행되었고, 대한시대에는 금명 보정의 『조계고승전』, 김동화의 『한국역대고승전』, 한정섭·오청환의 『한국고승전』 간행으로 이어졌다. 이러한 고승전의 간행은 불교방송(BBS)에서 기획한 윤청광의 『고승열전』으로 이어져 방송을 타기도 하였다.

---

37) 高榮燮, 위의 글, 위의 책.

Ⅵ. 결 어

『삼국유사』에서 '유사'라는 표현은 유교사관으로는 수용하지 못해 배제한 삼국의 '빠진 이야기' 내지 '남긴 이야기'들을 수용하겠다는 의지를 담은 용어라고 할 수 있다. 고려인들이 거란의 침입을 부처의 힘으로 막아내기 위해 『초조대장경』을 판각하였고, 몽골의 침입을 이겨내기 위해 『재조대장경』을 판각한 사례를 참고하여 일연은 『삼국유사』라는 역사서의 찬술을 통해 국난을 이겨내고자 하였다. 이를 위해 그는 민족의 사표가 되는 인물의 전기를 수록하고 그의 가풍을 찬시로 창작해 기림으로써 민족의 역할 모델을 세우고자 하였다. 바로 이러한 점에서 「의해」 편은 『삼국유사』를 찬술하고자 한 일연의 속마음[本懷]이었으며 본마음이었다고 할 수 있다.

일연은 해당 인물의 여러 전승들을 종합하여 같은 이야기를 재수록 하지 않고 기존 사서에서 빠진 부분과 그와 다른 이야기를 담아내어 이야기꾼으로서 발군의 역량을 발휘하고 있다. 「의해」 편에 수록된 이들 모두가 극성했던 신라불교의 대표적인 종장들이며 신라불교의 드높은 성취를 남긴 인물이라는 점에서 이 편명의 주요 특징을 잘 보여주고 있다. 일연이 중국의 삼대 고승전들을 참고하였다는 것은 그 또한 삼대 고승전들을 의식하면서 『신라고승전』을 쓰고자 했음을 시사해 주고 있다. 종래 선행연구에서는 『삼국유사』의 편목이 이들 고승전들의 편목과 다르다는 것만을 강조했을 뿐 정작 이러한 고승전들을 의식하고 참고하면서 일연 또한 『신라고승전』을 쓰고자 했다는 지점에 대해서는 크게 주목하지 않았다.

논자는 일연이 삼대 고승전을 의식하면서 이와 다른 고승전 편찬을 기획했다는 지점에 주목하였다. 그리하여 그는 「의해」 편이 이전의 「흥법」 편과 「탑상」 편의 인물들과도 긴밀하고 「의해」 편에서 수록하지 못한 인물들은 「신주」 「감통」 「피은」 「효선」 편에 담아냄으로써 『삼국유사』 전체에 수록된 인물들과도 밀접한 연관을 맺게 하였다. 일연은 과거와 현재와 미래를 아우르는 불교사관을 자신의 세계관으로 받아들인 불자들의 삶을 역사 위에 불러내어 자리매김 시켜내었다 그리하여 그는 불자들의 보살적 삶과 이타적 삶에서 비롯된 중도사관 연기사관 업설사관을 불교의 정신사관으로 승화시켜 국난을 극복할 수 있는 원동력으로 삼았다. 바로 이러한 점에서 「의해」편은 『삼국유사』의 중심 편목으로서 민족의 사표 발굴과 선양에 힘쓴 편목이며, 『삼국유사』의 찬술 이유를 가장 잘 담아낸 편명이라고 할 수 있다. 신라의 고승열전 편찬, 개성적인 기술 태도 견지, 찬시 창작 수록을 통해 역사의 주역인 인물에 대해 집중적으로 다루고 있는 점, 그리고 이들이 모두 신라 불교를 대표하는 주요한 고승인 점, 그리고 이들이 동아시아에서 펼친 불교적 영향이 오늘날 한국불교의 지형도를 형성하고 있는 점에서 그 의미와 가치가 매우 크다고 할 수 있다.

일연은 이러한 고승으로서 성사의 삶을 산 이들을 「의해」편에 담아냈으며 여기에서 온전히 다루지 못한 이들은 이후의 「신주」, 「감통」, 「피은」, 「효선」편에서 다루어 내고 있다. 일연은 국난의 극복을 위해 시대의 사표가 될 만한 인물의 전기를 수록하고 '양지사석' 조목의 향가 「풍요」의 수록과 함께 14조목 중 11조목에 12편의 찬시를 창작해 수록하였다. 그리하여 그는 민족의 사표를 발굴하고 『신라고승전』이라 할 「의해」편을 편찬함으로써 우리의 민족정신을 공고히 하고, 국난을 극복하려 하였다. 바로 이 점에서 「의해」편은 『삼국유사』의 핵심 편목이라 할 수 있으며, 아울러 이 저술을 찬술하려한 일연의 본래 의도가 담긴 편명이라고 할 수 있을 것이다.

청허 휴정(淸虛 休靜)의 선교(禪敎) 이해

Ⅰ. 서 언

조선시대는 고려시대의 국가불교[1]와 달리 '자생불교 내지 자립불교의 시대였다.[2] 불교계는 유교의 통치이념에 의해 통제받으며 자력갱생과 자립자생의 기반을 마련할 수밖에 없었다. 고려 이래 11종[3]을 유지하였던 불교교단은 태종 대에 이르러 7종[4]으로 축소당하며 지금껏 누려왔던 경제적 토대와 문화적 기반을 잃어버렸다. 세종 대[5]에 이르러 다시 선교 양종(禪敎兩宗)으로 축소당하면서 불교 교단은 자생과 자립을 위한 물적 토대를 모색해 나갈 수밖에 없었다. 연산군 대에 이르러서는 선교 양종제와 승과제(僧科制)를 폐지하였고, 중종 대에 이르러서는 법전(法典)의 '도승'(度僧) 조목을 삭

---

1) 金煐泰, 『한국불교사』(경서원, 1997); 김영태, 「朝鮮 禪家의 法統考」, 『불교학보』 제22집, 동국대학교 불교문화연구원, 1985. 저자는 조선시대 불교를 '山中僧團시대' 혹은 '山中佛敎시대'로 보고 있다. 이는 고려시대의 국가불교를 의식하면서 교단사를 중심으로 불교를 바라보는 관점이라고 할 수 있다. 또 논자는 조선시대의 불교를 그 시대적 특성에 따라 兩宗·僧科 存立期(개국~명종 20년까지), 山僧家風 確立期(명종 21~西山의 家風 確立과 그 門下 및 法孫들에 의해 家風이 크게 興盛하였던 시기), 三門修業(理·事判僧) 存立期(서산의 가풍 확립 및 흥성기~일제에 의해 나라를 잃게 되는 1910년까지)로 나누어 보고 있다.
2) 高榮燮, 「조선 전기 불자와 유자의 시공관」, 『동양철학』 제24집, 한국동양철학회, 2004; 고영섭, 『한국불학사: 조선·대한시대편』(연기사, 2005). 논자는 조선시대를 국가의 공식적 지원을 받지 않고 풀뿌리처럼 스스로 생존을 도모했던 '자생불교' 혹은 '자립불교'로 바라보고 있다.
3) 조선 전기의 11종은 曹溪, 華嚴, 天台疏字, 天台法事, 慈恩, 南山, 始興, 中道, 神印, 摠持, 道門宗으로 분포되어 있었다.
4) 태종에 의해 재편된 7종은 曹溪, 華嚴, 天台, 慈恩, 始興, 中神, 摠南宗이다.
5) 세종 6년(1424)에는 曹溪, 天台, 摠南宗의 3종을 통합하여 禪宗으로, 華嚴, 慈恩, 中神, 始興의 4종을 통합하여 敎宗으로 만들어 禪敎兩宗으로 삼았다.

제하면서 불교계는 법제적인 보호조차 받지 못하게 되었다.

명종 대에 이르러 문정대비가 수렴청정하면서 발탁한 허응 보우(虛應普雨, 1510~1565)에 의해 선교 양종과 승과제가 잠시 부활되었다. 이때 청허 휴정(淸虛休靜, 1520~1604)과 사명 유정(四溟惟政, 1544~1610)이 승과(僧科)에 합격하여 불교의 존재감을 대내외에 환기시켰다.6) 이어 그는 허응 보우에 이어 잠시 교종판사를 겸직하고 선종판사를 역임하였다. 하지만 명종 20년에 대비가 세상을 떠나면서 다시 선교 양종과 승과제는 폐지되었다. 이즈음 청허 휴정 즉 서산대사는 조선시대의 대표적 선사로 이미 널리 알려져 있었다. 그는 조선 중기를 살면서 『선교석』(禪敎釋), 『선교결』(禪敎訣), 『심법요초』(心法要抄), 『선가귀감』(禪家龜鑑) 등을 저술하여 선교겸수(禪敎兼修)를 제창하고 간화선법(看話禪法)을 선양하였다.7)

저술의 이름들에도 나타난 것처럼 휴정은 선과 교의 길항에 대해 깊이 고민하였다. 그는 『선교석』을 통해 선지와 교문을 '해석'하고, 『선교결』을 통해 선법과 교법이 화회하는 '비결'을 탐구했으며, 『심법요초』를 통해 선법이 추구하는 심법의 '요체를 추려내고', 『선가귀감』을 통해 선가의 '귀감이 될만한 문구들을 낱낱이 제시'하였다. 휴정의 저술들에 담겨있는 것처럼 그는 선과 교, 선지와 교문, 선법과 교법, 심법의 추요, 선가의 귀감을 밝혀내기 위해 평생 헌신하였다.

그러면서도 휴정은 불교의 책임자로서 교단을 정비했으며, 국난 극복을 위해 의승을 일으켜 왜란의 기세를 뒤집기도 하였다. 나아가 제자들의 육성을 통해 불교의 대사회적 존재감을 확장하게 했고, 임제선풍에 기반한 간화선의 확산에 이바지하였다. 이 글에서는 휴정의 선법 중심의 선교겸수의 논리적 근거를 확인하고, 선과 화엄을 중심으로 하는 선법과 교법의 겸수를 통해 선 중심의 선교통합으로 한국불교의 정체성을 확보하려 했던 그의 사

---

6) 高榮燮, 「虛應 普雨의 佛敎 中興」, 『한국불교학』 제56집, 한국불교학회, 2010년 춘계.
7) 高榮燮, 「休靜의 禪心學」, 『한국선학』 제15호, 한국선학회, 2006.12.

상적 기반에 대해 살펴보고자 한다.

Ⅱ. 청허의 선교(禪敎) 인식 배경

청허 휴정의 선교 인식에는 그의 법맥과 선풍이 투영되어 있다. 그가 쓴 『삼로행적』(三老行蹟)에는 자신의 법맥 계보를 잘 보여주고 있다. 여기에서 그는 법으로서 그 갈래를 말하면 할아버지인 벽송 지엄(碧松智嚴, 1464~1534)의 법맥이 아버지인 부용 영관(芙蓉靈觀, 1485~1571)과 숙부인 경성 일선(敬聖一禪, 1488~1568)을 거쳐 자신에게 전해졌다고 밝히고 있다.[8] 일찍이 휴정은 지리산 지역에서 주석한 부용 영관을 전법사(傳法師: 父)로 한 전법제자였지만, 묘향산을 근거지로 한 경성 일선을 수계사(授戒師: 叔父)로서 스승으로 모셨으며, 자신은 묘향산 보현사 원적암에 주석하다가 입적하였다.[9]

이러한 사상적 이력에 의거하면 휴정은 벽송 지엄의 선교 지형을 잇는 것으로 이해된다. 자신이 기술한 「벽송당대사행적」에서 벽송은 "연희교사(衍熙敎師)로부터 원돈교의(圓頓敎義)를, 정심선사(正心禪師)로부터 서래밀지(西來密旨)를 배우고 깨쳤다"고 하였다. 또 벽송은 간화선을 주창한 송나라 대혜 종고(大慧宗杲)와 원나라 고봉 원묘(高峰圓妙)의 선풍을 '은밀히 사사했다'[密嗣]고 하였다. 이어서 휴정은 "대사가 해외의 사람으로서 오백년 전의 종파를 비밀히 이었으니 이것은 정자(程子)와 주자(朱子)의 무리가 천년 뒤에 나와서 멀리 공자(孔子)와 맹자(孟子)의 실마리를 이어받은 것과 같아서 유교(儒敎)이거나 석교(釋敎)이거나 도를 전하는 데 있어서는 다 같다"[10]고 평하

---

8) 淸虛, 「敬聖堂行蹟」, 『淸虛集』 권3(『韓佛全』 제7책, p.754상).
9) 淸虛, 『淸虛堂集』 補遺, 「淸虛堂行狀」(『韓佛全』 제7책, p.735하).
10) 淸虛, 「三老行蹟」, 『碧松堂行狀』(『韓佛全』 제7책, pp.752~754).

였다.

휴정은 벽송의 행적에 대해 사실을 기록했지만 거기에는 그의 선교 인식도 투영되어 있다. 벽송은 무진년(1508) 가을에 금강산 묘길상암에 들어가 『대혜어록』을 보다가 '개에게 불성이 없다'(狗子無佛性)는 화두에 의심(疑心)을 갖고 오래지 않은 시일에 칠통(漆桶)을 깨뜨렸다. 또 『고봉어록』을 보다가 '찾아야 할 본분사는 따로 있다'(飇在他力)는 구절에 이르러 지금까지 알고 있던 지해(知解)를 모두 떨어버렸다. 또 벽송은 원돈의 교학을 배울 때 "도를 배우려면 먼저 성경(聖經, 敎)을 궁구해야 하지만 경전은 다만 네 심두(心頭)에 있다"[11]고 하여 교학을 연찬한 뒤 조사 경절문(徑截門)으로 나아가야 함을 강조하였다. 이것은 선과 교를 상호 의존의 관계로 이해한 것이다.

벽송은 제자들을 가르칠 때 두 어록과 함께 규봉 종밀(圭峰宗密)의 『선원제전집도서』(禪源諸詮集都序, 도서)와 보조 지눌(普照知訥)이 요약하고 사기를 덧붙인 『법집별행록절요병입사기』(法集別行錄節要幷入私記, 사기)로 제접하고 교화하였다. 벽송이 보여준 것처럼 이후 휴정 역시 선과 교를 겸수하였으며, 아울러 간화선풍까지 선양함으로써 이후 그의 가풍은 조선후기 승려들의 이력과정(履歷科程) 중의 하나인 사집과(四集科)의 교과목에 편입되는 계기를 마련하였다. 휴정은 이러한 벽송의 가풍을 잘 조술하였고 그의 법통과 법맥 부분도 잘 계승하였다.

1. 법통(法統)과 법맥(法脈)

휴정은 평양(箕城)의 기자묘 참봉인 기자전감(箕子殿監)을 사직하고 안주(安州) 지역 향리(鄕吏)를 지낸 최세창(崔世昌)과 김씨 부인 사이에서 태어났다. 어려서 양 부모를 모두 잃은 그는 시를 잘 지어 안주 군수 이사증(李思曾)의

---

11) 高橋亨, 「贈曦岐禪德」, 『李朝佛敎』(大阪: 寶文館, 1929), p.349 재인용.

도움으로 12살에 성균관(成均館, 泮宮)에 입학했다. 하지만 그는 15세에 치른 과거(進士試)에 낙방하여 울적한 마음을 달래려 호남지방으로 출장을 떠난 스승 박상(朴祥)을 만나기 위해 동학들과 유람을 떠났다. 휴정은 지리산의 한 조그만 암자에서 벽송의 제자인 숭인(崇仁) 노숙(老宿)을 만나 마음을 '심공급제'(心空及第, 불교공부)로 돌리라는 제안을 받고 발심하였다. 그는 숭인을 양육사(養育師), 영관을 전법사(傳法師)로 모시고 출가를 하였다.

때마침 명종의 모후인 문정대비의 후원을 받은 허응 보우가 1550년에 선교양종을 복립하였다. 1552년에 정부가 승과를 재개하자 휴정은 과거에 응해 합격하였다. 1555년에 그는 석 달 동안 교종의 판사를 맡았고 이어 삼년 동안 선종의 판사를 역임하였다. 이 시기에 휴정은 당대의 유학자인 퇴계 이황(退溪李滉), 남명 조식(南冥曹植) 등과 교유하면서 시와 서간문을 남기기도 하였다.[12] 하지만 문정대비가 승하하자 1556년에 다시 선교 양종이 혁파되고 종단이 없어졌다. 이에 휴정은 선과 교로 분열되어 가는 교단을 통합하고자 노력하였다. 그는 선과 교를 겸수하는 수행체계를 정비하면서 간화선 풍을 재확립하였다.

휴정은 공식적으로 자신의 법통과 법맥을 밝힌 바는 없다. 다만 "법으로서 계통을 말한다면 벽송은 할아버지요, 부용은 아버지이며, 경성은 숙부이다[13]"고 밝힌 것이 유일한 문증(文證)이다. 이것은 휴정이 그의 법조인 벽송 지엄과 법부인 부용 영관과 숙부인 경성 일선을 통해 임제가풍에 입각한 간화선풍과 접목하고 있음을 보여주는 것이다. 벽송이 간화선풍에 접하게 된 것은 벽계 정심(碧溪正心)을 통해서였다. 하지만 벽계의 생평이 잘 나타나 있지 않아 이것을 구명하기는 쉽지 않다. 이후 벽계는 벽송에게, 벽송은 부용에게, 부용은 휴정에게 전했다는 법통은 아래와 같다. 문제가 되는 것은

---

12) 申法印, 『西山大師의 禪家龜鑑 研究』(신기원사, 1983). 여기에 실린 「上退溪相國書」, 「上南溟處士書」 등을 통해 交遊의 실례를 알 수 있다.

13) 淸虛, 「敬聖堂行蹟」, 『淸虛集』 권3(『韓佛全』 제7책, p.754상).

벽계 이전의 법통이다.

〈도표 1〉은 허균이 지은 서문과 비명에 나타난 법통이며, 〈도표 2〉 편양 언기가 지은 행장과 기문에 나타난 법통이다.

<도표 1> 영명·목우·나옹 법통

道峰 靈炤 → (이하 6대)	懶翁 惠勤 →	南峰 修能 →	碧溪 正心 →	碧松 智嚴 →	芙蓉 靈觀 →	清虛 休靜
?~974	1320~1376	1320~1392	?	1464~1534	1485~1571	1520~1604

* 法眼 文益→天台 德素→永明 延壽→道峰 靈炤의 법통을 이은 6대(→道藏 神範→清凉 道國)→龍門 天隱→平山 崇信→妙香 懷瀅→玄鑑 覺照→頭流 信修

교산(蛟山, 字 端甫) 허균(許筠, 1569~1618)은 사명 송운(四溟松雲)의 문도인 혜구(惠球)의 부탁을 받고 『청허당집』의 서문[14]에서 청허의 법통을 위와 같이 정리하였다. 또 교산은 사명 문도들의 부탁을 받아 「사명송운대사석장비명병서」[15]를 지어 청허의 법통에 대해 다시 정리하였다. 그는 '명왈'(銘曰)에서 "영명(延壽)과 강월(懶翁)에 이르는 법인(法印)을 후대로 이어 비춘 이는 서산(西山)이 가장 앞섰다"[16]고 하였다. 당시 청허의 상대제자들의 부탁과 검토에 의해 이루어진 영명·목우·나옹의 법통은 문제가 없었다.

교산의 「(송운대사)석장비(명병서)」에 의해 사명의 법계를 정리하면 다음과 같다.

永明(延壽) … 牧牛子(知訥) … 江月軒(懶翁) → (南峰 修能 → 登階 正心 → 碧松 智嚴) → 芙蓉 靈觀 → 清虛 休靜 → 四溟 惟政

하지만 하대제자인 편양 언기(鞭羊彦機)와 중관 혜안(中觀慧眼) 등은 이 법통을 부정하고 〈도표 2〉와 같이 임제·태고를 잇는 청허 휴정의 새로운 법

---

14) 毘耶居士 許端甫, 「清虛堂集序」, 『清虛堂集』(『韓佛全』 제7책, pp.65하~66상).

15) 許端甫, 「松雲大師石藏碑銘竝書」, 『清虛堂集』(『韓佛全』 제7책, p.75중).

16) 許端甫, 위의 글, 위의 책, "永明江月獨圓, 嗣其末照, 西山最先."

통을 세웠다.

<도표 2> 임제·태고법통

石屋 請珙→	太古 普愚→	幻庵 混脩→	龜谷 覺運→	碧溪 正心→	碧松 智嚴→	芙蓉 靈觀→	淸虛 休靜
1272 ~1352	1301 ~1382	1320 ~1392	공민왕대	?	1464 ~1534	1485 ~1571	1520 ~1604

편양 언기는 「청허당행장」(西山行蹟抄, 1625)에서 스승 청허의 종풍과 법통을 <도표 2>와 같이 '임제·태고법통설'로 새롭게 자리매김하고 있다.[17] 또 그는 「봉래산운수암종봉영탑기」(蓬萊山雲水庵鍾峰影塔記, 1625)에서 "사명파, 소요파, 정관파, 편양파 네 문의 자손들은 임제를 잃지 않았기에 근본이 있고 원류가 있다"며 석옥 → 태고 → 환암 → 소은(小隱, 龜谷의 별호) → 정심 → 벽송 → 부용 → 등계(청허) → 종봉(유정)으로 이어지는 임제·태고법통설을 제시하고 있다.[18]

월사(月沙) 이정구(李廷龜) 역시 편양의 「서산행적초」를 참고하여 「국일도대선사서산청허당휴정대사비」(國一都大禪師淸虛堂休靜大師碑, 1630)[19]를 써서 태고법통설을 뒷받침하고 있다. 다만 편양은 환암이 소은(小隱)에게 전했다 하고, 월사는 환암이 구곡에게 전했다 하였다. 여기의 소은은 구곡(龜谷)의 별호이다. 이어 휴정의 법손이었던 중관 해안(中觀 海眼, 1567~?)은 「사명당송운대사행적」(1640)을 지어 "대사의 입실제자 혜구(惠球)와 단헌(丹巘) 등과 팔방의 동학들과 서로 의논(相議)하여 청허가 능인(釋迦佛)의 63대이며 임제의 25세 직손임을 밝히면서" 허단보가 "사명이 임제로부터 전해 받은 법통의 차례를 빠뜨리고 있다"며 이 사실을 보충하고 있다.[20]

휴정의 문하였던 계곡 장유(谿谷張維)는 중관 해안의 행장을 참고로 하여

17) 鞭羊 彦機, 「西山行蹟抄」, 『鞭羊堂集』 권2(『韓佛全』 제8책, p.254중).
18) 鞭羊 彦機, 「蓬萊山雲水庵鍾峰塔影記」, 『鞭羊堂集』 권2(『韓佛全』 제8책, p.253하).
19) 李廷龜, 「國一都大禪師西山淸虛堂休靜大師碑」, 『朝鮮金石總覽』 하권(보련각, 1975), p.853.
20) 中觀 海眼, 「四溟堂松雲大師行蹟」, 『四溟堂大師集』 권7(『韓佛全』 제8책, p.756상중).

「대흥사 청허비」(1641)를 지어 "임제 18전(傳)인 석옥 청공으로부터 고려조의 국사 태고 보우가 법을 얻고 이를 6전(傳)하여 우리 대사에 이르렀다며 그 법을 이은 보진(葆眞)·언기(彦機)·쌍흘(雙仡)·해안(海眼) 등이 묘향산과 풍악(금강산)에 비석을 세우기 위해 월사 이상공(李相公)에게 명문을 이미 받았다"고 밝히고 있다.[21]

이러한 법통에 대해 종래 학계에서는 여러 가지 논의가 있어 왔다. 조선 후기 불교는 사상의 측면에서 고려 중기 이래 보조 지눌의 영향을 크게 받았고, 법계의 측면에서는 임제법맥을 중시한 이중구조였다[22]는 주장이 제시되었다. 이러한 해석은 종래에 생각하지 못했던 것으로 상당한 시사점을 주었고 타당한 논의로서 수긍되었다. 하지만 사상보다는 법계의 측면을 더 강조해온 이후 한국불교의 전통에서 이러한 주장이 그대로 수용되기는 쉽지 않았다. 결국 임제선풍과 간화선법을 중심으로 하는 임제·태고법통이 정립된 계기를 새롭게 설명해야만 하였다.

2. 선풍(禪風)과 가풍(家風)

조사선풍과 여래선풍이 보여주는 것처럼 선풍은 '사람'을 기준으로 수행을 분류한 것이다. 반면 간화선법과 묵조선법이 보여주는 것처럼 가풍은 '행법'을 기준으로 수행을 분류한 것이다. 휴정은 삼화상의 행적을 기술하면서 자신의 선풍과 가풍의 지형을 보여주었다. 그것은 임제선법과 맥을 이으려는 것이었으며 동시에 간화선법과 소통하려는 것이었다.

그런데 휴정은 이들 삼화상의 행적을 기술한 뒤에 덧붙인 발문에 벽송의

---

21) 谿谷 張維 撰, 「海南大興寺淸虛大師碑」, 李能和, 『朝鮮佛敎通史』 권상(국민서관, 1918; 보련각, 1976), p.469.

22) 高翊晋, 「碧松智嚴의 新資料와 法統問題」, 『佛敎學報』 제22집, 동국대학교 불교문화연구원, 1985.

가풍은 자신의 스승인 정심의 가풍이 아니라 대혜(大慧)와 고봉(高峰)의 종풍이었음을 강조하면서 자신 역시 벽송의 가풍을 부용 영관을 통해서 잇고 있음을 시사해 주고 있다. 그는 벽송의 법통을 득도사 정심에 앞서서 육조의 17대 적손인 대혜, 임제의 18대 적손인 고봉을 사법사(전법사)로서 제시한 것이다. 이것은 벽송의 법통을 시공을 뛰어넘어 선종사의 원류에 접목하려는 의도로 이해할 수 있다.

> 정덕 무진(중종 3년, 1508) 가을에 금강산의 묘길상암에 들어가서 『대혜어록』을 보다가 '개에게는 불성이 없다'[狗子無佛性]는 화두에 의심이 붙어[疑着] 오래지 않은 시일에 칠통(漆桶)을 깨뜨렸다. 또 『고봉어록』을 보다가 '번거로운 일을 떠나 찾아야 할 본분사가 따로 있다'[鷓在他方]는 말에 이르러 지금까지 알던 것을 모두 떨어뜨렸다. 그러므로 대사가 평생에 발휘한 것은 곧 고봉과 대혜의 가풍이었다. 대혜(大慧)화상은 육조의 17대 적손이며, 고봉(高峰)화상은 임제의 18대 적손이다. 아아, 대사는 해외의 사람이면서도 대혜와 고봉의 500년 전의 종파를 은밀히 이었으니, 마치 흡사 정자(程子)와 주자(朱子)가 공자(孔子)와 맹자(孟子)의 천년 뒤에 태어났으면서도 그 학통을 멀리 이은 것과 같으니 유학이거나 불교이거나 도를 전함에는 다 한 가지인 것이다.[23]

휴정은 자신의 법조인 벽계의 가풍이 정심에 연유하는 것이 아니라 육조의 17세 적손인 대혜와 임제의 18대 적손인 고봉에 연유한다고 규정한다. 그런 뒤에 이것을 천년 뒤의 정자와 주자, 천년 전의 공자와 맹자의 관계에 대비하여 기술하고 있다. 즉 7~8세기의 육조와 12~13세기의 대혜, 8~9세기의 임제와 14~15세기의 고봉의 관계를 유학에서 천 년 전의 공맹과 천 년 뒤의 정주를 도통의 계승자로 파악하는 것과 다르지 않다고 하였다. 이것은 고려 말 이후의 득도사(得度師) 전통을 그 이전의 사법사(傳法師)의 관계로 환치하려는 것이라고 할 수 있다.

---

23) 清虛, 「碧松堂行蹟」, 『清虛集』 권3(『韓佛全』 제7책, p.752상).

이러한 선풍과 가풍은 위에서 언급한 법통과 법맥설과도 긴밀하게 연루되어 있다. 살펴본 것처럼 교산의 영명·목우·나옹법통설에 문제가 없지 않지만 편양, 월사, 장유 등의 임제·태고법통설 역시 문제가 있다. 선행연구에 의하면 그 문제점으로 1) 서산 자신이 그와 같은 법통에 대하여 언급한 사실을 볼 수 없고, 2) 서산 이전의 글이나 그의 당시 또는 입적 직후의 문류들에서도 태고법통에 관한 글귀를 볼 수 없으며, 3) 현재 태고법통 준거의 가장 오래된 문중이라고 할 수 있는 언기 찬의 「종봉영탑기」와 「서산행장」 이전의 글에 태고법통과는 다른 법계가 명기되어 있다는 점, 4) 서산 법계 일색으로 이루어져 왔다고 해도 과언이 아닌 승단의 현행 의식집에 나옹화상을 조사로서 모시고 있으니, 태고화상의 이름은 보이지 않는다는 점[24]을 들고 있다.[25]

고려 중기 이래 불교 전통과 역사에서 목우자 지눌과 나옹 혜근의 족적은 한국불교에서 매우 크다. 그럼에도 불구하고 종래 허균의 영명·목우·나옹 법통설을 밀어내고 휴정의 하대 제자들이 서로 의논(相議)한 뒤에 최종적으로 임제·태고법통설을 취한 것은 '임제의 정맥'을 겨냥했기 때문이었다. 그들이 볼 때 나옹은 평산의 법을 받았으면서도 지공의 법을 받았을 뿐만 아니라 지공을 더 우선시 했고, 휴정의 하대 제자들은 이러한 나옹의 태도를 '임제의 정맥'으로 받아들이기 어려웠다.

결국 그들이 나옹보다 태고법계를 택한 까닭은 1) 임제정맥(臨濟正脈)의 확립을 위해서, 2) 대대상승(代代相承)의 선가(禪家)전통을 살리기 위해서, 3) 공론(公論)으로서의 법계정립(法系定立)을 위해서[26]였다. 이것은 이러한 주장이 논리적 정합성과 역사적 정통성을 가지고 있느냐의 여부보다는 태고법

24) 金映泰, 「朝鮮 禪家의 法統考」, 『불교학보』 제22집, 동국대 불교문화연구원, 1985, pp. 15~20.
25) 高榮燮, 「부휴계의 선사상와 법통인식」, 『한국불교사연구』 제4호, 한국불교사연구소, 2014, pp.158~159.
26) 金映泰, 앞의 글, 앞의 책, 1985.

계가 종문대도(宗門大道) 확립의 공론27)이었다는 점에서 이해할 수 있을 것이다. 휴정과 휴정의 문도들은 바로 이러한 점을 고려하여 임제정맥과 간화선법을 자신의 정체성과 인식틀로 삼았던 것이라고 할 수 있다.

당시에 휴정은 스스로 임제선풍에 맥을 대고 있으면서도 구체적으로 표현하지 않았다. 그러나 그가 지은 「벽송당대사행적」(碧松堂大師行蹟), 「부용당선사행적」(芙蓉堂先師行蹟), 「경성당선사행적」(敬聖堂禪師行蹟) 등을 담은 『삼로행적』(三老行蹟)에는 이미 법통과 가풍이 훈습되어 있었다. 결국 휴정의 제자들에 의해 그는 임제선풍과 간화선법의 기반을 다진 인물로 자리잡았다. 그리고 그것이 그의 직계 4대(四溟·逍遙·靜觀·鞭羊) 문파와 방계 7대(碧巖 覺性·雷靜 應默·待價 希玉·松溪 聖賢·幻寂 印文·抱虛 淡水·孤閑 熙彦) 문파가 주도한 이후 조선후기 불교의 정체성이 되었다.

Ⅲ. 청허의 선지(禪旨)와 교문(教門) 이해

1. 선교(禪教)의 정의와 차이

불교는 붓다의 가르침을 뜻한다. 붓다의 가르침에는 이미 이론(학)과 실천(법)이 다 있다. 그럼에도 불구하고 후발 주자였던 선종이 등장하면서 붓다의 가르침을 이분하여 말씀법과 마음법으로 나누어 해명하였다. 이들은 붓다의 말씀법을 '교법'(教法)으로 묶어버리고 붓다의 마음법을 '선법'(禪法)으로 제시하였다. 이것은 인간의 언어가 지닌 한계를 넘어서려는 시도에 근거하고 있다.

---

27) 性徹, 『한국불교의 법맥』(해인총림, 1972), p.5.

붓다가 깨침 이후 자신의 설법을 주저한 지점에서 이미 실마리는 제공되어 있었다. 붓다는 자신의 자내증(自內證)이 전달할 수 없다는 것을 잘 알고 있었다. 이 때문에 그는 설법을 주저한 것이다. 나아가 붓다는 자내증에 대비되는 성언량의 세계에 대해서도 잘 알고 있었다. 바로 이 지점에서 붓다 설법의 두 가지 형식이자 진리의 두 가지 형식이 제시되었다. 즉 구극적 진리[眞諦]와 방편적 진리[俗諦]의 이제(二諦)는 중도를 전달하는 주요한 기제가 되었다.

불전에서 보이는 것처럼 범천의 권청(勸請)에 의해 붓다는 성언량의 세계로 자내증의 세계를 설명하였다. 그는 '말할 수 없는 세계'를 '말에 의거한 세계'로 드러내었다. '언어 너머의 세계'를 '언어 내부의 세계'로 나타내었다. 붓다의 자내증의 세계와 성언량의 세계를 이제(二諦)로 파악한 것은 용수(150~250)였다. 자내증과 성언량의 대비로 진리를 설명하는 이제의 체계는 사상의 신기원을 열었다. 불교 선법(禪法)의 탄생과 선교(禪敎)의 분기도 이 지점에서 출발한 것이었다.

일찍이 당나라 규봉 종밀(圭峰宗密, 780~841)은 "선은 붓다의 마음[佛意]이요, 교는 붓다의 말씀[佛語]이다"[28]고 하였다. 또 원나라 지현(智賢)의 『치문경훈』(緇門警訓)에서는 "경은 붓다의 말씀[佛言]이요, 선은 붓다의 마음[佛心]이다"[29]고 하였다. 휴정은 『선가귀감』에서 '경'은 '교'로 쓰고 있으며, 『도서』의 '불의'는 '불심'으로, 『치문』의 '불언'은 '불어'로 쓰고 있다. 이들은 모두 문자상의 차이일 뿐 그 의미는 같은 것이다. 휴정은 『심법요초』에서 "선과 교는 일념(一念) 중에서 일어난 것이며, 심의식(心意識)이 미치는 곳에서 헤아려 생각하는 것이 교(敎)이며, 심의식이 미치지 않는 곳을 참구하는 것이 선(禪)이

---

28) 圭峰宗密, 『禪源諸詮集都序』 권상1(『大正藏』 제48책, p.400중). "謂諸宗始祖卽是釋迦, 經是佛語, 禪是佛意."
29) 智賢, 「陳是刑貴謙答眞侍郎德秀書」, 『緇門警訓』 권7(『大正藏』 제48책, p.1080중). "經是佛言, 禪是佛心."

다"30)고 하였다.

휴정은 일념 중에 일어난 선과 교를 대비하면서도 선 우위의 시각을 보여주고 있다. 그는 가치와 의미를 어디에 더 두느냐를 엿볼 수 있는 말의 순서[語順]에서 늘 선을 앞세웠다. 선을 교에 앞세우고 선을 교보다 더 우위에 두려는 그의 관점 속에서 우리는 선사로서의 그의 정체성을 엿볼 수 있다. 휴정은 "조사가 보인 것은 모두 이 일구(一句) 중에 팔만 사천의 법문을 본래부터 스스로 갖추고 있다. 그러므로 인연을 따라 변하지 않는 성품과 형상과 본체와 작용을 돈오하고 점수하여 완전하게 거두어들이고, 남음 없이 가리어서 원융한 항포(行布)로 자재하여 걸림이 없으니 원래가 이 한 때로서 앞과 뒤가 없는 것이 선(禪)이다"31)고 하였다.

휴정은 "세존이 세 곳에서 마음을 전한 것이 선지(禪旨)가 되고, 일대에 걸쳐 설법한 것은 교문(敎門)이 되었다. 그래서 선은 세존의 마음이고, 교는 세존의 말씀이라 한다32)"며 선과 교를 구분해서 바라보고 있다. 또 그는 선지와 교문을 풀이하면서 "선과 교의 근원은 세존이며, 선과 교를 나누어 전한 이는 가섭(迦葉)과 아난(阿難)이다. 말이 없음으로써 말 없는 데에 이르는 것이 선이며, 말 있음으로써 말이 없는 데에 이르는 것이 교이다. 그래서 마음이 바로 선법(禪法)이며 말씀이 바로 교법(敎法)이다. 즉 법은 비록 한 맛이나 그 견해는 하늘과 땅 만큼 동떨어진 차이가 있다.33) 이처럼 휴정은 무언(無言)에서 무언(無言)으로 나아가는 것이 선이며, 유언(有言)에서 무언(無言)으로 나아가는 것이 교라고 하였다.

나아가 휴정은 선과 교의 근원이 세존이지만 가섭과 아난이 나누어 전했다고 보았다. 그리하여 "선은 우리 스승의 마음이요, 교는 우리 스승의 말씀

---

30) 淸虛, 「三乘學人病」, 『心法要抄』(『韓佛全』 제7책, p.649상중).
31) 淸虛, 『心法要抄』(『韓佛全』 제7책, p.649중).
32) 淸虛, 『禪敎訣』(『韓佛全』 제7책, p.657중).
33) 淸虛, 『禪家龜鑑』(『韓佛全』 제7책, p.635중).

이다. 교는 말이 있는 곳으로부터 말이 없는 곳에 이르는 것이요, 선이라 함은 말이 없음으로부터 말이 없는 곳에 이르는 것이다. 말이 없는 곳으로부터 말이 없는 곳에 이르면 누구도 그것을 무엇이라 부를 수 없어 억지로 불러서 마음이라 한다. 세상 사람들은 그 까닭을 알지 못하고 '배워서 알고 생각해서 얻는다'고 하니 참으로 민망스러운 일이다[34]"고 하였다. 그러면서도 그는 선의 기원을 삼처전심(三處傳心)에 의거하고 있다.

> 삼처전심의 세 곳이란 다자탑 앞에서 자리를 나누어 앉음[分半座]과 영산회상에서의 꽃을 들어 보임[擧拈花]과 사라쌍수 아래에서 널[棺] 밖으로 다리를 내어 보임[槨示雙趺]이다. 이를테면 가섭이 선법의 등불을 따로 전해 받았다는 것[別傳禪燈者]이 이것이며, 일대 소설의 일대란 (성불 이후 입멸까지) 49년 동안 설법하신 (다섯 가지) 가르침으로 이른바 아난이 교설의 바다를 흐르게 하였다[流通敎海者]는 것이 이것이다.[35]

휴정은 붓다의 가르침인 교와 달리 붓다의 마음인 선의 기원은 삼처전심임을 역설한다. 그는 가섭이 선법의 등불을 따로 전해 받았다는 것과 아난이 교설의 바다를 흐르게 하였다는 대비를 통해 선과 교의 분기를 분명히 하고 있다. 선의 등불[禪燈]과 교의 바다[敎海]처럼 선과 교가 다르다는 것을 분명히 밝히고 있다. 바다의 꽃이 섬이고 섬의 배경이 바다인 것처럼 말이다. 청허는 『선교결』의 끝에 부기한 「시유정대사」(示惟政大師)라는 글에서 이렇게 기술하고 있다.

> 그 옛날 마조의 한번 고함[一喝]에 백장은 귀가 멀고[耳聾], 황벽은 도리를 토했으니[吐說] 이것이 임제종의 연원이다. 그대(惟政)는 반드시 정맥을 가리어 종안(宗眼)을 분명히 하여야 한다. 그래서 간곡히 알리는 것이니, 뒷날 이 늙은이의 간절한 뜻[分付]을 저버리지 말라. 만일 이 늙은 나의

---

34) 淸虛, 『禪敎訣』(『韓佛全』 제7책, p.657중).
35) 淸虛, 『禪家龜鑑』(『韓佛全』 제7책, p.635중).

뜻을 저버린다면 반드시 부처님과 조사의 깊은 은혜를 저버리는 것이 된다. 자세히 알고 자세히 알지어다.36)

휴정은 초기 선종사의 기린아인 마조의 한 번 고함에 백장이 귀가 멀고 황벽이 도리를 토했음이 임제종의 연원이라고 하였다. 이처럼 그는 마조선풍에 기반한 백장-황벽-임제의 활발발한 가풍이 임제선의 연원이자 가풍임을 분명히 선언하고 있다. 휴정은 활발발한 선기는 교가 감당할 수 없다는 언표를 통해 선과 교의 분기를 엄연히 선포하고 있다. 이것이 선과 교가 나눠질 수밖에 없는 근거라는 것이다. 그럼에도 불구하고 그는 선의 배경이 되는 교를 배제하지는 않았다.

2. 『선교석(禪敎釋)』의 선교관(禪敎觀)

휴정의 선교관을 잘 보여주는 『선교석』은 그 저술 동기는 우연히 이루어진 것으로 알려져 있다. 그가 묘향산 금선대에서 앓아누워 있을 때에서 있었던 일이다. 하루는 행주(行珠)·유정(惟政)·보경(寶晶) 세 제자가 널리 유통되고 있는 『금강경오가해』를 가지고 와서 질문하였다. 이에 대답하는 형식으로 적은 것이 이 저술이다. 그들은 "반야경 중에도 선지가 있습니다. 반야를 종으로 함이 어떻습니까?"라고 물었다. 이에 휴정은 옛 일을 인용하여 대답하였다.

> "세존이 정법안장을 마하 가섭에게 부촉하였다는 말을 들었지만 『금강반야』를 마하 가섭에게 부촉하였다는 말은 듣지 못하였다. 대저 모든 풀잎 끝에도 생동하는 조사의 뜻이 있고, 나아가서는 꾀꼬리와 제비도 항상 실상의 법을 말하거늘 하물며 『금강경』의 한 글귀이겠는가. 문자에 집착하지 않으면 한 권의 경전을 읽어도 좋을 것이다. 그러나 붓다의 광명에

---

36) 淸虛, 『禪敎訣』(『韓佛全』 제7책, p.658상).

목욕하려면 그 기틀이 아니면 능히 알지 못하는 것이니 내가 이제 그대들
을 위하여 선과 교의 길을 대조하여 분별하면서 해석하려 한다. 그 해석은
옛날의 책에서 끌어온 것이며, 지금의 것이 아니다."37)

이렇게 해서 휴정이 적은 짤막한 글이 『선교석』즉 선교에 대한 해석이
다. 그의 글이 짧고 교학에 대한 글이 남아있지 않다고 해서 그의 교학에
대한 이해가 부족하다고 볼 수도 있을 것이다. 휴정의 이 글에 인용서들이
대부분 정전이 아닐 뿐만 아니라 그의 교학 관련 저술이 없다고 해서 교학
에 대한 그의 이해가 부족했다고 보기는 어렵다. 이 글은 비록 짧지만 그가
몸으로 경험하면서 내세운 사교입선(捨敎入禪)은 당시 불교의 지위와 위상을
반영하여 제시한 그의 선교관이다.

이 글은 자신의 독단을 피하고 옛 사람의 어록을 인용하면서 자기의 주장
에 반대하는 이론을 논리 정연하게 설득시켜 선이 위주요, 교가 그에 추종
한다는 이론을 불교 안으로 끌어들이고 있다.38) 이를 통해 휴정은 선 중심
의 선교 통합의 토대를 굳히고 있다.

<도표 3> 『禪敎釋』의 구조

구 분	번호	주 제	내 용	출 전
전반부	1	禪門最初句	正法眼藏, 迦葉附囑	화엄경 십종결
	2	禪門末後句		염송설의
	3	密付正法眼藏		반야다라부법전
	4	敎外別傳之源	설산수도, 玄極 眞歸祖師	범일국사집
	5	敎外別傳之派		범왕결의경과 종도자전
	6	敎外別傳之大意		정종기와 지도론, 순정록과 진정록

---

37) 淸虛, 『禪敎釋』(『韓佛全』 제7책, p.654중).
38) 박경훈, 「해제: 서산대사의 생애와 사상」, 『청허당집』(동국역경원, 1987), p.24.

	7	圓敎의 性海海印과 禪門正宗密印		소선장과 결의론
	8	頓敎一念不生과 禪門密旨		인고금변록
	9	楞伽經 性宗說		해동칠대록
	10	般若經 諸佛從此經出說		감소록
	11	禪敎 高下		칠대록
	12	敎宗의 三種機와 別傳의 一機		무염국사별집
	13	禪의 眼足說		나계별집
후반부 39)	1	定慧와 見佛性		
	2	菩薩의 자비심		
	3	중생제도		
	4	大藏經의 用處		
	5	等妙二覺과 菩提涅槃		
	6	佛祖說		
	7	賢聖의 見證處		
	8	結語		

휴정은『선교석』의 전반부에서는 선의 안목에 이르는 13단계를 논리적으로 전개하고 있다. 그가 '선문최초구'에서부터 '선의 안족설'에 이르기까지 13단계의 문제를 통해 풀이를 하자 그의 제자 세 사람은 어느 정도 이해가 된 뒤 휴정을 '선교양당'(禪敎兩堂)이라고 칭송하였다. 그런데 발문에 따르면 후반부는 휴정이 이『선교석』을 보충할 필요를 느끼고 전국의 선학 50여명이 모인 자리에서 교가 묻고 선이 답하는 형식의 토론을 개최하고 이 내용을 수록한 것임을 알 수 있다. 전반부의 정혜와 견성에 대한 대담을 필두로 결어에 이르는 8단계로 작성하고 있다.

『선교석』은 모두 16종의 문헌을 인용하면서도 그 분량이 3매에 지나지 않을 정도로 매우 짧은 저술로 되어 있다. 이 저술은 당시 자신의 선교관에 대한 문도들의 반발을 의식하여 자신의 독단을 피하고 옛 사람의 어록을

---

39) 淸虛,『禪敎釋』(『韓佛全』제7책, p.654중). 이 후반은 현행『선교석』에는 보이지 않고 梵魚寺板『禪門撮要』에 보이고 있다.

인용하면서 자기의 주장에 반대하는 이론을 논리 정연하게 설득시킴으로써 선이 위주요, 교가 그에 추종한다는 이론을 불교 안에 끌어들여 선적인 통일 불교의 토대를 굳히고 있는 서적이라는 점에서 그 의의가 있다.[40)]

휴정은 종래 선문의 소의경전이었던 『능엄경』의 주장을 한낱 갈잎에 지나지 않는다고 일소에 붙인다. 또 성문을 위한 방편문인 『반야경』이 어찌 선교의 종주가 될 수 있는가라며 반박하고 있다. 또한 수도에 있어서는 "교법을 중히 여기고 마음을 가벼이 여기면 비록 수많은 겁을 닦는다 하여도 천마외도를 지을 뿐이다"라며 고덕의 말을 인용하여 경고하고 있다. 마지막으로 선의 격외도리를 언급하면서 "필경 그 이치는 어떻습니까?"라는 질문에 "자기의 분상에 본래 명자(名字)가 없건만 방편으로 부르기를 정법안장(正法眼藏) 열반묘심(涅槃妙心)이라 할 뿐이다. 다시 할 말을 하건대 '부재명백'(付在明白)이니라"며 결론을 맺고 있다.

휴정의 『선교석』은 매우 짧은 글이지만 우리나라 근세의 선가에서 반드시 참고해온 주요한 저술이다. 여기에는 그의 선교관이 잘 드러나 있다. 휴정은 이와 같은 선교관을 기초로 불교를 사상적으로 단일종으로의 통일을 시도한 것으로 이해된다. 그의 문도들에 의해 형성된 '서산종'에서 이러한 그의 의도를 짐작해 볼 수 있다.

3. 선법(禪法) 위주 선교겸수(禪敎兼修)

휴정은 선과 교의 정의와 구분을 통해 선과 교의 차이를 분명히 드러내고 있다. 그가 세우는 선교의 특징과 그가 나누는 구분에서 우리는 그가 선에 들어가는 관문으로서 교를 전제하고 있다는 사실을 알 수 있다. 이미 언급한 것처럼 그는 선과 교의 특징과 그것의 대의를 간명하게 보이고 있다.

---

40) 박경훈, 앞의 해제, p.24.

그는 선과 교를 차이를 전제하고 이 차이의 전제 위에서 선법 위주의 선교 겸수를 꾀하고 있다.

휴정은 선은 무언으로써 무언에 이르고 심의식이 미치지 않는 곳을 참구(參究)하는 것이며, 교는 유언으로써 무언에 이르고 심의식이 미치는 곳을 사량(思量)하는 것이므로 마음이 바로 선법이며, 말씀이 바로 교법이라는 것이다. 그 선과 교는 세존을 근원으로 하고 일념 중에 일어난 것이므로 법은 비록 한 맛이지만 그 견해는 하늘과 땅처럼 동떨어진 차이가 있다고 하였다.

휴정은 자신의 『선교결』을 인용하여 "가섭과 아난 두 존자로부터 육조 혜능대사에 이르기까지를 33조사라고 한다. 이들에 의한 교외별전의 선지는 멀리 푸른 하늘 밖으로 뛰어나서, 오교의 학자들만 믿기 어려울 뿐 아니라 또한 선종의 하근기도 망연히 알지 못한다"[41]고 하였다. 이러한 그의 인식은 선법 위주의 선교 인식으로 이해된다.

또 휴정은 자신의 『선교결』을 인용하여 "세존의 일대에 설한 바의 교를 비유하자면, 마치 세 가지의 자비 그물을 삼계의 생사 바다에 펼쳐서 작은 그물로는 가재와 조개(인천·소승교처럼)를 건지고, 중간 그물로는 방어와 준어(연각승·중승교처럼)를 건지며, 큰 그물로는 고래와 자라(대승 원돈교처럼)를 건져서 모두 함께 열반의 언덕에 두는 것과 같다. 이는 교의 순서이기도 하다"[42]고 하였다. 휴정은 삼승의 그물에 걸리는 작은 고기와 같은 인천 소승교, 중간 그물에 걸리는 중간 고기와 같은 연각승과 중승교, 구름 끝에 올라가서 단비를 내려 뭇 생명을 이익되게 하는 신령한 청룡과 같은 대승 원돈교로 대비시키고 있다.

그 중에 한 물건(一物)이 있어서 갈기는 주화(朱火)와 같고 발톱은 쇠창(鐵戟) 같으며, 눈으로는 햇빛을 쏘고, 입으로는 바람과 우레를 토하며, 몸을 한번 뒤치면 흰 물결이 하늘에 닿고, 산과 강은 진동하며, 해와 달은 어두워진다.

---

41) 淸虛, 『禪敎釋』(『韓佛全』 제7책, p.658상).
42) 淸虛, 『禪敎釋』(『韓佛全』 제7책, p.657중).

세 가지 그물 밖으로 뛰쳐나가 곧바로 푸른 구름 끝에 올라가서 감로의 비를 내려 뭇 생명을 이익되게 하니(바로 조사문의 교외별전의 기틀과 같음), 이것이 선의 교와 다른 것이다.[43] 나아가 휴정은 '삼승의 그물에 걸리는 크고 작은 고기가 아니라 구름 끝에 올라가서 단비를 내려 뭇 생명을 이익되게 하는 신령한 청룡(靑龍)'[44]이 되어야 한다고 역설하고 있다.

그리하여 그는 '망상이 만들어낸 부처와 조사를 죽이고 진심에서 우러나오는 세존의 염화와 가섭의 미소'를 얻으려 하였다.[45] 휴정은 교는 작은 고기에 비유하고 선은 신령한 청룡에 비유하고 있다. 즉 삼승의 교학이 크고 작은 그물에 걸려 잡히는 작은 물고기라면, 선은 그물 따위에 걸리지 않는 변화무쌍하고 신통자재한 신령한 청룡이라는 것이다. 이것은 선과 교의 현격한 차이를 강조하고 있는 것이다. 선은 교가 도저히 미칠 수 없는 까마득한 위치에 자리해 있다는 것이다.

> 그러므로 만일 입으로만 떠들어 그 참뜻을 잃어버린다면 세존의 염화와
> 가섭의 미소도 모두가 교적(敎迹)이 될 것이다. 만일에 마음에서 얻게 된다
> 면 세간의 하찮은 잡담이라도 모두가 교외별전의 선지가 되는 것이다.[46]

그가 말하는 참뜻은 심왕 즉 마음의 주인공일 것이다. 언어 너머 혹은 언어 이전의 지평에서 나타나는 '지극한 현실', 초현실이 아닌 생생한 날현실, 즉 있는 그대로의 진실한 모습일 것이다. 그것은 선이 제시하는 마음의 등불일 것이다.

---

43) 淸虛, 『禪敎訣』(『韓佛全』 제7책, p.657중하); 淸虛, 『禪敎釋』(『韓佛全』 제7책, p.656중).
   "世尊向生死海中, 張三種網, 壤人天魚, 豈將三網所據之魚, 比況雲外, 注甘露之神龍耶(螺
   磎別集)."
44) 淸虛, 『禪敎釋』(『韓佛全』 제7책, p.656중).
45) 高榮燮, 「鏡虛 惺牛의 牧龍家風과 尋劍禪旨」, 『한국불교학』 제74집, 한국불교학회, 2014.
46) 淸虛, 『禪家龜鑑』(『韓佛全』 제7책, p.635중).

법(法)은 이름이 없으므로 말이 미치지 못하며, 법(法)은 형상이 없으므로 마음이 미치지 못한다. 입에 올려 말하게 되면 본 바탕의 심왕(心王)을 잃게 되며, 본바탕의 심왕(心王)을 잃게 되면 세존의 염화나 가섭의 미소가 모두 다 케케묵은 말로만 떨어져서 끝내는 사물(死物)이 되고 만다. 마음에서 얻게 된다면 길 거리의 잡담도 훌륭한 설법(說法)이 될뿐만 아니라 새들의 지저귐도 깊은 뜻이 담긴 실상(實相)의 법담(法談)이 될 것이다. 그러므로 보적선사(寶積禪師)는 곡성을 듣고도 깨달은 기쁨으로 껑충 뛰었고, 보수선사(寶壽禪師)는 싸우는 것을 보고도 본래면목을 깨쳤다는 것이다. 이는 선교(禪敎)의 깊고 얕음을 밝힌 것이다.47)

휴정은 선교의 심천을 제시하면서 교는 얕은 자국[迹]이며 선은 깊은 뜻[旨]이라고 역설한다. 그러면서도 교외별전의 선지는 말이나 헤아림으로 얻어지는 것이 아니라 근본 바탕의 마음에 직통해야 한다는 것을 강조한다. 이 때문에 본지에 어긋나면 세존의 염화나 가섭의 미소가 선이 아닌 교적(敎迹)이 되고, 아무 쓸모없는 사물(死物)이 되고 만다고 하였다.

또 휴정은 이름이 없으므로 말이 미치지 못하며, 형상이 없으므로 마음이 미치지 못하는 법에 대해 역설한다. 이 법은 본 바탕의 심왕과 심왕에서 얻게 되는 참다운 법이다. 이것은 마음법으로 제시된다. 그런데 휴정은 이 마음법을 다시 교문의 일심의 법과 선문의 견성의 법으로 구분한다.

교문에서는 오직 일심의 법[一心法]을 전하고, 선문에서는 오직 견성의 법[見性法]을 전하였다.48) 이에 대해 휴정은 "마음은 거울의 바탕과 같으며, 성품은 거울의 비침과 같다. 성품은 자체가 청정하여 곧바로 깨치면 본래의 마음을 얻게 된다."49) 이렇게 말한 그는 다시 이러한 평석을 붙이고 있다. "마음에는 두 가지가 있으니, 하나는 본원심(本源心)이고 하나는 무명취상심(無明取相心)이다. 성품에도 두 가지가 있으니, 하나는 본법성

47) 淸虛, 『禪家龜鑑』(『韓佛全』 제7책, p.635중).
48) 淸虛, 『禪家龜鑑』(『韓佛全』 제7책, p.636상).
49) 淸虛, 『禪家龜鑑』(『韓佛全』 제7책, p.636상).

(本法性)이고 하나는 성상상대성(性相相對性)이다. 그러므로 선교자(禪敎者)가 다 같이 미혹하면 이름에 얽매여 알음알이를 내어서, 혹은 얕은 것도 깊다하고 혹은 깊은 것을 얕다고 하여 끝내 관행(觀行)의 큰 병이 되므로 이것을 밝힌 것이다.50)

휴정은 심과 성의 관계를 통해 거울의 몸체인 마음과 거울의 광명인 성품을 대비시키고 있다. 즉 마음의 본원심과 무명취상심, 성품의 본법성과 성상상대성을 대비시키며 선교자가 미혹하면 이름에 얽매여 지해를 내므로 주의해야 함을 밝히고 있다. 휴정은 성품은 자체가 청정하므로 곧바로 깨치면 본래의 마음을 얻게 된다며 성이 심의 기반임을 강조한다. 이것은 지눌이 몸체[體]인 '자성이 곧 법성'이고 몸짓[用]인 '자심이 곧 불심'이라고 한 대목과도 상통하고 있다. 몸체인 자성을 깨치는 선문이 몸짓인 불심 즉 교문의 기반이 됨을 보여주고 있다.

> 모든 부처들은 활[弓]을 설하시고, 여러 조사들은 활줄[弦]을 설하셨다. 교가(敎家)의 무애한 법이 비로소 일미(一味)의 자취를 떨쳐버려야 비로소 선가(禪家)의 일심(一心)이 나타나게 된다. 그러므로 '다함이 없는 성품의 바다가 모두 일미와 합하고, 일미가 서로 가라앉은 것이 바로 우리의 선(禪)인 것이다.'51)

휴정은 제불은 활을 설하시고 조사는 활줄로 설한다고 하였다. 그는 활과 활줄의 비유를 통해 교와 선의 차이를 드러내고 있다.52) 불설(佛說)은 활처럼 굽은 것이고, 조설(祖說)은 활줄처럼 곧다는 것이다. 그러므로 교가의 무애지법이 일미의 자취를 불식시켜야 비로소 선가의 일심이 나타나게 된다. 교가의 설경(說經)과 선가의 시구(示句), 교가의 설궁(說弓)과 선가의 설

---

50) 淸虛, 『禪家龜鑑』(『韓佛全』 제7책, p.636상).
51) 淸虛, 『禪敎釋』(『韓佛全』 제7책, p.655상).
52) 淸虛, 『禪家龜鑑』(『韓佛全』 제7책, p.636상).

현(說玄)은 모두 교와 선의 차이를 보여주는 것이다. 이것은 선우 교열(禪優敎劣), 선심 교천(禪深敎淺)의 차이를 분명히 보여주는 것이다. 하지만 휴정은 여기에서 그치지 않고 선과 교의 관계를 다시 정리해 나갔다.

결국 휴정이 모색하고자 했던 선과 교의 관계를 사교입선(捨敎入禪) 즉 선법 중심의 선교 겸수(禪敎兼修)였다. 이것은 선과 교의 정의와 분기를 통해 차이를 인식시킨 뒤 둘 사이의 관계를 재설정한 것이었다.

> 그러므로 공부하는 이는 먼저 여실언교(如實言敎)로써 불변과 수연의 두 가지 뜻이 바로 자심(自心)의 성상(性相)이며 돈오(頓悟)와 점수(漸修)의 두 문이 바로 자행(自行)의 시작이며 끝이라는 것을 자세히 밝혀 알아야 한다. 그리고 나서 교의를 버리고 다만 자심을 드러내는 일념으로 선지를 자세히 참구한다면 반드시 얻는 바가 있을 것이니 이른바 윤회에서 벗어나는 살 길이다.53)

이 요지는 곧 교학자가 최구경(最究竟)으로 삼고 있는 불설경전의 여실언교에 의하여 본원적 심법(眞如)이 불변하는 체와 인연을 따라 변하는 작용의 두 교의가 자심의 성과 상이며, 돈오와 점수의 두 수행문이 스스로 닦을 시(始)와 종(終)임을 자세하고 정확하게 알아야 하나, 그것이 실은 구경이 아니므로 교의에 의하여 이해투득한 성상과 시종의 견해들을 모두 방하(放下)해 버려야 한다는 것이다. 그리하여 자심을 현전케 하는 오직 일념으로써 선지를 참상(參詳)해야만 비로소 얻고자 하는 바의 목적이 달성되는 것이다. 즉 교의를 버리고 선지를 참구하는 길만이 최상구경의 길이며, 윤회로부터 벗어나는 출신의 활로가 된다는 것이다.54)

휴정은 『선가귀감』의 마지막 구절에 '입차문내 막존지해'를 배치하여 자신이 제시해 왔던 사교입선(捨敎入禪)의 본질을 마무리하고 있다. 여기서 문

---

53) 淸虛, 『禪家龜鑑』(『韓佛全』 제7책, p.636중).
54) 申法印, 『西山大師의 禪家龜鑑 硏究』(신기원사, 1983).

제가 되는 것이 바로 교문의 '지해'인 알음알이이다. 이 알음알이는 분별과 집착의 다른 이름이다.

> 신령스런 빛은 어둡지 않아서 만고에 아름답게 빛나리니 이 문 안에 들
> 어와서는 알음알이를 내지 말라.55)

휴정은 "지해(知解) 이 두 글자는 불법의 대해(大害)이므로 특별히 들어서 마친 것이다. 하택 신회선사가 조계(六祖 慧能)대사의 적자가 되지 못하였던 것도 이 때문이다"고 하였다. 그는 『심법요초』에서도 "지해가 불법의 대병" 임을 밝히고 있다. 이것은 그가 선과 교가 다르지만 교의 병폐는 지해에 있음을 갈파한 것일 뿐 교 자체를 부정한 것은 아님을 보여준다. 그의 사교 입선 즉 선법 중심의 선교겸수는 교문은 궁극의 문이 아니라 선문에 들어가는 입문적인 존재라는 것을 보여준다. 그리고 그는 염불문도 시설하여 삼문의 형식을 보여주고 있다.

이러한 휴정의 시각은 전통적인 선교관과 상통하고 있다. 휴정이 선과 교가 다르지 않다는 선교일치를 전제로 한 포괄적 수행 가풍을 제시한 데 대해, 신라 원효에서 시작하여 고려의 의천과 지눌 등을 거쳐 이어온 선과 교의 통합적 전개를 완성했다56)는 평가가 그러하다. 그는 선교 겸수를 위한 전단계로서, 즉 선문에 들어가기 위해 교문의 지해(知解)를 버리는 '사교'(捨敎)를 강조했을 뿐 교문을 부정한 것은 아니었다.

<도표 4> 휴정 사상의 구조

禪敎의 특징 → 禪敎의 차이 → 禪敎 兼修를 위한 捨敎 → 入禪(知解의 放下)

수행의 계위가 낮고 얕고 부분적인 단계에서 높은 깊고 중심적인 단계로

---

55) 淸虛, 『禪家龜鑑』(『韓佛全』 제7책, p.645하~646상).
56) 禹貞相, 「西山大師의 禪敎觀에 대하여」, 『불교사학논총: 조명기박사화갑기념논총』(동국 대도서관, 1965).

나아가는 것처럼 휴정은 교문의 지해(知解)를 내려놓기 위해 사교(捨敎)의 언표를 매우 강하게 드러내었지만 교문 자체를 부정한 것은 아니었다. 교문의 지해를 버리는 '사교'는 선문의 지혜를 취하는 '입선'으로 나아가는 단계적인 수행계위였기 때문이다.

바로 이런 점에서 휴정의 선교관은 정혜쌍수와 돈오점수, 간화선 수행방식을 단계적으로 추구한 보조 지눌의 수행체계와도 맞닿아 있다. 나아가 휴정은 선교겸수의 토대 위에 경절문, 원돈문, 염불문의 삼문을 통해 선, 교, 염불을 겸수하는 융합적 수행방법을 열었다.57)

선의 경절문, 교의 원돈문, 염불의 염불문으로 이루어진 휴정의 삼문 수행은 이후 삼문수업의 원형이 되었으며 강원 이력과정의 교과과정에도 그대로 반영되었다. 그의 선교관에는 선과 교와 염불이 융합하는 수행체계로 이어졌으며 이것은 조선 이후와 현재에 이르기까지 한국의 선교관 내지 수행관으로 굳건히 자리를 잡고 있다.

Ⅳ. 결 어

붓다의 가르침인 불교는 이제(二諦)의 교문으로부터 출발하였다. 말할 수 없는 구극적 진리인 진제와 말로 표현된 방편적 진리인 속제는 붓다 설법의 두 가지 방법이자 진리의 두 가지 형식이다. 우리의 삶이 인연에 따라 변하지 않는 불변의 세계와 인연에 따라 변하는 수연의 세계로 이루어지듯 붓다의 가르침 또한 말이 끊어진 선의 세계와 말로 표현된 교의 세계로 설명된다.

---

57) 김용태, 「淸虛 休靜과 조선후기 禪과 華嚴」, 『불교학보』 제74집, 동국대학교 불교문화연구원, 2016.

불교의 동전 이후 동아시아 불교사상사에서 선과 교는 늘 긴장과 탄력의 지평을 형성하면서 불교사상에 생명력을 불어넣었다. 한국불교는 수행의 대명사로서의 선과 교학의 대명사로서의 교를 선법과 교학(화엄)의 언어로 표현해 왔다. 조선 중기에 활동했던 서산대사 즉 청허 휴정은 선과 교의 관점을 사교입선(捨敎入禪) 즉 선법 중심의 선교 겸수(禪敎兼修)로 제시함으로써 조선 후기 이래 한국불교의 선교관으로 자리를 잡게 했다.

휴정의 활발발한 선기(禪機)는 교문이 감당할 수 없다는 언표를 통해 선과 교의 분기를 엄연히 선포하고 있다. 이것이 선과 교가 나눠질 수밖에 없다는 근거라는 것이다. 그럼에도 불구하고 그는 선의 배경이 되는 교를 배제하지는 않았다. 그는 선교 겸수를 위한 전단계로서, 즉 선문에 들어가기 위해 교문의 지해(知解)를 버리는 '사교'(捨敎)를 강조했을 뿐이었다. 휴정은 수행의 계위가 낮고 얕고 부분적인 단계에서 높은 깊고 전체적인 단계로 나아가는 것처럼 교문의 지해(知解)를 내려놓게 하기 위해 사교(捨敎)의 언표를 매우 강하게 드러내었다. 하지만 교문 자체를 부정한 것은 아니었다. 교문의 지해를 버리는 '사교'는 선문의 지혜를 취하는 '입선'으로 나아가는 단계적인 수행계위였기 때문이다.

따라서 선의 경절문, 교의 원돈문, 염불의 염불문으로 이루어진 휴정의 삼문 수행은 이후 삼문수업의 원형이 되었으며 강원 이력과정의 교과과정에도 그대로 반영되었다. 그리고 그의 선교관에는 선과 교와 염불이 융합하는 수행체계로 이어졌으며 이것은 조선 이후와 현재에 이르기까지 한국의 선교관 내지 수행관으로 굳건히 자리를 잡고 있다.

벽암 각성의 생애와 사상

: 李景奭 撰「華嚴寺 碧巖堂 覺性大師碑文」을 중심으로

I. 서 언

　조선은 건국 이래 새롭게 개신한 유학 즉 성리학을 정학(正學)으로 삼고 불교에 대한 억압정책을 실시하였다. 유자들은 신유학 즉 성리학의 '종교적 기능'에는 명확한 한계가 있었기 때문에 불교의 신행에 따른 '관행적 기풍'을 근절할 수는 없었다. 이 때문에 그들은 사원세력과 사원경제를 붕괴시키기 위한 대대적인 억압시책을 유지하였다. 하지만 오래지 않아 개국의 주체였던 훈구(勳舊)와 외척(外戚)들이 권력의 핵심부를 장악하고 사회경제적 특권을 독점해 갔다. 그리하여 훈구 척신(戚臣)들의 권력이 비대해지면서 그들은 백성들이 부여한 권력을 남용해 갔다.

　이에 권력형 부정 비리와 부정 축재가 가속화되면서 나라의 기강이 무너지고 사회의 공도(公道)는 땅에 떨어졌다. 조선 중기의 친인척이었던 대윤(大尹, 尹任)과 소윤(小尹) 중 특히 소윤인 윤원형(尹元衡)[1]은 명종 대에 이르러 권력을 오로지 하는 '권간'(權奸)이 되어 국왕의 통치권을 능멸할 정도였다.[2] 이 시기의 불교계 또한 '외유내불'(外儒內佛) 또는 '양유음불'(陽儒陰佛)의 시대를 맞이하면서 고려 말 이래 11종으로 구성된 교단이 7종으로, 다시 2년

---

1) 中宗의 두 번째 부인이었던 章敬王后 尹氏가 죽고 중종의 세 번째 왕비로 같은 坡平 尹氏 출신의 文定王后가 간택되었다. 이 때문에 서열상으로 전임 왕비였던 장경왕후 일족인 尹任, 尹汝弼 등을 大尹이라 했고, 후임 왕비인 문정왕후의 일족인 尹之任, 尹元衡, 尹元老 등을 小尹이라 하였다.
2) 한명기, 『광해군: 탁월한 외교정책을 펼친 군주』(서울: 역사비평사, 2000), p.39 참조.

뒤에는 7종이 선교 양종으로 통합되어 승정(僧政)을 총괄했던 승록사(僧錄司)가 폐지되고 선교 양종의 도회소(都會所)로 서울의 흥천사(興天寺, 중구 정동→정릉동)와 흥덕사(興德寺, 연희동→혜화동1번지)가 지정되었다.3)

조선 중기에 이르면 전기 이래 왕조 창업의 긴장감이 떨어지고 체제에 안주한 척신들이 득세하였다. 이렇게 되자 중종 이래 성리학의 이념으로 '수기치인'(修己治人)을 표방하던 사림(士林)들이 훈구 척신들을 비판하기 시작하였다. 훈구 척신들 또한 사림들에 대한 반격을 시작하여 연산군 대부터 명종 대까지 네 차례의 사화(士禍)4)를 일으켰다. 하지만 명종이 후사(後嗣, 後承) 없이 세상을 떠나면서 척신들의 위세는 한풀 꺾였고 사림들이 다시 일어섰다. 그런데 척신들을 처리하는 방향을 놓고 사림들 내부에서 논란이 일어나면서 이들은 동인과 서인으로 분립되었다.5) 이러한 분립 상황에서 불교 교단도 이들 정치 지형에서 자유로울 수 없었다.

조선불교를 지탱한 청허 휴정(淸虛休靜, 1520~1604)계의 정계 4대 문파에 맞서는 부휴 선수(浮休善修, 1543~1615)계의 방계 7대 문파의 수장이었던 벽암 각성(碧巖覺性, 1575~1660)은 스승 부휴를 대신해 임진왜란에 참여한 이래 병자호란에도 참여하였다. 그 사이 그는 전국의 여러 사찰에 머무르면서 강의와 저술 및 순천 송광사, 완주 송광사, 합천 해인사, 보은 법주사, 구례 화엄사, 하동 쌍계사, 속초 신흥사, 안변 석왕사 등의 사원을 신창하거나 중창하였다. 또 광승(狂僧)의 무고로 인한 김직재(金直哉) 옥사사건에 연루되어 스승

---

3) 禪敎 兩宗을 합쳐 공인된 36개의 寺社에는 田地가 추가 지원되었고 승려의 정원이 확정되었다.
4) 연산군 때의 戊午史禍와 甲子士禍, 중종 때의 己卯士禍, 명종 때의 乙巳士禍 등 네 士禍가 대표적이다.
5) 高榮燮(2), 『한국불교사연구』(서울: 한국학술정보, 2012); 高榮燮(3), 『한국불교사탐구』(서울: 박문사, 2015); 高榮燮(4), 『한국불교사궁구』 1.2(서울: 씨아이알, 2019). 필자는 일련의 저술에서 고려 이전처럼 국가의 공식적 지원을 받는 '국가불교'에서 벗어나 조선불교는 유자들의 불교 억압정책에 대응하여 풀뿌리로 생명력을 지켜낸 '自立佛敎' 내지 '自生佛敎'의 기반을 형성하였다고 보고 있다.

부휴와 풀려난 이래 잠시 판선교도총섭(判敎都摠攝)으로서 봉은사 주지를 역임하기도 하였다. 이어 벽암은 팔도도총섭(都摠攝)이 되어 남한산성의 축성을 감독하였고, 규정도총섭(糾正都摠攝)이 되어 적상산성(赤裳山城)의 수축과 사고(史庫)의 보호를 완수하였다. 그는 부휴계의 수장일 뿐만 아니라 그의 문하에 8대 문파를 배출하여 청허계와 함께 조선후기 불교계의 주류를 형성하였다는 점에서 크게 주목되는 인물이다. 이 글에서는 벽암 각성의 임란과 병란의 참여, 사찰 중수와 산성 수축, 철학의 수립과 사상의 전개, 조선후기 부휴계의 위상 확립에 대한 고찰을 통하여 벽암 각성의 생애와 사상을 조명해 보고자 한다.

Ⅱ. 임란과 병란 참여

1. 생애와 양란

건국 이래 유교 성리학을 통치이념으로 표방한 이래 불교계는 억압의 시책을 감당해야만 했다. 태조와 세종의 교단의 구조 조정 이후 불교 자체를 위한 공식적인 국가행사는 이루어지지 않았다. 다행히 세조대에 이르러 8개 사원 중건 및 중창[6]과 간경도감(刊經都監, 1461~1471) 설치를 통한 한문불전과 언해불전의 간행 등 일시적인 불사가 있었다. 하지만 이후 성종과 연산군 및 중종에 이르러 실시된 선교 양종(禪敎兩宗)의 폐종과 승과제(僧科制) 금지 및 도첩제(度牒制) 폐지와 『경국대전』 내의 '도승'(度僧)조 삭제 등 일련의 정책들을 통해 불교의 대외적 존재감을 무력화시켰다.[7]

---

6) 세조는 회암산 檜巖寺, 월출산 道岬寺, 삼각산 正因寺, 왕성내 淨業院, 왕성내 圓覺寺, 오대산 上院寺, 금강산 榆岾寺, 낙산 洛山寺 등 8개 사찰을 중건 및 중창하였다.

명종의 즉위 이후 그 모후인 문정(文定)대비 윤씨가 섭정을 하면서 잠시나마 불교계는 부흥의 조짐이 일어났다. 불교 중흥의 꿈을 지녔던 대비는 유덕한 주지를 찾다가 노승 명곡을 봉은사 주지로 발탁했다. 하지만 노승 명곡이 노병으로 감당하기 어려워 그의 손제자이자 때마침 병석에서 일어나 양주 회암사에 머무르는 허응 보우(虛應普愚, 1510~1565)를 발탁하였다. 보우는 문정대비의 후원 아래 선교 양종을 일으키고 승과제를 복원했으며, 도첩제를 실시하고 도승조를 복원하였다. 그리고 봉은사를 선종본사로 하고, 봉선사를 교종본사로 삼았다.

이어 불교계는 봉은사에서 실시된 승과에서 청허 휴정(淸虛休靜, 1520~1604)과 사명 유정(四溟惟政, 1544~1610)이 등용하면서 새로운 도약의 계기를 맞이하였다. 그러나 약15년 동안 교단의 부흥을 모색하던 대비가 명종 20년(1565)에 세상을 떠나자 보우는 제주도로 유배를 가서 제주목사 변협(邊協)에게 장살(杖殺)을 당하였다. 이에 불교 중흥의 기운은 꺾인 듯 했으나 당시의 지식사회와 소통했던 휴정과 사명에 의해 불교계의 존재감은 명맥만 이어가고 있었다.

한편 훈구 척신들을 꺾고 주류가 된 사림들은 광해군이 태어나던 시절(1575, 선조8년)에 이조정랑(吏曹正郎) 김효원(金孝元, 1532~1590)의 후임 자리를 놓고 다시 갈등을 일으켰다. 이들 주위에서 명종(明宗)의 비 인순왕후(仁順王后)의 동생이었던 외척 심충겸(沈忠謙)이 추천되자 사림 내부에서 그의 동생 심의겸(沈義謙)의 외척이었던 자신의 고모부 이량(李樑)을 조정에서 몰아낸 예를 들어 외척이라도 옥석을 가려내야 한다는 입장이 생겨났다.[8]

이 때문에 정치판의 주류로 자리를 잡아가던 사람들은 '외척 배제'라는

7) 高榮燮(c), 「虛應 普雨의 불교 중흥」, 『한국불교학』 제56집, 한국불교학회, 2010; 高榮燮(f), 「조선 후기 고승의 비석 건립과 문집 간행」, 『한국불교사연구』 제7호, 한국불교사연구소, 2014; 高榮燮(3), 『한국불교사탐구』(서울: 박문사, 2015), p.374.
8) 한명기, 앞의 책, pp.40~41.

원칙론을 고수한 '동인'(東人)과 심의겸 형제를 포용하려 했던 '서인'(西人)으로 분열되면서 붕당이 시작되었다.9) 불교계 또한 척신들과 사림들의 패권에서 비롯된 정책 수립에서 영향을 받지 않을 수 없었다. 16세기 후반을 전후하여 동아시아의 국제정세가 급변하였다. 그 영향은 조선왕조에 고스란히 미치기 시작했다. 동아시아 국제 전쟁인 임진왜란과 병자호란은 조선 역사를 이전의 중기와 이후의 후기로 가름하는 주요한 잣대가 되었다. 임란과 병란은 대외적으로는 명과 청의 교체로 이어졌으며, 대내적으로는 광해군과 인조의 교체로 이어졌다.

벽암은 스승 부휴에 이어 선조-광해군-인조-효종-현종과 긴밀한 관계를 유지해 왔다. 그는 임란과 병란에 몸소 참여하였고 남한산성과 적성산성을 축성하였으며, 사고(史庫)를 수호하였고 여러 불교 사원을 중창하였다. 그를 비롯한 불교 승려들의 역할은 막중하였지만 종래의 연구에서는 불교계가 산성 축성 등 각종 국가의 토목공사 수행에 노동력만 제공하였다10)는 주장이 제기되어 왔다. 다행히 최근에 이르러서야 불교사 연구자들에 의해 조선 후기 승려와 승군제에 대한 불교사적 의미가 조명되고 있어 균형적 역사인식이 조금씩 이루어지고 있다.11)

벽암은 8대 분파에 이르는 많은 제자들과 문도들을 배출하였고 입적 이후에 그의 영골(靈骨)은 조계산의 송광사, 두류산의 화엄사, 종남산의 송광사, 속리산의 법주사로 네 곳으로 나뉘어져 부도(方墳)로 세워졌다. 이들 네

9) 高榮燮(2), 『한국불교사연구』(서울: 한국학술정보, 2012).

10) 전영준, 「벽암 각성의 남한산성 축성과 사원 중창」, 『한국인물사연구』 제12호, 한국인물사연구회, 2009, p.235 재인용.

11) 김갑주, 「남한산성 義僧番錢의 종합적 고찰」, 『불교학보』 제25집, 동국대학교 불교문화연구원, 1989); 이봉춘, 「조선불교 도총섭 제도와 그 성격」, 『사명당유정』(서울: 지식산업사, 2000); 高榮燮(f), 「조선 후기 승군제도의 불교사적 의미」, 『한국사상과문화』 제72집, 한국사상문화학회, 2014; ; 이종수, 「조선 후기의 승군제도와 그 활동」, 『한국 호국불교의 재조명』(조계종 불교사회연구소, 2012); 김용태, 「조선후기 남한산성의 조영과 승군의 활용」, 『한국사상과 문화』 제78집, 한국사상문화학회, 2015; 김상영, 「雷默 處英의 생애와 불교사적 위상」, 『불교연구』 제48집, 한국불교연구원, 2018.2.

곳에는 그의 행장을 담은 비문을 세웠는데 현재는 화엄사와 법주사 비문만 전하고 있다. 이들 비문들과 선행연구들에 의거해 벽암의 생애를 도표로 그려보자.

<도표 1> 벽암의 행장

연도	재위	나이	역 정
1575	선조 8	1	호서 報恩 출생, 김해 金氏 가문에 태어나다.
1584	선조 17	9	부친이 타계하다. 한동안 크게 앓다가 회복되었다.
1585	선조 18	10	華山庵 雪黙和尚의 문하에서 수학하다.
1588	선조 21	13	寶晶老師에게 具足戒를 수계하고 출가하다.
1589	선조 22	14	스승 浮休를 만난 뒤 속리산, 덕유산, 가야산, 금강산 등을 遊歷하다.
1592	선조 26	17	壬辰倭亂이 발발하다.
1593	선조 27	18	四溟의 천거를 받은 스승 善修 대신 명나라 장수와 海戰에 참가하다.
1600	선조 33	25	스승 浮休에게 지리산 七佛庵에서 講席을 傳受받다.
1601	광해군 1	26	스승 善修와 순천 송광사 祖殿 및 東行廊 을중수하고, 天王門을 신축하다.
1612	광해군 4	37	誣告에 의해 스승 善修와 함께 투옥, 判禪敎都摠攝으로 봉은사 주석, 東陽尉 申翊聖과 교유하다.
1615	광해군 7	40	스승 浮休 善修가 입적한 뒤, 지리산 칠불암에 주석하다
1616	광해군 8	41	新興寺에 주석한 뒤, 대중 운집으로 밤중에 태백산 箭川洞에 入居하다.
1617	광해군 9	42	청계산 淸溪寺에서 설법하다.
1622[12]	광해군14	47	완주 松廣寺에서 50일간 화엄법회를 하고, 4차 중창을 시작하다.
1624	인조 2	49	합천 海印寺 法寶殿(經板庫) 重營불사에 참여하다. 이어 8道 都摠攝으로 남한산성을 축성하다. 보은 法住寺를 중창하다.
1627	인조 5	52	南漢山城 축성을 완료하고, 報恩闡敎援助國一都大禪師 란 직함을 下賜받다.
1630	인조 8	55	구례 華嚴寺의 대웅전 등 일부를 중수하다.
1632	인조 10	58	하동 雙溪寺를 중창하다.
1636	인조 14	62	구례 華嚴寺 중수 공사 일부를 마치고, 완주 松廣寺 중창을 마쳐 대가람을 조성하다. 丙子胡亂이 발발하다. 전국 사찰에 檄文을 보내어, 義僧軍 3천 을 이끌고 북상하다. 『禪源圖中決

			疑』와『參商禪旨』등을 저술하다.
1640	인조 18	66	하동 雙溪寺를 중수하다. 8월에 糾正都摠攝으로 赤裳山城을 수축하고 史庫를 보호하다.
1641	인조 19	67	합천 海印寺에 주석하다가, 일본 파견 敎旨를 수행하러 상경하다가 병으로 사임하다. 백운산 上仙庵에 주석하다.
1642	인조 20	68	寶蓋山에서 法席을 차리고, 潛邸의 孝宗에게 華嚴禪旨를 전수하다.
1644	인조 22	70	완주 松廣寺 대웅전을 중건하다.
1646	인조 24	72	동학인 熙彦과 속리산 法住寺에 은거하다.
1648	인조 26	74	구례 華嚴寺에 은거하다.
1649	인조 27	75	구례 華嚴寺를 선종대가람으로 승격하다.
1651	효종2	77	속초 神興寺 중창불사를 지휘하다.
1660	현종1	86	세납 86세, 법랍 72세로 입적하다.
1663	현종 4		華嚴寺 碧巖堂 覺性大師碑 (李景奭 찬술)
1664	현종 5		法住寺 碧巖堂 覺性大師碑 (鄭斗卿 찬술)

이경석과 정두경이 찬술한 비문을 통해 우리는 벽암의 생평을 어느 정도 재구해 볼 수 있다. 벽암의 비문이 네 곳에 세워졌지만 현존하는 것은 이경석이 찬술한 화엄사와 정두경이 찬술한 법주사의 두 비문뿐이다. 이 때문에 그의 저술이 의례집 이외에 현존하지 않기에 그의 사상에 대해서는 재구하기가 쉽지 않다.

　벽암의 자는 증원(證圓)이며 호는 각성이다. 벽암은 그의 호이고, 호서의 보은(報恩) 사람이다. 속성은 김해 김씨이다. 그의 선조들은 대대로 벼슬을 하였다고 한다. 벽암의 부친은 일찍이 현의 서쪽에 집터를 골랐다. 관상을 보는 자가 말하기를, "아들을 낳으면 반드시 대사문(大沙門)이 될 것이다"라고 하였다. 마침 어머니가 자식이 없어 함께 몸을 정결히 하고 북두칠성에게 기도를 드렸다. 꿈에 오래된 거울[古鏡]을 보고 임신하여 벽

---

12) 최연식,「완주 송광사의 창건 배경 및 조선후기 불교 문파와의 관계」,『보조사상』제47집, 보조사상연구원, 2017, pp.132~167. 필자는 벽암이 제자들을 이끌고 완주 송광사 개창불사에 참여한 때는 낙성한 지 10여년이 지난 1640년이며, 이때 낙성을 축하하는 화엄법회를 연 것으로 보고 있다.

암을 낳으니 만력 을해년(1575) 12월 정해일이었다.13)

자식이 귀한 집안에서 어머니의 기도로 태어난 벽암은 난 지 얼마 안 되어 이미 출가를 하면서 큰 수행자가 될 것이라는 예견을 보였다. 화엄사비문은 출가를 향한 그의 미래를 암시해 주고 있다.

> 벽암은 나면서부터 풍모와 기골이 서리와 같이 엄정하고 눈빛이 번개불같이 빛났다. 그는 부모에게 효도를 지극히 하였으며, 어려서도 노는 것을 좋아하지 않았다. 벽암은 9세에 아버지를 여의고 몸이 상했다가 겨우 나았다. 벽암은 어머니와 다시 이별을 하고서는 두루 깨달은 바가 있어 드디어 화산(華山)으로 가서 설묵(說黙)화상에게 참례하고 스승으로 섬겼다. 벽암은 14세에 머리를 깎고 보정(寶晶)노사에게 구족계를 받았다.14)

벽암은 9세에 아버지를 여의면서 처음으로 생사의 문제에 부딪쳤다. 아버지의 죽음은 그의 몸을 상하게 할 정도로 큰 충격을 주었다. 벽암은 무상의 도리를 나름대로 체득한 뒤 어머니를 떠나 화산으로 가서 설묵 화상을 스승으로 섬겼다. 이어 그는 14세에 보정 노사에게 머리를 깎고 구족계를 받았다.

> 부휴화상이 화산에 이르러 벽암을 보고 남다르게 여기고 진전(眞筌, 선의 진수)을 권면하였다. 이에 일찍부터 그는 부휴대사를 좇아 속리산(俗離山)에 들어갔으며, 이후 덕유산(德裕山), 가야산(伽倻山), 금강산(金剛山) 등의 명산을 두루 다녔다. 벽암은 날마다 경전을 읽는 것이 이로부터 계속 이어졌고 잠시도 놀지 않았다.15)

---

13) 李景奭 撰, 「華嚴寺 碧巖堂 覺性大師碑文」, 權相老 편, 『韓國寺刹史料』 권상(조선총독부, 1911); 李能和, 『朝鮮佛教通史』 권상(서울: 신문관, 1918), pp.248~252; 조선총독부 편, 『朝鮮金石總覽』 권하(서울: 아세아문화사, 1919; 1976), pp.916~920; 李智冠 편, 『한국고승비문총집: 조선조 근현대』(서울: 가산문고, 2002).

14) 李景奭 撰, 「華嚴寺 碧巖堂 覺性大師碑文」, 이지관 편, 『韓國高僧碑文總集』(서울: 가산연구원출판부, 2000), pp.174~177.

15) 李景奭 撰, 위의 글, 위의 책, pp.174~177.

설묵과 보정에 이어 부휴를 만난 벽암은 그를 평생의 스승으로 섬겼다. 그는 부휴를 따라 속리산에 들어간 뒤 덕유산, 가야산, 금강산 등의 명산을 다니며 경전을 숙독하였다. 벽암의 교학 공부는 대부분 이때에 이루어진 것으로 짐작된다. 선조 25년(1592)에 임진왜란이 일어나자 당시 화엄사에서는 승군을 조직하여 전쟁에 적극 참전하였다.

당시 주지였던 설홍(雪弘)은 승군 300여명을 규합하여 호남 일대로 진격하는 일본군과 유곡(楡谷)의 석주진(石柱鎭)에서 맞서 싸우다 전사하였다. 일본군은 화엄사에 들이닥쳐 전각 500여 칸을 소각하였다. 이 때 장육전(丈六殿, 나중의 覺皇殿)에 봉안했던 화엄석경(華嚴石經)도 불에 타버렸다.

화엄사 출신 자운 처관(慈雲處寬)은 이순신(李舜臣)의 좌수영(左水營) 수군에 들어가 부장으로 해전에 참여하였다. 그는 이 때 전공을 세워 대선(大選)의 승계(僧階)를 얻고 선교판(禪敎判)의 승직(僧職)을 얻었다.[16] 윤눌(潤訥)이라고도 알려진 처관은 1593년에 호남 일대의 의승 300여명을 여수 흥국사에서 규합하여 수군에 참여한 뒤 웅천(熊川) 전투부터 몸소 참전하였다. 전란이 끝난 뒤에 선조(宣祖)가 그의 전공을 치하하기 위해 백미 600여 석을 내리자 그는 전몰자 위령을 위한 수륙재를 열었다. 이어 윤눌(처관)은 화엄사, 흥국사, 실상사 등의 중수불사에도 참여하였다.[17]

임진란이 일어나자 송운 유정(松雲惟政)이 관동(關東)에서 의승군을 불러 일으켰다. 벽암은 부휴선사를 찾아가 적을 피해 산에 있을 때에도 반드시 경을 손에 들고 어려운 곳을 물었다. 계사년(1593)에 송운(松雲)이 조정에 부휴(浮休)를 천거하자 그는 진중에 격문을 내렸고 자신을 대신해 벽암을 보냈다. 대사는 또한 전장에 나아가 명나라 장수를 따라 해전(海戰)에서 왜적을 크게 무찔렀다. 그러자 당시 명나라 사람들이 대사를 보고 크게 칭찬

---

16) 伽山智冠, 「禪敎兩宗智利山華嚴寺事蹟碑銘」(2007); 화엄문도회, 「화엄사와 導光大禪師」(화엄문도회, 2008), pp.7~18.
17) 伽山智冠, 위의 비명, p.10; 김용태, 앞의 논문, 재인용, pp.384~385.

하였다.[18]

벽암은 스승 부휴를 대신해 명나라 장수를 따라 해전에 참여하여 왜적을 크게 무찔렀다. 이에 명나라 장수 이종성(李宗誠)이 1595년에 해인사에서 벽암을 만나 '그대는 훌륭한 제자'라고 칭찬하였다. 그 뒤 광해군 4년(1612)에 벽암은 김경립(金慶立)이 군역을 회피하기 위하여 어보(御譜)와 관인(官印)을 위조한 것이 발각되면서 시작된 김직재(金直哉) 옥사사건의 무고를 받아 스승 부휴와 함께 서울의 감옥에 갇혔다.[19]

광해군 때에 옥사(獄事)가 일어 부휴선사가 요승이라고 무고를 받자, 대사가 함께 서울에 들어갔다. 광해군이 두 대사를 보고 비범하게 여겨서 부휴선사를 풀어주고 산으로 돌려보냈고, 대사를 봉은사(奉恩寺)에 머물게 하여 판선교도총섭(判禪敎都總攝)으로 삼았다. 많은 공경(公卿) 사대부들이 그와 함께 하였으며, 동양위(東陽尉, 申翊聖)와 특히 사이가 좋았다. 얼마 안 되어 벽암은 남쪽으로 돌아갔다.[20]

김직재 옥사사건은 당시 실권을 쥐고 있던 정인홍(鄭仁弘)과 이이첨(李爾瞻) 계열의 대북파가 유영경(柳永慶) 계열의 소북파를 제거하기 위해 일으킨 것이었다. 이 사건으로 소북파 인사들 1백 여 명이 죽임을 당하였다. 왕옥(王獄)에 갇힌 부휴는 선수의 휘하에 있던 의승수군(義僧水軍) 승대장(僧大將) 자운 삼혜(慈雲三慧)와 함께 광해군에게 국문을 받았다.[21] 결국 부휴와 그 자리에 있던 벽암은 광해군의 국문에 "기개가 크고 당당하고[氣宇] 언변을 논리 정연하게" 말하였다. 이에 광해군은 부휴가 죄가 없음을 알고 이튿날 내전 안으로 불러들여 도의 요체를 물어보고 매우 기뻐

18) 李景奭 撰, 「華嚴寺 碧巖堂 覺性大師碑文」, 이지관 편, 『韓國高僧碑文總集』(서울: 가산연구원출판부, 2000), pp.174~177.
19) 高榮燮(d), 「광해군의 불교인식」, 『한국불교사연구』 제2호, 한국불교사학회 한국불교사연구소, 2012.2, p.253.
20) 李景奭 撰, 「華嚴寺 碧巖堂 覺性大師碑文」, 이지관 편, 『韓國高僧碑文總集』(서울: 가산연구원출판부, 2000), pp.174~177.
21) 高榮燮(d), 앞의 글, p.254.

하며 후한 예물을 주었다.22)

　벽암도 부휴와 함께 국문을 당하였는데 이관(理官, 璀璨)은 부휴와 벽암이
결박당해 있었지만은 '이연(怡然)히 흔들리지 않았으므로' 이들을 각기 '큰
부처'와 '작은 부처'라고 하였다. 광해군은 이들이 '도의 기운이 뛰어나고,
그 말이 곧고 바른 것'을 보고는 결박을 풀고 한동안 문답을 한 뒤에 매우
기뻐하면서 비단가사 두 벌을 나누어 주고는 그 영역으로 돌아가게 하였다.

　　인조(仁祖) 때에 남한산성을 축성하려고 하자 의논하는 이들이 임금에
　게 아뢰자, 대사를 불러들여 팔도도총섭(八道都摠攝)으로 삼았다. 승려들
　을 거느리고 3년 동안 축성을 감독하고 일을 마치자, 인조는 보은천교원
　조국일도대선사(報恩闡敎圓照國一都大禪師)라는 호와 의발(衣鉢) 및 석장
　(錫杖)을 하사하였다.23)

　　그 뒤 인조 14년(1636)에 병자호란이 일어나자 벽암은 화엄사에서 '임금
　과 왕실에 대해 충성을 다하는' '근왕'(勤王)을 위해 의승 3,000명을 소집
　하여 항마군(降魔軍)을 조직하여 승대장(僧大將)이 되면서 출전하였다. 당
　시 인조는 "항마군이 호남의 관군과 '사슴을 잡을 때 사슴의 뒷발을 잡고
　뿔을 잡는다'는 기각지세(掎角之勢)를 이루어 "의(義)를 내세워 원조한다"
　는 전언을 받고 가상히 여겼다고 전한다.24)

　그러나 벽암은 북으로 진격하는 중에 인조가 남한산성을 나와 잠실의 삼
전도(三田渡)에서 '삼궤구배'(三跪九拜)의 예로 청(淸)나라 황제에게 항복하여

22) 白谷 處能, 「浮休堂善修大師碑文」, 이지관 편, 『韓國高僧碑文總集』(서울: 가산연구원출판
　　부, 2000), p.79. 광해군은 이들에게 "자주빛 금란 가사紫襴方袍 한 벌[領], 푸른 무늬 비
　　단 장삼[碧綾長衫] 한 진(衫), 녹색 비단 겹저고리[祿綺重襦] 한 습(襲), 금강석 구슬[金剛數
　　珠] 한 곳(串)과 그 밖의 갖가지 보배" 등 후한 예물을 주었다.
23) 李景奭 撰, 「華嚴寺 碧巖堂 覺性大師碑文」, 이지관 편, 『韓國高僧碑文總集』(서울: 가산연
　　구원출판부, 2000), pp.174~177.
24) 白谷 處能, 「賜報恩闡敎圓照國一都大禪師行狀」, 『大覺登階集』 권2(『한불전』 제8책, pp.
　　329~331).

전란이 종식되었다는 소식을 접하고 통한의 눈물을 삼키며 지리산으로 되돌아갔다. 당시 삼남의 의병들도 남한산성을 구하러 오다가 이 소식을 접하고 통한의 울음을 머금고 되돌아갔다.

병자호란 이후 조선은 청나라를 중화의 황제국으로 받들어야 했다. 하지만 내부적으로는 명나라에 대한 의리(義理)와 존주(尊周)의 명분을 강조하여 자존심을 회복하고 민속을 결속을 도모하였다. 불교계 또한 정통론에 입각한 법통을 정립하고 존명(尊明)과 춘추대의(春秋大義)를 강조하는 시대사조에 부합하였고 국왕권 수호와 국가의 안정을 위해 기원하였다.[25]

당시 남한산성의 팔도도총섭을 역임하고 승장으로 활동했던 벽암은 이미 조야에 널리 알려져 있었다. 1640년 전라도 관찰사 원두표(元斗杓)가 인조에게 주달하자 왕은 벽암에게 규정도총섭의(糾正都摠攝) 인수(印綬)를 내렸고 그는 무주 적상산성의 사고 수호를 맡았다.[26] 그러나 당시 승려들의 주청에 의해 다시 송광사로 옮겨서 교계의 수령[教魁]이 되었고 이듬해에 해인사로 물러나 있었다. 이때 인조의 부름을 받고 일본에 사행(使行)으로 가려고 상경하다가 병이 생겨 사양하였다.

1642년에는 경기 연천의 보개산(寶蓋山)에서 법석을 열었다. 평안도 관찰사 구봉서(具鳳瑞)가 그의 도예(道譽)를 높이 평가해 묘향산(妙香山)에 맞아 들였다. 이때 봉림대군(鳳林大君, 뒷날 孝宗)이 평안도 안주(安州)에서 벽암을 만나 화엄의 종요를 논하자 크게 칭찬을 받았다. 이 인연으로 국왕이 된 효종 1년(1650)에 벽암이 머물던 화엄사를 '선종대가람'으로 지정하고, 연성군(延城君) 이시방(李時昉)에게 벽암의 안부를 여러 차례 묻기도 하였다.[27]

---

25) 김용태, 「조선후기 華嚴寺의 역사와 浮休系 전통」, 『지방사와 지방문화』 제12권 1호, 역사문화학회, 2009, p.385.

26) 『인조실록』 권39; 인조 17년 10월 8일(辛卯); 『인조실록』 권40. 인조 18년 5월 21일(辛丑).

27) 白谷 處能, 「賜報恩闡教圓照國一都大禪師行狀」, 『大覺登階集』 권2(『한불전』 제8책, p. 329).

벽암은 만년을 화엄사에서 보내다가 현종 1년(1660)에 입적하였다. 절의 동쪽 고개에서 다비식을 거행할 때는 1만여 명이나 전례 없이 참석하여 성황을 이루었다고 한다. 다비 후에는 백색의 사리 3립이 나왔다. 벽암이 중창에 관여한 지리산 화엄사, 조계산 송광사, 종남산 송광사, 속리산 법주사에 영골(靈骨)을 나누어 탑을 세우고 화엄사와 법주사에 각기 비를 세웠다.28)

벽암은 청허계에 대응하는 부휴계의 7대 문파 중 하나이면서 그를 중심으로 8대 문파를 거느릴 정도의 수장이었다. 그리하여 조선 후기에 이르러 벽암계는 700여명에 이르러 청허계에 필적할만한 위상을 지니고 있었다. 그는 임란과 병란에 몸소 참여하였고, 남한산성과 적성산성을 축성하였으며, 사고(史庫)를 수호하였고, 수많은 불교 사원을 중창하였다.

불교 안팎에서 큰 역할을 하였던 벽암의 위상은 입적 이후 그를 기리기 위해 지리산 화엄사, 조계산 송광사, 종남산 송광사, 속리산 법주사에 그의 사리를 봉안한 부도탑을 세우고 각기 비를 세우기에 이르렀다. 이들 부도탑은 모두가 그를 더 기념하고 기리기 위한 탑비라고 할 수 있을 것이다. 이후 그의 문파는 송광사와 화엄사 등지를 중심으로 번창하였다.29)

2. 강의와 저술

벽암의 첫 강의는 하동 쌍계사의 칠불암에서 병 든 스승 부휴의 대강자로 시작되었다. 그는 스승의 강의를 대강하면서 자신의 존재감을 널리 알렸다.

---

28) 李景奭 撰, 「華嚴寺 碧巖堂 覺性大師碑文」, 이지관 편, 『韓國高僧碑文總集』(서울: 가산연구원출판부, 2000), pp.174~177. 이들 네 곳과 달리 白谷 處能이 지은 碧巖의 「行狀」에는 지리산 화엄사, 조계산 송광사, 속리산 법주사는 그대로이지만 종남산 송광사 대신에 伽倻山 海印寺에 탑이 세워진 것으로 되어 있다.
29) 高榮燮(4), 앞의 책, p.98.

경자년(1600)에 칠불난야(七佛蘭若)에서 하안거를 하였는데 부휴가 병들게 되자 강석(講席)을 대사에게 넘겨주었다. 대사는 사양하지 못하고 좌단에 올라 토론하니, 이에 현풍(玄風)을 크게 떨쳤다.30)

벽암은 대강을 맡은 첫 강의에서부터 현풍을 크게 떨쳐 자신의 이름을 알리기 시작하였다.

병오년 가을에 어머니가 돌아가시자 사도(謝徒)와 대중을 떠나 속리산의 가섭굴(迦葉窟)에서 천도재를 올리고 복을 빌었다. 다른 사람이 견디지 못할 만한 일도 참을 수 있었으므로 부휴 문하에서 20여 년 동안 학업하고, 입실(入室) 제자로서 법을 전해 받았다. 계행이 지극히 뛰어났고, 인연에 따라 욕심 없이 담박하였다. 곡기를 끊었으나 배고프지 않았고, 밤을 새웠으나 잠자지 않았고, 늘 여위고 쇠약한 몸에 허름한 옷을 입었다. 방장실에서 결가부좌를 하니 배우러 오는 자가 구름처럼 모여들어 부처님의 가르침이 널리 퍼졌다. 스스로 세 가지 잠언(箴言)을 지어 도제(徒弟)들을 경계시키기를, 생각을 망령되게 하지 말고[四不妄], 얼굴을 부끄럽지 않게 하며[面不愧], 허리를 구부리지 않도록[腰不屈] 하였다.31)

부친의 죽음으로 무상을 체험하면서 출가를 결심하였던 벽암은 모친의 죽음을 맞아 몸소 천도재를 치르고 복을 빌었다. 이어 그는 부휴 문하에서 20년을 시봉한 뒤 비로소 입실 제자로서 법을 전해 받았다. 벽암은 계행을 잘 지켰고, 인연에 따라 욕심이 없이 담박하였다. 그는 곡기를 끊었지만 배고픔을 느끼지 않았고, 밤을 새우며 잠을 자지 않았다. 늘 야위고 쇠약한 몸에 허름한 옷을 입을 정도로 검소한 살림살이를 유지하였다. 특히 그는 세 가지 잠언을 지어 생각을 망령되게 하지 말고, 얼굴을 부끄럽게 하지 않게 하며, 허리를 구부리지 않도록 함으로써 많은 이들이 배우러 모여 들어 불법이 널리 퍼졌다.

---

30) 李景奭 撰, 위의 글, 위의 책, pp.174~177.
31) 李景奭 撰, 앞의 글, pp.174~177.

신령스런 구슬(神珠)이 한번 빛나니 고요한 물에 광체 일렁인다. 화엄(華嚴)
을 엄숙하게 외우니 큰 악귀가 물러난다. 정토(淨土)에 썩은 육신을 묻으니,
요망한 도깨비가 갑자기 없어진다. 심지어 맹호(猛虎)가 길을 호위하고, 길
이 든 갈까마귀가 어깨에 모여들어, 닭은 다시 살아나 보은할 줄 알고, 물고
기는 그물을 불사르자 고맙게 생각했다. 날고 달리는 동물도 오히려 교화하
였는데 하물며 인간에 있어서랴! 여러 산사를 창건하거나 보수하였는데 쌍
계사(雙溪寺)의 동찰(東刹), 화엄사의 거대한 중창, 송광사(松廣寺)의 가람 같은
것이 그 가운데 큰 것이며, 나머지는 생략한다.[32]

벽암은 평소에 '선법'(神珠)과 '화엄'과 '정토' 즉 삼문수업인 참선문과 강학
문과 염불문에 의해 불교를 이해해 왔다. 여기의 '신주'와 '화엄'과 '정지'(淨
地)는 조선후기 경절문과 간경문과 염불문의 삼문수행체계와도 상통하는
것이다. 벽암 또한 삼문의 기반이 되는 선법과 화엄과 정토에 대한 깊은
이해를 겸비하고 있었다.

가을 9월에 병 기운이 돌자 문도들에게 선업(善業)에 힘쓸 것을 당부하고
나라의 은혜에 보답하라고 하면서 비(碑)를 세우지 못하게 하였다. 경자는
정월 12월에 제자들이 장차 입적하려는 것을 알고 게송을 청하니, 이에 붓
대를 쥐고 손수 쓰기를, "대장경 8만의 게(偈)와 염송(拈頌) 30권이 자리(自利)
와 이타(利他)의 두 가지 이로움을 갖추었는데 어찌 따로 게송을 짓겠는가"
라고 하고 조용히 입적하였다. 세상에 몸을 맡긴 나이가 86세, 선랍(禪臘)은
72년이다. 함께 받들어 다비하니, 삼남(三南, 충청도, 전라도, 경상도)의 승려들
이 절에 몰려들고 칠중(七衆)이 골짜기를 메웠다. (3과의) 사리가 튀어나오니
절의 서쪽 기슭의 석종(石鐘)에 봉안하였다.

대사가 불교를 계승한 것은 저 부용 영관(芙蓉靈觀)으로부터 말미암은 것
인데 임제(臨濟)가 남긴 실마리를 접한 것이다. 부휴와 청허 휴정은 함께 영

---

32) 李景奭 撰, 「華嚴寺 碧巖堂 覺性大師碑文」, 이지관 편, 『韓國高僧碑文總集』(서울: 가산연
　　구원출판부, 2000), pp.174~177.

관을 사사(師事)하였으며, 휴정은 송운(松雲)에게 전하고, 부휴는 벽암에게 전했다고 한다.[33]

벽암의 행장은 행장의 형식이 그러하듯 그의 전 생애를 밀도 있게 압축해서 기록하고 있다. 그는 임종 시에 제자들의 임종게 청에 대해 "대장경 8만의 게와 염송 30권이 모두 자리와 이타의 두 가지 이로움을 갖추었는데 어찌 따로 임종게를 짓겠는가?"라고 반문하며 조용히 입적하였다. 이경석이 찬술한 비문에는 부용 영관의 법맥을 이은 청허 휴정이 사명 송운에게 임제선풍을 전하였듯이, 부용 영관의 법맥을 이은 부휴 선수는 벽암 각성에게 임제선풍을 전하였다고 적고 있다.

벽암이 72년 동안의 수행자로서 보여준 모습은 엄결하면서도 겸허한 삶 자체였던 것으로 이해된다. 그는 젊은 시절부터 스승 부휴를 모시면서 그를 대신해 명나라 장수 이종성(李宗誠)과 해전에 참여해 왜적을 무찌르기도 하였다. 또 그는 인조를 구하기 위해 격문을 돌려 의승군 즉 항마군을 모아 나아가기도 하였다.

이어 벽암은 인조의 항복 이후에는 일본에 사행(使行)으로 낙점되어 교지를 받으러 한양으로 나아가다가 노병(老病)으로 물러나기도 했다. 이렇게 왕성한 활동을 해온 벽암은 많은 문도들의 참관 속에서 소리 없이 입적하였다.

3. 저술

「화엄사비문」은 벽암의 저술로 『선원집도중결의』(禪源集圖中決疑) 1권, 『간

---

33) 李景奭 撰, 「華嚴寺 碧巖堂 覺性大師碑文」, 權相老 편, 『韓國寺刹史料』 권상(조선총독부, 1911); 李能和, 『朝鮮佛敎通史』 권상(서울: 신문관, 1918), pp.248~252; 조선총독부 편, 『朝鮮金石總覽』 권하(서울: 아세아문화사, 1919; 1976), pp.916~920; 李智冠 편, 『한국고승비문총집: 조선조 근현대』(서울: 가산문고, 2002).

화결의』(看話決疑) 1편, 『석문상의초』(釋門喪儀抄) 1권이 있었다고 전한다. 반면 「법주사비문」은 그의 저술로 『(선원집)도중결의』(圖中決疑), 『참상선지』(參商禪旨) 등이 있었다고 전한다. 「화엄사비문」의 기록에는 없지만 「법주사비문」에 의하면 『참상선지』가 하나 더 있었음이 확인된다.

『선원집도중결의』는 현존하지 않지만 각성의 문인인 처능(處能)이 지은 「사보은천교원조국일도대선사행장(賜報恩闡敎圓照國一都大禪師行狀)」에도 서명이 보인다.34) 아마도 당나라 선사인 규봉 종밀의 『선원제전집도중』의 문제점을 자신의 관점에서 해석한 것으로 추정된다. 『간화결의』는 백곡(白谷)이 쓴 그의 행장과 정두경(鄭斗卿)이 지은 비문에 보인다. 제목인 '선지를 헤아리고 참구한다'는 제목을 염두에 두면 아마도 '간화결의'를 가리킨 것이 아닐까 생각된다.35)

『석문상의초』는 2편 1책으로 되어 있으며36) 백곡이 쓴 그의 행장과 이경석과 정두경이 쓴 비문 모두에 서명이 실려 있다.37) 이 책의 자서(自序)에 의하면 이것은 인조 14년(1636)에 찬집된 것임을 알 수 있다. 중국 자각(慈覺)대사의 『선원청규』(禪苑淸規), 응지(應之)대사의 『오삼집』(五杉集) 및 『석씨요람』(釋氏要覽) 등에 의거하여 당시 승가에 적합하도록 해당 부분을 초출하여 편찬한 것이다. 상편에는 사유(闍維)에 이르기까지의 제반의식이 들어 있고, 하편에는 사유 후의 사리납골 입탑제식에서 제종의 상의에 따르는 문서를 수재(收載)하고 있다.38) 벽암은 중국의 여러 사례들을 검토하여 우리 실정에 맞게 의례집을 정비하였다.

『석문상의초』는 1657년(효종 8)에 증광사(證/澄光寺)에서 처능(處能)에 의하

---

34) 白谷 處能, 「賜報恩闡敎圓照國一都大禪師行狀」, 『大覺登階集』 권2(『한불전』 제8책, pp. 329~331).

35) 동국대학교 불교문화연구소 편, 『한국불교찬술문헌총록』(서울: 동국대출판부, 1976), p.185. 여기서도 그렇게 추정하고 있다.

36) 虛白 明照도 『僧家儀禮文』(1권)을 남기고 있다.

37) 『釋門喪儀抄』는 2권 1책된 목판본이 동국대학교에 보관되어 있다.

38) 동국대학교 불교문화연구소 편, 앞의 책, p.185.

여 처음으로 개판(開板)되었고, 1705년(숙종 31)에 증광사에서 중간되었다. 이 책은 당시까지 시대에 맞는 승가(僧家)의 상례가 정돈되어 있지 않은 것을 정립하기 위하여 편찬하였다. 중국에서 널리 사용되던 불교의식집인『선원청규(禪院淸規)』·『석씨요람(釋氏要覽)』 등에 의거하여 당시의 승가에 적합하도록 편찬한 것이다.[39]

상권에서는 승가의 오복제(五服制)를 먼저 밝힌 다음 장지에 이르는 행렬절차와 기물(器物)의 배치, 제전절차(祭奠節次) 등을 밝히고 있다. 하권에서는 사리(舍利)를 탑에 모시고 상례를 치르는 사리입탑법(舍利立塔法)을 자세히 설명하였고 조문(弔問)의 격식과 범위, 그리고 그에 대한 답서 등을 일일이 밝히고 있다. 그리고 각종 의식절차에 따른 제문의 양식을 제례별로 소개하였으며, 끝으로 이와 같은 불교의 상례는 불생불멸의 경지인 열반에 드는 것이며, 죽은 영혼이 그와 같은 열반의 경지에 들도록 하겠다는 뜻을 지닌 것이라고 밝혔다. 이 책 뒤에는 불가의 상례절차인「다비문(茶毘文)」을 첨부하였다.[40] 이 저술에는 불교[釋門] 집안에서 거행하는 상례의 절차와 의미 등에 대한 벽암의 의례관과 생사관이 잘 담겨져 있다.

이 책은 당시 조선사회가 관혼상제에 대한 유교적 정비를 끝내고 일반에게 널리 보급되어 불교의 의식에 대한 비판이 매우 심하였을 때, 불교의 상례가 유교의 상례에 버금가는 큰 의미를 지니고 있음을 밝히는 데에도 일익을 담당하였다. 따라서 그 내용에 있어서도 유교의 상례와 대비하기도 하고 일부 절차에는 유교의식을 가미하고 있다. 특히 불교의 상례법에 관한 주석서로 다비(茶毘)의 본뜻을 보다 정확하게 알 수 있도록 밝혔다는 데 큰 의의를 가진다.[41] 다비에 대한 자세한 해명은 상례에 대해 깊이 이해하였

---

39) 한국학중앙연구원 편찬,『한국민족문화대백과사전』(encykorea.aks.ac.kr). 동국대학교 도서관에 있다.

40) 한국학중앙연구원 편찬, 위의 책(encykorea.aks.ac.kr).

41) 한국학중앙연구원 편찬, 앞의 책(encykorea.aks.ac.kr). 벽암의『석문상의초』는 거의 동시대 인물인 진일(眞一)이 편집한『석문가례초』(釋門家禮抄)와 대비된다.『석문가례초』는

던 벽암의 생사관에서 비롯된 것으로 이해된다.

이처럼 벽암은 당시 불교계의 문제점을 환기시키고 바로잡기 위해 의례문에 집중하였다. 그가 이런 의례집을 정리했다는 것은 당시의 관혼상제에 대한 유교적 정비에 대한 불교적 응답이라고 할 수 있을 것이다. 벽암이 수행자이자 건축승과 같은 예술승의 의미까지 지니고 있다는 점에서 그의 대내외적 활동의 범주를 짐작해 볼 수 있다. 그는 중앙정부와 긴밀한 관계를 가지면서도 불교계의 현실을 정확히 간파하고 있었다.

따라서 『석문상의집』을 비롯한 『선원(제전집)도중결의』와 『간화결의』 등은 당시 불교계의 현실 속에서 급속히 필요했던 서물들을 집필한 것으로 이해할 수 있다. 그리고 이들 서물들은 부휴계의 수립과 벽암 등 새로운 문파의 성립을 예고하는 것이라 할 수 있다.

2권 1책의 목판본으로 되어 있다. 권두에 편찬자의 서문과 권말에 경일(敬一)의 발문이 있다. 서문에는 불교의식 중에서 길례에 관해서는 많이 다루고 있으나 흉례에 관해서는 소홀하기 때문에, 불교의 상례에 대한 예문을 정립하고자 『석씨요람』(釋氏要覽)과 『선원청규』(禪院淸規) 등을 참조하여 편찬한 것이라고 하였다. 첫 부분에서는 승속오수(僧俗五授)에 관한 내용 및 전물(奠物) 절차를 밝히고 있다. 상권에서는 망인을 대종사·염불인·좌선인·판사인(判事人)·학도인(學道人)·평상인 등으로 나누어 각각 위패 쓰는 방식의 차이와 다비의식절차의 차이를 자세히 기록하고 있다. 의식절차를 밝힘에 있어 단순히 의식문만을 서술하지 않고, 그 절차에 따라 여러 의식을 주재하는 승려들의 소임까지 정해주고 있다. 하권에서는 불교의 상의(喪儀)에 관한 의의를 설명하고 있다. 즉, 장(杖)·곡(哭)·행조(行吊)·수조(受吊)·장법(葬法)·사유(闍維 : 다비)·사리·입탑(立塔) 등에 관하여 그 의의를 상세히 설명하고 있다. 또 조문법에 대한 절차와 내용도 상세히 설명하고 있으며, 끝으로 상의절차에 따른 각종의 제문을 소개하고 있다. 그리고 부록으로 「백장화상청규법(百丈和尙淸規法)」을 수록하고 있다. 이 책은 치밀하게 규정된 유교의 예법과 그 절차에 대항하여 불교가 어떤 방식으로 불교적 예법을 수행하였는가를 보여주는 좋은 자료이며, 조선시대 유교와 불교의 상례법을 비교, 연구함에 있어 벽암의 『석문상의초(釋門喪儀抄)』와 더불어 귀중한 문헌적 가치를 지닌다. 그러나 마멸상태가 심하여 자세한 판독이 어렵다.

III. 사찰 중수와 산성 수축

1. 사찰 중창과 불경 판각 및 불화 조성

　벽암 각성은 일생동안 많은 사찰을 신창하거나 중창하였다. 그는 전란 속에서도 화엄법회 등을 개최하였고 불교의 중흥을 위해 사찰을 새로 짓거나 거듭 수리하였다. 대표적인 곳은 순천 송광사, 완주 송광사, 합천 해인사, 보은 법주사, 구례 화엄사, 하동 쌍계사, 안변 석왕사, 속초 신흥사 등을 중수하여 조선 후기 이해 대한시대에 이르기까지 본사급의 사격을 유지할 수 있게 하였다.

　오늘날 이들 사찰이 굳건하게 이어질 수 있었던 것은 벽암의 중수와 법회 등을 통해 그가 수립한 정체성과 그가 확립한 인식틀에 기초한 것으로 이해할 수 있다.

1) 순천 송광사 중수(1609)

　신라 말에 혜린(慧璘)이 창건했다고 전하는 송광사는 한동안 폐사된 이래 고려 인종 때 석조(釋照)가 중창을 준비했으나 완공하지 못하고 입적한 이래 폐사의 지경에 있었다. 고려 신종 때 보조 지눌이 이곳으로 정혜사(定慧社)를 옮겨오면서 사격이 번창하였다. 이후 16국사와 2왕사를 배출하여 호남 제일의 사찰로 자리를 잡았다. 이후 중창을 거듭하면서 사세를 유지해 왔다.

　선조 25년(1592)에 왜군이 쳐들어온 임진왜란과 재차 쳐들어온 정유재란(1595)으로 수각(水閣)과 임경당(臨鏡堂), 보조암(普照庵), 천자암(天子庵) 등이 소실되었다. 왜군의 노략질을 견디다 못한 승려들이 절을 떠나 한때나마 송광사는 폐사되다시피 하였다. 이에 승려 응선(應善)이 불탄 건물을 중수한 뒤 지리산에 머물던 부휴 선수에게 이곳에 머물기를 청하였다.

광해군 1년(1609)에 부휴 선수는 벽암 각성 등 제자 400명을 거느리고 이곳으로 옮겨와 조전(祖殿)과 동행랑(東行廊), 천왕문 등을 새로 짓고 그 외의 건물도 보수하였다. 이어 600명의 승려들이 선수를 모시고 동안거를 성대히 치름으로써 근세에 이르는 송광사의 명맥을 부활시켰다.[42] 부휴계의 문도는 불교 정화 당시 효봉 학눌(曉奉學訥, 1888~1966)의 이주 이후 맥이 끊어지고 현재는 효봉계로 교체되었다.

2) 완주 송광사 화엄법회 개최 및 중창(1622)

완주 송광사는 신라 경문왕 때 남종선을 전해온 원적 도의(元寂道義)에 의해 867년에 창건된 절로 알려져 있다. 그 뒤 폐허된 뒤 이곳을 지나던 고려 중기의 보조 지눌(1158~1210)이 영천(靈泉)의 물을 마신 뒤 이 영천으로 인해 뒷날 큰 절이 세워질 것이라고 여겨 샘 주위에 돌을 쌓아 두었다. 뒷날 제자를 시켜 그 자리에 절을 중창하도록 당부했지만 오랫동안 이뤄지지 못했다고 전한다.

조선 후기(1622년)에 이르러 승려 응호(應浩) 등이 이극룡(李極龍)의 시주를 얻어 중창하였다. 그는 절을 중창한 뒤 벽암 각성을 초빙하여 50일간 화엄법회를 열었다. 이때 전국의 수천 명이 모여들어 법회에 참석하였다. 벽암은 이를 계기로 이 절의 중창을 시작해 인조 14년(1636)에 이르러 대가람으로 변신시켰다.[43] 벽암은 순천 송광사에 이어 완주 송광사로 이거하여 화엄법회를 성대하게 거행한 인연을 계기로 이 절을 중창하였다.

---

42) 임석진, 『대승선종 조계산 송광사지』; 이정 편, 『한국불교사찰사전』(서울: 불교시대사, 1996), p.354; 高榮燮(2), 「조계총림 송광사의 수행과 문화」, pp.634~678.
43) 권상로, 『조선사찰사전』(서울: 동국대출판부, 1979).

3) 합천 해인사 중창(1624)

신라 애장왕 때(800~809) 대가야의 왕자들이었던 순응(順應)과 이정(利貞)이 창건하였다. '해인사'(海印寺)라는 사명은 『화엄경』에 나오는 '해인삼매'(海印三昧)에서 유래한 것으로 화엄사상을 천명하고자 하는 도량이라는 뜻을 지니고 있다. 창건주 순응이 의상(625~702)의 법손이어서 화엄10찰의 하나로 꼽히기도 한다. 고려 태조의 복전이었던 희랑(希朗)이 여기서 화엄사상을 펼쳤으며 고려재조판 대장경이 판각된 이래 서울의 지천사(支天寺)를 거쳐 이곳에 봉안되어 오고 있다.[44] 이후 여러 차례의 중창을 거치며 사격을 유지해 왔다. 벽암 각성은 인조 2년(1624)에 이곳에 머물며 중창에 참여하였다. 이어 그는 팔도도총섭으로 임명받고 남한산성 수축을 지휘하기 위해 이곳을 떠났다.[45]

4) 보은 법주사 중창(1624)

신라 진흥왕 14년(553)에 의신(義信)이 창건하였다. 금산사를 창건한 진표(眞表)의 제자 영심(永深)이 중창하여 미륵신앙의 중심도량으로 사격을 갖추었다. 이후 고려의 숙종이 아우인 의천(義天)을 위해 이 절에서 인왕경법회를 열었다. 조선시대에는 태조가 이 절의 상환암(上歡庵)에서 기도를 하였고, 세조는 병을 고치기 위해 복천암(福泉庵)에서 법회를 열기도 했다. 이후 법주사는 왕실이 비호를 받으며 8차례의 중수를 거쳐 60여동의 건물과 70여개의 암자를 거느린 큰 절이 되었다.

선조 25년(1592)에 일어난 임진왜란 때 전소되었고 인조 2년(1624)에 벽암이 이곳에 머물며 중창하였다. 벽암은 대웅전, 극락전, 원통보전 등을 비롯

---

44) 李能和, 『조선불교통사』(서울: 신문관, 1918).
45) 高榮燮(2), 「해인강원-해인사 승가대학(1900~2009)의 역사와 문화」, pp. 402~440.

한 많은 전각을 신창하거나 중창하였다. 이중 대웅전은 벽암이 건립한 61척의 대규모 건물이며, 무량사 극락전, 화엄사 각황전 등과 함께 우리나라 3대 불전의 하나로 꼽히고 있다. 내부에는 비로자나불을 중앙에 모시고 좌우에 노사나불과 석가모니불이 봉안되어 있다. 이들 모두는 각성이 중창할 때 조성한 것이다.[46] 이처럼 벽암의 고향인 보은 법주사에는 유독 그의 자취가 많이 남아있다는 사실이 주목된다.

5) 구례 화엄사 중수(1630)

신라 경덕왕 때(742~765) 연기(緣起)가 창건하였다. 황룡사 승려였던 연기는 경덕왕 13년(754)부터 화엄경사경을 만들기 시작하여 이듬해 2월에 완성하였다고 전한다. 이후 해인사에서 희랑(希朗)과 쌍벽을 이루던 화엄학승 관혜(觀惠)가 화엄사를 중심으로 학파를 형성하였다. 고려와 조선시대에 여러 차례 중창을 거쳐 사격을 유지해 왔으나 임진왜란(1592) 의 병화로 완전히 불탔다.

이에 벽암 각성이 인조 8년(1630)에 중건을 시작하여 인조 14년(1636)에 대웅전을 비롯한 약간의 건물을 건립하였다. 이듬해에는 선종대가람(禪宗大伽藍)으로 승격하였다. 숙종 28년(1702)년에는 벽암의 뜻을 이어받은 계파 성능(桂坡性能)이 장륙전(丈六殿)을 중건하자 숙종이 이를 각황전(覺皇殿)이라 사액하고 선종양종대가람(禪敎宗兩大伽藍)으로 사격을 더욱 높여 주었다.[47]

---

46) 『한국의 사찰5 - 법주사』(서울: 한국불교연구원; 일지사, 1975); 이정 편, 『한국불교 사찰사전』(서울: 불교시대사, 1996), pp.222~223.

47) 이기백, 「신라 경덕왕대 화엄경 사경 관여자에 대한 고찰」, 『역사학보』 제83집, 한국역사학회, 1979.

6) 하동 쌍계사 중수(1640)

신라 성덕왕 22년(723)에 의상의 제자인 삼법(三法)이 옥천사(玉泉寺)라는 이름으로 창건하였다. 이후 진감 혜소(眞鑑慧昭)가 중국에서 차의 종자를 가져와 절 주위에 심고 대가람으로 중창하였다. 정강왕 1년(886)에 쌍계사로 사명을 바꾼 이래 여러 차례의 중창을 거쳐 사격을 유지하였다. 임진왜란(1592) 때 소실된 것을 벽암 각성이 인조 10년(1632)에 중창을 시작하여 인조 18년(1640)에 완수하였다.[48]

7) 안변 설봉산 석왕사 중건(1642~1644)

벽암은 강원도 안변부 설봉산 석왕사의 중건에도 관여를 하여 불사를 성공리에 완수하였다. 「함월해원화상후발」에는 석왕사 화재와 중건에 대한 기록이 실려 있다.

> 숭정(崇禎) 기원후 신사년에 화재가 있었다. 벽암 각성대사가 재물을 모아 중건하였다. 그 역사를 임오년에 시작하여 갑신년에 마쳤다. 그 뒤로 임궁(琳宮)과 보전(寶殿)이 산골에 즐비하고 푸른 기와 푸른 벽돌이 시내와 못에 번쩍였으니, 선거(禪居)의 웅장함이 극치에 달했다. 성조(聖朝)가 친필을 한번 휘둘러 탕진(蕩盡)된 것을 홀로 보완하시니, 천신(天神)과 지령(地靈)이 아끼고 두호해서 그렇게 했던가?[49]

고려 말 건국의 계기를 준 무학 자초(無學自超, 1327~1405)의 해몽이 이루어진 석왕사는 태조 이성계와 깊은 인연이 있던 큰 사찰이었다. 이후 왕실의 각별한 관심 아래 최고의 사격을 유지해 왔다. 하지만 숭정 기원(1628) 후 신사년(1641)에 (석왕사의) 화재가 났다. 이에 벽암은 각종 재물을 모아 임오

---

48) 권상로, 『한국사찰전서』(서울: 동국대출판부, 1979).
49) 李能和, 「涵月海源(1691~1770)和尙後跋」, 『朝鮮佛敎通史』 권하.

년(1642)에 착수하여 갑오년(1644)에 마쳤다. 이 불사 이후 석왕사는 사격을 되찾았다. 벽암은 남쪽의 하동 쌍계사 중수를 마치고 다시 북쪽의 안변 석왕사까지 올라가 불사를 완수하였던 사실을 알 수 있다.

8) 속초 설악산 신흥사 중수(1649~1651)

설악산 신흥사는 신라 진덕여왕 6년(652)에 자장이 창건하여 향성사라고 했으며 구층탑을 만들어 불사리를 봉안하였다. 당시 계조암(繼祖庵)과 능인암((能仁庵)도 함께 지었다고 한다. 이후 폐허가 된 것은 의상이 능인암 터로 옮겨 선정사(禪定寺)라고 고쳤다. 이후 1천년 가까이 번창했으나 조선 선조 25년(1592)의 임진왜란 때 구층탑이 파괴되었고, 인조 20년(1644)에는 화재로 절이 완전히 타버렸다.

승려 운서(雲瑞) 등이 중창을 발원하던 중 어느 날 운서 등 이 절의 세 승려 모두가 다같이 소림암(小林庵)에 나타난 신인(神人)이 "이곳에 절을 지으면 수만 년이 가도 3재(災)가 번하지 못할 것"이라고 일러주는 꿈을 꾸고 선정사 옛터 아래쪽 약 10리 지점에 다시 절을 짓고 신흥사(神興寺)라고 하였다. 그 뒤 대웅전을 건립(1647)하였다.

근래의 연구에 의하면 벽암은 신흥사 중창불사를 진두지휘하여 극락보전과 명부전을 중창하고 불상과 불화 등의 조성에 그의 휘하 전라도 장인들을 동원하여 불사를 이끌었다는 사실이 밝혀졌다.

> "順治八年 辛卯八月 十九日
> 證明金剛山法祖 智異山 碧巖堂覺性
> 造成畫員秩 無染」道佑」海丁」德明」處常」性岑」元哲」
> 畫成畫員秩 成倫」崇徵」信旭」玄談」得天"

순치 8년은 청나라 세조 8년(1651)이며 이 해에 벽암은 사명대사의 제자인 금강산의 '법조'(法祖)와 함께 이 불상 조성을 증명하고 있다. 그런데 벽암이 무염 일파를 계속 지도하기 때문에 무염 등은 원래부터 각성의 법제자로 생각되고 있어서 각성의 문도로 보인다. 벽암은 아마도 전라도 휘하의 문도들인 건축장들도 조각승과 화승들과 함께 데리고 와서 극락보전 등을 조성했다고 생각된다.[50]

그렇다면 무염 이외의 도우, 해정, 덕명, 처상, 성잠, 원철 등은 벽암의 문도들로 추정해 볼 수 있다. 아울러 성륜, 숭징, 신욱, 현담, 득천도 벽암과 관련이 있는 문도들로 추정해 볼 수 있다. 나아가 벽암은 신라의 건축승으로 널리 알려진 '양지'와 같은 건축승의 수장 역할도 하였음을 짐작해 볼 수 있다. 그가 사찰 중창과 산성 축성에 평생을 바쳤다는 점을 고려해 본다면 그는 장인들도 지도할 만한 예술적 안목을 지닌 예술승의 면모도 갖추고 있었을 것으로 짐작할 수 있다.

이렇게 본다면 벽암은 사명의 제자인 금강산의 법조와 사제인 편양 언기의 문도인 설악산의 법명과 도오 등과의 각별한 인연으로 초청을 받아 장인들을 지도하였을 것으로 추정할 수 있다. 이 「불상조성축원문」은 벽암 각성이 신흥사 중창불사의 증명뿐만 아니라 실질적인 조성 지도자[51]였음을 시사해 주고 있는 자료라고 할 수 있기 때문이다.

벽암은 불서 판각에도 적극적으로 관여하여 지리산 능인암, 지리산 화엄사, 순천 송광사, 태인 용장사 등에서 불서를 교정(校正), 각자(刻字), 시주, 대시주, 공덕주(功德主), 판질(板秩), 연판(鍊板) 등에 관여하였다.[52] 그는 『발

---

50) 문명대,「무염파(無染派) 목불상의 조성과 설악산 신흥사 목아미타불 삼존불상의 연구」, 『강좌미술사』 제20호, 한국미술사연구소, 2002.6; 손신영,「속초 신흥사 극락보전 고찰」, 『속초 신흥사』(사. 한국미술사연구소, 2015.1)

51) 문명대,「벽암 각성의 조형 활동과 설악산 신흥사 극락보전 아미타삼존불상과 그 복장품의 연구」, 『강좌미술사』 제45호, 한국미술사연구소, 2015.12.

52) 박도화,「벽암 각성의 불경 조성」, 『벽암 각성과 불교미술문화재 조성』(사단법인 한국불교사연구소, 한국미술사학회, 2018), pp.116~167. 〈표1〉 각성이 관여한 불서 목록과 소임 참조.

심수행장』, 『고봉화상선요』, 『법집별행록절요병입사기』, 『묘법연화경』, 『대방광원각경약초』, 『부휴당대사집』, 『금강반야바라밀경(오가해)』, 『대불정여래밀인수행요의제보살만행수능엄경』, 『불설광본대장경』(음역), 『석가여래성도기』, 『묘법연화경』 등을 간행하는 과정에 깊이 관여하였다. 또 『대방광불화엄경소』 변상도의 간기에 의하면 시주질(권9, 권38, 권94), 연화질(권78, 권94), 각수질(권78), 화주(권21), 교정(권21, 권120), 간년(권21, 권78), 알선(권21, 권50) 등의 다양한 역할을 하였다.

뿐만 아니라 각성은 괘불 조성불사를 적극 추진하여 제자를 비롯한 다수 화승들의 동참을 이끌어 냈다. 그가 관여하고 그를 따른 제자 등이 조성한 불사는 경특(瓊特), 성해(性海), 처능(處能), 계원(戒元), 계심(戒心), 삼학(三學), 성혜(性慧), 신행(信行), 쌍휘(雙輝), 응준(應俊), 의민(義敏), 종인(宗印), 지잠(智岑), 묘관(妙觀), 태상(泰祥), 설운(雪雲), 지순(智淳), 해천(海天) 등이다.

이들은 각기 보살사 괘불도(1649), 청주 보살사 중수(1649), 안심사 괘불도(1652), 부여 무량사 아미타불상 및 대세지불상(1650), 비래사 비로자나불상(1650), 군산 동국사 석가삼존상(1650), 영광 불갑사 석가삼존불 및 나한상(1706), 안심사 괘불도(1652), 완주 송광사 삼세불상(1641), 서울 봉은사 삼세불상(1651), 곡성 도림사 아미타불좌상(1665), 고흥 송광암 아미타불좌상(1680), 법주사 팔상전 재건공사 및 팔상전 사리구(1626), 화엄사 영산회괘불도(1653), 비암사 괘불도(1657), 법주사 대웅대광명전 삼신불상(1626), 구례 화엄사 삼신불좌상(1636), 법주사 숭정9년명 범종(1636), 화엄사 대웅전 법당(1636), 완주 송광사 개창불사(1636), 군산 동국사 석가삼존상 및 아난존자상(1650), 완주 대원사 삼세불상, 화엄사 영산회괘불도(1653), 서울 봉은사 삼세불(1651), 화엄사 영산회괘불도(1653), 화엄사 영산회괘불도(1653), 강진 옥련사 석가불좌상(1653), 곡성 도림사 아미타불좌상(1653), 담양 호국사 아미타불좌상(1665), 담양 호국사 아미타불좌상(1660), 영수사 괘불도(1653), 서울

지장암 비로자나불상(1622), 여수 흥국사 지장보살좌상 및 시왕상(1648), 운
문사 대웅보전 재건불사(1622), 마곡사 범종(1654), 영광 불갑사 지장보살좌
상 및 시왕상(1653), 구례 화엄사 삼신불좌상(1636), 광주 덕림사 지장보살좌
상 및 도명존자입상(1636), 광주 덕림사 지장보살좌상 및 도명존자입상
(1680), 비암사 괘불도(1657), 완주 송광사 삼세불상(1641), 해남 도장사 석가
삼존불좌상(1648), 여수 흥국사 지장보살좌상 및 시왕상(1648), 화엄사 벽암
대사비 음기(1663), 곡성 도림사 아미타불좌상(1665), 군산 동국사 석가삼존
상(165053)) 등의 불사에 동참하였다.

이들 불사에 동참한 승려들과 벽암과의 관계는 매우 긴밀한 것이었다.
이들 대부분은 그의 제자이거나 그의 영향 아래 있었던 승려들이었다. 이처
럼 벽암은 선사와 강사뿐만 아니라 불사와 판각에도 능했던 다면적이고 다
층적인 인물이었다.

2. 남한산성과 적상산성의 수축

1) 남한산성 축성(1624)

벽암 각성은 조정에서 승려들에게 남한산성을 쌓게 했을 때 불교의 팔도
도총섭이 되어 남한산성 축성의 역사(役事)를 감독하여 3년 만에 수축(修築)
을 완수하였다. 그는 팔도도총섭으로서 전국의 사찰을 통할하면서 산성 안
에 있는 9개 사찰 중 특히 한흥사(漢興寺)와 흥국사(興國寺)를 건립하였다. 벽
암은 광주목사 유림(柳琳)의 지휘 감독 아래 관군과 승군을 동원하여 행궁(行
宮)과 객관(客館)을 짓기도 하였다.

---

53) 김정희, 「벽암 각성의 불화 조성」, 『벽암 각성과 불교미술문화재 조성』(사단법인 한국불
   교사연구소, 한국미술사학회, 2018), pp.108~111. 〈표3〉 괘불 조성불사에 동참한 승려들
   의 소임과 각성과의 관계 참조.

또 총융사(摠戎使) 이서(李曙)가 성역을 담당하여 남한산성 성벽의 수축공사를 할 때 그를 보좌하여 공사를 완료하였다. 이처럼 축성을 예정보다 일찍 마칠 수 있었던 것은 벽암의 주도적인 리더와 승병들의 호응에 의해서였다. 이러한 공으로 인하여 그는 인조로부터 '보은천교원조국일도대선사'(報恩闡敎圓照國一都大禪師)라는 호를 내려 받았다.[54]

2) 적상산성 수축(1640)과 적상산 사고 보호(1641)

조선 정부는 역사를 기록한 실록을 편찬한 뒤 전란을 피해 전국의 네 곳에 사고(史庫)를 만들어 보관하였다. 조선 전기에는 화재를 방지하기 위해 전국의 네 곳으로 분산해 서울의 춘추관 사고, 충주 사고, 성주 사고, 전주 사고에 보관하고 있었다. 하지만 임진왜란으로 네 곳의 사고 중 세 곳의 사고가 불에 타버렸다.

이에 정부는 기존의 사고 세 곳 중 유일하게 불타지 않은 전주 사고(전주시 풍남동 慶基殿)의 『조선왕조실록』을 저본으로 다시 네 본을 만들어 초기에는 오대산, 태백산, 마니산, 묘향산의 네 곳에 사고를 두었다.[55] 정부는 승군들에게 사고의 수호를 위한 부역도 담당시켰다. 사각(史閣) 수호 즉 사고(史庫)의 보호와 제찰(諸刹)의 정리 즉 여러 사찰을 바로 잡는 것은 전국 승려의 기강을 바로잡기 위한 승풍(僧風) 규정의 일환으로 이루어진 것이었다.

도총섭은 이를 위해 각 도의 승직인 도승통 아래에 도내 각 사찰의 승풍을 바로잡기 위한 규정소(糾正所)를 두었다. 그리고 승군을 총괄하는 도총섭은 관내의 사찰들과 관리할 뿐만 아니라 그들의 승풍을 바로 잡기[糾正]도 하였다. 승군은 "들어가서는 사각(史閣)을 수호하고[入則守護史閣] 나아가서는 여러 사찰을 바로 잡는[出則釐正諸刹]" 것이 임무였다.[56]

---

54) 李景奭, 「華嚴寺 碧巖堂 覺性大師碑文」, 앞의 책.
55) 高榮燮(f), 「조선후기 승군제도의 불교사적 의미」, 앞의 책.

중기의 인조 대에 이괄(李适)의 난이 일어난 뒤에는 사고의 보존을 위해 마니산 사고를 정족산으로, 묘향산 사고를 적상산으로 옮겨 갔다. 그리고 팔도를 총괄하는 총섭은 이들 사고를 인근 사찰에 주둔하는 승군에게 수호하게 하였다. 강릉권역에 자리한 오대산 사고는 월정사의 승군이, 봉화의 태백산 사고는 각화사의 승군이 수호하게 하였다. 또 강화의 정족산 사고는 전등사의 승군이, 무주의 적상산 사고는 안국사의 승군이 수호하게 하였다. 이들 네 곳에는 20세기 초까지 보존하고 있었다.[57]

벽암은 쌍계사를 중수한 뒤 8월에 규정도총섭에 임명되어 적성산성의 축성 감독과 사고 보호를 지휘하였다. 그는 사고(史庫)를 보존하기 위해 산성 수축을 감독하고 사고를 보호 임무를 무사히 완수하였다. 그리하여 불교의 대사회적 존재감을 극대화시켰다. 이처럼 그는 평생을 쉴 새 없이 불사에 헌신하였고 전란의 참여와 산성의 축성 등의 현장에서 실천하는 불교 지성의 모습으로서 불교의 대사회적 존재감을 확장시켰다.

벽암 이후 북한산성 도총섭을 역임하였던 선암사의 호암 약휴(護巖若休, 1664~1754)는 선암사에 수반 규정소, 금구 금산사를 우도(右道) 규정소, 광양 옥룡사를 좌도(左道) 규정소로 정한 뒤 간사승(幹事僧)을 두고 승려 규정 업무를 수행하였다.[58] 이러한 규정소의 시설과 제도적 유지 또한 도총섭으로서 벽암이 쌓아놓은 불교의 대사회적 존재감 확보에 의해 가능할 수 있었던 것이다.

---

56) 한국사지총서편찬위원회, 『傳燈寺本末史誌』(아세아문화사, 1978), p.48. 이후에는 태백산 (경북 봉화), 오대산(강원 평창), 정족산(경기 강화), 적상산(전북 무주)에 보관하였다.

57) 조선 총독부는 오대산 사고의 『조선왕조실록』을 일본으로 옮겨가 동경대학에 보존하고 있다가 한국의 해외반출 문화재반환운동본부의 지속적 요청에 의해 돌아와 현재 서울대학교 규장각에 보관되어 있다.

58) 이봉춘, 「조선불교 도총섭 제도와 그 성격」, 『사명당 유정』(지식산업사, 2000); 이종수, 「조선후기의 승군제도와 그 활동」, 『한국 호국불교의 재조명』(조계종 불교사회연구소, 2012).

Ⅳ. 철학의 수립과 사상의 전개

1. 철학의 수립

벽암은 「화엄사비문」에 의하면 『선원집도중결의』(禪源集圖中決疑) 1권, 『간화결의』(看話決疑) 1편, 『석문상의초』(釋門喪儀抄) 1권을 지었다고 한다. 반면 그의 저술은 「법주사비문」에 의하면 『(선원제전집)도중결의』(圖中決疑), 『참상선지』(參商禪旨)를 지었다고 나오고 있어 그의 전체 저술은 3종으로 추정된다.[59] 하지만 현존하는 저술은 『석문상의초』뿐이어서 그의 철학과 사상을 조명하기가 쉽지 않다.

벽암은 평소에 스스로 세 가지 잠언(箴言)을 지어 도제(徒弟)들을 경계시켰다. 이것은 불교의 삼업(三業) 즉 신구의(身口意) 삼업을 바르게 하라는 것으로 이해된다. 우리들의 삶의 내용을 이루는 신구의 삼업은 불교적 인간으로 살아가는 척도가 된다. 몸으로 짓는 세 가지[殺盜淫], 말로 짓는 네 가지[惡口/兩舌/妄語/綺語], 생각으로 짓는 세 가지[貪瞋癡]를 아우른 10 업은 '금지'의 행위가 아니라 '권장'의 행위라고 할 수 있다.

    가) 생각을 망령되게 하지 말라[思不妄]
    나) 얼굴을 부끄럽지 않게 하라[面不愧]
    다) 허리를 구부리지 않게 하라[腰不屈]

첫째, 생각을 망령되게 하지 말라는 조항은 탐내고 성내고 어리석은 삼독심의 생각을 내지 말라는 것이다. 여기서 망령된다는 것은 중도의 지혜를 깨뜨려 균형감각을 잃어버린 것을 가리킨다. 수행자는 마땅히 탐욕과 성냄과 어리석음의 삼독심을 소멸시켜야 열반에 이르는 것처럼 불제자는 마땅

---

59) 동국대학교 불교문화연구소 편, 『한국불교찬술문헌총서』(서울: 동국대출판부, 1976), pp. 184~185.

히 생각을 망령되게 하지 말아야 한다는 것이다.

둘째, 얼굴을 부끄럽지 않게 하라는 조항은 악한 말, 이간질, 욕지거리, 허황된 말로 부끄럽지 않게 하라는 것이다. 여기서 부끄럽지 않다는 것은 수행자는 늘 남을 향한 선한 말, 한결같은 말, 고운 말, 진솔한 말을 하면서 청정한 말씨를 써야 한다는 것이다.

셋째, 허리를 구부리지 않게 하라는 조항은 살아있는 것을 죽이거나 ,주지 않는 것을 가지거나, 성적 비행을 저지르지 말라는 의미로 이해할 수 있다. 여기서 구부리지 말라는 것은 늘 바른 자세로 바른 삶을 살아가라는 것이다. 그것은 오히려 살아있는 것을 죽이지 말고 굴레에 갇혀있는 것을 살려서 풀어주며, 주지 않는 것을 가지지 말고 내가 가진 것을 나누어 주며, 성적인 비행을 저지르지 말고 맑고 깨끗한 범행을 하라는 것이다. 이러한 세 가지 잠언은 벽암의 기본철학이자 사고방식이라고 할 수 있다.

벽암은 제자들에게 당시 불교계의 현실처럼 교문과 선지가 둘이 아님을 숙지시키고 있다. 그는 교법을 담고 있는 대장경과 선지를 담고 있는『선문염송』이 자리와 이타를 겸비하고 있다고 환기시킨다. 이어서 벽암은 마지막 임종게로서 살아있는 활구를 남기고 있다. 그는 제자들에게 이미 우리가 보았던 대장경과『선문염송』에 이미 다 갖춰져 있어 더하고 뺄 것도 없으므로 별도로 게송을 지을 필요가 없다고 하였다.

이처럼 벽암의 임종게는 그의 살림살이를 잘 담아내고 있다. 여기에는 교법과 선법을 구분하지 않으려는 그의 가풍이 잘 드러나 있다. 벽암이 남긴 저술 이름, 즉 화엄가이자 선가였던 규봉 종밀의 '선원제전집'에 대한『도중결의』나, 보조 지눌의 저술이었던『간화결의론』을 연상케 하는『간화결의』는 모두 '결의'(決疑)로 마무리되고 있다. 그가 붙인 '결의' 즉 '의단을 해결한다'는 것처럼 그는 선교 일원 또는 선교 일치 혹은 교선일치(教禪一致)[60]적 가풍을 보여주고 있다.

대장경 8만의 게(偈)와

염송(拈頌) 30권이

자리(自利)와 이타(利他)의 두 가지 이로움을 갖추었는데

어찌 따로 게송을 짓겠는가"[61]

벽암은 대장경의 8만 게와 선문염송 30권이 모두 자리와 이타의 두 가지 이로움을 다 갖추고 있다고 보았다. 그러니 이것을 떠난 게송이 따로 있을 수 없다고 하였다. 이러한 그의 가풍은 보조 지눌 이래의 선교일원, 청허 휴정 이래의 부휴 선수를 잇는 '사교입선'(捨敎入禪) 즉 선 중심의 선교 통합의 가풍[62]을 그대로 계승한 것으로 이해된다. 이것은 청허계의 선 중심의 선교 통합의 가풍을 이어가면서도 부휴계는 교법을 소홀히 하지 않는 가풍을 잇는 것으로 볼 수 있다. 선법과 교법의 겸수의 가풍은 이후 선과 교의 우위나 열위의 잣대가 없지 않지만 선지와 교문은 둘 모두를 소홀히 하지 않으려는 한국불교의 가풍으로 자리매김 되었다.

2. 사상의 전개

조선조는 유교를 '정교'(正敎) 혹은 '정학'(正學)으로 표방하고 유교의 지혜를 빌려 통치에 원용하려는 '국가유교 시대'였다. 이 때문에 종래까지 국가의 보호와 지원을 받았던 국가불교 시대와 달리 불교계는 '자립'(自立) 혹은 '자생'(自生) 불교의 터전을 일구지 않으면 아니되었다.[63]자립 또는 자생 불

---

60) 여기서의 敎禪一致는 '主敎從禪'와 같은 主從 혹은 愚劣의 의미가 아니라 교와 선의 一致 라는 均衡 또는 竝進의 의미로 이해된다.

61) 李景奭 撰, 「華嚴寺 碧巖堂 覺性大師碑文」, 이지관 편, 『韓國高僧碑文總集』(서울: 가산연 구원출판부, 2000), pp.174~177.

62) 高榮燮(i), 「청허 휴정의 禪敎 이해」, 『불교학보』 제78집, 동국대학교 불교문화연구원, 2017.

63) 高榮燮(1), 『한국불학사: 조선시대편』(연기사, 2005). 필자는 여기서 조선조 불교의 성격을 국가의 공식적인 지원을 받지 않고 풀뿌리 민주주의처럼 스스로 선 '自立' 혹은 '自生' 불

교 시대에는 경제권과 생활권 뿐만 아니라 정치권과 문화권 등을 스스로 확보해야만 존립할 수 있었다.(64)

그렇다면 당시의 의승군들은 왜 '지계의 원칙을 버리거나[捨戒] 초월하면서도'[越戒] 65)전쟁에 참여하지 않으면 아니되었을까? 사계의 법은 계를 지킬 수 없는 상황에 처했을 때 곧장 그 자리에서 "계를 버렸다"고 스스로 선언하는 것을 일컫는다. 『율장』에서는 비구가 비구생활을 그만두고 싶을 때에 이제 더 이상 수행할 의지가 없음을 다른 사람 앞에서 고백함으로써 사계 (sikkhaṃ paccakkhātā)가 성립된다66)고 하였다. 또 『율장』의 「건도부」에서는 승가의 지도자에게 이러한 '사계'의 방법을 제시함으로써 살생과 음행 등의 범계를 벗어난 비구의 지도자상을 정립하고자 하였다.(67)

이처럼 당시 일부에서 '계를 버렸다'[捨戒]68) 또는 '계를 뛰어 넘는다'[越戒]는 비판을 받으면서도 승군활동을 할 수밖에 없었던 까닭은 어디에 있을까?69) 그들이 월계까지 하면서 지켜내고자 했던 '국'(國)의 실체는 과연 무엇이었을까? '국가'였을까, 아니면 '민'(民)이었을까? 아니면 '국가'와 '민' 모두였을까? 결과적으로 조선시대 의승군들은 임진왜란(1592)/정유재란(1597)과 정묘호란(1627)/병자호란(1636) 동안에 국가와 민을 위하여 전쟁의 현실

교로 파악하였다.

64) 高榮燮(e), 「국가불교의 '호법'과 참여불교의 '호국'」, 『불교학보』 제64집, 동국대학교 불교문화연구원, 2013.

65) 李智冠 編, 「海南大興寺淸虛堂休靜大師碑文」, 『韓國高僧碑文總集: 朝鮮朝·近現代』(가산불교문화연구원, 2000), p.61.

66) 『律藏』(Vinaya III, p.24). 이러한 '捨戒'는 한국 승군들의 '越戒' 즉 지계의 계율을 넘어서면서도 애국, 애족, 애민하고자 했던 부분과 닿아 있다고 할 수 있다. 高榮燮(a), 「국가불교의 호법과 참여불교의 호국」, 『불교학보』 제61집, 동국대학교 불교문화연구원, 2013.12.

67) 이자랑, 「『율장』 「건도부」 분석에 의한 승가의 지도자상 정립」, 『인도철학』 제32집, 인도철학회, 2011, p.229, 각주 160 참고; 정승석, 「호국불교의 인도적 연원」, 『대각사상』 제31집, 대각사상연구원, 2018.12.

68) 高榮燮(j), 「한국 승군의 역사와 성격」, 『문학 사학 철학』 제57집, 대발해동양학한국학연구원 한국불교사연구소, 2019.6.

69) 중국에서 수행자는 오전에는 공양을 하지만 午後 不食時 藥石 혹은 藥果를 공양 대용으로 하였다. 이것 또한 '사계' 혹은 '월계'의 맥락에서 생각해 볼 수 있다.

에 적극적으로 참여하여 왜적을 물리쳤다.

벽암의 사상은 당시 조선후기 사회에 실천적 지성인으로서 파급되었다. 그는 나라가 위기에 봉착했을 때 출가사문은 어떠해야 하는가를 고뇌하였다. 벽암 또한 국가불교의 호법을 넘어 참여불교의 호국으로 나아가지 않을 수 없었다. 그는 남한산성 축성과 사원 중창 등과 같은 국가의 토목공사에 동원되었지만 이 땅의 백성이자 이 땅의 주인으로서의 주체적인 인식 속에서 출전하였다.

> 우리도 왕의 백성[王民]이며 더욱이 보제(普濟)를 종(宗)으로 삼고 있다. 국사(國事)가 위급하니 차마 좌시할 수 없다[70]

벽암은 승려들도 왕의 백성[王民]이라는 인식이 분명하였다. 동시에 출가자는 '보제' 즉 '널리 중생들을 구제함'[普濟]을 본분으로 삼음을 환기시켜 주었다. 그리하여 "나라일이 급하니 차마 앉아서만 볼 수 없다"고 하였다. 워낙은 유자들에게는 이 땅을 다스리는 왕의 백성[王民]으로서 '임금과 왕실을 위하여 충성을 다하는 '근왕'(勤王)이 최고 가치였다. 이러한 가치는 암암리에 백성들에게도 널리 퍼져 있었다. 하지만 '근왕'의 이념이 불자들에게는 일반적인 것이라고 할 수만은 없다.

그럼에도 불구하고 벽암은 승려들이 '왕의 백성'이자 '보제중생'(普濟衆生)이 본분임을 놓치지 않았다. 그리하여 그는 호법의 국가불교가 아니라 호국의 참여불교를 제창하였다. 임금과 왕실을 위하여 충성을 다하는 '근왕'뿐만 아니라 백성의 고통을 구제하기 위해 기꺼이 '사계'(捨戒) 또는 '월계'(越戒)조차 감당하려 하였다.

이들이 '보제중생' 즉 '널리 중생을 구제하겠다'는 발원은 '사계' 혹은 '월

---

70) 處能, 「賜報恩闡教圓照國一都大禪師行狀」, 『大覺登階集』 권2(『韓國佛教全書』 제8책, pp. 329~331)

계'로 인한 크나큰 인과의 감내로 이어졌다. 이러한 인식은 청허-사명/뇌묵/부휴/영규/의엄 등이 구국의 승병으로서 분연히 일어서는 원동력이 되었다. 불자들은 오히려 국왕 주도의 정책을 수동적으로 받아들이는 종래의 호법적 국가불교와 달리 국민들에 대한 애민(愛民) 또는 애족(愛族) 혹은 안민(安民)을 실현하려는 새로운 호국적 참여불교71)로 받아들였다.

조선조 국왕들의 불교(정법) 인식은 지극히 미미하였다. 이 때문에 불교계에서는 불자들의 호국적 지향을 통해 불교의 존재감을 확보하지 않으면 아니 되었다. 승군은 국왕의 부름에 의해 촉발된 측면이 없지 않았지만 그들 스스로 애국과 애민과 애족을 위해 스스로 참전하겠다는 의지를 표명하였다. 그들은 출가자의 목숨과도 같은 지계의 원칙을 뛰어넘는 사계(捨戒)와 월계(越戒)의 인과를 감수하면서까지 불자로서의 역사의식과 사문으로서의 시대정신을 구현하고자 하였다. 이것은 역사 속에 능동적이고 적극적으로 동참한 '참여불교'의 모델이라고 할 수 있다.72)

벽암 또한 애민 또는 애족 혹은 안민을 실현하려는 마음으로 출전하였고, 국가의 토목공사인 산성의 축성과 사고의 수호를 완수하였다. 그에게 전란의 출전과 산성의 수축 그리고 사고의 수호와 사찰의 중창과 같은 현실에 참여하는 불교의 '호국'과 임금이 국가의 보존을 위하여 불교를 보호하는 '호법'이 둘일 수 없다는 인식에서 비롯된 것이라 할 수 있다.

벽암에게 국가불교의 호법과 참여불교의 호국이 만날 수 있는 지점 역시 이러한 애민과 애족과 안민 정신에 의해서였다. 따라서 그의 역사인식은 애민과 애족과 안민을 실현하려는 호국적 참여불교의 맥락 속에서 이해할 수 있다.

---

71) 여기서 문제는 호법의 '主體'를 누구로 보고 호국의 '意圖'를 어디에 두느냐에 달려 있다.
72) 高榮燮(e), 앞의 글, 앞의 책.

V. 조선후기 부휴계의 위상 확립

1. 청허계와 부휴계의 공존 모색

조선불교의 선맥은 여말 이래 태고 보우(太古普愚)-환암 혼수(幻庵混脩)의 법을 이은 구곡 각운(龜谷覺雲)-벽계 정심(碧溪正心)-벽송 지엄(碧松智嚴)-부용 영관(芙蓉靈觀)-청허 휴정(淸虛休靜)/부휴 선수(浮休善修)로 이어져 왔다. 특히 청허 문중은 사명 유정(四溟惟政)/정관 일선(靜觀一禪)/편양 언기(鞭羊彦機)/소요 태능(逍遙太能)의 4대 문파와 청허와 함께 부용 영관의 문하였던 부휴가 말년에 청허의 문하가 되면서 '서산종'(西山宗)으로서의 위상과 지위를 확보하였다.

조선 중기 이후 후기에 이르러 정계의 청허계 4대문파와 달리 부휴계는 방계로서 자리하였다. 본디 부용 영관의 사형이었던 청허였지만 말년에 부휴가 나이 차이가 많은 청허의 문하로 들어가면서 부휴계는 청허계 문하의 방계로서 7대 문파를 형성하였다. 부휴계는 선 중심의 선교 통합를 주장하는 청허계의 입장을 따르고 임제 법통을 수용하였지만 청허계처럼 선 우위의 선 중심으로만 나아가지 않고 교의 겸수(兼修) 혹은 겸용(兼容)의 입장을 취하였다.[73]

청허계의 최대 문파인 편양파는 17세기까지 묘향산과 북방을 주요 근거지로 삼았다. 18세기 이후 이들의 주류가 호남을 비롯한 남방에 대거 진출하여 그 세력이 전국적 범위에 걸쳐 있었다.[74] 이와 달리 방계였던 부휴계는 호남을 주요 근거지로 삼았고 삼남 일대에 분포하였다. 임진왜란 때 큰

---

73) 高榮燮(h), 「浮休 善修계의 선사상과 법통인식」, 『한국불교사연구』 제4호, 한국불교사학회 한국불교사연구소, 2014.2; 高榮燮(4), 앞의 책, pp.74~121.

74) 김용태, 「조선후기 불교의 臨濟法統과 敎學傳統」(서울대 국사학과 박사논문, 2008)의 Ⅱ-1 참조.

피해를 입은 송광사, 화엄사, 쌍계사, 법주사 등 호남 및 호서 일대 거찰의 중창을 주도하면서 이들 사찰에 부휴계의 영향력을 형성하였다. 특히 조계산 송광사에는 적전(嫡傳)을 이은 이들의 탑이 모두 세워지면서 계파 본산으로서의 위상을 가졌다.[75]

부휴가 스승 청허의 사교입선(捨敎入禪) 즉 선을 주로하고 교를 종으로 하는(主敎從禪)에 입각한 선 중심의 선교 통합의 정신을 계승하면서도 그는 선과 교의 겸수(兼修) 혹은 겸용(兼容)의 입장에 서 있었다. 또 조선 중후기에 이르러 보학(譜學)의 대두와 맞물려 형성된 청허계의 법통인식은 부휴계의 법통인식에도 일정한 영향을 주었다.

부휴계는 청허계 편양 언기 등의 임제·태고법통설을 수용하면서도 교산 허균(喬山許筠)의 영명·지눌·나옹법통설의 접점을 열어두고 있다. 이것은 선사상에서는 보조선을 계승하면서도 법통설에서는 임제·태고법통설을 이어가려는 이중적 구조의 모습으로 나타나고 있다.[76] 벽암 역시 스승 부휴의 선교 겸수의 정신과 보조선 사상을 계승하면서도 임제·태고법통설을 이어가려고 하였다.

벽암이 당나라 선사인 규봉 종밀의 『(선원제전집)도중결의』의 문제점을 자신의 관점에서 해석한 것이나 '선지를 헤아리고 참구한다'는 『간화결의』(『참상선지』와 同書)를 지었다는 사실도 이러한 맥락에서 이해할 수 있지 않을까 한다. 이들 저술들의 제목에서 '결의' 즉 '의심을 해결한다'고 언표하고 있고, 내용에서 교와 선의 겸수를 말하고 있기 때문이다. 이처럼 벽암이 보여준 행보는 정계인 청허계의 방계임에도 불구하고 부휴계의 대표적 문파로서 자리 잡을 수 있었던 동력이었다.

그리하여 부휴의 문도로 이루어진 부휴계는 벽암 각성(碧巖覺性)/뇌정 응묵(雷靜應默)/대가 희옥(待價希玉)/송계 성현(松溪聖賢)/환적 인문(幻寂印文)/포허

75) 김용태, 「浮休系'의 계파인식과 普照遺風」, 『보조사상』 제25집, 보조사상연구원, 2006.
76) 高榮燮(h), 앞의 글, 앞의 책.

담수(抱虛淡水)/고한 희언(孤閒熙彦) 등의 7대 문파를 형성하였다. 부휴계가 계보를 형성할 수 있었던 것은 부휴의 제자들의 활발한 대내외적 활동에 힘입은 것이었으며 특히 벽암 문파의 활동은 이후 부휴계를 지속시키는 기반이 되었다. 송광사와 화엄사는 부휴계를 잇는 벽암 문파의 거점 사찰이 되었다. 이후 부휴계와 벽암 문파는 이들 사찰을 거점으로 두면서 청허계와 공존을 모색할 수 있었다.

2. 부휴계의 수장과 제자 양성

부휴의 문하였던 벽암은 부휴계의 수장으로서 대내외적 활동을 통해 부휴계를 굳건히 자리 잡을 수 있게 하였다. 벽암은 취미 수초(翠微守初)/백곡 처능(白谷處能)을 비롯하여 고운 정특(孤雲挺特)/모운 진언(慕雲震言)/동림 혜원(東林慧遠)/벽천 정현(碧川正玄)/침허 율계(枕虛律戒)/연화 인욱(蓮華印旭)/회은 응준(晦隱應俊) 등 뛰어난 제자를 배출하였다.[77]

벽암의 문하에서 나온 이들 8대 문파들은 그 문풍을 드날려 청허 문하의 정계 4대 문파와 방계 7대 문파를 방불케 할 정도로 조선후기 선맥과 강맥의 주류를 형성하였다. 이들 중 특히 취미 수초와 백곡 처능은 벽암 문파를 확산시키는데 큰 역할을 하였다.

효종(孝宗)은 보위에 오르기 전에 벽암에게 수찰(手札)을 보내고 예물을 하사하였다. 임금은 즉위하자마자 조정의 논의를 거쳐 벽암에게 총섭(摠攝)의 인장(印章)을 수여하고 적상사각(赤裳史閣)을 지키게 하였고, 그는 여기에서 남쪽 승려들을 교화하고 진승(眞乘)을 널리 펼쳤다.

벽암이 총섭에 머무른 지 얼마 안 되어 이름난 여러 산을 구름처럼 유력하다가 부안(扶安)의 변산(邊山)에 올라가 남해를 굽어보고 방장산(方丈山)의

---

77) 金煐泰, 『한국불교사』(서울: 경서원, 1997).

화엄사(華嚴寺)에 돌아와 머물렀다. 기해년 여름에 효종(孝宗)이 승하하자 그
는 제사를 올리고 슬피 울었다.[78]

　　말년의 벽암은 사천(槎川) 이병연(李秉淵)에게 시 바치는 한 수를 지었
　다. 여기에는 염부제를 떠나 무심 도인의 삶을 사는 소회가 잘 드러나
　있다.

　　염부제는 어지럽고 어지러우나 귀에 들리는 것 없다네
　　우연히 무심(無心)이 되어 산봉우리 흰 구름을 벗어나네.
　　세상은 이미 승려를 버렸고 승려 또한 세상을 버렸으니
　　산신령과 이 늙은이가 좋은 벗이로구나[79]

　염부제 세상에서는 승려에 대해 안중에도 없고, 승려 또한 세상에는 안중
에도 없다. 이제 그는 무심으로 산봉우리와 흰 구름을 벗어나 산신령이 되
어 사천노인과 짝하고 있다. 이 시를 음미해 보면 화엄사에서 말년을 보내
는 벽암의 모습이 눈에 선하다. 그는 부휴계의 수장으로서 청허계에 대응하
는 부휴계의 문파를 높게 평가하면서 세상을 떠나 산신령과 노니는 자유인
의 모습을 보여주고 있다.

VI. 결 어

　벽암 각성(1575~1660)은 청허와 부휴의 선 중심의 선교 겸수의 전통을 몸

---

78) 李景奭 撰, 앞의 글, 앞의 책, pp.174~177.
79) 槎川 李秉淵, 「奉呈碧巖大師」, 李能和, 『朝鮮佛敎通史』 권하(보련각, 1976; 동국대학교
　　불교문화연구원/조선불교통사역주편찬위원회, 역주 『조선불교통사』 5(동국대학교 출판
　　부, 2010), p.532). "閻浮憂擾耳無聞, 偶作無心出宙雲, 世旣棄僧僧棄世, 后翁槎老好爲群.

342　한국의 불교사상: 실천적 지성인 혹은 지성적 실천가의 사상

소 실현한 수행자였다. 그는 임란과 병란을 겪으면서 주체적이고 능동적인 삶의 모습을 통하여 불교 지성인으로서 풍모를 보여주었다. 벽암은 승군을 이끌고 전란에 참여하였고, 국가의 토목공사인 남한산성과 적상산성을 수축하였다. 또 그는 왕조실록을 보관하는 사고(史庫)를 수호하였으며, 전국의 여러 불교 사찰을 중창하였으며, 불경 판각과 불화 조성을 주도하였다. 이것은 모두 애민과 애족과 안민을 위한 것이었다. 그리하여 그는 조선 이전의 '타자화된 국가불교의 호법적 지향'과 달리 조선 이후의 '주체화된 참여불교의 호국적 지향'을 보여주었다.

벽암은 불교 밖에서 국왕에 의해 실현되는 정법치국을 객관적으로 바라보는 호법(護法)과 달리 불교 안에서 불자에 의해 구현되는 실천불교를 주체적으로 옮겨 안는 호국(護國)적 실천불교를 실현하였다. 그것은 '임금과 왕실을 위하여 충성을 다하는' '근왕'(勤王)을 위한 것만이 아니고, 국왕의 명령에 의해 움직인 것만도 아니었다. 오히려 그것은 국왕들에 의해 이루어지는 호법적 국가불교와 달리 불자들에 의해 이루어진 호국적 참여불교였다. 그리하여 벽암은 전란의 시기에 불교 지성인이 어떻게 살아야 하고 어떤 생각을 하고 살아야 하는지를 실천적 불교 지성인의 모습으로서 보여주었다.

벽암은 '계를 버린다'는 '사계' 혹은 '계를 뛰어 넘는다'는 '월계'를 선언하고 임란과 병란에 참여하였으며, 사찰 중수와 산성 수축을 하였고, 자신의 철학과 사상을 통하여 불자로서의 정체성과 인식틀을 확고히 세웠다. 이와 같은 일련의 대내외적 활동을 통하여 벽암은 불교계의 대사회적 존재감을 확립하였고, 불교사상가로서 실존적 존재감을 보여주었다. 주목되는 것은 그가 유교를 정교(正敎) 또는 정학(正學)으로 숭상하는 숭유억불의 시대 아래서 자립불교와 자생불교를 모색하며 실천적 불교 지성인의 모습을 보여주었다는 점이다. 조선후기 불교계를 주도한 청허계의 편양 언기가 대를 이은 적전(嫡傳)이었다면, 부휴계는 벽암 각성이 맏아들인 적전이었다. 벽암은 부휴계 7대 문파의 수장으로서 나머지 6대 문파와 함께 부휴계를 공고히 하였으며, 700여명의 제자들로 이루어진 벽암의 8대 문파는 청허계와 공존할 수 있는 기반을 다졌다.

그리하여 부휴계는 청허계가 선(禪)을 주로 하고 교(敎)를 종으로 하는 사교입선(捨敎入禪) 즉 선(禪) 중심의 선교(禪敎) 통합을 모색한 것과 달리 법통설에서는 청허계의 임제·태고법통설을 따르면서도 선사상에서는 보조선을 계승하는 중첩 구조의 모습을 견지하였다. 벽암 각성 또한 이러한 중첩 구조를 계승하면서 선과 교의 겸수(兼修) 혹은 겸용(兼容) 또는 병진(竝進)을 지향하면서 보다 유연한 불교인식을 보여주었다.

경허 성우의 실천성과 지성성

: 종교적 삶과 철학적 앎

I. 서 언

붓다는 '중도'를 깨치고[覺] '연기'를 발견해[見] 인류사에서 가장 매력적인 존재가 되었다. 그는 중도를 상호존중행의 자비로 펼쳐내고, 연기를 상호의존성의 지혜로 거둬내어 보살적 인간과 이타적 인간의 삶을 제시해 주었다. 이후 붓다의 가르침은 연기-무자성-공성의 철학과 자비의 종교로서 널리 알려져 왔다. 붓다의 지혜로 표현되는 연기법과 붓다의 자비로 표현되는 중도행의 관계는 붓다의 '중도가 곧 가명(假名)이며 공(空/無) 즉 연기'[1]임을 역설해온 용수보살의 『중론』이 잘 논증해 주고 있다.

이와 같은 『중론』의 정신은 신라 통일 전후에 살았던 분황 원효(芬皇元曉, 617~686)의 무이중도(無二中道)[2]로 이어졌고, 선말 한초에 살았던 경허 성우(鏡虛惺牛, 1846~1912)의 미이무이(未已無二)[3]사상으로 이어졌다. 대승선사(大乘禪師) 원효가 그러했듯이 호서화상(湖西和尙) 경허 또한 탈실천적 실천가이자

---

1) 龍樹, 「觀四諦品」, 『中論』, "衆因緣生法, 我說卽是無, 亦謂是假名, 亦是中道義." 이 게송은 '是'가 세 개여서 흔히 '三是偈' 혹은 '三諦偈'로 불린다. 제2구의 '無'는 '空'의 다른 표현이다. 이것은 구마라집이 '공'을 당시의 '무'로 옮겼던 격의불교의 흔적을 보여주는 전거가 된다. 용수보살은 이미 제8게에서 "제불의 설법은 완전히 二諦에 의지한다/ 한편은 세속제이고 한편은 진제(제일의제)이다"고 설한 뒤, 제9게에서 "이 二諦를 분별하지 못하는 자들은/ 불법에 있는 심오한 진실(실상)을 분별하지 못한다"고 하였다.
2) 원효는 그의 만년작인 『金剛三昧經論』(『한불전』 제1책, p.611중) 등 3곳에서 '無二中道'를 언급하고 있다.
3) 경허는 『鏡虛集』(『韓佛全』 제11책)에서 자신의 '無二'사상을 '無二法'(p.615하), '至心·無二(p.614중)', '死生無二'(p.614중), '未是無二'(p.611하) 등의 표현으로 나타내고 있다.

반지성적 지성인으로 살았다. 그는 조선의 백성들이 열강의 침탈에 맞서 이 땅을 붉은 피로 물들일 때 참선을 통해 인간의 본래정신을 드높이고자 한 선지식이었다. 경허는 조선이 외면의 적과 물리적인 전쟁을 치러낼 때에 그 스스로 내면의 적과 심리적인 전쟁을 치러내면서 본래의 마음을 밝혀낸 반지성적 지성인이었다. 그는 '사방을 둘러봐도 사람이 없던 시절'에 '의발을 누가 전해 줄거나'라고 외쳤다. 경허는 본래마음을 성취하여 스승에게 의발을 전해 받고자 했고, 본래마음을 숙성시켜 제자에게 심인을 전해 주고자 했다. 그 의발과 심인은 중도와 연기 즉 '탈실천적 실천의 삶'과 '반지성적 지성의 앎'이었다.

중도는 두 겹 네 쌍의 개념들을 부정하는 '쌍차'(雙遮)와 두 겹 네 쌍의 개념들을 긍정하는 '쌍조'(雙照)의 실천으로 두 극단을 떠나는 '가장 바른 길'이다. 생멸(生滅), 상단(常斷), 일이(一異), 래거(來去) 등 상반된 두 겹 네 쌍의 개념들을 모두 부정한 불생불멸(不生不滅), 불상부단(不常不斷), 불일불이(不一不異), 불래불거(不來不去)와 같은 부정의 '쌍차'와 불생불멸, 불상부단, 불일불이, 불래불거 등 상반된 두 겹 네 쌍의 개념들을 모두 긍정한 생멸, 상단, 일이, 래거와 같은 긍정의 '쌍조'를 넘어 '차조동시'(遮照同時)의 세계를 열어가는 길이다.[4]

연기는 모든 존재자들의 존재 방식이다. 모든 존재는 원인과 조건에 의해 존재하게 된다. 실천이란 실제로 행함을 가리키고, 지성이란 인간의 지적 능력을 일컫는다. 실천이 겉으로 드러나는 외형적 모습을 지닌다면, 지성은 속으로 스며드는 내면적 모습을 지닌다. 경허는 탈실천적 실천의 삶과 반지성적 지성의 앎을 보여주었다. 경허는 "차별하는 생각이 아직 다하지 못하였든[未盡] 차별하는 생각이 이미 다하였든[已盡] 둘이 없는 것이 아니다"[未是無二]며 미이 중도(未已中道)[5]를 역설하였다. 이것은 차별을 떠났든 차별

─────────────

4) 高榮燮, 「퇴옹 성철의 실천성과 지성성」, 『한국불교사연구』 제16호, 한국불교사학회 한국불교사연구소, 2019.6.

을 떠나지 않았든 둘이 없는 것이 아니므로 이 둘이라는 생각을 넘어설 때 비로소 무이(無二)의 관계에 있게 되는 것이다. 중도와 연기도 이 같은 무이(無二)의 관계에 있다.

조선 말기와 대한 초기에 호서지역에서 살았던 경허는 오도(悟道) 이후 자신의 깨침을 시험하면서 아무도 알아주는 이 없는 무대 위에서 처절한 고독에 맞서고 있었다. 그의 눈 뜬 자로서의 고독은 수많은 시를 낳았으며 부처와 중생, 지계와 범계의 경계를 넘나들며 자유롭게 살게 하였다. "부처니 중생이니 내 알 바 아니니/ 평생을 그저 취한 듯 미친 듯 보내리라/ 때로는 일 없이 한가로이 바라보니/ 먼 산은 구름 밖에 층층이 푸르네."[6]

이러한 그였지만 경허는 역사의 밖에서 살지 않았고 철학의 뒤에서 살지 않았다. 당시 일본 일련종 승려 사노 젠레이(佐野前勵)의 건의에 의해 도성 출입 금지가 해제(1895)되자 종교 침략 술책인 줄을 몰랐던 대한 승려들은 이를 환호하며 천황 송수를 기원하였다. 이에 경허는 불교계의 몰주체적인 행태에 대해 '탄식'하면서 '서원'으로 승화시켜서 "나에게 서원이 있으니 발이 경성 땅을 밟지 않는 것이다"[7]고 사자후를 토하였다. 이처럼 그는 '발이 경성 땅을 밟지 않는다'는 것을 서원으로 삼을 정도로 역사의 안에서 살았고 철학의 앞에서 살았다.

경허의 이러한 살림살이와 사고방식은 종교적 삶과 철학적 앎의 병진(竝進)으로 드러났다. 여기서 병진은 종교적 삶과 철학적 앎을 아우르며 가는 것이다. 이 글에서는 선행 연구[8]를 검토하면서 중도와 연기의 관점에 서서

---

5) 鏡虛, 「寄贈無二書」, 『鏡虛集』(『韓佛全』 제11책, p.611하). "或差別商量未盡, 或差別商量已盡, 未是無二, 何也."

6) 鏡虛, 『鏡虛集』(『韓佛全』 제11책, p.618하). "佛與衆生吾不識, 年來宜作醉狂乘, 有時無事閑眺望, 遠山雲外碧層層."

7) 漢巖, 「先師鏡虛和尙行狀」, 『鏡虛集』(『韓佛全』 제11책, p.655하). "吾有誓願, 足不踏京城之地."

8) 경허에 대한 선행 연구는 근래에 제법 축적되었다. 대한불교조계종 교육원 불학연구소 편저, 『경허·만공의 선풍과 선맥』(서울: 조계종출판사, 2009). 여기에는 최병헌, 「근대 한국

경허 성우의 실천성과 지성성을 탈실천적 실천의 삶과 반지성적 지성의 앎의 방향에서 조명해 보고자 한다.

Ⅱ. 중도와 연기의 무이

1. 견자, 죽음의 발견

붓다가 연기를 발견하여 견자(見者)가 되었다. 견자는 발견을 통해 지성성을 구현하는 존재이다. 연기법은 모든 존재자들의 존재 방식이다. 붓다는 "연기법은 내가 만든 것도 아니며, 다른 사람이 만든 것도 아니다. 이 법은 여래가 세상에 출현하거나 출현하지 않거나 법계(法界)에 항상 머물러 있다. 여래는 이 법을 스스로 깨달아 등정각(等正覺)을 이루어 중생을 위하여 분별 연설하리라"9)고 하였다. 또 "만일 연기를 보면 곧 법을 보며 법을 보면 연기를 본다"10)고 하였다. 나아가 "이 연기의 바다는 참으로 깊다. 감히 함부로 들어오지 못한다"고 하였다. 연기법을 머리로만 알고 연기의 바다에 들어오면 자맥질하다가 바닷물에 빠져 죽기 때문이다. 연기법은 '머리로 앎'과 '가슴으로 함'을 넘어 '온몸으로 삶'의 길이기 때문이다.

경허는 양반가였던 여산 송씨로 전주 우동리11) 출신이었다. 일찍이 그는

불교의 선풍 진작과 덕숭총림」, 고영섭, 「경허의 살림살이와 사고방식」, 변희욱, 「경허의 선사상에 대한 재조명」, 김경집, 「만공의 선학원 활동과 선풍 진작」, 이덕진, 「만공 스님의 가풍과 간화선의 진작」, 황인규, 「근대 비구니의 동향과 덕숭총림 비구니들」, 오경후, 「경허·만공의 법맥과 한국불교에 미친 영향」 등 7인의 논문이 집성되어 있다. 이 외에도 여러 학술지에 많은 논문이 실렸으며 태진, 박규리, 홍현지 등의 박사논문도 제출되었다.

9) 『雜阿含經』 권12, 299경 「緣起法經」(『大正藏』 제2책, p.85중).
10) 『中雜含經』 권7, 「象跡喩經」(『大正藏』 제1책, p.467상).
11) 종래에 '子東里'로 알려져 왔으나 전주에는 '자동리'는 없었고 '于東里'가 있었다는 사실을

부친을 잃고 집안이 기울어지자 어머니에 이끌려 청계산 청계사[12]에서 계허(桂虛)법사를 은사로 삭발하고 수계하였다. 경허는 삭발 이후 5년 남짓 동안 온전한 공부를 하지 못하였다. 그 뒤 경허는 14세가 되던 여름에 한 유생을 만나 『천자문』을 공부하면서 배우는 대로 곧바로 외웠다. 그는 『통감』(通鑑)과 『사략』(通史) 등을 배우면서 하루에 대여섯 장씩 외웠다. 어느 날 유생이 탄식하기를 "이 아이는 참으로 비상한 재주를 지녔다. 옛날에 '천리마(千里馬)가 백락(伯樂)을 못 만나 소금수레를 끄는 격이로구나. 훗날 반드시 큰 그릇이 되어 일체 중생을 구제할 것이다"[13]고 하였다.

얼마 뒤 계허 법사가 환속하면서 경허의 재주와 학문을 성취하지 못함을 애석하게 여겨 계룡산 동학사 만화(萬化) 강백에게 추천 편지를 써서 함께 보냈다. 만화는 영특한 경허를 보고 기뻐하면서 가르쳤는데 그는 몇 달이 안 되어 글을 잘 짓고 경전의 뜻을 새길 줄 알았다. 경허는 일과로 배우는 경소(經疏)를 한 번 보면 곧바로 외웠다. 이로부터 그의 재주와 이름이 높이 드러났다. 이어 경허는 영남과 호남의 강원들로 널리 찾아가서 공부하였다. 그의 학문은 날로 높아지고 견문은 날로 넓어져 유가(儒家)와 노장(老莊)의 글에 이르기까지 정통하지 않음이 없었다. 23세에 경허는 동학사(東鶴寺) 대중의 요청을 받고 강원에서 강석을 열었다. 그의 강론은 드넓은 물결처럼 거침이 없었으니 사방의 학인들이 몰려왔다.

31세 되던 해에 경허는 지난 날 계허(桂虛) 법사가 자신을 보살피고 아껴 주었던 정의가 생각나 한번 찾아가 보고자 하였다. 그는 대중에게 말한 뒤에 출발하였는데 가는 도중에 갑자기 비바람이 세차게 몰아쳤다. 경허는 급히 발걸음을 옮겨 어느 집 처마에 들어갔더니 주인이 내쫓고 받아들이지

통해 '子'자와 '于'자의 모양이 비슷해 그동안 잘못 전해져 온 것으로 이해된다.

12) 당시 청계사에는 공주 마곡사에서 출가한 경허의 실형 泰虛가 머물고 있었다. 한암은 「先師鏡虛和尙行狀」에서 이들 형제의 "모친이 삼보에 귀의하여 지극 정성으로 염불하였던 까닭에 두 아들을 출가시킨 것"이라고 보았다.

13) 漢巖, 「先師鏡虛和尙行狀」, 『鏡虛集』(『韓佛全』 제11책, p.653상).

않았다. 그가 다른 집으로 옮겨 가도 마찬가지였다. 경허가 온 동네 수십 집에 들러 보았으나 모두 몹시 다급하게 내쫓으며 큰소리를 꾸짖었다. "지금 이곳에는 역질(疫疾)이 크게 창궐하여 걸리는 자는 곧바로 죽는다. 너는 대체 어떤 사람이기에 사지(死地)에 들어왔는가?"[14] 그는 이 순간 죽음에 대해 새롭게 발견하였다.

마을 사람이 묻는 이 말을 들은 경허는 모골이 송연하고 정신이 아득하여 흡사 죽음이 눈앞에 임박하고 목숨이 호흡 사이에 있어 일체 세간의 일들이 모두 덧없는 꿈 저편의 청산인 것만 같았다. 이에 스스로 생각해 말하기를 "이 생에 차라리 바보[癡呆漢]가 될지언정 문자에 구속 받지 않고 조사의 도 [祖道]를 찾아서 삼계를 벗어나리라"[15]고 하였다.[16] 이에 경허는 '이 생에 치매한'이 될지언정 '문자에 구속 받지 않고', '조사의 도를 찾아서' '삼계 즉 욕계 색계 무색계를 벗어나리라'고 발원하였다.[17] 그는 더 이상 죽음을 대상화하지 않고 눈앞에서 죽음을 주체화할 수 있었다.

경허는 이러한 발원을 마치고 평소에 읽은 공안들을 미루어 생각해 보았다. 교학을 공부한 습성으로는 모두 알음알이가 생겨 참구할 여지가 없었다. 그런데 그는 오직 영운지근(靈雲 志勤) 선사의 '여사미거 마사도래'(驢事未去馬事到來話)만은 마치 은산철벽을 마주한 것처럼 도무지 알 수 없었다. 이에 곧바로 "이 무슨 도리인고?(是甚道理)"라고 참구하였다. 계룡산에 돌아온 그는 대중을 해산하며 말하기를 "그대들은 인연 따라 잘 가시게. 나의 바람 [志願]은 여기[講學]에 있지 않네" 하고는 문을 닫고 단정히 앉아서 진심으로 화두를 참구하였다. 밤에 졸음이 오면 송곳으로 허공을 찌르기도 하고, 시퍼렇게 간 칼을 턱밑에 세우기도 하였다. 이렇게 석 달을 지나자 참구하는

14) 漢巖, 「先師鏡虛和尙行狀」, 『鏡虛集』(『韓佛全』 제11책, p.653하).
15) 위의 글, 위의 책, p653하. "此生寧爲癡呆漢, 不爲文字所拘繫, 參尋祖道, 超出三界."
16) 앞의 글, 앞의 책, p653하.
17) 앞의 글, 앞의 책, p653하.

화두가 순일무잡(純一無雜)해졌다.[18) 일체의 다른 것이 섞이지 않고 순수한 상태로 화두가 들려졌다는 것이다.

이처럼 경허는 교학에서 출발하여 선지로 전향하여 석 달 동안 간화선 수행에 몰두하였다. 그가 쓴 「참선곡」의 서두는 문장에 대한 그의 인식을 보여주고 있다.

> 홀연히 생각하니 도시 몽중이로다
> 천만고 영웅호걸 북망산 무덤이요
> 부귀문장 쓸데없다 황천객을 면할소냐
> 오호라! 나의 몸이 풀끝에 이슬이요
> 바람 속의 등불이라.[19)

경허는 스승 계허 법사의 집을 찾아가는 도중에 콜레라(호열랄)라는 '죽음'의 현실에 직면하였다. 그의 「참선곡」은 그 글을 쓸 때의 그의 의식을 보여주고 있다. 죽음 앞에서 경허는 지금까지 익힌 부귀문장으로는 황천객을 면할 수 없다는 인식의 전환을 경험하였다. '부귀문장 쓸데없다'는 대목은 풍성하고 소중한 문장도 황천객을 면하지 못하게 한다는 사고의 전환을 보여준다. 동시에 그것으로는 자신의 본래면목을 찾아 영원히 사는 길에 나가지 못한다는 깨침의 전환을 보여준다. 이 대목은 '강사 경허'에서 '선사 경허'로 탈바꿈한 모습이 잘 보여주고 있다.

경허는 수좌들에게 대상화된 『경덕전등록』의 1701개 '공안'이 아니라 자신의 칠통 같은 어둠을 깨뜨려 줄 주체화된 자신의 '화두'를 들었다. 그의 화두는 육체의 주체가 직면한 '신체의 죽음' 즉 '사람의 죽음'과 오늘 여기에서 각성한 주체가 직면한 '대한의 죽음' 즉 '나라의 죽음'이었다.

붓다가 사문유관을 통해서 직면한 '생로병사'(生老病死)와 원효가 무덤에

---

18) 漢巖, 「先師鏡虛和尙行狀」, 『鏡虛集』(『韓佛全』 제11책, p.653하).
19) 鏡虛, 「參禪曲」, 『鏡虛集』(『韓佛全』 제11책, p.630하).

서 직면한 '감분불이'(龕憤不二)의 화두처럼 죽음은 경허에게 제1의 화두가 되었다. 경허는 연기를 발견한 붓다처럼 죽음을 발견한 견자로서 '격 밖의 지성' 즉 '지성을 타파한 지성' 다시 말해서 '반지성적 지성성'을 확립할 수 있었다.

2. 각자, 콧구멍 없는 소

붓다는 중도를 깨우쳐 각자(覺者)가 되었다. 각자는 진리를 깨우쳐 새롭게 태어난 존재이다. 그는 사성제와 같은 진리에 대한 무지인 무명을 넘어 깨침인 광명을 체득하였다. 그의 깨침은 12연기의 유전에서 비롯된 고통을 벗어나 12연기의 환멸에서 얻어낸 광명의 결과였다. 붓다의 깨침이 그러하듯이 무덤 속에서 이루어진 원효의 깨침도 그러하였다. 마찬가지로 경허의 깨침도 다르지 않았다. 경허는 조사선의 가풍에 따라 언하대오(言下大悟), 즉 말이 떨어지자 곧 크게 깨달았다. 그리하여 그는 각자 즉 중도를 깨친 붓다처럼 탈실천적 실천성을 실현할 수 있었다.

당시 경허는 속성이 이 씨인 원규(元奎[20], 東隱) 사미승의 시봉을 받으며 동학사 토굴(현 실상선원)에서 참선을 하고 있었다. 그의 부친은 다년간 좌선하여 스스로 개오한 곳이 있어 사람들이 그를 이 거사라고 불렀다. 원규 사미승의 시봉을 받던 스승 학명 도일(學明道一)[21]이 다년간 좌선하여 스스로 개오한 것이 있었던 원규 사미승의 부친인 이 거사의 집에 찾아갔다.

---

20) '元奎'는 당시 12세의 사미로 본명은 卞雪湖이다. 그는 뒷날 '東隱'이라는 법명으로 서산 開心寺 주지로 맡으면서 경허를 시봉한 일이 있다.

21) 이흥우, 『공성의 피안길』(동화문화사, 1980). 경허를 어릴 때 시봉했던 수덕사의 馬碧草 선사의 증언을 통해서 당시의 상황을 어느 정도 알 수 있다. 學明 道一은 경허의 師弟로서 해인사에도 머무르면서도 元奎의 시봉을 받은 적이 있었다. 그 때 학명은 어린 元奎(변설호)에게 "너는 어려서 모르지만 저 노시님은 좀체 만나기 어려운 시님이니, 너 法門을 써 받아 두거라"라고 그때 받아준 것이 지금까지 애송되는 경허의 「參禪曲」(『韓佛全』 제11책, pp.630하~633상)이다.

마침 학명은 이 거사의 집에 가서 이 거사와 얘기를 나누고 있었다. 이 거사가 "중이 된 자는 필경 소가 되지요"라고 하였다.

　원규 사미승의 스승 학명이 "중이 되어 심지(心地)를 밝히지 못하고 단지 신도의 시주만 받으면 반드시 소가 되어 그 시은을 갚게 마련입니다"라고 하였다. 이 거사가 그 말을 듣고 꾸짖기를 "이른 바 사문으로서 이처럼 맞지 않은 대답을 한단 말이오?"라고 하였다. 원규 사미승의 스승 학명이 "나는 선지(禪旨)를 알지 못하니, 어떻게 대답해야 옳겠소?" 하니, 이 거사가 "어찌하여 소가 되면 콧구멍을 뚫을 곳이 없다[爲牛則爲無穿鼻孔處]고 말하지 않소?"라고 하였다.[22]

　원규 사미승의 스승 학명이 아무 말도 못하고 돌아와서 사미승에게 "너의 부친이 이와 같은 말을 했는데, 나는 도무지 무슨 뜻인지 모르겠다"라고 하였다. 이에 사미 원규가 말하였다. "지금 조실선사(籌室和尙)가 매우 열심히 참선하느라 잠자리도 폐하고 음식도 먹지 않고 있으니[廢寢忘餐] 그 이치를 아실 것입니다." 사미 원규(의 스승 학명 도일이 기뻐하며 경허를 찾아가 수인사를 마치고[23])는 이 거사의 말을 전했다.

　'소가 되면 콧구멍을 뚫을 곳이 없다[到牛無鼻孔處]라는 대목에 이르러 선사의 눈이 번쩍 뜨이더니 문득 깨달아 옛 부처가 태어나기 전[古佛未生前]의 소식이 눈앞에 활짝 드러났다. 이에 대지가 가라앉고 외물과 자아[物我]를 모두 잊어 곧바로 고인이 크게 쉰 경지에 이르러 백 천 가지 법문과 헬 수 없는 묘의(妙義)가 당장에 얼음이 사라지듯 기와가 흩뜨리듯[氷消瓦解] 풀렸다. 때는 고종 16년 기묘년(1879) 겨울 11월 보름께였다.[24]

　여기서 '비공'(鼻孔)은 선어록에서 '삼세의 모든 붓다가 콧구멍을 잃어버렸

22) 漢巖, 「先師鏡虛和尙行狀」, 『鏡虛集』(『韓佛全』 제11책, p.653하).
23) 漢巖은 學明 道一이 직접 경허에게 물었다고 적었으나, 김태흡(大隱)은 「평전」에서 "그럼 애, 네가 가서 물어 보아다고"로 청하였다고 쓰고 있다. 맥락상으로 보아 사미승 元奎가 경허를 만나 물었다는 것이 더 합당해 보인다.
24) 漢巖, 「先師鏡虛和尙行狀」, 『鏡虛集』(『韓佛全』 제11책, p.654상).

다[三世諸佛失鼻孔] 혹은 '늙은 고타마의 콧구멍이 내 손아귀에 있음을 알겠는 가?'[知老瞿曇鼻孔 在我手裏麽?]25)라는 용례에서 보이는 것처럼 생명, 목숨줄, 핵심, 요체를 가리킨다. 마음 밖에 법이 없으니 눈에 가득한 흰 눈과 달빛이라 높은 산 흐르는 시냇가 소나무 아래에서 긴긴 밤 맑은 하늘 아래 무슨 할 일이 있으리오. 이는 참으로 "이 도리는 너의 경계가 아니니, 도가 같은 이라야 비로소 안다"[這箇道理, 非汝境界, 同道方知]고 한 경계이다.

경허는 방장실이 한가로이 누워서 남들이 출입하는 것을 아랑곳하지 않았다. 스승 만화 강백이 들어왔는데도 역시 누워서 일어나지 않았다. 만화가 "무슨 까닭에 늘 누워서 일어나지 않느냐?"라고 하니, 대답하기를 "일 없는 사람은 본디 이러합니다"[無事之人, 本來如是]라고 하였다. 만화가 아무 말 없이 방을 나갔다.26) 여기서 경허는 '무사한'(無事漢) 즉 '일 없는 사람은 본디 이러하다'는 답변을 통해 자신이 도달한 경계를 보여주었다. 그의 「오도송」은 이러한 경계를 일러주고 있다.

> 홀연히 콧구멍이 없다는 말을 듣자
> 몰록 삼천 세계가 내 집임을 깨달았네
> 유월이라 연암산 아래의 길에서
> 들사람이 일 없이 태평가를 부르네27)

경허는 '소가 되면 콧구멍을 뚫을 곳이 없다'는 말을 듣는 순간 즉 '콧구멍이 없는 소'라는 말 아래에 대오하였다. 조사선의 전기(轉機)인 언하대오(言下大悟)였다. 여기서 '콧구멍이 없는 소'란 '본래 생사가 끊어져 있는 소'를 가

---

25) 宏智 淨覺, 『宏智禪師廣錄』, 『대정장』 제48책, 31b. "不輕大山, 重而非重, 還知老瞿曇鼻孔, 在我手裡麽?".

26) 漢巖, 「先師鏡虛和尙行狀」, 『鏡虛集』(『韓佛全』 제11책, p.654상).

27) 漢巖, 「先師鏡虛和尙行狀」, 『鏡虛集』(『韓佛全』 제11책, pp.628하~629중). "夫衣鉢誰傳, 四顧無人, 四顧無人, 衣鉢誰傳. 忽聞人語無鼻孔, 頓覺三千是我家, 六月蔫巖山下路, 野人無事太平歌."

리킨다. 축생인 소로 태어난다 해도 본래 생사가 끊어졌기에 이미 해탈자재한 부처의 경지를 얻었음을 의미한다.[28] '본래 생사가 끊어져 있는 소'즉 '깨친 소'[惺牛]라는 법명을 지닌 경허는 삼천 세계가 모두 내 집임을 알게 되었다. 그리하여 그는 야인(野人) 즉 '들사람이 일없이 태평가(太平歌)를 부르네'라고 쓰고 있다. 태평가는 기뻐서 태평함을 부르는 노래이다.

또 '야인'이라 표현한 들사람은 삼천대천세계가 모두 나의 집임을 깨달은 '한도인'(閑道人) 즉 '한가한 도인'을 가리킨다. 그래서 '무사(無事)한 도인'이 '일 없는[無事] 태평가'를 부르는 것이다. 경허가 '빈 거울'[鏡虛]이라는 이름을 가진 것처럼 그는 '일 없는 사람'[無事漢]이 된 것이다. 이처럼 경허는 삼천대천세계가 내 집임을 깨달은 뒤 비로소 각자, 즉 중도를 깨달은 붓다처럼 탈실천적 실천성을 확보할 수 있었다. 그의 격 밖의 실천, 실천을 타파한 실천, 다시 말해서 탈실천적 실천성은 법화 즉 깨침의 교화에서 솟아나올 수 있었다.

III. 법화 즉 깨침[惺]의 교화

1. 태평가: 일 없음의 삶

경허는 충남 동학사의 토굴(현 실상선원)에서 깨친 뒤에 이듬 해 경진년 봄에 홍성의 연암산 천장암 원성실(圓成室)에 머무르며 보림에 들어갔다. 이 때 그는 홍성의 천장암, 서산의 개심사와 부석사 일대에서 자신의 깨침을 시험하면서 아무도 알아보지 못하는 현장에서 '절대의 고독' 즉 '본래의

---

28) '콧구멍이 없는 소'란 '본래 생사가 끊어져 있는 소'를 일컫는다. 이 소는 이미 '콧구멍을 뚫을 소'[未]와 '콧구멍을 뚫은 소'[己]라는 상대적 분별이 끊어진[無二] 소이다.

고독'을 깊게 체험하였다. 그것은 '일 없음의 삶'이자 '아는 이 없음의 앎'
이었다.

경허는 주체할 수 없이 높은 정신적 지평에 이른 뒤 '일 없는 태평가'가
보여주는 것처럼 깨침을 시험하며 스스로 보호(保護)하고 임지(任持)하였다.
그의 「오도가」는 장문의 노래이며 「오도송」은 이 「오도가」의 결송에 해당
하는 게송이다. 「오도가」는 「무생가」의 이름으로, 「오도송」은 「태평가」의
이름으로 대체해 볼 수 있을 것이다.

> 사방을 둘러봐도 사람이 없으니
> 옷과 발우를 누가 전해 줄거냐[29]
> 옷과 발우를 누가 전해 줄거나
> 사방을 돌아봐도 사람이 없구나

「오도가」의 서두는 '사방을 둘러봐도 사람이 없다'는 선언으로 시작한다.
사람이 없으니 '옷과 발우를 누가 전해 줄거냐', '옷과 발우를 누가 전해
줄거나'를 거듭 노래한다. 그러면서도 '사방을 둘러봐도 사람이 없구나'로
이어진다. 여기서 사람은 '눈 뜬 자'이자 자신에게 '인가를 해 줄 이'를 가
리킨다.

일찍이 경허는 당대의 선지식인 허주 덕진(虛舟德眞, 1815~1888)에게 법을
구하려고 하였다. 당시 그는 자신이 도달한 경계를 인가 받기 위해 제자
혜월(慧月)로 하여금 당대의 고승인 허주 덕진 장로에게 한 편의 시를 전하

---

29) '옷과 발우를 누가 전해 받으리'가 아니라 '옷과 발우를 누가 전해 줄거냐'라고 본 것은
경허의 법통과 법맥의 상황을 고려한 번역이다. 그는 그에게 의발을 전해줄 이가 없음을
탄식하였다. 그는 허주 덕진에게 법통을 잇고자 했으나 거절당하였다. 그 결과 그의 법통
은 가깝게는 만화 보선(萬化普善) → 용암 혜언(龍巖慧彦, 1783~1841) → 금허 법첨(錦虛
法沾) → 율봉 청고(栗峯靑杲, 1738~1823) → 청봉 거안(靑峯巨岸) → 호암 체정(虎巖體
淨, 1687~1748) → 환성 지안(喚惺志安, 1664~1729) → 월담 설제(月潭雪霽, 1632~1704)
→ 풍담 의심(楓潭義諶, 1592~1665) → 편양 언기(鞭羊彦機, 1581~1644) → 청허 휴정(淸
虛休靜, 1520~1604)으로 이어지는 법맥을 잇게 되었다. 그의 이후 법맥은 수월, 혜월, 침
운, 만공 등의 직계 제자와 법제자 한암으로 이어졌다.

게 하였다. 당시의 상황에 대해서는 김태흡의 「인간경허-일명 경허대사 일대평전」[30]에 자세히 기술되어 있다.

그런데 대사는 또 어느 때에 새끼를 쳐 가지고 날아 달아난 벌蜂을 받아서 벌통 속에 넣으라고 만든 벌통의 짚벙거지 하나 하고 주장자 하나와

　　"因筆及此心緒亂 붓 길 따라 시 지으니 이 마음이 착잡해
　　遮箇境界共誰伊 이 경계를 누구와 더불어 말할거나
　　鵠白烏黑心言外 흰 따오기 흑 까마귀 마음과 말 밖 소식
　　無生佛兮有山水 중생과 부처 없고 산과 물이 있을 뿐"[31]

이라는 시 한 편을 써서 문도되는 혜월 대사에게 주면서 말하되,

"지금 허주대사(虛舟大師)가 선지식(善知識)의 이름을 날리고 마곡사(麻谷寺)에 있으니, 이것을 가져다가 주게. 그리고 이것은 경허가 법물(法物)의 신표(信標)로 보내는 것이니 그리 알고 받으라고 이르게. 여하간(如何間) 나도 위에나 아래나 사법처(嗣法處)가 있어야 할 것이 아닌가?" 그런즉 "그렇게 하소" 한다.

그래서 혜월대사도 그렇게 생각을 하고 마곡사를 찾아가서 소위 신물을 허주대사에게 전하였다. 그러한즉 허주대사는 말하되 "미친 녀석 같으니라고, 젊은 놈이 견성(見性)했다고 날뛰더니 또 이것을 법물(法物)이라고 이 늙은 사람에게 전하더란 말이냐? 이 허주는 그러한 것을 받는 사람이 아니더라고 경허에게 가서 이르게. 시큰둥하고 건방진 녀석 같으니라고. 요새 소위 참선(參禪)을 좀 한다고 날뛰는 선객(禪客)들은 이런 짓이 일수(一手)란 말이야" 하며 노기충천(怒氣衝天)하여 일축(一蹴)하는고로 어찌할 수가 없었다.

---

30) 金泰洽, 「人間 鏡虛--名 鏡虛大師 一代評傳」, 『비판』 제6호, 비판사, 1938, p.108.
31) 漢巖, 「寄虛舟長老」, 『鏡虛集』(『韓佛全』 제11책, p.688상; pp.617하~618상). "因筆及此心緒亂, 遮箇境界共誰伊, 鵠白烏黑心言外, 無生佛兮有山水." 漢巖은 詩題를 「寄虛舟長老」로 적고 있고 萬海는 詩題를 「寄虛舟長者」로 적고 있다. 여기서는 허주를 재가의 居士 長者가 아니라 출가의 禪師 長老로 보아야 문맥에 부합할 것이다.

이것을 들은 대사는 "허-허주가 그래도 무던한 줄 알았더니 맹꽁무니였구나. 그만두어라. 그가 무얼 안다면 내가 그를 수법사(受法師)로 붙이려고 하였더니 가(可)히 더불어서 말할 사람이 못된다."[32]

경허는 오도 이후 이미 '더 이상 할 일이 없었다'. 하지만 그는 법을 건네받을 곳[嗣法處]을 찾으려 했다. 평소에 경허는 조선 불교의 피폐의 주요한 원인이 사법처의 소홀함 때문이라고 보았다. 그는 그러한 피폐를 극복하는 것은 사법처를 정하여 수법사를 붙임으로써 불교를 온전히 이어가는 것이라고 생각하였다.[33]

이 때문에 경허는 자신의 법물을 상징하는 신표로서 '벌통의 짚 벙거지 하나'와 '주장자 하나' 그리고 '시 한 편'을 써서 허주 덕진(德眞)에게 전해달라고 제자 혜월 편에 보냈다. 자신의 사법처를 구하기 위해서였다. 하지만 경허의 신표를 접한 허주는 일언지하에 경허의 신표를 일축하고는 경허를 여타의 혈기 방장한 선객처럼 '시큰둥하고 건방진 녀석'으로 치부하면서 화난 기색이 하늘을 찌를 듯했다. 이것을 전해들은 경허는 허주를 '맹꽁무니'로 되받으면서 그만두라고 단호히 선을 그었다.[34]

당시 허주는 영산 경순(影山敬淳, ?~1883)과 함께 당대의 선계의 대표적인 종장이었다. 그는 일찍이 한성 침명(翰醒枕溟, 1801~1876)에게 경전을 배웠고, 인파(印坡)에게 참례하여 선법을 배웠다. 30세에 전남 여수 은적암(隱寂庵)에

32) 金泰洽, 「人間 鏡虛—一名 鏡虛大師 一代評傳」, 『비판』 제6호, 비판사, 1938, p.108; 대발해 동양학한국학연구원 한국불교사연구소, 「人間 鏡虛—一名 鏡虛大師 一代評傳」, 『비판』 제6호, 『문학 사학 철학』 제45호, 2016년 재수록. 金泰洽(大隱, 素荷)의 「人間 鏡虛 — 一名 鏡虛大師一代評傳」은 『비판』지 1938년 6-6~6-12호에 7번 나눠 실은 것이다. 오랫동안 잊혀져 있던 이 자료를 국립도서관에서 찾아 제공한 이는 이철교 선생(동국대 전 출판부장)이다. 이 자료를 바탕으로 윤창화는 「경허의 주색과 삼수갑산」(『불교평론』 제52호, 2012)를 썼고, 김광식이 다시 「경허 논고에 대한 비판적 검토」(『불교평론』 제53호, 2013)를 통해 윤창화의 글을 재비판한 문제의 평전이다.

33) 高榮燮, 「분황 원효와 경허 성우의 구도정신」, 『선문화연구』 제27집, 한국선리연구원, 2020.6.

34) 高榮燮, 위의 글, 2020.6.

서 건당하고 주석하자 납자들이 무수히 몰려들었다. 그는 강석에서 어려운 질문에 답변할 때는 반드시 눈을 감았다. 이 모습이 마치 못을 끊고 무쇠를 자르는 것처럼 과단성이 있었다. 어느 날 허주는 7일간 지장기도를 한 뒤 시루떡 한 사발을 얻는 꿈을 꾸었다. 이때부터 자비의 덕이 온몸에 가득하였고, 총명한 지혜가 남을 능가했다. 한번 들으면 잊지 않는 불망념지(不忘念智)를 얻게 되었으며 이후 그의 선풍이 멀리까지 퍼져 나갔다.[35]

허주는 157개의 개념을 법수에 따라 기술하여 『정토감주』[36]라는 정토관련 저술을 편집해 남겼다. 그는 임제 종풍을 떨친 선사였지만 대중을 지도할 때와 정토에 대해 설할 때는 이 저술에 의거하였음을 알 수 있다. 「자서」에는 정토 수행을 강조하는 나그네의 질문을 길게 수록하여 선뿐만 아니라 정토와 관련된 염불삼매의 중요성을 강조하고 있다. 그는 나그네에 대한 질문을 소개하면서 정토법문에 대한 자신의 안목을 게송으로 적고 있다.[37] 허주는 오랫동안 머물렀던 송광사를 떠나며 시(詩) 한 수를 남겼다. 허주가 남긴 이 시는 경허의 「오도가」에 대응하는 선시라고 할 수 있다.

四顧無與親 사방을 돌아봐도 친한 이 없고
六方無與疎 육방을 더불어 나눌 이 없네

---

35) 錦溟 寶鼎, 「조계종사 허주선사전」, 김용태·김호귀 옮김, 『조계고승전』(서울: 동국대출판부, 2021).

36) 虛舟 德眞 엮음, 김석군 옮김, 『정토감주』 해제(서울: 동국대출판부, 2021), p.6.

37) "과거에는 이미 다함없는 고통을 받았고(過去已受無盡苦)/ 현재에도 끝없는 고통을 받고 있으며(現在今受無窮苦)/ 미래에도 헬 수 없는 고통을 받을 것이니(未來當受無限苦)/ 백천만겁으로도 헤아리기 어려우리라(百千萬劫難可數)".
"하나의 문으로만 뛰어 넘을 수 있으니(惟有一門可超昇)/ 염불하면 왕생하여 안락국에 태어나(念佛往生安樂利)/ 셀 수 없는 여래를 직접 뵈옵고(親見如來無量數)/ 미묘하고 참된 바른 법을 들을 수 있네(得聞微妙眞正法)."
"정토의 법요를 숫자로 모았으니(淨土法要以數彙)/ 보고 듣는 이들이 다 승묘락을 증득하고(見聞咸證勝妙樂)/ 백호의 상광이 대천세계 비추어(白毫祥光徧大千)/ 지옥이 변하여 우화국을 이루리라(泥犁翻成藕華國)." 허주의 이러한 정토 게송은 그가 선사이면서도 대중 교화에 개방적이었음을 알 수 있게 해 준다.

步步無遺彩 걸음걸음 마다 그림자 남기지 않아
行行眞虛舟 가는 곳 마다 진실로 빈 배로다.

허주는 '사방을 둘러봐도 친한 이 없고', '육방을 더불어 나눌 이 없네'라고 노래하고 있다. 또 그는 '걸음걸음 마다 그림자 남기지 않아', '가는 곳마다 진실로 빈 배로다'라고 하였다. 허주의 '친한 이'와 '나눌 이'는 경허가 '사방을 둘러봐도 사람이 없네'라는 지점과 상통하고 있다. 또 그가 남기지 않고자 한 그림자는 '진실한 빈 배'의 모습으로 나타나고 있다. 경허는 만년에 허주가 송광사를 떠나며 지은 이 시를 보았을까? 그래서 그를 사법처로 정하여 수법처를 붙이려 했던 것일까?

결과적으로 허주는 경허가 자신에게 부친 시의 면목을 간파하지 못했던 것으로 짐작된다. 그 스스로가 경허의 사법처가 되기를 거절했기 때문이다. 경허 또한 허주를 수법처로 받들지 못했다. 그동안 연구자들은 『경허집』에 실린 이 시에 거의 주목하지 않았다.[38] 아마도 이러한 맥락을 알지 못했기 때문이다. 이 시에는 경허의 살림살이와 사고방식이 담겨있다. 경허는 자신의 살림살이를 이 시 안에 담아 허주에게 보여주고 그를 사법처로 정하여 수법사를 붙이려 하였다. 하지만 경허의 뜻대로 되지 않았다. 그러면 경허의 시에 대해 살펴보기로 하자.

경허의 시 1연의 "붓 길 따라 시 지으니 이 마음이 착잡해"라는 구절은 그 자신의 오도 이후의 마음 상태를 보여주는 구절이다. 그는 이미 '오도송' 즉 '태평가'를 부른 경허의 입장에서 다시 사법처를 구해야 하는 현실이 착잡할 수밖에 없었다. 경허는 선종의 전등 역사에 서지 않는 한 영원한 외부인일 수밖에 없다는 사실을 분명히 자각하고 있었다.[39]

---

38) 홍현지, 「경허의 오도가와 '寄虛舟長老' 詩의 상관성」, 『한국불교학』 제71집, 한국불교학회, 2014.9. 필자는 이 시에 주목하여 경허의 「오도가」와 허주 덕진의 관련성을 밝혀내고 있다.
39) 高榮燮, 「분황 원효와 경허 성우의 구도정신」, 『선문화연구』 제27집, 한국선리연구원,

이 때문에 2연에서 그는 "이 경계를 누구와 더불어 말할거냐"라고 자신의 개오를 알려 허주에게 인가해줄 스승으로 청하고 있다. 자신이 체득한 경계를 누구와 더불어 나눌 수 있을 것인가를 되묻고 있다. 그가 「태평가」에서 "사방을 돌아봐도 사람이 없으니/ 옷과 발우를 누가 전해 줄거나/ 옷과 발우를 누가 전해 줄거나"라고 두 차례 반복한 것도 이러한 간간하고 절절한 마음에서였다고 할 수 있다.

3연의 "흰 따오기 흑 까마귀 마음과 말 밖 소식"이라는 구절은 『장자』「천운」편의 내용을 차용하여 자신이 체득한 불이의 경계를 드러내 보이고 있다. 경허는 따오기는 씻지 않아도 희고 까마귀는 먹칠하지 않아도 검다는 이야기를 원용하여 인과를 넘어선 무위의 지혜를 보여주고 있다. 우리가 인식하는 '따오기의 백'[鵠白]과 '까마귀의 흑'[烏黑]도 결국은 마음과 말 밖의 소식일 뿐이라는 것이다. 그러니 자신의 깨침을 '곡백'과 '오흑'의 경계 그대로 받아들이라는 시사를 하고 있다.

결국 4연의 "중생과 부처 없고 산과 물이 있을 뿐"이라는 구절은 '중생이 부처이고 부처가 중생이며' '산은 산이고 물은 물'임을 분명히 한 대목이다. 일찍이 백운 화상이 말했던 것처럼[40] 경허는 "산은 산이고 물은 물이다"의 1단계를 다시 "산은 산이 아니고 물은 물이 아니다"의 2단계를 거쳐 다시 "산은 산이고 물은 물이다"의 3단계로 나아가 산과 물을 무이(無二)의 중도(中道)로 회회시키고 있다. 그리하여 속제-진제-속제중도(雙遮)-진제중도(雙照)를 거쳐 무이중도(遮照同時)를 펼친 원효처럼 경허는 중생과 부처, 산과 물이 '무이'(無二)이므로 '중도'(中道)임을 분명히 언표하고 있다. 하지만 경허의 살림살이는 허주의 살림살이와 계합하지 못하였다.

2020.6.

40) 北宋 道源, 『景德傳燈錄』(1006년) 권22. 고려 말의 白雲 景閑和尙이 참선하면서 제자들에게 말하면서 널리 알려졌다. 1) 見山是山, 見水是水; 2) 見山不是山, 見水不是水; 3) 依前 見山祇是山, 見水祇是水. 백운선사는 이렇게 얘기한 뒤 대중들이여, 이 세 가지 견해가 같은 것이냐?, 다른 것이냐?를 묻고 있다.

미혹의 세계에서도 그렇지만 진리의 세계에서도 도량형은 주요한 잣대가 된다. 무이의 중도를 체득한 도량형과 그렇지 못한 도량형은 계합할 수가 없다. 당대의 불자들이 "영산 경순이 첫째요, 허주 덕진이 둘째"라는 세간의 평가에서 알 수 있듯이 허주는 영산 경순을 능가하는 첫째의 도량형을 지니지 못한 것으로 짐작된다. 이 때문에 그는 경허의 살림살이도 품을 수 없었던 것으로 이해된다. 경허의 시「기허주장로」에는 허주와 경허의 이와 같은 법거량 일화가 담겨 있다.[41]

이처럼 경허의 구도 역정에는 깨달음을 성취하려는 그의 치열한 과정이 담겨 있다. 결국 경허의 '옷과 발우를 누가 전해 줄거나'로 시작하는「오도가」에는 그의 법통이 그 스스로 원했던 허주 덕진(虛舟德眞, 1815~1888)으로 이어지지 못하고 용암 혜언으로 맥을 잇게 된 일련의 과정이 반영되어 있다. 그것은 당시 허주[42]가 경허의 살림살이를 알아보지 못했기 때문이다. 그 결과 경허의 법통은 만화 보선(萬化普善) → 용암 혜언(龍巖慧彦, 1783~1841) → 금허 법첨(錦虛法沾) → 율봉 청고(栗峯靑杲, 1738~1823) → 청봉 거안(靑峯巨岸) → 호암 체정(虎巖體淨, 1687~1748)→ 환성 지안(喚惺志安, 1664~1729)→ 월담 설제(月潭雪霽, 1632~1704) → 풍담 의심(楓潭義諶, 1592~1665) → 편양 언기(鞭羊彦機, 1581~1644) → 청허 휴정(淸虛休靜, 1520~1604)으로 이어지게 되었다.

한암은「행장」에서 이것을 "사우(師友)의 인연이 이미 끊어져 자신의 오도를 인증하고 법을 전해줄 사람이 없음을 탄식한 것"[43]이라고 보았다. 당시 조선후기 불교계의 현실은 "스승으로 삼을 만한 벗의 인연이 이미 끊어졌다"는 한암의 진단과 같이 캄캄하였다. 하지만 깨달음을 인증하고 전법사를 찾을 수 없는 암흑기에 경허의 구도 정신은 더욱 더 빛났다. 그는 조선후기

---

41) 高榮燮, 앞의 글, 2020.6.
42) 虛舟 德眞은 당시 조선 불교계에서 첫째는 影山 敬淳(?~1883), 둘째는 허주 덕진이라고 할 정도로 당대의 선지식으로 불렸다. 그가 가는 곳마다 사부대중이 구름처럼 모였다. 허주는 말없이 설법하는 '無言說法'과 한참 뜸을 들여서 설법하던 '매미법문'이 유명하였다.
43) 漢巖,「先師鏡虛和尙行狀」,『鏡虛集』(『韓佛全』제11책, p.654상).

불교계라는 캄캄한 어둠 속에서 지혜의 등불을 치켜들었기 때문이다. 가장 어두울 때에 제일 지혜로운 등불이 빛을 발하듯이 말이다.[44]

> 대저 옷과 발우 누가 전해 줄거나
> 사방을 둘러봐도 사람 없어라
> 사방을 둘러봐도 사람 없으니
> 옷과 발우 그 누가 전해 줄거나
> ……
> 홀연히 콧구멍이 없다는 말을 듣자
> 몰록 삼천 세계가 내 집임을 깨달았네
> 유월이라 연암산 아래의 길에서
> 들사람이 일 없이 태평가를 부르네[45]

경허의 「오도가」는 '일 없는 태평가'의 이름으로 어둠 속에서 빛을 밝히는 등불로 자리하였다. 삼천대천세계가 내 집임을 깨달았다는 것은 그의 깨침의 자리를 드러내 보이는 것이기 때문이다. 그것은 그가 얻은 깨침의 시험이었다.

2. 무생가: 아는 이 없음의 체험

경허의 시에는 '아는 이 없다'는 표현이 많이 나온다. 그는 깨침 이후에 '무생의 한 곡조 노래'를 즐겨 불렀다. 여기서 '무생'(無生)이란 나고 죽는 것이 끊어진 세계이자 시간과 공간이 끊어진 겁외(劫外)이며, 부처와 중생이 끊어져서 아는 것과 모르는 것의 경계가 본래 끊어진 세계를 의미한다.

---

44) 高榮燮, 앞의 글, 2020.6.
45) 漢巖, 「先師鏡虛和尙行狀」, 『鏡虛集』(『韓佛全』 제11책, pp.628하~629중). "夫衣鉢誰傳, 四顧無人, 四顧無人, 衣鉢誰傳, 忽聞人語無鼻孔, 頓覺三千是我家, 六月鷰巖山下路, 野人無事太平歌."

보조 지눌(1158~1210)은 「수심결」에서 "다만 알지 못한다는 사실을 안다면 이것이 곧 견성이다"[46]고 하였다. 여기서 '아는 이가 없다'거나 '나는 알지 못한다'[47]는 것은 모두 '아는 것'과 '알지 못하는 것'이 본래 끊어져 있는 세계를 설명한 것이다. 경허나 숭산도 '알지 못한다'[48]는 언사를 통해 이러한 선적인 표현의 극치를 보여주었다.

> 봄 산에 꽃은 웃고 새는 노래하며
> 가을밤에 달은 밝고 바람은 시원해라
> 바로 이러한 때에
> 몇 번이나 무생의 한 곡조 노래를 불렀던가
> 한 곡조 노래를 <u>아는 이 없으니</u>
> 시절인가 운명인가 어이하리오[49]

경허는 칠언절구 「과통도사백련암근차환성노사운」(過通度寺白蓮庵謹次喚惺老師韻)에서 "유유한 세월 오래 흘러 <u>아는 이 없고</u>/ 차가운 풍경 소리 텅 빈 겁외성만 남기네"[50]라며 '아는 이 없다'고 했다. 또 「우음」에서 "부처와 중생을 <u>나는 알지 못하니</u>/ 평생토록 술 취한 중이나 되어야겠다"[51]며 '알지 못한다'는 했다.

이 무생일곡가에서도 '사람들은 자성을 <u>알지 못하고</u>'라고 노래하고 있다. 경허가 즐겨 쓰는 '알지 못한다'는 말은 '아는 것'과 '알지 못하는 것'이 모두 끊어진 세계를 가리킨다. 이런 맥락에서 '무생일곡가'의 '무생'을 이해해야

---

46) 普照 知訥, 「修心訣」(『韓佛全』 제5책, p.710상), "問: 作何方便, 一念廻機, 便悟自性? 答: …… 旣是自心, 何更求會, 若欲求會, 便會不得, 但知不會, 是卽見性."
47) 莊子, 「齊物論」, 『莊子』. "事吾不知."
48) 미주에 관음선종의 선사로 널리 알려진 崇山 行願(1927~2004)은 이 구절을 원용하여 '오직 모를 뿐'(Only don't know)이라는 표현으로 서양에 널리 알렸다.
49) 鏡虛, 「悟道歌」(『韓佛全』 제11책, p.629상).
50) 鏡虛, 「過通度寺白蓮庵謹次喚惺老師韻」(『韓佛全』 제11책, p.617중). "悠悠曠感無人識, 寒磬空留劫外聲."
51) 鏡虛, 「偶吟」(『韓佛全』 제11책, p.618하). "佛與衆生吾不識, 年來宜作狂醉僧."

한다.

'무생일곡가'는 태어남과 죽음이 본래부터 끊어진 세계의 한 곡조 노래이다.52) 즉 알고 모르는 것이 끊어진 세계의 한 곡조 노래이다. 본디 이러한 노래이지만 그 시절의 불교 현실은 '바람 앞의 등불'이요, '달걀 쌓는 위기'인 탓인지 '무생의 한 곡조 노래'를 아는 사람이 없었다.

산 빛은 문수의 눈이요
물소리는 관음의 귀로다
소를 몰고 마을 모는 이가 보현이요
장삼이사가 본래 비로자나불일세
부처와 조사의 말씀이라 하지만
참선과 교학이 어찌 다르리오53)

단지 분별을 일으켰을 뿐인데
돌사람은 젓대를 불고
나무 말은 졸고 있구나
사람들은 자성을 알지 못하고서
성인의 경계이지 나의 분수 아니라 하니
가련하구나 이런 이들은 지옥의 잔재로다54)

경허는 참선과 교학은 다른 것이 아닌데 단지 선사와 강사가 분별을 일으켜 싸울 뿐이라고 하였다. 그래서 그는 부처와 조사의 말씀이라는 분별 이전의 소식을 전하기 위해 석인, 목마, 석녀를 등장시켜 분별을 끊어주고 있다. 「오도가」55)에 등장하는 '돌사람'[石人], '나무말'[木馬], 「제천장암홍주군」

---

52) 鏡虛, 「題浮石寺」(『韓佛全』 제11책, p.683하). '無生一曲歌'라는 표현은 칠언율시인 「題浮石寺」라는 시에서도 보인다. 이 시는 한암필사본에만 있다. "唱出無生一曲歌, 大千沙界湧金波 ……."

53) 鏡虛, 「悟道歌」(『韓佛全』 제11책, p.629상).

54) 鏡虛, 위의 글.

55) 鏡虛, 앞의 글.

(題天藏庵洪州郡)56)에 등장하는 '석녀'(石女) 등은 모두 좋고 싫고 옳고 그름의 분별이 끊어진 인식 이전의 소식을 의미한다.

여기에 나오는 돌사람, 나무말, 석녀 등은 모두 생명이 끊어진 무생명의 존재들이다. 경허는 이러한 오브제를 통하여 대상에 대한 호오, 시비의 분별이 끊어진 소식을 전하고자 하였다. 그럼에도 불구하고 그는 '성인의 경계'와 '나의 분수'를 분별하는 사람들의 인식을 지옥의 잔재라고 안타까워했다.

> 이내 전생의 일을 돌이켜 생각하니
> 사생과 육취 온갖 험한 곳에서
> 오랜 겁 동안 윤회하며 신고를 겪었네
> 오늘 눈앞에서 자성을 분명히 보니
> 이내 마음 견딜 수 없구나
> 다행히 숙세의 인연이 있어
> 사람이요 장부로 태어나
> 출가하여 도를 얻었으니
> 사난 중에서 하나도 부족함이 없어라.

경허는 '오늘 눈앞에서 자성을 분명히 보니/ 이내 마음 견딜 수 없구나'라고 하였다. 이 때문에 그는 윤회를 벗어나 자득한 소식을 나누지 않을 수 없었다. 『법화경』「방편품」에서는 붓다를 만나 정법 듣기 어려운 것을 네 가지로 나누고 있다. 1) 붓다가 계실 때 만나기 어려움(值佛難), 2) 기연이 익숙하지 못할 때는 설법하기 어려움(說法難), 3) 교법을 능히 듣기 어려움(聞法難), 4) 교법을 믿어 받아 지니기 어려움(信受難)이다.

경허는 '무생일곡가' 즉 '무생가'를 통해 '다행히 숙세의 인연으로' '사람이요 장부로 태어나' '출가하여 도를 얻었으니' 네 가지 어려움 중에서 하나도

---

56) 鏡虛, 「題天藏庵洪州郡」(『韓佛全』 제11책, p.618상).

부족함이 없다는 자신감을 보여주고 있다.

> 어떤 사람이 소가 되면 콧구멍이 없다 장난으로 말하는데
> 그 말을 듣자마자
> 나의 본래 마음을 깨달으니
> 명상(名相)이 모두 공하여
> 공하여 텅 비고 고요한 곳에 늘 광명이 나오네
> 이 말을 한 번 듣고부터 모든 것을 깨달으니
> 눈앞에는 홀로 밝은 적광토요
> 정수리 뒤에는 신령한 금강계로다
> 사대와 오음이 청정한 법신이라57)

경허는 '콧구멍이 없는 소'라는 말을 듣자마자 본래 마음을 깨달았다. 그는 본래 마음을 깨닫고 나서 이름과 모양이 모두 공하자 그곳에서 늘 광명이 나온다고 역설한다. 이 말을 한 번 듣고 나면 모든 것을 깨닫게 된다. 경허는 눈앞, 정수리 뒤, 사대와 오음이 모두 밝은 적광토, 신령한 금강계, 청정한 법신임을 확인하고 있다.

> 『화엄경』과 『법화경』을 내가 늘 설하니
> 가고 서고 앉고 눕는 동작이 그것이라
> 부처도 없고 중생도 없으니
> 이는 내가 거짓말을 하는 게 아니다58)

눈을 뜬 경허에게는 『화엄경』과 『법화경』의 경설이 다르지 않다. 그의 눈앞에 펼쳐진 모든 대상과 자신의 행주좌와 어묵동정이 모두 진리일 수밖에 없다. 경허는 부처와 중생이라는 분별 이전의 소식을 알았기에 더 이상 분별에 휘둘리지 않는다. 무생은 분별 이전의 소식을 가리킨다.

---

57) 鏡虛, 「悟道歌」(『韓佛全』 제11책, p.629상).
58) 鏡虛, 「悟道歌」(『韓佛全』 제11책, pp.629상~619중).

어이하여 나에게 와 무생을 배워서
인간과 천상의 대장부가 되지 않는가
내가 이처럼 입이 아프게 재삼 당부하는 것은
예전에 나그네이었기에 나그네를 불쌍히 여기는 것일세
아아! 그만이로다59)

경허는 자신에게 와 무생을 배워서 인간과 천상의 대장부가 되라고 촉구한다. 대장부는 부처와 중생이라는 분별이 끊어진 자리에 사는 존재이다. 경허는 '무생'을 배우기를 입이 아프게 재삼 당부해 왔다. 그 또한 나그네였기에 분별 속에 사는 불쌍한 나그네에 대한 자비심 때문이다.

불자들은 사람으로 태어나기 어려운 데도 사람으로 태어났고, 불법을 만나기 어려운 데도 불법을 만났다. 더욱이 출가하여 도를 얻었다면 더 이상 부족할 것이 없는 존재라고 할 수 있다. 경허는 쉽게 버릴 수 없는 것을 버렸고 쉽게 얻을 수 없는 것을 얻었다. 진정한 고독은 진정한 것을 성취한 자만이 얻는 것이다.

경허는 진정한 것을 성취하였기에 선각자의 절대 고독 혹은 근본 고독을 체험할 수 있었다. 그 고독은 더할 나위 없이 높이 눈을 뜬 자의 '아는 이 없음의 앎'이었다. 그가 보여준 법화 즉 깨침[悟]의 교화가 진실의 방식을 취한 것이었다면, 행리 즉 취함[醉]의 교화는 방편의 방식을 취한 것은 아니었을까. 걸림 없는 자유를 보여준 '겁외가'와 본래 없는 세월인 '나귀의 해'는 행리의 방식으로 펼친 교화의 길로 이해할 수 있을 것이다.

---

59) 鏡虛, 「悟道歌」(『韓佛全』 제11책, p.619중).

Ⅳ. 행리 즉 취함[醉]의 교화

1. 겁외가: 걸림 없는 자유

겁외가(劫外歌)란 시간과 공간이 끊어진 노래란 뜻이다. 경허가 부르는 겁외가는 선도 철저하고 악도 철저하여 수행해서 정도(正道)를 짓고 그 정도가 점점 자라서 악을 끊어 없애는 수단(修斷) 즉 수도위에서 끊어야 할 번뇌를 끊어버린[修所斷] 것으로서 수단할 것이 없는 경지에서 부른 노래를 가리킨다. 더 이상 나아갈 길이 끊어진 최고의 경계에 대해 부르는 노래라고 할 수 있을 것이다.

> "『선요』에서 '어떠한 것이 진실로 참구하고 진실로 깨달은 소식입니까?' 하니, '남쪽 산에 구름이 일고 북쪽 산에 비가 온다' 하였으니, 이것이 무슨 도리입니까?"
> "비유하면 자벌레가 한 자를 갈 때 한 번 구르는 것과 같다."[60]

남쪽 산에 구름이 일고, 북쪽 산에 비가 온다는 소식은 전혀 인과가 없는 것처럼 느낄 수 있다. 그러나 '자벌레가 한 자를 갈 때 한 번 구르는 것과 같다'는 것처럼 결과가 먼저 있는 것이 아니라 원인과 조건이 결과를 만들어낸 것이다. 진실로 참구하고 진실로 깨달은 소식은 결과로 보여지는 것이기 전에 이미 원인과 조건으로 이어지고 그 결과로 나타나는 것이라는 말이다. 경허는 고봉 원묘의 『선요』를 단도직입의 '답화'(答話) 즉 '대답한 법문'으로 보여주고 있다.

> 속세와 청산 중에 어느 것이 옳은가
> 봄이 오면 꽃 안 피는 처소가 없으리

---

60) 鏡虛, 「答話」, 『鏡虛集』(『韓佛全』 제11책, p.594하).

그 누가 나 성우의 일을 묻는다면
돌계집 마음 속 겁외가라 하리라.61)

경허는 봄이 오면 꽃 안 피는 처소가 없다는 말로 속세와 청산이라는 시비 분별을 지워버린다. 그는 자신의 살림살이는 '돌계집'[石女] 마음속의 겁외가라고 하였다. 여기서 '석녀'는 '돌사람'[石人]이나 '나무말'[木馬]처럼 좋고 싫고 옳고 그름이 끊어진 인식 이전의 소식을 의미한다. 그리고 겁외가는 시간과 공간이 끊어진 노래를 가리킨다. 동시에 호오와 시비가 끊어진, 시간과 공간이 끊어진 겁외의 노래가 되는 것이다.

금을 던지는 듯한 유편이 기둥에 걸렸나니
천추에 높은 도명 바다와 산 외려 가벼워라
유유한 세월 오래 흘러 아는 이 없고
차가운 풍경 소리 텅 빈 겁외성만 남기네.62)

경허의 이 시는 조선 후기 경상도 일대에서 선풍을 진작시킨 통도사 백련암에서 환성 지안 노사의 시에 삼가 차운한 시이다. 그는 지안 환성 노사가 천추에 남겨 놓은 높은 도의 이름과 바다와 산의 무게를 대비하고 있다. 경허는 환성의 시에 차운하면서 '유유한 세월 오래 흘러 아는 이 없고/ 차가운 풍경 소리만이 텅 빈 겁외의 소리만 남긴다'고 노래 부르고 있다.

여기서 '아는 이 없다'는 표현 또한 무생의 소식과 겁외의 소리와 상통하고 있다. 생과 사, 시간과 공간이 끊어진, 아는 것과 모르는 것의 경계가 본래 끊어진 세계를 의미한다. 동시에 호오와 시비가 끊어진 인식 이전의 소식을 가리킨다. 그는 이러한 시비와 호오 이전의 세계를 깊이 체득하였다.

---

61) 鏡虛, 「題天藏庵洪州郡」, 『鏡虛集』(『韓佛全』 제11책, p.618상). "世與靑山何者是, 春城無處不開花, 傍人若問惺牛事, 石女心中劫外歌."
62) 鏡虛, 「過通度寺白蓮庵謹次喚惺老師韻」, 『鏡虛集』(『韓佛全』 제11책, p.617중). "擲金遺什偈虛楹, 道價千秋海岳輕, 悠悠曠感無人識, 寒磬空留劫外聲."

경허의 시들에서 나타나는 '겁외' 즉 '겁외가'와 '겁외성'은 이러한 시비와 호오와 같은 차별하는 생각의 '미진'(未盡)과 '이진'(已盡)을 넘어선 '미이 중도'(未已中道)의 다른 표현으로 이해된다. 붓다의 '중도 연기', 원효의 '무이 중도'를 잇는 경허의 '미이 중도'는 탈실천적 실천성의 논리적 근거가 되고 있다.

2. 나귀의 해: 본래 없는 세월

경허의 화두였던 '여사미거 마사도래' 즉 '나귀의 일이 가기도 전에 말의 일이 이르렀다'는 말은 일찍이 위산 영우(潙山靈祐)의 문하였던 영운 지근(靈雲 志勤)[63]의 화두였다. 어떤 수좌가 영운 선사에게 "어떤 것이 불법의 대의입니까?"라고 물었다. 영운이 "나귀의 일이 가기도 전에 말의 일이 이르렀다"고 대답하였다. 이로부터 비롯된 화두는 경허에게도 깊은 화두가 되었다.

> 술도 더러 방광하고 여색도 그러하니
> 탐진치 번뇌 속에 나귀의 해 보내노라
> 부처와 중생을 나는 알지 못하노라
> 평생토록 술 취한 중이나 되어야겠네[64]

모든 중생은 본래부처이다. 저마다 부처가 지니고 있는 본래마음을 가지고 있어서이다. 그래서 우주의 삼라만상과 두두물물이 모두 부처 아님이 없다. '부처와 중생을 나는 알지 못한다'는 구절은 부처다 중생이다는 분별

---

63) 靈雲 志勤은 복사꽃을 보고 깨달았다는 逸話로 널리 알려져 있다.

64) 漢巖, 「先師鏡虛和尙行狀」, 『鏡虛集』(『韓佛全』 제11책, p.655하). "酒或放光色復然, 貪嗔煩惱送驢年, 佛與衆生吾不識, 平生宜作醉狂僧." 이 시의 전구와 결구는 칠언절구 편(p.618하)에서 "佛與衆生吾不識, 年來宜作醉狂僧, 有時無事閑眺望, 遠山雲外碧層層."으로 되어 있다. 후자는 「上堂」이란 제목 아래 수록된 7언 절구의 3수 중 한 수에서 앞의 두 구를 인용한 것으로 보기도 한다.

이 본래 끊어진 세계를 의미한다. 그가 '부처와 중생을 나는 알지 못한다'고 한 것은 부처다 중생이다 하는 분별을 알지 못한다는 것이다.

경허는 '깨침'[悟]과 '취함'[醉], '아는 이 없다'[無人識]와 '나는 알지 못하노라'[吾不識]고 하였다. 또 그는 "차별하는 생각이 아직 다하지 못하였든[未盡] 차별하는 생각이 이미 다하였든[已盡] 둘이 없는 것이 아니다"[未是無二]며 '미이중도'(未已中道)를 역설하였다. 그가 이렇게 말할 수 있었던 것은 이미 나고 죽는 것이 끊어진 세계인 무생(無生), 시간과 공간이 끊어진 겁외(劫外), 그리고 부처와 중생이 끊어져서 아는 것과 모르는 것의 경계가 본래 끊어진 세계를 체득하였기 때문이다.

경허가 역설한 것처럼 부처다 중생이다는 분별 이전의 소식을 터득하면 모두가 부처가 될 수 있는 것이다. 방광(放光) 즉 '빛을 내쏨'이라는 것은 본래 부처와 보살이 하는 것이다. 그런데 경허는 이 시에서 술과 여색도 '빛을 놓는다'고 하였다. 술이다 여색이다 하는 차별과 분별 이전의 소식을 터득해 있는 그대로 보면 그들 모두가 부처와 보살이므로 방광을 하는 것이다.

경허는 탐진치 번뇌가 본래 없는 곳에서 '본래 없는 세월'을 보내야겠다고 노래 부른다. 나귀는 십이간지(十二干支)에는 없는 동물이다. 암나귀와 수말 사이에서 버새, 암말과 수나귀 사이에서 노새가 태어난다. 그런데 12간지에는 나귀의 해가 없다. 그럼에도 불구하고 나귀의 해라고 쓴 것은 시간과 공간이 본래 없고 온 우주가 하나의 공성일 뿐이라는 의미이다. 이렇게 보면 탐진치 삼독도 그 자성이 따로 없듯이 본래 공한 것이다.

경허가 노래한 '부처와 중생을 나는 알지 못해'하는 언표는 실제로 부처와 중생을 알지 못하는 것이 아니라 부처와 중생을 구분해 알지 못한다는 것이다. 그는 부처와 중생이 끊어져서 아는 것과 모르는 것의 경계가 본래 끊어진 불이법(不二法)으로 세상을 보기에 그에게 세상의 차별상과 분별상은 본래부터 없는 것이다. 그래서 경허는 '평생토록 술 취한[醉] 중이나 되어야

겠네'라며 '할 일을 다 마친' '요사한'(了事漢), '할 일이 없는' '무사한'(無事漢)으로 살겠다는 것이다. 그저 곡차나 마시면서 말이다.

이 시는 한암이 필사한 「선사경허화상행장」에 실려 있다. 반면 「불명산 윤필암에 들러서 우연히 읊다」라는 시에서는 위의 시의 전구와 결구가 "지팡이와 신발이 무단히 사자로 화하니/ 등한히 한번 뒤쳐 나옴에 누가 당적하랴"는 구절로 되어 있다. 선학원본과 한암필사본 사이의 편집과정에서 착간이 있었던 것으로 짐작된다.

계묘년(1903) 가을에 경허는 범어사에서 해인사로 가다가 도중에 한 절구를 읊었다.

> 식견은 얕고 이름은 높고 세상은 위태하니
> 어느 곳에 몸 숨길 수 있을지 모르겠네
> 어촌과 주막에 어찌 그런 곳 없으랴만
> 이름 감출수록 더욱 이름날까 두렵구나[65]

경허는 할 일을 다 마친 이면서도 '식견은 얕고 이름은 높고 세상은 위태하니'라며 자신을 낮추고 있다. 또 그는 '어느 곳에 몸 숨길 수 있을지 모르겠네'라며 자신을 숨기고자 한다. 경허는 『노자』제4장의 '화기광 동기진'(和其光 同其塵) 즉 '화광동진'(和光同塵)의 길을 찾고 있다. 이 때문에 그는 '어촌과 주막에 어찌 그런 곳 없으랴만', '이름 감출수록 더욱 이름날까 두렵구나'라며 이름나는 것을 꺼려한다.

이러한 경허의 '시간과 공간이 끊어진 겁외가'와 '본래 없는 세월인 나귀의 해'는 중도를 기반으로 한 탈실천적 실천성을 연기를 기반으로 한 반지성적 지성성으로 옮겨가는 과정으로 이해된다.

---

65) 鏡虛, 「自梵魚寺向海印寺道中口號」, 『鏡虛集』(『韓佛全』제11책, p.617하). "識淺名高世危亂, 不知何處可藏身, 漁村酒肆豈無處, 但恐匿名名益新."

V. 탈실천적 실천과 반지성적 지성

1. 수선 결사 종주 추대, 결사의 맹주 역할

경허는 깨침 이후 호서지역에서 20여 년 동안 보림하면서 살았다. 이 때문에 그는 이 지역에서 '호서화상'으로 불려왔다. 경허는 알고 모르는 것이 끊어진 세계를 체험한 선각자의 본래 고독을 탄식으로 쏟아내거나 서원으로 승화시키며 보내었다. 그는 자신의 경계를 알아보는 이가 없음에 대해 탄식하기도 하고, 또한 나라의 장래 역시 바람 앞의 등불처럼 위태로워지자 더욱 깊은 서원으로 승화시키며 보냈다.

1895년에 일본의 일련종 승려 사노젠레이(佐野前勵)의 건의에 의해 도성 출입금지가 해제되었다. 하지만 조선의 승려들은 그것이 종교 침략 술책일 줄을 모르고 환호하며 천황 송수를 기원하였다. 경허는 당시 불교계 승려들의 이러한 행태에 대해 탄식을 쏟아내거나 서원으로 승화시켰다. 이 때문에 경허는 "나에게 서원이 있으니 발이 경성 땅을 밟지 않는 것이다"[66]고 하였다.

요즈음 절집의 되어가는 일을 보면 제자 된 자가 그의 스승에게 소홀히 성의를 다하지 않는 자가 헤아릴 수 없으며 혹은 심지어 길 가는 나그네와 같이 여기나니 내가 늘 이 일을 보고 듣고 아닌 게 아니라 탄식하여 온 지 오래되었다. 대저 부모가 비록 내 몸을 낳았더라도 스승의 모범된 가르침이 아니면 어찌 능히 지금의 인격을 이루었겠는가. 스승의 공이 크도다. 살아 계실 때는 예의로써 섬기고 돌아가시면 애통해 하며 마땅히 성의를 다하여야 한다.[67]

'상포계'(喪布契)는 사람이 죽어서 장사지낼 때 즉 초상(初喪)을 치를 때 드

---

66) 漢巖, 「先師鏡虛和尙行狀」, 『鏡虛集』(『韓佛全』 제11책, p.655하). "吾有誓願, 足不踏京城之地."
67) 鏡虛, 「喪布契序」, 『鏡虛集』(『韓佛全』 제11책, p.608중).

는 비용을 마련하기 위해 조직한 계이다. 경허는 이 글의 서문을 통해 당시 절집의 현실을 기술해 놓았다. 아마도 대부분의 절들이 그러했을 것이다. 이러한 절집안의 현실을 체감하며 살고 있던 그에게 '헌신'과 '열정'의 물꼬를 열어준 것은 1899년에 있었던 범어사와 해인사의 초청이었다.

당시 범어사 주지로 있던 성월 일전(惺月一全, 1864~1942)과 해인사 주지로 있던 남전 광언/한규(南泉光彦/翰圭, 1868~1936)가 호서지역에서 선각자의 절대 고독 혹은 본래 고독을 체감하며 사는 경허를 영남지역으로 청하여 불렀다.

스스로 부처님의 은혜가 막대함을 생각하고 만분의 일이라도 갚고자 하여 질률 주장자를 울러 메고 합천 해인사로 갔다. 마침 선방을 새로 건축하여 여러 선덕들과 진취가 없는 공부(黃楊木禪)를 하며 겨울 한 철을 나게 되었는데 하루는 화롯가에 둘러앉아 이야기를 하다가 예전 사람들이 결사하여 수도하던 일이 언급되었다. 여러 선덕들은 모두가 잊었던 것을 문득 생각해낸 듯 그 지원과 신심이 물이 솟아오르듯 산이 빼어나듯 서로 만남이 늦음을 한탄하면서 곧 결사를 동맹하기를 의논하여 나를 맹주(盟主)로 추대하였다. 내가 옛날의 소회를 생각하여 부처님 은혜가 막중한지라 그 재주의 용렬함과 성품의 단정하지 못함과 도에 충실하지 못함을 돌아보지 않고 한마디 사양함도 없이 허락하였다.[68]

경허가 해인사 수선결사를 발의하고 수락하는 일을 계기로 많은 일들이 일어났다. 그는 경상도와 전라도를 넘나들며 여러 사암들의 창건기, 방함인, 계사문, 정완규문, 방함청규, 선사기, 선사 계의서 등 서문과 기문들을 썼다. 이 때에 쓴 글들은 『경허집』의 중심부를 차지하고 있다.

1. 「합천가야산해인사수선사창건기」(陜川伽倻山海印寺修禪社創建記, 1899
   년 9월 하순)
2. 「해인사수산사방함인」(海印寺修禪社芳啣引, 1899년 10월 15일)

---

68) 鏡虛, 「結同修定慧同生兜率同成佛果稧社文」, 『鏡虛集』(『韓佛全』 제11책, p.603중).

3. 「결동수정혜동생도솔동성불과계사문」(結同修定慧同生兜率同成佛果楔
   社文, 1899년 11월 1일)
4. 「정혜계사규례」(定慧楔社規例)
5. 「화엄사상원암부설선실정완규문」(華嚴寺上院庵附設禪室定完規文,
   1900년 12월 상순)
6. 「범어사계명암수선사방함청규」(梵魚寺雞鳴庵修禪社芳啣清規, 1902년
   10월 15일)
7. 「범어사계명암창건기」(梵魚寺雞鳴庵創建記, 1903년 3월 하순)
8. 「동래군금정산범어사계명암창설선사기」(東萊郡金井山梵魚寺雞鳴庵創
   設禪社記, 1903년 3월 하순)
9. 「범어사설선사계의서」(梵魚寺設禪社楔誼序)

이들 중에서 특히 「결동수정혜동생도솔동성불과계사문」은 경허를 실천
적 지성으로 살게 한 문장이라고 할 수 있을 것이다. '함께 정혜를 닦고',
'함께 도솔천에 나며', '함께 정각을 이루며'라는 제목에서 나오듯이 '함께'(同)
와 '견해가 같고' '행동을 같이하려는' 이들과 '같이'(同)하려는 방향과 취지는
이 결사의 정신과 지향을 잘 담아내고 있다.

동맹의 약속은 무엇인가. 함께 정혜를 닦고 함께 도솔천에 나며 세세생
생 도반이 되어 필경에는 함께 정각을 이루며 도력을 먼저 성취하는 이가
있으면 따라오지 못한 이를 이끌어 주기를 서약하며 이러한 맹세를 어기지
말라는 것이다. 만일 견해가 같고 행동을 같이 하려는 이가 있으면 승속과
남녀 노소(老少)와 현우(賢愚) 귀천(貴賤)을 묻지 않으며 또한 친하거나 성글거
나 떠났거나 합했거나 멀고 가깝고 선배거나 후배거나를 묻지 않고 모두
동참하기를 허락하였으니 왜 그런가 하면 사람마다 헬 수 없는 보배창고가
있어서 부처와 다름이 없거늘 다만 여러 겁을 지내면서 선지식의 바른 지도
를 만나지 못하고 삼계를 벗어나지 못하고 사생에 부침하는 것이다.[69]

경허는 이처럼 동맹에 대한 인식과 함께 정혜를 닦는 것, 함께 도반이

---

69) 鏡虛, 「結同修定慧同生兜率同成佛果楔社文」, 『鏡虛集』(『韓佛全』 제11책, p.603중).

되어 함께 정각을 이루자는 것, 나아가 도력을 먼저 성취하는 이가 따라오지 못하는 이를 함께 이끌어 주기로 서약하는 내용을 담아 계사문을 쓰고 계사규례를 작성하였다. 경허의 수선결사는 그 취지나 내용 및 과정으로 볼 때 지눌(1158~1210)의 정혜결사와 대비될 뿐만 아니라 그것의 깊은 영향 속에 있었다는 사실을 알 수 있다.[70]

그러면서도 경허는 미천하고 더러운 몸으로는 수행을 이루기 어렵다는 미타정토관과 달리 욕계 제4천인 도솔천에서는 인간의 소리[聲]와 기운[氣]이 서로 맞아 수행하기 쉽다는 대소승 법사들의 전거에 의거하여 미륵정토관을 수용하고 있다. 그러면서도 그는 "도솔천에 상생하기만을 원하지 말라. 발원만 있고 정혜를 닦지 않으면 곧 그 원은 헛될 뿐"(규례 제4조)이라고 하여 '정혜를 닦는 것'을 가장 우선순위에 두었다. 이것은 이 결사의 이름이 함께 정혜를 닦고자 한 수선결사인 것처럼 선사로서의 경허의 정체성을 보여주는 대목이다.

해인사에 이어 경허는 범어사 계명암(雞鳴庵)에 주석하면서 「범어사 계명암 수선사 방함 청규」와 「범어사 계명암 창건기」 등을 지어 영남지역에 새로운 선풍을 일으켰다. 이것은 이후 통도사, 해인사, 송광사의 삼보사찰에 이어 범어사를 선찰대본산으로 자리매김하는 주요한 근거가 되었다.[71] 경허는 범어사와 해인사 등의 영남사찰을 넘어 송광사 등의 호남사찰을 오가며 활동 반경을 넓혀갔다. 그의 영호남을 넘나드는 전방위 행보는 당대 대한불교의 희망이었을 뿐만 아니라 이후의 대한불교의 비전이 되었다.

---

70) 高榮燮, 앞의 글, 앞의 책, pp.61~62.
71) 1908년에 경성 중앙에 세운 원종(圓宗)이 일본 조동종에 연합체맹이 되자 1911년에 박한 영, 진진응, 한용운, 장금봉, 김종래 등은 이에 맞서서 이곳 범어사에 조선 임제종의 본부를 세우게 되었다.

2. 장경 인출 증명 법사, 국사와 왕사 역할

해인사에 머물렀던 경허는 때마침 대한제국 황실로부터 대장경 인쇄 출판을 요청받고 증명 법사로서 소임을 다하였다. 증명법사는 산내 최고의 선지식이 맡는 것이다. 더욱이 황제의 칙지로 이루어진 『고려대장경』 인출 작업으로 볼 때 국사제와 왕사제가 폐지된 조선 초기 이후 조선 말기 대한 초기였음에도 불구하고 경허는 나라를 대표하여 인출 작업의 증명법사로서 국사와 왕사에 준하는 역할을 한 것으로 볼 수 있다.

기해년(1899) 가을에 가야산 해인사로 석장을 옮기니 때는 고종 광무 삼 년이라, 칙지가 있어 장경을 인출하고 또한 수선사를 건립하여 마음 닦는 학자를 살게 하니 대중들이 모두 화상을 종주(宗主)로 추대하였다. 법좌에 올라 거량함에 본분을 바로 보이고 백염의 수단을 사용하여 살활(殺活)의 기틀을 떨치니 가위 금강보검이요 사자의 온전한 위엄이라, 듣는 자가 모두 견해와 집착이 사라져 말끔하기가 뼈를 바꾸고 창자를 씻은 듯하였다.[72]

당시 대한제국(1897~1910)의 광무정부(1897~1907)는 『고려대장경』 인쇄 출판에 대한 교지를 내려 시행하게 하였다. 이때 해인사에 머물던 경허는 고종 황제의 칙지를 받아 추진하던 장경 간행불사의 증명법사가 되었다. 이때 그는 단순히 증명법사로만 머물지 않고 몸소 행염(行染) 선화와 함께 『서집어록』 10편과 『염송』 가운데 여러 도사들의 직절법문을 추려 모아서 한 질 다섯 권의 책으로 엮는 작업에 참여하였다. 이러한 일련의 활동은 경허로 하여금 탈실천적 실천과 반지성적 지성에 대해 환기하는 계기가 되었을 것으로 짐작된다.

이후 그는 당시에 통용되던 연방도인(蓮舫道人) 보광거사(普光居士) 유운(劉雲)의 『법해보벌』(法海寶筏, 1권, 9편 집성)을 참고하여 『선문촬요』(2권, 15편)를 집성한 뒤 편찬하였다. 연방은 '교법의 바다를 건너는 보배로운 뗏목'이라

---

72) 漢巖, 「先師鏡虛和尙行狀」, 『鏡虛集』(『韓佛全』 제11책, p.654하).

는『법해보벌』속에서 교학을 중심으로 저술의 성격을 보여주고 있다. 이와 달리 경허는 '선법의 글 숲을 추려서 한 데 모음'이라는『선문촬요』(禪門撮要, 2권 15편) 속에다 자신의 안목으로 삼조 승찬의『신심명』을 빼고 한국선서를 대폭 증광하고 있다.『선문촬요』에는 서문이 없지만 한국의 선서를 확장해낸 편집 방향을 통해서 경허의 취지를 읽어낼 수 있다.

경허는 깨침 이후 호서지역에서 20여 년간 선각자의 절대 고독 혹은 근본 고독을 체감하였다. 그는 알고 모르는 것이 끊어진 세계를 체득하였지만 아무도 알아보는 이 없는 가운데 조선의 현실과 불교계의 현실을 탄식으로 쏟아내거나 서원으로 승화시키며 보내고 있었다. 때마침 범어사 주지로 있던 성월 일전과 해인사 주지로 있던 남전 광언/한규가 호서지역에서 절대 고독 또는 근본 고독을 체감하며 사는 그를 영남지역으로 초청하였다.

경허가 초청을 받고 '헌신'과 '열정'으로 보여준 5년간의 활동은 당시 한국불교사에서 매우 의미 있는 불사였다. 그는 수선 결사의 종주로 추대 받아 결사의 맹주로서 주도적인 역할을 하였다. 또 고종 황제의 칙지가 내려오자 장경 인출 증명 법사를 맡아 국사와 왕사의 역할을 하였다. 이러한 일련의 과정은 탄식으로 쏟아내거나 서원으로 승화시키며 보내고 있던 경허로 하여금 탈실천적 실천인과 반지성적 지성인의 모습을 견인시켜 내었다.

경허는 깨침 이후 '일없는 태평가'를 부르고 생사가 본디 없는 '무생의 일곡가'를 불렀다. 그는 아무도 알아보는 이 없는 가운데 절대 고독 혹은 근본 고독을 체감하였다. 하지만 이후 경허에게는 시절인연이 도래하여 자신을 시험할 수 있는 무대를 확보할 수 있었다. 그 무대 위에서 경허는 탈실천적 실천가와 반지성적 지성인의 모습을 보여주었다.

경허가 보여준 자존의 살림살이와 열정의 사고방식은 선말 한초의 국가적 위기 속에서 한민족의 정신적 자긍심을 지켜온 거의 유일한 사례였다고 할 수 있을 것이다. 그 결과 우리 민족은 경허가 보여준 각자(覺者)의 살림살이와 견자(見者)의 사고방식 속에서 우리의 정신문화와 민족문화를 견인해 낼 수 있는 자량을 확보할 수 있었다.

VI. 결 어

붓다의 가르침은 연기-무자성-공성의 철학과 자비의 종교로서 널리 알려져 왔다. 붓다의 지혜로 표현되는 연기법과 붓다의 자비로 표현되는 중도행은 붓다의 '중도가 곧 가명(假名)이며 공(空/無) 즉 연기'임을 역설해온 용수보살의 『중론』이 잘 논증해 주고 있다. 이와 같은 『중론』의 정신은 신라 통일 전후에 살았던 분황 원효(芬皇元曉, 617~686)의 무이 중도(無二中道)로 이어졌고, 선말 한초에 살았던 경허 성우(鏡虛惺牛, 1846~1912)의 미이 무이(未已無二) 사상으로 이어졌다.

경허는 '죽음을 발견'한 견자이자 '콧구멍 없는 소'를 깨우친 각자로서 「오도송」 즉 「태평가」로 깨침을 시험하고 「무생가」로 고독을 체험하여 법화 즉 깨침(悟)의 교화를 보여주었다. 그리고 「겁외가」로 걸림 없는 자유를 보여주었고 '나귀의 해'로 본래 없는 세월을 통해 행리 즉 취함(醉)의 교화를 보여주었다. 그리하여 그는 종교적인 삶과 철학적인 앎의 병진을 통하여 법화와 행리의 길을 나란히 제시하였다. 일찍이 한암이 경허의 행장에 대해 법화와 행리의 기호로 삶과 앎을 구분해 평가했지만 그에 대한 평가는 평자의 안목과 깜냥에 맡길 수밖에 없을 것이다.

중도는 두 겹 네 쌍의 개념들을 부정하는 쌍차(雙遮)와 두 겹 네 쌍의 개념들을 긍정하는 쌍조(雙照)의 실천으로 두 극단을 떠나는 '가장 바른 길'이다. 생멸(生滅), 상단(常斷), 일이(一異), 래거(來去) 등 상반된 두 겹 네 쌍의 개념들을 모두 부정한 불생불멸(不生不滅), 불상부단(不常不斷), 불일불이(不一不異), 불래불거(不來不去)와 같은 부정의 쌍차와 불생불멸, 불상부단, 불일불이, 불래불거 등 상반된 두 겹 네 쌍의 개념들을 모두 긍정한 생멸, 상단, 일이, 래거와 같은 긍정의 쌍조를 넘어 차조동시(遮照同時)의 세계를 열어가는 길이다. 연기는 모든 존재자들의 존재 방식이다. 모든 존재는 원인과 조건에 의해 존재하게 된다. 실천이란 실제로 행함을 가리키고, 지성이란 인간의 지적 능력을 일컫는다. 실천이 겉으로 드러나는 외형적 모습을 지닌다면, 지성은 속으로 스며드는 내면적 모습을 지닌다. 경허는 '깨침'[悟]과 '취함'[醉]의 교화를 보여주었고, '아는 이 없다'[無人識]와 '나는 알지 못하노라'[吾不識]고 하였다. 또 그는 "차별하는 생각이 아직 다하지 못하였든[未盡] 차별하는 생각이 이미 다하였든[已盡] 둘이 없는 것이 아니다"[未是無二]며 미이 중도(未已中道)를 역설하였다. 경허는 이미 나고 죽음이 끊어진 세계인 무생(無生), 시간과 공간이 끊어진 겁외(劫外), 그리고 부처와 중생의 차별이 끊어져서 아는 것과 모르는 것의 경계가 본래 끊어진 세계를 체득하였기 때문이다.

경허는 범어사의 성월 일전과 해인사의 남전 광언의 초청을 계기로 수선결사의 종주로 추대 받아 결사의 맹주로서 주도적인 역할을 하였다. 또 고종 황제의 칙지가 내려오자 장경 인출 증명 법사를 맡아 국사와 왕사의 역할을 하였다. 당시 경허는 알고 모르는 것이 끊어진 세계를 체감한 뒤 절대고독 혹은 근본 고독을 탄식으로 쏟아내거나 서원으로 승화시키며 탈실천적 실천성과 반지성적 지성인의 모습을 보여주었다. 선말 한초의 국가적 위기 속에서 경허가 보여준 탈실천적 실천가와 반지성적 지성인의 모습은 한민족의 정신적 자긍심을 견지한 매우 드문 사례였다고 할 수 있을 것이다. 그리하여 우리 민족은 각자의 살림살이와 견자의 사고방식으로 정신문화와 민족문화를 견인해낼 수 있는 자량을 확보할 수 있었다.

용성 진종의 살림살이와 사고방식

I. 서 언

용성 진종(龍城震鐘, 1864~1940)은 전북 장수군 하심암(번암)면 죽림리에서 태어났다. 그는 어릴 때부터 향리에서 전통 한학을 수학하였다. 용성은 14세 때에 남원시 교룡산성 안에 있는 덕밀암(덕굴)으로 출가하였다. 하지만 그는 출가 사실을 알게 된 부모의 만류로 집으로 돌아왔다. 용성은 16세 때에 해인사 극락암으로 다시 출가해 화월(華月)을 은사로, 상허 혜조(相虛慧造)를 계사로 하여 득도하였다. 이후 용성은 해인사에서 승려의 기본 습의를 익힌 뒤 고운사의 수월 영민 선사를 찾아갔다. 그의 문하에서 대비주를 통한 업장의 소멸에 대해 집중적인 훈도를 받았다. 용성은 19세 무렵에 파주의 보광사 도솔암에서 정진하다가 깨침을 체득하였다. 그는 이 소식을 점검받으러 금강산 표훈사의 무용선사를 찾아갔다. 거기에서 용성은 무용선사로부터 무(無)자 화두를 통한 수행을 권유받았다.

용성은 무(無)자 화두 수행을 지속하여 보광사에서 제2차 깨침을 얻었다. 1884년에 그는 통도사 금강계단에서 선곡(禪谷)율사에게 보살계를 받았으며, 칠불암의 대은(大隱)선사의 법을 이었다. 이후 용성은 지리산 금강대를 거쳐서 송광사 삼일암에서 여름 안거 중에 『전등록』을 읽다가 제3차 깨침의 정수를 체인하고 멀리 환성 지안(喚醒志安)선사의 법을 이었다. 그는 해인사로 가는 길에 당시의 법열을 시로 읊었다. 3차에 이르는 깨침의 전기 이후에도 용성은 여러 곳의 강백과 선지식을 찾아다니며 치열하게 수행하였다. 그 결과 그는 24세 때에 제4차 깨침을 체득하며 낙동강을 건너는 뱃전에서 오도송을 읊었다. "금오산에는 천추의 밝은 달이요. 낙동강에는 만 리의 물결이로다. 고기잡이배는 어디로 갔는가, 예처럼 갈대꽃에서 잠을 자도다." 용성의 오도송은 이후 그가 추진한 대각교 운동의 기본 종지가 되었다. 그의 4차에 이르는 일련의 깨침은 붓다의 정법안장(正法眼藏) 부촉과 조사의 본분종지(本分宗旨) 체득으로 이어졌다.

용성이 깨침 이후 직면한 조선불교계의 현실은 참담하였다. 순조의 승하 이후 조선은 헌종과 철종에 이어 고종의 집권기에 들어서 있었다. 고종(1863~1907재위)은 대원군의 집정기에 병인양요(1866), 신미양요(1871)에 이은 일본의 운양호 침입에 의해 문호를 개방(1876)당한 이후 친정에 들어선 이래 임오군란(1882), 거문도사건(1885), 동학농민운동(1894), 갑신정변(1894), 갑오경장/개혁(1894), 을미사변/개혁(1895), 아관파천(1896. 2. 11~ 1897. 2. 25)을 겪었다. 그리고 대원군과 명성왕후가 불러들인 청나라와 일본 사이에서 자주주권 확보를 위해 고뇌하였다. 결국 고종은 대한제국으로 국호를 바꾸고(1897) 청나라와 일본의 영향권에서 벗어나려 하였다. 이즈음 불교계는 일본 승려들의 자유로운 도승출입에 대응해 승려들의 한양 도성입성해금령(1895)을 맞이[1]했으나 이내 금령과 해령을 반복하고 있었다. 이와 달리 한양 도성을 편하게 드나드는 일본 승려들의 가풍과 권유를 받아들여 국내 승려들의 대처식육 풍토가 점차 퍼져나가고 있었다.

이러한 시대를 맞이한 용성은 계정혜 삼학에 기반한 '전통불교의 복원화'와 경전번역과 도제양성 및 대중포교를 통한 '현대불교의 사회화'에 전력을 기울였다. 전통불교의 복원은 곧 계정혜 삼학의 수지로 귀결되었다. 1903년 당시 40세가 되었던 용성은 치열한 수행을 통해 얻은 깨침을 회향하기

---

1) 『續大典』, 典型 禁制의 '僧尼濫入都城者' 조항. 승니의 도성 출입금지에 관한 조치는 이 조항을 통해 알 수 있다. 이 조항을 위반한 자에 대한 벌칙은 "杖一百하야 永續殘邑奴婢라고 許接人은 以制書有遠律로 論함"이란 규정이 실려 있다.

위해 대중들 앞에 서기 시작하였다. 먼저 그는 지리산 상비로암, 보개산 성주암, 망월사, 백련암, 호국사 등에서 선회를 개창하고 『선문요지』를 저술하여 학인들을 일깨웠다. 1907년에 용성은 만주로 나아가 선지를 지닌 한국불교의 자존심을 드높였다. 불교계는 조선 전기의 종단 통합과 종단 폐지 이후 1908년에 처음으로 원종(圓宗)을 설치하였다. 그런데 당시 원종의 종정이었던 회광 사선(晦光師璿, 1862~1933)은 한국불교 원종을 일본의 조동종에 연합하여 동맹을 맺었다締盟. 이 사실을 안 불교계는 이 연합 체맹에 대한 강력한 반대를 통해 임제종(臨濟宗)을 발족시켰다. 하지만 대한제국은 1910년 9월 28일에 일본의 조선총독부에 국권을 빼앗겼다. 뒤이어 조선불교계는 조선총독부가 1911년에 반포한 사찰령에 의거해 주지 임면권과 사찰 재산권을 빼앗겼다. 그 결과 임제종의 창종을 통해 전통불교를 잇고자 했던 의미가 크게 퇴색되었다. 이러한 시대적 상황은 용성으로 하여금 정통조사와 현대법사의 역할을 동시에 요구하였다.

II. 불교 개혁과 포교 및 선학원 창건

국권을 빼앗기고 종통을 잃어버린 불교계가 가장 먼저 추진해야 할 일은 계정혜 삼학의 재확립과 전통 불교의 재인식이었다. 용성은 1910년에 중생 제도를 위하여 산을 내려와 1911년 2월에 서울에 들어왔다. 서울에서 그는 불교의 현실 지형에 대한 커다란 자각을 하게 되었다.

> 익년 신해(1911) 이월 회일(晦日)에 경성에 들어와서 시대사조를 관찰한 즉 다른 종교에서는 곳곳마다 교당(敎堂)을 설립하고 종소리가 쟁연(錚然)하며 교중(敎衆)이 만당(滿堂)함을 보았으나 우리 불교에서는 각황사

(覺皇寺) 하나만이 있을 뿐이고 더욱 우리 선종(禪宗)에서는 한 사람도 선전함이 없음을 한없이 느끼어 탄식하고 즉시 임제선사의 삼구로 제접(提接)함을 본받아 종지(宗旨)를 거량(거量)하였을 따름이었다.[2]

용성은 그해 4월에 서울 종로구 봉익동에 대각사(大覺寺)를 창건하고, 본격적인 참선법회를 통해 불교포교에 착수하였다. 당시 서울에는 절이 각황사 밖에 없었고, 선종의 선을 알려주는 승려가 한 명도 없었다. 이러한 궁벽한 현실을 극복하기 위해 용성은 갖은 노력을 다하여 3개 월 만에 신도 100여명을 확보하였다. 이어 그는 가회동의 신도였던 강영균(康永均)의 집으로 이주하여 수십 명의 신도들과 함께 참선을 하는 법규를 만들면서 선종을 널리 알리기 시작했다.

이즈음 임제종은 1912년 초에 서울로 진출하여 '조선임제종중앙포교당'을 사동(인사동)에 개당하였다. 용성은 이 포교당의 개교사장(開敎師長) 즉 조실 내지 법사로서 3년 남짓 활약하였다. 하지만 일제총독부는 사찰령에 의거해 임제종을 인정하지 않고 '조선불교선교양종'이라는 역사성을 탈각시킨 종명을 강요하였다. 이에 용성은 한국불교의 종지와 종통은 임제종에 있음을 글과 말筆舌로써 역설하였다. 하지만 1912년 6월에 '조선임제종중앙포교당' 간판은 내려지고 '조선선종중앙포교당'으로 명칭을 변경할 수밖에 없었다. 결국 용성은 보다 선명한 포교활동을 수행하기 위해 선종포교당을 나와 종로구 장사동(세운상가 인근)에 '조선임제파강구소'(朝鮮臨濟派講究所)를 설립하였다. 하지만 그의 개인적인 활동은 운영자금이라는 벽에 부딪치면서 어려워졌다. 용성은 이 난관을 타개하기 위해 함경도 북청으로 가서 금광을 경영하였다. 하지만 그의 금광경영은 뜻대로 되지 않았다.

용성은 다시 서울로 돌아와 1916년에 마련한 봉익동 1번지의 포교당을 거점으로 포교활동에 매진하였다. 이즈음 국내외에서는 3.1운동이 조금씩

---

2) 용성, 「저술과 번역에 대한 연기」, 『조선글 화엄경』 권12.

준비되고 있었다. 만해 한용운의 권유와 매개로 용성은 1919년에 일어난 3.1운동을 주도하는 민족대표 33인 중 한 사람으로 참여해 만해와 함께 독립선언서에 서명하였다. 결국 용성은 대한의 독립을 위해서 활동하다가 일경에 체포되어 1년 6개월의 옥중 체형을 받았다.

동양의 평화를 영원히 유지하기 위해서는 조선의 독립은 필요하다. 일본에서도 그것을 잘 알고 있을 것이며 또 불교사상으로 보더라도 조선의 독립은 마땅한 것이므로, 여러 가지 점으로 보아 하여튼 조선의 독립은 용이하게 될 것으로 믿고 있는 터이다.[3]

용성은 일본 고등법원 판사가 독립선언을 한 근본 목적을 묻는 질문에 이렇게 답변하였다. 그는 '조선의 독립은 마땅한 것'이라는 소신을 가지고 있었다. 이것은 조선의 독립이 동양평화 유지와 불교사상의 확산 사이의 상관성에 대한 그의 확고한 인식을 보여준다. 용성은 이미 항일지사이자 민족운동가로서 자리매김하고 있었다.

대각응세 이천구백삼십육년 삼월 일일 독립선언서 발표의 일 인으로 경성 서대문감옥에서 삼 년간 철창생활의 신산한 맛을 체험하게 되었다. 각 종교 신자로서 동일한 국사범으로 들어온 자의 수효는 모를 만치 많았다. 각각 자기들의 신앙하는 종교서적을 청구하며 기도하더라. 그때에 내가 열람하여 보니 모다 조선글로 번역된 것이오 한문으로 된 그저 있는 서적은 별로 없더라. 그것을 보고 즉시 통탄한 것을 이기지 못하야 이렇게 크고 큰 원력을 세운 것이다.

내가 만일 출옥하면 즉시 동지를 모아서 경 번역하는 사업에 전력하여 이것으로 진리의 나침반을 지으리라 이렇게 결정하고 세월을 지내다가 신유년 삼월에 출옥하여 모모인과 협의하였으나 한 사람도 찬동하는 사람은 없고 도리어 비방하는 자가 많았다.[4]

---

3) 「백상규 심문조서」, 『한민족독립운동사자료집』 권12(3.1운동, 2), 국사편찬위원회, p.91.
4) 용성, 「저술과 번역에 대한 연기」, 『조선글 화엄경』, 삼장역회, 1928.

감옥에서 한글로 된 기독교와 동학의 서적에 자극받은 용성은 1921년(辛酉) 3월에 출옥한 뒤 삼장역회(三藏譯會)를 조직하여 불교포교에 매진하였다. 또 1921년 11월 30일에는 뜻을 세운 몇몇 도반들과 선학원을 창설해 대중 포교를 하였다. 선학원 창설은 서울에서 포교활동을 열정적으로 하던 백용성, 강도봉, 김남전, 김석두 등이 주도하였고, 당시 전통 선의 부흥에 큰 관심을 갖고 있었던 송만공, 오성월 등과 협의를 거쳐 11명이 발의하였다.[5]

　선학원의 창건 주체들은「선학원 상량문」에다 세상의 도리와 인간의 마음이 점차 복잡해져 교리의 보급(通學)과 종지의 전달(宣傳)이 실로 미약하다고 당시 불교계의 상황을 진단하였다. 그런 뒤에 천주교와 개신교를 비롯한 다양한 종교가 일어나 선교해 가는 현실에 직면하여 불법을 수호하고 발전시켜야 하는 책임감을 갖고 중앙 차원의 근거를 마련하고자 하였다. 그리하여 선학원의 발의자들은 교리를 연구하고 정법을 보급하여 불교를 각지로 유통시키겠다고 다짐하고 있다.

　이러한 다짐은 다시 선우공제회의 발기로 이어졌다.[6] 선우공제회의 발

---

5)「선학원 상량문」. 六緯의 唱은 支那 宋元時로부터 始作됨이요, 自古로 有한 法은 안인則 足히 取할 바가 無하도다. 大抵 正法千年과 像法千年이 旣是過去하고 季法萬年中에도 亦是 九百四十八年이나 되었으니 世道와 人心이 漸次 複雜함으로 敎理의 通學과 宗旨의 宣傳이 實로 極難한 中에 各種의 敎가 朝發而暮作하야 箇箇 自善自是로 闡揚하니 邪正의 根과 眞膺의 端이 無異於鳥之雌雄이로다. 此時를 當한 佛子가 엇지 責任이 無하리오.
　　吾輩 六七人이 潛伏의 志를 打破하고 金剛心願을 公發하여 京城에 來去한 지 數星霜 만에, 先即 禪學院을 創設하기로 하나, 準備의 物體가 艱少하므로 惱心焦思하난 中에 丁巳生 其氏智月化의 壇力이 有하고 梵魚寺에서 仁寺洞 敎堂 全部와 兼하야 千圓 金額을 寄附하기, 吾輩의 蚊力에 對하야는 可謂 虎가 山에 處하고 龍이 海에 蟠함과 如하도다.
　　辛酉 十月 四日 卯時에 入柱上樑하니 此 大願을 成就한 然後에는 敎理硏究하며 正法을 說示하여 佛法大海를 十方世界에 永遠疏通하기로 하노라.
　　世尊應化 二千九百四十八年 辛酉 十月 四日 大衆秩 白龍城 吳惺月 宋滿空 康道峯 金石頭 韓雲濟 金南泉 李景悅 朴普善 白俊燦 朴敦法 (하략)
6)『한국근현대불교자료전집』권65(서울: 민족사, 1996), pp.3~4. 去聖이 彌遠에 大法이 沈淪하야 敎徒가 曉星과 如한 中에 學者는 實노 麟角과 如하야 如來의 慧命이 殘縷를 保存키 難하도다. 多少의 學者가 有하다 할지라도 眞正한 發心衲子가 少할 뿐 아니라 眞膺히 相雜

기 수좌들은 붓다가 세상을 떠난 뒤 불법이 쇠퇴하여 교도가 줄고 학자가 드물어 여래의 혜명이 이어지기가 어렵게 되었다고 진단하였다. 그래서 발심한 납자들이 각성하여 자립 자활하고 자립 자애하여 불도를 닦고 자립 활로를 개척하여 선계(禪界)를 발흥하고 대도(大道)를 천명하여 중생을 구제하고 미륜(迷輪)을 피안에 건네겠다는 취지문을 표방하였다.

이어 선우공제회는 중앙의 공제회에 부(사무소)를 설치하고 지방의 선원 19곳에 지부를 두었다. 그리고 공제회의 의사를 결정하는 의사부(평의원)를 두고 중앙에는 이사, 지부에는 간사를 두었다. 나아가 예산과 결산의 '운영 방침'과 분담금과 헌공금 및 희사금 등의 '운영자금', '정관 규칙'과 '실행 세칙'도 마련하였다. 이것은 새로운 시대를 맞이한 불교계의 자구책이었다. 하지만 1924년부터 운영상의 문제가 생기면서 직지사로 본부를 옮긴 뒤 1926년에는 선학원의 문을 닫았다. 1926년 5월에 선학원이 범어사 포교소로 전환되면서 선학원과 선우공제회는 사라졌다.[7]

1911년에 상경한 이래 용성은 임제종 운동, 임제종포교당 개교사, 임제파강구소 경영, 포교자금 모금차 금광 경영, 3.1운동에 참여하였다. 그는 서대문 감옥에 수감되면서 개신교와 동학 등의 한글화 서적에 대한 충격을

하야 禪侶를 等視하는 故로 禪侶 到處에 窘迫이 相隨하야 一衣一鉢의 雲水 生涯를 支持키 難함은 實로 今日의 現狀이라. 그러나 人을 怨치 말고 己를 責하여 猛然反省할지어다. 元來로 生受를 人에게 依함은 自立自活의 道가 안인즉 學者의 全 生命을 人에게 托하야 他人의 鼻息을 依함은 大道活命의 本意에 反할지라. 吾輩禪侶는 警醒猛侶하야 命을 觀하여 道를 修하고 따라서 自立의 活路를 開拓하야 禪界를 勃興하고 大道를 闡明하야 衆生을 苦海에 救하고 迷輪을 彼岸에 度할지니 滿天下의 禪侶는 自立慈愛할지어다. 佛應化 二千九百四十九年 三月 三十日 發起人 無順. 여기에 나오는 발기인으로는 오성월, 백용성, 이설운, 백학명, 김남전, 송만공, 한용운, 임석두, 강도봉, 한설제, 김석두, 정영신, 이춘성, 김초안, 윤상언, 기석호, 황용음 등 82명이 이름을 올리고 있다.

7) 1930년대 초반에 이르러 선학원의 재건이 가시화되면서 1933년에 이르러 재정의 공고화를 도모하였다. 이어 1934년 12월 5일에 재단법인 조선불교 선리참구원으로 전환하였다. 그리고 12월 중순부터 그들의 노선과 정체성을 정비하기 위해 전국수좌대회를 준비하여 1935년 3월 7~8일에 선학원에서 대회를 개최하여 '조선불교 선종'이라는 종명을 표방하고 '선서문'을 발표하였다.

받고 출옥 이후 종래의 불교개혁과 불교포교를 반성하고 역경 및 포교 발원, 삼장역회 설립, 저술 및 역경활동, 참선결사로 방향을 틀었다.

Ⅲ. 대처식육 엄금과 대각교 창설

용성은 불교개혁과 불교포교를 실현하기 위해서는 먼저 불교 대내외의 주요 담론이 되어있던 대처 육식론을 타기해야만 하였다. 그리하여 범어사 주지를 맡았던 용성은 1926년 5월에 조선총독부에다 「지계생활금지에 대한 1차 건백서」라는 장문의 진정서를 제출하였다. 그는 '불법에는 대처식육의 설이 없음을 강조'하고 그 부당성을 강력히 담아내었다. 그리고 그와 뜻을 같이하는 함경도 석왕사 주지 이대전(李大典), 해인사 주지 오회진(吳會眞), 직지사 조실 김남천(南泉光彦, 1868~1936) 등 127명의 선승들이 연서한 날인을 첨부하여 제출하였다.

용성은 「건백서」에서 "세존 출세 이래로 비구의 대처식육의 설은 들어보지 못하였다"고 역설하였다. 그런데 "근래에 부끄러움을 모르는 권속 무리들이 아내를 취하고 고기를 먹으며 청정한 사원을 마구니의 소굴로 만들어 참선과 염불과 간경 등이 전폐하기에 이르렀다"고 진정하고 있다.

용성은 「건백서」에서 "붓다는 비구와 비구니 2부 대중에게는 대처식육을 엄금케 하면서 오로지 수행에만 전념케 하도록 하였으며, 우바이 우바새 재가 2중에게만 대처와 식육을 허락하였다"고 하였다. 이어 그는 "승려는 지계 수도함이 당연한 본분사(本分事)이기에, 아내를 거느린 자로서 주지되는 것을 제거하지 않으면 후일에 난(亂)이 일어날 것이므로 대처승려와 대처주지를 엄금해야 한다"고 하였다. 용성은 "대처승려는 비구계를 취소하여 재가대중의 신분으로 만들거나, 아니면 지계 납승에게 몇 개 본산을 할급하여 청정사원을 복구시켜서 지계 승려의 수행을 보장해 주어야 한다"고 역설하였다.[8]

이러한 용성의 「건백서」는 이미 1910년부터 1926년까지 사이에 사원생활 구조가 변질되어 불교본연의 상태가 아닌 기현상(奇現象)의 역작용(逆作用)이 일어난 것[9]에 대한 강력한 질타로 추정된다. 하지만 총독부는 용성의 1차 「건백서」에 대해 불교계 내부의 문제라며 어떤 반응도 보이지 않았다. 이에 용성은 교단의 정화운동[10]의 차원에서 1926년 9월에 다시 「지계생활 금지에 대한 2차 건백서」를 일제의 내무성에 제출하였다.

용성은 축처에 반대하였지만 이미 축처한 승려의 인격까지 무시해서는 아니된다고 하였다. 그는 오직 축처(畜妻)를 공인해서는 아니될 것이지만 축처의 여부는 개인 품행상의 문제로 보아 넘기는 것이 과도기의 좋은 방책이라고 인식하고 있었다. 용성은 축처를 개인의 문제로 치부하자고 하였지만 그의 본래 의도는 축처와 식육의 반대에 있었다.

용성이 1차 「건백서」에서 취처 육식을 강력히 반대한 것은 당시에 이미 일본불교의 취처 육식의 풍토가 대한불교에 은연중 스며들고 있었고 이에 동조하는 무리들이 생겨나고 있음에 대한 우려와 각성을 보여주기 위해서였다. 나아가 대처승려와 대처주지의 엄금을 위해서였다.

하지만 2차 「건백서」에서 용성은 1차 「건백서」와 달리 대처 식육 금지에 대한 강도를 완화하였다. 이것은 그가 당시 축처와 식육의 타개라는 현실의 지난함을 고려하여 차선의 대책을 모색한 것으로 이해된다. 당시 유점사 주지 김일운(金一雲)은 승려의 대처식육을 허용하지 않아 일반 승려들로부터

---

8) 龍城, 「龍城法語」, 『용성대종사전집』 제1집, pp.337~342; 이 진정서는 白龍城, 「僧侶肉喰帶妻問題に關する歎願書」, 『조선불교』 제27호. 1926.7.에 실려 있으며 「歎願書」 말미에 '朝鮮 無妻僧侶 四千大衆 白龍城 等 壹百貳拾七人 各自 捺印'이라고 덧붙어 있다.

9) 李永子, 「白龍城研究序說」, 『불교사상』 제6호, 불교사상사, 1974.

10) 韓晳光, 『龍城禪師研究』(감로당, 1981), pp.91~93.

주지 배척운동을 당하기에 이르렀다11). 이러한 사실은 축처와 식육의 대두를 앞두고 일어난 저간의 사정을 잘 보여주는 사례라고 할 수 있다.

당시 일제 총독부는 용성의 두 차례 건백서 제출에 대해 아무런 답변도 주지 않았다. 타락한 주지들의 취처 요구도 받아들이지 않았다.12) 하지만 총독부는 오래지 않아 1926년에 사이토 마코토(齋藤實, 3~5대) 총독은 승려의 취처 금지를 사법에서 삭제하라는 사법 개정을 허락하였다. 그 결과 대한 사찰의 8할 정도가 사법 개정을 신청해 왔으며 대부분의 사찰이 승려의 결혼을 허용하기에 이르렀다. 우리는 총독부의 이러한 태도를 통해 일제가 사법 개정을 허용하고 이을 암암리에 장려하였다는 사실과 대처와 식육은 일제의 불교계 식민통치의 정책과 긴밀히 연결되어 있었다는 사실을 알 수 있다.

이처럼 용성은 불교 근대화의 일환으로 역경불교, 참선불교 등을 통해 불교개혁을 추진해 왔다. 그러나 그는 종래의 제도권 불교 내부 개혁의 어려움을 실감하고 1927년에 대각교를 창립하여 자신만의 독자적인 불교개혁 운동을 벌여나갔다. 특히 용성은 형무소에서 울려 퍼지는 기독교 찬송가에 크게 자극을 받고 찬불 가사를 쓰고 음악가에게 풍금 연주를 배워 몸소 풍금을 연주13)할 정도로 혁신적인 불교개혁과 개방적인 불교포교를 펼쳤다.

---

11) 「頻發하는 宗敎界의 不祥事 楡岾寺에 住持排斥運動」, 『매일신보』 1926.11.1.

12) 李能和, 『朝鮮佛敎通史』 권하. "並不報." 이 '並不報'는 용성이 3월과 9월 두 차례에 걸쳐 올린 건백서에 대해 '모두 응답이 없었음'을 나타내는 표현으로 이해된다.

13) 용성은 대처식육 반대 건백서 제출에 이어 대각교를 창교하기에 이르렀다. 이어 대각교의 각 지부를 조직하고 선농불교를 실천하면서 만주 포교당 개설, 대각교 의식 정비, 기존 교단 이탈을 도모하였다. 이어 대각교 재산 정리, 대각교에서 선종 총림으로 전환, 범어사 조실을 거쳐 입적했으나 그의 정신을 계승하려는 노력은 미흡하였다.

Ⅳ. 선농불교와 선율불교의 실천 및 율맥의 정립

용성 당시 교단 내의 전통 계맥은 11계통 정도의 계맥이 존재해 오고 있었다. 1) 순창 구암사(龜巖寺) 백파(白坡)로부터 전하는 1파, 2) 월출산의 대은 (大隱)이 지리산 칠불암(七佛庵)에서 서응(瑞應)을 얻었다는 1파, 3) 중국 혜관 (慧觀) 율사에게서 전수한 팔공산 보담(寶潭)으로부터 전한 1파, 4) 중국 남경 (南京)의 어떤 율사에게서 전수한 청허(淸虛)가 성월(性月)에게 전한 구월산의 1파, 5) 통도사에서 멀리 자장(慈藏) 율사를 이은 해담(海曇)의 1파, 6) 월정 사에서 멀리 자장 율사를 이은 연파(蓮坡)의 1파, 7) 대구 용연사(龍淵寺)의 만하(万下)가 중국 창도(昌濤) 율사에게서 전수한 1파, 8) 장안사(長安寺)의 한 파(漢坡)가 역시 창도(昌濤) 율사에게서 전수한 1파, 9) 유점사(楡岾寺)의 영봉 (靈峯)이 북경의 덕명(德明)에게서 전수한 1파, 10) 법주사(法住寺)의 진하(震河) 가 중국 천돈사(天頓寺) 기선(奇禪)에게서 전수한 1파, 11) 보개산 월운(月運) 이 북경 원광선사(圓廣禪寺) 경연(慶然)에게서 전수한 1파 등이다.[14]

이들 11 계통의 계맥이 존재한 것과 여러 비문(碑文)이나 전기(傳記)에 나타난 지계생활에 대한 표현들[15]을 통해 일본불교의 침투 이전에 이 땅 출가자들의 지계 인식은 유지되고 있었음을 알 수 있다.[16] 이들 11 계통 중 주류의 두 흐름은 2)의 대은파와 7)의 만하파로 알려져 있다. 용성 이래 현재의 대한불교조계종단은 한국의 대표적 종단이다. 조계종은 통합불교를 지향하며 참선과 간경뿐만 아니라 염불, 주력, 참회 등을 아우르면서 선교 (禪敎) 겸수를 지향하는 종단이다. 이 때문에 계학과 율학의 중흥은 출가 수

---

14) 耘虛龍夏 편, 『佛敎辭典』(동국역경원, 1961), p.694.

15) 鄭珖鎬, 「한국 전통 선맥의 계승운동」, 『근대한일불교관계사연구』(인하대출판부, 1994), pp.88~89. 논자는 승려들의 持戒생활을 유추해 볼 수 있는 각종 전기와 비문 등 16종의 전거를 들고 있다.

16) 李能和, 『朝鮮佛敎通史』 권下(보련각, 1976), p.617. 萬海 역시도 僧尼들의 嫁娶生産은 실로 수 천년 이래 바꿀 수 없는 案이었다고 하였다.

행자의 본본사인 계정혜 삼학의 평등한 수지에서 확립되고 확보될 수 있다. 이러한 출가자의 본분사에 투철하였던 이들을 우리는 흔히 '율사'(律師)라 부른다. 율사들은 『율장』 이래의 삼의(三衣) 일발(一鉢)의 정신으로 평생을 살면서도 지혜와 자비를 겸비하였던 이들이다.

대한시대의 대일항쟁기를 살았던 용성은 해방공간까지 살았던 영호와 분단시대를 살았던 한암과 자운과 함께 조계종단의 대표적인 율사였다. 율사의 계보를 잇고 있는 이들 네 사람은 불교의 근본정신에 대한 투철한 인식에서 계율 수지의 전통[17]을 계승하고 현대를 맞이하였다. 용성이 1926년에 일본불교의 침투에 맞서 승려들의 파계 및 계율 정신 문란으로부터 비롯된 '대처식육'의 풍조를 차단하기 위해 일제의 조선총독부에 제출한 「건백서」는 그의 계율 수호 인식과 계맥 및 전계에 대한 이해를 보여주고 있다.

> 백용성 선사는 조선불교 고유(固有)의 계맥(戒脈)을 동산 혜일사(東山慧日師)의게로 전하였는데 그 유래한 선사의 계통을 보면 아래와 갓다고 한다. 대은화상(大隱和尙) 금담화상(錦潭和尙) 법해화상(法海和尙) 선곡화상(禪谷和尙) 용성화상(龍城和尙) 동산화상(東山和尙)[18]

조선 중기 이래 율맥은 대체적으로 대은 낭오(大隱朗悟, 1780~1841)의 율맥과 1892년에 청나라 북경의 법원사(法源寺)의 황성계단(皇城戒壇)에 가서 창도한파(昌濤漢波)의 대소승계를 받아온 대구 용연사의 만하 승림(萬下勝林)의 율맥 두 파가 주류를 이루어 왔다. 순조 때에 칠불암에서 서상수계(瑞祥受戒)한 대은 낭오의 율맥은 금담(錦潭)-초의(草衣)-범해(梵海)-선곡(禪谷)을 거쳐 용성으로 이어져 왔다. 용성 문하에서는 동산/고암/자운/동헌/경하의 지파로 이어져 왔다. 반면 만하 승림의 율맥은 용성을 거치지 않고 성월(性月)-일봉(一

---

17) 이지관, 『한국불교계율전통: 한국불교계법의 자주적 전승』(가산불교문화연구원, 2005), pp.253~262.
18) 「朝鮮佛敎의 系脈直傳과 白龍城의 傳戒」, 『불교시보』 제18호, 1937. 1.1, p.13.

鳳)-운봉(雲峰)-영명(永明)을 이은 동산(東山)-석암(錫庵)-고산(杲山)-보광(普光)으로 이어져 오고 있다.19)

용성이 대처식육(帶妻食肉)에 대해 비판한 내용들 이외에 그의 계율에 대한 인식을 엿볼 수 있는 자료는 많지 않다. 하지만 그가 출가자이고 선학과 강학에 대한 저술을 남기고 있으므로 우리는 이들 선학과 강학을 떠받치는 율학에 대한 그의 인식을 선학과 강학 관련 자료와 주변 사료를 통해 추정해 볼 수밖에 없다.

용성은 불교의 근본을 파괴하는 주범을 승려의 대처식육으로 인식하였다. 그는 이를 차단하기 위해 조선총독부에 건백서를 두 차례나 제출하였다. 그는 대처식육을 금지시키든가 아니면 무처승려와 유처승려를 구분하여 무처승려가 수행할 수 있는 전용 본산의 할애를 요청하였다. 하지만 일제는 용성의 요청을 거부하고 대처승도 본사 주지에 취임할 수 있는 사법의 개정을 장려하거나 권유하였다. 나아가 총독부는 사법의 개정을 단행하였다. 이에 그는 대처승의 합법화를 수용하는 교단과 사찰 재산을 팔아버리는 승단과는 동거할 수 없다고 보았다.

1925년에 용성은 망월사에서 만일참선결사회를 조직하여 결사회의 기본을 '선율'(禪律)에 두었다. 그는 1927년에 만주의 길림성 용정현 옹성습자(甕聲習子) 용산동(龍山洞)에 수천 일경(日耕) 토지[70町步]에 대각교당인 선농당(禪農堂)을 설립하여 자작(自作) 자급(自給)을 위해 농사를 지었다. 같은 해에 그는 함양 백운산 화과원(華果院)을 만들어 만주 독립군 2지대에 군자금을 은밀히 지원하였다.

용성은 1927년 중반에 이르러 새로운 종교운동으로서 대각교 창립을 선언하고 기존의 조직을 확대 개편하여 대각교당을 대각교 중앙본부로 전환시키고 각 지역에 지부를 설립하였다. 그리고 그는 승려의 대처식육을 수용

---

19) 이지관, 앞의 책, 참고.

하는 기존 교단의 승적을 스스로 버렸다.[20] 이후 용성은 승려의 대처식육의 금지, 즉 계율의 이행을 당시 불교 개혁의 또 하나의 관건으로 인식하고 있었다. 용성은 본분진리를 말해달라는 제자들의 요청에 대해 최후로 유촉할 것은 '오직 대각'(大覺)이라 말하면서도 붓다가 최후에 그대들에게 유촉한 것처럼 '계(戒)를 스승으로 삼을 것'[21]을 거듭 강조하였다.

1932년에 용성은 급격히 변화하고 있는 시대의 변화를 파악하면서 이에 적응하기 위한 불교의 대안으로서 옛 청규를 이어 선율(禪律)의 병운(並運)과 노농(勞農)의 불교를 제안하였다. 즉 그는 "하나는 선율을 겸행(兼行)하지 안이하면 아니될 것이요, 하나는 오인(吾人)의 자신이 노농(勞農)하지 안이하면 아니될 것이다"[22]고 하였다. 그리고 용성은 몸소 불교의 자주적 개혁운동을 위해 선농(禪農)불교 및 선율(禪律)을 겸행하는 불교를 실천하였다.[23] 아울러 그는 음주(飮酒) 육식(肉食)이 무반야(無般若)라 하며 계율(戒律)을 배척하는 것에 강한 불만을 가지고 있었다. 결국 조선불교의 승적(僧籍)을 스스로 제적(除籍)하고 대각교(大覺教)[24]로 불교 근대화의 노선을 홀로 개척하고자 했던 용성의 계율에 대한 투철한 인식은 그의 제자였던 자운의 가풍으로 온전히 이어졌다.

---

20) 龍城, 「용성이 경봉에게 보낸 편지」, 『삼소굴소식』(극락암), p.176.
21) 龍城, 「自敍」, 『覺說梵綱經』(대각교중앙본부, 1931.1).
22) 龍城, 「중앙행정에 대한 희망」, 『불교』 제93호, 1932, p.15.
23) 김광식, 「백용성의 불교개혁과 대각교운동」, 『새불교운동의 전개』(도피안사, 2002), pp. 286~291.
24) 용성은 75세인 1938년에 대각교를 해체하고 조선불교 선종 총림을 창설하였다.

영호당 박한영과 상현거사 이능화의
학문태도와 연구방법

I. 서 언

우리는 같은 시대와 같은 처소에서 하늘을 바라보고 공기를 마시고 살게 되면 동일한 정신과 의식이 형성될 것이라고 생각하기 쉽다. 하지만 당대를 함께 살았던 동년배의 삶일지라도 전혀 다른 형식의 삶을 살 수도 있다. 더욱이 급변하는 근대시기에 살았던 인물들일 경우에는 그 시대를 인식하는 시대정신과 해당 역사를 이해하는 역사의식에도 일정한 연속성과 불연속성이 존재하기 마련이다. 뿐만 아니라 만일 해당 인물들이 문헌학적 토대 위에서 실증적이고 객관적인 역사학적 접근을 도모한 근대 학문을 접한 학자일 경우라도 학문태도와 연구방법에는 동처와 부동처가 있기 마련이다. 그들의 학문태도와 연구방법의 연속성을 강조하면 보편성에 치중하게 되고 불연속성을 강조하면 특수성에 집중하게 된다. 이 때문에 상호의 시간적 경험이 다르고 서로의 공간적 무대가 다르면 인식방법과 사유체계도 달라지게 된다.

영호(映湖, 석전)당 정호(鼎鎬, 漢永, 1870~1948)[1]와 상현(無能)거사 이능화(侃亭, 無無, 1869~1943)는 대한시대[2]를 살았던 대표적 인문학자이자 불교학자라

---

1) 종걸·혜봉 공저, 『영호 대종사 일생록: 석전 박한영』(신아출판사, 2016).
2) 논자는 1897년 대한제국의 건국을 기점으로 이전과 이후를 선말 한초, 대한제국의 건립 이후 남북한통일까지의 시대를 대한시대로 명명하고 있다. 「己未獨立宣言書」에 '대한의 이천만 건아들아'라는 명명이 있듯이 이 안에는 대한시대 일제강점기와 분단시대 즉 대한

는 점에서 상통성이 있으며 출가의 선사와 재가의 거사라는 점에서 상이점이 있다. 그러면 이들의 전통과 현대, 문학과 역사, 역사와 철학, 철학과 종교, 종교와 문화(예술) 등을 바라보는 학문태도와 연구방법은 어떠했을까? 두 사람 다 전통을 소중히 여긴 이들이면서도 근대불교학의 방법론을 수용하려고 했던 이들이다. 이들은 한 살 터울의 동시대 사람으로서 각기 다른 처소에서 태어났지만 한양(서울)으로 올라온 뒤에는 일제에 의해 나라를 빼앗긴 시대와 한양(서울)이라는 공간에서 함께 살았다. 이들 두 사람은 각기 불교철학의 앞뒤에서 시대정신을 찾았으며 불교역사의 안팎에서 역사의식을 수립했다.

앞서의 경허 성우(鏡虛惺牛, 1846~1912)와 용성 진종(龍城震鍾, 1864~1946)이 각기 다른 방식으로 시대를 인식하고 역사를 이해한 것과 대비해 보면 영호와 상현의 시대정신과 역사의식도 각기 다른 방식으로 표출된다. 이들 두 사람은 일찍부터 학문과 교육의 중요성에 대해 남다른 통찰이 있었다. 학문이란 물음[問]과 배움[學], 생각[思]과 분변[辨] 그리고 행함[行]을 가리킨다. 즉 학문은 내용인 '무엇'(What)보다는 방법인 '왜'(How)에 대해 폭넓게 배우고[博學], 자세히 물으며[審問], 신중히 생각하고[愼思], 더밝게 분변하며[明辨], 독실히 행하는[篤行] 것이다.[3] 방법은 어떠한 목적을 이루기 위하여 취하는 법칙이나 도구이며, 철학에서 방법은 '객관적인 진리에 도달하기 위하여 연구하는 수법' 혹은 '사유대상의 취급법'을 가리킨다. 방법론은 '학문의 연구방법에 관한 이론'을 탐구하는 것이며 그것은 어떠한 목적에 대한 탐구의 심화 또는 새로운 접근을 의미한다.

영호와 상현은 동시대를 살면서 불교의 가치와 의미에 대해 남달리 생각했던 대표적 인물들이다. 이들은 '무엇'의 불교보다는 '왜'의 불교에 대해 크게 물었던 이들이다. 영호와 상현은 당시에 선교(도교)와 유교에 대응하는

남북(대한민국)시기와 대한북국(조선민주주의인민공화국)시기가 있다.
3) 『中庸』 20장. "博學之, 審問之, 愼思之, 明辨之, 篤行之."

'불교가 무엇이냐'가 아니라 선교와 유교가 아닌 '왜 불교이냐'에 대해 물었다. 이러한 물음은 불교가 지닌 시대정신과 역사의식만이 아니라 선말 한초를 살았던 당시 지성들의 시대정신과 역사의식의 요청과 깊이 연루되어 있다. 그리하여 이들은 전통의 계승과 현대의 수용에 있어 '무엇'과 '왜'의 비교와 대조 및 고증과 대결 등을 통한 객관적 '학문태도'를 견지하고 새로운 '연구방법'을 원용하면서 자신들의 학문적 작업을 해 나갔다. 이들 두 사람의 학문과 방법에 대한 본격 연구는 지금도 진행형이며 선행 연구는 지극히 소략하다.[4] 다행히 최근에 이르러 근대불교학에 대한 연구[5]가 활성화되어 가고 있어 그 과정에서 영호와 상현의 학문과 방법에 대한 검토[6]가 보다 다양해질 것으로 예측된다.

---

4) 高榮燮 외, 『석전 영호대종사』(조계종출판사, 2015). 여기에는 선운사와 월정사가 (사)한국불교학회와 공동으로 개최한 두 차례의 학술대회에서 발표한 김광식, 신규탁, 고영섭, 정도, 법상, 자현, 김상일, 오경후 등의 논문들을 수정, 보완한 논문 8편과 부록인 '석전 영호대종사의 법맥과 제자'가 실려 있다. 이외에도 이병주 외, 『석전 박한영의 생애와 시문학』(백파사상연구소, 2012)에는 이병주, 이종찬, 홍신선, 고재석, 김상일의 논문 5편과 부록으로 석전 박한영의 '年譜'와 '原文' 『石顚詩抄』(동명사, 1940) 및 『石顚文鈔』(법보원, 1962)가 실려 있다.

5) 이민용, 「불교학 연구의 문화배경에 대한 성찰」, 『종교연구』 제19집, 한국종교학회, 200.3; 이민용, 「근대 불교/학의 형성과 아카데미즘에서의 위상-서구 불교학 형성에 대한 반성적 성찰」, 『한국교수불자연합학회회지』 제18권 제1호, 한국교수불교자연회, 2012; 이봉춘, 「한국 불교지성의 연구활동과 근대불교학의 정립」, 『근대 동아시아의 불교학』(동국대출판부, 2008); 조성택, 「근대불교학과 한국 근대불교」, 『민족문화연구』 제45집, 고려대 민족문화연구원, 2006; 김상일, 「박한영의 저술 성향과 근대불교학적 의의」, 『근대 동아시아의 불교학』(동국대출판부, 2008); 高榮燮(a), 『한중일 삼국의 근대불교학과 방법론』, 『불교학보』 제51집, 동국대 불교문화연구원, 2005; 김영진, 「한국 근대불교학 방법론의 등장과 불교사 서술의 의미」, 『한국학연구』 제23집, 2010.11; 김용태, 「근대 불교학의 수용과 불교 전통의 재인식」, 『한국사상과 문화』 제54집, 한국사상과문화학회, 2008;

6) 이종은 외, 『이능화연구』(집문당, 1994); 이재헌, 「근대 불교학 성립의 배경과 과정」, 『이능화와 근대불교학』(지식산업사, 2007); 高榮燮(b), 「한국 불교학 연구의 어제와 그 이후: 이능화·박정호·권상로·김영수 불교학의 탐색」, 『문학 사학 철학』 제2호, 한국불교사연구소, 2007년 여름 통권 9호; 高榮燮(c), 「대한시대 불교학 연구의 지형」, 『불교 근대화의 전개와 성격』(조계종출판사, 2006).

Ⅱ. 영호와 상현의 생애

1. 선사의 시대정신

대개 '시대정신'이란 해당 시대의 지배적인 지적·정치적·사회적 동향을 나타내는 정신적 경향을 가리킨다. 더러는 '민족정신 혹은 국민정신에서 볼 수 있는 역사적·시대 제약적 성격' 또는 '세계사의 각 발전 단계에서 나타나는 보편적인 세계정신의 현상'으로 파악하기도 한다. 이러한 측면뿐만 아니라 보편적인 인간 정신이 특수적·역사적 현실 속에 펼쳐진 한 시대의 정신문화로 보는 견해도 있다. 반면 '그 시대에 특유의 사회적 상식' 혹은 '사회 상식의 변화'를 가리키기도 한다. 세기말을 경험한 영호 역시 이러한 시대정신을 일찍부터 견지하고 있었다.

영호는 선사이자 율사이며 강사였다. 또한 그는 시인이자 교육자였으며, 수필가이자 한학자였다. 영호는 전북 완주에서 태어나 16세에는 향리 서당에서 통사와 사서삼경을 수학하고 서당에서 접장을 하였다. 그는 전주 태조암에서 금산(錦山)에게 출가 득도한 뒤 장성 백양사 운문암에서 환응 탄영(幻應坦泳, 1847~1929)에게 사교를 수학하고, 순천 선암사의 경운(擎雲元奇, 1856~1936)에게서 대교를 졸업한 뒤, 순창 구암사에서 설유 처명(雪乳處明, 1858~1903)에게 법을 전해 받았다.

1908년에 서울로 올라온 영호는 대한정부가 일제 총독부에 나라를 빼앗기자 1911년 1월에 진응 혜찬(震應慧燦, 1873~1941), 용운 봉완(龍雲奉玩, 1879~1944), 성월 일전(惺月一全, 1866~1943), 금파 경호(琴波竟胡, 1868~1915) 등과 함께 조선총독부의 통제 속에 있는 친일화 된 원종(圓宗)에 맞서 임제종 운동에 참여하였다. 1913년에 그는 원종의 기관지인 『원종』을 이은 『조선불교월보』를 인수하여 『해동불보』로 제호를 바꾸고 발행인이 되어 이 잡지를

8호까지 간행하였다.

1908년에 원종 설립 때에 고등강사로 인선되어 명진학교에서 학인을 지도하였고, 1915년에 영호는 중앙학림 불학강사로 청빙되어 1916년부터 중앙학림에서 본격적인 강의를 시작하였다. 1919년에는 중앙학림 전임학장으로 선출되었다. 1926년에 그는 총무원의 불교학원과는 별도로 개운사 대원암에 불교전문강원을 설치하여 독립이 되던 1945년까지 이끌며 강학하였다.

1929년에 영호는 조선불교계의 교정으로 취임하였으며, 1932년에는 중앙불교전문학교 교장에 취임하였다. 1938년에 그는 중전 교장을 사임하고 개운사 계단의 전계아사리로 참석한 뒤 혜화전문학교 명예교수를 사임하고 1940년에는 구암사로 내려갔다. 1945년에 영호는 조선불교 교정으로 재취임한 뒤 평생 불교의 유신을 위해 헌신하다가 79세에 이르러 정읍 내장사에서 입적하였다.

그는 6백여 수의 시를 수록한『석전시초』, 화엄론적인 진리를 찾는 자세 등을 기록한『석림수필』등 문학 분야 뿐만 아니라 불교 분야의 많은 논저를 남겼다. 불교에 입문한 사미(니)들을 위해 정밀하게 가려뽑은『정선치문집설』, 선가의 집대성인 염송설화에 대해 정밀하게 가려뽑은『정선염송설화』, 출가자의 지계 의식을 강화하기 위해 편찬한『계학약전』, 선문의 선화를 새롭게 편집한『염송신편』, 인도불교논리학자인 진나(陳那)와 그 제자인 상갈라주(商羯羅主) 및 규기(窺基)의 주소를 모아 엮은『인명입정리론회석』, 세친(世親)의『대승백법명문론』과 명나라 보태(普泰)가 편찬한『팔식규구(補註)』를 함께 모아 현토한『대승백법·팔식규구』(1931) 등의 저술과 다수의 논설을 남겼다. 특히 이들 불교 교학서들은 중앙학림과 1926년에 개원한 개운사 대원암 불교강원의 교재로 사용한 것으로 추정된다.

영호는 어릴 때부터 익힌 통사와 사서삼경 및 서당 접장으로 갈고 닦은

문사철과 불선유 및 벽하(碧下) 조주승(趙周昇)에게 배운 서예와 고한(古懽) 강위(姜瑋)에게 배운 시풍으로 시서화에도 능하였다. 그리하여 그는 특유의 박람강기로 대한시대 대일항쟁기의 인문학을 주도하였으며 그의 문하에서 수많은 통재들이 교유하였다. 강사시절부터 그는 선암사의 금봉(錦峰)과 화엄사의 진응(震應)과 더불어 조선불교의 삼대 강백으로 추앙을 받았다. "오직 사(師)는 삼장강설(三藏講說)을 주로 하는 외에 경사자집(經史子集)과 노장강설(老莊講說)을 무불겸섭(無不兼涉)하였으며 서법(書法)까지도 겸통(兼通)하는 희세의 대종장(大宗匠)이었다."7)

영호는 불교의 유신을 위해 한문과 국한문혼용체의 말과 글을 넘나들면서 계몽하고 실천하였다. 그가 『조선불교월보』를 인수하여 1913년에 불교잡지 『해동불보』로 재창간하고 문필을 드날렸던 것도 이러한 인식에 근거했기 때문이다.

> "새로운 말과 새로운 글은 어찌 캐어서 듣지 않겠는가? 말이 꼭 아름답지는 못하다 해도 시대에 맞고 마땅한 바가 있다면 꼴 베는 사람의 말도 찾아 들어야 한다. 불교유신에 몸을 던져 가르침의 바다에서 희생할 각오가 되어 있다."8)

영호는 불교의 유신을 위해서라면 말이 아름답지 않다고 하더라도 시대에 맞고 합당하다면 빈부와 귀천을 따지지 않고 꼴 베는 사람의 말도 찾아들어야 한다고 역설하였다. 그만큼 그는 불교계의 위기에 대한 경종과 불교의 기회에 대한 독려를 아우르고 있었다. 영호가 '불교의 흥폐 소이'에 대해 남다른 고뇌를 가졌던 것도 이 때문이었다. 그리하여 그는 우리 역사에서 "삼국은 배태(胚胎)시대, 나려(羅麗)는 장성(壯盛)시대, 조선은 노후(老朽)시대, 지금의 성명천지(聖命天地)는 부활시대"로 규정하고 "이후는 이사(理事)에 원

---

7) 金永遂, 「故太古禪宗敎正映湖和尙行績」, 『石顚文草』
8) 朴漢永, 「新語新文은 胡不采聽」, 『朝鮮佛敎月報』 제19호, 1913.8.

융(圓融)을 실현해서 사사(事事)에 전창(全彰)할 중대한 시대"⁹⁾로 전망하였다.

당시 영호는 대한불교에 대한 부정적 역사인식과 전환적 시대정신을 지니고 있었다. 그는 명진학교 강사로부터 중앙학림 숙장을 거쳐 이후에 중앙불교전문학교 교장 및 조선불교 교정을 거치면서 대한불교를 환골탈태시키기 위해 헌신하였다. 하지만 대다수의 승려들은 현실에 대한 혁신과 쇄신에 대한 생각을 하지 못한 채 이상의 장막 뒤로 숨거나 강고한 현실에 무방비 상태로 노출되어 있었다. 반면 영호는 한국불교의 맨얼굴과 대면하면서 쇄신을 통해 역사적 전환을 도모하고자 하였다. 이와같은 가풍은 그의 선사적 기질을 보여주는 곳에서 잘 드러나고 있다.¹⁰⁾

이러한 영호에 대해 상현은 『조선불교통사』에서 별도의 조목을 시설하여 다음과 같이 평하였다.

> "석전은 불교의 개량(改良)을 자신의 임무로 삼고 있으며 세속의 전적을 섭렵하는데 남다른 여력(餘力)을 남기지 않는다."¹¹⁾

영호는 평생을 '불교의 개량' 즉 '불교의 유신'을 자신의 임무로 생각하였다. 그는 "간혹 시를 지음으로 여기에 담겨진 사상이 범상치 않고 홀로 깊은 경지에 이르러 그 높은 격조는 고인의 걸작과 맞먹고 문장 또한 선리(禪理)를 잘 표현해 걸린 바가 없다." 또 "이미 많은 서적을 탐독하여 아는 바가 깊고 넓기에 사물에 감촉하면 물줄기가 뿜듯 하며, 또 그 기억한 바와 평생 섭렵한 것을 낱낱이 들어 말하기 어렵다. 그러므로 스님을 따라 국내 명승지를 순방하며 산천, 풍토, 인물로부터 농업, 공업, 상업과 노래며 소설에

---

9) 朴漢永, 「불교의 興廢所以를 탐구할 今日」, 『海東佛報』 4, 1914; 「學虛는 不如小補」, 『海東佛報』 2, 1913.

10) 1933년 4월 29일에 열린 일본 왕 히로히토(裕仁) 생일을 축하하는 천장절(天長節) 경축식에서 영호는 "아 아 그란디… 오늘이 바로 일본 천황 생일이래여, 그러니 잘들 쉬여"라고 단 10초만의 경축사를 하였다.

11) 李能和, '朴漢永'조, 『朝鮮佛教通史』 하편(보련각, 1976), p.954.

이르기까지 모두 평소에 익힌 바처럼 모르는 것이 없음으로 그 고장 사람들도 멍하여 말문을 열지 못한다."12)

당대의 지인들의 평가로도 알 수 있는 것처럼 그는 조선불교의 주체의식에 대한 깊은 사색을 지니고 있었다. 무엇보다도 그는 조선사학이 연구되지 않은 것은 중국에 대한 사대주의로부터 온다고 하였다. 조선불교사에 대한 그의 세 가지 문제의식은 첫째, 조선불교의 탁월함에 대한 기록이 없다. 둘째, 가락국과 금강산이 인도에서 직접 들여온 조선불법의 연원지여서 중국 효명제(孝明帝) 때보다 먼저임에도 실제 기록으로 전하는 바가 없어 겨우 소수림왕 때 불교가 들어왔다. 셋째, 1,000년을 단위로 보는 보통 사학의 성질은 출세간법인 불교사학과 다르므로 기사(記事), 기언(記言), 기물(記物) 그 자체인 금석학, 미술학 등 불교사의 자료가 될 만한 것은 모두 모아 연구해야 한다13)고 하였다.

나아가 영호가 불교사적으로 연구해야 할 것이라고 제안한 것은 첫째는 불법이 들어온 연원을 자세히 살피며, 둘째는 고승 전등(傳燈)의 기연이며, 셋째는 탑사와 상보(像寶)의 연혁이며, 넷째는 장판과 금석(金石)의 이름 있는 성취이며, 다섯째는 세워지고 만들어지는 미술이며, 여섯째는 범음(梵音) 같은 옛날 음악의 보존이다14)고 하였다. 이처럼 영호는 정신문화의 사대주의를 비판하고 조선불교사에 있어 긍지를 심어줄 수 있는 부분은 주체성을 갖게 해주는 것이라고 보았다. 이러한 주체적인 사관 위에서 영호는 민족사학 방법론의 체계를 세운 것15)으로 이해된다.

12) 鄭寅普, 「石顚스님 行略」, 『영호대종사문집』(동국출판사, 1988), p.21.
13) 朴漢永, 「讀敎史論」, 『조선불교월보』 제13호, 조선불교월보사, 1913.2, p.22.
14) 朴漢永, 「朝鮮佛敎의 史蹟尋究」, 『海東佛報』 제8호, 1914.6, p.5.
15) 高榮燮(b), 앞의 글, pp.74~75.

2. 거사의 역사인식

흔히 역사인식이란 '시간적 계기(契機)로 포착한 사회현상의 변화과정에 주체적으로 관계를 가지려는 의식'이다. 또는 '역사적 경험을 통해서 개인 혹은 민족의 역사적 위치와 자아를 자각하게 하는 가치 의식'이다. 동시에 '나의 개인윤리를 공동체의 사회윤리와 근접시키려는 노력'이자 '시간적, 공간적 차원에서 가지는 존재론적 자아의식'을 일컫는다. 상현 또한 고전에 대한 폭넓은 열람과 강력한 기술(博覽强記)를 통해서 어려서부터 이러한 의식을 지니고 있었다.

상현은 거사이자 학자이며 교육자였다. 또한 그는 역사가이자 문화인이었다. 상현은 충북 괴산에서 법부의 협판 이원긍(李源兢)의 아들로 태어났다. 그는 어려서부터 한학을 배우고 1889년에 정동 영어학당을 졸업했으며, 1892년 『원각경』을 보다가 발심하여 불교에 귀의하였다. 1894년에 상현은 한어학교를 마치고 이듬해 관립 법어(프랑스어) 학교에 입학했다. 1897년에 그는 어학에 정통하여 관립 한성외국어학교 불어교관으로 교장을 지냈다. 1900년대 이후에 상현은 불교학과 불교사 및 민속과 종교 연구에 주력하였다.

1907년에 그는 명진학교에서 어학과 종교사를 강의하였고 1912년에는 여러 종교를 망라한 『백교회통』을 저술하였다. 특히 상현이 불교를 선양하고 불법을 홍포하기 위해 지은 『조선불교통사』를 펴낸 이후에는 불교진흥회의 임원으로 참여하였고 불교 잡지 간행과 여러 집필에 치중하였다. 1922년부터는 15년간 조선사편수회의 『조선사』 편찬위원으로 활동하였고 1930년에는 중앙불전에서 조선종교사를 강의하면서 자료조사와 정리 및 불교와 종교학 연구를 시종하였다. 이후 그는 『조선사회사』, 『조선유교급유학사상사』, 『조선의학발달사』, 『조선십란록』, 『조선잡록』, 『조선기독교급외교사』, 『조선해어화사』, 『조선여속고』, 『조선무속고』『조선도교사』(遺

稿) 등 종교 및 민속 관련 분야에서 많은 성과를 남겼다.

이 과정에서 상현은 민족사 왜곡과 식민사학 확립에 지도적 역할을 했다 하여 친일파로 규정16)당하기도 하였다. 하지만 그는 「조선불교통사」에서 보이는 것처럼 '상현 왈'(尙玄 曰)17)을 통해 자신의 불교사관을 분명히 피력하고 있다. 이것은 일연이 『삼국유사』에서 '상시논지'(嘗試論之) 혹은 '할주'(割註) 등을 통해 사실의 단순한 복기(復碁)를 넘어 논리적 사고에 입각하여 사료의 정합성(整合性)을 따지며 객관적인 불교사관을 보여준 것과 일맥상통하고 있다.

상현이 "한국 종교 전반에 대하여 폭넓은 문헌 중심의 이른바 종교사학을 펼쳤고, 한걸음 더 나아가 새로운 성향의 종교양태론적(넓은 의미의 종교현상학적) 안목을 초대하고 있다"는 평가나 '근대 한국학의 선구자' 또는 '근대 한국 종교학의 아버지'18)라고 평가를 받고 있는 것은 이러한 맥락에서라고 할 수 있다. 이것은 그가 선사인 영호와 달리 거사인 학자였다는 점에서 뿐만 아니라 당시의 강력한 시대정신과 역사인식 및 주체의식이 상현의 행로를 만들어 낸 것으로 보인다. 이러한 행적이 결과적으로 상현이 종교사학자로 자리매김하는 계기를 만든 것으로 짐작된다.

---

16) 이이화, 「이능화 – 민족사 왜곡과 식민사학 확립의 주도자」, 『친일파 99인』 제2권(돌베개, 1993), pp.241~247.

17) 이능화는 '尙玄 曰'의 표기를 통해 자신의 불교사관을 또렷이 보여주고 있다. 상편에 10회, 중편에 2회에 견주어 하편에는 119회나 보여주고 있다.

18) 김종서, 「한말 일제하 한국 종교 연구의 전개」, 『한국사상사대계』 6(정신문화연구원, 1993), pp.243~314.

Ⅲ. 영호와 상현의 학문태도

1. 선교 병행과 문사철 전통 계승

영호는 선사, 율사, 계사이면서도 국학 전반에 대해 박학하였다. 상현 역시 우리나라 종교와 민속 및 지리 등에 일가를 이루었다. 이들 두 사람의 학문적 기반이 불교를 기저로 하고 있다는 점에서 뿐만 아니라 국학의 심층화와 한국학으로의 확장성에 대해서도 남다른 고뇌를 지녀왔다는 점에서 상통하고 있다.

영호나 상현 모두 불자로서 당시의 한국불교에 대한 남다른 애정과 회한을 지니고 있었다. 이들 두 사람은 모두 전통 한학에 기반해 있어 불교의 전모에 대해 잘 파악하고 있었다. 이 때문에 한국불교의 두 축인 선법(禪法)과 교법(敎法)의 병행과 균형 속에서도 선종을 특히 강조해 왔다. 이것은 조선조 이후에 선법 중심의 선교 통합이라는 불교의 모습과 밀접하게 통하는 것이기도 하다. 이러한 일련의 과정에서 두 사람이 불도유(佛道儒) 삼교에 기반한 시(詩)와 문(文), 불교 역사(歷史)와 불교 철학(哲學) 관련 글들의 지속적 발표를 통해 몸소 보여준 것은 문사철 전통의 계승이었다고 할 수 있다.

> 나의 관측한 바는 아주 오랜 옛적 이래로 미증유(未曾有)한 이성이 융통하는 것을 깨달으신 초지(初地)에 부처님이 깨달으신 이상적인 대진리요, 중생을 교화하기 위한 선(善) 방편인 것이다. 일체 모든 것의 구경적(究竟的) 원만함이란 바로 숨어 있어도 오묘하고 그윽한 경지를 나타낸다. 또한 구경적 화엄법계(華嚴法界)의 목적에 도달한 시절인연(時節因緣)은 즉 모든 세계의 개개 인문(人文)과 인지(人智)와 사회질서는 종교적, 철학적, 과학적 방면에도 훈도(薰陶)되는 것이므로 이것은 바로 모든 것이 원융무애(圓融無碍)한 참다운 경계를 나타낸 것이니, 최종적인 화엄과 최초적인 화엄이 한결같이 일어나는 까닭으로 불교는 과거, 현재의 불교만이 아니라

미래의 불교로 전진하는 것이다.19)

영호는 한국불교의 두 축이라고 할 수 있는 화엄과 선법의 의미와 가치에
대해 강조하였다. 일체 모든 것의 '구경적 원만함'이란 숨어 있어도 오묘하
고 그윽한 경지를 나타낸다고 역설한다. 이 때문에 구경적 화엄법계의 목적
에 도달한 시절인연은 곧 모든 것이 원융무애한 참다운 경계를 나타낸 것이
니 최종적 화엄과 최초적 화엄이 한결같이 일어나는 까닭에 미래의 불교로
전진할 수 있다고 말하고 있다. 또 영호는 작시와 작문을 통해 문사철의
전통을 계승하였다.

> 이따금 지으셨던 시문(詩文)에는 따를 수 없는 깊은 사상이 깃들어 있
> 었고 홀로 좌선에 들기라도 할 때면 그 고고함이 곧바로 부처님의 모습
> 그것이었다. 문장을 지으실 때나 선리(禪理)를 펼치실 때에도 걸리거나 막
> 히는 바가 전혀 없으셨음은 마치 산더미 같은 책을 쌓아놓은 커다란 서재
> 에서 어느 때고 손만 움직이면 모든 게 샘솟듯 술술 풀려나오는 격이었다.
> 또한 그 특출한 기억력으로 쌓은 상식은 한번 섭렵할 것이면 그 어느 것이
> 라도 열거치 못하시는 바가 없어서 어쩌다가 스님을 따라 명승지 여행이라
> 도 하게 되면 산천, 풍토, 인물을 비롯하여 농사, 공업, 상업은 물론 심지
> 어 가요와 패관문학에 이르기까지 속속들이 알고 계시기 때문에 매양 그
> 지방에 거주하고 있는 인사들이 도리어 넋을 잃고 몰랐던 점을 깨닫곤 하
> 였다.20)

어릴 때부터 한학을 익힌 영호는 특유의 박람강기로 문사철 방면의 고전
을 종횡무진하였다. 그의 특출한 기억력은 문학이면 문학, 사학이면 사학,
철학이면 철학 어느 방면에도 막힘없이 박물지 같은 정보를 쏟아내어 동행
들을 경탄하게 하였다. 더욱이 한번 섭렵한 상식은 깊이 입력되어 시의적절
하게 재현되면서 해당 지방 거주 인사들의 무지를 일깨워주었다. 이들 모두

---

19) 박한영, 「讀敎史論」, 『조선불교월보』 제13호, 1913.2.
20) 정인보, 「石顚上人小傳」, 『石顚詩草』(동명사, 1940).

는 책읽기와 깊은 사색 및 글쓰기로부터 비롯된 것으로 이해된다.

상현 역시 영호와 크게 다르지 않았다. 그는 문사철 중 특히 문학과 철학에 집중한 영호와 달리 만년에 이르러 역사와 문화에 치중하였다. 상현은 처음에 유학을 공부하여 입신 출세하려고 계획을 세웠다. 이어서 외국어를 익혀 새로운 문화를 통한 조국에 대한 봉사와 외국어 교육을 통한 교육봉사의 길로 나아가려 하였다. 1908년 정월에 상현은 관립 한성외국어학교 학감이 되었지만 1910년에 나라를 빼앗기면서 한성외고는 폐교되었다. 결국 상현은 자신의 특장이었던 외국어 습득을 통한 나라에 대한 봉사의 원력이 좌절되었다. 대신 그는 자신의 이름과 부인 정인호(鄭仁鎬)의 이름에서 각각 '능'(能)자와 '인'(仁)자를 따서 사립 능인보통학교를 세우고 교장에 취임하였다. 하지만 능인학교 역시 총독부 관리 아래에서 학교 운영이 뜻대로 되지 않아 우울한 시기를 보내다가 1915년에 교장직을 사임하였다.

1914년에 그는 불교진흥회 간사에 피선되고 다음해에 『불교진흥회월보』 편집인이 되었다. 이즈음부터 상현은 역사를 연구하면서 종래에 써오던 간정(侃亭)이란 아호를 피하고 무무(無無), 무능거사(無能居士), 일소거사(一笑居士)라고 하였다. 아마도 이같은 일련의 작호(作號) 과정은 나라를 잃고 자존을 잃은 통한의 시대상황 속에서 어찌할 수 없는 한 지식인의 자책적 자기 인식이 드러난 명명으로 이해된다. 이 때문에 이후 역사 연구에 들어선 그가 쏟아낸 대작들은 모두 아무것도 할 수 없는 지식인의 탈출구 내지 정신적 둥지로서 읽혀지기도 한다.

1923년 1월 8일에 열린 제1위원회 석상에서 동료였던 일본인 이나바 이와요시(稻葉岩吉)가 "신라통일시대의 조선은 현재의 조선과는 지역이 다르고 현대의 조선에서 본다면 한 지방에 국한되었던 명칭"이라고 한 발언을 듣고 "한국사의 체계에 발해사가 고구려사와 함께 마땅히 들어가야 함"을 강력히 주창하였다. 또 "건국신화는 민족정신을 발휘하는 것이므로 반드시 역사에 실어야 한다"고 주장하였다.[21] 이처럼 상현은 민족적 주체의식을 잃지 않는 동시에 민족사 날조를 저지하기 위해 헌신하였다.

이러한 노력은 그의 역사인식에서 비롯된 것이라고 할 수 있다. 널리 알려진 상현(尙玄) 즉 가물가물한 '현'을 숭상한다는 아호는 그가 만년에 이르러 사용한 것이다. 보수적인 한학을 공부하던 그가 여러 외국어를 습득하고, 종교는 물론 사회적인 관심 밖에 있던 민족의 기층문화에 대해 애착을 가지고 학문적인 체계를 수립하려 한 점은 높이 평가해야 할 것이다. 이 때문에 어려운 생활을 돌보지 않고 학문으로서 보국하려 했던 상현을 근대 한국학의 한 태두로 꼽는 것은 타당하다고 본다.[22]

우리는 상현이 국학 분야에 있어서 종교학, 민속학, 역사학에서 개척적인 역할을 해 온 것에 대해서는 부인할 수 없을 것이다. 물론 그의 학문이 단순한 자료의 모음에 지나지 않는다고 폄하하는 이들도 없지 않다. 하지만 자료 모음 자체가 이미 일정한 학문적 지향과 방법론, 그리고 가치관의 정립이 전제되지 않고는 성립될 수 없다는 점을 고려한다면 그렇게 폄하할 수만은 없는 것이다. 그의 저작에는 그 나름대로 역사관과 방법론이 투영되어 있기 때문이다.

그리고 상현이 이들 저술에서 자신의 견해와 관점을 가급적 억제하였던 것은 객관성과 실증성을 최대한 확보하기 위한 학문적 태도였음을 간과해서는 안될 것이다. 그가 남긴 저작들이 사라지지 않고 오늘날에도 여전히 여러 사람들에게 읽혀진다는 사실을 알게 된다면 불교사, 도교사, 무속사를 비롯한 상현의 학문적 성과를 인정하지 않을 수 없게 될 것이다.

---

21) 이능화, 「이조불교사」, 『불교』 제1호, 1924년 7월.
22) 이종은, 「이능화의 생애와 학문」, 이종은 외, 앞의 책, p.20.

2. 전통의 재현과 현대와의 통로

영호와 상현은 전통의 국학에 박학하였던 이들이었지만 현대와의 통로는 늘 열어두고 있었다. 이들은 모두 불교의 유신 즉 불교의 개량을 위해 헌신을 하였다. 특히 영호는 문예 이론을 소개하면서 천뢰와 인뢰를 대비하여 '시선일규론'(詩禪一揆論) 즉 '시와 선은 하나다'라는 자신의 독자적 이론을 구성하고 있다.

영호가 택한 글쓰기의 성향을 들여다보면, 문체의 면에서는 한문 글쓰기, 국한문체 글쓰기 방식을 병행하고, 내용면에서는 유교적 글쓰기와 불교적 글쓰기를 보이고 있다.[23] 이러한 태도는 그가 전통과 현대의 소통을 염두에 두었음을 알게 해 주는 것이다. 영호는 평생을 전통을 재현하여 현대와의 통로를 모색하였기 때문이다. 그것은 천뢰의 신비로운 운율과 인뢰의 정밀함과 공교함의 소통 과정이기도 했다.

> "… (중략) 그러나 시도(詩道)의 입문 공부는 입명지(立命地)가 확정되었다 하더라도, 또한 마치 공중의 조그만 구멍의 길처럼 달리지 못하기 때문에 천뢰(天籟)의 신비로운 운율에 치우쳐 이루지 못하면, 공소(空疏)와 부곽(膚郭)한 데에 흘러 실질적인 솥 속의 한 점 살코기[臠肉]를 맛보지 못함과 같도다. 산동 왕완정(山東 王阮亭)은 명가가 아니라고는 할 수 없으나, 이를 배우는 이는 쉽사리 공소한 함정에 떨어지게 될 뿐이며, 인뢰(人籟)의 정밀함과 공교함(精工)에 치우쳐 이루지 못하면 경속(輕俗)과 섬교(纖巧)에 흘러 상승 경지를 초월하지 못하게 되고, 강남 원간재(江南 袁簡齋)는 명가가 아니라고는 할 수 없으나, 이를 배우는 이는 쉽사리 화려한 그물에 걸릴 뿐이다. 그럼으로써 좌우에 떨어지지 아니하고 대방(大方: 大法)의 시에 규칙을 밟아나가는 것은 신운(神韻)의 천뢰를 창(唱)하여, 정공(精工)의 인뢰에 맞춘 이후에야 시도(詩道)가 바야흐로 원만해지는 요결

---

23) 김상일, 「석전 박한영의 이중적 글쓰기와 불교적 문학관」, 이병주 외, 『석전 박한영의 생애와 시문학』(선운사, 2012).

이 아니겠는가?"[24]

영호는 천뢰의 신운이 인뢰의 정공에 부합할 때 비로소 시의 도가 원만하다고 강조하였다. 이것은 예로부터 시인의 타고난 천성이 제각기 달랐는데 어떤 이는 신비한 운율이 높이 뛰어나 세상을 초월한 반면 어떤 이는 정밀하고 공교로움이 뛰어나 심오하고 신묘하였다. 하지만 바라밀의 경지에 이르러서는 마치 물가의 난초와 울밑의 국화처럼 제각기 향기를 지니고 있는 것처럼 공(功)과 원(願)이 원만함에 이르면 어느 것이나 비로자나의 최고 경지라고 할 수 있다고 하였다. 이것은 자연과 인간, 세계와 주체의 조화에 의해 시의 진미가 이루어질 수 있다고 본 것으로 이해할 수 있다.

한편 상현은 전통의 재현과 현대와의 통로를 위해 기술한 『조선불교통사』이외에 『이조불교사』도 20회에 걸쳐 연재를 하였으며[25] 만년에는 『조선도교사』 원고를 남겼다. 1959년에 동국대학교에서 원고대로 영인 출판한 이 책은 200자 원고자 489면에 이르는 방대한 한문저술이다. 그가 살아있을 때까지 출판되지 못했지만 이후 영인 출판에 이어 한글로 번역되어 출판되었다. 여기에 인용된 문헌은 대략 100여종에 이르고 있어 『조선불교통사』에 이은 또 하나의 대작이라 할 수 있다. 이 책의 특징은 대략 세 가지로 요약해 볼 수 있다.

첫째, 종교로서의 도교가 이 땅에 들어오기 이전의 신화 전설들을 도가설의 영향으로 보았다. 둘째, 삼국시대의 도교 수입에 대해 기술하고 있다. 셋째, 조선조에서 이루어진 도불(道佛) 혹은 불도유의 혼합 또는 잡유(雜糅)에서 오는 사상 등을 도교와 구별하여 기술하고 있다. 하지만 이 책에서는 도가와 도교의 관계를 전혀 구분하지 않고 서술하고 있다.

---

24) 朴漢永, 「天籟와 人籟가 서로 부합해야 詩道가 원만해진다(天籟와 人籟詩道方圓)」, 앞의 책, pp.31~34.
25) 이것은 상현이 1923~1924년에 조선사학회에서 간행한 조선사 강좌분류사 특별강의의 원고로 집필된 것으로 추정된다. 이 연재 원고는 단행본으로 간행되지는 않았다.

『조선무속고』는 육당이 주재하던 계명구락부의 기관지인『계명』19호 (1927)에 발표된 글이다. 이 글은 최남선의『살만교차기』(薩滿敎箚記)와 함께 실려 있는 점으로 미루어보아 아마도 당시에 무속 특집으로 기획된 것으로 짐작된다. 상현은 무속을 배격의 대상으로서가 아니라 우리 문화전통과 사회구조의 기층으로 보았다. 그는 우리 고대의 신교와 민족의 사상 혹은 신앙을 연구하려면 무속을 깊이 연구해야 한다고 하였다. 이 책은 상현이 일본인들이 우리 문화를 말살해 가고 있는 것을 목격하고 우리 문화와 역사의 기층 파악을 위해 우리 민족혼의 부활을 염원하면서 펴낸 것이다.

『조선여속고』는 고대로부터 조선조 말까지 우리나라 여속 전반과 그에 관련되는 사항을 항목별로 서술한 여성에 대한 최초의 저작이다. 이 책 이전에는 우리나라 여성에 대한 문적(文籍)을 찾아보기 어렵다. 상현이 서문에서 밝히고 있는 것처럼 "여성이 인구의 반을 점한다"는 점과 당시 미국인 임락(林樂)이 쓴『오주여속통고』(五洲女俗通考)에 조선의 여인에 대해서는 "아이가 울면 고양이가 온다고 으른다"는 기록 이외에는 여성사에 대한 기록이 아무 것도 없다는 사실에 근거해 보면 이 책의 가치와 의미는 상당히 높다.

여기에는 가장 큰 비중을 둔 혼인관련 풍속, 혼속의 여러 내용, 신앙 또는 미신 내지 혼인제도의 변천과정, 복장의 유래와 자료, 장식[26] 등을 소개하고 있다. 특수 여속으로 지식여성들의 학문과 그들의 문학작품 그리고 신사임당, 허난설헌 등 저명한 여성들의 소개, 여성의 노역(勞役)[27]에 대해 서술하고 있다. 다만 이 책에서는 사실을 기술할 뿐 그 이상의 비평은 크게 보이지 않는다.

『조선해어화사』는 책의 서문에서 밝히는 것처럼 말을 알아듣는 꽃 즉 기생에 대해 총 35장으로 구분하여 서술하고 있다. 그는 기생에 대해 "천하에 가장 아름답고 가장 사랑스러운 것은 꽃과 같은 것이 없다. 그래서 뜰에

---

26) 장식으로는 冠屨, 釵環, 脂粉 등에 대해 기술하고 있다.
27) 여성의 노역으로는 農蠶, 紡績, 舂役, 針線, 奉祭祀, 接賓客 등이 소개되고 있다.

심어 가꾸고 상머리를 두고 완상하고 신불(神佛)에게 바치고, 벗들과의 잔치에도 쓰인다. 도연명(陶淵明, 365~427)은 국화를 사랑하여 은사(隱士)라 하였고, 주돈이(周敦頤, 1017~1073)는 연꽃을 사랑하여 군자(君子)라 하였는데, 이것은 꽃의 품격을 사랑하여 사람으로 비유한 것이다. 그러나 이는 다 미인만 같지 못하고 말을 알아듣는 꽃이 더욱 아름답다"고 하였다.

상현은 신라의 원화(源花)를 그 기원으로 보며 고려시대 기생의 기원, 여악(女樂), 조선조의 기녀 설치의 목적으로 여악과 의녀(義女) 및 침비(針婢) 등을 서술하고 있으나 내용은 풍류와 예기(藝妓)에 대해 언급하고 있다. 당시의 기생은 사회적 신분은 낮았으나 그들의 교양과 예술은 사대부들과 함께할 수 있었다는 점에서 오늘날의 작부와 창녀와는 다르다. 시인 묵객과 벗이 되는 해어화의 이야기는 문학과 예술을 이해하는 데에 빠질 수 없는 것으로서 존재해 왔다. 이 책은 미모와 재주로 이름난 기생, 시·노래·서화에 뛰어난 기생, 해학을 잘하는 명기, 국난에 빛나는 의기(義妓), 절기(節技), 효기(孝妓). 지기(智妓) 등의 이야기와 기생들의 빼어난 한시와 시조 작품에 대한 이야기까지 다루고 있다.

이처럼 영호와 상현은 전통의 재현과 현대와의 통로를 모색하기 위해 발벗고 나섰다. 이들은 전통 속에서 계승할 것을 재현해 내려 했고 그것의 장점과 강점을 드러내기 위해 방대한 인문학적인 접근을 도모하였다. 그것도 왕실 것보다는 절집과 시정의 것, 높은 관료보다는 승려와 서민의 것, 의례적인 것보다는 평상적인 것과 일상적인 것들에 대해 자세히 기록하고 있다. 그것은 전통의 재현과 현대와의 대화를 위한 노력이었다. 그 과정에서 이들은 잡지의 간행과 논설의 발표를 통해 계몽의 전위에 나섰다.

3. 잡지 간행과 논설 발표

대한시대의 주요 지식인들은 불교의 유신을 위해 다각도로 활약하였다. 이들은 국민들을 계도 혹은 계몽하기 위한 기제로서 신문과 잡지와 같은 매체의 중요성을 누구보다도 잘 알고 있었다. 당시 주요 지식인들은 모두 잡지의 창간과 인수 및 경영을 통해 필자의 발굴과 계몽의 역할을 주도하였다. 이들은 전방위로 활약하면서 문학, 역사, 철학, 종교, 예술을 비롯하여, 정치, 경제, 사회, 문화, 과학의 분야에 걸쳐 직접 글을 쓰거나 필자를 발굴하여 원고를 청탁하였다. 이를 뒷받침하기 위해서는 이들의 글을 실을 매체가 필요하였다.

불교계 최초의 월간지는 1910년 12월에 원종 교무원이 발행한 『원종』이었다. 이 월간지는 당시 막 출범한 종단인 원종의 기관지였으나 겨우 2호만 내고 중단되었다. 이어 권상로가 발행인 겸 편집인으로 발간한 『조선불교월보』가 나왔다. 이것은 지상포교를 목적으로 한 종합 불교문화지로서 일종의 문화기구로서의 역할을 하고자 한 최초의 월간지였다. 하지만 이 『조선불교월보』[28)는 1913년 8월 19일에 19호를 간행하고 종간되었다.

뒤이어 이것을 계승한 『해동불보』가 1913년 11월에 발행인 겸 편집인인 영호 즉 박한영에 의해 간행되었다. 하지만 이것도 이듬해 6월에 8호까지 발간하고 종간되었다. 영호는 이 잡지를 통해 자신이 생각했던 불교의 유신 즉 불교의 개량에 관한 다수의 논설을 발표하였다. 이 글들은 당시 불교 지식인들의 대사회적 발언이자 존재 그 자체였다.

독실한 거사였던 상현은 1915년 3월에 『불교진흥회월보』(9호로 종간)를 발행하였으며, 그 이듬해 4월에는 『불교계』(3호로 종간)를 발행하였다. 다시 그

---

28) 영호는 『원종』을 계승한 『조선불교월보』를 이은 『해동불보』를 간행하였고, 상현은 『조선불교진흥회월보』와 『불교계』와 『조선불교총보』를 발간하였다. 두 사람은 각기 이들 잡지를 무대로 논설을 발표하였다.

이듬에 3월에는 「조선불교총보」(22호로 종간)를 발행하였다. 이 잡지가 종간될 즈음 그는 『조선사』 편수관과 편수위원이 되어 한국문화에 대한 관심과 의욕이 크게 고양되었다. 그 결과 상현은 『조선사회사』, 『조선유교급유교사상사』, 『조선의약발달사』, 『조선십란록』, 『조선잡고』 등의 책을 저술하여 이 분야 연구에 기반을 다져놓았다.[29]

상현은 1931년에 이르러 오세창, 최남선, 박승빈 등과 함께 민족계몽 단체인 계명구락부를 설립하였다. 이곳에서 이들은 『계명』, 『신민공론』, 『낙원』, 『신천지』 등의 잡지를 발행하였다. 아울러 『삼국유사』와 『금오신화』 등의 고전을 간행하여 대중들을 교화하였다. 동시에 언론의 힘을 빌어서 일제에 항거하기도 하였다. 상현은 『조선불교통사』를 필두로 하여 『백교회통』, 『조선불교통사』, 『조선기독교급외교사』, 『조선해어화사』, 『조선여속고』, 『조선무속고』 등을 남기고 있다.

이처럼 영호와 상현 역시 모두 잡지를 발간하고 경영하면서 다수의 논설을 발표한 불교계의 대표적 학자들이자 지식인들이었다. 이들의 계몽과 여론 형성에 의해 불교계는 새로운 여론 형성의 동력을 얻었고 새로운 필자의 발굴을 통해 불교 바깥과도 소통할 수 있었다. 그 결과 불교계는 조선조 이전의 대 사회적 존재감을 재확립하는 계기를 어느 정도나마 마련할 수 있었다.

---

29) 하지만 상현의 방대한 원고 일부는 6.25 전쟁 속에서 사라져서 행방을 알 수 없게 되었다.

Ⅳ. 영호와 상현의 연구방법

1. 實事 서술과 종교 민속 서술

시인으로 이름을 떨친 영호당의 한시는 실사(實事) 서술에 치중한 그의 문학론에 입각해서 이해할 수 있다. 그는 「상승에 이르면 시와 선은 하나이다」(及到上乘詩禪一如)에서 알 수 있는 것처럼 그는 시와 선을 하나로 보았다. 이것은 천지의 조화인 천뢰(天籟)와 인력으로 이르는 인뢰(人籟)의 대비를 통해 천뢰가 인뢰가 되고 인뢰가 천뢰가 되어 결국 천뢰와 인뢰가 하나가 되는 지점에서 크게 발휘된다는 그의 천뢰적 시선일규론이다. 영호는 육당의 주선으로 3천여 편의 많은 시 가운데에서 420수(상권 250수, 하권 170수)를 묶어 『석전시초』(1940)를 펴냈다.

> 抖撤客塵殘綺習　세상 여러 곳 다닌 발걸음
> 紀行吟卷漫自釐　스스로 기행시를 묶어보니
> 却憶知者門風大　지혜로운 이들은 문풍이 성해
> 章安編錄輝其楣　엮어 놓은 책들 빛이 나건만.
> 石生未夢台賢旨　나 석전은 은사의 뜻 받들지 못하고
> 亦乏門生紹絳帷　제자 또한 많지도 않은 터
> 況復咳唾屬陣迹　더구나 쓸모없는 옛 자취를 수집하여
> 豈足收磨貽后痴　어찌 이리도 부끄럽게 남기려는가?

세상을 다니며 쓴 영호의 기행시에는 실경산수를 그려내는 것처럼 '실제의 사실'을 묘사하고 있다. 앞의 풍경과 뒤의 소회에는 개인적 소회와 불교 지식인의 시대적 울분과 체념도 담겨 있다. 기행벽이라 할 정도로 전국을 순회하기를 좋아했던 그는 자연의 실사 풍경을 묘사하면서 그 풍경 속에다가 자신의 생각을 담아내었다. 시를 짓는 그 당시 그 자리에서 그가 보고 느낀 것을 묘사하여 이상적 풍악(楓岳)과 변별되는 실지(實地) 풍악을 추구하였다. 그리하여 영호는 쓸모없는 것처럼 보이는 옛 자취를 수집하여 새 시대의 자량으로 재현해 내려 하였다.

　　難遺衰年消愛法 그래도 노년의 무료함 이기지 못하니
　　情同伏櫪老馬知 나의 얽매인 정, 늙은 말은 알테지
　　開卷瞭然先天路 이 시를 펼쳐들면 지난 여행 눈에 선해
　　臥遊山川復在玆 누워서 산천구경 바로 이게 아니겠나.
　　同志崔君付剞劂 동지 최남선 덕분으로 인쇄에 부쳐
　　不能不感字嘉期 감격스런 이때를 만날 줄이야
　　且忘徐陵藏拙法 볼품없는 글 솜씨를 버릴 줄 몰랐으니
　　爲我投卷溪水滴 부디 나를 위해 시냇물에 던져주오.

육당 최남선에 의해 『석전시초』가 간행되어 다시 지식인들 사이에서 널리 읽혔던 것으로 짐작된다. 영호는 산천이 머금고 있는 실제의 사실을 체감하면서 그의 내면풍경을 겹쳐내고 있다. 당시에 그의 시를 읽은 당대의 지인들은 당송의 시가에 필적한다고 평가하였다. 그와 교유했던 남전 광언(光彦, 諱 翰圭, 1868~1936)은 그의 시와 문장을 당송의 소순, 소식, 소철의 삼부자를 능가한다고 하였다.

　　詩文君獨出 그대의 시와 문장 홀로 뛰어나
　　唐宋三舍退 당송의 세 부자(소순, 소식, 소철)도 물러서나니
　　欲從下風去 그의 시풍을 따라가고자
　　發語遂梏機 말을 내면 그만 수갑에 채이네.[30]

광언은 영호의 시문은 홀로 뛰어나 남의 추종을 불허할 정도라고 평하였다. 혹시라도 자유자재한 그의 시풍을 따라잡고자 하다가는 그만 말의 수갑

30) 林幻鏡, 「南泉 翰圭禪師 行狀」, 강석주 편, 『南泉禪師文集』(인물연구소, 1978), pp.208~215.

에 채일 정도라고 평하였다. 영호는 자연의 풍경이 지니고 있는 실사를 묘사하면서도 그 안에 그만의 소회를 담고 있어 자칫 그를 흉내내려고 하면 그 말의 수갑에 갇혀버릴 것이라는 것이다. 그와 그의 동시대를 살았던 후배 한용운도 영호의 시에 대해 드높게 평가하고 있다.

> 一天明月君何在 하늘에 그뜩 밝은 달님 - 당신 어디 계시오?
> 滿也丹楓我獨來 온 세상 단풍으로 나 혼자 왔오
> 明月丹楓共相忘 달과 단풍 서로 서로 잊어버리고
> 唯有我心共徘徊 내 마음만 남았기에 데불고 헤매오
> 　　　　　　 - 「서울에서 오세암으로 와서 박한영에게」
> 　　　　　　　　　　　　　　　 (自京歸五歲庵證朴漢永)[31]

미당 서정주의 창의적 번역으로 이루어진 만해의 시에서 볼 수 있는 것처럼 만해 역시 영호를 하늘의 달에 비기고 자신을 단풍에 비겨 자신과 격이 다른 영호를 기리고 있다. 저절로 밝아오는 달과 달리 때가 이르러야 물이 드는 단풍이 한동안 잊고서 달을 찾는 마음을 데불고 헤매고 있음을 한탄하고 있다.[32] 미당→만해→영호의 시각으로 나아가 시를 보는 재미도 쏠쏠하지만 영호→만해→미당의 언어로 영호의 시를 듣는 재미도 쏠쏠하다.

당대 최고의 문장가로 손꼽혔던 산강 변영만(山康 卞榮晚, 1889~1954)이 영호와 교유 중 아래와 같은 시 한 편을 받았다. 위당 정인보와 함께 쌍벽을 이루며 당대의 문명을 날리던 그에게 보낸 영호의 시는 변영만에게 커다란 위로가 되었다.

---

31) 徐廷柱, 『만해 한용운 한시선역』(예지각, 1983), pp.22~24.
32) 서정주는 이 시에 대해 "만해 스님이 이 시에서 박한영 스님을 하늘의 밝은 달에 비기고, 자기는 단풍에 비겨 그 밝은 달 같은 佛道의 힘을 따르지 못함을 한탄하고 있음은 참으로 솔직하고 또 당연한 일이라 하겠다. 그러나 또 우리는 이 시를 읽으면서 우리 만해 한용운 스님이 망국민족의 단풍 같은 서름을 자기의 철저한 서름으로 하여 애통하시던 심경에도 깊은 공감을 안 가질 수는 없을 것이다."고 주석을 덧붙였다.

莫以文章鬼 문장의 귀신 되지 말고
諒圖兜率宮 도솔천 궁궐에 이르길 힘써야 하리
光通惟識頂 빛은 오직 앎의 정수리까지 통하여
無邊空亦空 끝이 없으니 공 또한 공일세.
恩怨竟何著 은혜 원한 그 무엇인들 집착할까
虎鰐馴似羊 호랑이와 악어도 양처럼 길들여졌지
忘勞五色鏡 오근색경의 수고로움 다 잊었으니
有月天外凉 하늘 밖에 뜬 달이 시원도 하구나.
　　　　　　 - 「산강(변영만)선생에게 드리는 게송」
　　　　　　　　　 (偈言贈寄卞山康恭廬 三月十八日)[33]

　박람강기의 바탕 위에서 자유자재한 영호의 시에는 엄격한 자기 수양, 생사를 뛰어넘은 지혜, 호방한 문기가 특히 두드러진다. 이 시는 변영만의 공을 칭찬하는 시이지만 한편으로는 경책이기도 하다. 마음속의 은혜와 원한에 집착하지 말고 마음 밖의 호랑이와 악어도 순한 양처럼 길들여야 한다고 말이다. 그리하여 "오근과 색경의 수고로움을 다 잊었으니/ 하늘 밖에 뜬 달이 시원도 하구나." 이것은 영호의 자유자재한 살림살이를 보여주는 것이다.

　　석전 존사께 머리를 조아려 고합니다. 한 장의 글월을 주심으로 외람히도 격려하여 주심을 입어 실로 의도한 바 이상이었습니다. 다만 글과 글씨가 생동감이 있고도 우아하여 호연한 기운이 천지에 가로지름을 보니 노쇠한 몸에서 이런 작품이 나왔을까 놀랐습니다. 따라서 밝히지 않을 수 없는 것은 실은 지난 18일은 단재가 세상을 떠난 지 꼭 49일이었습니다. 애회를 풀 바 없어 서울에 있는 특별한 벗 몇 사람을 청하여 창로(敞盧)에서 내 스스로 제사를 드리고 제문을 지어 올렸습니다. 귀하신 서함(書函)이 공교롭게도 때를 맞추어 도착하였습니다. 보내주신 게송 끝 구절의 "오근색경(五根色境)의 고통을 다 잊어버리고 하늘 밖에 외로이 있는 청량한 달

---

33) 김종관, 「석전 박한영 선생 행략」, 『전라문화연구』 제3집, 1988.12. 재인용.

이로다"고 한 열 글자는 무한한 뜻이 담겼고 또 신령을 기쁘게 할 것이므로 영전에 올렸습니다. 그리 알아주십시오.[34]

변영만 역시 영호의 시에 화답하는 서신을 보냈다. 그는 이 시의 마지막 두 구절인 '망로오색경 유월천외량'의 열 자, 즉 "오근과 색경의 수고로움을 다 잊어버리고/ 하늘 밖에 외로이 뜬 청량한 달이로다"의 따서 단재 신채호의 사십구재에 올려 생사의 무한한 뜻과 신령을 기쁘게 하였던 일화를 알수 있게 한다. 영호의 자재로움이 변영만을 거쳐 단재의 혼백에게 전해진 것이다.

> 추사 김정희(1786~1856)의 노년의 아호는 완당(阮堂)이다. … (중략) … 24세가 되던 기사(己巳, 1809)에 단지 진사 출신으로서 부친 유당(酉堂, 金魯敬, 1766~1837)의 뒤를 따라 연경 사신의 길에 참여하였다. 이에 그는 명사를 널리 방문하였으나 오직 운대 완원(芸臺 阮元, 1764~1849)과 담계(覃磎 翁方綱, 1733~1818) 두 사람과 깊은 교유를 가졌으며, 끝내는 담계 문하에 폐백을 올리고 제자가 되었던 것이다. … (중략) … 추사는 담계에 깊이 심취되어, 천성(千聖)이라 부른다 하더라도 돌이키기 어려우리라는 점을 알 수 있다. 또한 담계는 고증학에 있어서도 완운대(阮芸臺), 전신미(錢辛楣), 손이양(孫詒讓) 등의 대가에 비교하여 훨씬 동떨어져 있으며, 오직 금석학과 서도로서 청조 사대가의 수위를 차지하고 있다. … (중략) … 이에 추사의 문학을 평가한다면 문장에 있어서는 홍연천(洪淵泉), 김대산(金臺山)에 미처 가지 못하고, 시는 시사대가(詩四大家) 및 신자하(申紫霞, 申緯)만 같지 못하며, 서간문은 소동파(蘇東坡, 1036~1101), 황산곡(黃山谷, 庭堅, 1045~1105) 수간(手柬)에 심취하고, 제(題)·발문(跋文)은 동진(東晉)의 문풍(門風)을 엿보고자 하였다. 특히 금석문과 서도에 있어서는 담계노인의 의발(衣鉢)을 전수(傳授)받아 구양순(毆陽詢, 557~641), 저수량(褚遂良, 596~658)의 지위에 뒤질 바 없으므로, 실로 한반도 서예가의 대가가 되었으니, 이는 추사가 담계에게서 받은 깊은 은혜인 것이다.[35]

---

34) 卞榮晚, 「석전 스님께 보내는 편지」, 丙子(1936) 3월 21일.
35) 朴漢永, 「추사는 담계를 추대하여 광대교주라 하다」(秋推覃磎爲廣大敎主), 『석림문초』

영호가 인용한 중국 수당대의 대표적 서예가인 구양순, 당태종의 서예를 지도한 당나라 서예가인 저수량, 북송의 대표적 시인인 소동파와 그의 문하의 제1인자였던 북송의 시인인 황정견, 청나라의 금석학자이자 서예가인 옹방강, 청나라의 경학자이자 금석학인 완원 등은 추사가 호명(呼名)한 인물들이다. 모두들 당대 최고의 대표적인 학자들이며 추사는 이러한 이들과 직간접적으로 교유했음을 밝히고 있다. 후대의 영호는 추사와 담계의 교유를 기록하면서 추사의 강점과 약점을 지적하고 있다. 이를 통해 근대불교학의 한 특징인 '비교'의 시각을 보여주고 있다.

반면 상현은 영호와 달리 종교사에 집중하여 다수의 저술을 간행하였다. 그가 종교와 문화에 집중한 것은 한국인의 정신과 사상의 결집체가 종교에 담겨있다고 생각했기 때문이었다. 이를 위해 그는 '비교'의 방법으로 당시 여러 종교를 비교 대조하여 동이를 밝히고 있다.

도(道)는 이미 같지가 않는지라, 서로서로 도모할 수가 없는 것이어서 사실 누가 무슨 주장을 내어 놓는다 하더라도 다만 다른 종교 앞에서 자기 자신의 종교는 이렇노라고 설명할 수밖에 없는 것이다. 그러나 비록 그렇다고 하더라도 따지고 보면 원래 한 가지 둥근 원이 나누어져서 백 가지의 길이 이루어졌을 뿐인데 세상 사람들이 그것을 모르고 스스로 자기 것은 옳고 남의 것은 그르다고 분별을 짓는다. 그러다 보면 원래 하나이던 것이 공연히 분파를 많이 만들어 결국은 물과 우유의 섞이는 면을 보기가 어렵고 모순만이 팽배해질 것이 염려가 되는 것이다. 이에 본인은 모든 종교의 강령(綱領)을 열람하고 대조하여 서로 견주어 보아 같은 것과 다른 것을 가리고, 필요에 따라 원문을 인용하여 증거를 하면서 회통케 하였다.[36]

이능화의 최초의 저술인 『백교회통』은 불교로 조명한 비교종교론이다. 그는 '한 가지 둥근 원이 나누어져서 백 가지의 길이 이루어졌는데'도 '세상

pp.6~7.
36) 이능화, 「서문」, 『백교회통』(1912); 이능화, 『백교회통』, 강효종(운주사, 1989; 1992).

사람들이 그것을 모르고 스스로 자기 것은 옳고 남의 것은 그르다고 분별을 짓는다'고 하였다. 그리하여 상현은 이 땅의 종교를 불교, 도교, 귀신술수, 신선교, 유교, 기독교, 이슬람교, 바라문교, 태극교, 대종교, 천도교등으로 분류한 뒤 불교로 나머지 종교와 대조하여 '같은 것과 다른 것을 가리고, 필요에 따라 원문을 인용하여 증거를 대면서' 회통시켜가고 있다.

그 이후에 용성 진종이 『귀원정종』을 지어 비교와 대비의 관점으로 불교와 기독교를 논한 적이 있지만 상현은 여러 종교를 불교와 대비하여 같은 것과 다른 것을 논하고 있다. 그는 불교로 조명한 비교종교서인『백교회통』의 총론 위에서 『조선불교통사』와 『이조불교사』를 펴내면서 종교로서의 불교사를 통해 자신의 학문적 좌표를 비교종교학적 방법론과 실증주의사관에 입각한 종교사학을 보여주었다.

또 생전에 간행되지는 못했던 『조선도교사』에서는 종교로서의 도교 전래 이전의 이땅의 신화전설들을 도가설의 영향, 삼국시대 이후의 도교의 수입, 조선의 불도, 불도유의 혼합에서 오는 행사와 사상 등의 도교와 구별 서술하고 있다. 사상으로서의 도가와 종교로서의 도교의 엄밀한 구분이 이루어지고 있지는 않지만 그의 종교관을 보여주는 귀중한 작업이라 할 수 있다.

또한 『조선무속고』에서는 우리의 문화전통과 사회구조의 기층이었던 신교와 민족의 사상과 신앙에 대한 연구를 통해 비교종교학적 방법론을 보여주었다. 『조선여속고』에서는 우리의 혼인 관련 풍속을 중심으로 혼인 풍속의 여러 내용에 대해 설명하고 그에 따른 신앙(信仰) 혹은 미신(迷信) 또는 혼인제도(婚姻制度)의 변천과정을 해명하였다. 『조선해어화사』에서는 신라에 기원을 둔 원화(源花), 고려의 기생(妓生)과 여악(女樂), 조선의 기녀(妓女) 설치를 여악과 의녀(醫女) 및 침비(針婢) 등과 관련하여 서술하고 있으며 풍류(風流)와 예기(藝妓)에 대해서도 종교와 민속의 비교종교학적 관점에서 밝히고 있다. 이러한 상현의 비교종교학적 시각은 실사 묘사와 통사 기술을 통해서 보여준 영호의 민족사학과 대비된다.

2. 통사 기술과 민족 문화의 탐구

영호는 불교사 전체를 개괄하는 통사로서 『불교사람요』(佛教史攬要)를 강술하였다. 1910년부터 명진학교에서 강의를 시작한 뒤 불교고등강숙과 중앙학림 그리고와 불교고등강숙 및 중앙학림에서 강의를 시작한 그가 이 학교를 이은 총무원의 불교학원을 거쳐 1928년에 신설된 불교전수학교로부터 1930년에 승격한 중앙불교전문학교의 교재로서 편찬한 것으로 추정된다. 영호는 1916년에 중앙학림의 불교교사로 재직하면서 『인명입정리론회석』을 편찬한 적이 있으며, 1926년에는 개운사 대원암에 개설한 강원의 교재[37]로서 『계학약전』(戒學略詮)을 편술한 적이 있었다. 이 저술의 내용으로볼 때나 간행 시점으로 볼 때나 출가 학인들의 계학 정신의 강조를 위해개운사 강원 교재로 편찬된 것으로 보아야 할 것이다.[38]

또 1931년에 펴낸 『불교사람요』는 제목과 체재로 볼 때 불교사의 '요점을 열람'하기 위해 기획된 저작임을 알 수 있다. 현행본은 서론에 해당하는「통론」과 제일 앞부분에 해당하는 석가모니의 일대기를 다룬「석가본행기」

---

37) 김효탄, 『계학약전 주해』(동국역경원, 2000), p.206. 필자는 이 저술이 1926년에 중앙불교전문학교 교재용으로 편찬했을 것으로 추정하고 있다. 하지만 중앙학림은 1921년에 폐교당한 뒤 학생이 부재하였고, 조계종 중앙종무원이 임시로 운영하는 '불교학원'의 형식을거쳐 1928년에 불교전수학교로 개교하고 1930년에 중앙불교전문학교로 승격되었던 점을고려하면 학교가 부재한 때에 미래의 학인들을 위해 교재를 편찬한 것으로 보기는 어렵다. 오히려 이 저술은 개운사 강원의 학인들을 위한 교재로 편찬된 것으로 보는 것이 훨씬더 정합성이 있을 것으로 생각된다. 더욱이 중앙불전의 학인들은 출가자와 재가자가 함께배웠다는 점을 고려해 보면 『계학약전』은 그 내용으로 볼 때 출가학인들을 대상으로 한교재로 보아야 할 것이다.
38) 高榮燮, 「영호(석전) 정호(한영)와 중앙불교전문학교」, 『석전 영호대종사』(조계종출판사, 2015), p.127.

만 수록된 상태로 전해지고 있다. 「통론」에는 부처 이후 인도, 중국, 한국, 일본 불교사를 간략히 개괄하고 있어 영호가 본래 기획하였던 내용과 이해의 정도를 엿볼 수 있다. 「통론」에서는 부처의 행적에서 아쇼카왕의 불교 전파, 대승불교 성립과 중관·유식학파, 인도불교의 쇠퇴와 멸절, 불교의 중국 유입과 경전 한역, 송대 이후의 불교사, 고려 불교전적의 동아시아 유통과 선학 및 이학의 병행, 한국의 불교 전래와 구산선문 및 구법승의 활동 등이 간략히 소개되어 있다.

일본불교는 남도 6종과 가마쿠라 이후 종파불교를 개관하였고 세계불교를 남부불교의 소승, 티베트와 몽고 등 북부불교의 라마와 밀교, 대소(大小) 현밀(顯密)을 갖춘 일본의 동부불교로 나누었다. 중국불교는 영화를 잃고 조선불교는 명맥만 유지한다고 보았다. 몇몇 군데의 오류와 서술 상의 한계도 보이지만 이러한 그의 불교사 인식은 일본학계의 불교 연구와 불교사 시각을 그대로 원용한 것으로 이해된다. 하지만 이 저술을 통해 1930년대에 이르러 대한불교는 근대불교학의 성과를 반영하여 체계적인 불교사 교재를 편찬할 수 있는 단계에 이르렀음을 알 수 있다.

영호는 또 불교의 시조인 붓다의 전기를 기술한 「교주 불타의 소역사」[39], 선문의 정점인 육조 혜능대사의 연기와 나머지에 대해 기술한 「선문육조대사연기외기」[40], 종교의 일반 역사를 기술한 「종교사」[41]에 관한 기술을 통해 통사 즉 역사로서의 불교사에 대한 깊은 관심을 보였다.

반면 상현은 자신이 발행인 겸 편집인으로 있던 『불교』지 제1호(1924년 1월)에서 제28호(1926년 10월)에 걸쳐 총20회의 『이조불교사』를 연재하기도 하였다. 그리고 『조선불교사』와 『조선사강좌분류사』 및 『조선불교본말』(연대미상) 등을 집필하여 통사의 기술에 대한 남다른 문제의식과 실천의지를

---

39) 박한영, 「교주 불타의 소역사」, 『해동불보』 제1호.
40) 朴漢永, 「禪門六祖大師緣起外紀」, 『해동불보』 제1호.
41) 朴漢永, 「종교사」, 『해동불보』 제6호.

보여주었다.

특히 일연의 『삼국유사』에 대비되는 상현의 『조선불교통사』는 우리 불교사를 가장 방대하게 집대성한 저술이라고 할 수 있다. 불교사가 민족사의 중심에 있어왔음을 감안하면 일연의 역사관과 상현의 역사관은 긴밀하게 소통하고 있다. 몽골의 침탈을 맞아 고려인들의 정신적 위기를 극복하기 위해 일연이 『삼국유사』를 찬술한 것처럼 상현 역시 일제의 침탈을 맞아 대한인들의 정신적 근간을 확보하기 위해 『조선불교통사』를 지었다고 할 수 있다. 이것은 일연의 시대정신과 역사의식을 계승한 것으로 이해할 수 있다.

상현은 조선 승려까지도 조선 불교의 역사를 알지 못하고, 조선 불교 1500년 이래로 계통적 역사가 절무(絶無)함을 안타까이 여기어 조선 불교에 대한 참조자료를 제공한다는 동기로 자료 수집에 착수하였다[42]고 하였다. 그는 상편 '자서'에서 이렇게 말하고 있다.

이와 같은 서역의 무위지법(無爲之法, 佛法)이 우리 동방의 인연이 있는 땅에 들어왔다. 금강의 명산은 이때부터 법기보살(法起菩薩)이 사는 곳이 되었고, 해인사의 대장경 또한 세계의 법보(法寶)가 되었다. 도를 얻은 선승(禪僧)과 법려(法侶)들이 삼대같이 많았고, 불법을 지키는 국왕과 대신들이 숲처럼 빽빽했다. 12종파의 연혁과 9백 사찰의 유서(由緖)가 조각조각 난 채 파묻혀 있고, 먼지더미 속에 버려져 있었으므로, 귀가 있어도 들을 수 없고 눈이 있어도 볼 수가 없었다. 재주가 없는 내가 이를 염려하여 어리석음을 무릅쓰고 일을 시작하였다. 글을 쓰는 데 쉴 틈이 전혀 없었고 많은 세월을 보냈다. 많은 서책을 고증하고 대가들에게 묻고 배웠다. 이렇게 하여 『통사』는 세 편의 책이 되었다.[43]

상현은 이 땅에 무위지법 즉 불법이 들어온 뒤 금강산은 법기보살이 사는

---

42) 이능화, 「朝鮮佛教通史에 就하여」, 『조선불교총보』 제6호, 1917.8.
43) 李能和, 「自序」, 『조선불교통사』 상편(신문관, 1918).

곳이 되었고, 해인사 대장경은 세계의 법보가 되었다고 하였다. 아울러 도를 얻은 선승과 법려들은 삼대같이 많았고, 불법을 지키는 국왕과 대신들은 숲처럼 빽빽했다고 하였다. 그럼에도 불구하고 12종파의 연혁과 9백 사찰의 유서가 조각난 채 파묻히고 먼지 속에 버려져 있어 귀가 있어도 들을 수 없고 눈이 있어도 볼 수가 없어서 많은 세월을 보내면서 고증하고 묻고 배우면서 통사를 펴냈다고 상현은 밝히고 있다.

> "우리 해동의 불교는 신라에서 오늘에 이르기까지 거의 수천 년에 이를 만큼 오래되었다. 융성하기도 하고 침체하기도 하면서 유교와 함께 소장성쇠를 겪었다. 이름난 대사와 깨달은 선사가 대를 이어 부족함이 없이 출현하였다. (그런데 그분들의 행적을 기록한 것이 없는 것을) 안타깝게 여기고 무능(이능화)이 한데 모아서 찬술하여 우리 해동의 전등실록(傳燈實錄)을 썼다. 그러나 후세에 전하는 것은 한산(寒山)의 돌조각에 불과할 뿐이고 (그나마도) 언덕과 골짜기는 바뀌고 돌 또한 십중팔구는 이지러져 해독할 수 없어졌다. 그리하여 신라·고려의 비가 다 닳았고 남아있는 것 가운데 십중팔구는 이지러져서 해독할 수 없다. 이것이 상현이 개탄하고 비감한 생각을 일으켜 『조선불교통사』를 지은 까닭이다."[44]

위암(장지연)은 상현의 뜻을 "이름난 대사와 깨달은 선사가 대를 이어 출현했음에도 불구하고 그분들의 행적을 기록한 것이 없음을 안타까이 여겨 남아있는 자료를 모아 해동의 전등실록을 썼다"고 해명하고 있다. 나아가 그는 "후세에 전하는 것은 차운 산의 돌조각에 지나지 않으며 그것조차도 다 닳고 이지러져 해독할 수 없음을 개탄하고 비감히 여겨 이 저술을 지었다"고 덧붙이고 있다. 이처럼 위암은 상현의 의도를 정확히 적출해 내고 있다.

상현이 『조선불교통사』의 기술에서 보여주고 있는 사관 혹은 방법은 민족을 세계의 주체로 인식하는 민족주의, 문화를 역사의 기반으로 이해하는

---

44) 張志淵, 「跋文」, 『조선불교통사』(동국대출판부, 2010), p.789.

문화주의, 텍스트의 비교와 대조에 기초하여 실증적으로 분석하는 문헌실증주의에 기초한 종교사학적 방법이라고 할 수 있다. 그는 불교가 4세기 후반에 이 땅에 전래된 이래까지의 통사를 서술하면서 특히 자신이 살고 있는 당대사에 직접적 근거가 되는 조선시대 불교사를 강조하였다. 그러한 강조는 불교사 전반을 개괄한 상편에서 자세히 확인할 수 있다. 이것은 대한시대의 근원이 되는 조선시대 불교사에 태한 탐색이자 곧 민족 문화의 탐구 과정이었다. 동시에 나의 근원과 주체를 찾아가는 과정이기도 했다.

또 생전에 간행되지는 못했던 『조선도교사』에서는 종교로서의 도교 전래 이전의 이 땅의 신화전설들을 도가설의 영향, 삼국시대 이후의 도교의 수입, 조선의 불도(佛道), 불도유(佛道儒)의 혼합에서 오는 행사와 사상 등의 도교와 구별 서술하고 있으나 사상으로서의 도가와 종교로서의 도교의 엄밀한 구분은 이루어지고 있지 않다. 하지만 그의 종교관을 보여주는 귀중한 작업임은 분명하다고 할 수 있다.

또한 『조선무속고』에서는 우리의 문화전통과 사회구조의 기층이었던 신교와 민족의 사상과 신앙에 대한 연구를 통해 비교종교학적 방법론을 보여주었다. 『조선여속고』에서는 우리의 혼인 관련 풍속을 중심으로 혼인 풍속의 여러 내용에 대해 설명하고 그에 따른 신앙(信仰) 혹은 미신(迷信) 또는 혼인제도(婚姻制度)의 변천과정을 해명하였다. 『조선해어화사』에서는 신라에 기원을 둔 원화(源花), 고려의 기생과 여악(女樂), 조선의 기녀(妓女) 설치를 여악과 의녀(醫女) 및 침비(針妃) 등과 관련하여 서술하고 있으며, 풍류(風流)와 예기(藝妓)에 대해서도 종교와 민속의 비교종교학적 관점에서 밝히고 있다. 이러한 상현의 비교종교학적 시각은 실사 서술과 통사 기술을 통해서 보여준 영호의 민족사학과 대비된다.

3. 비교와 대조 및 고증의 접근

근대 불교학 방법론의 주요 특징은 과학적 합리적 분석적 방법을 원용하고 있다. 과학과 합리와 분석은 비교와 대비와 대결의 방법을 통해서 결론을 도출해 낸다. 흔히 '비교'란 교섭이나 영향이 실제로 있고, 혹은 있었다고 확인되는 동일 및 상이한 문화권 간의 사상을 실증적으로 연구하는 것을 뜻한다. 반면 '대비'는 상호간의 교섭 관계가 설정되지 않는 것들, 교섭이나 영향에 의하지 않은 유사의 비교 연구를 말한다. 비교하는 사상은 일 대 일의 경우도 있고 일 대 다수의 경우도 있다.[45]

'대비'는 두 개 혹은 그 이상의 사상 및 사상가를 대비하는 '개별 연구의 단계'와 그보다 높은 차원에서 개별 연구를 쌓은 다음, 그 사이에 법칙과 유형을 찾아내려는 '종합 연구의 단계'의 두 가지로 구별할 수 있다. 때문에 대비 연구는 궁극적으로 종합을 지향하기 때문에, 대조하는 것들 사이에 유사점, 동일성을 추구하지 않으면 안 된다. 바꾸어 말하면 무엇인가 공통점이 있는 동류가 아니면 대비 연구의 대상으로 삼지 못한다. 때문에 대비 연구는 결론이 먼저 짐작되는 데서 시작하는 연구이다.[46]

반면 '대결'은 '비교'와 '대비' 연구의 한계를 넘어서서, 비교사상의 궁극적 지향점은 '철학하는 것'에로 도달해야 한다. 즉 두 개의 사상을 비교학적으로 연구하는 사상은 모름지기 스스로의 주체적 자각의 입장에서 해당되는 두 가지 사상의 구조와 구조를 대결케 한다. 그 대결에는 주체적 자각이 관여하고 있다는 사실이다. 다시 말해서 두 가지 사상을 대결시키는 그 자체가 사상을 단순하게 대상적으로 취급하는 것이 아니라, 연구자 자신의 주체적 자각의 발로이자 주체적 대결이다.[47]

---

45) 卞圭龍, 「비교사상의 가능성과 방법론: 東西中洋朝哲學의 相逢을 위한 試論」, 『한국에서 철학하는 자세들』(집문당, 1986), pp.298~290.
46) 卞圭龍, 위의 글, pp.286~288.
47) 卞圭龍, 위의 글, pp.289~290.

대한시대 초기에 유행했던 사회진화론은 불교학 방법론의 다양한 적용과 해석의 길을 열어주었다. 그 방법론은 아직 대비와 대결에 이르지 못하였지만 비교의 방법론을 제시해 주었다는 점에서만 하더라도 종래 불교학 연구와 변별되는 새로운 접근법이었다. 이러한 방법론 위에서 영호와 상현은 자신의 학문방법을 구축하였다. 이러한 태도는 영호가 동아시아 선종사에서 일반화되어 있는 삼처전심의 허구성을 비판하는 대목에서 잘 드러나고 있다.

"삼처전심이란, 예부터 많은 말이 있다. 이는 원오(圓悟)가 승수좌(勝首座)에게 보인 법어에 준하여 말을 하나, 그 법어에는 단지, '여래께서 다자탑(多子塔) 앞에서 반으로 좌석을 나누어 앉은 후, 은밀히 법인을 전수하였으며, 영산회상에서 꽃을 꺾어든 것이 2중(重) 공안이다'고 하였을 뿐, 끝내 곽시쌍부(槨示雙趺)를 시설한 곳은 없다. 이는 한 사람이 잘못 전함에 따라서 많은 사람이 실제처럼 끊임없이 전하게 되어 지도자와 함께 말을 한 때문이다"[48]고 하였다. 그는 삼처전심 중 영산회상 염화미소의 설화와 분반좌 설화는 인정하면서도 곽시쌍부 설화는 인정하지 않고 있다.

영호는 『선문염송설화』의 저자인 각운이 중국 선과 어떠한 관련도 없이 곽시쌍부 설화를 만들어 선의 제3의 전심 설화로 만들었음을 비판하고 있다. 이러한 그의 인식은 문헌 비평에 대한 엄밀한 태도를 보여주는 것이며 동시에 설화와 사실의 경계를 명확하게 짚고 있음을 시사해 주고 있다.

> "『열반경』 후분에 이러한 말이 있다. '세존께서 열반하신 후 7일이 되어 가섭존자는 계족산에서 뒤늦게 도착하여 '여래에게 예배할 곳을 현시하여 주시라'고 청하니, 세존은 관 밖으로 두 다리를 내 보이시어, 그 광명이 3천세계에 비추었다'고 한다.' 『염송설화』에서는 이를 가리켜 '여래의 제3의 전심처이라'고 말하니, 이는 어디에 근거하여 이러한 말을 하게 된 것인

---

48) 朴漢永, 『영호대종사어록』(동국출판사, 1988), pp.110~111.

지 알 수 없다."[49]

영호는 삼처전심 중 앞의 염화미소 설화와 분반좌 설화에 대해서는 문제를 제시하지 않으면서도 제3의 전심처에 대해서는 신이적 요소라고 비판하고 있다. 나아가 그는 이 곽시쌍부 설화를 "예수교의 천주가 3일 만에 부활하였다는 것과 무엇이 다르겠는가?"[50]라며 이것은 "부회(附會)하여 전역(傳譯)한 이의 첨가한 소치임이 뚜렷하여 의심의 여지가 없다"[51]고 역설하고 있다. 이처럼 영호는 비교와 대조의 방법론을 통하여 자신의 학문을 전개하고 있다.

상현은 국학에서 외학을 거쳐 다시 국학으로 돌아오는 과정 속에서 터득한 비교의 방법론 위에서 동양과 서양, 불교와 기독교 및 무속과 유교 등등을 연구하였다. 그의 애국계몽사학 혹은 민족주의 사학은 개신 불교학의 한 방법론으로 자리 잡으면서 이후 연구자들에게 많은 영향을 끼쳤다.[52] 이러한 사회진화론과 비교의 방법론 위에서 간행된 것이 『조선불교통사』이다.

상현은 "불교사맹시대(佛教史盲時代)의 등불같은 존재"[53]인 『조선불교통사』를 상중하 3편 2책으로 간행하였다. 사마천 사기의 편년체를 본떠 기술하면서도 잘못 전해진 옛 사람의 문집과 고승의 비문 및 행장 부분을 바로잡았다. 고구려의 불교 수용에서 1916년에 이르는 한국불교사 전반을 서술한 상편의 불화시처(佛化時處)는 704면(본문 674면), 석가여래의 응화 사실과 인도의 삼장 결집, 중국의 경전 한역, 그리고 신라와 고려의 종파 및 조선 선종의 임제 적파에 대한 내용을 담고 있는 중편의 삼보원류(三寶源流) 382

---

49) 朴漢永, 앞의 책, p.110.
50) 朴漢永, 앞의 책, pp.110~111.
51) 朴漢永, 앞의 책, p.109.
52) 高榮燮, 「한국 불교학 연구의 어제와 그 이후」, 앞의 책, p.65.
53) 金煐泰, 「우리말로 다듬어진 『조선불교통사·기쁨의 찬사와 부끄러움의 고백」, 『조선불교통사』 제1책(동국대출판부, 2010), p.7.

면, 불교의 수용과 전법, 교화, 융성, 쇠퇴 등의 과정을 2백여 항목과 2편의 단편 소설로 구성한 하편의 이백품제(실제는 203품제)의 1,268면을 포함하여 도합 2,354면으로 펴냈다.

또 상현은 10여년에 걸쳐 국내외에 흩어져 있는 자료 수집에 심혈을 기울였다. 그 결과 방대한 분량의 불교 관계 사서, 불서, 문집, 사적기, 행장, 비문 등을 고스란히 포함시켰다. 그리하여 상편에 인용된 문헌과 자료는 비문 72건, 문집 33건, 기·문 24건, 사적기 12건[54], 고승의 행장 11건, 교지 5건, 발문 3건 등을 집대성하였다.

상현은 고대의 불교에 관한 기본사료가 『삼국사기』와 『삼국유사』 및 명명 고승전으로 제한되어 있던 지반을 뒤덮어 버리고 일본의 관련 사료를 두루 섭렵하였다. 그리하여 『일본서기』, 『원형석서』, 『본조고승전』 등의 일본사료를 폭넓게 활용하고 있다. 또한 그는 삼국에 관련된 자료를 덧붙여 불교에 대한 새로운 연구 방법을 제시하였다. 특히 '참고' 항목으로 제시한 '일본과 관계있는 고구려 승려', '일본과 관계있는 백제 승려', '일본과 관계있는 신라 승려'에 삼국시대 고승들의 일본 활약상을 수록하였다. 이것은 고대 불교사의 공백을 채우려고 시도한 입체적이고 객관적인 연구 방법일 뿐만 아니라, 국내 사료의 단편적인 한계를 극복하고 고대 불교의 우수성을 피력하려는 노력이었다.[55]

상현은 많은 전적을 사용하면서 철저한 고증주의에 입각하여 역사를 연구하였다. 그가 문헌 고증주의에 입각한 저술을 한 것 자체가 근대 불교학에 대한 훈습에 의해서라고 할 수 있다. 그의 불교학 연구에 대한 평가는 아직 본격적으로 이루어져 있지 않지만 불교의 정체성 확립과 불교 계몽의

---

54) 이 중에서 특히 백제 謙益의 인도 求法과 梵本 律藏의 전래에 관한 내용을 담고 있는 「미륵불광사 사적」은 이 책에만 실려 있어 이 기록의 가치를 드높여 주고 있으나 반면 이 사적이 다른 어느 문헌에서도 확인이 되지 않고 있어 학계 일부에서는 사료의 신빙성에 대한 비판이 제기되어 있다.

55) 金暎泰, 「解題」, 앞의 책, p.22.

시각에 기초하여 가) 중도적 평등주의, 나) 불교의 정체성 확립, 다) 진보적인 한국불교사 서술, 라) 불교 계몽 활동-거사불교 운동으로 평가받고 있다.[56]

이 책의 서문을 쓴 예운산인(猊雲散人) 혜근(惠勤)은 이 책을 진실로 깨달음으로 이끌어가는 황금의 줄이며, 윤회의 미혹한 강을 건너가게 하는 큰 배라고 보았다.

> "혹은 전기를 서술(敍述)하는 서법(書法)을 썼고, 혹은 패관(稗官)을 연의(演義)하는 서법을 썼다. 자재하게 보충하고 생략하여 이어져 글을 이루었는데, 가공(架空) 허구(虛構)의 서술이 없고, 나무를 쓰러뜨려 뿌리를 찾아내는 방법이 있어, 참으로 깨달음에 이르는 길잡이 황금 밧줄이며, 미혹의 강을 건너는 보배로운 뗏목이다."[57]

혜근은 상현의 불교학을 실증주의 사학의 방법론으로 규정하고 있다. 즉 "가공 허구의 서술이 없고, 나무를 쓰러뜨려 뿌리를 찾아내는 방법"이라는 지적은 바로 이를 두고 하는 말이다. 그의 서문은 상현이 술이부작의 실증사관에 의해 한 글자와 한 대목도 지어냄이 없이 사료에 근거하여 '서술'하고 '연의'하며 기술했음을 밝히고 있다. 동시에 "자재하게 보충하고 생략하여 이어져 글을 이루었다"는 것은 미진하고 불분명한 곳에서는 나름대로 보충하고 생략하여 글을 이루었다는 것을 의미한다. 이러한 그의 학문태도와 연구방법은 실증적 학문관과 종교적 평등관에 기초한 것이라고 볼 수 있다.

이 책에 일관되게 나타나는 방법론적 특이성은 첫째, 사회진화론적인 진보사관에 의하여 통시적 안목을 견지하면서 한국불교의 원류를 파악하려는 다양한 시도를 하고 있다는 것과 둘째, 공시적 비교의 관점을 잃지 않으면

---

56) 이재헌, 「근대 한국 불교학의 성립과 종교 인식: 이능화와 권상로를 중심으로」, 한국정신문화연구원, 1999. pp.75~112.
57) 猊雲山人 惠勤, 「序文」, 이능화, 「조선불교통사」(신문관, 1918).

서 한국의 역사 속에서 불교와 영향을 주고 받았던 타종교 문화와의 관련성을 밝히려는 노력으로 나타났다[58]고 평가받고 있다.

종래의 역대 사서가 모두 중국의 연호를 먼저 쓰고, 그 다음에 우리나라 기년(紀年)을 쓰는 것이 상례였다. 하지만 상현의 『조선불교통사』는 불기(佛紀)를 먼저 쓴 다음 우리의 기년, 중국 등 주변국의 기년을 서술하였다. 동시에 삼국이 고구려와 백제와 신라의 삼국이 일본에 불교를 전해줌으로써 일본 고대국가 형성에 지대한 역할을 하였으며, 일본 문화의 원류가 삼국에서 흘러나간 것임을 분명히 하고 있다. 이처럼 상현은 비록 일본에게 나라를 빼앗겨 국권을 상실했지만 우리 문화의 우수성을 강조하여 민족적 긍지를 잃지 않으려고 노력하였다. 그는 피할 수 없는 일제의 지배 아래에서 민족문화를 계승하기 위한 것이었을 뿐 어떠한 영화를 위해 친일을 한 것이 아니었다고 할 수 있다. 따라서 그가 보여준 민족의 역사와 문화를 계승하기 위한 노력은 불교학계에서나 국학계에서 분명히 인정하고 있으며 아울러 구체적인 전거를 통하여 뒷받침하고 있다.

V. 민족사학과 종교사학의 학문방법

1. 고고(高古) 지향과 문헌 비판 시도

영호는 고전을 드높이는 고고(高古), 고전을 좋아하는 호고(好古)를 지향하였다. 그가 오래된 것, 예스러운 것, 오래된 미래를 좋아한 것은 인간의 심연에 대한 성찰과 세계의 본질에 대한 천착이 남달랐다는 것을 의미하는 것이다. 이러한 영호의 마음은 나라를 잃고 중심이 흔들리는 대한인들에게

---

58) 이재헌, 앞의 논문, p.52.

자연과 산천처럼 변치 않는 굳건한 고전에 대한 '고양'과 '선호'로 나타났다.

영호는 시서화 대가들이 참여하는 '산벽시사체증'(山碧詩社遞增)[59] 동인을 하였다. 그가 이 모임을 오세창, 김기우, 최남선, 김노석 등과 주도하면서 우리 전통문화에 대한 남다른 안목을 열어 보인 것도 이러한 맥락에서였다. 인간과 자연, 고전과 인문에 기반한 전통문화에 대한 영호의 깊은 인식은 그대로 한시로 형상화되어 나타났다. 그리하여 정인보는 「석전산인소전」(石顚山人小傳)에서 "그의 시의 됨됨은 시사가 보통이 아니고 홀로 그윽하고 오묘해서 그의 높깊은 작품은 곧바로 고인의 작품에 맞먹는다"[60]고 하였다.

영호는 남다른 기행 벽(癖)이 있었다. 저 위로는 백두산에 이르렀고 동으로는 금강산에 올랐으며 아래로는 한라산에 두루 오르내렸다.[61] 이 과정에서 그는 수많은 기행시를 남겼다. 이 시는 걸림없는 자유인으로서의 그의 면모를 보여주고 있다. 영호는 시 속에 고전을 드높이는 고고(高古), 고전을 좋아하는 호고(好古)를 담고 있다. 아래 시는 영호가 금강산에 올랐을 때 토해낸 작품이다.

> 신선도 부처도 하느님도 아니건만
> 하이얀 봉우리에 어리는 보라아롱이
> 뉘라서 여기 올라 붓을 던졌단 말가
> 분명히 온몸에 감도는 시요 선인데.[62]

---

59) 고재석, 앞의 글, 앞의 책, p. 124; 종걸·혜봉 공저, 『영호 대종사 일생록: 석전 박한영』(신아출판사, 2016), p.431. 당시 이 '山碧詩社遞增同人'에 동참한 동인들은 당시 이 '山碧詩社遞增同人'에 동참한 동인들은 영호(석전), 紫泉 徐相春(1861~?), 惺堂 金敦熙(1871~1927), 又荷 閔衡植(1875~1947), 石丁 安鍾元(1874~1937), 震庵 李輔相(1882~?), 醒石 李應均(?~?), 寬齋 李道榮(1884~1933), 春谷 高羲東(1886~1965), 六堂 崔南善(1890~1957), 蘭陀 李琦(1855~1935), 又香 丁大有(1852~1927), 奎山 趙重觀(1868~?), 于堂 尹喜求(1867~1926), 蒼史 俞鎭贊(1866~1947), 葦滄 吳世昌(1864~1953) 등의 시서화 대가들 16명이 동참하였다.

60) 鄭寅普, 「石顚山人小傳」.

61) 백두산과 압록강, 묘향산과 금강산 및 지리산과 내장산, 제주도와 한라산 등을 오르내릴 때는 주로 六堂 崔南善, 嘉藍 李秉岐, 春園 李光洙 등 문인들과 동행하였다.

영호는 이 작품에서 시와 선이 둘이 아님을 밝히고 있다. 그는 장엄한 대자연 앞에서 더 이상 붓을 던질 수 없음을 토로하고 있다. 그리하여 영호는 자연 그대로가 시요 선임을 선언하고 있다.

영호는 일찍부터 출가자와 재가자를 가리지 않고 함께 지방 여행과 현장 답사를 자주 다녔다. 그의 여행은 산천의 탐승에 국한한 것이 아닌, 불도량 (佛道場) 역참을 비롯한 '조선정신'(朝鮮精神) 탐구의 일환이었던 사실 때문에 그의 선지식을 유감없이 발휘했다.63) 산천의 탐승과 불도량의 역참은 조선 심의 고취를 위한 과정이었다.

> 우리 스님은 방학 때면 곧잘 여행을 다니셨다. 여행에는 당신 혼자가 아니다. 일행이 많았다. 누구든가 동행하고 싶은 사람은 얼마든지 함께 갔다. 또한 스님이 여행 떠나실 때는 재속 거사들도 대개 함께 했다. 그래서 어떤 때는 일행이 20명 될 때도 있다. 스님과 함께 동행한 거사로는 정인보씨, 홍명희씨, 최남선씨, 안재홍씨 그밖에 예술인 몇 명이 우선 기억에 남는다. 지리산에도 가셨고 금강산에도 가셨다. 금강산에는 나도 두 번 모시고 갔었다. 여행하는 목적지는 대개 산이고 절이다. 산에는 으레 절이 있으니 절이 있는 산으로 여행가는 것이다. … (중략) … 그런데 우리 스님의 여행을 즐기신 이유가 무엇일까? 나는 당신에게 수행의 의미가 있고 배움의 의미가 있고, 동시에 학인들에게 산 교육을 시키기 위한 뜻이 숨어 있다고 생각된다.64)

영호의 기행에 동참한 정인보는 이 여행과 답사에 대해 이렇게 회고하였다. "스님을 따라 국내 명승지를 순방하며 산천, 풍토, 인물로부터 농업, 공업, 상업과 노래며 소설에 이르기까지 모두 평소에 익힌 바처럼 모르는 것이 없음으로 그 고장 사람들도 멍하여 말문을 열지 못한다."65)이들의 증언

---

62) 朴漢永, 「歇星臺」. "非仙非佛又非天, 巖嶂喤喤咄紫煙, 雖道登斯閑擱筆, 通身宛爾入詩禪."
63) 홍신선, 앞의 글, 앞의 책, pp. 82~83.
64) 雲惺, 「노사의 學人 시절: 우리 스님 石鼎 朴漢永스님」, 『불광』 제85호, 1981. 11, pp. 62~63.

에서 알 수 있는 것처럼 영호가 방학 때면 주변의 인사들과 떠난 국토기행은 단순한 유람이나 관광이 아니었다. 그것은 현장의 경험을 통해 식민지 백성들의 간난과 고통을 온몸으로 체험하는 것이었다.

나아가 그것은 육당의 표현에 의하면 '조선심', 혹은 '민족적 자아를 찾고자 한 운동'의 일환이기도 했다. 1920년대 민족주의 문학의 전개와 함께 이들 문사들은 민족의 혼이 과연 무엇인가를 탐구하고자 했다. 그 탐구는 주로 우리의 신화, 전설, 민속, 역사 등 과거 우리 것들을 통해 이뤄졌다. 우리 국토에 대한 순례 역시 이 같은 노력의 일환이며 국망에 대한 응전의 성격도 있었다. 곧 몸인 국가가 없어진 터에 그 영혼(정신)만이라도 온전히 지켜내야 한다는 신채호·박은식 류의 민족주의 사학의 논리와도 궤를 같이 했기 때문이었다.[66] 이처럼 그의 통사류 저술과 국토순례를 통한 작시와 작문도 민족주의 사학에 기초해 있다고 할 수 있다.

우리 역사에서 신라의 화랑과 고려의 거사들 그리고 조선의 유자들이 이어왔던 명산대찰과 명승지를 순례하던 전통[67]은 국망(國亡)이 되면서 한동안 단절되었다. 그러다가 선말 한초에 입국한 외국인 선교사들의 조선 기행문이 간행된 이래 종래의 정신사적 민족사적 기반을 깔고 떠난 국토 순례는 영호에 의해 복원되어 널리 확장되었다. 그리하여 그에 의해 주도된 국토순례는 근대 기행수필이란 우리 문학의 한 갈래를 낳았다. 영호의 『석림수필』을 비롯하여 육당의 『백두산관참기(白頭山觀參記)』, 춘원의 『금강산유기(金剛山遊記)』, 민세[安在鴻]의 『백두산등척기(白頭山登陟記)』 등은 이러한 그의 국토순례의 영향 속에서 탄생한 기행문학의 절창이라고 할 수 있다.[68] 당시 영호는 이들의 정신적 스승이었고 조선의 자존심이었다.

65) 鄭寅普, 「石顚스님 行略」, 『映湖堂大宗師語錄』(동국출판사, 1988), p. 21.
66) 홍신선, 앞의 글, 앞의 책, p. 87.
67) 高榮燮, 「금강산의 불교신앙과 수행전통」, 『보조사상』 제34호, 보조사상연구원, 2010.
68) 高榮燮, 「영호(石顚) 정호(漢永)과 중앙불교전문학교」, 『한국불교학』 제65집, 한국불교학회, 2014. 6.

한편 영호는 변치않는 고전(古典)을 드높이는 일 뿐만 아니라 문헌에 대한 엄밀한 비평을 시도하였다. 그는 『대혜어록』에 실린 규봉의 개작에 대해 이를 비판한 늑담의 설을 소개하면서 이들에 대한 엄밀한 비평을 가하고 있다.

> 『대혜어록』에 의하면, 손지현(孫知縣)에게 보낸 답장에 인용하여 말하기를 "규봉 종밀선사가 지은 『원각경소초』에 '일체중생 개증원각'이라는 구절을 가지고서, 규봉은 '개증'이라는 증자를 구자로 고치고서 말하기를 '이는 역자가 잘못한 곳이다'고 하였다. 후일 늑담진정화상이 「개증론」을 지어 규봉에게 심한 욕지거리를 하였다. '아주 못된 더러운 놈이다.' 만일 일체 중생이 모두 원각(圓覺)을 갖추고서, 증득(證得)하지 못한다면, 축생은 영원히 축생, 아귀는 영원히 아귀가 되어 시방세계가 모두 구멍없는 철추처럼 막혀, 다시는 진성(眞性)을 발휘하여 본원(本元)으로 돌아가는 사람이 한 명도 없을 것이므로, 범부 또한 해탈(解脫)을 구할 필요가 없을 것이다. (중략)[69]

영호는 "그렇다면 일체 중생이 모두 원각을 갖추었다는 말도 낱낱이 맞는 말이며, 일체 중생이 모두 원각을 증득하였다는 말도 낱낱이 맞는 말이니 어느 것이 옳고, 옳지 못함이 있겠는가? 이는 종체(宗體)에 향상하는 의논인 것이다"고 회통하여 평가한 뒤 이들에 대해 다시 낱낱이 비평하고 있다.

영호는 "마음을 공평히 가지고서 의논하건대, '개증원각'이란 나름대로의 이치가 있고 증거가 있는데 이미 번역된 경전을 가지고서 하필 개정할 필요가 있겠는가? 쯧쯧! 규봉의 잘못이 적지 않구려……"라며 규봉의 잘못을 비판한다. 그리고 "'개구원각'이라는 것도, 또한 그 나름대로의 이치와 증거가 있는데, 어찌 구태여 「개증론」을 지어 심하게 욕할 것이 있겠는가? 쯧쯧! 늑담의 잘못도 적지 않구려……"라며 늑담의 잘못을 비평한다.

---

69) 映湖, 「皆具와 皆證은 圓覺에 무슨 障碍가 있으랴?」, 현 성, 『영호대종사어록』(동국문화사, 1988), p.54.

나아가 영호는 "대혜는, 종문에 바른 안목을 갖추고 있는 사람으로서, 단지 늑담이 규봉의 개정에 대하여 심한 욕설을 하였던 문장을 잠시 인용하여 경본을 마음대로 고치고 사견으로 찬술한 손지현의 행위를 막아 보존하고 자 하는데 그쳤을 뿐이며, 개구·개증의 논리에 대하여서는, 아무런 말이 없이 묵인함으로써, 모든 후학이 늑담의 심한 욕설을 맹종하는 것으로 마음에 상쾌함을 느끼게끔 만들었으니, 쯧쯧! 대혜의 잘못도 적지 않구려"라고 할 것이다"[70]며 비평하고 있다.

또 『육조단경』의 돈황석실 사본의 출현에 근거하여 원나라 종보본과 송나라 소흥본을 상호 비교하면서 석실사본의 원작자가 신회선사의 주필이라는 호적(胡適)의 주장을 지지하고 있다.[71] 이처럼 그는 고고(高古) 지향과 지역과 지역, 시대와 시대, 사람과 사람의 비교를 시도하면서 불교 원리를 도출하여 해당 과제를 비판하였다. 그리하여 영호는 엄밀한 문헌비평에 입각하여 자신의 선기를 드러내고 있다.

2. 비교종교학과 역사학적 방법

상현은 많은 저술을 하였지만 현존하는 것은 대개 한국의 종교에 대한 것들이 적지 않다. 이것은 조금 연하인 육당이 한국사 전반에 걸친 연구에 집중하였음에 견주어 상현은 종교사에 치중하였다. 그가 이렇게 종교사에 집중한 것은 한국인의 정신과 사상의 결집체가 종교에 담겨있다고 생각했기 때문이다.

상현은 『백교회통』에서 한국의 종교를 신교(무속), 불교, 도교, 유교, 기독교의 다섯 가지로 나누어 기술하고 있으며 이들 이외에 태극교, 대종교, 천

---

70) 映湖, 위의 글, 위의 책, pp.55~58.
71) 映湖, 「石室本이 세상에 나옴으로 荷澤의 지위가 분명하게 되었다」, 앞의 책, pp.59~63.

도교 등의 신종교들과 중동의 이슬람교와 인도의 바라문교까지도 함께 다루고 있다. 이것은 한국의 종교사를 포괄하고자 한 그의 종교다원주의적 시각을 보여주는 대목이다. 그가 종교에 대한 역사적 연구방법을 취하고 있는 지점에서 우리는 그의 비교종교학적 방법론을 읽어낼 수 있다.

상현은 신교의 환인, 환웅, 왕검을 불교의 삼신(三身) 즉 법신·보신·화신, 도교의 삼청(三淸) 즉 신선이 산다는 옥청·상청·태청, 기독교의 삼위(三位) 즉 성부·성자·성령에 견주어 해명하고 있다. 이 외에도 그는 비교종교학적 방법론에 입각하여 다양한 비교를 시도하고 있다. 이처럼 상현은 그 민족의 종교기원과 문화적 기층을 파악한다는 측면에서 역사적 또는 형태론적 분석을 시도하였다. 그가 이러한 작업을 할 수 있었던 배경에는 그의 근대적 종교인식이 크게 작용했음은 물론이다.[72]

상현의 학문이 근대적이냐 전근대적이냐는 비판이 혼재한다. 즉 근대적이라고 하는 학자들은 ① 주자학의 말폐(末廢)를 부정하고 현실의 문제에 입각하여 유교를 개량하고자 하는 점은 곧 그의 근대지향의식을 보여주는 것이지만 이것은 이미 조선 후기 실학자들이 제기한 문제였고, ② 그의 종교인식이 근대적이었으며, ③ 그의 종교사학이 근대적인 것이라는 주장이다. 반면 전근대적이라고 하는 학자들은 ① 그의 저술에는 다른 곳에서 찾아볼 수 없는 중요한 자료들이 많지만 그것들의 전거를 뚜렷하게 밝혀놓지 않는 것이 많고,[73] ② 서술방식에서 한문만을 고집하여 근대적인 문체 개혁에 실패했으며, ③ 그의 타종교에 대한 비교연구가 결국은 호교론으로 끝나고 있으므로 이것은 전통적인 회통론과 크게 다를 바 없다는 주장이다. 물론 이러한 논의들 자체는 나름대로 설득력을 얻고는 있으나 그 시대적 상황에 대한 인식과 그의 논저에 대한 심층적인 검토가 아직 이루어지지 않았다는 점에서 재검토의 과제로 남아있다.

---

72) 이재헌, 앞의 책, pp.25~26.
73) 이능화, 『조선불교통사』 상, p.33의 「彌勒寺佛光寺事蹟」.

연구방법론에 대해서는 단순한 자료집의 성격으로 철저한 실증적인 연구가 부족하다는 비판 아래 ① 그의 저술들이 동양의 전통적인 방법을 추종하면서 사료의 수집과 정리에 치우친 것은 한계성을 지니고 있다는 주장과 ② 그는 객관적이고 정확한 사실의 인식을 위해 가능한 많은 사료를 수집하고 그것을 종합하여 확실한 결론을 내리고 있으며 그의 최대 관심은 실증에 있었으므로 자기 의견에 대해 일일이 근거를 밝히고 있다는 주장이 대립하고 있다.

　또 그의 민족의식에 대해서도 ① 그가 일제의 『조선사』 편찬에 참여함으로써 민족사 왜곡과 식민사학 확립에 지도적 역할을 했고, 일제하에서 행한 그의 처신을 볼 때 현실을 순응하여 어느 정도 협조하는 태도를 취함으로써 명백한 친일파였고, ② 그가 일제강점기라는 민족사의 질곡 속에서 출세나 일신의 영달을 꾀하지 않고 학문의 길, 그 가운데서도 국학의 길을 택한 것 자체가 그의 민족에 대한 애정을 보여주는 것이므로 그는 분명한 민족주의자였다는 주장이 대립하고 있다.

　한편 그가 친일파였느냐 민족주의자였느냐에 대한 논란에서도 ① 그가 『조선사』 편찬에 참여한 일 말고는 적극적으로 친일한 흔적이 없으며, ② 거기에 참석한 것은 단지 일본인들의 조선사 편찬에 직접 참여함으로써 우리의 국사를 조금이라도 올바르게 잡고, 나아가서는 희귀한 사료와 전적도 손쉽게 섭렵할 수 있는 기회를 얻기 위함이었다는 긍정론도 있다. 반면 그가 국학을 연구했다는 것 자체만으로 그를 민족주의자로 볼 수 있겠느냐는 반론도 있다.

　그의 저술을 촘촘히 분석해 보면 물론 적극적인 친일의 글도 없지만, 적극인 항일이나 애국애족적인 글도 발견할 수 없으며, 더욱이 1915년에 간사로서 중추적인 산파역을 하였고, 1917년에 이사로도 참여한 불교진흥회가 사실은 총독부의 정책에 순응하는 친일단체였다는 점에서 그의 친일

성 비판에 대해 자유롭지 못하다는 것이다.[74]

물론 이러한 찬반과 포폄의 시각들 역시 일정한 타당성은 없지 않다. 하지만 이러한 시각들 모두 그 시대와 그 상황을 고려하지 않고 타자화와 대상화된 평자의 시선으로 그의 생평을 재단하고 있다는 점에서 여전히 문제점이 내재해 있다. 그런데 ① 그의 일련의 저술과 대외적 활동이 우리 민족의 과거와 현재에 대한 고민 위에서 이루어진 것이지 일신의 영달을 위한 것이 아니었다는 점과 ② 그가 기술하고 있는 많은 국학 전적들에 담긴 민족적 정체성은 반일적이며 반외세적이었다는 점을 간과해서는 아니될 것이다. 바로 이 점에서 본다면 그는 애국애족을 위한 민족주의자였음을 알 수 있다.

선말 한초로부터 대한시대 대일항쟁기를 살았던 영호와 상현은 비교와 대조에 입각한 고증주의와 비교종교학적 방법론으로 자신의 학문태도를 견지하고 연구방법을 개척하였다. 그럼에도 불구하고 이들에 대한 연구는 온전히 이루어지지 않고 있다. 국제화 세계화 시대를 사는 오늘 여기에서 우리는 우리 학문의 구심력과 원심력 위에서 이들에 대한 종합적이고 본격적인 연구를 지속해 가야만 할 것이다. 그렇게 된다면 우리 국학의 내포가 더욱 단단해지고 한국학의 외연이 보다 넉넉해질 것이다

---

74) 이재헌은 이러한 이능화 연구의 종합적 과제로서 ① 이능화가 한국의 근대 한문에 끼친 功過를 종합적이고도 체계적으로 조망해 보아야 한다. ② 이능화 연구가 한 차원 높게 발전하기 위해서는 그의 한문 저술에 대한 번역이 선결과제다. ③ 이능화의 학문과 사상이 갖는 사상사적 맥락과 의의에 대한 연구가 이루어져야 한다. ④ 이능화의 학문에서 나타나는 학문방법론은 무엇인가 하는 점과 근대화의 물결 속에서 그가 제시했던 개혁사상에 대한 고찰이 있어야 한다. ⑤ 이능화의 학문적 관심이 변화된 이유는 무엇이며, 그의 생애에 일관되게 흐르는 학문적 화두는 무엇이었나를 밝혀내야 한다고 하였다.

Ⅵ. 결 어

영호(映湖, 石顚)당 정호(鼎鎬, 漢永, 1870~1948)와 상현(無能)거사 이능화(侃亭, 無無, 1869~1943)는 선말 한초와 대한시대의 대일항쟁기를 함께 호흡했던 대표적 학자이자 불교인이라는 점에서 상통성이 있다. 동시에 이들 두 사람은 출가의 선사와 재가의 거사라는 점에서 상이점이 있다. 이들은 학문적 기반을 불교에 두고 있으며 국학의 심층화와 한국학으로의 확장성에 대해 남다른 고뇌를 지녀왔다.

영호와 상현은 동시대를 살면서 불교의 가치와 의미에 대해 깊이 생각했던 이들이다. 이들은 '무엇'의 불교보다는 '왜'의 불교에 대해 크게 물었던 이들이다. 다시 말해 영호와 상현은 선교(仙敎)와 유교(儒敎)에 대응하는 '불교가 무엇이냐'가 아니라 선교와 유교가 아닌 '왜 불교냐'에 대해 물었다. 이러한 물음은 불교가 지닌 시대정신과 역사의식이 무엇이냐는 물음이자 선말 한초 당시 지성들의 시대정신과 역사의식의 요청과 깊이 연루되어 있다. 그리하여 이들은 전통의 계승과 현대의 수용에 있어 '무엇'과 '왜'의 비교와 대조 및 고증과 대결 등을 통한 객관적 '학문태도'를 견지하고 새로운 '연구방법'을 원용하면서 자신들의 학문적 작업을 해 나갔다. 이 때문에 이들은 한국불교의 두 축인 선과 교의 병행과 균형 속에서도 선종을 특히 강조해 왔다. 이것은 조선조 이후에 선법 중심의 선교 통합이라는 불교의 모습과 밀접하게 상통하는 것이기도 하다. 이러한 일련의 과정에서 두 사람이 몸소 보여준 것은 문사철(文史哲) 전통의 계승이라고 할 수 있다.

영호와 상현은 전통의 재현과 현대와의 통로를 모색하기 위해 발벗고 나섰다. 이들은 전통 속에서 계승할 것을 재현해 내려 했고 그것의 장점과 강점을 드러내기 위해 방대한 인문학적인 접근을 도모하였다. 그것은 전통의 재현과 현대와의 대화를 위한 노력이었다. 그 과정에서 이들은 잡지의 간행과 논설의 발표를 통해 계몽의 전위에 나섰다. 영호는 정신문화의 사대주의를 비판하고 조선불교사의 긍지를 심어주는 것은 주체성을 갖게 해주는 것이라고 보았다. 이러한 주체적인 사관 위에서 영호는 고전을 드높이는 고고(高古) 지향과 문헌 비판의 기반 위에서 민족사학의 방법론을 입론하였다. 반면 상현은 자신의 저술에서 자신의 견해와 관점을 가급적 억제하여 객관성과 실증성을 최대한 확보하려는 학문적 태도를 보여주었다. 그가 비교종교학과 역사학적 방법으로 남긴 불교사, 도교사, 무속사 등의 저작들이 오늘날에도 여전히 여러 사람들에게 읽혀진다는 사실은 이러한 방법론에 입각해 일구어낸 그의 학문적 성과가 남다르기 때문이다.

이처럼 선말 한초로부터 대한시대 대일항쟁기를 살았던 영호와 상현은 비교와 대조에 입각한 고증주의와 비교종교학적 방법론으로 자신의 학문태도를 견지하고 연구방법을 개척하였다. 그럼에도 불구하고 이들에 대한 연구는 온전히 이루어지지 않고 있다. 국제화 세계화 시대를 사는 우리들은 이제 우리 학문의 구심력과 원심력 위에서 이들에 대한 종합적이고 본격적인 연구를 시작해야 한다. 그렇게 된다면 우리 국학의 내포가 더욱 단단해지고 한국학의 외연이 보다 넉넉해질 것이다.

한암 중원의 조계종사 인식과 조계종의 회복
: 퇴경의 「조계종」과 한암의 「해동초조에 대하야」와 관련하여

I. 서 언

불교 신행에서 수행 사단(四段)으로 불리는 신(信)-해(解)-행(行)-증(證)의 과정은 종파 형성의 과정과 긴밀하게 상응한다. 내 밖의 대상에 대한 우러름에 기초한 '신앙'(信仰)과 달리 내 안의 자신에 대한 깨우침에 기반한 신행(信行)은 진리에 대한 '확신'과 '이해'를 거쳐 진리의 '수행'과 '체증'의 과정으로 이어진다. 불교사상사를 살펴보면 대개 지식인들은 진리에 대한 '이해'를 거쳐 '확신'으로 나간 뒤 '수행'을 통해 '체증'으로 나아갔다. 반면 일반인들은 진리의 '확신'과 '이해'의 과정 위에서 '수행'과 '체증'으로 나아갔다. 그리하여 진리에 대한 '이해'는 지식인들에 의해 학파(學派) 형성의 기반이 되었으며, 진리에 대한 '확신'은 일반인들에 의해 종파(宗派) 형성의 토대를 마련했다.

신라 하대의 전문 수업집단이었던 '업'(業)은 고려 중기에 이르러 일반 신행집단인 '종'(宗)과 공존하다가 최종적으로 '종'(宗)으로 정착했다. 문헌상으로 불교 교단은 고려의 11종[1] 혹은 12종[2]의 종명이 나타나고 있다. 조선

---

1) 김상현, 「십이종(十二宗)」, 『한국민족문화대백과사전』. (2021년 10월 28일 검색). 고려 후기에 존재하였던 "소승종(小乘宗)·계율종(戒律宗)·자은종(慈恩宗)·유가종(瑜伽宗)·신인종(神印宗)·지념종(持念宗)·분황종(芬皇宗)·화엄종(華嚴宗)·천태종(天台宗)·소자종(疏字宗)·법사종(法事宗)·조계종(曹溪宗)" 등이 그것이다. 이 중에서 화엄종·조계종·유가종·천태종 등은 고려불교를 주도하였던 대표적인 종파이며, 계율종·분황종·신인종·소승종 등은 고려 후기에 새롭게 등장한 군소종파이다. 『동문선』에는 하승단(河升旦)의 '소승업수좌관

태종대에는 이들 종파를 7종으로 정비했고 세종 때에는 이들 7종을 다시 선교 양종으로 재정비했다. 그리고 연산군 때에는 선교 양종이 소멸되었고, 중종 때에는 통치의 기반이 되었던 법전(法典)의 '도승'(度僧) 조목조차 삭제했다. 중종 때에 문정대비에 의해 발탁된 허응 보우에 의해 15년간 선교 양종과 승과제 등이 복원되었지만 그의 입적 이후에는 선교 양종과 승과제 등이 다시 폐지되었다. 이후 대한시대(1897년~남북통일)3) 초기인 1908년에 원종(圓宗)이 창종되었다. 하지만 해인사 주지이자 원종 종정이던 회광 사선(晦光師璿, 1862~1933)이 1911년에 일본 조동종(曹洞宗)과 연합 체맹을 도모하자4) 이에 구암사에 주석하던 박한영(映湖鼎鎬, 1870~1948)이 진진응(震應慧燦, 1873~1941) 한용운(龍雲奉玩, 1879~1944), 김종래(金鍾來) 등을 구암사로 불러 대응책을 논의했다. 그 결과 부산 범어사를 선찰대본산으로 삼고 임제종(臨濟宗)을 창종하였다.5) 이후 1919년에 이르러 회광 사선이 일본 임제종과 다시

고(小乘業首座官詁)'라는 글이 보인다. 이로써 소승종이 있었음을 알 수 있다. 소승종이 뒷날 시흥종(始興宗)으로 바뀌었다는 견해도 있다." 퇴경 권상로는 '시흥종'을 '열반종'이라 비정하고 있는데 그렇다면 열반종은 소승열반종으로 보아야 할 것 같다. 또 천태종·소자종·법사종을 3종의 나열로 보면 12종이지만 이들을 천태 本宗의 支派인 천태소자종과 천태법사종으로 보면 11종이 된다고도 본다. 그리고 소자종은 백련사계를, 법사종은 묘련사계로 보는 견해도 있다.

2) (사)한국불교학회, 『2020년 한국불교학회 추계학술대회자료집』. 2020년 11월 18일(금) 조계사역사문화회관 지하의 전통공연장에서 열린 (사)한국불교학회 추계학술대회에서 '한국불교의 보편성과 특수성 I: 고려시대 11종의 통합성과 종합성과 관련하여'라는 제목으로 기조발제를 포함해 12인의 집중적인 발표가 있었다.

3) 논자는 '대한시대'를 남북통일이 될 때까지의 시대구분으로 사용하고 있다. 대한시대에는 대한제국기(1897~1910), 대일항쟁기(1910~1945), 해방공간기(1945~1948), 남북분단기(1948~남북통일)로 구성되어 있다.

4) 당시 조선불교 원종의 초대 종정이었던 이회광(晦光師璿, 1862~1933)은 1911년에 일본의 曹洞宗과 합병을 획책하였다. 뒤늦게 이 사실을 알게 되었던 朴漢永, 陳震應, 韓龍雲 등이 맹렬히 반대운동을 펼치는 바람에 일단 물거품이 되었다. 하지만 1920년에 이회광은 이번에는 일본의 臨濟宗과 통합하려는 시도를 하였다. 이것 또한 한용운 등의 임제종 표방에 의해 실패하였다. 「불교개종문제(一)」, 〈동아일보〉 1920년 6월 2일; 이능화, 『조선불교통사』, 역주편찬위원회 편역, 『역주 조선불교통사』(2010), p.311.

5) 李能和, 『조선불교통사』, 역주편찬위원회 역편, 『역주 조선불교통사』(동국대학교출판부, 2010), pp.309~321.

연합을 시도했으나 실패하였다.[6] 그러나 총독부의 사찰령 반포 이후 주체적인 조선불교교무원과 친일적인 조선불교총무원으로 대립하다가 결국 조선불교총무원으로 통합되었다.

한암 중원(漢巖重遠, 1876~1951)은 이러한 시기를 거쳐 1929년에 1월 5일에 열린 '조선불교 선교 양종 승려대회'에서 조선불교 선교양종의 '교정'(7명 공동)으로 추대된 뒤, 1935년에 재출발한 '조선불교 선종'의 '종정'에 추대되었다. 그는 다시 1941년 7월 5일에 총본산 태고사에서 열린 종회와 총본산 태고사 초대 주지 및 조계종 종정 선거에서 '조선불교조계종'의 초대 '종정'으로 추대[7]되었고[8] 태고사 초대 주지를 겸하였다. 1948년에 당시 조선불

---

6) 강석주·박경훈, 『불교근세백년』(서울: 중앙일보사, 1980). 조선총독부는 1936년에 또 한 차례 조선불교의 합병을 시도하였다. "1936년, 당시 한국에 진출한 조동종의 博文寺(현재 신라호텔 영빈관 자리) 주지 후산(夫山)이란 자 …… 박문사를 조선불교 총본산으로 만들어 …… 불교 재산을 병탄하려고 조선불교 총본산 박문사 설치인가 신청서를 총독부에 냈다. 그러나 한국 승려들은 이러한 음모가 진행 중인 것을 전혀 모르고 있었는데 총독부 사회과장 金大翔씨가 李鍾郁 스님에게 이 사실을 은밀히 알려 주었다. 이종욱 스님은 곧 31본산을 돌면서 이 사실을 알리고 일이 중대함에 비추어 곧 본산 주지회의를 열어 이에 대처해야 하며, 하루 빨리 우리 손으로 총본산을 세워야 한다고 주장하였다." 이를 계기로 이종욱과 방한암은 1941년의 '조선불교조계종'의 회복을 위해 더욱 박차를 가할 수 있었을 것으로 짐작된다.

7) 李能和, 「조선불교조계종과 초대 종정 방한암선사」, 《불교시보》 제72호, 1941년 7월 15일; 『정본 한암일발록』 하권(서울: 민족사, 1995; 1996; 2010), pp.94~96. "조선불교 조계종 총본산 太古寺 寺法에 의하여 31본산 주지 등이 종회를 개최하고 총본산 태고사 초대 주지 즉 조계종 종정 선거에서 '輿論所在'와 '衆望所歸'로 오대산 상원사의 방한암 선사가 압도적 대다수의 득표로 피선되었으나, 한암선사는 不出山의 결심을 설명하고 취임을 거절하자 (마곡사 주지 安)香德和尙 (월정사 주지 廣田鍾郁, 마하연 주지 元寶山 화상) 등 3인은 할 수 없이 不出山을 조건부로 종정 承諾을 받아가지고 귀경하여 총독부 당국에 이 뜻을 上申하여 '不出山 하여도 좋다'라는 당국의 內命을 承受하였다"고 하였다. 또 이능화는 "한암선사가 不出山을 결심한 것이야말로 진정한 조계종 초대 종정의 자격이다"면서 "昔唐 中宗 神龍元年에 황제가 勅使 薛簡을 조계산에 파견하여 육조 혜능대사를 요청하였으나, 육조는 질병을 이유로 하여 나오지 아니하자 설간 칙사가 復命하자 황제는 걱정하면서 조칙을 내려 육조를 褒美하였다"며, "지금 한암선사의 行履는 조계 육조와 똑같으니 이것이 조계종 종정의 자격이 아니고 무엇인가"라고 적고 있다.

8) 金素荷(大隱), 「大導師 방한암 선사를 종정으로 맞으며」, 《불교시보》 제72호, 1941년 7월 15일; 『정본 한암일발록』(권하) pp.97~99에서 한암이 조선불교의 宗務를 총괄하게 된 것은 '가장 時宜의 適宜를 얻은 바'일 뿐만 아니라 '조선불교를 중흥 진작하는 데 있어서 큰 영광

교 교정이었던 영호(정호)가 입적하자 그는 다시 '조선불교 교정'을 맡아 1951년 입적 때까지 소임을 다하였다. 이처럼 한암은 모두 두 차례의 교정 및 두 차례의 종정을 역임하면서 특유의 종조관과 종단관을 보여주었다. 그의 특유한 시각은 이후 1962년에 출범한 통합종단인 대한불교조계종(1962)의 형성과정에 일정한 방향을 제시해 주었고, 1994년 대한불교조계종 개혁회의의 종헌에도 반영되었다.

여타의 교정과 종정들이 있었지만 한암과 같이 종조관과 종단관을 또렷이 보여준 인물은 흔치 않았다. 그가 이렇게 또렷한 종조관과 종단관을 피력할 수 있었던 것은 평소 그가 강조해온 정혜쌍수(定慧雙修)와 선교융합(禪敎融合)의 사고방식과 삼학균수(三學均修)의 살림살이에 의해서라고 할 수 있다. 이러한 가풍은 보조 지눌과 청허 휴정 이래 선 수행 중심의 선교(禪敎)겸수의 전통을 계승하고자 하는 한암의 확고한 의지에서 생겨날 수 있었을 것이다.9) 이 글에서는 1920년대부터 조계종명의 회복을 주장해온 퇴경 권상로와 포광 김영수(1884~1967)의 선진적 노력, 그리고 임석진과 권상로의 「조계종」에 일정한 영향을 받아 작성한 한암의 「해동초조에 대하야」10)를 중심으로 한암의 조계종사 인식에 따른 종조관과 법통관에 기초하여 조계종이 회복될 수 있었던 전후 과정에 대해 살펴볼 것이다.

을 얻은 바이며, '조선의 人士도 선사에 대한 촉망이 多大하리라고 믿는 바라고 적고 있다.
9) 서정주, 「방한암 선사」, 『미당 서정주 전집 1 시』(서울: 은행나무, 2015), p.364. "난리 나 중들도 다 도망간 뒤에/ 노스님 홀로 남아 절마루에 기대앉다.// 유월에서 시월이 왔을 때까지/ 뱃속을 비우고/ 마음 비우고/ 마음을 비워선 강남으로 흘려보내고/ 죽은 채로 살아/ 비인 옹기 항아리같이 반듯이 앉다.// 먼동이 트는 새벽을 담고/ 비인 옹기 항아리처럼 앉아 있는 걸/ 수복해 온 병정들이 아침에 다시 보다."
10) 한암의 「해동초조에 대하야」를 검토한 연구는 다음과 같다. 김호성, 「한암의 '도의-보조 법통설' - 〈해동초조에 대하야〉를 중심으로」, 『보조사상』 제2집, 보조사상연구원, 1992; 김광식, 「방한암과 조계종단」, 『한암사상』 제1집, 한암사상연구원, 2006; 김광식, 「대한불교조계종의 성립과 성격: 1941~1962년의 조계종」, 『선학』 제34집, 한국선학회, 2013; 염중섭(자현), 「한암의 해동초조에 대하여」, 『한국불교학』 제97집, 한국불교학회, 2021.2.

Ⅱ. 불교 법통과 조계 종통의 연원

1. 불교 법통의 연원

불법은 고타마 싯다르타가 생사 문제를 해결하기 위해 출가한 뒤 자기와의 싸움 끝에 중도 연기를 발견하여 해탈 열반의 길을 열면서 시작된다. 중도로 펼친 사성제와 연기로 펼친 십이연기의 가르침은 아난으로 이어지면서 교학 즉 교종의 법통을 형성하였다. '법통'(法統)은 말 그대로 '법' 즉 '불법'의 전통(傳統)이자 도통(道通)을 일컫는다. 한암에 어법에 의하면 '법왕의 심법(心法) 상수(相授)'를 말한다. 선종 이전에는 모두 교종이 불교의 전부였고 법통 또한 교종의 '법통'이자 '도통'이었으며 교종은 모든 교학을 통섭해 왔다.

이를테면 비담/구사학의 중현과 세친, 각천과 불타제바, 반야중관학의 용수와 제바, 청변과 불호와 월칭, 성실학의 하리발마와 총법사, 승민과 도장, 유가유식학의 미륵과 무착과 세친, 안혜와 호법, 후기중관학의 적호와 연화계, 삼론학의 구마라집, 도생/승조/도융/승예, 승랑-승전-법랑-길장/혜균-혜자/혜관/관륵, 열반학의 지도림-축도생, 원광과 보덕, 지론학의 무착과 혜원과 의연, 섭론학의 무착, 밀학의 선무외와 금강지-불공-혜초, 율학의 겸익과 도선, 법상학의 현장-규기-혜소-지주, 기신학의 진제와 담연, 혜원과 원효, 천태종의 혜문-혜사-지의-관정-담연, 화엄종의 두순-지엄-의상/법장-혜원/징관-법선/종밀, 연종/정토종의 혜원과 도작, 가재와 선도 등이 9학 3종(선종 제외)으로 형성된 교종의 법통을 이었다고 볼 수 있다.

이와 달리 선종은 가섭을 거쳐 아난으로 법통이 이어졌고 반야다라를 거쳐 보리달마에게 도통이 이어졌다고 보고 있다. 보리달마의 가르침은 혜가-승찬-도신-홍인을 거쳐 북종의 신수와 남종의 혜능으로 이어졌다. 북종선은 신수(神秀)-보적(普寂)-지공(志空)으로 이어졌으나 당나라에서는 더 이상 지속되지 못했다. 대신 사조 도신에게 법을 전해 받은 신라의 법랑과 그와 지공에게 심인을 전해 받은 신라의 신행(信/神/愼行, 704~779)과 그의 선법을 받은 준범(遵範)과 그와 마조 도일 문하 창주 신감(滄州神鑑)의 법을 이은 혜소(惠炤, 774~850)에 의해 법랑(法諒)/혜은(慧隱)-도헌(道憲)-양부(楊孚)-긍양(兢讓)[11]으로 이어지면서 신라 사상계를 점차 북종으로 변화시켰다. 반면 혜능의 남종선은 남악 회양-마조 도일-서당 지장/백장 회해/남전 보원/마곡 보철/장경 회휘/창주 신감/염관 제안/대주 혜해/귀종 지상/대매 법상으로 이어져 임제종(황룡 혜남파/양기 방회파)과 위앙종이 대두하고, 청원 행사-석두 희천 계통으로 이어지면서 조동종과 운문종과 법안종이 파생되어 오가 칠종을 형성하였다.

한국의 법통은 붓다로부터 시작하여 도통의 이름으로 전해졌으나 점차 교종의 학통과 선종의 종통으로 구분되었다. 선종은 가섭과 아난, 반야다라와 달마를 거쳐 사조 도신의 문하였던 북종선의 법랑-신행-준범-혜소-법랑/혜은-도헌-양부-긍양, 홍인의 문하였던 지선-처적-무상-무주/마조/(정중)신회의 정중선 계통, 혜능의 문하였던 남악 회양-마조 도일-서당 지장/백장 회해/남전 보원/마곡 보철/장경 회휘/염관 제안/창주 신감 등으로 이어진 남악계와 청원 행사-석두 희천-곡산 도연-정진 긍양으로 이어지는 청원계의 남종선으로 이어졌다.

그 결과 한국의 법통 한 축을 이뤄온 교종은 학통으로 이어졌고, 선종은 북종선, 남종선, 정중선의 종통으로 이어졌다고 할 수 있다. 특히 무상의 정중선이 젊은 시절의 마조 도일의 선풍으로 이어졌다[12]는 점에서 구산선

---

11) 靜眞 兢讓은 900년에 다시 입당하여 靑原 行思(?~740) - 石頭 希遷(700~790)의 제자인 谷山 道緣의 인가를 받아 924년에 귀국함으로써 희양산문을 남종선으로 바꾸고 청원 행사계의 법맥을 계승하였다.

12) 高榮燮, 「무상선과 마조선의 동처와 부동처」, 『불교학보』 제44집, 동국대학교 불교문화연구원, 2005.

문 중 칠산 선문은 무상과의 접점을 확인할 수 있다. 그리고 고려 지눌의 선교일원의 확립 이후 종통은 법통을 대신하는 도통의 이름으로 이어졌다.

2. 조계 종통의 연원

'종통'(宗統)이란 '종가의 맏아들의 계통'을 뜻한다. 그런데 선종 확립 이후에는 법통이 학통으로 불리는 것과 달리 종통은 도통으로 불리고 있다. 한 암의 어법에 의하면 '조사의 도법(道法) 상전(相傳)'을 말한다.[13] 조계종은 육조 혜능(638~713)이 30여 년간 주석한 '조계산'에서 비롯된 것이다. '조계'는 고려의 조계종으로 이어져 종통의 연원이 되었다. 조계종은 1941년에 '조선불교조계종'으로 회복되었다. 그러나 사실은 신라 하대에 한반도에 전해온 마조계의 선풍에서 비롯되었으며, 보조 지눌의 '조계산' 명명에 의해 비로소 복원되었다고 할 수 있다.

신라 하대에 형성된 칠산 선문과 고려 초에 형성된 이산 선문은 조계종 형성의 기반이 되었다. 즉 마조 도일의 제자인 서당 지장을 이은 도의(道義)의 가지산문, 홍척(洪陟)의 실상산문, 혜철(慧哲)의 동리산문, 그리고 염관 제안을 이은 범일(梵日)의 굴산산문, 마곡 보철을 이은 무염(無染)의 성주산문, 남전 보원을 이은 철감(澈鑒)의 사자산문, 장경 회휘를 이은 현욱(玄昱)의 봉림산문, 운거 도응을 이은 이엄(利嚴)의 수미산문, 사조 도신을 이은 법랑(法朗)-신행(信/神行)-준범(遵範)-혜소(慧昭)-도헌(道憲)의 희양산문(백엄 양부-정진 긍양)이다. 이들 산문은 저마다 선풍을 진작하면서 한국선의 시원이 되었다.

이능화는 『조선불교통사』의 '보조 이후 처음 조계종이 시설되었다'[普照後始設曹溪宗, 1918][14]라는 품제(品題)에서 '희종 즉위 이후 조계종 수선사로 이

---

13) 漢巖은 法統을 '法王의 心法 相授', 宗統을 '祖師의 道法 相傳'으로 구분한 뒤 이들을 다시 '心法의 標準으로서 衣鉢 授傳'으로 통합해 논의하고 있다.

14) 李能和, 「普照後始設曹溪宗」, 『朝鮮佛敎通史』(서울: 신문관, 1918; 보련각, 1976), 譯註편

름을 고칠 것을 명해서 조계종을 설치한 것이 여기에서 비로소 보인다'[熙宗即位以後 命改號爲曹溪山修禪寺 曹溪設宗 始見于此][15], 또 '보조국사가 송광사에서 떨쳐 일어나 조계종을 또 별도로 세웠다'[普照國師 堀起松廣 曹溪之宗 又別立焉][16]는 품제에서 이 사실을 보여주고 있다. 이능화의 주장은 단편적이고 부분적인 것이지만 조계종의 근거를 보조 지눌로부터 보는 실마리를 제공하고 있다. 이어 1920년에 송광사 주지를 역임한 금명 보정(錦溟寶鼎, 1861~1930)은 『조계고승전』의 '서문'에서 보조종조론(普照宗祖論)[17]을 제기하였다. 이러한 '조계종 수선사' 내지 '보조종조론'의 실마리를 이어간 인물은 퇴경 권상로이다.

퇴경은 이능화의 제시에 대해 이러한 품제는 자신이 제기한 아홉 가지 이유에 근본적으로 매몰될 염려가 없지 않다고 했다. 그는 아홉 가지 이유를 통틀어 종합해 보면 조계종이 보조국사로부터 비롯하지 아니한 것은 사실이다마는 그 반면에 '조계종'의 칭호가 꼭 언제부터 되었는가를 지적하기가 어렵게 된 것만이 난결(難決)의 문제이다고 하였다. 그러면서 선적종(禪寂宗)이라 부르던 것을 언제부터 조계종(曹溪宗)이라고 부르게 되었느냐[18]고 반문한다.

권상로는 1929년에 조계종의 연원에 대해 자세히 밝힌 「조계종」이란 논설을 발표하였다. 한암은 이 글을 접하고 큰 영향을 받았다. 이후 한암은 오대산으로 권상로를 불러 불교사를 공부하면서 불교사에 대한 인식을 확장하였고 1920년대부터 조계종의 회복을 주장해온 권상로와 김영수의 주장을 참고해 자신의 관점에서 새롭게 정리해 1930년에 「해동초조에 대하야」[19]를 작성하여 발표하였다. 이 글은 조계종사와 종조 문제 및 종단 인식

찬위원회 역편, 『역주 조선불교통사』(서울: 동국대출판부, 2010), pp.687~758.

15) 李能和, 『朝鮮佛敎通史』 하권, p.336.

16) 李能和, 『朝鮮佛敎通史』 하권, p.501.

17) 錦溟 寶鼎, 「序文」, 『曹溪高僧傳』(『한불전』 제12책, p.381상).

18) 權相老, 「조계종」, 『불교』 제58호, 1929년 4월.

에 대한 한암의 주장을 체계적으로 보여주고 있다. 이 때문에 우리는 이 논설을 통해서 한암의 종단 인식과 종조 문제에 주목하게 된다.

III. 조계 종조와 조계 종명의 계통

1. 퇴경의 「조계종」

퇴경은 화엄종, 염불종(정토종), 율종(남산종)에 이어 조계종에 관한 글을 연재하였다. 그는 이들 종파에 대해 기술하면서 특히 '조선에서 자립한 종파'라는 점을 강조하고 있다. 화엄종, 염불종, 율종의 종명은 중국과 일본의 그것들과 같아서 조선에서 자립한 색채가 얼른 띄어지지 않지만 조계종은 중국과 일본에는 없는 종파라는 점을 역설하고 있다.

퇴경은 이 글을 모두 아홉 단락으로 나누어 기술하고 있으며 서론[起句, ①②]과 본론[承句③④⑤+轉句⑥⑦⑧] 및 결론[結句⑨]으로 구분해 볼 수 있다. 여기서는 퇴경의 9가지 주장 중 각 단락의 핵심을 '요약'하고 이러한 '논지'에 대해 살펴보도록 하겠다.

> ① 조선에서 자립한 종파 중 조계종을 소개하면서 아직 연구가 충분하지 못함에 대해 유감스럽고 부끄럽다.
> ② 조계종의 '조계'(曹溪) 두 글자가 육조가 머물던 산명(山名)을 빌어서 종명으로 삼았다.

퇴경은 '서론'에서 조계종 소개 연구가 미진한 것에 대한 유감과 '조계' 두 글자가 육조가 주석한 산명에서 빌어 와서 종명을 삼았음을 밝히고 있

---

19) 漢巖, 「海東初祖에 대하야」, 『불교』 제70호, 1930.4.

다. 그러면서도 그는 본론에서는 선적종이 언제부터 달마선종 내지 조계종으로 불렸는지에 대해 추적하고 있다.

③ 조계종의 설립된 정체를 선적종(禪寂宗) 즉 선종(혹은 達磨宗)이 그의 전신인 것은 말할 필요도 없이 일반이 아는 바이다.

④ 대각국사 의천이 중국을 다녀온 이후 현수성종(賢首性宗)·자은상종(慈恩相宗)·달마선종(達磨禪宗)·남산율종(南山律宗)·천태관종(天台觀宗) 등 오종의 묘지(妙旨)에 통달하였는데 여기의 달마선종이 조계선종으로 탈환(脫幻)시킨 것은 무슨 이유가 있는 것 같다.

퇴경은 '본론'의 '승구'에서 의천이 쓴 묘지명에서 오종의 묘지에 대해 통달하였다고 했는데 달마선종이 조계선종으로 '탈환' 즉 벗어나 변한 이유에 대해 문제를 제기하고 있다.

⑤ 달마선종(達摩禪宗)이 조계선종(曹溪禪宗)으로 변명된 이유를 김군수(金君綏)가 쓴 '승평부조계산송광사불일보조국사비명'(昇平府曹溪山松廣寺普照國師碑銘)을 근거로 송광산 길상사를 지눌이 조계산 수선사로 바꾼 이유①로부터, 지눌의 저술에 조계로 바꾼 까닭이 보이지 않는 이유②, 조종저(趙宗著)가 지은 '송광사사원사적비'(松廣寺嗣院事蹟碑)에 일언반자도 조계종에 대해 연상할 만한 것이 없는 이유③, 지눌의 비문에 '조계운손 종휘선사'로 적은 이유④, 최선(崔詵)이 지은 '대승선종조계산수선사중창기'(大乘禪宗曹溪山修禪社重創記)에 지눌제자 수우가 옮긴 곳을 '조계'(曹溪)라고 지목한 의의가 어디에 있는가의 이유⑤, 이지무(李枝茂)가 찬술한 '대감국사비'(大鑑國師碑)에 대서특필한 '고려조계종굴산하단속사대감국사비'(高麗曹溪宗屈山下斷俗寺大鑑國師碑)에 '조계종'(曹溪宗) 3글자가 생긴 이유⑥, 이익배(李益培)가 찬술한 '자진국사비'(慈眞國師碑)와 김훈(金曛)이 찬술한 '원감국사비'(圓鑑國師碑)와 이제현(李齊賢)이 찬술한 '혜감국사비'(慧鑑國師碑)에 '조계산 제 몇세'[曹溪山第幾世]라는 의미로 쓰여 있고, '조계종 제 몇세'라고 쓰여 있지 않은 이유⑦, 최선이 찬술한 '대승선종조계산수

선사중창기'(大乘禪宗曹溪山修禪社重創記)에 '조계종'을 새로이 '선종' (禪宗) 2글자로 쓴 이유⑧, 민지(閔漬)가 찬술한 '국존가지산하인각사 주지원경충조대선사일연찬'(國尊迦智山下麟角寺住持圓鏡冲照大禪師 一 然撰)이라고 적은 것처럼 '가지산하도의국사문하'(迦智山下道義國師門 下)에도 '조계종'(曹溪宗)이라고 한 이유⑨까지 모두 아홉 가지 의문이 다.

또 퇴경은 '본론'의 '승구' 전반부에서 선적종 즉 선종이 달마선종의 이름 으로 이어오다가 후반부에서는 조계종으로 불리게 된 연유에 대해 여러 기 문의 전거를 찾아 아홉 가지의 의문을 제시하고 있다.

⑥ 종래에 조계종은 보조국사가 개종한 것이라고 알고 있는 것과 이능화 의 『불교통사』에서 '보조 이후 처음 조계종이 시설되었다'는 품제로부 터, '희종 즉위 이후 조계종 수선사로 이름을 고치라는 명에 의해 조계 종이 시설되었음이 여기에서 처음 보인다'와, '보조국사가 송광사에서 떨쳐 일어나 조계종을 또 별도로 세웠다'라고 한 말은 근본적으로 이 아홉 가지 의심에 매몰될 염려가 없지 않다고 하면서 조계종의 칭호가 언제부터 선적종으로 부르게 되었는지 의문이 든다.

⑦ 선적종(禪寂宗)은 선종(禪宗)이라고 할 수 있는데 어떠한 이유로 '적' (寂)자를 덧붙였는지 알 수 없다면서 구산선문의 전거를 들면서 희양 산 지증문하(智證門下)만이 사조 도신(道信)선사로부터 방출(旁出)되 었지만 이몽유(李夢遊) 찬술의 '정진대사원오탑비'(靜眞大師圓悟塔碑) 에 의하면 다시 지증국사로써 육조의 사세손을 만들었으니 이를 기준 으로 보면 희양산문하도 육조의 후손이 아님이 없으며, 사굴산하 보조 국사 이후에만 조계종이라고 할 수 없고 구산문이 통용하든 조계종이 었던 것이 분명하다며 '보각국사일연'(普覺國師一然)의 비문(碑文)과 '삼국유사'(三國遺事)가 증명하는 바일 뿐이 아니다.

퇴경은 '본론'의 '전구' 전반부에서 희양산 문하도 결국 육조의 후손이며 사굴산 문하만이 조계종이라고 할 수 없고 구산문이 통용하든 조계종이었던 것이 분명하다며 「보각국사비문」과 『삼국유사』가 이것을 증명한다고 주장하였다.

⑧ '조계종'이란 명칭은 '가지산하도의국사문하'에서 수창(首唱)한 것이지만 전용한 것은 아닌가 하며, '조사예참문'(祖師禮懺文) 중에 '제삼십삼조사복발유암혜능대사'(第三十三祖師覆鉢庾岩惠能大師)를 적은 다음에 곧바로 '가지산조사해외전등도의국사'(迦智山祖師海外傳燈道義國師)를 써서 의상·원효·청진·지공·진감을 모두 도의국사의 다음에 쓰고 그 연후에사 비로소 범일·철감·무염·현욱·도헌·혜철·이엄·홍척·보조 이렇게 순서로 쓴 것은 일향(一向)에 가지산문하의 편술이라고 볼 수 없으며, 도의국사의 '가영'(歌詠) 중에 '공외문종상오대(空外聞鐘上五臺) 조계문선시수개(曹溪門扇是誰開)'라고 하였으니 조계종의 개창을 말함이 아닌가 라며 '대감국사비'(大鑑國師碑)에도 '조계종굴산하'(曹溪宗崛山下)라고 하여 산명 '굴산'(崛山)보다 '조계종'(曹溪宗)을 위에 두었으며 '삼국유사'(三國遺事)에도 '조계종가지산하'(曹溪宗迦智山下)라 하여 또한 산명 '가지산'(迦智山)보다 '조계종'(曹溪宗) 3자를 먼저 쓴 것이 구산문에 통용하든 종명(宗名)인 것을 사실 이상으로 증명하고 있다.

퇴경은 '본론'의 '전구' 후반부에서 조계종은 가지산문하의 편술로만 볼 수 없으며 조계종이라고 먼저 쓰고 산명을 썼듯이 조계종은 구산문에 통용하든 하지 않든 간에 종명인 것은 분명하다고 밝히고 있다. 나아가 '조계종'이 보조 지눌에 의해 처음 사용되었다는 점과 이후 여러 기문에서 '조계종'을 사용한 근거를 제시하고 있다.

⑨ 앞에서 인용한 도의국사의 '가영'(歌詠) 중의 '조계문선시수개'(曹溪門扇是誰開)의 7자에 집중하여 도의·혜철·홍척 삼사가 모두 서당 지장의 법인을 받아왔지만 최치원(崔致遠) 찬술의 '지증국사비'(智證國師碑)에는 도의를 머리로 추대하였고, 김영(金穎) 찬술의 '보림사보조(체징)선사비'(寶林寺普照(體澄)禪師碑)에는 '우리나라에서는 도의대사를 제일

조로 삼았다'고 하였고, '보감국사비명'(寶鑑國師碑銘)에는 '저 심종을 구하고 바다 넘어 동으로 가서 아홉 개의 선문을 벌렸으니 도의가 그 머리가 되었다'[夐彼心宗 逾海而東 厥派惟九 道義其首]고 한 것처럼 선종구산문 중에서도 오직 도의를 첫 손가락 꼽은 것도 일리가 있어 보인다며 '조계문선시수개'(曹溪門扇是誰開)처럼 서당(西堂)을 제(除)해 놓고 일 마디를 더해 위로 거슬러 올라가[遡上]하여 '조계문선'을 열었다[開]는 것은 의심 없이 개종을 지시함이라 한다고 하였다. '대감국사'(大鑑國師)·'보각국존'(普覺國尊)을 비롯하여 '임천대광광선사중창비'(林川大普光禪寺重創碑)에 '조계정종수력부'(曹溪正宗須力扶)라 하고 그 외에도 '보감국사비명'(寶鑑國師碑銘, 李齊賢 찬), '진각국사비명'(眞覺國寺碑銘, 李達衷 찬), '대지국사비명'(大智國師碑銘, 朴宜中 찬), '나옹왕사비명'(懶翁王師碑銘, 李穡 찬), '무학왕사비명'(無學王師碑銘, 卞季良 찬), '태고국사비명'(太古國師碑銘, 李穡 찬), '보각환암국사비명'(普覺幻庵國師碑銘, 權近 찬20))에도 모두 '조계종'(曹溪宗) 3자를 대서 특필하였고, 허응 보우(虛應普雨)·청허 휴정(淸虛休靜)·송운 유정(松雲惟政) 등 여러 선사가 모두 '판조계종사'(判曹溪宗事)가 되었고 최근에 열반(입적)한 선사들도 십분지 팔구는 모두 '조계종'(曹溪宗) 3자를 기입하였은 즉 '조계종파'(曹溪宗派)·'조계종행사'(曹溪宗行事)는 언제든지 전과 같아 왔었다. 최후로 간단하게 일언(一言)을 하는 것은 지금 우리들은 신라 때에 자립한 조계종이 오늘까지 상속부단(相續不斷)하야 왔으므로 이조(조선)의 법령에 의하여 '선교양종'(禪敎兩宗)의 간판을 부쳤을지언정 우리의 조파상(祖派上)·법계상(法系上) 오로지 조계종인 것만을 힘있게 부르짖어 둔다.21)

퇴경은 "앞에서 인용한 도의국사의 가영 중에 '조계문선유수개'(曹溪門扇是誰開)의 7자가 압만하여도 유력하야 보인다"며, "그러나 이상 모든 문구와는 도저히 동일한 구법이 아님에야 엇지하랴!"고 한 뒤 "서당을 제(除)해 노코 일절(一節)을 소상하야 '조계문선'을 개(開)하였다는 것은 의심업시 개종을 지

20) 퇴경은 '보각환암국사비명'(普覺幻庵國師碑銘)의 撰者를 찾지 못한 채 비워두고 있다. 논자는 이를 찾아 權近이 쓴 것을 확인하였다.
21) 권상로, 「조계종」, 《불교》 제58호, 1921. 1. pp.2~10.

시함이라 한다"고 역설하고 있다. 퇴경은 '조계 집안을 누가 열었는가?'를 놓고 여러 전거를 제시하면서 자신의 논지와 주장을 수립하고 있다.

그런 뒤에 퇴경은 결론에서는 이 땅의 조계 종조는 남종선의 도의와 보조로 이어지고 있으며, 조계 종명은 보조가 처음 사용했기에 조파상이든 법계상이든 오로지 조계종인 것만 힘있게 부르짖어 둔다고 적고 있다.

2. 퇴경의 조계 종명 제기

그런데 퇴경의 이러한 결론은 지눌이 이미 '조계종'과 '구산선문' 속에서 출가하고 승과고시에 응시하였다는 점을 고려하면 역사적 사실에 부합하지 않는다. 지눌은 이미 존재했던 조계종과 구산선문에 투신하였고 조계종의 승과고시에서 승과에 올랐기 때문이다. 이렇게 본다면 퇴경의 문제의식은 충분히 공감할 수 있지만 그러한 그의 문제의식이 역사적 사실과 일치하지 않는다는 점에서 문제가 없지 않다.

하지만 퇴경은 "그러나 명제의 본의인즉 조계종이 조선에서 자립된 것이라는 것을 설명하려고 하였던 것이 횡으로 굉장한 논결을 하였거니와 이에부터는 조계종이 조선에서 자립된 것이라는 것은 다시 중설(重說)할 필요업시 밝아졌다"고 단언한다. 이것은 조계종의 '해동' 즉 '조선' 자립설이라고 할 수 있다.

또 "그러한데 조계종의 종명을 사용하기는 썩 오래하였나니 예를 들 것 같으면 앞에서 인용한 대감국사·보각국존을 비롯하야 「임천대보광선사중창비」에는 '조계종정수역부'라고 하고 그 외 「보감국사비명」(이제현 찬), 「진각국사비명」(이달충 찬), 「대지국사비명」(박의중 찬), 「나옹왕사비명」(이색 찬), 「무학왕사비명」(변계량 찬), 「태고국사비명」(이색 찬), 「보각환암국사비명」(권근 찬)에도 모두 '조계종'이라는 3자를 대서(大書) 특서(特書)하였으며, 허응 보우·청허 휴정·송운 유정 등 여러 선가가 모두 '판조계종사'가 되었고, 최근에 열반한 선사들 영정에도 십분지 팔구는 모두 '조계종' 3자를 기입하였은즉, 오직 법령으로써 합종시킴에 의하여 조계종의 종명을 유지하였지마는 조계종파·조계종행사는 언제든지 이것과 같아 왔었다"고 하였다. 이는 조계 종명의 역사적 용례라 할 수 있다.

「임천 대보광선사 중창비」에서 거론한 '조계정종수역부'와 여러 비명에서 대서 특필한 '조계종'이라는 3자, 그리고 조선조 선가가 모두 '판조계종사'가 되었고, 최근에 열반한 선사들 영정 10분의 8, 9에서도 '조계종' 3자를 기입하였으니 조계종은 이 땅에서 이미 언제나 조계종파와 조계종행사와 같이 이루어져왔다는 것이다. 이처럼 퇴경이 제시한 여러 기문에서 '조계종명'을 사용한 아홉 가지의 이유는 한암에게 큰 영향을 미쳤던 것으로 파악된다.

한암은 1930년대에 들어서면서 퇴경의 문제 제기에 대한 답변을 나름대로 찾으며 조계종과 조계종의 역사에 대해 새롭게 인식하고 있었다. 이 때부터 그는 퇴경 등의 학자들이 주장하는 조계 종명 제기에 대해 지속적으로 주목하면서 시절인연이 도래하기를 기다렸던 것으로 파악된다.

때마침 총본산 건설 운동(1937)이 본격화되고 종명 개정의 여론이 확산되기에 이르렀다. 이에 힘입어 한암은 교단의 이러한 개종 의지들을 종합하여 이종욱(智庵鍾郁, 1884~1969) 등과 함께 1941년의 조선불교 조계종의 회복을 이끌어 냈던 것으로 이해된다.

3. 한암의 「해동초조에 대하야」와 조계종사 인식

한암의 「해동초조에 대하야」는 문장의 전형인 기승전결의 구조로 되어 있으며 퇴경의 논설처럼 크게 아홉 단락으로 나누어볼 수 있다. 한암이 퇴경의 아홉 단락을 의식했는지는 알 수 없으나 아홉은 동양에서 궁극의 수였기에 자연스러운 구조였다고 볼 수 있다. 여기서는 그의 전문 중 서론[起句]은 요약하되 본론[承句]와 轉句]과 결론[結句]은 요약하지 않고 문장의 구성과 내용에 대해 살펴보기로 하자. 앞의 ①② 두 단락은 기구(起句), 다음의 ③④⑤ 세 단락은 승구(承句), 다음의 ⑥⑦⑧ 세 단락은 전구(轉句), 다음의 ⑨ 한 단락은 결구(結句)로 되어 있다.

① 붓다의 의발 전수 – 法王의 心法 相授
　　[起句] 心法의 表準으로서 衣鉢 授傳
② 조사의 의발 상전 – 祖師의 道法 相傳
③ 달마의 東來
④ 혜능의 남종선 유통
　　[承句] 祖道의 東土 流轉과 남종선의 확대
⑤ 남악 회양계를 이은 마조의 홍주종 확산
⑥ 도의가 전해온 육조 이래 마조선
⑦ 도의에 의해 성립된 조계종
　　[轉句] 도의의 남종선과 보조의 조계종 중흥
⑧ 보조의 조계종 중흥
⑨ 태고법통 비판과 한암 법통관 제시
　　[結句] 태고법통 비판과 도의와 보조 법통

기구(起句)인 ① 붓다의 심법 상수(佛佛相授[22])와 ② 조사의 도법 상전[祖祖相傳]에 대한 부분은 논의를 일으키기 위한 일반론이다. 한암은 논설의 서론

---

22) 方寒巖, 앞의 글, p.847. 여기서 한암은 "이럼으로 我等本師 석가세존께서 사십구년간에 說法度生하시고 眞歸祖師께 받으신 祖師禪을 敎 밖에 별도로 전하사 摩訶迦葉에게 부촉하시고 겸하야 衣鉢을 전하사 三十三祖가 代代相承케 하사 祖祖相傳의 意를 表示하시고 또 衣鉢을 부치사 가섭으로 하야금 가지고 鷄足山에 들어가 入定하얏다가 彌勒佛 出世時에 가짓든 衣鉢을 드리게 하세 佛佛相授의 意를 表示하시고 또 阿難으로 하야금 一代敎義를 聽受하야 多聞第一이 되게 하시고 畢竟 迦葉의 言下에 悟道케 하사 제이조가 되고 가섭으로 제일조가 되게 하셧스니 이는 곧 後來 學佛者로 하야금 먼저 敎義를 達한 후에 다시 祖門에 들어가 明心通宗하여 祖師의 淵源을 繼嗣하야 佛祖慧命을 永不斷絕케 하신 命義시니 뉘가 敢히 其間에 異議를 存하리오"라고 반문하고 있다.

에 해당하는 이 부분은 통합해 심법(心法)의 표준(表準)으로서 의발 상수(相授)와 도법 상전(相傳)에 대해서 얘기하고 있다. 아래는 본론(전반부+후반부)과 결론에 해당하는 부분이다.

③ 제삼 제사로 차제전수(次第傳授)하사 제이십팔대 달마조사(達摩祖師)에 지(至)하야 조도(祖道)가 동토(東土)에 유전(流傳)할 시기를 관찰하시고 진단<으>로 오시사 종지를 거양하시되 먼저 상(相)을 척(斥)하시고 바로 심(心)을 지(指)하시니 교법유구한 후에 미증유의 일대변혁문제(一大變革問題)이라. 견자(見者)문자(聞者)가 다 경포(驚怖)하야 퇴(退)하는 자가 전부엿지마는 오직 혜가대사가 단비구법(斷臂求法)하사 언하(言下)에 지귀(知歸)하시고 필경(畢竟) 조사께서 소이(所以)를 언(言)하라 하시는 명령하에 삼배의위(三拜依位)하사 득수(得髓)의 인가하심을 받으사 진단(震旦)에 제이조가 되시고 달마는 초조가 되신지라

④ 제육조 혜능대사에 지(至)하야 문경오도(聞經悟道)하사 대장부 천인사 불의 인가를 황매산 오조홍인대사께 받으시고 또 불법이 유여대행(由汝大行)이라 하시는 기(記)를 주시니 자차(自此)로 조문(祖門)에 들어와 심법(心法)을 학(學)하는 자가 도마죽위(稻麻竹葦)와 여(如)한지라 전법오도자를 불가승기(不可勝記)로대 이기중(而其中)에 남악양(南岳讓)과 청원사(靑原思)가 최고한 적자(嫡子)이오 기여(其餘) 혜충(慧忠), 영가(永嘉), 하택(荷澤) 등 제대사(諸大師)도 광대하게 정종(正宗)을 통달한 지식이라 이로부터 의발을 부전(不傳)하심은 다 각기 일방 종주(宗主)가 되야 조도(祖道)를 광양함에 대하야 뉘게 다 특별(特別)이 전할 수 없는 사실이오. 또 쟁단(爭端)이 되야 정법(正法)에 도리어 방해가 잇을까 예측하심이라.

⑤ 양(讓)의 하(下)에 마조도일(馬祖道一)선사가 출하시니 이는 곳 서천 제이십칠조 반야다라(般若多羅) 존자께서 달마의 동래(東來)함에 대하야 일마구(一馬駒)가 출하야 천하인을 답살(踏殺)하리라는 예기(預記)에 부합한 일대위걸의 인격이라. 기하(其下)에 팔십사인의 선지식이 동시배출하얏스니 서당(西堂), 백장(百丈), 남전(南泉), 마곡(磨谷), 귀종(歸宗), 장경(章敬), 염관(鹽官) 등 제대선사가 시야(是也)라. 자이(自爾)로 법화대창(法化

大暢)하야 견자(見者)문자(聞者)가 다 관감흥기(觀感興起)하는 심(心)을 발(發)하나니 무상대법(無上大法)이 해외제국(海外諸國)에 유포하지 아니할 수 업는 시절인연(時節因緣)이 도래하얏다.

한암은 '본론'의 전반부(承句)에서 조도(祖道)의 동토(東土) 유전(流轉)과 남종선의 확대로서 달마의 동래(東來), 혜능의 남종선 유통, 남악 회양계를 이은 마조의 홍주종 확산에 대해 서술하고 있다.

⑥ 기시(其時)에 신라 도의대사가 망풍서범(望風西泛)하여 서당지장(西堂智藏)화상을 수알(首謁)하시고 법인을 득하여 동귀(東歸)하심이 전기(傳記)가 소소(昭昭)하니, 그러면 달마가 진단(震旦)에 초조(初祖)됨과 여(如)히 도의가 해동에 초조됨은 지자(智者)를 부대(不待)하고 가히 판정할 것이 아닌가. 뿐만 아니라, 홍척·혜철은 동(同) 서당(西堂)에게, 범일은 염관(鹽官)에게, 무염은 마곡(麻谷)에게, 철감은 남전(南泉)에게, 현욱은 장경(章敬)에게, 득법한 선후는 차이가 불무(不無)하나, 다 동일(同一)히 마조하 지식(知識)에게 심법을 득하여 왔은즉 동시(同是)육조(六祖)의 오세손이라.23)

⑦ 도의대사가 육조를 경앙하여 조계종(曹溪宗)이라 칭할 시에 홍척·혜철 등 제대사도 따라서 동심경앙(同心敬仰)할 것은 정한 이치가 아닌가. 또, 《월보》제58호에 '퇴경화상의 조계종에 대한 변론'24)을 간독(看讀)한 즉, 『조사예참문』(祖師禮懺文) 중에 '가지산조사해외전등도의국사'(迦智山祖師海外傳燈道義國師)라 칭한 거와 가패(歌唄) 중에 '조계문선시수개'(曹溪門扇是誰開) 구와 『삼국유사』에 '조계종가지산하'(曹溪宗迦智山下)라 칭한 등 문이 유력하게 증명한 것이 조금도 의문될 것이 없다. 서당이 기시(其時) 육조의 사세손인즉 기문하에 득법한 자가 그 위대하신 조사의 성덕

---

23) 方寒巖, 위의 글, 위의 책, 1941, p.848.
24) 권상로,「曹溪宗 - 朝鮮에서 自立한 宗派의 其四」,《불교》제58호, 1929. 4.1. 퇴경은 화엄종(其一), 정토종(其二), 율종(남산종, 其三)에 이어 조계종에 대해 기술하였다. 여기서 한암이 말한 《월보》는 일반명사로 월간 《불교》를 일컬은 것으로 이해하면 된다. '퇴경화상의 조계종에 대한 변론'도 월간 《불교》에 분재한 퇴경의 「曹溪宗 - 朝鮮에서 自立한 宗派의 其四」를 가리킨다.

을 어찌 모열경애(慕悅敬愛)치 아니하였으리오. 모열경애하는 본심편편중
(本心片片中)에서 조계종이라는 명칭이 자연히 용출하였다.25)

⑧ 오호라. 성력(聖曆)이 창망(滄茫)하고 전사(傳史)가 진혼(塵昏)하여
중간연원은 수모수모(誰某誰某)가 계사(繼嗣)하였는지 상세히 변명할 수
없으나 보조국사가 범일의 후예로서 대법당을 송광사에 건립하사 최상종
승을 개연(開演)하사 당세를 이익케 하시고 또 수심결, 진심직설, 간화결
의, 원돈성불 등 직절경요(直截徑要)의 법문을 저술하사 장래를 보각(普
覺)케 하시니 어시호(於是乎)에 조도대흥(祖道大興)하고 불일중휘(佛日重
輝)한지라. 조지(朝旨)를 봉(奉)하야 산명(山名)을 조계(曹溪)로 개변하였
으니, 이는 곧 멀리 육조를 경모하고 다시 해동(海東)제국사(諸國師)의 조
계종 창립한 연원을 계승함이 아닌가. 불연(不然)하면 하필갱명조계(何必
更名曹溪)하여 번폐(煩弊)케 하였으리오. 또 국사의 출가한 사실 동 비명에
'년보팔세(年甫八世)에 투조계운손(投曹溪雲孫) 종휘선사(宗暉禪師) 축발
수구계(祝髮受具戒)'라 하였으니 종휘가 기시(既是) 조계운손이라 하였은
즉 연원이 단절하지 아니한 것도 가히 추상(追想)할지라. 자후(自後)로 진
각(眞覺), 자명(慈明) 등 십육국사가 계출하여 도통연원(道統淵源)의 광명
정대함이 서천사칠(西天四七)과 당토오종(唐土五宗)에 비할지라, 혹 말하
기를 국사 중에 모두 보조의 직손(直孫)이 아니라고 하겠지마는, 차인(此
人)은 조문(祖門)의 도통연원(道統淵源)이 국가의 왕위계승(王位繼承)과
여(如)함을 부지함이라. 모파원손(某派遠孫)을 막론하고, 왕위(王位)에만
오르면 곧 계통(系統)이 되나니, 명심통종(明心通宗)하여 국사위(國師位)
를 계봉(繼封)하여 제기세(第幾世) 제기세(第幾世) 라고 혁혁하게 칭함에
대하여 어찌 직손(直孫) 아님을 논의하리오, 여차한 탄탄대로(坦坦大路)를
버리고 방계곡경(旁谿曲逕)으로 찾아가는 언설은 치지막론(置之莫論)할 것
이로다.26)

한암은 본론의 후반부[轉句]에서 도의의 남종선과 보조의 조계종 중흥으로

25) 方寒巖, 「海東初祖에 對하야」, 《불교》 제70호, 1941, p.848
26) 方寒巖, 위의 글, 위의 책, pp.848~849. 여기에서 주목되는 지점은 祖門의 道通淵源이 국
가의 왕위계승과 같다는 부분이다. 나아가 한암은 某派遠孫을 막론하고 王位에만 오르면
곧 계통이 된다고 하였다.

서 도의가 전해온 육조 이래 마조선, 도의에 의해 성립된 조계종, 보조의 조계종 중흥에 대해 기술하고 있다.

⑨ 그런데 근래 문학상(文學上)에 태고보우국사로 해동초조를 정함이 반반(斑斑)이 현로(現露)되니 이는 자위(自違)함이 너무 심한 듯하다. 태고가 중흥조(中興祖)라 함은 혹 그럴지는 모르나 어떻게 초조(初祖)가 되리오, 태고의 도덕이 비록 광대고명(廣大高明)하나 초조(初祖)라는 초자(初字)에는 대단히 부적당하지 아니한가. 신라 제국사의 수입조문(手入祖門)하여 득법동귀(得法東歸)하신 것이 금일 태고가 초조라는 문제하에 귀어허지(歸於虛地) 되었으니 어찌 가석(可惜)치 아니하리오. 또 연원계통을 정직하게 변명할 것 같으면 금일 아등형제(我等兄弟)가 태고연원이 아니라고 단언하고 싶다. 왜 그러냐 하면 구곡각운(龜谷覺雲)선사가 조계종 제십삼(第十三) 국사(國師) 각엄존자(覺儼尊者)의 손제자 됨은 분명(分明)이 이능화선생 소저 『불교통사』(佛教通史)에 기재되었는데, 태고국사의 손제자라는 문구는 고래 전기여비명(傳記與碑銘)에 도무(都無)하다 하였은즉 하(何)를 거(據)하여 태고로써 구곡의 법조(法祖)를 정할까 생각해 볼 것이다. 당당한 해동조계종(海東曹溪宗) 제십삼 국사의 손제자로서 다시 임제종 후손 석옥(石屋)에게 전법하여온 태고의 손제자가 될 필요가 무(無)하다. 그러면, 후인이 태고하(太古下)에 구곡을 계속한 이유가 무엇인가. 이에 대하여 좀 빙거(憑據)가 무(無)한 비량(比量)을 하여 보자. 고려 이허(已墟)하고 이조 초창(初創)에 고려시인(高麗時人)을 종앙한다면 모사(某事)를 물론하고 필연적으로 저훼(沮毀)할 것이요, 또 승려에게 압박을 내리는 시대라, 각종(各宗)을 선교양종(禪教兩宗)으로 합종시킨 법령하에 다시 조계종(曹溪宗)이라 칭할 수 없는 사실이다. 혹 이렇게 말하리라. 허응(虛應), 청허(清虛), 송운(松雲) 등 제선사(諸禪師)는 이조시인(李朝時人)이로되, '판조계종사'(判曹溪宗宗事)가 되었다 하겠지만 그것은 다 아시는 바와 같이 오랫동안 압박을 내리는 끝에 '조계종'(曹溪宗) 3자를 첨입한들 무슨 그다지 흥미있는 것은 아니다. 그러나 종문 중에서는 은근히 구일(舊日), 조계종을 추모한 의사가 보인다. 그렇지 아니하면 판선종교종사(判禪宗教宗事)라 아니하고 조계종종사(曹溪宗宗事)를 판한다는 언의(言義)를 표시하였으리오. 또 이조에서 더욱이 지나를 숭배한지라 승려가 지나(支那)연

원을 계사(繼嗣)한다면 마치 유자(儒者)가 정주(程朱)를 사모하는 것과 여(如)히 국인이 혹이위연(或以爲然)하여 승려행세에 좀 활동한 희망이 유(有)하여 그러한 것 같다. 또 고려 말에 태고·환암·구곡이 차제로 조계종대선사로 봉하게 되었은즉 임제종 연원에부터 태고·환암을 사법하더라도 그다지 망발되지는 않을 줄로 생각한 것이다. 또 태고국사비명(太古國師碑銘)에 이태조께서 제자의 예에 올랐으니 잠깐 권위를 의뢰한 것도 같다. 이렇게 여러 가지로 추구(推究)해 보건대 후인이 시세(時勢)를 따라서 종맥(宗脈)을 변경하는 동시에 해동의 혁혁한 조계종이 없어지고 말았다. 또 벽계정심선사가 임제후손 총통(摠統)화상께 득법이래(得法而來)하여 다시 구곡을 원사(遠嗣)하여 조계연원을 부활케 하심은 사실이다. 불연(不然)이면 벽계가 태고로 더불어 동시 임제후손의 사법으로 다시 태고의 증손제자가 될 필요가 무엇인가. 이리 생각해보고 저리 생각해보드래도 아등(我等) 형제의 해동조계종 보조국사로부터 제십삼국사 각엄존자(覺儼尊者)의 직제자인 구곡선사와 구곡을 원사(遠嗣)하여 조계종을 부활케 하신 벽계(碧溪)선사의 연원이요, 태고의 연원은 아니라고 아니하지 못할 줄로 단언한다.[27]

그런즉 자금위시(自今爲始)하여 도의국사로 초조(初祖)를 정하고, 차에 범일국사로, 차에 보조국사로, 제십삼국사 각엄존자에 지하여 졸암온연(拙庵溫然)·구곡각운(龜谷覺雲)·벽계정심(碧溪正心), 이렇게 연원을 정하여 다시 해동조계종(海東曹溪宗)을 부활(復活)하는 것이 정당(正當)합니다. 만일 그렇지 아니하여 고인(古人)이 이미 오랫동안 시행한 것을 졸연(猝然)히 개정(改正)하기 난(難)하다 하여 태고국사를 계사(繼嗣)하더라도 초조(初祖)는 반드시 도의국사로 정하고 차에 동시득법이래(同時得法而來)하신 홍척·혜철·범일 등 제국사로, 차(次)에 보조국사로 내지 십육국사로 위수(爲首)하고, 차에 태고보우국사를 계속하여 태고·환암·구곡·벽계·벽송, 이렇게 계통을 정하여 해동 조계종 연원을 정당하게 드러내어서 첫째는 도의국사의 조계종을 수창(首創)하신 공덕을 찬양하고, 둘째는 보조국사의 상승(上乘)을 개연하여 조도(祖道)를 광휘하고 후래에 이익을 주신 은의(恩義)를 경모하고, 셋째는 해동 조계종이 계승유통(繼承流通)케 하신 제대종사의 성덕을 포양하고, 넷째는 구곡을 원사(遠嗣)하여 조계종을 부

---

27) 方寒巖, 「海東初祖에 對하야」, 《불교》 제70호, 1941, pp.849~850.

활케 하신 본의(本意)를 발휘하여 억백세무궁토록 정법이 유통하기를 바라는 바이다.28)

한암은 결론(結句)에서 태고법통의 비판과 자신의 법통관을 제시하면서 태고법통 비판의 이유와 도의와 보조 법통의 주장에 대해 기술하고 있다. 한암이 '이렇게 여러 가지로 추구해 보건대' 내지 '이리 생각해 보고 저리 생각해 보드래도'라고 표현하고 있는 것처럼 그는 '이치로 미루어 생각해 보고' (推究) 이렇게도 저렇게도 생각하면서 도의 초조설과 보조 중천조설을 전제하면서 태고보우국사를 계속 사의(嗣意)할 수 있는 방안에 대해 깊이 사려하고 있다. 여기에서 우리는 한암의 조계종사 인식과 조계종의 회복에 대해 살펴볼 수 있게 된다.

퇴경의 「조계종」에 일정한 영향을 받은 한암은 「해동조계종에 대하야」에서 특히 조계 종조의 연원과 조계 종명의 계통에 대해 깊게 논의를 하고 있다. 그 결과 그의 논의는 '조계'의 계승과 '조계종'의 회복으로 이어지고 있다.

Ⅳ. '조계'의 계승과 '조계종'의 회복

1. 혜능의 주석처 '조계'의 계승

육조 혜능이 오조 홍인의 의발을 전수받고 강남으로 내려간 곳은 광동성 광주의 법성사 인종(仁宗)화상의 『열반경』 회상이었다. 여기서 '깃발이 움직인다'(旛動)는 수좌와 '바람이 움직인다'(風動)는 수좌의 주장을 넘어 그는 그대

---

28) 方寒巖, 「海東初祖에 對하야」, 《불교》 제70호, 1941, p.850.

들의 '마음이 움직인다'(心動) 법문을 제시한 뒤 광동성 소관의 조계산 보림사(寶林寺[29]), 현 南華禪寺)로 나아가 30여 년간 주석하였다. 그는 이곳에서 수행하다가 입적한 지 5년 뒤에 장경각 뒷편에 조성한 8각 5층 30미터의 영조탑(靈照塔) 안에 진신상으로 모셔져 있다가 도난이 염려되어 근래에 육조전(六祖殿)으로 옮겨졌다. 이후 선종에서는 혜능을 구심으로 법통을 기술하면서 그는 선종의 비조가 되었다.

북종의 선맥이 신수-보적-지공으로 이어지다가 8조에서 끊어진 반면 남종의 선맥은 지금까지 한국으로 이어져 오고 있다. 당시 신라에서는 혜능의 남종선을 이은 남악 회양과 마조 도일로 이어진 홍주종 선맥을 잇고자 노력하였다. 당시 신라의 김대비(金大悲)는 광동성의 보림사에 잠입하여 육조 등 신상의 목을 베어왔다고 하였다.[30] 신라에서는 하동 쌍계사에 금당(金堂) 안에 '육조대사정상탑'(六祖大師頂上塔)[31]을 세우고 남종선맥을 잇고 있다는 정신적 자부심을 지녀왔다. 이후 혜능이 머물렀던 광동성 소관의 조계산

---

29) 보림사는 혜능이 지은 절이며 당시 황제가 '寶林寺'라는 사액을 하사하였다.

30) 覲性本,「禪宗六祖慧能大師頂相年來緣起考」,『한국불교학』 제15집, 한국불교학회, pp. 185~211; 정병조,「金大悲」,『한국민족문화대백과사전』, (2021년 10월 26일 검색). "중국 선종(禪宗)의 육조(六祖)인 혜능(慧能)이 죽은 뒤 그의 목을 탈취하려 했던 인물이다. 이에 대해서는 중국측과 한국측의 기록이 각각 다르다. 중국측의 기록에 의하면, 혜능이 "내가 죽은 뒤 동방에서 온 인물이 내 목을 탈취하리라."고 유언함에 따라, 제자들은 이 말을 기억하여 육조대사의 목부분을 쇠로 감아서 탑에 모셨다. 그뒤 722년(성덕왕 21)에 괴한이 그 탑에 접근하자 붙잡아 문초하였는데, 그는 장정만(張淨滿)이라는 사람으로서 "홍주(洪州) 개원사(開元寺)에서 신라 승려 김대비에게 2만냥을 받았는데, 육조대사의 목을 얻어 해동에서 공양하게 함이라."고 대답하였다. 조정에서는 국법으로 다스리면 중죄가 되겠으나, 고승을 공양하려는 목적이었기 때문에 그 죄를 사면하였다고 한다. 이 기록에 의하면 육조대사의 머리는 중국에 있다. 그러나 우리나라의 기록에 따르면 김대비가 무사히 훔쳐서 신라로 귀국했고, 그것을 하동군 쌍계사에 봉안하였다고 한다. 최치원(崔致遠)의 비문에 의하면 이곳에 육조영당(六祖影堂)이 있다고 하였으며, 김정희(金正喜)는 쌍계사의 탑전(塔殿)에 있는 육조정상탑(六祖頂上塔)이 바로 그것이라고 하였다. 사학자 이능화(李能和)도 이 점을 중시하면서 그 법당을 해체하여 사실을 확인하는 것이 마땅하지만, 그로 말미암아 외도(外道)들의 표적이 되는 일은 막아야 한다고 말하고 있다."

31) 현재의 '六祖大師頂上塔'은 쌍계사 國師庵으로 올라가는 중간지점에 있던 塔殿의 탑을 1960년대에 金堂 안으로 옮겨온 것으로 알려져 있다.

보림사(남화선사)는 남종선의 성지가 되었고 상징이 되었다.[32]

그리하여 선종사의 최후의 승리자가 된 혜능이 머물렀던 '조계'는 그를 상징하게 되었고 주변 여러 나라의 불교계에서는 혜능의 선맥을 잇고자 적극적으로 노력하였다. 신라에서는 '조계' 혹은 '조계산' 또는 '조계종'의 명명을 통해 혜능과의 연루를 의식하는 노력을 기울였다. 그 결과 혜능 → 남악 → 마조 → 서당을 이어온 가지산문은 도의 → 염거 → 체징으로 이어지면서 혜능이 30여 년간 주석했던 산문의 절 이름을 따와 '보림사'(寶林寺)[33]라고 명명하였다.

이처럼 혜능이 주석한 조계산의 '조계'를 잇고자 하는 노력은 여러 차례 있었다. 대한불교조계종은 육조 혜능의 발심처였던 『금강경』을 소의경전으로 하고 있으며, 혜능의 '조계'를 잇고자 했던 보조 지눌 또한 늘 『금강경』으로 전법할 것을 강조하였다. 지눌은 정혜결사를 확대하기 위해 제자 수우(守愚)가 찾아낸 '송광산 길상사' 터를 '조계산 송광사'로 바꾸고 수선사를 이어갔다. 그리하여 혜능의 '조계'를 잇고자 한 지눌의 정신은 '조계종 수선사 제 몇세' 국사로 명명한 16국사의 명칭으로도 계승되었다. 이 모두가 남종선의 고향이자 혜능의 주석처인 '조계산' 이름의 원용과 '조계'를 잇고자 한 지눌의 노력에 힘입은 것이었다.

2. 지눌의 '조계종' 이름의 복원

대한시대에 이르러 불교 원종(圓宗)이 창종(1908)되자 1911년에 당시 종정이었던 회광 사선이 일본으로 건너가 일본 조동종과 연합 체맹을 시도하였

---

32) 현재 광동성 소관의 南華禪寺가 있는 절 앞의 개울 이름은 '曹溪'이고, 절 뒷산의 이름은 '曹溪山'이며, 남화선사의 산문 이름도 '曹溪門'으로 되어 있다. 광동성 광주 光孝寺에는 또 다른 육조대사의 상징인 '削髮塔'이 있다.
33) 전라남도 장흥군 유치면 가지산 보림사이다.

다. 일본 유학생을 통해 이 사실을 알게 된 국내의 박한영, 진진응, 한용운, 김종래 등이 강력히 반발하면서 새로운 본종으로서 부산 범어사에서 임제종(臨濟宗)을 창종하였다. 1919년에 이르러 회광 사선은 다시 일본 임제종과 연합 체맹을 시도하자 국내 임제종에서는 강력히 반대하여 이를 저지하였다. 그러면서 대한 불교계는 일본 불교계에 없는 새로운 종명을 찾기에 이르렀다.

종명은 일본 불교에 없는 종명을 사용함으로써 일본 불교와 분명하게 구별이 되면서 한국 불교의 전통과 특색이 드러나는 것이어야 한다는 취지에서 정하도록 하였다. 그렇게 함으로써 다시는 일본 불교가 대한 불교를 병탄하려는 생각을 하지 못하도록 하자는 것이었다. 그리하여 권상로, 김영수, 임석진, 김잉석 등 학자들에게 부탁하여 찾아낸 것이 오늘날 쓰이고 있는 '조계종'이었다. 31본산 주지회의는 이를 총독부에 인가 신청을 냈고, 1941년에 인가를 얻게 되어 그로부터 대한 불교계는 '조선불교조계종'을 사용하게 되었다. 이렇게 대한 불교계가 조계종으로 출범하게 되자 그 초대 종정으로 한암이 만장일치로 추대되었다. 한암은 그로부터 1945년 광복 때까지 종정으로 있었다. 그러나 그는 종정으로서 이름과 실제 모두 대한 불교를 대표하는 자리에 있으면서도 끝내 오대산 밖을 나온 일이 없었다.[34]

하지만 한암은 오대산에 산속에서만 안주하지 않았다. 그는 권상로, 김영수, 임석진, 김잉석 등의 학자들에게 부탁하여 일본 불교에 없는 종명을 찾아내게 하였다. 그것이 바로 조계종이었다. 당시 31본산 주지회의는 조선총독부에 '조선불교조계종'으로 인가 신청을 내어 1941년에 인가를 받고 조선불교조계종을 쓸 수 있었다. 조선불교조계종은 조선불교의 자존을 지키는 종명이었으며 조계 종명의 독립선언이었다고 할 수 있다.

조계 종명은 육조 혜능이 주석하던 조계산에서 비롯된 것이지만 중국에

---

34) 이재창, 「오대산의 맑은 연꽃, 한암스님」, 『정본 한암일발록』하권(서울: 민족사, 1995; 1996; 2010), pp.245~246.

도 없는 이름이었다. 이 때문에 한중일 삼국에서 조계라는 종명은 독자성을 지니는 이름이라고 할 수 있다. 조계라는 이름은 혜능의 남종 선풍을 이은 남악 회양계의 마조 도일이 수립한 홍주종계 중심으로 전해져 왔다. 뿐만 아니라 운거 도응의 법을 이어온 이엄의 수미산문과 청원 행사계의 석두 희천을 거쳐 퍼져나간 곡산 도연의 법맥을 이은 정진 긍양의 희양산문[35]도 있었다. 결과적으로 이들 모두 남종 선풍을 이어 왔다.

고려 지눌은 송광산 길상사터를 조계산 송광사로 바꾸면서 본격적으로 '해동 조계종'의 깃발을 드높였다. '조계종'은 중국에 없는 본종이지만 '해동 조계종'이라 명명한 것은 혜능의 조계선풍을 이으면서도 해동의 독자적 선 풍을 강조한 것으로 이해된다. 한암 또한 지눌의 이러한 정신을 계승하여 '해동 조계종의 부활'이란 표현을 사용하였다. 한암이 사용한 '해동 조계종' 은 도의 이래 범일 등 구산선문의 선지식을 거쳐 고려 지눌과 16국사 등으 로 이어진 선맥을 생각하고 헤아린 표현으로 이해된다.

3. 한암의 '도의-보조-태고 법통설'의 비판과 수용

한암은 그의 논설에서 청허 휴정의 문하인 편양 언기 이래 확립된 임제- 태고법통설에 근거한 태고 초조설을 비판하고 도의 초조설과 보조 중천설 에 무게를 두었다. 그가 이렇게 도의 초조설을 강력히 주장하는 것은 고려 말 원나라에서 전해온 임제선 중심의 가풍에 앞서 보조 이전 이 땅에서 이 루어진 해동 선법의 성취를 껴안기 위해서였다. 동시에 그것은 법통의 연원 과 종통의 계통을 올바로 수립하기 위해서였다.

하지만 조선 중기 이래 한암 당시에도 여전히 태고 초조설은 주요 법통설

---

35) 靜眞 兢讓은 法朗 이래 賢溪 道憲의 제자였던 白嚴 陽孚의 북종 선풍을 이었지만 900년에 당나라로 건너가 靑原 行思系의 石頭 希遷의 문하였던 谷山 道緣으로부터 선법을 받아와 희양산문을 남종선풍으로 전환시켰다.

로 전해져 오고 있었다. 당시 조선불교조계종 총본사 태고사법에는 아래와 같이 되어 있었다.

제4조. 본종(本宗)은 태고 보우국사를 종조(宗祖)로 한다.36)

여기에서 알 수 있는 것처럼 1941년 '조선불교조계종'의 창종을 통해 종명은 조계종이 되었지만 종조는 태고 보우가 되었다. 당시 총본산의 이름 또한 태고사(현재 조계사)였다. 조선불교조계종의 총본사가 태고사였기에 사법 또한 태고사법이었다. 이러한 현실에서 당시의 문학 즉 문장들에서 태고가 해동 초조임이 여러 차례 나타나자 한암은 '스스로 어긋남'[自違]에 대한 상당한 불편함이 있었던 것으로 짐작된다.

근래 문학상(文學上)에 태고보우국사로 해동초조를 정함이 반반(班班)이 현로(現露)되니 이는 자위(自違)함이 너무 심한 듯하다. 태고가 중흥조(中興祖)라 함은 혹 그럴지는 모르나 어떻게 초조(初祖)가 되리오, 태고의 도덕이 비록 광대고명(廣大高明)하나 초조(初祖)라는 초자(初字)에는 대단히 부적당하지 아니한가. 신라 제국사(諸國師)의 수입조문(手入祖門)하여 득법동귀(得法同歸)하신 것이 금일 태고가 초조라는 문제하에 귀어허지(歸於虛地) 되었으니 어찌 가석(可惜)치 아니하리오. 또 연원계통을 정직하게 변명할 것 같으면 금일 아등형제(我等兄弟)가 태고연원(太古淵源)이 아니라고 단언하고 싶다.37)

그래서 한암은 태고 보우를 해동 초조로 정해 불협화음이 생겨나고 이로 인한 자기 위배[自違]가 너무 심하다며 곤혹스러워 했다. 그는 조계종의 연원과 계통을 정직하게 밝혀야만 한다. 태고는 조계종의 중흥조는 될지 모르겠지만 결코 초조가 될 수 없다고 하였다. 이러한 논의는 역사를 무화시켜 텅 빈 곳으로 돌아가게[歸於虛地] 하는 것이라고 역설하였다. 한암은 ① 도의

---

36) 「朝鮮佛教曹溪宗 總本寺 太古寺法」(1941).
37) 方寒巖, 앞의 글, p.849.

가 서당 지장에게 법을 받아온 것이 조계종의 성립이며, 조계는 육조 혜능이고 육조-마조 계통의 선법의 전래가 곧 본종으로 성립된 것이라고 보았다. 그는 ② 조계종의 성립은 구산선문의 개조 및 개산조들이 심법을 전해받고 함께 돌아왔던[得法同歸] 것이니 해동의 초조는 마땅히 도의라고 하였다. 그리하여 한암은 ③ 보조 지눌은 조계종의 중흥주이며 태고 보우는 임제종을 수입해 왔지만 그를 초조로 보는 것은 자기 위배가 너무 심한 것이라고 하였다.

> 후인이 시세(時勢)를 따라서 종맥(宗脈)을 변경하는 동시에 해동의 혁혁한 조계종이 없어지고 말았다. 또 벽계정심선사가 임제후손 총통(摠統)화상께 득법이래(得法而來)하여 다시 구곡을 원사(遠嗣)하여 조계연원을 부활케 하심은 사실이다. 불연(不然)이면 벽계가 태고로 더불어 동시 임제후손의 사법으로 다시 태고의 증손제자가 될 필요가 무엇인가. 이리 생각해 보고 저리 생각해 보더라도 아등(我等) 형제의 해동조계종 보조국사로부터 제십삼국사 각엄존자(覺儼尊者)의 직제자인 구곡선사와 구곡을 원사(遠嗣)하여 조계종을 부활케 하신 벽계(碧溪)선사의 연원이요, 태고의 연원은 아니라고 아니하지 못할 줄로 단언한다.[38]

그러면서 한암은 후인들이 그 당시의 형세나 형편에 따라 종맥을 변경하면서 해동의 빛나는 조계종이 없어지고 말았다고 안타까워하였다. 이에 그는 조선 초기의 벽계 정심선사가 임제 후손인 총통화상에게 가서 심법을 받아와 구곡을 원사하여 조계종을 부활시켰다고 하였다. 그러므로 해동 조계종의 보조국사로부터 제십삼국사 각엄존자의 직제자인 구곡선사와 구곡을 멀리 이어 조계종을 부활시킨 벽계선사가 조계종의 연원이지 태고는 연원이 아니라고 강조하고 있다.

한암의 태고법통에 대한 비판은 벽계 정심의 조계종 부활의 노력에서도

---

38) 方寒巖, 앞의 글, p.850하.

첨예하게 드러나고 있다. 그는 조계종의 연원은 임제 후손인 총통화상에게서 심법을 받아와 구곡을 원사(遠師)하여 조계종을 부활시킨 벽계 정심이라는 것이다. 이것은 임제 후손인 석옥 청공으로부터 심법을 전해 받은 태고 보우를 배제하고 보조로부터 이어진 제십삼국사 각엄의 직제자인 구곡으로 법통을 이은 벽계 정심의 정통성을 부각시키는 것이다.

한암의 태고 초조설 비판은 도의를 통한 해동 조계종의 일원화와 내용적인 측면에서 보조를 높이기 위함이다.[39] 그는 사자상승을 강조하는 태고의 초조설을 "혹 말하기를 국사(國師) 중에 보조의 직손이 아니라고 하겠지마는, 차인(此人)은 조문(祖門)의 도통연원(道統淵源)이 국가의 왕위계통(王位繼統)과 여(如)함"[40]이라고 하여 왕위를 적장자를 통한 일계(一系)의 가통(家統)으로 상속하는 종법제(宗法制)의 구조로 운영되는 왕통론(王統論)을 원용하여 비판한다.

먼저 한암은 왕통론(王統論)을 원용하여 도의 초조설과 지눌 중천설의 수용 위에서 태고법통설을 받아들일 수 있다고 했다. 고대 이래 왕통론은 형제상속을 거쳐 부자상속으로 이어져왔다. 부자상속에서도 반드시 장자가 상속하는 것이 아니라 왕재(王才) 즉 왕의 재능이 있는 사람을 왕으로 옹립해왔다. 한암은 장자가 아닌 차자나 정비의 태생이 아닌 후비의 태생이라도 일단 왕으로 즉위하면 정통으로 자리매김되듯이 새로운 법통과 종통을 세우면 새로운 권위가 생긴다고 하였다.

그리하여 한암은 "모파원손(母派遠孫)을 물론하고 왕위(王位)에만 오르면 곧 계통(繼統)이 된다"[41]고 주장하고 있다. 이것은 새로운 도통과 종통의 재구성에 대한 당시 사람들로부터의 불필요한 저항을 방지하기 위해 장치로 이해된다. 한암이 도통연원에서 이러한 왕통론을 원용한 지점에서 조선 후

---

39) 염중섭(자현), 앞의 글, 앞의 책, p.303.
40) 方寒巖, 앞의 글, p.849상.
41) 方寒巖, 앞의 글, p.849상.

기 유교의 족보학의 발달과 예송논쟁과의 연속성을 확인할 수 있다. 그 또한 유학을 섭렵하고 출가한 이력이 있기에 왕통론과 도통론의 원용에 따른 이해는 자연스러운 것이었다.

그런데 당시 한암은 종명 회복과 종조 확정에 관한 강력한 의지는 있었지만, 그가 1941년에 총본산을 태고사 이외의 '장소'로 바꾸거나 태고사 이외의 '사명'으로 바꾸지 않고 그대로 태고사로 결정한 것은 그에게 태고 보우 국사의 법맥 계승의식이 있었던 것으로 볼 수 있지 않을까. 동시에 불교계가 직면한 정치 경제 사회적 여러 상황을 고려하여 총본산의 '장소'와 총본산의 '사명'에 대한 사항들은 대중들의 화합과 불교교단의 통합 차원에서 수용했던 것으로 볼 수 있지 않을까.

이러한 측면은 벽계 정심에서 보조로 거슬러 올라가 도의까지 소급하면서 조계종의 정통성을 재확립하고자 하는 종정으로서의 애종심에서 확인되고 있다. 법통과 종통의 연원과 계통을 강조해 온 한암의 애종심은 해동 조계종의 부활과 법통과 종통의 재구성으로 이어진다.

V. 조계종의 부활과 법통과 종통의 재구

1. 법통과 종통의 재구

한암은 대한시대 대일항쟁기를 살면서 불교의 법통과 종통의 재구성을 커다란 과제로 인식하였다. 이 때문에 그는 「해동초조에 대하야」에서 특히 법통의 '연원'과 종통의 '계통'을 강조하였다. 그래서 그는 도의를 연원으로 하여 구산의 개(山)조와 보조 지눌 및 16국사 그리고 각엄 존자 → 졸암 온연 → 구곡 각운 → 벽계 정심으로 이어지는 계통을 강조하고 있다.

한암은 종래의 태고 법통설을 강력히 부정하면서 조계 법통과 종통을 재구성할 것을 제안하고 있다. 그러면서도 그는 '옛 사람이 오랫동안 시행한 것을 갑자기 개정하기가 어렵다 하면 태고의 계통을 잇더라도 초조는 반드시 도의로 정하자'고 역설한다. 그는 도의에 이어서 마조 문하에서 동시에 선법을 얻은 홍척, 혜철, 범일 등 제 국사로 이을 것을 제시한다. 그 뒤를 보조 내지 16 국사를 앞세우고 이어서 조계종 대선사를 봉한 차례의 순서로 태고를 계속하여 환암, 구곡, 벽계, 벽송 이렇게 계통을 정하여 해동조계종의 연원을 정당하게 드러내자고 하였다. 그러면서 그는 네 가지로 자신의 생각을 정리하고 있다.

첫째는 도의가 조계종을 앞장서서 주장한 공덕을 찬앙하고, 둘째는 보조의 상승(上乘)을 개연(開演)하여 조사의 도를 환하게 빛내고[光輝] 장래에 이익을 주신 은혜와 의리[恩義]를 존경하고 사모하며[敬慕], 셋째는 해동조계종이 계승 유통케 한 여러 대종사의 성덕을 기리고 드날리며, 넷째는 구곡을 멀리 이어 조계종을 부활케 한 본의를 발현하여 억백세 무궁토록 정법이 유통하기를 바란다고 마무리 짓고 있다.

한암이 주장한 이들 네 가지는 불교 법통의 연원과 조계 종통의 재구를 위한 제안으로 이해된다. 그는 붓다의 가르침을 계승한 조계 혜능을 거쳐 마조의 선풍을 이어 조계종을 창수한 도의의 공덕을 찬양하여 도의를 초조로 하자고 하였다. 또 범일의 선풍을 계승한 보조의 상승을 개연하여 조사의 도를 환하게 빛내고 장래에 이익을 주신 은혜와 의리를 경모하여 보조를 중천조로 하자고 했다.

그는 다시 또 해동조계종이 계승 유통케 한 여러 대종사의 성덕을 포양하여 법통을 새롭게 선포하고 널리 알리자고 하였다. 나아가 구곡을 멀리 이어 조계종을 부활하게 한 본의를 발현하여 억백세 무궁토록 정법이 유통하기를 바란다고 했다. 그리하여 끊어진 조계종의 법통을 이은 구곡의 본의를 드러내어 오래도록 정법이 유통되게 하자고 하였다. 한암은 이렇게 된다면 조계 법통은 새롭게 구축되고 조계종단은 안정될 것으로 보았다.

불교가 잘 되려면 붓다의 법통이 바로 서야 하고, 조계종이 잘 되려면 조계의 종통이 바로 서야 한다. 한암이 논설의 서론에서 심법을 전수하려고 할 때 반드시 '의발'로서 표준으로 삼아 두 곳에 전해주는 것이니 하나는 '전불이 후불에게 서로 주는 것'이고, 다른 하나는 '법왕이 멸도 후에 조사와 조사가 서로 전해' '도법이 끊어지지 않게 하는 것'이라고 한 까닭도 이 때문이다. 이처럼 그가 논설에서 보여준 주장과 논지는 오늘의 한국불교와 대한 불교조계종에 시의성과 적절성을 함께 주고 있다.

2. 해동 조계종의 부활

한암은 구산선문의 형성 이래 이 땅에 해동의 조계종을 부활하는 것을 주요 임무로 여겼다. 이 때문에 그는 많은 공력을 들여 장편 논설「해동초조에 대하야」를 작정하고 썼다. 한암이 이 논설에서 법통의 '연원'과 종통의 '계통'에 대해 역설한 것은 중국과 일본에 없는 해동의 조계종 회복을 도모하기 위해서였다. 그는 가지산문의 도의를 연원으로 하면서 구산의 개조와 보조 지눌 및 16 국사 그리고 각엄 존자 → 졸암 온연 → 구곡 각운 → 벽계 정심으로 이어지는 계통을 강조하였다.

한암은 고려 말 임제종의 초조로서 태고의 초조설을 강력히 부정하였다. 그러면서 그는 도의를 초조로 하고 이어서 범일 등을, 이어서 보조를, 이어서 제13 국사인 각엄 존자에 이르러 졸암 온연 → 구곡 각운 → 벽계 정심으로 연원을 정하여 다시 해동조계종을 부활하는 것이 정당하다고 하였다. 이를 위해 그는 종래의 태고 초조설을 강력히 부정하면서도 현실을 인정하는 방안을 제시하였다.

한암은 초조를 도의로 하고 중흥조를 보조로 할 때 비로소 여러 종파(諸宗)를 포섭한 태고를 수용할 수 있다고 하였다. 그것이 아니라면 그는 태고를 초조로는 수용할 수 없다고 했다. 대신 한암은 '고인이 오랫동안 시행한 것을 갑자기 개정하기 어렵다고 한다면' 초조는 반드시 도의로 정하고, 그와 동시에 법을 얻어온 홍척, 혜철, 범일 등 제 국사를 이어 보조 내지 16국사를 으뜸으로 하고 태고를 차서(次序)로 계사(繼嗣)하여 태고, 환암, 구곡, 벽계, 벽송 이렇게 계속 정하여 해동조계종의 연원을 정당하게 드러낸다면 태고의 계통을 이을(繼嗣) 수 있다는 유연한 방안을 제시하였다.

한암의 이러한 방안은 1994년 조계종 개혁회의가 개정한 대한불교조계종의 종헌과 부합하는 것이라는 점에서 그의 선견지명을 보여주는 대목이라고 할 수 있다.

> 제1장 종명(宗名) 및 종지(宗旨)
> 제1조. 본종(本宗)은 대한불교조계종(大韓佛敎曹溪宗)이라 칭한다. 본종은 신라 도의국사가 창수(唱首)한 가지산문에서 기원하여 고려 보조국사의 중천(中闡)을 거쳐 태고보우국사의 제종포섭(諸宗包攝)으로서 조계종(曹溪宗)이라 공칭(公稱)하여 이후 그 종맥(宗脈)이 면면부절(綿綿不絶)한 것이다.42)

개혁회의 당시 일부에서는 조계종의 개조를 도의국사로, 중천조를 보조국사로, 중흥조를 태고국사로 했다고 해서 '임시 봉합'이란 비판이 있었다. 도의는 창수(唱首) 즉 '앞장서서 주창했고'(首唱], 보조는 중천(中闡) 즉 '가운데서 펼쳐냈고', 태고는 제종 포섭[包攝] 즉 '여러 종을 껴안았다'. 여기서 '수창'과 '중천'과 '포섭'은 이들 세 국사가 조계종사에서 어떠한 역할을 했는가를 의식한 표현이다. '시원(始原)의 수창'과 '개화(開花)의 중천'은 궁극적으로 '결

---

42) 「대한불교조계종 종헌」(1994는 개정). 조계종 개혁회의는 1994년, 1995년, 1997년의 세 차례에 걸쳐 종단분규를 주도하였다.

실(結實)의 포섭'으로 이어지고 있다. 그리고 이들의 가풍은 한국불교의 통합성 혹은 종합성에도 부합하는 것이라고 할 수 있다.

따라서 한암의 조계종사 인식은 해동조계종 부활의 필요성을 제기하였고 결과적으로 '조선불교조계종'(1941)의 시설(始設)과 '조선불교'(1948) 이후 정화시대 내지 분규시대(1954~1962)를 거쳐[43] 통합종단인 '대한불교조계종'(1962)으로 현실화되었다. 통합종단 이후에도 일정한 갈등이 있어 한국불교태고종(1970)으로 분종되었고 여타의 종단들도 생겨났다. 이러한 과정 속에서 대한불교조계종은 개혁종단(1994)을 거쳐 개조 도의국사, 중천조 보조국사, 중흥조 태고국사를 종헌에 담아냄으로써 법통의 연원과 종통의 계통을 바로잡을 수 있었다. 바로 이 점에서 한국불교의 과거와 현재와 미래에 대한 한암의 선견지명은 탁견이었다고 평가할 수 있다.

VI. 결 어

한암은 조선불교조계종의 종정 취임(1941)을 전후로 하여 일제의 조선불교 체맹과 연합 시도에서 벗어나기 위해 불교 법통의 연원과 조사 종통의 계통에 대해 깊이 천착하였다. 그는 퇴경의 논설인 「조계종」(1929)에 일정한 영향을 받으며 그 답변 형식으로 「해동초조에 대하야」(1930)라는 논설을 발표하였다. 여기에서 한암은 붓다 법통의 연원과 조사 종통의 계통에 대

---

43) 1951년에 한암에 이어 조선불교의 2대 교정이었고 1954년에 다시 종명을 회복한 조계종의 종정이었던 曼庵 宗憲은 종조인 太古(보우)를 普照(지눌)로 바꾸려는 일련의 시도를 '換父易祖' 즉 '아버지를 바꾸고 할아버지를 바꾼다'며 비판하였다. 이후 문경 희양산 봉암사 결사(1947.10~1950.3)를 靑潭 淳浩(1902~1971)와 함께 주도한 退翁 性徹(1912~1992)은 자신의 『한국불교의 법맥』에서 普照(지눌)을 文字法師이자 知解宗徒라고 비판하고 太古(보우)가 조계종의 종조임을 강력히 주장하였다.

해 조목조목 밝히며 자신의 조계종사 인식과 조계종 회복에 대해 피력하고
있다.

한암은 해동 조계종을 부활하기 위한 여러 가지 방책을 모색하였다. 그
는 종래의 태고 초조설을 강력히 부정하면서도 현실을 인정하는 방안을 제
시하였다. 한암은 도통의 연원을 제시하기 위해 왕통론(王統論)을 원용하여
초조를 도의로 하고 중흥조를 보조로 할 때 비로소 제종을 포섭한 태고를
수용할 수 있으며, 태고-환암-구곡-벽계-벽송의 계보를 받아들일 수 있다는
유연한 방안을 제시하였다. 이것은 새로운 도통과 종통의 재구성에 대한
당시 사람들로부터의 불필요한 저항을 방지하기 위한 장치로 이해된다.

한암은 도의를 연원으로 하여 홍척·혜철·범일·무염·철감·현욱 등 구산
의 개(산)조와 보조 지눌 및 송광사 16국사 그리고 태고-환암-구곡-벽계-벽
송으로 이어지는 종통의 계통을 수립하고 있다. 그 결과 벽송 이후에는 부
용-청허/부휴의 계보를 받아들이도록 하였다. 그런데 당시 한암은 종명 회
복과 종조 확정에 관한 강력한 의지는 있었지만, 그가 1941년에 총본산을
태고사 이외의 '장소'로 바꾸거나 태고사 이외의 '사명'으로 바꾸지 않고 그
대로 태고사로 결정한 것은 그에게 태고 보우 국사의 법맥 계승의식이 있었
던 것으로 볼 수 있지 않을까. 동시에 불교계가 직면한 정치 경제 사회적
여러 상황을 고려하여 총본산의 '장소'와 총본산의 '사명'에 대한 사항들은
대중들의 화합과 불교교단의 통합 차원에서 수용했던 것으로 볼 수 있지
않을까. 그리하여 법통의 연원을 밝히고 종통의 계통을 수립한 한암의 제안
은 이후 대한불교조계종의 종헌에 수용되어 도의의 수창, 보조의 중천, 태
고의 제교포섭으로 나타났다.

혜능의 주석처인 '조계'의 계승과 지눌의 '조계종' 이름의 복원 그리고 한
암의 '도의-보조-태고 법통'의 비판과 수용은 조계종의 법통과 종통의 수립
에 큰 영향을 미쳤다. 특히 권상로, 김영수와 임석진 그리고 한암이 강조한

법통과 종통은 대한불교조계종의 종조관과 종단관으로 이어져 수행의 이념과 수행의 방법에 일정한 영향을 미쳐오고 있다. 결과적으로 한암의 조계종사의 인식은 조계종의 회복으로 이어졌고 법통관과 종통관은 대한불교조계종의 과거와 현재 및 미래의 지남으로 수용되고 있다.

만해 한용운의 일본 체류 체험과
근대 유럽 인식의 지형
: '자유사상'의 확립과 '평화사상'의 확보

I. 서 언

만해 한용운(萬海奉玩, 韓龍雲, 1879~1944)은 분황 원효(芬皇元曉, 薛思, 617~686)와 함께 한국인으로서 세계에 가장 널리 알려진 인물이다.[1] 원효가 고구려와 백제와 신라 삼국시대에 온몸을 던져 일심(一心)과 일각(一覺)을 통해 삼한일통의 사상적 기반을 제시한 철학자였다면, 만해는 대한시대 내내 일제로부터의 독립을 위해 온몸을 던져 유심(惟心)과 유신(維新)을 통해 자유와 평화를 실현한 사상가였다. 원효의 진면목이 '붓다'와 '보살'과 '논사'의 일체화라면, 만해의 진면목은 '혁명가'와 '선승'과 '시인'의 일체화(一體化)이며 이세 가지 성격은 마치 정삼각형과 같아서 어느 것이나 다 다른 양자(兩者)를 저변(底邊)으로 한 정점(頂點)을 이루었다[2]고 평가받고 있다.

만해의 포회(抱懷)는 저 원효(元曉) 불교의 현대적 계승의 이상[3]이라 할

---

1) 8세기 초에 세계에 대한 호기심과 호학심으로 신라를 뛰쳐나간 慧超(704~787) 또한 『왕오천축국전』을 남김으로써 한국인으로서 세계에 널리 알려진 인물로 손꼽을 수 있을 것이다. 그 외에 『삼국유사』를 찬술한 一然, 『삼국사기』를 편찬한 金富軾, 한글을 창제한 世宗大王, 과학자 蔣英實, 조선성리학을 깊게 연구한 退溪와 栗谷 및 茶山, 임난 때 바다에서 왜병을 물리친 李舜臣, 육지에서 왜병을 물리친 鄭起龍 등도 동아시아를 넘어 세계에 널리 알려져 있다.

2) 조지훈, 「민족주의자 한용운」, 『한용운전집』 제4책(서울: 불교문화연구원, 2006), p.362하.

3) 조지훈, 위의 글, 위의 책, p.363상하. "새로운 시대의 불교는 山間 불교를 民間 불교에서 끌어내야 한다는 것과, 大乘 불교를 다시 大衆 불교로 발전시켜야 한다는 선생의 抱懷는

수 있다. 그의 일본 체류 체험과 근대 유럽 인식은 근대적 각성으로 이어졌다. 그는 이를 토대로 이후 조선의 독립과 불교의 유신을 동시에 모색하였다. 만해는 일본 동경의 구택대학에서 서양철학 강의를 수강하고 중국인 양계초의 저술을 통해 일본인 후쿠자와 유키치의 저술과 근대 유럽 철학자의 사상을 만났다. 그리고 만해는 이러한 인물과 사상의 연쇄를 통해 자기 인식을 확립하고 자기 이해를 확보했다. 이러한 그의 인식과 이해가 타당한 것인지에 대해서는 다양한 견해가 있지만 그 시대의 상황 속에서 그가 그렇게 해석하고 수용한 것에 대해서는 일정한 공로와 과실 및 포상과 폄하가 존재하고 있다.

만해는 한국의 조선 말엽에 태어나 전통 한학을 익힌 한국인이면서 대한 시대(1897~남북통일)에 청나라와 일본을 거쳐 근대 유럽의 철학 사상을 인식했던 세계인이었다. 그는 전통 한학과 근대 서양철학을 수학하고 이것을 유심(惟心)과 유신(維新)의 필터로 걸러내어 자유와 평화의 기호로 펼쳐내었다. 이 때문에 그의 자유와 평화 사상은 한국을 넘어 세계에서 새로운 평가를 받고 있다. 그의 종교적 삶은 역사와 접목되어 생명력을 얻어 왔고, 그의 철학적 앎은 사상과 접속되어 오늘날에도 여전히 폭발력을 지녀오고 있다. 만해가 앞 시대의 경허(惺牛, 1846~1912)와 경운(元奫, 1852~1936), 용성(震鐘, 1864~1940)과 영호(鼎鎬, 1870~1948)를 넘어 세계인이 될 수 있었던 것은 불교의 자유와 평화의 사상을 그만의 언어와 사상으로 표현해냈기 때문일 것이다. 특히 만해가 표방한 '독립'과 '자유', '님'과 '침묵', '불이'(不二)는 당시의 시대정신과 역사의식과 접목되어 커다란 메아리로 울려 퍼지고 있다. 그의 자유와 평화 사상은 불교를 넘어 우리 민족 전체와 우리 사상 전반에 큰 영향을 미치고 있다.

만해는 1900년대 '우승열패'와 '약육강식' 담론으로 널리 유행한 사회진화

저 元曉 불교의 현대적 계승의 이상이라 할 수 있다."

론을 수용하여 불교적 사회진화론으로 변용했으며, 1910년대에 노동가치설에 대해 언급할 정도로 당시 우리나라에서 출판되고 있던 정치 경제 및 사회 각 분야에 걸친 서양 이론에도 널리 접촉하였다. 1910년대의 후반기에 러시아 혁명과 독일 혁명 및 윌슨의 민족자결주의로부터 많은 영향을 받았다는 사실도 알 수 있다. 그리고 1930년대의 그의 글 속에는 사회주의 이론에 관한 이해가 정확한 것도 볼 수 있다.[4] 이 글에서는 선행 연구[5]를 검토하면서 만해의 『조선불교유신론』과 『불교대전』 및 『조선독립의 서』와 『님의 침묵』 그리고 『유마힐소설경강의』 등이 그의 일본 체류 체험과 근대 유럽 인식의 지형 속에서 이루어진 것인지에 대해 살펴보고자 한다. 나아가 그의 일본 동경과 경도 등의 체류 체험과 근대 유럽 인식이 그의 자유 이해와 평화 인식의 형성에 어떤 영향을 미쳤는지에 대해 살펴보고자 한다.

Ⅱ. 출가와 수학: 불교 인식의 두 갈래

1. 종교적 삶의 길

만해는 급변하는 국제 정세 속에서 나라의 존립과 민족의 자립을 위한

---

4) 안병직, 「만해 한용운의 독립사상」, 『한용운전집』 제4책, p.376상.
5) 송현주, 「한용운의 불교·종교 담론에 나타난 근대사상의 수용과 재구성」, 『종교문화비평』 제11호, 종교문화비평연구소, 2005; 류승주, 「사회진화론의 수용과 『조선불교유신론』 - 한용운의 불교적 사회진화론」, 『불교학보』 제 50집, 동국대 불교문화연구원, 2009; 윤종갑, 「한용운의 근대 인식과 서양철학 이해」, 『한국민족문화』 제39집, 한국민족문화학회, 2011; 조명제, 「한용운의 조선불교유신론과 일본의 근대지」, 『한국사상사학』 제46집, 한국사상사학회, 2014.4; 고영섭, 「만해 한용운의 일본 인식 - 불교계 애국계몽운동의 사상적 단초」, 『선문화연구』 제18집, 한국선리연구원, 2015; 강은애, 「만해 한용운의 실천성과 지성성」, 『한국불교사연구』 제21호, 한국불교사학회 한국불교사연구소, 2022.6.

길을 찾아나갔다. 그 길 위에서 그가 도달한 곳이 불교였으며 불교 유신의 길과 대한 독립의 길이 둘이 아님[不二]을 자각하게 되었다. 만해는『조선불교유신론』에서 불교를 유신하고자 하는 이유를 먼저 불교의 성질에서 찾고 있다. 그는 불교를 종교적인 성질과 철학적인 성질로 나누어 말하고 있다. 이 두 가지는 불교의 성격 내지 특성을 거론한 것이지만 이것은 곧 인간 행위의 기반을 이루는 이루는 종교적 삶의 길과 철학적 앎의 길과 맞물려 있다.

만해가 말하는 종교적 성질과 철학적 성질은 궁극적으로 '철학적 종교'로서 불교로 귀결되고 있다. 그는 불교를 여타의 종교에 견주어 철학성이 강한 종교, 여타의 철학에 견주어 종교성이 강한 철학으로 인식하였다. 이 때문에 만해의 출가와 수행 및 유학과 수학의 과정도 종교적 삶의 길과 철학적 앎의 길에 배대해 논할 수 있을 것이다. 그가 살았던 삶은 종교적이었고 그가 생각한 앎은 철학적이었기 때문이다.

만해 즉 유천(裕天)은 충남 홍성군 결성면 유곡리 491번지에서 충훈부도사(忠勳府都事) 한응준(韓應俊)의 둘째 아들로 태어났다.[6] 모친은 창성(昌城) 방씨(方氏)였다. 그의 집은 누대의 사족(士族)으로 조부 영우(永祐)는 훈련원 첨정(僉正)이고, 증조 광후(光厚)는 지중추부사(知中樞府事)였다.[7] 그는 6세(1884)

---

6) 최범술 편, 「한용운 연보」, 『한용운전집』 제6책(서울: 불교문화연구원, 2006), pp.384~391. 자는 貞玉, 속명은 裕天, 출가 得度 때의 戒名은 奉玩, 법명은 龍雲, 법호는 卍(萬)海이다. 그런데 耘虛 龍夏가 찬하고 永嘉 金忠顯이 쓰고 새겨 종로 탑골공원에 세운 「萬海 龍雲堂 大禪師碑」에는 백담사의 蓮谷화상에게 득도하여 받은 戒名이 奉玩이요, 건봉사의 萬化선사에게 법을 이어 받은 法號가 龍雲이라 하고, 뒤에 雅號로 萬海라 하였다고 적고 있다.

7) 耘虛 龍夏, 「萬海 龍雲堂大禪師碑」, 『한용운전집』 제6책(서울: 불교문화연구원, 2006), p.419. 이러한 기록에 대해 安秉直은 「만해 한용운의 독립사상」, 위의 책, p.375상에서 "만해 한용운은 1879년 衙前 韓應俊의 차남으로 태어났다. 가정은 부유한 편이라 어려서부터 한학을 배웠으나, 그의 가문은 양반의 압박을 받아 왔으므로 기존 지배 질서에 대한 반항심이 강하였고, 항상 개화 정책이 시행되기를 염원하였다고 한다"며 "李朝 말기에는 衙前도 買官할 수 있었으므로 양반이었던가는 의심스럽다"고 하였다. 이에 덧붙여 "그의 부와 형은 의병장 閔宗植과 함께 定山에서 의병을 일으켜 藍浦와 洪州를 점거하였으나 마침내 敗死하였다"고 적고 있다.

에 향리의 사숙에서 한문을 배워 9세(1887)에 『서상기』(西廂記)를 독파하고 『통감』의 문의를 해독했으며, 『서경』 기삼백주(朞三百註)를 통달하여 총명한 어린이라는 말을 들었다. 만해는 14세(1892)에 천안 전씨(全貞淑)와 결혼하고 계속 한학에 정진하였다. 이어 그는 18세에 향리 글방의 스승(塾師)이 되어 장가를 가지 않은 아이(童蒙)들을 가르쳤다. 같은 해에 만해는 의병에 참가하였으며 군자금을 마련하기 위해 홍성 호방(洪城戶房)의 군고(軍庫)를 습격하여 1천 냥을 탈취하였다. 이듬해 19세에 그는 의병의 실패로 몸을 피해 고향을 떠났다.

만해는 21세(1899)에 강원도 인제군 설악산의 백담사 등지를 전전하였다. 이 때를 전후하여 그는 세계여행을 계획하고 설악산에서 하산하여 블라디보스톡(海蔘威)으로 건너갔으나 박해를 받고 되돌아와 이곳저곳을 정처 없이 전전하였다. 만해가 26세 봄에 다시 고향 홍성으로 내려가 수 개월간 머물 때에 아들 보국(保國)이 태어났다. 같은 해 5·6월경에 그는 집을 떠나 다시 설악산 백담사에 들어가 불목하니 노릇을 하다가 승려가 되었다. 만해는 27세(1905)에 백담사에서 김연곡(金蓮谷) 사에게 득도하고, 전영제(全泳濟) 사에게 수계하였으며 이학암(李鶴庵) 사에게 『기신론』, 『능엄경』, 『원각경』을 수료하였다.

만해는 29세(1907)에 강원도 건봉사에서 최초로 참선 안거를 하였다. 그는 30세(1908)에 강원도 유점사에서 서월화(徐月華) 사에게 『화엄경』을 수학하고 그해 4월에 일본의 마관(下關), 궁도(宮島), 경도(京都), 동경(東京), 일광(日光) 등지를 순유하며 신문물을 시찰하였다. 이 때에 만해는 동경의 조동종대학(駒澤大學)에서 불교와 서양철학을 청강하였다. 그의 일본 동경과 경도 체류는 근대 유럽 인식의 지형을 형성하는 계기가 되었다. 여기서 만해는 일본인 천전(淺田) 교수와 교유하고, 유학 중이던 최린(崔麟)과도 사귀며 6개월을 머문 뒤 10월에 귀국하였다. 10월에 그는 건봉사에서 이학암(李鶴

庵) 사에게 『반야경』과 『화엄경』을 수료하였다. 같은 해 12월 10일에 만해는 서울에 경성명진측량강습소(京城明進測量講習所)를 개설하여 소장에 취임하였다. 이어 그는 여러 사찰에 측량학교를 세우는데 협력하고 측량에 대한 강연을 하였다. 만해가 이처럼 측량에 대한 인식을 높이려 한 것은 '국토는 일제에 빼앗길지라도 개인 소유 및 사찰 소유의 토지를 수호하자'는 이념 때문이었다.

만해는 31세(1909)에 강원도 표훈사 불교강사에 취임하였고, 32세(1910)에 경기도 장단군 화산강숙(華山講塾) 강사에 취임하였다. 이 해에 그는 승려취처(僧侶娶妻) 문제에 관한 중추원 헌의서[8]와 통감부 건백서[9]를 두 차례나 당국에 제출하여 불교계에 물의를 일으켰다. 같은 해에 만해는 『조선불교유신론』을 백담사에서 탈고하였다. 조선총독부에서 사찰령[10]을 시행되던 33세(1911)에 그는 영호 정호(朴漢永, 映湖鼎鎬), 진응 혜찬(陳震應, 慧燦), 종래(金鍾來), 금봉 병연(張錦峰, 秉演) 등과 순천 송광사, 동래 범어사에서 승려 궐기대회를 개최하고 한일 불교동맹 조약 체결을 분쇄하였다. 이어 만해는 범어사에서 조선임제종 종무원을 설치하여 3월 15일에 서무부장, 3월 16일에 조선임제종 관장에 취임하였다. 한일합방 이듬해인 이해 8월에 그는 망국의 울분을 참지 못해 만주로 망명하였다.

만해는 북만주(懷仁縣)[11] 일대에 흩어져 있는 독립군들에게 민족독립사상을 북돋아 주려고 떠났다. 이 때 그는 그곳에 망명 중이던 박은식(朴殷植), 이시영(李始榮), 윤세복(尹世復), 김동삼(金東三) 등 독립지사들과 만나 독립운

---

8) 한용운, 「中樞院 獻議書」, 『한용운전집』 제2책, pp.87상~88하.
9) 한용운, 「統監府 建白書」, 『한용운전집』 제2책, pp.88하~89상.
10) 조선총독부, 「사찰령・사찰령 시행규칙」, 『한용운전집』 제2책, pp.143~145.
11) 만해는 동지들과 힘을 보아 의병학교(滿洲 懷仁縣)를 세워 독립군을 훈련하고 양성하였다. 또 한편 만주 각처에 散在한 독립군 훈련장을 찾아 돌아다니며 민족 독립을 고취하는 중 일진회원으로 그를 의심한 독립군의 총탄에 맞아 의사의 수술 끝에 가까스로 목숨을 건졌으나 이때의 후유증으로 고개가 좀 비뚤어지고 搖頭症이 생겨 체머리를 흔드는 버릇이 생겼다고 한다.

동을 도모하였다. 하지만 강직한 성격을 지닌 만해는 독립운동가의 불의를 보지 못하고 이를 규탄하였다. 결국 그는 독립군에게 일진회원(一進會員)으로 오인되어 통화현(通化縣) 소야가(小也可)에서 저격을 당하였고 수술 끝에 가까스로 목숨만 건졌다. 35세(1913)에 만해는 박한영, 장금봉 등과 불교종무원을 창설하였고, 5월 19일에 그는 통도사 불교강사에 취임하였다. 이 해 5월 25일에 그는 『조선불교유신론』을 불교서관에서 발행하였다. 만해는 36세(1914) 4월 30일에 『불교대전』을 범어사에서 발행하고, 8월에 조선불교회 회장에 취임하였다.

만해는 39세(1917)에 『정선강의채근담』을 동양서원에서 발행하였다. 이 해 12월 어느 날 밤 10시쯤 그는 오세암에서 좌선하던 중 바람에 물건이 떨어지는 소리를 듣고 화두에 대한 의정(疑情)이 몰록[頓] 풀어어[釋] 진리를 깨쳤다. 만해는 40세(1918) 9월에 계동 43번지에서 월간지 『유심』을 창간하여 편집 겸 발행인이 되다. 이 해에 그는 중앙학림 강사에 취임하였다. 만해는 41세(1919)에 월슨의 민족자결주의 제창과 관련하여 최린과 현상윤 등과 조선 독립을 숙의하였다. 이어 그는 3.1운동 주동자로서 손병희를 포섭하고 최남선이 작성한 「조선독립선언서」의 자구(字句) 수정을 전담하고 여기에다가 공약3장을 첨가한 뒤 필두 서명(筆頭署名)을 하였다. 3월 1일에 만해는 서울 명월관 지점(현 기독교기념사업관)에서 33인을 대표하여 독립선언 연설을 하였다. 투옥될 때에 그는 변호사와 사식과 보석을 거부할 것을 결의한 뒤 거사 후에 일경에게 체포되었다.

그 해 7월 10일에 만해는 서대문 형무소에서 일본 검사의 신문에 대한 답변으로서 「조선독립의 서」를 기초하여 제출하였다. 그는 8월 9일에 경성지방법원 제1형사부에서 유죄판결을 받았다. 11월 4일에 상해 임시정부에서 발행하는 〈독립신문〉에 만해의 「조선독립의 서」가 「조선독립에 대한 감상」이라는 제목으로 발표되었다. 43세(1921)에는 그의 『정선채근담강의』

가 동양서원에서 재판되었다. 47세(1925) 6월 7일에 만해는 오세암에서 『십현담주해』를 탈고하고, 8월 29일에 백담사에서 『님의 침묵』을 탈고하였다. 그는 48세(1926)가 되는 해 5월 15일에 『십현담주해』를 법보회에서 발행하고, 같은 해 5월 20일에 시집 『님의 침묵』을 회동서관에서 발행하였다.

만해는 49세(1927)가 되는 해 1월에 신간회를 발기하고 5월에 신간회 중앙집행위원 겸 경성지회장에 뽑혔다. 같은 해에 그는 조선불교청년회의 체제를 개편하여 조선불교총동맹으로 개칭하고 김상호, 김법린, 최범술 등과 일제의 불교 탄압에 맞서서 불교 대중화에 노력하였다. 만해는 50세(1928)에 『건봉사급건봉사말사사적』(乾鳳寺及乾鳳寺末寺史蹟)을 편찬하고 건봉사에서 발행하였다. 그는 55세(1933)에 유씨(俞氏)와 재혼하였다. 이 때를 전후하여 만해는 『유마힐소설경』을 번역하기 시작하였다. 이 해에 벽산(碧山金陀) 화상이 집터를 기증하고, 방응모(方應謨), 박광(朴洸) 등 몇 사람의 성금으로 성북동에 심우장(尋牛莊)을 지었다. 이 때 그는 총독부 돌집을 마주보기 싫다고 북향(北向)집을 짓게 하였다고 전한다. 이후 66세(1944) 6월 29일(음 5월 9일)에 만해는 신경통으로 심우장에서 입적하였다. 이처럼 만해는 입적할 때까지 실천적 종교인으로서의 삶을 보여주었다.

> 어느 종교든 종교라고 명목(名目)한 이상에는 창생(蒼生)의 구제(救濟)를 목적하는 것은 물론인데, 이미 창생의 구제를 목적할 것 같으면 세상을 떠나 세상을 구(救)할 것이 아니라 세상에 들어와서 세상을 구할 것이니, 마치 병자를 떠나 병자를 치(治)할 수 없고, 병자의 손을 잡아 맥(脈)을 보며 가슴을 두드려 진찰한 후에 적당한 약을 투(投)하는 것과 같도다.[12]

종교의 존재 이유는 창생의 구제 즉 인간의 구원에 있다. 종교에서 표방하는 창생의 구제는 세상의 바깥에서 세상을 구하는 것이 아니라 세상에

---

12) 한용운, 「佛敎維新會 - 불교의 自治와 新活動의 필요」, 『한용운전집』 제2책(서울: 불교문화연구원, 2006), p.132.

들어와서 세상을 구하는 것이다. 그러기 위해서는 병자의 손을 잡고 맥을 보며 가슴을 두드려 진단한 뒤에 적당한 약을 주어야 한다. 만해는 불교가 종교를 표방한다는 점에서 일찍부터 불교가 지닌 성질로서 '종교로서의 우수성'과 '미래 사회의 적합성'에 주목해 왔다.

> 오늘 불교의 유신(維新)을 논하고자 하는 사람은 마땅히 먼저 불교의 성질이 어떤지를 살피고, 이것을 현재의 상태와 미래의 상황에 비추어 검토해야 하며, 그런 다음에야 이 문제를 다룰 수 있다. 왜 그런가. 금후의 세계는 진보를 그치지 않아서 진정한 문명의 이상에 도달하지 않고는 그 걸음을 멈추지 않을 추세에 있으며, 만약 불교가 장래의 문명에 적합지 않을 경우에는 죽음에서 살려 내는 기술을 터득하여 마르틴 루터나 크롬웰13) 같은 이를 지하에서 불러 일으켜서 불교를 유신코자 한다 해도 반드시 실패할 것이기 때문이다. 그래서 불교가 종교로서 우수한지 어떤지와, 미래 사회에 적합할지 어떨지를 곰곰이 생각하게 되는데, 불교는 인류 문명에 있어서 손색이 있기는커녕 도리어 특출한 점이 있다는 것이 나의 결론이다.14)

만해는 불교는 인류 문명에 있어서 손색이 없을 뿐만 아니라 도리어 특출한 점이 있다는 결론을 내리며 불교를 '유신'하는 이유를 종교적인 성질과 철학적인 성질의 두 가지 측면에서 살피고 있다.

> 나는 이에 불교의 성질을 두 가지 면에서 말해 보고자 한다. 첫째로 들

---

13) 김춘남, 「양계초를 통한 만해의 서구사상 수용 - 조선불교유신론을 중심으로」, 동국대 사학과 석사논문, 1984, p.48. 그는 만해가 '신학자' 마르틴 루터와 대비해 적고자 한 인물은 '크롬웰'이 아니라 신학자 '크란머(Cranmer)로 번역해야 맞다'고 주장하고 있다. 하지만 논자가 보기에 만해는 '종교개혁가' 마르틴 루터와 철기군을 이끌고 찰스1세의 군대를 물리친 '청교도 혁명의 주도자' 크롬웰을 대비시킨 것이라는 점을 고려하면 구교를 갱신하여 신교로 종교개혁을 주도한 마르틴 루터에 대응되는 인물은 신학자 크란머보다는 최초의 시민 혁명인 청교도 혁명을 주도한 크롬웰이 더 적절하다고 판단된다.

14) 한용운, 「불교의 성질」, 『조선불교유신론』, 『한용운전집』 제1책(서울: 불교문화연구원, 2006), pp.35~36.

것은 종교적인 성질이다. 사람이 종교를 믿는 것은 무엇 때문인가. 우리들의 가장 큰 희망이 여기에 있기 때문일 것이다. 희망은 생존과 진화의 밑천이라고도 할 수 있으리니, 만약 희망을 지니지 않는다면 우리는 아무렇게나 게으르게 살아서, 그날 그날을 편해 넘기는 것으로 만족할 것임에 틀림없다. …… 그러기에 희망이 행여나 크지 못할까 걱정한 나머지 임시로 욕심낼 만한 달콤한 것을 무형(無形)의 세계에 만들어 놓고, 답답한 중생들로 하여금 믿게 하고, 희망을 걸게 한 것이 불교를 제외한 여러 종교의 발상의 온상이 되었다. 예수교의 천당, 유태교가 받드는 신(神), 마호멧교의 영생(永生) 따위가 이것이니, 다 깊이 세상을 근심한 데서 나온 것이라고 하겠다. 그러나 어디까지나 속임수의 말로 일관하여 천당이 과연 있는지 없는지, 받드는 신이 정말인지 거짓인지, 영생(永生)의 약속이 사실인지 어떤 지에 대해 조금도 냉정히 검토함이 없이 아무것도 모르는 채 미신을 지녀 내려오니, 이는 사람을 이끌어 우매의 구렁으로 몰아넣는 것이라 아니 할 수 없다.15)

만해는 사람이 종교를 믿는 것은 가장 큰 희망이 여기에 있기 때문이며 희망은 생존과 진화의 밑천이라고 역설하고 있다. 그는 임시로 욕심낼 만한 달콤한 것을 무형(無形)의 세계에 만들어 놓고, 답답한 중생들로 하여금 믿게 하고, 희망을 걸게 한 이른바 예수교의 천당, 유태교의 신, 마호멧교의 영생 따위는 조금도 냉정히 검토함이 없이 아무것도 모르는 채 미신을 지녀 내려와 사람을 이끌어 우매의 구렁으로 몰아넣는 것이라고 비판하고 있다.

만해는 이들 종교의 행태는 민중의 지혜에 부당한 제약을 주는 것이며 이미 철학자들의 입에서 비판이 끊이지 않은 터라, 더 이상 언급할 필요를 느끼지 않는다고 말하고 있다. 이와 달리 만해는 철학으로서 불교 내지 철학적 종교로서 불교에 대한 강한 인식을 보여주고 있다.

---

15) 만해, 위의 글, 『전집』 제2권, p.36상하.

2. 철학적 앎의 길

일찍이 만해는 강원도 일대에 머물며 중국인 서계여가 편찬한 『영환지략』을 읽고 세계 사정에 눈을 떴다고 알려져 있다. 그리고 양계초가 집필한 『음빙실문집』을 통해 서양의 근대 사상, 특히 칸트의 인식론과 베이컨의 자유론에서 깊은 영향을 받았다. 그는 1910년대에 이미 당시 우리나라에서 출판되고 있던 정치와 경제 및 사회 각 분야에 걸친 서양 이론에서 널리 접촉하여 노동가치설에 대해 언급하였다.

이후 1910년의 후반기에는 러시아 혁명과 독일 혁명 및 윌슨의 민족자결주의로부터 많은 영향을 받았다.[16] 그는 일본 동경에 6개월간 머물며 서양과 서양철학을 본격적으로 만날 수 있었다. 이 체험은 그가 동양의 유럽인 동경에 대한 새로운 인식과 근대 유럽의 서양을 이해하는 새로운 계기가 되었다. 그것은 청나라 → 일본 → 유럽 영국(베이컨) → 프랑스(데카르트) → 독일(칸트) 사상의 연쇄적 이해로 이어졌다. 만해의 이 경험은 이후 국내로 돌아와 『조선불교유신론』의 집필(1909~1910, 1913)과 『불교대전』의 편찬(1912~1914)으로 이어졌다.

만해는 30세(1908)가 되는 해 4월에 부산을 떠나 일본의 시모노세키(下關), 미야지마(宮島), 교토(京都), 도쿄(東京), 닛쿄(日光) 등지를 순유하며 신문물을 시찰하였다. 이 때에 만해는 동경의 조동종대학(駒澤大學)의 별원에서 머물며 불교와 서양철학을 청강하였다. 당시 그는 서양철학 수강을 통하여 근대 유럽을 새롭게 인식하였고 이 경험은 그의 근대 유럽 인식의 새로운 지형을 형성하였다. 여기서 만해는 일본인 아사다 후상(淺田斧山) 교수와 교유하면서 동양의 유럽인 동경과 근대 유럽의 중심인 영국(베이컨)과 프랑스(데카르트)와 독일(칸트)의 철학을 접할 수 있었다. 동시에 그는 동경에 유학 중이던 최린(崔麟)과도 사귀며 10월에 귀국하였다.

---

16) 1930년대에 쓴 글 속에는 사회주의 이론에 관한 이해가 정확한 이해가 담겨 있기도 하다.

만해는 일본에 6개월을 머문 뒤 종교인으로서의 삶뿐만이 아니라 철학자로서의 앎도 보여주었다. 특히 만해의 일본 동경과 경도 등의 체류 경험은 불교가 지닌 철학적인 성질을 객관화하는 계기로 이어졌다. 그가 『조선불교유신론』에서 불교의 성질을 종교적인 성질 이외에 철학적인 성질로 구분해 본 것도 이러한 경험을 통해서 가능할 수 있었다. '유신'(維新)에 대한 그의 정의에는 이러한 두 측면이 모두 담겨 있다.

> 유신(維新)이란 무엇인가? 파괴의 자손이요. 파괴란 것은 무엇인가? 유신의 어머니다. 세상에 어머니 없는 자식이 없다는 것은 대개 말들을 할 줄 알지만, 파괴 없는 유신이 없다는 점에 이르러서는 아는 사람이 없다. 어찌 저 비례(比例)의 학문에 있어서 추리(推理)해 이해함이 이리도 멀지 못한 것일까? 그러나 파괴라고 해서 모두를 무너뜨려 없애 버리는 것을 뜻하지는 않는다. 다만 구습(舊習) 중에서 시대에 맞지 않는 것을 고쳐서 이를 새로운 방향으로 나아가게 한다는 것 뿐이다. 그러므로 이름은 파괴지만 사실은 파괴가 아니라고도 말할 수 있다. 그래서 좀더 유신을 잘 하는 사람은 좀더 파괴도 잘하게 마련이다. …… 유신의 정도는 파괴의 정도와 정비례(正比例)한다고 할 수 있다. 유신에 있어서 가장 먼저 손대야 하는 것은 파괴임이 확실하다.[17]

만해의 유신에 대한 정의에는 낡은 제도를 새롭게 고친다는 '유신'의 본의보다 더 나아갔다. 그는 '파괴 없는 유신이 없다'며 '비례의 학문'임에도 불구하고 '추리해 이해하는 모습'이 너무 가까워 객관화가 되지 않음에 대해 경계하고 있다. '유신의 정도는 파괴의 정도와 정비례한다', '유신에 있어서 가장 먼저 손대야 하는 것은 파괴임이 확실하다'고 이렇게 냉철하게 한번 꾸짖는[一喝] 만해의 언표는 철학자로서 그의 면모를 보여주고 있다.

---

17) 한용운, 「佛敎의 維新은 破壞로부터」, 『한용운전집』 제2책(서울: 불교문화연구원, 2006), p.46상.

둘째는 불교의 철학적인 성질이다. 철학자와 종교가가 왕왕 서로 충돌하여 상대를 용납하지 않는 것은 미신과 진리가 본래 상극(相剋)인 까닭이다. 종교가들이 한결같이 미신에 얽매여 깨어날 줄 모른다면 철학자들이 반드시 온 힘을 기울여 이에 항거함으로써, 소위 미신적인 종교로 하여금 지금부터 1세기 안에 천지로부터 종적을 감추게 만들 것이 확실하다. 불교가 어찌 이런 미신적인 종교들과 한 운명을 더듬겠는가. 불경에 '복과 지혜가 아울러 구족(具足)했다' 하셨고, 또 '일체종지'(一切種智)라 하셨다. 일체종지라 함은 자기 마음[眞如]을 깨달아 투철하고 막힘이 없어서 모르는 것이 없다는 말이니, 보편적인 이치를 샅샅이 캐어내 모르는 것이 없는 경지에 도달하려는 것, 이것이 철학자들의 궁극 목표가 아니겠는가. 다만 철학자들은 포부는 크되 힘이 모자라 허덕이고 있거니와, 우리 부처님에게 있어서야 무슨 어려움이 있으랴. 철학의 대가가 누군지 알고자 하면 석가(釋迦)를 젖혀 놓고 다른 대가가 없을 것이니, 나를 믿지 못하겠다고 말한다면 동서양 철학의[이] 불교와 합치되는 것을 들어 대략 검토해 보겠다.18)

만해는 종교에 대한 미신과 철학에 대한 진리를 구분해 논하고 있다. 그는 철학의 대가로서 붓다 즉 석가(釋迦)를 재인식하면서 일체종지를 자기 마음인 '진여'로 인식하는 한편 보편적인 이치로서 '진여'를 철학의 본질로 파악하였다. 그리하여 만해는 동서양 철학이 불교와 합치되는 지점에 주목하고 있다. 그리고 이들과의 상호 비교를 통해 불교의 우수성을 드러내고자 했다.

만해는 국내에서의 출가와 수행을 통해 종교로서의 불교를 넘어서고자 했다. 먼저 그는 국외 유학과 수학을 통해 철학으로서 불교를 인식하기 시작하였다. 그에게 서양과 근대 유럽은 철학으로서 불교를 바라보는 시각을 제시해 주었다. 이러한 일련의 과정은 그에게 있어서 자아(주체)를 세계화(타자화)한 것이기보다는 오히려 세계(타자)를 자아화(주체화)한 것이라고 할 수 있을 것이다.

---

18) 한용운, 앞의 글, 『한용운전집』 제2책, p.38상하.

나는 서양 철학자의 저서에 관한 한 조금도 읽은 바가 없고, 어쩌다가 눈에 띈 것은 그 단언척구(單言隻句)가 샛별과도 같이 많은 사람의 여러 책에 번역 소개된 것에 지나지 않는다. 그 전모(全貌)를 보지 못한 것이 못내 안타까울 뿐이다. 그러나 철학이 동서고금에 있어서 금과옥조(金科玉條)로 삼아온 내용이 기실 불경의 주석 구실을 하고 있는 데 불과함은 새삼 논할 필요도 없는 일이겠다. 왜냐하면 이상에서 인용한 몇몇 철학자들은, 다 철학계에서 온오(蘊奧)를 다하여 명가(名家)의 지위에 오른 사람들이니, 그들이 참다운 철학자들임을 짐작할 수 있다.19)

만해는 서양 철학자의 저서를 읽은 바가 없고 어쩌다가 눈에 한 마디 말씀[單言]과 한 마디 글귀[隻句]를 중심으로 이해하고 있을 뿐이다고 했다. 하지만 그는 동서고금의 철학에서 '금과 같은 그루와 옥과 같은 가지'로 삼아온 내용이 실제에 있어서[其實] '불경의 주석 구실을 하고 있는 데 불과하다'고 하였다. '동서고금의 철학의 내용이 사실은 불경의 주석에 지나지 않는다20)는 만해의 이런 자신감은 서양철학의 핵심에 대한 나름대로의 파악에서 나온 단언으로 이해할 수 있다. 그는 일본에 머물 당시에 양계초의 저술을 통해 후쿠자와 유키치 등의 동양 및 서양과 서양철학 이해를 심화하였던 것으로 추정된다.

대저 중생계(衆生界)가 다함이 없기에, 종교계가 다함이 없고, 철학계가 또한 다함이 없는 것이니, 다만 문명의 정도가 날로 향상되면 종교와 철학이 점차 높은 차원(次元)으로 발전하게 될 것이며, 그 때에야 그릇된 철학

---

19) 한용운, 앞의 글, 『한용운전집』 제3책, pp.42하~43상.

20) 앨프리드 노스 화이트헤드, 『과정과 실재』, 오영환 옮김(서울: 통나무, 2005). 제2부 제1장 "사실과 형상" 셋째 단락. 만해의 이 구절은 화이트헤드가 "서양철학은 플라톤에 대한 잇따른 각주들로 이루어졌다."는 구절을 연상하게 한다. The safest general characterization of the European philosophical tradition is that is consists of a series of footnotes to Plato. I do not mean the systematic scheme of thought which scholars have doubtfully extracted from his writings. I allude to the wealth of general ideas scattered through them. - A. N. Whitehead, (New York: Free Press, 1985), p.39. "유럽의 철학 전통을 가장 일반적이고 무난하게 규정하자면 그 전통이 플라톤에 대한 잇따른 각주들로 이루어졌다는 점이다. 학자들이 플라톤의 저작에서 마구 뽑아내 도식적인 사고틀에 꿰맞춘 것들을 말하려는 게 아니다. 플라톤의 저작들에 흩어져 있는 일반 개념들이 얼마나 풍부하게 해석되는지 넌지시 보이기 위함이다."

적 견해나 그릇된 신앙 같은 것이야 어찌 다시 눈에 띌 줄이 있겠는가. 종교요 철학인 불교는 미래의 도덕·문명의 원료품(原料品) 구실을 착실히 하게 될 것이다.[21]

만해는 중생계와 종교계, 철학계와 문명의 정도를 대비하면서 불교를 철학적 종교로 파악하고 불교는 미래의 도덕·문명의 원료품 구실을 착실히 할 것으로 파악하고 있다.

만해는 1908년 4월부터 6개월 간 동경과 경도 등에 머문 뒤 10월에 귀국하였다. 이어 그는 건봉사에서 이학암(李鶴庵) 사에게 『반야경』과 『화엄경』을 수료하였다. 만해는 27세(1905)에 출가 이후 이학암 사에게 『기신론』, 『능엄경』, 『원각경』을 수료하였지만 일본 체험 이후 돌아와 이전에 못다 들은 『반야경』과 『화엄경』을 들은 것이었다. 짧은 기간의 일본 유학(혹은 체류)을 통해서 동양 및 서양과 서양철학을 경험했던 만해는 종래 강원의 치문반과 사집반 뿐만 아니라 이제 사교반와 대교반의 과정을 모두 마친 것이었다.

만해는 출가 이후 불교 이력과정을 수료한 뒤 비로소 전통 강원의 강사로서 자격을 갖출 수 있었다. 그는 『기신론』, 『능엄경』, 『원각경』, 『반야경』, 『화엄경』을 이수함으로써 만해사상의 서론이 되는 『조선불교유신론』의 집필과 만해철학의 결론이 되는 『불교대전』의 편찬을 완수할 수 있었다. 결국 만해는 국내의 전통 한학 수학과 국외 유학을 통한 서양철학 수학까지 겸함으로써 근대의 실천적 지성인과 지성적 실천가로서 모습을 고루 갖출 수 있었다.

---

21) 한용운, 앞의 글, 『한용운전집』 제1책, p.43상.

Ⅲ. 일본 동경 체험의 재구:『조선불교유신론』[22]의 집필

1. 동경 구택대학 유학: 아사다 후상

만해는 1908년 4월부터 일본 동경의 조동종 대학인 구택대학 즉 고마자 와 대학 별원(부속사원)에서 6개월간 체류하였다. 대개 일본의 학제는 제1학 기가 4월에 시작되어 9월에 끝나고 제2학기는 10월에 시작되어 3월에 끝나 는 것을 고려하면 만해의 일본 일정을 짐작해 볼 수 있다. 만해는 제1학기 고마자와 대학의 별원에 머물며 수업을 수강한 것으로 짐작된다.

여기서 그는 일본인 아사다 후상(淺田斧山) 교수와 교유하면서 그의 서양 철학 등의 강의를 들었다. 그가 본격적인 서양철학 수학한 적이 없다는 고 백을 고려하면 고마자와 대학에서 아사다 후상 교수의 서양철학 강의를 수 강한 체험은 이후『조선불교유신론』의 집필(1910; 1913)과『불교대전』편찬 (1912~1914)의 촉매제가 된 것으로 짐작된다. [23]만해는 아사다 교수가 보내 온 참선시에 다음과 같은 화답시를 적어 보냈다.

> 본성은 그대와 나 차이 없건만
> 참선에 열중도 못하는 몸은
> 도리어 미로에서 허덕이느니

---

22) 이 저술의 17장 구성은 다음과 같다. 머리말(序), ①서론(緖論), ②불교의 성질(論佛敎之 性質), ③불교의 주(論佛敎之主義)의, ④불교의 유신은 파괴로부터(佛敎之維新이 宜先破 壞), ⑤승려의 교육(論僧侶之敎育), ⑥참선(論參禪) ⑦염불당의 폐지(論廢念佛堂), ⑧포교 (論布敎), ⑨사원의 위치(論,寺院位置) ⑩불가에서 숭배하는 소회(論佛家崇拜之塑繪), ⑪ 불가의 각종 의식(論佛家之各種儀式), ⑫승려의 인권 회복은 생산에서(論(僧侶之論克服 人權이 必自生利始), ⑬불교의 장래와 승니의 결혼 문제(佛敎之前道가 關於僧尼嫁娶與否 者), ⑭사원 주직의 선거법(論寺院住職選擧法), ⑮승려의 단결(論僧侶之團體), ⑯사원의 통할(論寺院之統轄), ⑰결론(結論)
23) 만해가 동경에 머물며 이노우에 데쓰지로의 제자였던 카니에 요시마루가 쓴『서양철학사』 를 구해서 읽었을 개연성은 있다.

언제나 산속으로 들어갈는지.

　　　　　　　　　　- 천전 교수에게 화답하다
　　　　- 천전부산이 참선시를 주었으므로 대답하다.24)

　아사다 후상 교수가 만해에게 어떤 참선시를 보냈는지는 알 수 없다. 아사다 교수가 승려이자 선사로서 본성을 참구하는 선사로서 "지금의 그대 경계가 어떠한가?"를 물었는지에 대해서는 알 수 없다. 이 시를 살펴보면 만해의 문화 충격이 매우 컸던 것으로 짐작된다. "본성은 그대와 나 차이 없건만/ 참선에 열중도 못하는 몸"이라는 만해의 표현은 두 사람 사이에 본격적인 선문답이 이루어지지 않았던 것으로 보인다. 만해의 시에는 고국으로 돌아가고픈 감회가 깊이 담고 있을 뿐이다. 아마도 이국에 반년 간 체류하는 그에게 고국에 대한 그리움과 타국서의 외로움이 적지 않았을 것이다.

　　　동경은 팔월인데 편지 안 오고
　　　아득히 달리는 생각 걷잡지 못해
　　　외로운 등불 빗소리 차가운 밤
　　　내가 앓아 누웠던 그 때만 같네.25)
　　　　　　　　-「고향을 생각하는 밤에 빗소리를 듣고」

　음력 팔월이면 거의 가을이다. 제1학기 수업을 마친 만해는 부속사원에 머무르고 있었을 것이다. 그는 편지조차 안 오는 이국에서 빗소리를 들으며 고향으로 달리는 생각에 젖어들었다. 더욱이 등불조차 외롭고 빗소리조차 차가운 밤. 홀로 산 속에서 앓아누웠던 그 때와 같이 고향을 그리는 병이 깊었다. 10일 내외의 여행과 달리 몇 달 반 년 이상의 외국 생활은 누구에

---

24) 한용운, 『한용운전집』 제1책, p.141상. 「和淺田敎授 － 淺田斧山遺以參禪詩故以此答」. "天眞與我間無髮, 自笑吾生不耐探, 反入許多葛藤裡, 靑山何日到晴風."
25) 한용운, 『한용운전집』 제1책, p.147상. 「思夜聽雨」. "東京八月雁書遲, 秋思蒼茫無處期, 孤燈小雨雨聲冷, 太似往年臥病時."

게나 쉽지 않은 것이다.

한편으로 만해에게는 대한제국과 달랐던 일본제국의 정서적, 문화적, 사상적 괴리감이 매우 컸을 것이다. 그리고 그의 일본 체험은 아마도 빨리 대한으로 돌아가 무엇이든 해야 할 일을 구상해야 한다는 마음으로 분주했을 것이다. 만해는 무너져가는 대한제국의 현실과 부강해가는 일본제국의 현실을 대비해보면서 아마도 선사로서 커다란 분발심[大憤心]을 일으켰을 것이다.

만해는 부산을 떠나 시모노세키(下關), 미야지마(宮島), 교토(京都), 도쿄(東京), 닛쿄(日光)까지의 도착과 체류 및 그곳을 떠나오기까지 쓴 오언절구, 칠언절구, 오언율시와 칠언율시로 된 22편의 한시를 남겼다. 이들 시에는 그의 일본 체류의 감회와 소회가 서정으로 승화되어 담겨 있다.[26]

만해의 동경 구택대학 유학 즉 체류는 동양의 유럽인 동경을 비롯해서 서양과 서양철학과의 만남을 통해 엄청난 인식의 전환이 있었을 것으로 추정된다. 그가 돌아와 쓴 『조선불교유신론』에 보이는 것처럼 여기에는 사상의 연쇄가 보이기 때문이다. 만해는 양계초 → 후쿠자와 유키치 → 칸트 → 데카르트 → 베이컨의 사상적 필터와 왕양명(선학-심학) → 육상산(선학-심학) → 루소(평등론) → 플라톤(대동설) 등의 사상적 필터로 이어지고 있다.

만해는 이들의 논지를 객관적으로 인식하고 주체적으로 이해하여 불교의 『원각경』(데카르트), 『능엄경』(베이컨), 『화엄경』(칸트)의 교설을 원용하여 이들 사상을 해명하고 이들 사상이 모두 '불경의 각주' 구실에 지나지 않는다고 비판한다. 그의 인식과 이해가 타당한 것인지에 대해서는 다양한 견해가 있지만 그 시대의 상황 속에서 그가 그렇게 해석한 데는 일정한 성취와 한계가 공존하고 있다.

---

26) 高榮燮, 「만해 한용운의 일본 인식」, 『선문화연구』 제24집, 한국선리연구원, 2016; 한용운, 『한용운전집』 제1책, pp.140~151상.

2. 서계여와 후쿠자와 유키치 및 양계초:
이노우에 엔료·이노우에 데쓰지로

만해는 국내에서 청나라 송감 서계여(徐繼畬, 1795~1873)의 세계지리책인 『영해/환지략』(瀛海/環志略, 1848~1850, 10권)[27]과 임공 양계초(梁啓超, 1873~1929)의 『음빙실문집』(飮氷室文集, 20권)[28]을 탐독하였다. 서계여의 제자이자 강유위의 만목초당(萬木草堂)에서 불전을 배운 양계초는 1898년에 일어난 무술정변(戊戌政變)을 계기로 일본에 망명하여 1912년까지 14년을 체류하였다.

이 시기에 양계초는 후쿠자와 유키치(福澤諭吉, 1835~1901)의 저작에 깊이 경도되었고, 종래의 학술로서의 불학을 넘어 종교로서의 불교에 대한 이해를 새롭게 하여 『음빙실문집』(20권)을 저술하였다. 양계초는 무리를 다스리기 위해서는 종교가 필요한데 유교는 종교가 아니라 학문이며 국민감정에서 기독교를 수용할 수 없기 때문에 불교를 주목하지 않을 수 없다고 이해하였다. 이것은 당시 청나라 뿐만 아니라 대한(조선)과 일본 삼국이 공감하는 지점이었다.[29]

만해는 국내에서 양계초의 『음빙실문집』을 읽었다. 하지만 그는 다시 동경에서 그의 저술을 접하며 그로부터 개안(開眼)의 빛을 얻었다. 그 즈음 유교와 불교의 고전에 빠진 만해에게 이 서물은 개혁의 불길을 일으키는 외전(外典)이 되었다.[30] 이 책이야말로 한용운을 한학의 소양을 뛰어넘어 현대 세계를 인식하고 새롭게 개화시키는 구실을 하였다.[31] 만해는 중국 계몽사

---

27) 서계여는 청나라 말기 광주에서 청나라의 개명된 진보적 애국자들인 林則徐(『사주지』 번역), 魏源(『海國圖志』 번역), 梁廷枏 등과 함께 以夷制夷를 고려하면서 미국을 인식하였다. 특히 서계여는 미국을 가장 추앙하고 미국 대통령인 조지 워싱턴을 존경하였다.

28) 申一澈, 「한국사상사서설」, 『한국의 사상가 12인』(서울: 현암사, 1976), p.38. 이 책은 1897년에 재한(조선)에 소개되어 한용운을 비롯하여 당대의 自强的 애국계몽사상가들이었던 張志淵, 朴殷植, 申采浩 등 근대 한국의 중요한 인물들에게 지대한 영향을 주었다.

29) 高榮燮, 앞의 글, 앞의 책, p.241.

30) 高榮燮, 앞의 글, 앞의 책, p.241.

31) 高恩, 『한용운평전』(서울: 민음사, 1975), p.14.

상가들의 저작들을 통해서 문명의 진보와 합리주의를 믿는 계몽주의자가 되었다.[32]

서계여와 양계초를 만난 이후 만해는 다시 후쿠자와 유키치 이외에도 이노우에 엔료(井上圓了, 1858~1919), 이노우에 데쓰지로(井上哲次郎, 1855~1944), 이노우에 데쓰지로의 제자인 카니에 요시마루(蟹江義丸, 1872~1904)의 『서양철학사』(박문관, 1899)라는 저술을 만나게 된다. 그리고 이들을 통해 영국의 프랜시스 베이컨(Francis Bacon, 1561~1626), 프랑스의 르네 데카르트(René Descartes, 1596~1650), 독일의 임마뉴엘 칸트(Immanuel Kant, 1724~1804)를 만나게 된다.

특히 카니에 요시마루의 저작은 당시 독일 철학사의 흐름 즉 고래의 철학자를 계보화 하고 그 최종 도달점으로서 현재를 파악하는 사고방식을 반영하였다. 카니에는 근세철학을 칸트를 기점으로 두 시기로 구분하였다. 그 뒤 아카데미 철학은 독일철학이 지배하였고 그 결과 19세기 말 일본에서는 역사상 최대의 철학자로 칸트가 주목을 받았다. 이러한 흐름은 20세기 전반기까지 일본 학계의 지남이 되어 학계에 큰 영향을 끼쳤다. 결국 일본의 근대화 방향은 명치 14년(1881)의 정변을 거치면서 칸트로 대표되는 독일식 모델이 채택되었다.

그 결과 자유민권운동의 흐름을 계승하면서 영국형 의원내각제 헌법을 지지하던 오쿠마 시게노부 등이 축출되었다. 반면 독일 헌법을 지지하는 이토 히로부미와 이오누에 코와시 등에 의해 독일식 국가체제 건설에 나아가게 되었다. 결국 최종적으로 선택되었던 독일학이 국가차원에서 적극적으로 도입되었고, 거국적으로 독일을 배우자는 풍조가 유행하였다.[33] 따라서 이노우에 데쓰지로와 카니에 요시마루로 대표되는 근대 일본철학자들은

---

32) 廉武雄, 「한용운의 민족사상」, 『한국근대사논고』 3, 1977.
33) 坂本多加雄, 『日本の近代 2: 明治國家の建設』(중앙공론사, 1999), pp.280~294. 조명제, 앞의 글, 앞의 책, p.332.

칸트로 대표되는 독일철학을 철학의 본령으로 채택하였다. 그리하여 근대 일본의 철학은 독일철학이 주류를 형성하기 시작하였다. 이처럼 칸트를 비롯한 독일철학이 명치 일본의 지식인들에게 주목을 받고 유행한 것은 그들의 공통 교양인 한학, 청일전쟁 이후 주목하게 된 무사도 등과 같은 시대적 배경과 긴밀하게 관련되어 있다.34) 양계초는 근대 일본철학이 독일로 경사된 흐름을 기술하였고 만해는 그의 저술을 통해 독일로 경사된 서구사상과 일본문명을 흡수하였다.35)

만해는 불교의 종교적인 성질과 철학적인 성질을 통해 종교가와 철학자가 미신과 진리에 대해 왕왕 충돌한다고 논의를 시작하였다. 그는 철학자들은 포부는 크되 힘이 모자라 허덕이지만 철학의 대가인 붓다 즉 석가를 젖혀 놓고 다른 대가가 없다며 불교의 입장에서 양계초의 관점을 원용하여 자신의 얘기를 전개해 나간다.

> 중국인 양계초는 이렇게 말했다.
> "불교·기독교의 두 가지가 다 외국에서 발행한 종교로서 중국에 들어왔는데 불교가 널리 퍼진 데 대해 기독교 퍼지지 못한 것은 무슨 때문인가. 기독교는 오직 미신을 주로 하여 그 철리(哲理)가 천박해서, 중국 지식층의 욕구를 만족시키지 못한 데 대해 불교의 교리는 본래 종교면서 철학인 양면을 갖추고 있었으니 그 증도(證道)의 이상을 깨닫는 데 있고, 도(道)에 들어가는 법문(法門)은 지혜에 있고, 수도하여 힘을 얻음은 자력(自力)에 있으니, 불교를 예사 종교와 동일시(同一視)해서는 안 된다."

이것으로 보면, 중국 철학이 발전하게 된 것은 실로 불교의 덕택임을 알 수 있다.

아, 불교가 조선에 들어온 지도 지금에 1천 5백여 년이 지났다. 만약

---

34) 小島毅, 『近代日本の陽明學』(講談社, 2006), pp.34~132. 조명제, 앞의 글, 앞의 책, p.332.
35) 高榮燮, 앞의 글, 앞의 책. p.257.

사람이 있어서 1천 5백여 년 동안 이 조선 땅에서 살다가 간 사람들에게 '중국은 저렇거니와, 불교를 들여온 후에 조선 철학은 얼마나 발전했는가' 라고 묻는다면 무어라 할 것인가. 같은 손을 안 트게 하는 약이건만 한 사람은 이를 써서 장수가 되었고, 한 사람은 이것을 사용하면서도 솜 빠는 일을 면치 못했으니, 생각건대 이 약을 어떻게 쓰는가는 사람의 책임이매, 손을 안 트게 하는 약[36]에게야 무엇을 원하겠는가.[37]

만해는 양계초가 얘기한 것을 인용하면서 중국 철학이 발전하게 된 것이 불교의 덕택임에 견주어 조선 철학은 불교를 들여와 얼마나 발전했는가를 되묻고 있다. 그러면서 만해는 '손을 안 트게 하는 약'을 가지고서 '솜 빠는 일을 면하지 못한 이'와 인도의 불교를 받아들인 중국이 중국 철학을 발전시킨 것과 조선이 조선 철학을 발전시킨 것을 견주어 보고 있다.[38] 그는 손이 안 트게 하는 약을 써서 '장수가 된 것'처럼 불교를 받아들인 조선 철학이 어떤 형태로든 발전하게 되었기를 희원하고 있다.

이처럼 만해는 조선이 불교를 받아들여 조선 철학을 발전시켰는가를 되묻고 있다. 그의 답변은 찾아볼 수 없지만 필자는 고구려의 승랑과 보덕, 백제의 겸익과 혜균, 신라의 원측과 원효와 의상, 고려의 균여와 의천, 지눌과 일연, 태고와 나옹, 조선의 청허와 백파, 초의와 원기 등에 이르러 조선 철학은 크게 발전하였다고 보고 있다. 퇴계와 율곡의 이기철학 또한 불교에 크게 영향을 받았다고 보기 때문이다.

---

36) 『莊子』「逍遙遊」. 宋나라에 손이 안 트는 약을 알고 있는 사람이 있어서 대대로 솜 빠는 일을 하고 있었다. 어떤 사람이 百金을 주고 이 약을 알아내어 그것으로 吳나라를 위해 越나라와 겨울에 물에서 싸워 크게 이겨 매우 출세하였다는 것이다. 이것은 같은 약도 쓰는 사람에 따라서 하나는 세탁업을 면하지 못한 반면 하나는 부귀를 누렸음을 견주어 보여주고 있다.

37) 한용운, 『조선불교유신론』, 『한용운전집』 제1책, pp.38하~39상.

38) 한용운, 「元曉疏刊行序」, 『한용운전집』 제4책, p.347하. 만해는 2939년(1912) 11월 15일에 金山元曉庵에서 「원효소간행서」를 썼다. 그는 조선광문회에서 발간한 원효소 서문에서 "원효소는 起信論 三大疏의 하나"이며 "원효는 조선불교의 先覺"이라고 적고 있다. 그는 『경허집』序(p.347하~348상)와 「鏡虛略譜」(p.348상하)도 써서 남기고 있다.

3. 근대 유럽 사상의 만남: 베이컨·데카르트·칸트

만해는 서양의 대표적 철학자인 베이컨의 경험 철학과 데카르트의 방법 철학 그리고 칸트의 비판 철학에 대해 논하고 있다. 그리고 이들 철학에 대해 양계초가 불교 철학의 입장에서 비판적으로 접근한 부분에 이어 자기 인식을 추가하고 자기 이해를 부가하여 비판하고 있다.

> 영국의 학자 프랜시스 베이컨(1561~1626)이 말했다.
> "우리의 정신은 울퉁불퉁한 거울과 같다. 그리하여 대상이 와서 비치는 경우, 혹은 뾰죽이 나온 곳에 비치기도 하고, 혹은 움푹 팬 데에 비치기도 한다. 이에 있어서 동일한 대상이라도 비치는 데가 다르기에 주관(主觀)의 관찰에 잘못이 없을 수 없으니, 이것이 오류를 범하는 첫째 원인이다. 또 오관(五官)이 감각하는 것은 대상의 본바탕이 아닌 그것의 거짓 모습이니, 이것이 오류(誤謬)를 범하는 둘째 원인이다. 또 오관이 감각하는 것은 대상의 본바탕이 아닌 그 것의 거짓 모습이니, 이것이 오류를 범하는 둘째 원인이다. 그리고 우리의 체질이 각기 다른 바, 이것이 오류를 범하는 셋째 원인이다.[39]

만해는 양계초가 파악한 베이컨의 학설을 이렇게 소개한 뒤 이것을 『능 엄경』의 교리와 적잖게 유사한 데가 있다고 풀이하고 있다.

> 베이컨의 이 학설은, 정력을 기울여 사색하고 실험을 통해 확인하고 난 뒤에 말한 이론이어서 『능엄경』의 교리와 적잖게 유사한 데가 있다. 그 경에 이르되, "비유컨대, 만약 한 사람이 있어서 깨끗한 눈으로 갠 하늘을 바라보면, 오직 맑은 하늘만이 보일 뿐, 다른 아무것도 눈에 띄지 않는다. 그러나 그 사람이 까닭 없이 눈동자를 움직이지 않고 응시한 끝에 피로해지면, 하늘에 헛것[幻]의 꽃이 보이게 된다"고 하셨다. 깨끗한 눈과 피로한 눈은 곧 베이컨의 울퉁불퉁한 거울의 뜻이 된다. 이와 같이 뾰죽이 나오고 움푹 들어간 거울인 까닭에 같은 물건도 비치는 것이 달라진다는 베이컨

---

39) 한용운, 『조선불교유신론』, 『한용운전집』 제2책(서울: 불교문화연구원, 2006), p.41상.

의 이론은, 하늘이 깨끗한 눈에는 하늘로 비치고, 피로한 눈에는 꽃으로 보인다는 경의 말씀과 같다고 할 것이다.

또 경에 이르기를 "몸과 감각이 둘이 다 허망하다" 하셨으니, 감각의 대상과 감각하는 여섯 기관[六根]이 다 가짜 모습일 뿐 실체가 아닌 까닭에 "둘이 다 허망하다"고 하신 것이었다. 베이컨은 감각의 대상이 되는 객관이 실체가 아님은 알았으나, 감각하는 여섯 기관이 그 대상과 한가지로 실체가 아님은 몰랐던 것이니, 이는 베이컨이 부처님만 못한 점이다.

경에 또 이르기를 "한 물 속에 해 그림자가 비쳤는데 두 사람이 같이 물속의 해 그림자가 비쳤는데 두 사람이 같이 물속의 해를 보고 나서 각각 동서(東西)로 간다고 하면, 해도 각각 두 사람을 따라 간다. 그리하여 한 해는 동으로 가고 한 해는 서로 가서 햇빛에는 일정한 기준이 없다" 하셨는데, 베이컨의 제3원인이란 것도 같은 뜻으로 해석된다.[40]

만해는 양계초가 파악한 베이컨의 오류를 범하는 세 가지 원인에 대해 『능엄경』의 교리를 원용하여 한편으로는 해명하고 한편으로는 비판하고 있다. 그는 실험과 관찰을 강조한 베이컨의 ① 동일한 대상이라도 비치는 데가 다르기에 주관(主觀)의 관찰에 잘못이 없을 수 없다는 제1 원인을 "하늘이 깨끗한 눈에는 하늘로 비치고, 피로한 눈에는 꽃으로 보인다"로, ② 오관(五官)이 감각하는 것은 대상의 본바탕이 아닌 그것의 거짓 모습이라는 제2 원인을 "감각하는 여섯 기관이 그 대상과 한가지로 실체가 아님은 몰랐던 것"으로, ③ 우리의 체질이 각기 다른 까닭이라는 오류의 제3 원인을 "해도 각각 두 사람을 따라 간다"고 해명하면서 비판하고 있다.

또 만해는 양계초가 이해한 르네 데카르트의 방법 철학에 대해 소개하면서 『원각경』의 교리를 원용하여 한편으로는 해명하고 한편으로는 비판하고 있다.

---

40) 한용운, 위의 글, 위의 책, pp.41상하.

프랑스의 학자 르네 데카르트(1596~1650)는 이런 생각을 지니고 있었다. "만일 각자(各者)가 자기 나름의 믿는 바 진리가 있을 경우, 그 진리를 견지(堅持)하여 일가(一家)를 이루게 되고, 자기 소신(所信)과 다른 용납할 수 없는 주장을 하는 자가 있으면 대항하여 공격하게 된다. 그리하여 주고 받으며 서로 토론하면 상당한 시일이 지난 뒤에는 완전한 진리가 결국 그 사이에서 생겨날 것이다. 왜 그런가. 지혜에 고하(高下)와 대소(大小)의 차이가 있기는 하지만 그 본성(本性)은 동일하며, 진리의 성질이 또 순수하여 잡박(雜駁)함이 없는 까닭이다. 동일한 본성의 지혜로 순수하여 잡박함이 없는 진리를 구함에 있어서 힘써 이 일에 종사하는 경우, 어찌 방법은 달라도 한 결론에 도달하지 않겠는가. 그러므로 처음에는 사람마다 이론(理論)이 다르다 해도 반드시 서로 웃으며 손을 잡는 날이 있을 것이다.41)

만해는 양계초가 이해한 데카르트의 사상을 이렇게 소개하면서 『원각경』을 원용하여 한편으로는 해명하고 한편으로는 비판하고 있다.

데카르트의 이론은 『원각경』의 내용과 완전히 부합된다. 데카르트가 각기 믿는 바 진리 운운(云云)한 것은 경에서 ① "견해가 장애 노릇을 한다" 한 것과 같고, 서로 대항하여 공격한다 한 것은 경에서 ② "여러 환(幻)을 일으켜 환을 제거한다" 한 것에 해당하고, 완전한 진리 운운한 것은 경에서 ③ "궁극의 진리를 얻는다"고 한 것과 일치하고, 본성은 동일하다 운운한 것은 경에서 ④ "중생과 국토가 동일한 법성(法性)이다"한 것과 합치하고, 방법은 다르나 같은 결론에 도달한다 한 것은 ⑤ "지혜와 어리석음이 통틀어 반야(般若)가 된다"고 한 것과 같은 취지다.

본성에 어찌 둘이 있으며, 이치에 어찌 차이가 있겠는가. 둘이 있을 수 없는 본성으로 차이가 없는 이치를 탐구할 경우 반드시 한 곳에서 손을 잡게 될 것임은 의심할 여지가 없다. 넷과 넷이 모여 여덟이 된다는 것은 불변의 수학적 진리지만, 산술에 아주 어두운 어린이는 혹은 일곱이라 하고, 혹은 아홉이라는 대답도 하게 된다. 일곱과 아홉이라는 대답은 "견해

---

41) 한용운, 앞의 글, 앞의 책, pp.41하~42상.

가 장애 노릇을 하여 사실 아닌 헛것[幻]을 본 것"이라 아니할 수 없다. 그러나 점차 헛것을 제거하기에 성공하면 온 세상의 어린이 치고 하나도 여덟이라 아니할 어린이는 없을 것이다. 진리란 넷과 넷이 모여 여덟이 된 다는 이런 예와 비슷하다고 하겠다. 아마 데카르트는 전생(前生)에서 『원 각경』을 많이 읽은 사람이었던 모양이다.42)

이처럼 만해는 데카르트의 이론이 『원각경』의 5가지 내용과 완전히 부합된다고 보고 그가 전생에서 『원각경』을 많이 읽은 사람이었던 모양이라고 소개하고 있다.

만해는 양계초가 이해한 임마뉴엘 칸트의 비판 철학에 대해 소개하면서 『화엄경』의 진여(眞如) 개념을 원용하여 한편으로는 해명하고 한편으로는 비판하고 있다.

> 독일의 학자 임마뉴엘 칸트(1724~1804)는 말했다.
> "우리의 일생의 행위가 다 내 도덕적 성질이 겉으로 나타난 것에 지나지 않는다. 그러므로 내 인간성이 자유에 합치하는가 아닌가를 알고자 하면 공연히 겉으로 나타난 현상만으로 논해서는 안 되며, 응당 본성(本性)의 도덕적 성질에 입각하여 논하지 않으면 안 되는 것이니, 도덕적 성질에 있어서야 누가 조금이라도 자유롭지 않은 것이 있다고 하겠는가. 도덕적 성질은 생기는 일도, 없어지는 일도 없어서 공간과 시간에 제한받거나 구속되거나 하지 않는다. 그것은 과거도 시간에 제한받거나 구속되거나 하지 않는다. 그것은 과거도 미래도 없고 항상 현재 뿐인 것인바, 사람이 각자 이 공간 시간을 초월한 자유권(본성)에 의지하여 스스로 도덕적 성질을 만들어 내게 마련이다. 그러기에 나의 진정한 자아(自我)를 나의 육안(肉眼)으로 볼 수 없음은 물론이거니와, 그러나 도덕의 이치로 미루어 생각하면 엄연히 멀리 현상 위에 벗어나 그 밖에 서 있음을 보게 된다. 그렇다면 이 진정한 자아는 반드시 활발 자유로 와서 육체가 언제나 필연(必然)의 법칙에 매여 있는 것과는 같지 않음이 명백하다. 그러면 소위 활발 자유란 무엇인가. 내가 착한 사람이 되려 하고 악한 사람이 되려 함은 다 내가 스스

---

42) 한용운, 앞의 글, 앞의 책, pp.42상~43하.

로 선택하는 데서 생겨나는 생각이다. 자유 의지(自由意志)가 선택하고 나면 육체가 그 명령을 따라 착한 사람, 나쁜 사람의 자격을 만들어 내는 것이니, 이것으로 생각하면 우리 몸에 소위 자유성(自由性)과 부자유성(不自由性)의 두 가지가 동시에 병존(竝存)하고 있음이 이론 상 명백한 터이다."43)

흔히 이원론자로 평가받는 칸트의 철학에 대해 만해 또한 이원론으로 읽어내고 있다. 현상과 물자체, 감성과 이성, 경험계와 예지계(가상계), 경향성과 선의지, 인식과 실천 등으로 나누어 논의한 칸트는 인간의 본질을 자연존재에 속하는 본질과 절대적 자유로서의 본질로 해명한다. 인간은 자연의 필연적 법칙이 적용되는 존재이자 자유의 법칙이 적용되는 존재이다. 이 때문에 인간을 자연의 측면에서 보는 경우에는 자연법칙이 적용되고, 도덕의 측면에서 보는 경우에는 자유법칙이 적용된다. 칸트에 의하면 동일한 사태에 대해 자연법칙이 적용될 수 있고 자유법칙이 적용될 수 있다는 것은 결코 아니다. 즉 자연으로서 인간에게는 자연법칙이, 도덕적 존재로서의 인간에게는 자유법칙이 적용되어야 한다는 뜻이다.44)

양계초는 이 주장을 이렇게 해설했다.
① "부처님 말씀에 소위 진여(眞如)라는 것이 있는데, 진여란 곧 칸트의 진정한 자아여서 자유성을 지닌 것이며, 또 소위 무명(無明)이라는 것이 있는데, 무명이란 칸트의 현상적인 자아에 해당하는 개념이어서 필연의 법칙에 구속되어 자유성이 없는 것을 뜻한다. 또 부처님의 말씀에 ② '생각컨대 우리가 무시(無始) 이래로 진여와 무명 두 종자(種子)를 지니고 있어서 그것이 성해(性海)와 식장(識藏) 속에 포함되어 서로 훈습(薰習)하게 마련이다. 그리하여 범부는 무명으로 진여를 훈습하는 까닭에 반야지(般若智)를 그르쳐 식(識)을 삼고, 도를 배우는 자는 도 진여로 무명을 훈습하

---

43) 한용운, 위의 글, 위의 책, pp.39상~39하.
44) 백종현, 「칸트에서 자유의 이념과 도덕원리」, 『철학사상』 제1집, 서울대학교 철학사상연구소, 1991, p.31.

는 까닭에 식을 전환시켜 반야지를 이룬다' 하였다. 송대(宋代)의 유학자는 이 범례(凡例)를 따라 중국의 철학을 조직한 터이었으므로 주자(朱子)의 의리(義理)의 성(性)과 기질(氣質)의 성을 나누어서 『대학』을 주(注)하였다. 즉, 그는 말하기를 ③ '명덕은 사람이 하늘에서 받은 것인바, 허령불매(虛靈不昧)해서 모든 이치를 구비하여 온갖 사물에 응해 작용하는 당체(當體)이다. 다만 기품(氣稟)의 구애와 인욕(人慾)의 가림으로 인해 때로 어두워지는 수가 있다'고 했다.

　　그러나 부처님은 이 진여(眞如)가 일체 중생이 보편적으로 지닌 본체(本體)요, 각자가 제각기 한 진여를 지니는 것은 아니라 했고, 칸트는 사람이 다 한 진정한 자아(自我)를 가지고 있다 했다. 이것이 그 차이점이다. 그러므로 부처님 말씀에 ④ 한 중생이라도 성불(成佛)하지 않는 자가 있으면, 나도 성불하지 못한다' 하셨으니, 모든 사람의 본체(本體)가 동일하다고 보기 때문이다. 이런 태도는 중생을 널리 구제하자는 정신에 있어서 좀더 넓고 깊으며 더없이 밝다고 할 만하다. 이에 대해 칸트는 ⑤ '만약 선인이 되고자 하는 의욕만 있으면 누구나 선인이 된다'고 했으니, 그 본체가 자유롭다고 믿었기 때문이어서, 수양이라는 면에서 볼 때 좀더 절실하고 행하기 쉬운 특징이 있었다. 이에 비겨 주자(朱子)의 명덕설(明德說) 같은 것은 만인이 동일한 본체(本體)를 지니고 있는 상황을 지적하지 못했는데, 이것이 부처님에게 못 미치는 점이라 하겠고, 또 말하기를 이 명덕이 기품의 구애와 인욕의 가림을 받는다 하여, 자유로운 진정한 자아와 부자유스러운 현상적 자아의 구분에 있어서 한계가 명료치 않았으니, 이것이 칸트에 비겨 미흡한 점이다. 칸트의 본의(本意)에 의하면, 진정한 자아는 결코 다른 무엇에 의해 구애되든지 가리어지든지 하는 것이 아니었으며, 구애를 받고 가림을 받는 이상 그것은 자유의 상실(喪失)을 의미하는 것으로 믿어진다."45)

　만해는 양계초가 이해한 임마뉴엘 칸트의 비판 철학에 대해 소개하면서 『화엄경』의 진여와 무명의 교리를 원용하여 한편으로는 해명하고 한편으로

---

45) 한용운, 위의 글, 위의 책, pp.39하~40하.

는 비판하고 있다. 양계초는 진여를 진정한 자아에, 무명을 현상적인 자아에 배대하고 있다. 그런데 만해는 양계초의 부처님과 칸트의 다른 점에 대한 언급에 대해 일방적으로 수용하지 않고 비판적인 거리를 견지하고 있다.

> 양계초가 부처님과 칸트의 다른 점에 언급한 것으로 보건대 반드시 모두가 타당하다고는 여기지 않는다. 왜 그런가. 부처님은 '천상천하에 오직 나만이 존귀하다' 하셨는데 이것은 사람마다 각각 한 개의 자유스러운 진정한 자아를 지니고 있음을 밝히신 것이다. 부처님께서는 모든 사람에게 보편적인 진정한 자아와 각자가 개별적으로 지닌 진정한 자아에 대해 미흡함이 없[다고] 언급하셨으나, 다만 칸트의 경우는 개별적인 그것에만 생각이 미쳤고 만인에게 보편적으로 공통되는 진정한 자아에 대해서는 언급을 하지 못하였다. 이것으로 미루어 보면 부처님의 철리(哲理)가 훨씬 넓음을 알 수 있다. 부처님이 성불했으면서도 중생 탓으로 성불하시지 못한다면 중생이 되어 있으면서 부처님 때문에 중생이 될 수 없음이 명백하다. 왜 그런가. 마음과 부처와 중생이 셋이면서 기실은 하나인데, 누구는 부처가 되고 누구는 중생이 되겠는가. 이는 소위 상즉상리(相卽相離)의 관계여서 하나가 곧 만, 만이 곧 하나라고 할 수 있다. 부처라 하고 중생이라 하여 그 사이에 한계를 긋는다는 것은 다만 공중의 꽃이나 제2의 달과도 같아 기실 무의미할 뿐이다.46)

만해는 칸트가 개별적으로 지닌 자아에 대해서는 언급했지만 만인에게 보편적으로 공통되는 진정한 자아에 대해서는 언급을 하지 못했음을 지적하고 있다. 반면 불교는 개별적 자아는 물론 보편적 자아에 대해 미흡함이 없다고 언급하였다고 밝히고 있다. 즉 신앙 주체의 자발적 의지(자유의지)로서 개별적 자아와 그 개별적 자아에 내재된 평등성으로서의 보편적 자아는 나와 세계를 하나로 연결시켜 주는 상즉상리의 관계를 맺고 있다47)는 것이다.

만해가 원용한 "마음과 부처와 중생이 셋이면서 하나"라는 『화엄경』의

---

46) 한용운, 위의 글, 위의 책, pp.40하~41상.
47) 方立天, 『佛敎哲學槪論』, 유영희 역, 『불교철학개론』(서울: 민족사, 12989), p.257.

언표는 개별과 보편의 상즉상리의 관계성에 근거하는 것이다. 만해는 칸트의 이원론, 즉 현상계로서의 무명과 본체계로서의 진여가 이원적으로 대립하는 것이 아니라 상즉상리의 상호관계성을 통해 존재할 수 있다고 주장한다. 만해는 칸트가 구축했던 가상과 본상, 물질계와 본질계의 이원론을 비판적으로 지양함으로써 서양의 근대화와는 달리 불교식의 근대화로 나아가고자 했던 것이다.[48]

하지만 "칸트는 결코 보편적 자아를 부정하지 않았으며, 칸트가 제시한 이성에 근거한 도덕적 자아는 개인의 도덕적 자아를 의미하면서도 동시에 보편적 자아를 의미한다고 보아 칸트 철학에서 이성은 모든 인간에게 내재되어 있는 공통적 보편적인 것으로 인간의 도덕적 자아는 이러한 보편적 이성에 근거하고 있기 때문이라며 만해의 이와 같은 주장은 칸트 철학에 대한 일면적인 해석에서 비롯된 것이다"고 보는 비판적 논거도 있다.[49] 하지만 칸트 철학이 개인이 처한 구체적인 상황들을 부정하고 보편적인 도덕법칙만을 강조하고 있는지 아니면 도덕적 자아를 개별적 자아에 한정시켜 보편적 자아를 생각하지 못했는지에 대해서는 좀 더 면밀한 논의가 필요하다.

이상은 동서 철학의[이] 불교와 일치하는 면을 대강 더듬어 본 것이다. 그러나 나는 서양 철학자의 저서에 관한 한 조금도 읽은 바가 없고, 어쩌다가 눈에 띈 것은 그 단언척구(單言隻句)가 샛별과도 같이 많은 사람의

---

48) 윤종갑, 「한용운의 근대 인식과 서양철학 이해」, 『한국민족문화』 제11집, 한국민족문화학회, 2011, pp.20~21.
49) 윤종갑, 위의 글, 위의 책. 필자는 "만해가 칸트뿐만 아니라 당대 동양의 대표적인 칸트 해석가였던 양계초의 입장까지도 비판한다"고 지적한다. 또 "즉 칸트는 개인적 자유에 대해서만 언급할 뿐 만인공유의 보편적 자유에 대해 언급하지 못한 것으로 평가한다. 반면 양계초는 만인공유의 자유만을 인정하여 개인적인 자유를 사장시켰다고 평가한다"며 "만해의 칸트 철학에 대한 이해에서 드러나듯이 서양사상과 서양문화에 대한 철저한 이해 없이 기획된 불완전한 근대화였던 것이다"고 비판하고 있다. 필자는 "칸트가 도덕적 자아를 개별적 자아에 한정시켜 보편적 자아를 생각하지 못했다는 만해의 주장은 정당하지 못하며, 오히려 만해가 칸트 철학을 잘못 이해하고 비판한 양계초의 해석이 칸트의 입장과 보다 가깝다고 할 수 있다"고 하였다.

여러 책에 번역 소개된 것에 지나지 않는다. 그 전모(全貌)를 보지 못한 것이 못내 안타까울 뿐이다.50)

　만해는 스스로 서양 철학자의 저서에 관한 한 조금도 읽은 바가 없다고 겸손하게 말하고 있다. 다만 동서철학이 불교와 일치하는 면을 대강 더듬어 본 것 뿐이며, 어쩌다가 눈에 띈 서양철학의 단언척구가 샛별과도 같이 많은 사람의 여러 책에 번역 소개된 것을 살펴보았을 뿐이라고 적고 있다. 그러면서도 서양철학 전모를 보지 못한 것을 몹시 안타까워하고 있다.

　그러면서도 그는 '부처님의 사상에 부합하는 바가 있는' 플라톤의 대동설, 루소의 평등론, 육상산과 왕양명의 선학 등에도 일정한 공부를 할 기회를 가졌다고 고백하고 있다. 이들의 사상은 모두 동서 철학에 걸쳐 있는 불교와 일치하는 면이 있었기 때문이다. 만해의 진리에 대한 호기심이 호학심으로 이어진 계기와 지형을 엿볼 수 있는 대목이다.

Ⅳ. 근대 유럽 인식의 소산: 『불교대전』의 편찬

1. 유럽과 아시아 인식: 난조 분유·마에다 에운

　만해는 당시 동양의 유럽으로 불리던 동경에 머물며 아시아와 유럽에 대한 인식을 새롭게 하였다. 그는 일찍부터 서계여의 『영환지략』을 통해 세계 사정에 눈을 떴다. 양계초의 『음빙실문집』을 통해 서양의 근대 사상, 특히 칸트의 인식론과 베이컨의 자유론에서 깊은 영향을 받았다. 만해는 직접 만주와 시베리아를 향해 가다 블라디보스톡으로 건너갔다. 여기에서

---

50) 한용운, 『조선불교유신론』, 『한용운전집』 제1책(서울: 불교문화연구원, 2006), p.42하.

독립군 청년으로부터 일진회원으로 오해를 받아 총격을 입고 겨우 돌아오기도 하였다.

이어서 그는 일본 동경과 경도 등으로 건너가 양계초와 후쿠자와 유키치, 이노우에 엔료, 이노우에 데쓰지로, 카니에 요시마루의 저술들을 만났다. 그리고 이들의 저술을 통해 근대 유럽의 철학자들인 베이컨, 데카르트, 칸트를 비롯해 플라톤의 대동설, 루소의 평등론, 육상산과 왕양명의 선학 즉 심학을 만났다. 다시 일본 최초의 유럽유학생이었던 난조 분유와 마에다 에운이 펴낸 근대불교성전을 만났다.

만해는 동경과 경도 등의 일본에 체류하면서 근대 유럽 인식의 새로운 지형을 그려갔다. 특히 근대불교성전(近代佛敎聖典, Modern Buddhist Bible)의 편찬은 전통불교의 체재와 다른 새로운 불교경전의 간행이라는 점에서 근대불교의 특징으로 자라잡기 시작했다. 당시에 등장한 성전으로는 헨리 스틸 올코트의 『불교교리문답』(1881), 폴 카루스의 『붓다의 복음』(1894), 난조 분유와 마에다 에운의 『불교성전』(1905)[51]이 대표적이었다.

만해의 동경과 경도 등의 체류 체험은 귀국 이후 곧바로 평등주의와 구세주의의 불교개혁 의지를 담은 『조선불교유신론』 집필(1910; 1913)로 이어졌고 곧이어 경전의 대중화를 통한 대중불교 운동의 일환이자 불교개혁 의지의 구체적 산물인 『불교대전』의 편찬(1912~1914)으로 이어졌다. 특히 후자는 그가 일본에 머물며 만났던 난조 분유(南條文雄, 1849~1927)와 마에다 에운(前田慧雲)이 편찬한 『불교성전』(1905; 삼성당, 1966)에 고무되어 착수한 것이었으며 근대 유럽 인식의 소산으로 이루어진 것이라고 할 수 있다.

만해가 팔만대장경의 정수를 축소해 뽑아낸 『불교대전』은 불교의 모든 경전에서 주옥(珠玉)을 추려내어 독창적인 체계 밑에 재구성한 것이다, 이

---

51) 송현주, 「근대불교성전(Modern Buddhist Bible)의 간행과 한용운의 『불교대전』: Buddhist Catechism, The Gospel of Buddha, 『불교성전』과의 비교를 중심으로」, 『동아시아불교문화』 제22집, 동아시아불교문화학회, 2015.

책은 그의 『불교유신론』에 뒤이어 나온 점에서 보더라도 개혁안을 실천에 옮기려는 소산(所産)임에 틀림이 없다. 그는 '조선불교의 진로'52)와 관련된 논설로서 「조선불교의 개혁안」(改革案)53)을 비롯한 26편의 불교논설을 남기고 있다. 그가 남긴 논설들은 대부분이 계몽의 단계와 개혁의 단계를 거쳐 실천의 단계로 옮겨가고 있기 때문이다.

만해는 과거에 지식층의 독점물이었던 어려운 한문 장경에서 필요한 부분을 골라서 뽑아내고[抄出] 종류에 따라 모아[類聚] 붓다의 교설을 대중에게 개방하여 불설의 민중화를 도모하였다. 한문에서 국한문으로 풀어내는 이러한 작업은 『불교대전』 편찬 이후에도 지속적으로 이루어졌다.54) 그는 모든 경전을 일정한 관점(觀點)에서 해부하고 거기에서 주옥(珠玉)을 다시 수습하여, 현대인의 감각에 맞도록, 그가 제창한 불교의 혁신에 맞도록 재구성한 것이 곧 『불교대전』이다.55)

만해는 통도사에 들어가 먼저 고려대장경 1,511부 6,802권을 낱낱이 열람하기 시작하였다. 아마도 그는 하루에 20권씩 풀어서 1년 이상 통람한 것으로 짐작된다. 만해는 거기에서 1천 여 권을 선택하고, 다시 그 한 권 한 권에서 1구 내지 2구씩을 초록한 경전이 444부56)가 되었다. 그는 이

---

52) 한용운, 「조선불교의 진로」, 『한용운전집』 제2책, pp.130~234.
53) 만해는 「조선불교의 개혁안」, 『불교』 88호, 1931.10.1.
54) 조명기, 앞의 글, 앞의 책, p.11. 만해의 『십현담주해』와 『유마힐소설경강의』는 그 자신이 진리의 경지에 들어가려는 인식(認識)의 노력에서 이루어진 업적이라고 볼 수 있다.
55) 조명기, 앞의 글, 앞의 책, p.11.
56) 한용운 편찬, 『불교대전』, 이원섭 역주(서울: 현암사, 1980, 개정10쇄, 2013). 그런데 이 역주서에 매겨진 인용구 마지막 번호인 1,741번에 의거하여 대부분의 선행연구들이 1,741 개, 또는 범례 바로 앞에 배치된 「無量淸淨平等覺經」을 포함해 1,742개로 집계해 왔다. 최근 강은애의 「만해 한용운의 실천성과 지성성」, 『한국불교사연구』 제21호, 한국불교사 학회 한국불교사연구소, 2022.6, p.74. 연구에서 필자는 ①이원섭 역주(885~886번 사이) 「자치품」, 『諸法無行經』(『불교대전』, 홍법원, 1970, p.395), ②이원섭 역주(1438~1439번 사이) 「대치품」, 『圓覺經』(『불교대전』, 홍법원, 1970, p.634) ③, ④이원섭 역주 (1471~1472번 사이), 「대치품」, 『虛空藏所問經』, 『優婆塞五戒威儀經』(『불교대전』, 홍법 원, 1970, p.649) ⑤이원섭 역주(홍법원, 1970) 1702~1703번 사이), 「구경품」, 『淸淨心經』 (『불교대전』, 홍법원, 1970, p.779)이 누락되었기에 인용구의 수는 총 1746개 또는 1747개

저술을 제1 「서품」, 제2 「교리강령품」, 제3 「불타품」, 제4 「신앙품」, 제5 「업연품」, 제6 「자치품」, 제7 「대치품」, 제8 「포교품」, 제9 「구경품」의 대단원으로 편성하였다. 마치 경전을 편찬하듯이 품으로 대단원을 정하고 각 품 아래에 다시 장(章)으로, 각 장 밑에는 다시 절(節)을 시설해 세밀하게 조직하였다.

『불교대전』 편찬에 바쳐진 만해의 노력은 실로 상상을 뛰어넘은 것이었으며 초인적인 정력을 쏟아 부었기 때문에 가능한 것이었다. 그리하여 『불교대전』의 구성은 만해의 사상과 실천을 그대로 반영시킨 것이었으며, 불교의 전통을 현대의 상황(狀況)에 맞추는 유신 작업(維新作業)으로서, 『불교대전』 즉 현대인의 불교성전을 편찬한 것이다. 『불교유신론』이 불교의 혁신을 주로 승가(僧伽)에게 호소한 것이라고 하면, 『불교대전』은 성전(聖典)을 간이화(簡易化)하고 실용화(實用化)함으로써 삼보(三寶)를 인간 생활과 일체화(一體化)시킨 것[57]이라고 할 수 있을 것이다.

이 때문에 『불교대전』을 독해하는 하나의 쟁점으로 『조선불교유신론』과 얼마나 유기적 관련성을 지니는지 그리고 『불교대전』이 일반적 불교경전과 달리 근대불교 시대의 산물이라는 점에 주목해야 한다[58]는 지적은 만해를 이해하는 데에 눈여겨보아야 할 지점이다. 이 저술은 근대의 불교성전이면서도 현대의 불교성전으로서 반드시 필요한 저술로 보여지기 때문이다.

만해의 편찬 의도는 『불교대전』의 범례 제1항에 잘 나타나 있다. 그는 본전(本典)은 "중생의 지혜와 복덕을 계발하기 위하여 절세 성인(絶世聖人)이신 석가세존이 설하신 경전과 계율과 각 보살이 지은 논문을 골라서 기록하

로 보아야 한다고 하였다. 인용경전의 수는 이원섭 역주, 『불교대전』(현암사, 1980), pp.1056~1064에 따르면 총 444종으로 확인된다고 하였다.

57) 조명기, 앞의 글, 앞의 책, p.12.

58) 송현주, 「한용운의 『불교대전』과 난조분유·마에다 에운의 『불교성전』의 비교연구 – 구조의 차이와 인용 경전의 특성을 중심으로」, 『불교연구』 제43집, 한국불교연구원, 2015, pp.8~9.

고[抄錄] 종류에 따라 모아서[類聚] 편성하였다"[59]고 밝히고 있다. 여기에서 경율론 삼장을 초록하고 유취한 그의 안목을 볼 수 있다. 이 저술은 동아시아 오랜 불학 연구방법이었던 '격의불교를 통한 경전한역'과 '교상판석을 통한 종파형성'에 의거해서 보면 만해가 수립한 '교상판석' 즉 '만해 교판'이라고 할 수 있을 것이다.

만해에 의해 이러한 저술이 편찬될 수 있었던 것은 몇 가지 과정이 있었다. 첫째, 동양의 유럽인 일본 동경과 교토 등의 체류 체험, 둘째, 세계여와 양계초 저술을 통한 청나라와 일본 및 서양과 서양철학 수학을 통한 근대 유럽의 인식, 셋째 당시 편찬되기 시작했던 근대불교성전의 간행이었다. 특히 만해의『불교대전』은 최초의 구미 유학생이었던 일본인 난조 분유와 마에다 에운의『불교성전』(1905) 출판에 자극받아 이루어졌다고 할 수 있다.

따라서『불교대전』의 편찬에서 주목되는 지점은 불교계가 온 힘을 모아 해내야 할 일을 만해 혼자서 해냈다는 사실이다. 그는 불교 장경을 대중화하고 불교 언어를 민중화해야 한다는 보살의 마음으로 이 거대한 불사를 성취해 냈다.『불교대전』의 편찬은 산간불교를 민간불교로, 대승불교를 대중불교로 탈바꿈시키기 위한 만해의 근대적 자각이 이루어낸 대작불사였다고 할 수 있을 것이다.

2. 개인과 전체에 대한 인식

만해의『조선불교유신론』은 일본불교의 발전된 모습의 충격과 자극에 의해 이루어진 산물이다. 그의 조선불교 개혁에 대한 첫 기획안이『조선불교유신론』이었다면, 그것을 뒷받침하는 제일 구체적인 착수물이『불교대전』이었다. 만해는 일본에서 돌아오자마자 집필에 착수했던 것이『조선불교유

---

59) 한용운,『불교대전』,『한용운전집』제3책(서울: 불교문화연구원, 2006), p.21.

신론』이었고, 『조선유신론』의 집필은 완료되었지만 간행이 되기 전에 새롭게 착수한 것이 바로 『불교대전』이었다.

이 때문에 『조선불교유신론』과 『불교대전』은 그가 동양의 유럽이라 불렸던 일본 동경을 의식하면서 한편으로는 타자화한 결과물이었다. 동시에 조선 즉 대한을 객관화하고 주체화한 소산물이기도 했다. 만해의 불교 개혁 방법은 청나라의 서계여와 양계초, 일본의 후쿠자와 유키치, 이노우에 엔료, 이노우에 데쓰지로, 카니에 요시마루, 난조 분유, 마에다 에운의 근대적 자각을 의식하면서 이루어졌다.

그러면서도 만해가 모색한 불교 개혁의 내용은 조선의 불교 교단(『조선불교유신론』)과 조선의 불교대장경(『불교대전』)에서 출발하였다는 사실이다. 이러한 점이 만해가 지니고 있는 객관적 면모이자 주체적인 면모이다. 어떠한 대상을 비판할 때는 객관적 시선을 가지되 구체적 내용을 개혁할 때는 주체적 시선을 가져야 하기 때문이다. 만해가 이렇게 지난한 작업에 착수한 것은 개인을 넘어 전체를 생각하는 보살로 나아가는 바라밀행의 일환이었다. 그는 전체를 9품으로 구성하고 그 안에 각 장과 각 절을 시설하였다.

제1 「서품」에서는 제1장은 경을 설하는 이유, 경법(經法)의 이익, 수도의 이익, 불법을 닦지 않는 괴로운 결과로 이루어져 있다. 제2장의 인심(人心)에는 인심의 체성, 인심의 연기, 제3장의 제법(諸法)에는 제법의 체성, 제법의 연기로 이루어져 있다.

제2 「교리강령품」에서는 제1장 총설, 제2장 인심(人心), 제3장 제법(諸法)으로 이루어져 있다. 제1장의 총설에는 교리의 통광(通廣), 불법의 이상, 불법의 행위, 제2장 인심에서는 인심의 체성, 인심의 연기, 제3장의 제법에서는 제법의 체성, 제법의 연기로 이루어져 있다.

제3 「불타품」에서는 제1장 총설, 제2장 붓다의 본원, 제3장 붓다의 지혜, 제4장 붓다의 자비, 제5장 붓다의 제도 교화, 제6장 붓다의 몸으로 이루어져 있다. 「불타품」인 만큼 붓다의 본원, 붓다의 지혜, 붓다의 자비, 붓다의 제도 교화, 붓다의 몸으로 구성되어 있지만 내용은 붓다의 자비행과 이타행인 보살의 자비행과 이타행으로 설명되고 있다.[60] 보살사상의 이론적 근거가 대승불교의 붓다로부터 비롯된다는 사실을 확인할 수 있다.

제4 「신앙품」에서는 제1장 발심, 제2장, 신심, 제3장 염불, 제4장 귀의 삼보로 이루어져 있다. 제1의 발심장에는 평등과 구세의 사상이 잘 나타나 있다. 제2장은 신심, 제3장 염불, 제4장의 귀의 삼보에는 총설, 귀의불보, 귀의법보, 귀의승보로 이루어져 있다. 『화엄경』의 여래의 종성을 끊어지지 않게 하기 위해 발심하며, 온갖 중생을 건지기 위해 발심한다[61]는 내용을 싣고 있다.

제5 「업연품」에서는 제1장 사람의 몸, 제2장 무상, 제3장 번뇌, 제4장 악업, 제5장 인과, 제6장 윤회로 이루어져 있다. 제1장의 인식 즉 사람의 몸에서부터 무상, 번뇌, 악업, 인과, 윤회를 통해 업의 인연에 대한 내용을 싣고 있다.

제6 「자치품」에서는 제1장 학문, 제2장 지계, 제3장 수심(修心), 제4장 자신(自信), 제5장 진덕(進德), 제6장 위생(衛生)으로 이루어져 있다. 제1장의 학문에는 수학(修學), 박학(博學), 수혜(修慧), 제2장의 지계에는 총설, 절차, 조행, 계언, 계주, 제3장 수심과 제4장 자신에 이어 제5장의 진덕에는 수행, 인내, 정진, 정직, 행선, 지취(知恥), 회개 그리고 제6장 위생으로 이루어져 있다. 자치는 자신(我)과 관계된 부분이다. 자치는 중생들이 아(我)의 불성을 회복하기 위해, 성불을 성취하기 위해 해야 할 일들을 학문, 지계, 수심, 자신, 진덕, 위생의 장으로 나누고 여기에 해당하는 경전 내용들을 싣고 있다.

만해는 학문의 장에서 불교 수행의 문혜-사혜-수혜처럼 수학-박학-수혜

---

60) 한용운, 『불교대전』, 앞의 책, pp.46상~66상.
61) 한용운, 『불교대전』, 앞의 책, p.66하.

로 시설하여 배움의 단계를 중시하고 있다. 수학은 사혜(思慧)에, 박학은 문혜(聞慧)에, 수혜(修慧)는 수혜에 대응시켜 볼 수 있을 것이다. 그는『조선불교유신론』에서 문명은 교육에서 생기는 것이니, 교육은 문명은 꽃이요, 문명의 교육의 실과라 할 만하다. 이것으로 말미암아 배움이 더없이 귀중하고 놓쳐서는 안 될 것임을 알게 된다[62]고 역설하였다.

제7「대치품」에서는 제1장 가정, 제2장 사제, 제3장, 타인, 제4장 사회, 제5장 국가로 이루어져 있다. 제1장의 가정에는 총설, 친자, 부부, 주종의 관계, 제2장은 사제, 제3장의 타인에는 교제, 보은, 보시, 구병, 박애, 예양(禮讓), 제4장의 사회에는 공덕(公德), 평화, 계급, 제5장은 국가로 이루어져 있다. 대치는 자신[我]에 대응하는 사회[非我]의 관계로 이해할 수 있다.「대치품」은「자치품」과 달리 아(我)와 관계되는 요소들인 가정, 사제, 타인, 사회, 국가 등으로 나누고, 각 장과 관련된 경전 내용들을 싣고 있다.

여기서 주목되는 것은 수신-제가-치국-평천하의 유가적 수양에 대응하여 가정과 사회와 국가를 구분하여 세상의 윤리의 중요성을 강조하는 지점이다. 제6품과 제7품은 사회 구성원으로서 일상생활 속에서 실천해야 할 구체적인 덕목과 자세들에 대한 내용들을 싣고 있다. 여기에는 전통사회에서 요구해온 유교적 도덕규범 뿐만 아니라 근대적 윤리 의식도 담겨 있다.

제8「포교품」에서는 포교의 부촉(付囑), 포교의 득과(得果), 포교의 주의(主義)로 이루어져 있다. 여기에서는 장과 절의 구분 없이 1. 포교의 부촉, 2. 포교의 득과, 3. 포교의 주의라는 3항으로 되어 있다. 만해가 이 책을 엮을 당시 불교계는 포교사 양성, 포교 방법, 자료, 도구 정립 등 포교 문제와 관련된 구체적인 방안이 제시되지 않았다. 포교의 필요, 포교사 부족, 포교 방법이『불교대전』에 고스란히 반영되어 있다. 그리스도가 선교를 통해 교세를 확장하며 사회적 역할을 수행하고 있는 점에 주목하고, 불교가 아직

---

62) 한용운,『조선불교유신론』앞의 책, pp.47하~48상.

포교의 중요성에 눈 뜨지 못한 바를 지적하고 있다.[63]

　제9 「구경품」에서는 제1장 해탈, 제2장 열반으로 이루어져 있다. 제1의 해탈장에서는 1. 해탈의 개의(槪義), 2. 해탈의 승과(勝果), 제2 열반장에서는 1. 열반의 인(因), 2. 열반의 개의(槪義)의 2항을 시설하고 있다. 해탈의 개념과 해탈의 수승과 과위, 열반의 원인, 열반의 개념에 대해 밝히고 있다.

　이러한 구성을 분류해 보면 전반부인 1-5품, 중반부인 6-7품, 그리고 후반부인 8-9품으로 나누어 볼 수 있다. 전반부인 1-5품에서는 불교의 교리 일반에 대해 살피고 있으며, 중반부인 6-7품에서는 가정과 사회와 국가와의 관련 아래 세상의 윤리에 대해 살피고 있다. 그리고 마지막의 후반부인 8-9품에서는 불교의 지향과 사회의 지향이 결국 오늘 여기에서 해탈과 열반을 추구하는 것으로 모아지고 있다. 그리고 그것이 바람직한 삶의 방향이며 우리의 삶을 질적으로 제고시키는 지혜의 길임을 시사하고 있다. 이것은 칸트의 말을 빌리면 '부자유스러운 현상적 자아'를 '자유로운 진정한 자아'로 통섭하는 길이기도 하다.

3. 옛날과 오늘에 대한 인식

　만해는 『불교대전』에서 개인과 전체에 대한 인식 뿐만 아니라 옛날[占]과 오늘[今]에 대한 인식을 보여주고 있다. 이 저술의 구성을 크게 셋으로 나눠 보면 전반부와 중반부와 후반부로 나눠볼 수 있다. 제1 「서품」에서 제5 「업연품」까지의 전반부는 불교 교리의 사상적 측면, 제6 「자치품」에서 제7 「대치품」까지의 중반부는 가정, 사회, 국가의 윤리적 측면, 제8 「포교품」에서 제9 「구경품」까지의 후반부는 전반부와 중반부를 통섭한 생활불교의 모습

---

63) 양은용, 「만해 용운선사 『불교대전』의 교의적 성격」, 『선문화연구』 제20집, 한국선리연구원, 2016, pp.27~28.

으로 볼 수 있다.

주목되는 부분은 이전 5품의 불교 교리의 사상적 측면과 달리 제6품과 제7품의 유가적 덕목을 제8품과 제9품의 불교적 덕목으로 수렴해 가는 대목이다. 이것은 유가적 윤리를 불교적 윤리로 수렴해 가는 것으로 읽어낼 수 있다. 만해에게 보이는 구세 의식 즉 구세 욕구가 유가적 충동[64]이라는 지적은 일견 타당해 보이는 대목도 있으나 한편으로는 일면적 지적으로 보인다. 만해의 구세 의식은 오히려 옛날의 유교적 치국-평천하의 한계를 넘어선 불교적 중생제도로 볼 수 있기 때문이다.

만해는 전통 한학에 기초한 유교 윤리를 거쳐 불교로의 출가와 수학을 통해 불교 윤리로 전환해 왔다. 『불교대전』 제6품과 제7품에서 보이는 것처럼 그는 유가의 수신-제가-치국-평천하의 윤리에서 가정과 사회와 국가를 분리시켜 논하고 있다. 이것은 수신-제가와 치국-평천하의 구조를 구분하는 유가 윤리와 상통하는 대목이기도 하다. 이 때문에 이 중반부는 유교적 세계관과 서구 근대사상의 요소들이 혼재하고 있다고 볼 수도 있을 것이다.

이 두 품에는 서구의 가정, 사회, 국가의 문제와 연결시켜 볼 수 있을 것이다. 그렇다면 만해는 이 6-7품의 중반부에 어떤 의미를 담으려고 했을까? 6-9품에 각기 유가적 전통 윤리를 배대하여 「자치품」은 유가의 '수신', 「대치품」의 '가정'은 '제가', '사제로부터 국가'까지는 '치국', 제8의 「포교품」과 제9의 「구경품」은 '평천하'에 각각 해당한다[65]는 선행연구의 의견은 타당한 것일까? 오히려 논자는 제6의 「자치품」을 수신-제가에, 제7의 「대치품」을 치국-평천하에 배대하고, 후반부의 제8 「포교품」과 제9 「구경품」은 불교적 보살행에 입각한 배대라고 보고 싶다.

만해는 유교를 극복하고, 서구 사상을 수용하며, 불교에 귀의한 당시 흔치 않은 인물이다. 불교에 귀의하고서도 은둔적인 산간 불교를 배척하고

---

64) 허우성, 「만해의 불교이해」, 『만해학보』 창간호, 만해학회, 1992, p.93.
65) 송현주, 앞의 글, 앞의 책, pp.281~283.

시대정신에 부합되는 새로운 불교를 개조하고자 노력하였다. 그리하여 한국불교의 전통 사상을 되살려 이어가고자 하였다.[66] 『불교대전』의 편찬은 바로 만해의 전통과 근대를 아울러 당대 문제를 실제로 타개해 나가고자 한 예라고 할 수 있다. 이러한 만해의 지성성은 온고지신적(溫故知新的)이라 평가할 수 있다. 옛것인 유교의 장점을 익히고 그것을 미루어 새것인 근대성을 창조적으로 계승하여, 불교적으로 재해석하여 시대의 요청에 응답하고자 하였다.[67]

만해는 유가의 전통 한학을 수학하고 출가한 뒤 불교의 전통 강원을 마쳤다. 청나라의 서계여와 양계초의 저술을 통해 서양 세계에 눈을 뜬 뒤 다시 일본 체류를 통해 근대 유럽을 만나며 사상적 연쇄를 거쳐 서양철학을 수학했다. 그리하여 만해는 전통유학과 전승불학 뿐만 아니라 동서철학을 수학하고 자기 인식과 자기 이해의 산물인 '만해사상' 즉 '독립사상'을 수립해 냈다. 그것은 곧 '자유사상'이자 '평화사상'이었다. 따라서 만해사상의 서론은 『조선불교유신론』이었으며 만해철학의 결론은 『불교대전』이었다. 이들은 모두 국내외의 사상적 연쇄와 일본 동경과 경도 등의 체험 및 근대 유럽 인식을 통해 이루어질 수 있었다.

Ⅴ. 자유의 언어와 평화의 언어: 자유사상과 평화사상

만해가 추구해 왔던 조선의 독립과 불교의 유신은 자유의 언어와 평화의 언어로 만나고 있다. 그가 집필한 『조선불교유신론』은 「조선독립의 서」로

---

66) 김삼웅, 『만해 한용운 평전』(서울: 시대의 창, 2006), p.29.
67) 강은애, 앞의 글, 앞의 책, p.82.

이어져 자유의 언어를 가지게 되며, 그가 편찬한 『불교대전』은 『유마힐소설경강의』와 『님의 침묵』으로 이어져 평화의 언어를 가지게 된다. 그가 구현하려 했던 자유는 전자를 통해 이루어지고 그가 실현하려 했던 평화는 후자를 통해 이루어진다고 할 수 있다. 자유와 평화는 만해 사상의 열쇠말이라 할 수 있다.

1. 「조선독립의 서」의 언어

만해가 쓴 이 글은 그의 자유의 언어를 잘 보여주고 있다. 「조선독립의 서」라는 긴 논문은 육당의 「독립선언서」에 비하여 시문(時文)으로서 한걸음 나아간 것이요, 조리(條理)가 명백하고 기세가 웅건할 뿐 아니라, 정치 문제에 몇 가지 예언을 해서 적중한 명문이었다. 이것은 검사의 심문에 대한 답변에 대신하기 위해서 기초한 것[68]이었다.

「조선독립의 서」는 전문이 1) 자유와 평화는 인간 생활의 본질이자 전인류가 요구하는 것, 2) 조선 독립 선언의 동기, 3) 조선 독립 선언의 이유, 4) 총독 정책에 대하여, 5) 조선 독립의 자신의 다섯 대목으로 이루어져 있다.

> 자유는 만물의 생명이요, 평화는 인생의 행복이다. 그러므로 자유가 없는 사람은 죽은 시체와 같고 평화를 잃은 자는 가장 큰 고통을 겪는 사람이다. 압박을 당하는 사람의 주위는 무덤으로 바뀌는 것이며 쟁탈을 일삼는 자의 주위는 지옥이 되는 것이니, 세상의 가장 이상적인 행복의 바탕은 자유와 평화에 있는 것이다. 그러므로 자유를 얻기 위해서는 생명을 터럭처럼 여기고, 평화를 지키기 위해서는 희생을 달게 받는 것이다. 이것은 인생의 권리인 동시에 또한 의무이기도 하다. 그러나 참된 자유는 남의 자유를 침해하지 않음을 한계로 삼는 것으로서 약탈적 자유는 평화를 깨뜨

68) 조지훈, 앞의 글, 앞의 책, pp.365하~366상.

리는 야만적 자유가 되는 것이다. 또한 평화의 정신은 평등에 있으므로 평등은 자유의 상대가 된다. 따라서 위압적인 평화는 굴욕이 될 뿐이니 참된 자유는 반드시 평화를 동반하고, 참된 평화는 반드시 자유를 함께 해야 한다. 실로 자유와 평화는 전인류의 요구라 할 것이다.[69]

만해는 자유와 평화를 대비하며 만물과 인생, 생명과 행복을 대비하고 있다. 자유와 시체, 평화와 고통, 압박과 무덤, 쟁탈과 지옥을 대비하며 심화해 가고 있다. 결국 세상의 가장 이상적인 행복의 바탕은 자유와 평화에 있는 것이다. 그런데 이 자유를 얻기 위해서는 생명을 터럭처럼 여겨야 하고, 평화를 지키기 위해서는 희생을 달게 받아야 한다. 이것은 인생의 권리인 동시에 의무이다.

만해는 참된 자유는 남의 자유를 침해하지 않는 것이며, 약탈적 자유는 평화를 깨뜨리는 야만적 자유라고 하고 있다. 또 평화의 정신은 평등에 있고 평등은 자유의 상대가 된다. 이 때문에 참된 자유는 반드시 평화를 동반하고, 참된 평화는 반드시 자유를 함께 해야 한다며 실로 자유와 평화는 전 인류의 요구라고 역설한다.

만해가 여기서 보여주는 것은 '불타협의 정신'이다. 그는 1) 자유와 평화는 인간 생활의 본질이자 전 인류가 요구하는 것이기에 어떠한 타협이 있을 수 없는 절대적인 것임을 분명히 하고 있다. 이러한 대전제 아래 2) 조선 독립 선언의 동기, 3) 조선 독립 선언의 이유, 4) 총독 정책에 대하여, 5) 조선 독립의 자신을 힘주어 역설하고 있는 것이다.

만해가 자유와 평화를 통해 자신의 사상을 표현하려 한 것은 인간다움의 근본이 여기에 있기 때문이다. 그가 자유와 평화를 이처럼 역설한 것은 자유와 평화가 인간다움의 근본이자 존재자들의 존재 이유이기 때문이다. 이처럼 만해는 불교의 자유와 평화의 사상을 이전의 선학들과 달리 그만의

---

69) 한용운, 「조선독립의 서」, 『한용운전집』 제2책(서울: 불교문화연구원, 2006), p.346상.

언어와 사상으로 표현해내었기에 한국인을 넘어 세계인으로 거듭 날 수 있게 되었다.

2. 『님의 침묵』과 『유마힐소설경강의』의 언어

만해는 이 시집의 서시인 「군말」에서 '기룬 것' 즉 '긔룬 것'은 다 님이라고 했다. 우리 모두에게 기룬 것은 그리움인 것이다. 유마에게 '중생'이 긔룬 것이었듯이 만해에게 '님'은 긔룬 것이다. 만해는 '해 저문 벌판에서 돌아가는 길을 잃고 헤매는 어린 양이 기루어서 이 시를 썼다'고 고백한다. 사방이 어두워 보이지 않는 '해 저문 벌판에서 돌아가는 길을 잃은 어린 양'은 당시 우리 조국의 다른 이름일 것이다.

> '님'만 님이 아니라 기룬 것은 다 님이다. 중생이 석가(釋迦)의 님이라면 철학은 칸트의 님이다. 장미화(薔薇花)의 님이 봄비라면 맛치니의 님은 이태리다. 님은 내가 사랑할 뿐 아니라 나를 사랑하느니라.
> 연애가 자유라면 님도 자유일 것이다. 그러나 너희는 이름 좋은 자유의 알뜰한 구속을 받지 않느냐. 너에게도 님이 있느냐. 있다면 님이 아니라 너의 그림자니라.
> 나는 해 저문 벌판에서 돌아가는 길을 잃고 헤매는 어린 양(羊)이 기루어서 이 시를 쓴다.
>
> — 「군말」70)

시 88편을 실은 『님의 침묵』 한 권 만으로도 만해의 시는 고전이 되었다. 그 사설체(辭說體) 문장, 신비한 트릭은 거기 내포된 사상으로 더불어 인도 시인 타고르와 더불어 길항(拮抗)한 것이다. 타고르의 영향을 받으면서도 더 뛰어난 점이 있다. 만해의 시체(詩體)는 지금까지 현저한 영향력을 몇 시인

---

70) 한용운, 「군말」, 『님의 침묵』, 『한용운전집』 제1책(서울: 불교문화연구원, 2006), p.42상.

을 통해서 지니고 있다. 그 세대, 그 연령의 시인으로 후세에 남을 작품을 끼친 이는 오직 만해가 있을 뿐이다.[71] 만해의『님의 침묵』은 자유의 언어가 평화의 언어가 되는데 반드시 필요한 사랑의 언어의 극치를 담고 있다고 할 수 있다. 자유와 평화는 사랑을 매개하여 자라기 때문이다.

「조선독립의 서」의 언어가 자유의 언어라면, 유마의 언어와 만해의 언어는 평화의 언어라고 할 수 있다. 조선의 독립을 갈구하는 언어가 자유일 수밖에 없듯이 중생의 병을 애닯아 하는 언어는 평화의 언어일 수밖에 없다. 해 저문 벌판에서 돌아가는 길을 잃고 헤매는 어린 양이 기루어서 쓰는 시의 언어는 사랑의 언어이며 이 언어는 평화의 언어로 귀결된다. 만해가 자유의 언어와 평화의 언어를 발견할 수 있었던 것은 그의 일본 체류 체험과 근대 유럽 인식에서 비롯된 것으로 이해된다.

만해는『유마힐소설경』의 전14품을 번역하고 강의하려 했지만 끝내 마무리 짓지 못하고 6품까지 번역하고 강의하였다. 이 때문에 이 저술은 미완고로 분류되고 있다. 하지만 미완고에서도 그의 이 경전에 대한 관점이 잘 드러나 있다. 그것은 자유와 속박을 말하는 대목에서 분명하게 보여주고 있다.

이 경전에서 보여주는 것처럼 유마힐은 개인의 완성은 개인을 성불하게 하는 것이듯이 사회의 완성은 사회를 극락으로 만드는 것임을 시사해 주고 있다. 개인의 완성은 사회의 완성과 인류의 완성을 돕는데 필요하고, 인류의 완성에 대한 착안이 없고서는 개인의 완성도 있을 수 없기 때문이다. 유마힐의 목표는 바로 이러한 지점에 겨냥되어 있었다. 이것은 만해의 목표와도 만나는 지점이다.

이 같은 궁극적 이상을 사회의 정화로써 운영하려고 하는 유마힐의 포부는 이 경의 곳곳에 드러나 있다. 이를테면 그의 설법회 중에 보현색신보살

---

71) 조지훈, 앞의 글, 앞의 책, p.364상.

(普賢色身菩薩)이 나타나서 유마힐에게 묻는다.

> "거사이시여, 당신의 부모와 처자와 권족(眷族)은 누구십니까?"
> 유마힐은 다음과 같이 대답한다.
> "도피안의 도는 어머니이고, 방편은 아버지이다. 법열은 아내요, 자비의
> 마음은 딸이며, 선심 성실(善心誠實)은 아들이고 공적 청정(空寂淸淨)은
> 나의 가정이니라."72)

이와 같은 이 경의 게문(偈文)은 격조 높은 유마힐의 가풍을 보여주고 있
으며, 실제로 그가 침묵을 하기 전에 말한 것은 이 시(詩)가 있을 뿐이다.
이 대목에서 우리는 자유에 대해 생각하게 되고 그것을 바라게 된다. 하지
만 정신적 자유는 쉽게 얻기 어렵다. 거기에는 그만한 댓가가 뒤따른다.

유마힐은 종교인인 동시에 시인이자 평론가로 볼 수 있다. 『유마경』은
일면에 있어 초논리적이고 초윤리적이기도 하다. 시기와 경우에 따라서, 인
간의 정도에 따라서 천태만화로 적절하게 변하여 상대의 오른편을 찌르는
가 하면 왼편을 찌르기도 하여, 돌발과 비약을 자유자재로 구사하니, 인간
으로 하여금 어느덧 천상의 황홀경에 이르게 한다. 용운대사도 그렇지 않았
던가. 그의 시구에 "피는 꽃도 아름답지만 지는 꽃은 더욱 아름답다"고 한
말은 유마 거사의 생각에 부합하는 것으로 볼 수 있다.73)

만해는 해동의 유마로 평가받고 있다. 유마의 언어는 시적이다. "중생이
아프니 보살이 아프다", 문수보살이 물었다. "거사의 병은 왜 생겨났는가?"
거사가 답한다. "중생에 대한 자비심으로 보살이 병이 났다", 문수보살이
물었다. "거사의 병은 언제 다 낫는가?" 거사가 답한다. "중생의 병이 다
나을 때 보살의 병이 다 낫는다" 이들의 언어는 만해의 언어와 닿아 있다.
맛치니의 님이 이태리이듯 만해의 님은 대한이다. 유마의 님이 중생이듯이

---

72) 한용운, 『유마힐소설경강의』, 『한용운전집』 제3책(서울: 불교문화연구원, 2006), p.17.
73) 조명기, 「만해 한용운의 저서와 사상」, 『한용눈전집』 제3책, p.18.

만해의 님은 조국이다. 괴룬 것인 '중생'과 기룬 것인 '조국'은 다르지 않다.

자기를 타자화해 본다는 것은 자기를 '해 저문 벌판에 던져보는 것'이다. 자기를 객관화해 본다는 것은 주체를 바꾸어보는 것이다. 만해는 청나라와 대한, 대한과 일본, 일본과 유럽의 관계 속에 자신을 놓아보았다. 그는 오랜 자내적 인식에서 벗어나 비로소 대타적 인식을 가져볼 수 있었다. 이 과정에서 만해는 만해사상의 서론인 『조선불교유신론』을 집필하였고 만해철학의 결론인 『불교대전』을 편찬하였다. 그리하여 그는 '만해사상' 즉 '독립사상'을 수립하였다. 그것은 곧 '자유사상'이자 '평화사상'이었다.

그리하여 만해는 『조선불교유신론』-「조선독립의 서」로 이어지는 '유신'과 '독립'의 기호를 통해 자유의 언어를 발견하였고, 『님의 침묵』-『유마힐소설경강의』로 이어지는 '님'과 '침묵'의 기호를 통해 평화의 언어를 발견하였다. 따라서 만해는 국내외의 사상적 연쇄를 통해 근대적 자각을 이뤄낼 수 있었고 그의 성취는 대한의 독립에 커다란 자양분이 되었다고 할 수 있다. 그 자양분은 바로 한민족이 갈망해온 자유의 언어와 평화의 언어였다.

Ⅵ. 결 어

만해 한용운(萬海奉琓, 韓龍雲, 1879~1944)은 분황 원효(芬皇元曉, 薛思, 617~686)와 함께 한국인으로서 세계에 가장 널리 알려진 인물이다. 만해는 한국의 조선 말엽에 태어나 전통 한학을 익힌 한국인이면서 대한시대(1897~남북통일)에 청나라와 일본을 거쳐 근대 유럽의 철학 사상을 인식했던 세계인이었다. 원효의 진면목이 '붓다'와 '보살'과 '논사'의 일체화라면, 만해의 진면목은 '혁명가'와 '선승'과 '시인'의 일체화(一體化)이다. 이들에게 이 세 가지 성격은 마치 정삼각형과 같아서 어느 것이나 다 다른 양자(兩者)를 저변(底邊)으로 한 정점(頂點)을 이루었다.

만해는 전통 한학과 근대 서양철학을 수학하고 이것을 유심(惟心)과 유신(維新)의 필터로 걸러내어 자유와 평화의 기호로 펼쳐내었다. 이 때문에 그의 자유와 평화 사상은 한국을 넘어 세계에서 새로운 평가를 받고 있다. 만해의 종교적 삶은 역사와 접목되어 생명력을 얻어 왔고, 그의 철학적 앎은 사상과 접속되어 오늘날에도 여전히 폭발력을 지녀오고 있다. 자기를 타자화 해 본다는 것은 자기를 '해 저문 벌판에 던져보는 것'이다. 자기를 객관화 해 본다는 것은 주체를 바꾸어보는 것이다. 청나라와 대한, 대한과 일본, 일본과 유럽의 관계 속에 자신을 놓아보는 것이다. 그는 오랜 자내적 인식에서 벗어나 비로소 대타적 인식을 가져볼 수 있었다.

이 과정에서 만해는 만해사상의 서론인 『조선불교유신론』을 집필하였고 만해철학의 결론인 『불교대전』을 편찬하였다. 그리하여 그는 '만해사상' 즉 '독립사상'을 수립하였다. 그것은 곧 '자유사상'이자 '평화사상'이었다. 만해의 『조선불교유신론』과 『불교대전』 및 『조선독립의 서』와 『님의 침묵』 그리고 『유마힐소설경강의』 등이 그의 일본 체류 체험과 근대 유럽 인식의 지형 속에서 이루어진 것임을 알 수 있었다. 나아가 그의 동경과 교토 등의 체류 체험과 근대 유럽 인식이 그의 자유 이해와 평화 인식에 큰 영향을 미쳤는지를 알 수 있었다.

만해는 『조선불교유신론』-「조선독립의 서」로 이어지는 '유신'과 '독립'의 기호를 통해 자유의 언어를 발견하였고, 『님의 침묵』-『유마힐소설경강의』로 이어지는 '님'과 '침묵'의 기호를 통해 평화의 언어를 발견하였다. 따라서 만해는 국내외의 사상적 연쇄를 통해 근대적 자각을 이뤄낼 수 있었고 그의 성취는 대한의 독립에 커다란 자양분이 되었다고 할 수 있다. 그 자양분은 바로 한민족이 갈망해온 자유의 언어와 평화의 언어였다.

퇴옹 성철의 실천성과 지성성
: '산속의 육신'과 '현실의 원력'의 중층성을 중심으로

I. 서 언

1. 산속과 현실: '국민 선사' 혹은 '국사 왕사'

고타마 싯다르타(기원전 624~544)는 자기와의 싸움에서 승리하여 붓다가 되었다. 붓다는 진리에 눈을 뜬 각자(覺者)이며 진리를 실현하는 주체이다. 그는 진리를 발견한 견자(見者)이자 진리를 실현하는 주체라는 점에서 실천적 지성[1]이라 할 수 있다. 붓다의 지성성은 무아(無我)와 공성(空性)에 대한 연기적 통찰로 나타났으며, 붓다의 실천성은 발고(拔苦)와 여락(與樂)을 통한 중도적 나눔으로 드러났다. 이 때문에 상호존중행(interrespect)으로 표현되는 자비의 중도행과 상호의존성(interdependance)으로 표현되는 지혜의 연기법은 실천성과 지성성의 다른 표현이라고 할 수 있다.

붓다의 중도 연기가 상호존중행과 상호의존성의 다른 표현이듯이 실천성과 지성성 또한 실존적 인간이 지닌 삶의 품격이자 앎의 격조라고 할 수 있다. 붓다는 중도를 통해 해탈의 자유와 열반의 행복을 역설하였다. "천상

---

[1] 지성은 "사물을 개념에 의하여 사고하거나 객관적으로 인식하고 판정하는 오성적(悟性的) 능력이나 그러한 정신의 기능. 광의로는 감각적인 지각작용까지를 포함한 인간의 인식능력"을 일컫는다. [다음 국어사전](2019.05.23.) 그리고 지성인은 "사물을 개념에 의하여 사고하거나 객관적으로 인식하고 판정하는 오성적(悟性的) 능력"을 갖춘 사람을 가리킨다. 이렇게 본다면 지성인은 개념에 의한 사고와 객관적 인식에 의한 판정 능력을 갖추고 그것을 현실에 구현하고 사회에 실천하는 존재라고 할 수 있다.

천하(天上天下) 유아독존(唯我獨尊)[2] 삼계개고(三界皆苦) 아당안지(我當安之)" 즉 "하늘 위 하늘 아래 세상에서/ 오직 나의 개체만이 존귀하다/ 세 누리 생명체가 다 괴로우니/ 내 마땅히 그들을 편안케 하리라." 붓다는 현실세계에서 고통 받는 생명체를 구제하기 위해 온 삶을 던졌다. 그가 편안케 하려는 것은 상호의존의 앎을 통해 상호존중의 삶을 살게 하려는 것이었다. 상호의존의 통찰은 존재가 지닌 '무아' 즉 비고유성과 '공성' 즉 비실체성에 대한 일깨움이며, 상호존중의 실천은 '발고'(拔苦) 즉 고통을 뽑아주고, '여락'(與樂) 즉 기쁨을 주는 것이다. 이 글에서 다룰 퇴옹 성철(1912~1993) 또한 실천적 불교 지성[3]으로서 붓다가 보여준 중도 자비의 실천성과 연기 지혜의 지성성이 어떻게 연속되고 불연속 되는지를 살펴볼 것이다.

성철은 '육신'은 산속에 살았으면서도 '원력'은 현실에 참여하는 중층적 삶을 통해 강력한 존재감을 발휘하였다. 이것은 그의 오랜 수행 속에서 비롯된 실천적 지성의 힘에 의해서 가능했던 것으로 이해된다. 성철이 입적한 뒤 얼마 지난 뒤 국내의 어느 기관에서 '해방 이후 우리 사회에 가장 큰 영향을 끼친 인물이 누구인지'를 묻는 여론조사에서 그는 놀랍게도 1위를 차지했다.[4] 그의 몸체와 거동은 산속에 철저하게 은둔한 것처럼 보였지만, 그의 온삶과 가르침은 현실에 치열하게 참여한 것으로 드러났다. 그 결과

---

2) 성철, 『자기를 바로 봅시다』(서울: 장경각, 1987; 2003개정판; 2009 개정 8쇄), p.321. 성철은 '我'를 '小我'가 아니라 '大我'이자 '宇宙我'이며, '인간 존엄성의 선언', '우주 전체의 생명이 독존, 즉 절대적 존재', "'나' 아닌 게 하나도 없는 세계, 곧 이타가 자연히 이뤄지는 세계"로 해명하고 있다.

3) 주성옥(명법, b), 「불교 지성의 시대적 과제와 현대적 모색」, 『동아시아불교문화』 제23집, 동아시아불교문화학회, 2015, pp.124~125. 그는 불교지성에 대한 논의를 첫째, "불교지성이 지식인으로서의 역할을 하고 있는가? 즉 불교지성의 역사적 사회적 역할에 대한 질문"과 둘째, "후기근대사회에서 불교는 유효한 지식을 제공하는가? 즉 불교 지식이 종교뿐만 아니라 사회적으로 의미 있는 지식인가라는 질문"으로 요약하고 있다. 그러면서 그는 둘째의 질문은 불교적 지식과 믿음, 지식과 깨달음이라는 대립항에서 지식의 성격이 무엇인가라는 질문과, 불교적 지식 뿐 아니라 믿음과 깨달음이 사회적 실천과 어떤 관계를 갖느냐는 질문을 포함한다고 덧붙인다.

4) 1993년 12월 22일에는 한국기자협회가 제4회 올해의 인물에 이성철을 선정하였다.

그는 민주국가의 '국민 선사' 위상을 지녔으며, 왕조시대의 '국사 왕사' 지위로 자리하였다. 이태리 역사학자 크로체가 "모든 역사적 판단의 기초를 이루는 것은 실천적 요구이기 때문에, 모든 역사는 현대의 역사라는 성격이 부여된다. 서술되는 사건이 아무리 먼 시대의 것이라고 할지라도 역사가 실제로 반영하는 것은 현재의 요구 및 현재의 상황이며 사건은 다만 그 속에서 메아리칠 따름이다"[5]고 했듯이, 성철은 '그른 편은 들지 말고' '옳은 편도 들지 마라'[6]는 중도사관(中道史觀)으로 현대의 역사에서 현재의 요구와 현재의 상황을 통섭하여 산속 거주의 육신과 현실 지향의 원력이라는 중층적 삶을 보여주었다.

우리가 대한시대(1897~남북통일)의 불교사를 이해하는 것은 근현대사 즉 당대의 역사를 살려는 노력이라고 할 수 있다. "역사를 잊은 민족에게 미래가 없다"[7]는 갈파처럼 오늘의 역사를 알기 위해서는 우리가 살고 있는 지금 이곳에서의 시대정신과 역사인식이 요청된다. 퇴옹 성철은 국권을 잃어버린 직후에 태어나 대일항쟁기의 3.1운동, 해방공간의 봉암사 결사, 6.25 남북전쟁, 4.19 학생의거, 5.18 광주민주화운동, 10.27 불교 법란을 겪고, 두 차례의 조계종 종정 소임을 맡으며 격변의 소용돌이를 가로지르며 살아왔다. 이 글에서는 성철의 경세학이 보여준 자비적 삶과 그의 경학이 보여준 연기적 앎이 어떠한 실천성과 지성성 위에서 이루어졌는지를 살펴보고자 한다. 붓다가 '천상천하 유아독존'의 연기적 통찰을 통해 '삼계개고 아당

<hr />

5) B, Croce, History as the story of Liberty, Egal,transl., 1941, p.19. 베네데토 크로체(1866~1952)는 이탈리아가 낳은 탁월한 역사가이자 철학자이며 정치가이다. 고영섭, 『오늘도 나는 길을 간다: 원효 한국사상의 새벽』(서울: 한길사, 1997; 2009), p.257 주1) 참고.

6) 성철은 제자 혜춘(비구니)에게 "선악 시비 어디에도 절대 관여치 말고 수행만 할 것. 옳은 편도 들지 마라"고 역설했다. 그는 또 제자들에게도 "나는 아무 편도 들지 않겠다. 아무 편도 안 드는 게 한쪽을 편드는 것보다 오히려 더 힘들다는 것을 왜 모르는가"라고 하였다. 그는 역사의 요구와 상황에 대한 선악과 시비 어디에도 편들지 않음으로써 雙遮雙照, 遮照同時의 엄격한 中道史觀을 보여주었다.

7) 이 말은 역사가이자 문인이었던 단재 신채호도 했고 영국의 처칠 수상도 했다. "A nation that fprgets its past has no future."

안지'의 자비적 실천을 한 것처럼, 성철 또한 경학 즉 고전 해석에 반영된 지성성과 경세학 즉 세상 경영에 투영된 실천성을 통해 실천적 지성의 모습을 보여주었다고 이해되기 때문이다.

Ⅱ. 불교에서 실천성과 지성성의 의미
: 해탈의 자유와 열반의 행복

붓다는 깨침 이후에 중도행의 실천성과 연기법의 지성성을 보여주었다. 삼귀의에서 '귀의불 양족존'은 양족 즉 '지혜'와 '복덕'(자비) 두 가지를 갖춘 붓다에게 귀의한다는 말이다. 지혜는 상호의존의 통찰인 연기의 세계관으로 세상을 보는 것이며, 복덕 즉 자비는 상호존중의 실천인 중도의 실천관으로 세상을 사는 것이다. 그러므로 중도의 실제와 연기의 이론은 붓다의 가르침을 떠받치는 두 축임을 알 수 있다.

붓다는 공성의 무아와 생사의 윤회로부터 해탈의 자유와 열반의 행복을 실현해온 실천적 지성이었다. 일생을 무아와 윤회를 넘어 자유의 해탈과 행복의 열반을 제시하였던 붓다가 열반에 직면하면서 제자들에게 마지막 가르침을 전했다. 그는 자신이 가르친 경과 율을 스승으로 삼아 수행할 것을 역설하였다.

> 아난이여! 내가 열반에 든 뒤에 그대들은 다시 보호해 줄 것이 없고 지녀야 할 것을 잃었겠느냐? 이렇게 보아서는 아니 된다. 내가 부처가 된 이래로 설했던 경전과 계율 바로 이것이 그대를 보호할 것이니 이것이 받아 지녀야 할 것이다.[8]

---

8) 『長阿含經』「遊行經」(『대정장』 제1책, p.26상); 南傳 『대반열반경』(Mahāparinibbāna Sutta,

아난다여! 비구들은 경(經)을 의지처로 삼는 이가 되어야지 사람(人)을 의지처로 삼는 이가 되어서는 안 된다.9)

이것은 유한한 사람의 주장에 의지해서는 아니 되고 무한한 붓다의 경전에 의해야 된다는 것이다. 주석서에 의하면 붓다가 말한 법과 율은 『대반열반경』이며 거기의 네 가지 대교법(Mahāpadeśa)이라고 할 수 있다. 붓다는 이 네 가지 교법을 통해 불설의 기준을 제시하였다.

어떤 비구가 어떤 법문(경·율·교법)을 ① 불타로부터 직접들은 것이라고 말할 경우, ② 대다수 박식한 (혹은 율장에 밝은) 장로로 구성된 승가로부터 직접들은 것이라고 말할 경우, ③ 경과 율과 논모(論母)를 지닌 다수의 장로비구로부터 혹은 그러한 한 명이 장로비구로부터 직접 들은 것이라고 말할 경우, ④ 그의 말을 잘 듣고 단어와 문장을 잘 파악한 다음 경(經, sūtra)에 포함되어 있는지 율(律, vinaya: 煩惱調伏)을 드러내는지, 법성(dharmatā)에 어긋나지 않는지를 검토하여, 만약 그렇지 않다면 비불설(非佛說)로 판단하여 버려야 하고, 그러하다면 불설(佛說)로 취해야 한다.10)

붓다로부터 들은 말이든, 내지는 한 명의 장로로부터 들은 말이든, 그들에 대한 믿음(信) 때문이 아니라 불설 정의에 어긋나지 않기 때문에 불설(佛說)로 수지하는 것을 [경에서] "① 법(法, dharma)에 의지하고 사람(人, pudgala)에 의지하지 말라"고 총괄하여 설하였지만, '경(修多羅)에 포함되어 있다'고 함은 요의경(了義經) 중에 포함된 것을 말하고, 요의경이라 함은 경설의 뜻이 법상(法相 즉 法性)에 위배되지 않는 것을 말하며, 법상이란 [번뇌의] 멸(滅)인 율(毘尼, vinaya)에 수순하는 것을 말하는 것으로, 말하자면 무상(無常)·고(苦)·

DN16.6.1); 『디가니까야』 2, 각묵 역(울산: 초기불교연구원, 2003), p.283.
9) 『根本說一切有部毘奈耶雜事』권37(『대정장』제24책, p.384중), "始終今日, 當依經敎, 不依語人."
10) 『디가니까야』 2, p.243, 주267); 권오민(b), 「불교 지성의 전통과 역사」, 『동아시아불교문화』 제23집, 동아시아불교문화학회, 2015, p.9 재인용.

공(空)·무아(無我)이다. 그리고 5온의 法相은 다만 인식(認識)이 아니라 여실(如實)히 통달(通達)하여 알아야 하기 때문에 다시 "② 요의경(了義經, nītārtha sūtra)에 의지하고, 불요의경(neyārtha)에 의지하지 말 것이며, ③ 뜻(義, artha)에 의지하고 말에 의지하지 말 것이며, ④ 지(智, jñāna)에 의지하고 식에 의지하지 말라"고 설한 것이라고 이해하기도 하였다.11) 이것이 여래 입멸 뒤에 제자들이 의지해야 할 사의(四依, pratisaraṇa)설이다.12)

이 네 가지에 대해서는 『유가사지론』, 『유마경』, 『대지도론』, 『성실론』 등이 각기 다르지만 가장 정형화된 것은 『성실론』의 법(法), 요의경(了義經), 의(義), 지(智)의 순서이다.13) 불교는 지혜와 지성의 종교이자 철학이다. 앎의 철학과 삶의 종교가 어우러진 불교에서 종교성만을 강조하면 철학성이 결여되고 이론체계만 강조하면 수행체계가 약화된다. 이 때문에 불교 지성은 이 두 체계의 유연한 통섭을 지향한다. 마찬가지로 철학사에서는 실천(성)과 지성(성)은 주요한 개념층을 형성하고 있다.

실천이란 생각한 것을 실제로 행하는 것이며, 철학적으로는 자연이나 사회를 변혁하는 의식적 혹은 계획적 활동의 전체를 가리킨다. 실천성이란 무엇을 실제로 해내거나 어떠한 것을 해낼 수 있는 성질을 가리킨다. 이 때문에 실천성은 현장성을 전제로 한다. 지성이란 사물에 대해 개념에 의하여 사고하거나 객관적으로 인식하고 판정하는 오성적(悟性的) 능력이나 그러한 정신의 기능이다. 지성성이란 이러한 능력과 기능의 특성을 가리킨다.

이 실천성과 지성성의 만남은 실천적 지성으로 이어지며 실천적 지성은 현장성을 전제로 한다. 그런데 다수가 살아가는 현실도 현장이지만 소수가 살아가는 산속도 현장일 수밖에 없다. 이 때문에 실천성을 다수의 현장에만

---

11) 訶梨跋摩, 『成實論』(『대정장』 제32책, p.250상).
12) 권오민(a), 「다양성과 유연성의 불교② 법성: 성전의 기준과 불설 정의」, 『문학 사학 철학』 제31·32호, 대발해동양학한국학연구원 한국불교사연구소, 2012.
13) 권오민(a), 위의 글, 주12) 참고 재인용.

국한해서는 안 될 것이다. 특히 불교 지성을 논할 경우에는 더욱 그러할 것이다. 성철은 이 시대를 살면서 전통의 복원과 현대의 소통을 나름대로 모색하였다. 그에 대한 평가는 학자들마다 각기 다르지만 지눌의 선교일원(禪敎一元)의 연기사관14)과 성철의 쌍차쌍조(雙遮雙照)의 중도사관15)을 보다 정확히 이해할 필요가 있지 않을까 한다.

> 삼계의 열뇌여 화택과 같도다. 어찌타 여기에 머물러 있어 가없는 괴로움을 달게 받을 것이랴. 윤회를 벗고자 하면 부처를 찾음보다 나음은 없나니 부처를 찾고자 하면 이 마음이 곧 부처라. 마음을 어찌 멀리서 찾으리오. 나의 몸을 떠나지 않음이요, 색신은 다 거짓이라 남이 있고 멸함이 있으나 진심은 공함과 같아 끊어짐과 변함이 다 없나니 이런 전차로 이르사대 백해(百骸)는 흩어져서 불로 돌아가고 바람으로 돌아가나, 일물(一物)은 길이 신령하여 하늘과 땅을 덮는다 하시니라. 슬프다, 이젯 사람의 길을 잃고 헤맴이여. 저의 마음이 곧 부처 마음[自心是佛心]인줄 모르며 저의 본성이 곧 법성[自性是法性]인 줄 몰라 법성을 구하되 멀리 여러 성인(聖人)을 찾고 부처를 구하되 저의 마음을 찾지 않는도다. 만일 마음 밖에 부처가 있고 본성 밖에 법이 있다 하여 여기에 굳이 집착하여 부처의 길을 찾고자 하면 비록 진겁(塵劫)을 지나도록 몸을 태우며 팔을 그을리고 뼈를 두드리며 살을 깎고 피를 뽑아 경(經)을 베끼며 길이 앉아 눕지 아니하고 하루 한 끼를 묘시(卯時)에 먹으며 크나큰 대장교(大藏敎)를 다 읽으며 이렇듯 가지가지의 고행을 닦은들 어찌 얻음이 있으리오. 마침내 모래로써 밥을 지음과 같이 다만 수고로움만 더하리로다. 오로지 저의 마음을 알려 항사(恒沙)의 법문과 한없이 묘한 뜻을 찾지 않아도 얻으리라.16)

지눌이 『수심결』에서 강조한 것은 '자성시법성'(自性是法性) 즉 자기 본성

---

14) 지눌은 禪과 敎의 一元임을 확인하기 위해 자신의 수행체계를 정립하였다. 그는 선과 교의 연기적 관계 속에서 불교사관을 정립하였다.
15) 성철은 "중도는 雙遮雙照인 眞如를 말하며 중도를 깨친 것이 見性이다. 견성이 즉 성불이고 성불이 즉 견성이다. 상대와 분별을 떠나 크게 죽은 것이 雙遮라면, 크게 죽은데서 다시 살아나는 것이 雙照"라고 하였다.
16) 知訥, 『修心訣』(『한불전』 제4책).

이 곧 법성이요, '자심시불심'(自心是佛心) 즉 자기 마음이 곧 불심이라는 것이다.[17] 그런데 범부들은 이 사실을 모르고 먼 곳에서 여러 성인을 찾아 구하고, 부처를 구하면서도 자기 마음을 찾지 않음을 경책하고 있다. 이처럼 지눌은 자기 마음 바깥에서 부처를 찾지 말고, 자기 법성 바깥에서 성인을 찾지 말라고 역설하였다.

> 영취산정에서 세존이 염화(拈花)함은 사슴을 가리켜 말이라 함이요, 소림암굴에서 이조가 삼배(三拜) 함은 모난 나무로 둥근 구멍을 막음이니, 고금 선지식들의 현언묘구(玄言妙句)는 모두 눈 속에 모래를 뿌림이다. 열할(熱喝)과 통방(痛棒)도 납승의 본분이 아니거늘 어찌 다시 눈뜨고 꿈꾸는 객담(客談)이 있으리오마는, 진흙과 물속에 들어가서 자기의 성명(性命)을 불고(不顧)함은 고인의 낙초자비(落草慈悲)이다. 정법상전(正法相傳)이 세구연심(勢久年深)하여 종종 이설이 횡행하여 조정(祖庭)을 황폐케 함으로 노졸(老拙)이 감히 낙초자비를 운위(云謂)할 수는 없으나, 만세정법(萬世正法)을 위하여 미모(尾毛)를 아끼지 않고 정안조사들의 수시법문(垂示法門)을 채집하여 선문(禪門)의 정로(正路)를 지시(指示)코자 한다.[18]

성철은 『선문정로』에서 바른 법이 전해짐이 오래되자 종종 이설이 횡행하여 조사의 뜰을 황폐케 하고 있다고 진단하였다. 이 때문에 그는 만세의 정법을 위하여 정안조사들의 수시법문을 채집하여 선문의 바른 길을 제시하겠다고 선언하고 있다. 성철의 이러한 문제의식은 '만세정법' 즉 '정안조사의 수시법문'으로부터 '선문정로' 즉 '선문의 정로'를 지시할 수 있음을 강력히 시사해 주고 있다.

지눌과 성철 두 사람의 실천성과 지성성은 서로 대비된다. 지눌의 『수심결』이 은근하고 섬세하다면 성철의 『선문정로』는 직설적이고 굵직하다. 지눌이 점차적으로 제접하는 교사의 가풍을 보여주고 있다면, 성철은 즉각적

---

17) 高榮燮(1), 「지눌의 진심사상」, 『한국불학사: 고려시대편』(연기사, 2002; 2005).
18) 性徹, 『禪門正路』(장경각, 1990).

으로 제접하는 선사의 가풍을 보여주고 있다. 이처럼 이들 두 사람의 가풍은 닮은 점이 있는 반면 다른 점이 있다. 두 사람의 닮은 점은 박성배의 지적에서 살펴볼 수 있다.

> 첫째 우리는 두 분이 모두 다 주장자 법문만을 장기로 삼지 않았다는 사실에 주의해야 한다. 둘째로 두 분은 모두 시대와 사회를 그 나름대로 걱정하신 분들이라는 공통점을 가지고 있다. 셋째로 두 분이 다 당신의 메시지를 대중에게 효과적으로 전달하기 위해서 무척 노력했다는 점이다.[19]

이들은 법상 위에서 상당법문만 설한 것이 아니라 시대정신과 역사의식을 가졌다. 동시에 자신의 메시지를 전달하기 위해 경전과 서책과 같은 매체를 잘 활용했다. 박성배의 지적처럼 이들은 시대적 사명감에 입각해 사상적 문제점을 밝혀보려고 노력하였다. 지눌은 고려 당시 무신정권 아래에 처한 불교계의 모습을 마주하면서 이것을 사상적으로 극복하려고 하였다. 성철 또한 일제와 그로부터 비롯된 비구―대처의 대립과 선문의 혼란을 목격하면서 이것을 사상적으로 해결하려고 하였다. 이러한 점에서 이들 두 사람에게는 공통점이 있었다.

> 첫째, 두 선사는 육조 혜능을 스승으로 삼았다. 그런데 『육조단경』을 보는 시각은 서로 달랐다. 육조 혜능이 주장한 '돈오돈수 역무점차'(頓悟頓修 亦無漸次)의 입장에서 볼 때, 성철은 이를 점수가 필요 없는 돈오돈수로 파악하였으나, 보조는 혜능의 남종선을 규봉 종밀의 돈오점수와 같은 것을 파악하여 돈오점수를 유일한 수증론으로 보았다.
> 둘째, 두 선사는 모두 간화선을 주장하였다. 그런데 성철은 간화선을 통해 화두를 타파하여 돈오하게 되면 바로 돈수가 되어 수행이 끝나는 것으로 보았으나, 보조는 돈오를 해오로 이해하고 점수 수행의 시작으로 보았다.

---

19) 박성배, 「지눌과 성철의 닮은 점 세 가지」, 『고경』, 성철선사상연구원, 1996년 봄호.

셋째, 두 선사는 자신의 사상을 그 시대의 상황 속에서 펼쳐내려 하였다. 그런데 성철은 깨침이 확실한 기준으로 구경각과 견성성불, 즉 돈오돈수를 주장한데 견주어, 보조는 망념이 있는 해오를 돈오라 하고 돈오점수를 주장하였다.[20]

이들 두 선사에게는 차이점도 있었다. 두 사람이 의거하는 스승이나 텍스트는 같지만 관점과 지향이 달랐다. 깨침 즉 '오'와 닦음 즉 '수'에 있어서 '돈' 즉 몰록과 '점' 즉 점차의 문제로 출발한 돈점론은 결국 '돈오'와 '점수'로 나뉘었다. 다시 돈오와 점오, 돈수와 점수 나아가 '돈오돈수'와 '돈오점수'로 나뉘었다. 돈오에 붙은 '돈수'의 '돈'은 '무'(無)의 다른 표현으로 돈오 이후에는 닦을 것이 없다는 것이었고, 돈오에 붙은 '점수'의 '점'은 돈오 이후에도 점차로 닦아야 한다는 것이다. 결국 이것은 깨침 뒤에는 닦지 않는다는 '오후불수'(悟後不修)와 깨침 뒤에도 닦아야 한다는 '오후수'(悟後修)로 귀착되었다. 돈점논쟁의 관건은 바로 '더 이상 닦을 것이 없다'는 것과 '계속해 닦아야 한다'는 점의 차이에 있었다.

성철은 일제강점기에 태어나 출가하여 수행하였다. 그는 전통적인 교육기관에 다니지 않고 거의 독학으로 공부하였다. 1932년 12월 2일에 21세였던 그가 당시 관혼상제에 대한 의식을 모아 놓은 책 『간례휘찬』(簡禮彙纂) 사이에 메모 형식으로 남겨 놓은 '이영주 서적기'에 의하면 그의 독서량을 가늠해 볼 수 있다. 거기에는 『행복론』, 『순수이성비판』, 『실천이성비판』, 『역사철학』, 『장자남화경』, 『소학』, 『대학』, 『하이네시집』, 『신구약성서』, 『자본론』, 『유물론』 같은 70여 권의 책이름이 적혀있다. 대체적으로 문학, 역사, 철학, 종교 등의 책을 두루 읽었던 것으로 짐작된다.

성철은 칸트의 『실천이성비판』을 일본 유학생으로부터 쌀 한 가마니 값을 주고 손에 넣었다. 그는 인체에 대한 호기심이 많아서 『동의보감』, 『본

---

20) 도대현, 『성철 선사상』(서울: 예문서원, 2005) 참조.

초강목』 등의 의학서적도 읽었다. 또 한문과 일어에 능통했던 성철은 일본으로 건너가 유학생과 학자들을 만나고 도서관을 전전하며 책을 실컷 읽다가 돌아오기도 했다. 이후 그는 홍자성의 『채근담』, 한용운의 『채근담강의』, 『도덕경』, 『장자』, 『서장』, 『증도가』, 『신심명』, 『돈오입도요문론』 등등을 읽었다. 광범위한 독서와 애서를 통해 성철의 실천성과 지성성은 넓어지고 깊어질 수 있었다.

그런데 대한시대 일제강점기 당시 이 땅의 지식인에게 제국 일본은 보편, 즉 개화된 문명을 대표했다. 마찬가지로 일제강점기의 불교지식인에게 일본불교는 신문명의 총화요, 한국불교가 모방해야할 대상이었다. 일본 근대불교는 서양근대의 보편과 일본불교의 특수가 뒤섞인 혼성이기 때문에, 서양근대에 대하여 지역적 특수성으로 재현되었지만 조선에 대해서는 식민제국의 근대성, 즉 보편으로 행세했다.[21] 하지만 조선에서는 서양 근대의 보편과 일본불교의 특수가 일본의 보편과 조선의 특수로 자리바꿈되어 있었다.

근대 이후 한국 불교지성은 제국의 지식인이든 탈식민주의 지식인이든 근대적 지식인이 고심했던 '보편과 특수 사이의 상호작용'에 대한 치열한 고민 없이 일본불교에 편입했다. 다시 말해 보편이 특수와의 상호작용 속에서 고심 끝에 성취한 것이 아니라 보편의 입장에 자신을 무비판적으로 일치시킴으로써 얻어진 것에 불과하다. 그 결과, 아시아의 불교국가에서 불교가 서양 식민주의에 저항하는 민족담론의 구심점이 된 것과 달리, 한국불교는 민족의 전통종교임에도 불구하고 민족담론의 주체가 되지 못하고 해방 후 미국이라는 새로운 제국의 등장과 함께 종교적·지역적 특수성으로 전락해버렸다.[22]

그런데 여기에는 아시아 불교국가와 달리 한국불교가 직면했던 여러 가

---

21) 주성옥(명법, a), 「야나기 무네요시의 민예론과 오리엔탈리즘」, 『미학』 제68집, 한국미학회, 2011.12, pp.35~66.
22) 주성옥(명법, b), 「불교 지성의 시대적 과제와 현대적 모색」, 앞의 책, pp.127~127.

지 특수성이 있다. 비록 조선 오백년의 공백으로 인해 일제강점기 당시 한국불교가 극히 미약했다고 하더라도 일본의 종교가 불교였다는 사실은 오늘날까지 한국불교의 큰 불행으로 작용하고 있다.[23] 일본과의 객관적 거리를 유지하지 못한 채 식민지가 된 한국불교는 자기 정체성을 상실하고 정법중(비구)-호법중(대처)이라는 갈등을 양산하며 대립해 오면서 보편과 주류 문법에서 밀려났다. 그 결과 보편이었던 불교가 특수가 되고 특수였던 기독교가 보편이 되는 기이한 현상이 생겨났다.

한편 일찌감치 서구세계에 진출한 일본불교는 물론이고 식민 상태를 경험한 틱낫한과 달라이라마가 불교를 그들의 조국 해방을 위한 실천적 중심으로 만들고 근대적 이성이 강요하는 보편을 뛰어넘는 불교의 보편성을 역설하여 제국의 언어가 아닌 식민지 언어를 보편의 언어로 전화시킨 것에 반해, 처음부터 제국의 언어에 자신을 일치시켰던 한국불교는 탈식민주의 민족담론도, 한국사회의 민주화를 위한 보편의 언어도 형성하지 못하고 말았다. 일찍이 근대적 지식인으로서 배워야할 훈련, 다시 말해 보편과의 상호작용 속에서 특수를 통합하고 분열을 해결하는 방법을 배우지 못한 불교 지성은 현실세계에 들어가 대결하기보다 고즈넉한 '전통' 속에 안주하기를 선택했다.[24] 그 결과 한국불교는 보편과 특수의 상호작용 속에서 살지 못하고 보편과 특수의 원격 탈주 속에서 살아왔다. 그리하여 한국불교는 시대와 역사의 아웃사이더가 되어 보편으로 돌아가기 어려운 특수의 범주에 갇히고 말았다.

성철은 이 시대를 살았다. 하지만 그도 보편과의 상호작용 속에서 특수를 종합하고 분열을 해결하는 방법을 배우지 못했다. 대신 그는 자기 혁신을 통해 사회 혁신을 이룸으로써 스스로 보편이 되고자 했다. 아마도 성철은 자신이 처한 현실에서 할 수 있는 가장 올바른 길은 붓다가 깨치고 보여

---

23) 주성옥(명법, b), 위의 글, pp.127~128.
24) 주성옥(명법, b), 앞의 글, p.128.

준 중도 연기적 세계관에 입각하여 양극단을 껴안고[抱] 넘어가면서[越] 양극
단을 모두 살리는 실천적 중도의 구현을 최선책으로 여긴 것은 아닐까. 그
런데 붓다가 보여준 중도의 실천성은 연기의 지성성에서 나왔다. 이 때문에
인간의 자유의지에 의해 이루어지는 역사에 있어서 실천성은 지성성을 전
제로 하기 마련이다. 그리고 이 실천성은 연기성에 의거한 자비의 실현을
의미하며, 지성성은 실천성에 의거한 지혜의 실현을 의미한다.

불교는 해당시대의 역사 속에서 실천성과 지성성을 껴안고 넘어가는 포
월의 지평을 통해 구현되어 왔다. 특히 한국의 불자들은 국난의 위기 속에
서 의승군으로 일어났다. 이들은 '근왕'(勤王) 즉 임금을 위하여 충성을 다하
기 위해서만이 아니라 애국, 애족, 애민을 위하여 '사계'(捨戒)와 '월계'(越戒)
의 인과를 감내하면서 자신을 던졌다.[25] 그리하여 역사 속에서 자기를 실
현하는 주체적 전통을 만들어 왔다. 자기 혁신을 통해 사회 혁신을 이루고
자 한 성철의 경학과 경세학도 이러한 역사의식과 시대정신에 대한 포월의
자신감 위에서 형성되었던 것으로 이해할 수 있다.

Ⅲ. 퇴옹 성철의 경학: 바른 안목의 지성성

1. 붓다 정신의 지성성: 진리관과 성전암 노트[26]

성철은 제자들에게 청소년 때부터 '엉뚱한 생각을 많이 했다'고 회고하였
다. '엉뚱한 생각'은 아마도 존재에 대한 물음이었을 것으로 짐작된다. 태어

---

25) 高榮燮(2), 「한국 승군의 역사와 성격」, 『한국불교사궁구』1(서울: 씨아이알, 2019).
26) 원택 엮음, 『성철스님행장』(서울: 글씨미디어, 2012), pp.72~74. 파계사 성전암 시절에 不
必과 그 도반들에게 공부 잘 하라고 손수 지어 준 글이다. 이른바 '성팔이 노트'라고도
불린다. 수행인으로서 지녀야할 下心과 도를 이루기 위한 노력과 실천을 강조하고 있다.

퇴옹 성철의 실천성과 지성성 541

나 존재하는 것 즉 태어난 것은 모두 사라진다. 이러한 '생자필멸'(生者必滅) 즉 '생성하면 반드시 소멸한다는 가르침은 젊은 날의 성철에게 아프게 다가왔다. 당시 그의 심경의 일단은 훗날 그의 딸인 불필에게 준 '법문 노트'의 머리말에 잘 나타나 있다.

> 초로인생(草露人生), 풀잎의 이슬 같은 인생! 저 화초는 겨울에 죽었다가 봄이 오면 다시 꽃이 피건마는, 오직 이 인간은 한 번 죽으면 아주 가서 몇 천 년의 세월이 바뀌어도 다시 돌아오는 이 없으니, 우주는 인생의 분묘라 함은 이를 두고 이름이라. 참으로 영원한 비극이 아닐 수 없는 것이다.27)

성철은 훗날의 법문에서 세속에서 성공했다는 맹상군, 진시황, 록펠러의 삶을 들어 부귀영화가 덧없다는 것을 대중에게 들려준 일이 있다. 중국 춘추전국시대의 맹상군 또한 왕자로 태어나 정승을 지내며 가장 호화롭게 살았지만 일흔 가까운 나이에 죽고 말았다. 진나라 대제국을 건설한 영웅 진시황 또한 세상을 독차지 했지만 늙음을 두려워하여 '불사초'를 구해오라고 원정대를 보냈지만 결국 죽고 말았다.

특히 미국의 석유 사업가 록펠러는 자수성가해서 세계적인 갑부가 되었지만 99세에 이르러 암에 걸리자 자신에게 닥친 죽음을 받아들이지 못했다. 그리하여 자신의 생명을 일 년 만 연장시키면 재산의 반을 주겠다고 거금을 들어 광고를 냈지만 아무런 소용이 없이 결국 죽고 말았다. 풀잎의 이슬 같은 인생과 달리 저 화초는 겨울에 죽었다가 봄이 오면 다시 핀다. 하지만 우주는 인생의 분묘라고 하지만 영원히 사는 인생의 길은 있지 않을까를 고민하였다.

성철은 어느 날 한용운 해설의 『채근담강의』를 읽다가 한 군데에 눈이 멈추었다. 많은 저술을 했지만 만해도 선지가 시퍼런 선승이었다.

---

27) 성철, 「머리말」, 『법문노트』.

나에게 한 권의 책이 있으니
종이와 먹으로 만든 게 아냐.
펼치어 여니 글자 하나 없으나
언제나 큰 광명을 놓아 비치네[28]

여기서 '글자 하나 없는 경'은 무엇을 말하는 것일까? 성철은 "이 글자를 읽으니 참 호기심이 많이 났습니다. '아마 그럴 것이다. 종이에다 먹으로 설명해 놓은 것 가지고는 안 될 것이다. 종이와 먹을 떠난 참 내 마음 가운데 항상 큰 광명을 비치는 경이 있을 것이다. 그러면 어떻게 해야 이 글자 한 자 없는 경을 읽을 수 있을까?' 하는 생각이 들었습니다"라고 하였다.

고요한 밤 종소리를 듣고
꿈속의 꿈을 불러 깨웠네
맑은 못의 달그림자를 보고
몸 밖의 몸을 엿보는구나.[29]

그리하여 성철은 꿈속의 꿈을 고요한 밤 종소리로 깨우고, 몸 밖의 몸을 맑은 못의 달그림자로 엿본다는 『채근담』의 가르침을 깊게 체득한다. 그는 '감자나 무처럼 맛있는 이야기'[菜根譚]라는 제목으로 간소한 삶 속에 진정한 인생이 있음을 삼교일치로 역설한 잠언집을 통해 붓다를 만나게 되면서 영원한 자유를 꿈꾸게 된다. 그는 붓다의 정신을 계승하기 위해서는 붓다의 삶에 대한 깊은 이해가 전제되어야 함을 알았다. 그는 출가수행을 통해 영원한 자유를 사는 붓다를 깊게 만났다. 성철은 출가를 결행하였다. 그의 출가시에는 이러한 결기가 잘 나타나 있다.[30]

28) 홍자성, 『菜根譚』; 한용운, 『菜根譚講義』. "我有一卷經, 不因紙墨成, 展開無一字, 常放大光明."
29) 홍자성, 『菜根譚』. "聽靜夜之鐘聲, 喚醒夢中之蒙, 觀澄潭之月影, 窺見身外之神."
30) 원택 엮음, 『성철스님행장』(서울: 글씨미디어, 2012), p.34. "하늘 넘는 큰 일들은 붉은 화로 눈송이요[彌天大業紅爐雪]/ 바다 덮는 큰 기틀은 밝은 햇볕 이슬일세[誇海雄氣赫日

성철은 평소에 자신이 생각하는 '쇠말뚝'이 있다고 했다. 그 쇠말뚝에는 '영원한 진리를 위해 일체를 희생한다'는 하나의 '패'(牌)가 붙어 있다고 했다. 그러면서도 그는 자신이 살아오면서 터득한 견문으로는 "불교가 가장 수승하다"고 했다. "그래서 지금도 불교를 그대로 하고 있고 앞으로도 이렇게 살 것"이라고 하였다. 또 "만약에 앞으로라도 불교 이상의 진리가 있다는 것이 확실하면 이 옷을 벗겠습니다. 나는 진리를 위해서 불교를 택한 것이지, 불교를 위해서 진리를 택한 것은 아닙니다"[31]고 하였다. 이것은 그의 철저한 진리관 내지 경학관을 보여주는 말이라 할 수 있다.

> 진실한 사람은 구경의 무심을 철저히 증득한 자이다. 설사 하늘과 땅이 뒤집히는 큰일이 벌어진다 해도 그런 사람에겐 아무 일이 없다. 그래서 보통 사람이 볼 때는 마치 멍텅구리 같고 둔한 바보 같아 보이기도 한다. 그러나 일에 닥쳐 법문을 한다든지 법거량을 할라치면 그 임기응변(臨機應變)의 기봉(機鋒)이 번개불처럼 빠르고 회오리바람처럼 매섭다. 암두(巖頭) 선사는 덕산(德山) 선사의 상수제자인데 자기 스승인 덕산을 두고 종종 구업(口業)이나 일삼는 자라 폄하하곤 했다. 그렇다고 암두 선사가 덕산 선사보다 나아서 그런 소리 한 것이 아니다. 늘 자성(自性)을 잃어버리지 말라는 뜻이다. 이것이 법거량(法擧量)이다. 제자가 스승과 엇비슷하면 이는 스승의 반에도 미치지 못하는 것이다. 그 덕과 지혜가 스승을 능가해야 비로소 은혜를 갚는 것이라 했으니 덕산 선사도 그와 같다 하겠다. 또한 임제(臨濟) 선사도 대오한 후에 감히 황벽(黃蘗) 선사의 뺨을 때리고 어린 아이 다루듯 하였으니 이 또한 같은 예라 하겠다. 스승의 무릎 아래에서 병든 양처럼 예, 예, 거리며 그저 눈치나 살피는 이는 올바른 자식이 아니다. 그렇다고 아무것도 모르면서 스승에게 함부로 덤비라는 말이 아니다. 바른 안목과 법에 있어선 스승에게조차 양보하지 말라는 소리다. 임제 선사가 대우(大愚) 선사에게 주먹질하고 황벽 선사에게 달려들어 뺨을 친 것

露/ 누가 잠깐 꿈속 세상 꿈을 꾸며 살다 가랴[誰人甘死片時夢]/ 만고 진리 생각하고 초연히 걸어가리[超然獨步萬古眞]" 논자가 성철의 임종게를 리듬에 맞춰 다시 우리말로 옮겨 보았다.
31) 퇴옹 성철, 『자기를 바로 봅시다』(장경각, 2009년 8쇄), pp. 292~293.

도 그 분들이 선 자리를 바로 알고 번개와 회오리 같은 임기응변의 기봉을 쓴 것이다. 그렇지 않고 겉모양만 흉내 낸다면 그건 어른에게 함부로 행동하는 어린아이의 치기와 불손에 지나지 않는다.32)

성철은 견성한 사람은 구경의 무심(無心)을 철저히 증득한 자라고 하였다. 그는 일에 닥쳐 법문을 한다든지 법거량을 할라치면 그 임기응변의 기봉(機鋒)이 번갯불처럼 빠르고 회오리바람처럼 매섭다고 보았다. 그러므로 법거량에서는 늘 자성을 잃지 말아야 하며, 제자가 스승과 엇비슷하면 이는 스승의 반에도 미치지 못하는 것이라고 하였다. 또 그 덕과 지혜가 스승을 능가해야 비로소 은혜를 갚는 것이라 하였다. 나아가 비록 제자라고 하더라도 바른 안목과 법에 있어서는 스승에게조차 양보하지 말라고 역설하고 있다. 여기에서 우리는 붓다 정신의 지성성에 입각한 성철의 바른 안목의 강조와 그것을 역설하는 그의 태도를 엿볼 수 있다.

2. 『선문정로』와 『본지풍광』 간행: 밥값 완수

1937년 3월에 범어사 금강계단에서 비구계를 수지한 성철은 원효암에서 하안거를 지내며 스스로를 다잡는 '십이명'(十二銘)33) 즉 '열두 가지 다짐'을 지었다. 이것은 출가 수행자로서 자신의 마음을 다잡는 자기의 계율이었다. 성철은 '십이명'을 철저히 지키며 수행하였던 간화선자였다. 평소 이러한

---

32) 성철, 『선문정로』(서울: 장경각, 2013).
33) 퇴옹 성철, 「열두 가지 다짐」, 『해탈의 길』, 앞의 책, pp.117~121. ① 아녀자에게는 눈길도 주지 않으리라. ② 속세의 헛된 이야기에는 귀도 기울이지 않으리라. ③ 돈이나 재물에는 손도 대지 않으리라. ④ 좋은 옷에는 닿지도 않으리라. ⑤ 신도의 시주물에는 몸도 가까이 않으리라. ⑥ 비구니 절에는 그림자도 지나가지 않으리라. ⑦ 냄새 독한 채소는 냄새도 맡지 않으리라. ⑧ 고기는 이빨로 씹지 않으리라. ⑨ 시시비비에는 마음도 사로잡히지 않으리라. ⑩ 좋고 나쁜 기회에 따라 마음을 바꾸지 않으리라. ⑪ 절을 하는 데는 여자아이라도 가리지 않으리라. ⑫ 다른 이의 허물은 농담도 않으리라.

지계와 실천을 해왔던 그는 『한국불교의 법맥』(1976)을 간행하여 해동불교의 종조와 법손을 분명히 하였다.

성철은 이 책을 간행한 이래 지금까지 자신이 살아온 살림살이를 대중들에게 제대로 전달하지 못하였다고 여겼다. 이에 성철이 논술한 법문을 시자 원택이 풀어 원고로 완성하였다. 이것을 본 성철은 법정(法頂, 1932~2010)에게 윤문해 주기를 청하여 마침내 자신의 살림살이를 담은 『선문정로, 옛 거울을 부수고 오너라』(1981)와 『본지풍광, 무엇이 너의 본래면목이냐』[34] (1982)를 출간하였다. 성철은 '선에 이르는 바른 길'을 펴낸 이유를 묻는 법정에게 "진정한 깨달음이 무엇인지를 알려주고 싶었다"고 하였다.

> 불교란 것이 그 근본은 깨달음에 있는 것이고, 그 깨달음은 선에 있는 것입니다. … 누구든지 '견성했으면', '성불했으면' 하고 참선하는 것인데, 누구나 불교 공부한다고 하고는 사흘만 지나면, 참선한다고 해 놓고 한 사흘도 못 되어 모두 견성해 버리고 성불해 버립니다. 근본이 없어지고 말았습니다. 이 문제에 대해 불교계에 큰 혼란이 오고 있습니다. 아니 혼란이 와 있습니다. … 그래서 비록 능력이 없는 사람이지만 여러 가지 생각 끝에 불교 장래를 위해서는 '표준'이 있어야겠다는 생각을 했습니다. 고불 고조들은 어떻게 공부를 했는가, 어떤 말씀을 했는가, 그러한 법문들을 여러 곳에서 모으고 구체적인 실례를 들었습니다. '견성이란 이런 것이다' 하는 것을 보여주기 위해서지요.[35]

성철은 당시 불교계의 풍토에 대한 비판적 인식을 가지고 있었다. 이른바 '한 소식' 한 이들이 많았건만 정작 한국사회와 한국불교계는 달라지지 않았다. 그는 사이비 선지식이 근본을 무시하고 불교의 견성성불을 혼란시키는 현실을 염려하며 고불고조들의 법문들의 실례를 통해 하나의 표준을

---

34) 성철의 『본지풍광』의 원래 부제는 '산이 물 위로 간다'[東山水上行]였으나 개정판에서는 '무엇이 너의 본래 면목이냐'로 바뀌었다.
35) 퇴옹 성철, 『자기를 바로 봅시다』, p.284.

세울 필요가 있다고 생각하였다.

> 공부하다가 지견이 좀 생기면 고불고조를 뒷간 휴지쯤으로 취급하며 아
> 만(我慢)이 하늘을 찌르는 이들을 많이 보았다. 허나 말만 그렇게 한다고
> 무슨 소용이 있겠는가? '출중한 변재와 지혜를 갖췄던 원오(圓悟)나 대혜
> (大慧)도 오매일여(寤寐一如)에 미치지 못하여 병이라 했는데 네가 안 것이
> 뭐 그리 대단하냐'고 일러주지만 대부분 내 말을 긍정치 않고 자리를 박차
> 고 일어선다. 그 중에 돌아서며 욕을 퍼붓는 자들도 있다. 그러나 날 아무
> 리 욕하고 부정하더라도 심하게 아파보면 그때 내 생각이 나리라. 설령 지
> 견이 하늘을 가리고 대지를 덮을 만큼 대단하고, 그 말솜씨가 천하 선지식
> 을 꼼짝 못하게 한다 하더라도 원오나 대혜 선사 같은 이들의 예를 거울
> 삼아 스스로 돌이켜 보아야 한다. 만일 몽중일여(夢中一如)에 이르지 못했
> 다면 깊이 참회하고 더욱 공부를 열심히 해야 한다.36)

성철은 고불고조들은 어떻게 공부해서 어떻게 견성성불을 했는지 구체적
인 사례를 모아서 『선문정로』37)와 『본지풍광』을 내어 돈오돈수의 실제를
설파하고자 하였다. 동시에 그는 이 책을 통해 불교 집안에 대한 경책으로
삼고 싶어 하였다. 이 두 책의 부제가 되어 있는 전자의 '옛 거울을 부수고
오너라'와 후자의 '너의 본래면목이 무엇이냐'는 수행자가 떨어지기 쉬운
'옛날의 거울'과 '남의 본래면목'이 아니라 '지금의 거울'과 '너의 본래면목'임
을 강조해 주고 있다. 모두가 살불살조(殺佛殺祖), 즉 망상이 만들어낸 옛 부
처를 죽이고 옛 조사를 죽여서 또렷이 깨어있는 '지금의 거울'과 '너의 본래
면목'을 가져오라는 경책을 주고 있다.

성철은 "책 두 권 냈으니 이제 부처님께 밥값을 했다. 이 책을 이해하고
실천하는 사람이면 바로 나를 아는 사람이지"라고 하였다. 밥값이란 불자들
이 내는 시주물이자 일하지 않고 먹은 공부값이다. 무시선(無時禪)과 무처선

---

36) 성철, 『옛 거울을 부수고 오너라: 선문정로』(서울: 장경각, 2013).
37) 『선문정로』는 각 경론과 어록의 구절을 총 19장으로 초록하고 여기에 대한 성철의 평석
   을 붙여 논술하는 형식으로 되어 있다.

(無處禪)을 통해 보여주는 자신의 거울과 자신의 면목이 밥값이다. 절집의 밥값은 비싸다. 어디에도 공짜밥은 없다. 밥을 먹었으면 밥값을 내는 게 도리다. 성철은 자신의 밥값을 거론하며 그대는 무슨 밥을 먹었으며, 어떤 밥값을 내고 있는가를 되묻고 있다.

성철은 상당법어 『본지풍광: 산이 물 위로 간다』의 법문 중 5개의 법문38)을 골라 쉽게 정리하여 이해시킨 책이 『본지풍광평석』이다. 이 책은 그가 낸 것이 아니지만 그 후학들이 풀어낸 것에 대해 그가 반대하지 않은 것을 염두에 두고 읽어야 할 것이다. 이 책은 『본지풍광』의 제27칙인 '바람과 깃발'[六祖風幡]에 대해 평석을 덧붙이고 있다.

> 하나를 보면 귀가 먹고, 둘을 들으면 눈이 머니
> 눈이 먼즉 비로자나불의 이마 위요, 귀가 먼즉 석가의 눈동자로다.
> 독사는 옛 길에 누워 있고, 짐조(鴆鳥)는 후원에서 날아다니니
> 금색두타는 몸 둘 곳이 없고 푸른 눈 늙은 오랑캐는 손을 쓰지 못하니
> 문수보살 보현보살이 어느 곳에 서려는가.
> (한참 묵묵한 후에 말씀하였다)
> 향기 나는 바람이 불고불어 그치지 않으니
> 오색 그림 그린 깃발이 궁전 추녀 끝에서 펄럭이도다.

여기서 짐조는 새 중에서 가장 독한 새이고, 금색두타는 가섭존자이며, 푸른 눈 늙은 오랑캐는 달마대사를 가리킨다. 성철은 잠시 묵묵한 후에 다시 게송을 읊었다.

> 향기 나는 바람이 불고불어 그치지 않으니
> 오색 그림 그린 깃발이 궁전 추녀 끝에서 펄럭이도다.

---

38) 본지풍광 제27칙 - 바람과 깃발, 본지풍광 제28칙 - 고양이를 베다, 본지풍광 제30칙 - 암자를 불사르다, 본지풍광 제40칙 - 손가락 하나를 세우다, 본지풍광 제44칙 - 세 가지 부처 등이다.

성철은 이 게송을 읊은 뒤에 오조 홍인의 법을 받고 밤중에 남쪽으로 도망쳐 신분을 감추고 16년간 숨어 살던 육조 혜능이 인종(印宗)법사의 『열반경』 회하에 있을 때 두 승려 중 한 사람이 '바람이 움직인다' 하고, 한 사람은 '깃발이 움직인다'고 시비를 다투자 "바람이 움직임도 아니요 깃발이 움직임도 아니요 그대들의 마음이 움직임이니라"고 설파하였다. 성철은 육조의 법문에 대해 "수양버들은 가지마다 푸르고/ 복숭아꽃은 송이송이 붉도다"라는 자신의 평창을 덧붙였다.

그런 뒤에 성철은 천태 덕소(天台德韶)선사가 육조의 법문에 대해 세인들의 오해를 여섯 가지[39]로 지적한 부분을 소개한다. 그런 뒤에 덕소는 "만약 이 법문을 바로 알 것 같으면 일체 법문을 다 알 수 있으며 백 천의 많은 부처님의 무량방편의 법문도 다 확철히 알 수 있다고 전제한 뒤 "두꺼비는 남산의 범을 집어 삼키고/ 초명벌레의 눈썹에서 그네를 뛰도다"라는 자신의 평창을 덧붙이고 있다.

다시 성철은 육조 법문에 대해 오가의 일종인 운문종의 파릉 감(巴陵鑒)선사의 염을 소개하고 "운문선사가 조주고불에게 예배한다"고 자신의 평창을 덧붙인다. 이어 육조 법문에 대해 운문종의 설두 중현(雪竇重顯)선사가 파릉선사에게 염송한 것에 대해 "임제선사가 덕산조사를 차서 짓밟는다"고 자신의 평창을 덧붙인다. 또 육조 법문에 대해 운문종의 법진 일(法眞一)선사가 파릉선사와 설두선사의 염송한 것에 대해 "닭은 추우니 나무에 오르고/ 오리는 추우니 물에 내려간다"고 자신의 평창을 덧붙인다.

---

39) ① 바람과 깃발이 움직이지 않고 너의 마음이 망녕되이 움직인다. ② 바람과 깃발을 저버리지 않고 바람과 깃발에 통달해서 안다. ③ '바람과 깃발이 움직이는 곳이 무엇인가'고 하고는 이것을 바로 알면 곧 부처가 되고 조사가 되는 것이 아닌가, 이것이 참으로 깊은 뜻이 있다. ④ 물질에 의하여 마음을 밝히되 물질을 인정하지 말라고 하여 '어떤 물건에 의지해서 자기 자성만 밝히면 그만인 것이지 다시 물건을 따라가지 말라.' ⑤ 색이 곧 공이라 하여 색이 공이고 공이 색이니 바람이 곧 깃발이고 깃발이 곧 바람이니 그 어디에 집착이 있느냐. ⑥ 바람과 깃발이 움직이지 아니하는 곳에서 모름지기 묘하게 알아야 한다.

계속해서 성철은 또 육조 법문에 대해 조동종은 대홍 은(大洪恩)선사의 염송에 대해 "기린은 밝은 달빛에서 논다"는 자신의 평창을 덧붙인다. 마지막으로 육조 법문에 대해 자수 첩(資壽捷)선사가 염송한 것에 대해 "봉황은 단샘물을 마신다"는 자신의 평창을 덧붙인다. 그런 뒤에 "대중들이여, 한 무리의 여우들이 똥을 뿌리고 모래를 뿌려서 갈수록 조사의 뜻을 끌어 묻으니 오늘 산승이 눈썹을 아끼지 않고 조사를 위하여 원수를 갚으리라. (주장자를 한번 치고 말씀하였다) 무서운 태아검(太阿劍)이 창공에 빛나니 사해팔만(四海八蠻)이 와서 조회하며 축하하네"라고 평석[40]을 마치고 있다. 성철은 육조 법문은 붓다의 일체법문과 무량방편의 법문을 다 알 수 있다고 역설하듯이 그는 당송대의 선사와 같이 이 법문에 대한 촘촘하고 자세한 법어를 덧붙이고 있다.

성철이 남긴 마지막 밥값으로 잘 알려진 임종게는 불교계 안팎에 널리 알려져 있다. 그의 임종게는 간화선자로서의 그의 가풍을 보여주고 있다. 성철은 『본지풍광』에서 ① 겹겹의 화두, ② 허언의 화두, ③ 경계에 의탁한 화두[41]를 통해 본지풍광의 돈오를 전달하고 있다.

> 일생동안 남녀의 무리를 속였더니
> 하늘 넘는 죄업은 수미산을 넘는다
> 산 채로 지옥 빠져 그 한이 만 갈래니
> 불 토하는 붉은 바퀴 푸른 산에 걸렸구나.[42]

대개 임종게는 고승이 마지막 남기는 게송이다. 여기에는 한 선사가 일

---

40) 퇴옹 성철, 『자기를 바로 봅시다』(합천: 해인사출판부, 1987), pp.200~207.
41) 김영욱, 「퇴옹의 간화선」, 조성택 편, 『퇴옹 성철의 깨달음과 수행』(서울: 예문서원, 2006), pp.110~139.
42) 性徹, 「臨終偈」. "生平欺誑男女群, 彌天罪業過須彌, 活陷阿鼻恨萬端, 一輪吐紅掛碧山." 원택 엮음, 『성철 스님 행장』(미디어글씨, 2012), p.238. 논자가 7언 4구의 맛을 살리기 위해 다시 번역한 것이다.

생동안 쌓아온 모든 공부가 누적되어 있다. 더러는 1701가지 공안이 녹아 있으며 더러는 자신의 화두가 투영되어 있다. 이 때문에 오도송과 임종게에는 해당 선사의 화두가 깊게 훈습되어 있기 마련이다.

화두는 '적기'(賊機) 혹은 '효와'(淆訛)의 기능을 지닌다. '적기'는 선악, 시비, 범성, 취사 등으로 굳어져 있는 상대방의 기틀[機]을 훔쳐서[賊] 순화시키는 것이다. '효와'는 상대방이 단단히 박고 있는 허위의식[訛]의 뿌리를 흔들어[淆/讀/聱/疑] 뽑아내는 것이다. 효와는 '요와'(讀訛) 혹은 '췌와'(聱訛) 또는 '의와'(疑訛)라고도 한다. 성철은 1구에서 일생동안 이러한 화두를 통해 남녀의 무리를 속여 왔다고 했다. 2구의 죄업이 수미산만큼 크다는 것 또한 적기 혹은 효와와 같은 화두라고 할 수 있다.

이러한 임종게는 마치 운문 문언의 '수미산' 화두를 연상시킨다.[43] 병법에서 적을 혼동시키기 위해 성동격서(聲東擊西) 즉 동쪽에서 소리를 내고 서쪽을 친다는 것처럼 화두에는 허장성세(虛張聲勢)의 위장이 원용된다. 선법에서의 동서는 세간과 출세간으로 대체할 수 있다. 화두는 '수행상의 에피소드'로서 수행을 이끌기도 하지만 성동격서 혹은 허장성세의 기능을 지니기도 한다.

> 개 한 마리가 아무 것도 없는 허공에 대고 짖으니 모든 개들이 무엇이
> 있기나 한 것으로 착각하고 으르렁거린다.[44]

성철은 『경덕전등록』 「풍혈연소전」에서 따온 『본지풍광』 제20칙에 대해 위와 같은 평창을 붙였다. 여기서 아무 것도 없는 허공을 향해 짖는 소리가 화두라면, 이 화두에 붙들려 모든 개들이 무엇이 있는 줄 알고 착각하고 뒤따라 으르렁거리는 개들에 비유한 것이다. 이것은 한 사람은 허(虛)를 전했을 뿐인데 온갖 사람이 실(實)로 전해 받는다.[45] 화두의 기능을 잘 보여주

---

43) 김영욱, 앞의 글, p.113.
44) 성철, 『무엇이 너의 본래면목이냐: 本地風光·설화』 20칙(서울: 장경각, 2009), p.118.

는 예화라고 할 수 있다.

이처럼 적지 않은 수좌들은 조사가 던져준 말의 길인 화두의 적기 혹은 효와의 기능을 알아보지 못하고 나귀나 말의 앞뒤를 졸졸 따라 다닌다. 성동격서 또는 허장성세를 모르는 개들이 한 마리의 짓는 소리를 따라다니듯 말이다. 성철의 임종게에는 그가 닦아온 평생의 수행이 누적되어 있다. 그는 자신의 마지막 노래에 화두 혹은 효와의 기능을 극대화하고 있다.

성철은 간화선자로서의 살림살이를 마지막까지 자유자재로 보여주고 있다. 그는 반어적이거나 모순적으로 보이는 발언을 통해 말의 진위를 시험해 보여준다. 그런 뒤에 성철은 세간과 출세간의 구분을 넘어서야 비로소 출출세간 즉 입세간 할 수 있다는 것을 쌍차 쌍조의 중도사관을 통해 보여주고 있다. 그리하여 그는 동과 서, 세간과 출세간의 구분을 넘어서야 허장성세의 본색을 알아볼 수 있음을 시사해 주고 있다. 이와 같은 그의 투철한 지성성은 철저한 실천성으로 이어지고 있다.

3. 조계종 종정의 우리말 인식: 우리말 법어

성철은 평생을 산속에서 은둔 수행만 한 것이 아니었다. 오히려 세상에 발언하기 위해 잠시 수행한 것으로 볼 수도 있을 것이다. 그는 공공의 결사와 다짐을 위한 '수좌 오계', '납자 십게', '서원문', '공주규약', '수학 요강' 등과 같은 많은 글을 썼다. 그가 작성한 일련의 글들은 모두 세상과 소통하기 위한 것이었다.

이러한 일련의 글들은 성철이 세상과 담을 쌓은 것이 아니라 오히려 세상과 소통하기 위해 수행을 하였다는 사실을 보여주는 근거라고 할 수 있다. 보다 근본적인 곳에서 문제를 해결하려는 그의 행위가 잠시나마 역설적으

---

45) 성철, 위의 책, 85則, 評唱, p.471.

로 비춰져 많은 오해를 불러일으키기도 했다. 그러나 그러한 오해는 이후의 일정한 성취를 통해 오히려 더 깊은 신뢰를 확보하는 근거가 되었다.

성철은 남들이 쉽게 하지 못하는 과감한 발언을 하기도 하였다. 그는 "절집의 기왓장을 벗겨 팔아서라도 승려 교육을 해야 한다"며 교육에 깊은 관심을 기울였다. 성철은 1964년에는 청담과 함께 서울 도선사에 머무르며 실달학원을 세우기 위한 '수학 요강'을 작성했다.[46]

1) 일상생활은 오직 불조유훈(佛祖遺訓)의 청규를 준수할 뿐이며, 개인의 사견과 망동을 절대로 허용하지 않는다.
2) 매월 초하루와 보름마다 계율(菩薩戒)의 수행을 다짐하며 단속(團束) 한다.
3) 불전의 예는 아침에는 '대능엄주'를 외우며 저녁에는 '대참회법'으로 한다.
4) 불전에는 필히 사시중(巳時中)에만 마지를 올리고 기타 시간에는 불공을 봉행하지 않으며 삼보 이외의 잡신들에게 예배공양을 일절 엄금 한다.
5) 불공과 기도는 참회법으로 봉행하며 영가의 천도재 등은 전경(轉經)으로 행한다.
6) 잘 때와 대소변 시 및 특수한 시간 이외에는 항상 오조가사와 장삼(직탈) 법의를 입고 있을 것이며 외출 시에도 또한 그러하다.
7) 공무 이외의 출타는 절대 불허한다(허용되는 특수사항에는 예외로 함).

종래에 불교 종정의 법어는 한문법어에서 벗어나지 못하였다. 가톨릭 김수환 추기경의 우리말 추도사를 접했던 국민들은 불교 종정의 법어도 국민들의 눈높이에 맞추어 주기를 기대하였다. 하지만 이전 종정에게서도 우리말 법어는 탄생하지 않았다. 절친한 도반이었던 자운의 적극적 추천과 권유에 의해 조계종 종정에 취임한 성철도 마찬가지였다. 그도 처음에는 한문으

---

46) 〈대한불교〉, 1964년 11월.

로 된 부처님 오신 날 법어를 준비하였다. 그것은 관례적인 것이었다.

하지만 평소에 성철은 불교는 국민들과 소통하여야 한다는 인식이 있었다. 그러기 위해서는 '진리의 우리말화'에 대한 필요성을 절감하고 있었다. 그러나 그 역시 이 관례를 깨고 싶지는 않았다. 그를 시봉했던 원택과 원영은 "조계종 종정이라는 공인으로서 국민에게 부처님을 대신하여 한 말씀하시면 어떻겠느냐"는 적극적 권유를 하였고 그는 이들의 제안을 받아들였다. 그리하여 성철은 처음으로 '우리말 법어'[47]를 발표하였다.

> 눈앞에는 평화와 자유, 환희와 영광이 있을 뿐입니다. 들판에 가득 찬 황금물결은 우리 생활의 곳집이요, 공장을 뒤흔드는 기계 소리는 우리 앞 날의 희망입니다.[48]

> 모순과 갈등은 그림자도 찾아볼 수 없으며, 평화와 자유로 수놓은 행 복의 물결이 항상 넘쳐흐르는 탕탕무애한 광명이 가득 차 있습니다.[49]

> 모든 생명을 부처님과 같이 존경합시다. 만법의 참모습은 둥근 햇빛보 다 더 밝고 푸른 허공보다 더 깨끗하여 항상 때묻지 않습니다. 악하다 천 하다 함은 겉보기 뿐, 그 참모습은 거룩한 부처님과 추호의 다름이 없어 서, 일체가 장엄하며 일체가 숭고합니다. 그러므로 천하에 보이는 파리, 개 미나 약하게 날뛰는 이리, 호랑이를 부처님과 같이 존경해야 하거늘 하물 며 같은 무리인 사람들끼리는 더 말할 것도 없습니다.

---

47) '殷字' 즉 '漢字'에 대응하는 '한글'은 문자를 표기하는 글자를 가리킨다. 이 때문에 '한글로 표기된 한국불교전서'를 의미하는 『한글본 한국불교전서』는 '우리말로 옮긴 한국불교전 서'를 가리키는 『우리말 한국불교전서』가 되어야 옳다. 마찬가지로 '한글로 작시된 현대 선시'라는 표현 역시 '우리말로 쓴 현대선시'로 옮겨야 된다. 한글본은 '한글 표기본'을 일 컫는 것이며 우리말로 번역된 저작물들은 '우리말 삼국유사'처럼 표현해야 한다. 마찬가 지로 '우리말'이 타자화 객관화 될 때는 '한국어'가 되지 '한글'이 되지 않는다는 사실을 유념해야 된다.
48) 퇴옹 성철, 앞의 책, p.17. 1982년 신년 법어.
49) 퇴옹 성철, 앞의 책, p.19. 1983년 신년 법어.

사월 초파일 즉 부처님 오신 날 내린 종정법어는 '부처님'이란 표현 외에는 어떤 불교 개념도 등장하지 않는다. 내용도 파리, 개미, 이리, 호랑이에 이르기까지 모든 생명체를 부처님같이 존경하고 같은 무리인 사람들끼리도 그렇게 존경해야 한다는 것을 설득력 있게 제시하고 있다. 이어서 성철이 내린 우리말 법어인 '자기를 바로 봅시다'는 그의 경세학 즉 그가 세상을 어떻게 경영하고자 했는가를 보여주고 있다.[50]

> 자기를 바로 봅시다.
> 자기는 원래 구원되어 있습니다. 자기가 본래 부처입니다. 자기는 항상 행복과 영광에 넘쳐 있습니다. 극락과 천당은 꿈속의 잠꼬대입니다.
> 자기를 바로 봅시다.
> 자기는 시간과 공간을 초월하여 영원하고 무한합니다. 설사 허공이 무너지고 땅이 없어져도 자기는 항상 변함이 없습니다. 유형, 무형 할 것 없이 우주의 삼라만상이 모두 자기입니다. 그러므로 반짝이는 별, 춤추는 나비 등등이 모두 자기입니다.
> 자기를 바로 봅시다.
> 모든 진리는 자기 속에 구비되어 있습니다. 만일 자기 밖에서 진리를 구한다면, 이는 바다 밖에서 물을 구함과 같습니다.
> 자기를 바로 봅시다.
> 자기는 영원하므로 끝이 없습니다. 자기를 모르는 사람은 세상의 끝을 걱정하고 두려워하며 헤매고 있습니다.
> 자기를 바로 봅시다.
> 자기는 본래 순금입니다. 욕심이 마음의 눈을 가려 순금을 잡철로 착각하고 있습니다. 나만을 위하는 생각을 버리고 힘을 다하여 남을 도웁시다. 욕심이 자취를 감추면 마음의 눈이 열려서, 순금인 자기를 보게 됩니다.
> 자기를 바로 봅시다.
> 아무리 헐벗고 굶주린 상대라도 그것은 겉보기일 뿐, 본모습은 숭고합니다. 겉모습만 보고 불쌍히 여기면, 이는 상대를 크게 모욕하는 것입니다.

---

50) 퇴옹 성철, 앞의 책, 조계종 종정 법어.

모든 상대를 존경하며 받들어 모셔야 합니다.

자기를 바로 봅시다.

현대는 물질 만능에 휘말려 자기를 상실하고 있습니다. 자기는 큰 바다와 같고 물질은 거품과 같습니다. 바다를 보고 거품은 따라가지 않아야 합니다.

자기를 바로 봅시다.

부처님은 이 세상을 구원하러 오신 것이 아니요, 이 세상이 본래 구원되어 있음을 가르쳐 주려고 오셨습니다. 이렇듯 크나큰 진리 속에서 살고 있는 우리는 참으로 행복합니다.

다 함께 길이길이 축복합시다.[51]

성철의 우리말 법어 '자기를 바로 봅시다'는 그가 내린 법어의 백미라 할수 있다. 훗날 이 법어는 책 제목이 되기도 했다. 서두에 내세운 8번의 '자기를 바로 봅시다'는 마치 8정도 즉 여덟 가지 바른 길의 구체적 해명으로 읽을 수도 있다. 자기를 바로 보는 이유에 대해 ① 자기는 원래 구원되어 있고, ② 자기는 시간과 공간을 초월하여 영원하고 무한하며, ③ 모든 진리는 자기 속에 구비되어 있고, ④ 자기는 영원하므로 끝이 없으며, ⑤ 자기는 본래 순금이고, ⑥ 자기의 본모습은 숭고하며, ⑦ 자기는 큰 바다와 같고, ⑧ 자기는 크나큰 진리 속에 살고 있어 행복하기 때문이라고 했다. 팔정도의 정견, 정사유, 정어, 정업, 정명, 정정진, 정념, 정정의 여덟 가지 항목을 즉자적으로 대응시킬 수는 없지만 바른 세계관으로 '바로 보라'는 '정견'은 팔정도의 첫 조목에 상응하면서 나머지 일곱 조목으로 확장되고 있기 때문이다.

8정도를 방불케 하는 이 법어 가운데에서 특히 8번째의 조목은 이 법어가 왜 백미인지를 잘 보여주고 있다. 성철이 "부처님은 이 세상을 구원하러 오신 것이 아니요, 이 세상이 본래 구원되어 있음을 가르쳐 주려고 오셨습

---

51) 성철, 『자기를 바로 봅시다』(서울: 해인사출판부, 1987 초판; 장경각, 2003 개정판; 2009년 개정 8쇄), pp.42~44. 1982년 음 4월 8일 초파일법어.

니다"라고 역설한 대목은 불교의 본질을 잘 보여주고 있다. 국민들은 붓다의 가르침을 이 시대의 언어로 풀어낸 그의 우리말 법어가 지닌 메아리가 얼마나 크고 깊은 지를 깊게 느끼면서 그를 '국민 선사'로 인식하기 시작하였다.[52] 우리말로 된 성철의 여러 법어에 대한 국민들의 반응과 회자는 그가 국민들 속에 자리한 선사이자 국사와 왕사의 반열에 상응하는 영향력을 지니고 있다는 사실을 시사해 주고 있다.

Ⅳ. 퇴옹 성철의 경세학: 바른 소명의 실천성

1. 정화의 이념과 방법: 원칙과 방법의 일치

1945년 해방 직후에 백양사에서 결성된 고불총림에서는 만암 종헌 (1876~1957)에 의해 불교계의 내부 혁신을 통해 참된 불법을 전파하고자 하였다. 그는 비구승을 정법중, 대처승을 호법중이라 하고, 대처승은 제자를 두지 못하게 하여 도태하도록 제도화하였다.[53] 그런데 1954년 5월 20일에 이르러 갑자기 이승만 대통령은 불교계를 향해 "대처승은 사찰에서 물러가라"는 특별한 명령을 내렸다. 이후 그는 직접 혹은 문교부 장관에게 명하여

---

52) 성철, 위의 책, pp.51~53. 1986년 음 4월 8일 초파일법어 「생신을 축하합니다」. "교도소에서 살아가는 거룩한 부처들, 오늘의 당신네의 생신이니 축하합니다. 술집에서 웃음 파는 엄숙한 부처님들, 오늘은 당신네의 생신이니 축하합니다. … (중략) … 교회에서 찬송하는 경건한 부처님들, … (중략) … 넓고 넓은 들판에서 흙을 파는 부처님들, 우렁찬 공장에서 땀 흘리는 부처님들, … (중략) … 영원에서 영원이 다하도록 서로 존경하며 서로 축하합시다." 성철의 법어는 우리말 법어뿐만 아니라 죄인과 기녀, 도시와 농촌, 장인과 농부, 시민과 학생 등 다양한 계층과 다양한 장소의 모든 이들을 부처님 오신날을 맞아 이들 모두가 부처님이자 생신"이라고 갈파하고 있다.

53) 1954년 10월 15일에 조계종 종정 송만암은 "정화 원칙은 찬동하나 방법론은 반대한다"는 성명을 발표하였다.

8차례의 정화명령을 내렸다.

이전에 봉암사 결사를 이끌었던 성철은 불교 정화에 대한 분명한 입장을 가지고 있었다. 그는 쌍차 쌍조의 중도사관에 입각해 정화 불사에 대한 인식을 가지고 있었다. 그는 "정화란 싸움이 아니다. 우리가 먼저 맑아져서 종단을 맑게 해야 한다"고 하였다. 젊은 수좌들의 간청을 뿌리치지 못한 채 도총섭을 맡았던 청담(靑潭, 1902~1972)이 성철이 머물던 천제굴을 찾아와 "지금의 정화 불사는 봉암사 결사에서 싹을 틔운 것 아닌가. 이제 우리가 결사를 완성시켜야 하지 않겠는가"며 함께 정화 불사에 참여하자고 제안하였다. 하지만 성철은 일절 간여하지 않았다.[54]

성철은 "정화란 안으로 정진력을 키워 내실을 기하면서 이뤄져야지, 자기편을 늘려 사찰을 뺏는 싸움이 되면 '묵은 도둑 쫓아내고 새 도둑 만드는 꼴'이 아닌가. 우리에게 진정 필요한 것은 부처님 법대로 살고 중답게 정진하는 것이라 믿네. 지금은 우리에게 봉암사 결사가 새롭게 필요한 시점이라 생각하네"라며 제안을 받아들이지 않았다.[55] 그러면서 어느 날 성철은 청담에게 시 한 수를 지어 보냈다.

> 세 칸짜리 띠집에 본래부터 머무르니
> 한 길 신비 광명이 만고에 한가롭네
> 시빗거리 가져와서 왈가왈부 하지 마라
> 뜬세상 천착은 나와 상관없는 일.

---

54) 원택 엮음, 앞의 책, p.88.
55) 원택 엮음, 앞의 책, pp.90~91. 1955년 1월에 李載説과 李鍾益이 중장하는 비구측의 보조종조론과, 김영수와 권상로의 대처측의 태고종조론이 대립하였다. 2월 4일 문교부장관실에서 총무원대표와 선학원 대표가 참석한 사찰정화수습대책위원회가 열려 승려의 8대 원칙이 마련되었다. ① 독신자, ② 삭발염의자, ③ 불구가 아닌 자, ④ 수도하는 자, ⑤ 3인 이상의 승려단체생활을 하는 자, ⑥ 4바라이를 범하지 않은 자, ⑦ 술과 고기와 담배를 하지 않는 자, ⑧ 20세 이상자. 이어 9월에 대처측에 삼보사찰을 요구했던 비구측은 5개 사찰 등을 요청했으나 이루어지지 않았고 결국 비구측은 공권력에 의해 19개 사찰의 관리권을 접수하였다.

성철은 청담의 제안을 받아들이지 않고 화답시 한 수에 자신의 생각을 담아내었다. 그는 정화를 '밖을 장악하기보다 안을 먼저 다스리는 것'으로 보았다. 그는 대중을 교화한다고 떠들다가 결국 대중에 동화될 것이라는 것을 알고 있었다. 성철은 허약한 한국불교의 현실을 냉정하게 들여다 본 것이다.[56] 이것은 '근본'에 투철했던 그의 지성성이 빛나는 대목이라고 할 수 있다. 이후 안이 허약했던 한국불교는 수많은 곡절을 겪어야 했다.

성철이 즐겨 사용하고 있는 쌍차와 쌍조는 『반야경』과 『중론』 등의 반야경론에서 주로 등장하는 개념이다. 하지만 선법의 교학적 토대인 삼론학에서는 이 용어를 자주 원용하고 있다. 여기서 생멸(生滅), 상단(常斷), 일이(一異), 래거(來去) 등 상반된 네 쌍의 개념을 모두 부정하는 불생불멸(不生不滅), 불상부단(不常不斷), 불일불이(不一不異), 불래불거(不來不去)는 쌍차(雙遮)의 문구라 할 수 있다. 이와 달리 불생불멸, 불상부단, 불일불이, 불래불거 등 상반된 네 쌍의 개념을 모두 긍정하는 생멸, 상단, 일이, 래거는 쌍조(雙照)의 문구라 할 수 있다.

성철은 선의 교학적 토대인 이들 삼론학의 쌍차와 쌍조 개념을 원용하여 자신의 살림살이를 구축하고 있다. 즉 쌍차와 같이 무(無), 불(不), 비(非) 등의 부정어를 수반하는 표현을 중도라고 부른다. 비유비무와 같이 유와 무의 이변 모두를 부정하는 쌍차의 표현도 중도이지만, 비유, 무생, 부단 등과 같이 어느 한 쪽만 부정하는 표현도 중도라고 부른다.[57] 이처럼 중도란 '없다'[無], '않다'[不], '아니다'[非]와 같은 '부정'이고, 유와 무의 이변 모두를 부정하는 '비판'이고, 어느 한 쪽만 부정하는 표현인 '반정립'이라고 할 수 있다. 이러한 입장에서 그는 정화를 보았고 선종 사상을 이해하였다.

이 때문에 성철은 정화의 이념에는 어느 정도 동의했지만 정화의 방법에는 동의하지 않았다. 그는 대일항쟁기의 산물이랄 수 있는 정법중(비구)과

---

56) 김택근, 『성철평전』, p.372.
57) 김성철, 『승랑, 그 생애와 사상의 분석적 탐구』(서울: 지식산업사, 2010).

호법중(대처)의 문제를 해결하려는 이념에는 동의했지만, 이들 사이의 갈등을 해결하기 위해 권력의 힘을 빌리는 것에 대해 동의하지 않았다. 그는 평소 "종교와 정치의 완전한 분리를 강조하였고 종교는 정치 이념의 근본 산실"로 보았다. 이 때문에 "종교는 정치의 정신적인 공급처, 정신적인 원동력이 되어 모든 정치 이념이 종교에서 비롯되어야 한다"고 하였다. 그런데 만일 "종교가 정치의 지배를 받게 된다면, 이것은 서로 전도된 것이 되어서 국가적으로 큰 위험이 오게 되며 결국에는 파멸에까지 이르게 된다"[58]고 보았다.

> 평화와 자유는 결코 반목과 질시로 얻어질 수 없습니다. 대립은 투쟁을 낳고 투쟁은 멸망을 낳습니다. 미움은 결코 미움으로 지워질 수 없습니다. 지극한 자비의 도리가 실현되어야 할 소이가 여기에 있습니다.[59]

이후에 철학도 윤구병(충북대, 철학)이 서돈각 교수와 해인사 백련암을 찾아와 불교정화운동에 관련해서 의견을 듣고자 했다. 성철은 "똥개 두 마리가 똥 덩어리를 놓고 싸우고 있다"고 일갈하였다. 그의 일갈은 그때나 지금이나 한국불교가 깊이 들어야 할 사자후라고 할 수 있다. 성철은 종정이었던 1984년의 인터뷰에서 자신의 개혁관을 보여주고 있다.

> 종교의 개혁이란 본시 교조(敎祖)의 근본사상에 입각하여 조금이라도 배치된다면 그것은 개혁이 아니고 역행입니다. 세월이 지나감에 따라 교법이 위배되고 폐단이 생기게 되는데, 변질된 폐단을 완전히 청소하고 교조의 근본사상으로 환원하는 것이 개혁이라고 생각해요. … 어떻게 해서든지 부처님의 근본 사상에 입각해야만 참다운 개혁이 이루어지리라고 봅니다.[60]

---

58) 퇴옹 설철, 앞의 책, pp.281~282.
59) 퇴옹 성철, 앞의 책, p.75. 1984년 종정법어, 「진리를 사모하고 참답게 삽시다」.
60) 퇴옹 성철, 앞의 책, p.338. 1984년 대담, 「사람이면 '사람'을 찾아야지」. 〈조선일보〉 1984년 3월 17일.

성철은 '변질된 폐단을 완전히 청소하고' '교조의 근본사상으로 환원하는 것'이 개혁이라고 보았다. 그는 교조의 근본사상에 배치된다면 그것은 개혁이 아니라 역행이라고 분명히 밝히고 있다. 이러한 성철의 시각은 정화를 반대한다는 것이 아니라 보다 근본적인 정화는 교조의 근본사상으로 환원하는 것이라는 점이다. 그는 정화를 주도하였던 청담과 은사 동산(東山, 1899~1965)에게 "외부의 힘을 입고하는 정화운동은 원만한 결실을 거둘 수 없다"고 하였다.

이러한 성철의 발언은 불교 정화의 이념과 방법이 어떠해야 하는지를 잘 보여주고 있다. 그는 붓다의 근본사상에 입각한 근본적 정화, 즉 "변질된 폐단을 완전히 청소하고 교조의 근본사상으로 환원하는 것"으로부터 참다운 개혁이 이루어질 수 있다고 역설하였다. 성철의 이러한 주장은 비구—대처의 분규를 거쳐 온 오늘의 한국불교 지형과 현실을 볼 때 귀담아 들었어야 할 타개책이었다고 평가받고 있다.

2. 『백일법문』의 시도: 불교의 사회화와 대중화

1967년 겨울의 해인사에서 한국불교의 대중화를 위한 본격적인 시도가 있었다. 성철은 '백일동안의 법문'에 머물며 약 20일 동안 초기불교, 중관, 유식, 열반, 천태, 화엄, 선종사상으로 분류하였다. 그런 뒤에 불교의 전반을 강론하였다. 그는 자신의 법문이 "선문의 골수가 아님을 알고 들어야 한다"고 했다. 그리고 선가의 본분을 버리고 이론과 언설로서 불교의 근본 뜻을 말해 보겠다고 하였다.

이것은 성철이 시도한 백일 동안의 법문이 선가의 입장에서 볼 때 방편임을 분명히 선언한 것으로 이해된다. 동시에 그는 중생의 세계는 방편을 매개하지 않고는 진실을 전할 수 없다는 사실을 분명히 알고 있었음을 시사해 준다. 성철의 예측은 적중하였고 이후 '백일법문'은 여타의 선사들로 이어져 더 이상 그의 고유명사가 아니라 불교계의 일반명사[61]가 되었다.

> 백일 동안의 법문은 대개 경전의 성립사에 근거해 초기불교, 중관, 유식, 열반, 천태, 화엄, 선종사상을 망라해서 법문을 하였다.

성철 선사는 '무식'을 자랑하던 시대에 백일법문으로 법을 밝히셨다. 무식을 타파했다. 대단한 일이었다. 처음으로 선사들 간에 논리 경쟁도 촉발시키고, 선에 대한 참된 의식도 고취시켰다.[62]

> '부처님이 보리수 아래서 처음 정각을 이루시고 일체만유를 다 둘러보시고 감탄하고 말씀하였다. 기이하고 기이하구나! 일체중생이 모두 여래와 같은 지혜 덕상이 있건만 분별 망상으로 깨닫지 못하는구나.' 부처님 이 말씀이 우리 불교의 근본 시작이면서 끝인데 부처님께서 인류에게 주신 이 말씀은 인류 사상 최대의 공헌이라고 할 수 있습니다. 부처님이 이 말을 하시기 전에는 사람이 꼭 절대자가 될 수 있나 없나 하는데 대해서 많이들 논의해왔지만 인류 사상 최대의 공헌이라고 할 수 있습니다. 부처님 같이 명백하게 누구든지 절대적이고 무량한 능력을 가지고 있다고 공공연히 선포한 사람은 없었습니다.[63]

성철은 정각을 이룬 붓다가 일체 만유를 둘러보며 '기이하고 기이하구나! 일체중생이 모두 여래와 같은 지혜 덕상이 있건만 분별 망상으로 깨닫지 못하는구나'라고 감탄한 것은 불교의 시작이자 끝이며 인류 사상 최대의 공헌이라고 하였다. 이것은 '천상천하 유아독존' 즉 '하늘 위 하늘 아래 세상에서/ 오직 나의 개체만이 존귀하다'는 일체 중생의 독립선언이기 때문이다. 붓다의 팔만대장경은 바로 '일체 중생이 절대적이고 무량한 능력을 가지고

---

61) 장산, 『화엄경 백일법문』(서울: 불광출판부, 1999).
62) 적명의 증언.
63) 김택근, 앞의 책, p.477.

있다'는 사실을 전하기 위한 것이라는 것이다.

> 금강산이 천하에 유명하고 좋기는 하나 그것을 세상에 알리기 위해서는 안내문이 필요합니다. 금강산을 잘 소개하면 '아!, 이렇게 좋은 금강산이 있구나. 우리도 한번 금강산 구경을 가야겠구나' 생각하고 드디어 금강산을 실제로 그렇게 좋은 곳인 줄 압니다. 이러한 안내문이 없으면 금강산이 그렇게 좋은 곳인 줄 세상 사람들이 어떻게 알 수 있겠습니까? 그와 마찬가지로 이 언어문자로 이루어진 언설과 이론인 팔만대장경은 깨달음에 이르기 위한 일정의 노정기(路程記)입니다.[64]

성철은 "팔만대장경을 깨달음에 이르기 위한 '안내문' 혹은 '노정기'에 지나지 않는다"고 갈파하였다. 또 '언어문자란 처방전이다'고 하였다. 그리고 '거기에 의거해서 약을 지어먹어야 병이 낫는 것이지 처방전만 열심히 외어 보았자 병은 낫지 않는다. '팔만대장경 속에서 불법을 찾으려고 하는 것은 얼음 속에서 불을 찾는 것과 같다'고 하였다.

성철은 마음을 눈을 뜨기 위해서는 관법, 주력, 간경, 다라니 암송 등 여러 가지가 있지만 참선이 가장 수승한 방법이라고 하였다. 그는 견성하기 위해서는 3단계의 과정을 거쳐야 된다고 설명하였다. 성철은 견성이 곧 성불이고, 성불이 곧 견성이다고 하였다. 이 때문에 견성은 '자성을 깨쳤다,' '불성을 깨쳤다', '진여본성을 깨쳤다'라는 말이라고 하였다. 또 불성이니 진여니 하는 것은 중도를 말하고, 쌍차 쌍조인 진여를 말하며, 중도를 깨친 것이 견성이다고 하였다.

성철은 성품을 보기 위해서는 수행의 삼분단(三分段)을 시설하여 동정일여(動靜一如), 몽중일여(夢中一如), 숙면일여(熟眠一如)라고 불렀다. 그는 일상의 동정일여에서 더 깊이 들어가면 자나 깨나 한결같은 몽중일여의 상태에 이르게 된다고 하였다. 여기서 더 깊이 들어가면 숙면일여 즉 오매일여 경지

---

64) 김택근, 앞의 책, p.479.

에 이르게 된다고 하였다. 성철은 이미 대원사에서 동정일여에 들었다고 전한다. 그는 특히 '잠이 꽉 들어서도 공부가 되는지'를 화두 공부의 기준으로 삼으라고 설파하였다. 이것은 오매일여의 확인이었다.

성철은 꿈꿀 때의 몽중일여는 제6식인 의식이 사라진 단계로서 교가에서 말하는 무상정(無想定)의 7지 보살에 해당하고, 잠이 깊이 든 때의 숙면일여는 제8 아뢰야식에 머무르는 멸진정인 8지 이상의 자재보살에 이른다[65]고 하였다. 이처럼 그는 삼단의 시설을 통하여 불교를 전달하고자 하였다. 깨치는 과정에 무슨 단계가 있냐는 비판이 없지 않지만 성철은 수행의 삼분단 즉 동정일여, 몽중일여, 오매일여로 자신의 수행체계를 해명함으로써 불교의 대중화에 이바지 했다.

특히 그가 쌍차쌍조(雙遮雙照) 차조동시(遮照同時)의 중도사상으로 해명한 『백일법문』은 불교의 대중화에 크게 이바지 하였다. 이것은 평소에 성철이 "법당의 기왓장을 벗겨 팔아서라도 승려를 가르쳐야 우리 불교가 제구실을 하고 전통을 계승할 것"이며 "종단이 안정되어 제일 먼저 할 일이 승려교육"[66]이라고 한 지점과 상통한다. 그는 교육을 강조하였으며 특히 승려 교육이 관건임을 역설하였다. 성철은 불교의 대중화도 승려교육에 의해 이루어져야 한다고 하였다.

2. 수좌 오계와 납자 십게: 무용지용의 공부인 양성

성철은 '수좌 오계'를 설파하여 제방의 선승들이 받들게 하였다. 그의 계목이나 계송은 간명하고 직절하다. 대개 간명과 직절은 밀도와 속도를 머금고 있다. 이 때문에 수좌 오계는 매우 평범한 듯 보인다. 하지만 실천하기

---

65) 성철, 『백일법문』하(서울: 장경각, 1992; 2007 11쇄), pp.191~367.
66) 퇴옹 성철, 『자기를 바로 봅시다』(서울: 장경각), p.307.

는 결코 쉽지 않은 계목이다. 성철은 수행 과정에서 자연스럽게 수좌 오계를 짓게 되었다. 수좌 오계와 납자 십계에서 '~말라'는 금계(禁戒)처럼 편향된 것으로 보이지만 중도의 문법에서 보면 그것은 오히려 '~하라'는 권계(勸戒)로 원만하게 읽을 수 있다.

1) 잠 많이 자지 말라.
2) 책 보지 말라.
3) 과식하거나 간식하지 말라.
4) 말 많이 하지 말라.
5) 돌아다니지 말라.

이 '수좌 오계'를 금계가 아니라 권계로 바꾸어 보면 그 의미가 분명히 드러난다. 적당한 잠, 분별없는 삶, 적절한 밥, 적당한 말, 정해진 곳에 머물라 등이다. 분별없는 삶은 책의 분별에 휘둘리지 말라는 것이며, 수행처 거주는 일정한 곳에서 머물며 살라는 것이다. '~하라'는 권계를 잘 지키면 수행자에게 보약이 된다.

잠 많이 자지 말라, 책을 보지 말라, 과식하거나 간식하지 말라, 말 많이 하지 말라, 돌아다니지 말라는 이들 수좌 오계는 성철이 수행을 하며 체험한 것들을 체계화 한 것이다. 이 때문에 이 오계는 매우 어려워 보이지만 사실은 근본적인 것이자 본질적인 것들을 실천하는 것이다. 그는 성전암에서 철조망을 두르고 8년 동안 동구불출하고 눕지 않고 좌선했다(長坐不臥)고 알려져 있다. 그는 "잠에게 지지 말라"고 권하였다. 그는 초심자들에게는 책을 보지 말라고 했지만 일정한 공부에 이른 사람에게는 책을 보도록 권장하였다. 또 "밥에게 먹히지 말라"고도 역설하였다.

성철은 또 '납자 십계'(衲子十偈)를 시설하여 몸소 실천하며 납자들에게 지킬 것을 독려하였다. 십계는 납자들이 마땅히 지키고 경계해야 할 무상, 안빈, 정근, 정절, 신독, 하심, 이타, 자성, 회두, 인과 등의 10계로 이루어져 있다. 여기에는 평생을 '공부하는 납자'로서 살고자 한 성철의 '극기'와 '하심'이 잘 담겨 있다.

1) 무상(無常)

한 조각 그믐달이 겨울 숲 비치니, 몇 개의 백골들이 숲 사이에 흩어져. 옛날의 풍류는 어디에 있는가. 덧없이 윤회의 괴로움만 더해 가는데.

2) 안빈(安貧)

누더기 더벅머리로 올연히 앉았으니, 부귀니 영예니 구름 밖 꿈이로다. 쌀독에 양식은 없지만, 만고의 광명은 대천세계 비추네.

3) 정근(精勤)

물 긷고 나무하는 일은 옛날 스님 가풍이요, 텃밭 매고 주먹밥은 참 사는 소식이라. 한밤에 송곳 찾아도 오히려 부끄러워, 깨닫지 못함을 한숨 지며 눈물로 적시네.

4) 정절(貞節)

몸 망쳐 도를 없애는 데는 여색이 으뜸이라. 천번 만번 얽어 묶어 화탕지옥 들어가네. 차라리 독사를 가까이 할지언정 멀리 둘지니, 한 생각 잘못 들어 무량고통 생기도다.

5) 신독(愼獨)

어둔 방에 혼자서 보는 이 없다 말라. 천신의 눈은 번개 같아 털끝도 못속인다. 합장하고 정성껏 받들어 모시다가도, 갑자기 성을 내어 자취를 없애니라.

6) 하심(下心)

법계가 모두 비로자나 부처님인데, 어느 누가 현우와 귀천을 말하는가. 모두들 부처님처럼 예경하면, 언제나 적광전을 장엄하리라.

7) 이타(利他)

슬프다 뜬구름 같은 이 세상의 어리석은 중생이여, 가시덤불 심어놓고 천도복숭 바라도다. 나를 위해 남 해침은 죽는 길이고, 남을 위해 손해 봄이 사는 길이네.

8) 자성(自省)

내 옳은 것 찾아봐도 없을 때라야, 사해가 모두 편안하게 될 것이니라. 내 잘못만 찾아서 언제나 참회하면, 나를 향한 모욕도 갚기 힘든 은혜이니.

9) 회두(回頭)

꿈속의 쌀 한 톨 탐착하다가, 금대(金臺)의 만겁 식량을 잃어버렸네. 무상은 찰나라 헤아리기도 힘든데, 한 생각 돌이켜서 용맹정진 않을 건가.

10) 인과(因果)

콩 심어 콩 나고 그림자는 형상 따라, 삼세의 지은 인과 거울에 비추는 듯, 나를 돌아보며 부지런히 성찰한다면, 하늘이나 다른 사람을 어찌 원망하리오.

이러한 성철의 '수좌 오계'와 '납자 십계'의 지향은 무용지용 즉 쓸모없음의 '하심' 속에서 쓸모 있음의 '극기'로 정진하는 공부인을 양성하고자 하는 의지가 잘 담겨져 있다. 그의 '최잔고목론'(摧殘古木論) 즉 '썩고 부러지고 마른 나무 막대기 담론'에는 철저한 경세학이 잘 투영되어 있다. 이것은 『장자』의 '굽고 휜 나무 이야기'를 연상시킨다.

> 부러지고 썩어 쓸데없는 나무 막대기는 나무꾼도 돌아보지 않는다. 땔나무도 되지 않기 때문이다. 불 땔 물건도 못 되는 나무 막대기는 천지간에 어디 한 곳 쓸 곳이 없는, 아주 못 쓰는 물건이다. 이러한 물건이 되지 않으면 공부인이 되지 못한다. 공부인은 세상에서 아무 쓸 곳이 없는 대낙오자가 되지 않으면 안 된다. 오직 영원을 위하여 모든 것을 다 희생하고, 세상을 아주 등진 사람이 되어야 한다. 누구에게나 버림받은 사람, 어느 곳에서나 멸시 당하는 사람, 살아가는 길이란 공부하는 길밖에 없는 사람이 되어야 한다. 세상에서 뿐만 아니라 불법 가운데서도 버림받은 사람, 쓸데없는 사람이 되지 않고는 영원한 자유를 성취할 수 없는 것이다.[67]

성철은 부러지고 썩어 쓸데없는 나무 막대기처럼 공부인은 세상에서 아무 쓸 곳이 없는 대낙오자가 되어야 한다고 역설한다. 그리하여 그는 오직 영원을 위하여 모든 것을 희생하고, 세상을 아주 등진 사람, 누구에게나 버림받은 사람, 어느 곳에서나 멸시 당하는 사람, 살아가는 길이란 공부하는 길밖에 없는 사람, 세상에서 뿐만 아니라 불법 가운데서도 버림받은 사람, 쓸데없는 사람이 되어야 영원한 자유를 성취할 수 있다고 역설한다.

---

67) 퇴옹 성철, 『자기를 바로 봅시다』(합천: 해인사출판부, 1987년 4판), pp.254~255; 퇴옹 성철, 「수도자에게 주는 글」, 『해탈의 길』(서울: 장경각, 2004), pp.13~99. "좋고 영광스러운 것은 늘 남에게 미루고 나쁘고 욕되는 일은 남모르게 내게 둘러쓰는 것이 수도하는 사람의 행동이다."

장자의 무용지물과 같이, 더 이상 쓸모없는 물건이 되어야 비로소 '무용지용'(無用之用) 즉 '쓸모없음의 쓸모 있음'이 될 수 있다는 것이다. 성철은 공부인은 반드시 그래야 한다는 것이다. 그가 '적기'와 '효와'의 화두를 자유자재로 활용하는 간화선 수행자였듯이 이것은 대단히 역설적이고 반어적인 표현이라고 할 수 있다. 이것은 성철의 경세학 즉 세상을 다스리는데 유용한(經世致用) 학문에 대한 철저한 반성적 인식을 보여주는 지점이다. 쌍차(雙遮)와 쌍조(雙照)를 아우르는 차조동시(遮照同時)의 중도적 경세인식을 잘 보여주고 있다.

3. 봉암사 결사와 공주규약: 부처님 법대로 살기

불교의 상가는 생활공동체였다. 붓다는 죽림정사와 기원정사 등 5곳을 기증받으면서 공주(共住)의 전통을 만들어갔다. 불교의 상가는 의식주를 공동의 공간에서 공유하면서 해결해 나가는 평등과 화합의 생활공동체였다. 봉암사 결사를 유지시킨 가장 주요한 기반은 결사의 이념과 이것을 뒷받침하는 규약이었다. 고려시대에는 진억의 지리산 수정결사, 지눌의 조계산 정혜결사, 요세의 만덕산 백련결사가 있었고, 조선말 대한초에는 경허의 해인사 수선결사가 있었다.

봉암사 결사의 계기는 청담과 성철, 자운, 우봉 네 사람으로부터 시작되었고 처음 입주한 사람은 성철, 자운, 우봉, 보문 네 사람이었다. 이후 보안, 법응이 가세하여 10여명이 모여 대중생활을 하였다. 이들은 전체적으로나 개인적으로나 임시적인 이익을 떠나 수행을 위한 방침을 최우선 순위에 두었다. 그리하여 수좌들은 '부처님 당시의 법대로'라는 방침 아래 순수불교를 지향하기 시작했다.[68]

---

68) 高榮燮(3), 「불교 정화의 이념과 역사」, 『한국불교사궁구』2(서울: 씨아이알, 2019), p.631.

이처럼 봉암사 결사에는 '부처님 법대로 살기'라는 이념과 이것을 뒷받침하기 위한 만든 '공주 규약'(共住規約) 즉 '함께 살기 위한 약속'[69]이 있었다. '공주'란 공동체 내에서 '함께 사는 것'이며 이것을 위반할 때는 '불공주'(不共住) 즉 공동체에서 추방되어 '함께 살 수 없었다.' 총 19조목으로 된 공주의 규약은 엄격하고도 분명하였다. 이것은 '부처님 법대로 산다'는 의미에서 '오래된 법'이었고 지금까지 이어지지 않은 법이었기에 '새로운 길'이었다.

오래된 법에 의거해 새로운 길을 걸어가는 데에는 많은 어려움이 있었다. 서로가 자라온 배경과 살아온 경험이 다른 이들이 하나의 공동체에서 '함께 살기'[共住]는 위해서는 함께 지켜야 할 규칙이 필요했다. 성철은 19조목의 공주규약을 기초하여 대중들과 함께 기약하였다.

① 엄중한 부처님의 계율과 숭고한 조사들의 가르침을 온 힘을 다하여 수행하여 우리가 바라는 궁극의 목적을 빨리 이룰 수 있기 바란다.

② 어떠한 사상과 제도를 막론하고 부처님과 조사의 가르침 이외의 개인적인 의견은 절대 배척한다.

③ 일상에 필요한 물품은 스스로 해결한다는 목표 아래 물 긷고 나무하고 밭일하고 탁발하는 등 어떠한 힘든 일도 마다하지 않는다.

④ 소작인의 세금과 신도의 특별한 보시에 의존하는 생활은 완전히 청산한다.

⑤ 신도가 불전에 공양하는 일은 재를 지낼 때의 현물과 지성으로 드리는 예배에 그친다.

⑥ 용변 볼 때와 잠 잘 때를 제외하고는 늘 장삼과 가사를 입는다.

⑦ 사찰을 벗어날 때는 삿갓을 쓰고 죽장을 짚으며 반드시 함께 다닌다.

⑧ 가사는 마나 면으로 한정하고 이것을 괴색(壞色)한다.

⑨ 발우는 와발우(瓦鉢盂) 이외의 사용을 금한다.

⑩ 날마다 한 번 능엄대주를 독송한다.

⑪ 날마다 두 시간 이상의 노동을 한다.

⑫ 초하루와 보름에 보살대계를 읽고 외운다.

---

69) 퇴옹 성철, 『해탈의 길』, pp.103~109

⑬ 공양은 정오가 넘으면 할 수 없으며 아침은 죽으로 한다.

⑭ 앉는 순서는 법랍에 따른다.

⑮ 방사 안에서는 늘 면벽좌선하고 서로 잡담은 절대 금한다.

⑯ 정해진 시각 이외에 누워 자는 일은 허용되지 않는다.

⑰ 필요한 물건은 모두 스스로 해결한다.

⑱ 그 밖의 규칙은 선원의 청규와 대소승의 계율 체계에 따른다.

⑲ 이상과 같은 일의 실천궁행을 거부하는 사람과는 함께 살 수 없다.[70]

부처님 법대로 살기 위해 시설한 공주규약은 총 19항목으로 구성되었다. ①과 ②는 결사의 이념이며, ③~⑰은 공주를 위한 규약이다. 특히 ⑩과 ⑫는 기도 수행, ⑪은 노동 수행, ⑱은 그 밖의 예외 사항에 대해서는 관례에 따르겠다는 것이며, ⑲는 이 규약을 거부하면 공동으로 거주할 수 없다는 조목이다. 평소에 철저하게 계율을 지키지 못했던 이들이 '부처님 법대로' 산다는 것은 쉬운 일이 아니었다. 봉암사 결사 동참자들은 모두 출가 초심의 정신을 가다듬으며 공동체 거주를 위한 규약을 철저히 지켜 나갔다.

봉암사 결사가 추구하는 이념인 '부처님 법대로'에는 이미 생활공동체인 상가의 계와 율의 정신이 전제되어 있다. 결사는 공동의 이념과 공동의 수행이 이루어져야만 뜻을 이룰 수 있다. 이념과 수행이 어우러지기 위해서는 공동의 삶과 공동의 앎이 만나야만 가능한 것이었다. 봉암사 결사는 바로 이런 정신 위에서 이루어진 것임을 안팎으로 보여준 것이라 할 수 있다.

이것은 오래된 법에 의거해 새로운 길을 걸어간 것이었다. 이 과정은 실천적 지성이 어떻게 태어날 수 있는가를 보여주고 있다. 그것은 자기 혁신을 통해 사회 혁신이 이루어질 수 있다는 사실이었다. 그가 몇 차례의 결

---

70) 원택 엮음, 앞의 책, pp.66~69. 선종 본래의 종풍을 살리고 옛 총림의 법도를 이 땅에 되살리자며 출발한 봉암사 결사에는 뜻을 같이 하는 젊은 수좌들이 전국에서 모여들었다. 특히 성철, 청담, 향곡, 자운, 월산, 우봉, 보문, 성수, 도우, 혜암, 법전 등은 뒷날 종정(4명)과 총무원장(5명)이 되었으며 이들 중 대부분은 여러 선방의 조실과 종단의 지도자가 되었다. 이것은 자기 혁신을 통해 사회 혁신과 교단 혁신이 가능하다는 사실을 시사해 주는 잣대라고 할 수 있다.

사[71]와 총림을 거듭 시설하고 몸소 실행한 이유도 바로 여기에 있었다. 그것은 '오래된 법'에 의거해 '새로운 길'을 걸어가기 위한 것이자 '새로운 길'을 걸어가기 위해서는 '오래된 법'에 의지해야만 '최후의 길'을 열어갈 수 있다는 것을 암시해 준 것이었다.

4. 삼천 배와 아비라 기도: 자기 발견과 타인 발견

성철은 팔공산 파계사 성전암에서 8년간 두문불출하고 장좌불와하면서 수행하였다. 그를 만나려고 전국의 승려와 신도들이 찾아왔다. 이때부터 성철은 '삼천 배 화두 내리기'를 시작했다. 그는 삼천 배를 하지 않으면 만나주지 않았다. 1965년 9월에 대학생불교연합회(대불련) 회원들이 전국의 사찰을 돌며 고승들의 법문을 듣는 구도 행각을 하면서 김룡사를 찾아왔다.

성철은 이들을 반갑게 맞이하였다. 학생들은 성철에게 가르침을 청하였다. 성철은 이들에게 수업료를 내라고 했다. 수업료는 3천원이라고 했다. 성철은 어리둥절해 하는 학생들에게 껄껄 웃으며 "절집의 수업료는 속세와 다르다"고 하였다. 그러면서 "절집의 수업료는 대웅전 부처님께 삼천 배를 올리는 것"이라고 하였다. 학생들은 "삼천 배는 다음 기회에 하겠다"고 했다. 그러자 성철은 "당장 나가거라, 너희들은 여기서 물 한 모금 마실 자격도 없는 놈들이다"고 하였다. 놀란 학생들에게 목소리에 힘을 빼고 폐병 말기로 죽음을 기다리는 어느 병든 비구니가 삼천 배를 해서 살아난 사연을 얘기하였다.

---

71) 성철은 문경 대승사 쌍련선원, 문경 봉암사, 마산 성주사 결사를 주도하였고, 가야산, 해인사, 성주사 총림을 기획하였다. 또 고성 문수암, 통영 안정사 은봉암 천제굴, 대구 팔공산 파계사 성전암 등 토굴수행을 감행하였다. 그는 1965년에 문경 운달산 김용사의 조실로 머무르며 한국대학생불교연합회(대불연) 구도부의 구도법회를 지도하면서 최초로 대중설법을 시작하였다. 이것을 '운달산법회'라고 불렀다.

결국 학생들은 삼천 배의 시작을 알리는 목탁소리에 맞추어 백팔 배, 삼백 배, 오백 배를 하면서 온몸이 땀에 젖어 기진맥진하여 몸을 가눌 수가 없었다. 이들은 저마다 "불교는 자비문중이라 들었는데 이게 자비문중에서 하는 겁니까?"라며 불평을 하기 시작했다. 지도교수 박성배는 "잔소리 마라. 사람이 한번 하기로 했으면 하는 거야. 자비문중인지 잔인문중인지는 다 하고 난 다음에 따지자."

  절을 하는 도중 헛소리를 하거나 벌떡 드러누워 막무가내 일어나지 않으려는 학생도 있었다. 천배를 가까스로 마치고 그 다음 천배, 특히 그 다음 천배까지 한 번도 쉬지 않고 8시간여 만에 학생들은 모두 삼천 배를 무사히 마쳤다. 그러나 놀라운 일이 벌어졌다. 박성배는 "우리들은 변했다. 무엇보다도 조용해졌다. 그렇게도 말이 많고 밤낮 시비만 일삼던 학생들이 갑자기 조용해진 것이다. 그것은 커다란 변화였다"고 증언하였다.

  "몇 푼어치 안 되는 지식을 가지고서 내가 남보다 더 낫다는 것을 증명하기 위해 그동안 얼마나 수고를 했는지 생각해보면 참 우스워요." 그렇게 삼천 배를 하고 나면 대부분의 사람은 마음에 변화가 왔다. 교만과 위선이 빠져나간 마음에 자신의 모습이 비치는 것이었다. 성철은 훗날 왜 삼천 배를 시키느냐는 기자의 질문에 이렇게 답했다.[72]

  중이 신도를 대하는데 사람은 안 보고 돈과 지위만 본단 말입니다. 안 그래요? 그래서 난 이 대문을 들어올 때는 돈 보따리와 계급장은 소용없으니 일주만 밖에 걸어놓고 알몸만 들어오라고 하지. 사람만 들어오라 이겁니다. 그리고 들어오면 '내가 뭐 잘 났다고 당신을 먼저 만날 수 있나?' 하지요. 부처님을 찾아왔다면 부처님부터 뵈라는 뜻입니다. 부처님을 정말로 뵈려면 절을 삼천 번은 해야지요.[73]

---

72) 김택근, 앞의 책, pp.421~425.
73) 퇴옹 성철, 『자기를 바로 봅시다』(장경각), pp.330~331.

성철은 돈과 지위로 아상이 매우 높거나 의지가 약해 실행하지 않으려는 이들을 방편으로 이끌어 진실에로 나아가게 이끌었다. 아상을 꺾고 하심을 하게 했으며, 박약한 의지를 이겨 실천하게 하였다. 그리하여 자기 발견과 타인 발견을 이루게 하였다. 그 결과 삼천 배는 불교의 유산이 되었으며, 불교계 내부는 물론 다른 종교인들에게도 진실로 이끄는 주요한 방편으로 널리 알려졌다. 이 삼천 배는 자기 혁신을 위한 철저한 싸움이자 그로부터 비롯되는 타인 혁신의 출발이라 할 수 있다.

성철은 1966년에 운달산 김룡사 하안거에서 처음으로 중도법문을 했다. 그는 불교의 핵심사상인 중도사상을 전하기 위해 먼저 대중들에게 삼 천배를 시켰다. 성철은 하심(下心)을 갖춘 이들에게 비로소 법문을 했다. 그는 20일 동안 비구, 비구니, 신도들과 대불련 회원 등 모두 100여명 및 덕산 이한상(1917~1984)거사에게 『반야심경』, 『육조단경』, 『금강경』, 『신심명』, 『증도가』를 설했다. 이것은 대중을 향한 초전법륜 즉 첫 법문이었다.

> 이리 가도 부처님, 저리 가도 부처님, 부처님을 아무리 피하려고 해도 피할 수가 없으니 불공의 대상은 무궁무진하며 미래겁이 다하도록 불공을 하여도 끝이 없습니다. 이렇듯 한량없는 부처님을 모시고 불공하며 살 수 있는 우리는 행복합니다. 법당에 계시는 부처님께 불공하는 것보다, 곳곳에 계시는 부처님들을 잘 모시고 섬기는 것이 억 천만 배 비유할 수 없이 더 복이 많다고 석가세존은 가르치셨습니다. 이것이 불보살의 큰 서원이며 불교의 근본입니다.74)

성철의 첫 중도법문은 대중들을 사로잡았다. 그의 불교 이론은 정연하였고 비유는 정치하였다. 성철의 과학적인 인용은 더욱 흥미로웠다. 대개 그를 엄격한 수행자, 괄괄한 선승으로만 알았던 대중들은 그의 쉽고도 오묘하며 해박하고도 유려한 법문에 매료되었다. 성철은 불교의 핵심사상인 '색즉

---

74) 김택근, 앞의 책, pp.426~433.

시공 공즉시색'을 아인슈타인의 상대성이론으로 설명하였다. 또 그는 육도 윤회를 최면술의 이치로 설명하였다. 연기 법문에서 성철은 시간의 절대성을 부인하는 우주과학의 원리를 원용하였다.

이 '운달산 법회'에 참석했던 대학생들[75]은 뒷날 불교 거사가 되어 물심양면으로 불교계를 지원하였다. 그리고 대불련 학생들과 맺은 인연들은 불교계의 대소사를 치르는 데에 큰 원군이 되었다. 또 성철은 자력의 삼천배만이 아니라 타력의 아비라 기도를 적극 권장하였다. 그는 기존의 '옴 아비라 훔 캄 스바하'라는 다라니를 원용하여 업장을 녹이는 가장 효율적인 수행방법으로서 아비라 기도를 창안하였다.

참선을 하는 선사 성철이 기도를 권한다는 비판이 교단 내에서 적지 않았다. 하지만 그는 업장을 녹여야 기도가 성취된다고 보아 비판을 무시하였다. 성철은 아비라 기도를 타력으로 보지 않았다. 성철은 타력에 의해서는 어떤 성취도 이룰 수 없다고 단언하였다. 오직 자력에 의한 기도와 불공만을 하도록 하였다. 또 기도는 참회부터 해야 한다고 일렀다. 억울할수록, 슬플수록, 아플수록 참회하여 삼업을 씻어야 한다고 일렀다. 그리하여 그는 "자신의 참회가 다 끝난 후에 남을 위해 기도하라"[76]고 역설하였다.

성철은 '삼천 배'를 통해 자기를 바로 보도록 했다. 극한 고통을 이겨내고 부처님 앞에서 삼천 배를 올린 신도는 비로소 성철을 뵙고 '감격'한 채 법어를 기다렸다. 그러나 성철은 둥근 원 하나를 그린 백지 한 장씩을 나눠주고는 한마디 했다. "날마다 이 '원'자 앞에 백팔 배를 올리며 참회기도

---

75) 전창열, 김금태, 이진두, 김기중, 황귀철, 김선근 등이다. 이들을 인솔해 왔던 박성배(원조)강사와 김금태(원공), 이진두(원기) 세 사람은 이 법회를 계기로 성철을 따라 해인사 백련암으로 옮기고 출가해서 제자가 되었다. 이후 이들은 환속하여 유마회라는 모임을 하며 활동하고 있다.
76) 원택 엮음, 앞의 책, p.83. 성철은 1961년에 천제굴을 찾아온 신도들에게 처음으로 3천 배와 아비라 기도를 하게 하였다.

를 하라." 커다란 가르침을 기대하던 사람들은 크게 실망하자 그는 웃음을 머금으며 이렇게 일렀다. "말세 중생은 자기 기도는 자기가 하는 거요. 내 법어는 여러분 기도에 비하면 사족에 불과합니다."[77]

붓다는 선교방편을 통해 사람들을 진리와 진실의 길로 이끌었다. 성철 또한 불교적 세계관을 통해 학생들로 하여금 자기 발견과 타인 발견을 이루도록 촉구하였다. 이러한 실천적 노력은 그의 '수좌 오계'와 '납좌 십게' 및 서원문과 요강 등에도 담겨 있다고 할 수 있다. 성철은 이처럼 투철한 실천성 위에서 지성성을 발휘하였고 철저한 지성성 위에서 실천성을 발휘하였다.

V. 경학과 경세학의 접점과 통로: 안과 밖의 소통

성철은 바른 안목의 지성성에 입각한 경학과 주체적 실천성에 입각한 경세학을 보여주었다. 그것은 일관되고 분명하게 드러났다. 하지만 대중들은 그의 경학과 경세학을 잘 이해하지 못하고 모호하고 답답하게만 받아들였다. 이들은 내부 원인이 외부 결과로 드러나게 됨을 인정하지 못하였다. 성철은 모든 것은 내부에서 일어나고 있음을 더 강조하였다.

이처럼 그는 '근본'을 강조하였다. 설사 그 결과가 외부에서 비롯되었다고 하더라도 원인은 이미 내부에서 시작되었던 것이다. 달을 가리키면 달을 봐야지 왜 손가락을 보고 있냐는 선종의 메시지는 그의 지향을 잘 보여주고 있다.

당시 개신교계가 부활절을 맞아 여의도광장에서 대규모 집회를 가졌다.

---

77) 김택근, 앞의 책, p.433.

언론에서는 100만 인파가 모였다고 했다. 여기에 자극을 받은 불교계가 그에 맞서는 세(勢)를 과시하려 하였다. 조계종 총무원은 "우리도 못할 게 무엇인가. 부처님 오신 날에 여의도에서 대대적인 집회를 열자"고 하였다. 그러기 위해서는 조계종 종정의 출현이 필수적이었다.

"산승이 산에 있어야지, 내가 서울 가서 사람이 많이 모이면 그게 무슨 의미가 있는가. 사람을 모아 무엇을 하려는 것인가." 결국 성철은 나가지 않았고 불교계의 여의도 집회는 열리지 않았다. 종정 취임 초기에 정휴가 성철에게 물었다.

"『금강경』에서 여래를 형상이나 소리로써 찾지 말라고 했습니다. 비록 육신은 이 가야산에 있으나 내 원력은 중생의 마음속에 존재하고 있습니다"라고 답변하셨습니다. 시국 발언, 여의도 초파일 집회 권유 등을 한사코 내치시면서 산중 수행승으로 머무르셨던 건 결국 한국불교의 질곡을 타개하기 위한 성철 스님 특유의 돌파구였던 셈입니다.[78]

세속을 불교화시켜야지, 불교가 세속화하면 불교는 죽어요. 그러니까 승려가 서구식 교육을 받고 안 받고가 문제가 아니라 문제는 어떻게 승려로 하여금 철저한 불교정신을 갖도록 하느냐는 것입니다. 세상이 아무리 서(西)로 가더라도 중이 중다우려면 그쪽으로 영합하기보다 동(東)으로 가도록 계속 빛을 발해야 합니다. 그러자면 서울 한복판에선 승려교육이 안 된다고 봐요. 산중에서 철저하게 수행하는 법을 가르쳐서 다음에 어디를 가더라도 승려 노릇을 제대로 해 세속을 불교화할 수 있도록 해야 올바른 교육이 될 걸로 믿습니다. 이 점이 잘 안되고 승려가 세속화 세속화하면 물에 빠진 사람을 건지려다가 건지기는 고사하고 같이 익사하는 꼴이 벌어지는 겁니다. 이 때 물에 빠지지 않을 역량을 키워야 하는데, 그게 바로 순수 불교정신입니다. 순수 불교정신은 어느 깊이 있는 서양 철학이나 종교사상보다 더 깊은 원리와 체계를 담고 있으므로 인식하기만 하면 가능한 겁니다.[79]

78) 원택, 『성철스님 시봉이야기』(서울: 장경각, 2008), p.100.

흔히 얘기하는 불교의 사회화, 대중화, 세속화는 동일한 개념과 지향 위에 있지 않다. 사회화가 사회를 향해 열린 시선을 확보하는 것이고, 대중화가 대중들의 이해의 폭을 넓히려는 노력이라면, 세속화는 세속인들의 삶과 같이 살아가는 것이다. 사회와 열린 소통을 하려는 노력과 대중의 이해 지평을 확보하려는 노력과 달리 세속화는 절제와 절도에 구애받지 않는 것이다.

만일 진정한 보살행을 위해 세속의 법도와 질서대로 살아가면서 세속인들에게 법도와 절도의 의미와 가치를 일깨워 그들을 다시 법도와 절도의 삶을 살게 하기 위함이라면 그 세속화는 세속화가 아니라 탈세속화를 위한 세속화인 것이다. 그것이 아닌 세속화라면 그것은 수행자가 아닌 세속인의 삶을 사는 것일 수밖에 없는 것이다.

성철이 제시한 세속의 불교화와 불교의 세속화 문제는 오늘날에도 여전히 불교계의 주요한 과제라고 할 수 있다. 이것은 세속을 불교적 가르침으로 향상시킬 것이냐 아니면 불교를 세속적 현실로 향하시킬 것이냐의 문제가 되기 때문이다. 성철은 백련암을 찾아오는 사람들에게 늘 삼천 배를 시켰다. 삼천 배는 본래 부처인 자기 자신에게 절을 하라는 것이었다. 그것은 곧 남이 아니라 나를 향한 예배였다. 또 그것은 승려의 본래 모습이 무엇이냐는 것이었고, 당신의 본래 모습이 무엇이냐는 것이었다. 그리하여 성철은 그들에게 "문제는 밖이 아니라 안이다"고 역설하였다.

> 내 말에 속지 마시오. 나는 그저 종정이라는 고깔모자를 썼을 뿐이오.
> 나를 보지 말고 당신의 본래면목을 보시오.[80]

성철은 자기 말에 속지 말라고 하였다. 그는 여러분들이 선지식이라 일컫는 나 자신도 믿지 말라고 하였다. 당시의 지식인들이 선지식에게 민주화 투쟁에 말을 보태라는 것은 결국 우리의 또 다른 욕심이었다. 당시 대중의

---

79) 퇴옹 성철, 앞의 책, p.320.
80) 퇴옹 성철, 앞의 책, p.274.

마음을 사로잡는 법어를 내렸다면 대중은 더 자극성이 강한 또 다른 법어를 원했을 것이다, 그랬다면 선승 성철은 어찌됐을까. 한번쯤 '우리는 인기인을 얻는 대신 큰 어른을 잃었을 것'이라는 작가 박완서의 말도 음미해봄직 하다.[81]

> 종교와 정치는 완전히 분리해야 합니다. 분리해야 될 뿐 아니라 종교는 정치 이념의 산실(産室)이라고 봅니다. 정치 이념의 근본이란 말입니다. 종교는 정치의 정신적인 근본 공급처, 정신적인 원동력이 되어, 모든 정치 이념이 종교에서 비롯되어야 하는 것입니다. 만약 종교가 정치의 지배를 받게 된다면, 이것은 서로 전도된 것이어서 국가적으로 큰 위험이 오게 되며 결국에는 파멸에 이르게 됩니다.[82]

이 대담에서 법정은 당시의 현실을 조계종 종정으로서 꾸짖어 주기를 우회적으로 촉구하였다. 성철은 종교와 정치의 분리를 역설하였다. 하지만 이 대화를 자세히 보면 성철은 종교와 정치의 분리를 얘기하고 있지만 사실은 종교는 정치의 산실 혹은 정신적 자량이 되어야 한다고 역설하고 있음을 읽어낼 수 있다. 그는 종교는 정치의 정신적인 근본 공급처가 되고 정신적인 원동력이 되어 모든 정치 이념의 근간이 되어야 하는 것이지 종교와 정치가 동급에 머물러서는 안 된다는 것을 분명히 하고 있다.

성철은 법정만이 "펜대를 꼿꼿이 세우고 있는 사람"이라고 높이 평가하고 있으면서도 그의 촉구에 대해 종교인으로서 자신의 쌍차 쌍조와 차조동시의 중도사관을 보여주고 있다. 여기서 그는 종교와 정치 사이의 쌍차와 종교와 정치 사이의 쌍조 관계를 동시에 보여주고 있는 것이다. 이것은 성철이 세상을 바라보고 경영하는 그의 경세관이라 할 수 있다. 동시에 실천성과 지성성이 결합된 그의 실천적 지성상이라고 할 수 있을 것이다.

---

81) 김택근, 앞의 책, p.591.
82) 퇴옹 성철, 『자기를 바로 봅시다』, pp.281~282. '새해 대담: 성철과 법정.', 〈불교신문〉 1982년 1월 1일.

Ⅵ. 결어: 쌍차와 쌍조의 중도사관

퇴옹 성철(退翁性徹, 1912~1993)은 자기 혁신을 통해 사회 혁신을 이루고자 하였다. 그가 강조한 자기 혁신은 자기와의 싸움을 통해 체득한 지성성의 확보이며, 사회 혁신은 지성성의 체인으로부터 비롯되는 실천성의 실현이다. 그가 두 겹 네 쌍의 개념들을 부정하는 '쌍차'(雙遮)와 두 겹 네 쌍의 개념들을 긍정하는 '쌍조'(雙照), 차조동시(遮照同時)의 중도사관을 통해 실현하려 했던 것은 우리의 자유의지(業)가 역사의 주체이자 동인이며 제 자신임을 분명히 알리고자 함이었다.

쌍차와 쌍조는 『반야경』과 『중론』 등의 반야경론에서 주로 등장하는 개념이다. 특히 선법의 교학적 토대인 삼론학에서는 이 용어를 자주 사용하고 있다. 여기서 생멸(生滅), 상단(常斷), 일이(一異), 래거(來去) 등 상반된 네 쌍의 개념들을 모두 부정하는 불생불멸, 불상부단, 불일불이, 불래불거는 쌍차(雙遮)의 문구라고 할 수 있다. 이와 달리 불생불멸, 불상부단, 불일불이, 불래불거 등 상반된 네 쌍의 개념들을 모두 긍정하는 생멸, 상단, 일이, 래거는 쌍조(雙照)의 문구라 할 수 있다. 성철은 선의 교학적 토대인 이들 삼론학의 쌍차와 쌍조, 차조동시의 개념을 원용하여 자신의 살림살이를 구축하였다.

붓다가 '천상천하 유아독존'(天上天下 唯我獨尊)의 연기법의 통찰을 통해 '삼계개고 아당안지'(三界皆苦 我當安之)의 자비행의 실천을 한 것처럼, 성철 또한 경학 즉 고전 해석에 반영된 지성성과 경세학 즉 세상 경영에 유용한 사상적 제시를 통해 실천성을 보여주었다. 그의 실천성과 지성성은 자비의 중도행과 지혜의 연기법을 아우르며 나아가는 것이었다. 성철은 경학과 경세학, 지성성과 실천성을 아우르며 살고자 했고 실제로 그러한 모습을 보여주며 살았다. 이 때문에 산속에만 살았던 성철의 살림살이만 보고 그가 현실에 살지 않았다고 비판할 수만은 없을 것이다. 그는 보다 근본적인 자기 혁신을 통해야만 구체적인 사회 혁신을 이뤄낼 수 있다고 확신하였다.

　성철은 문제의 원인을 밖에서 찾기보다는 문제의 안에서 찾으려고 하였다. 그는 문제의 안에서 문제의 원인을 해결하면 문제의 결과가 밖으로 나타나지 않는다고 보았다. 마찬가지로 성철은 교단 내부의 문제를 먼저 교단 내부의 원인에서 찾고자 헌신하였고, 사회 내부의 문제를 우선 사회 내부의 원인에서 찾도록 촉구하였다. 물론 문제를 해소하기 위해서는 수행의 난경과 시간의 배가가 요청되지만 그는 문제의 원인을 뿌리까지 뽑아내어 더 이상의 문제를 만들지 않고자 했다. 그 결과 성철은 우리 시대 불교계 안팎에서 가장 커다란 영향을 미친 실천적 지성으로서 자리해 오고 있다. 성철을 우리 시대의 '국민 선사' 혹은 '국사' 또는 '왕사'로 부를 수 있는 근거는 그의 철저한 자기 혁신에서 비롯된 강력한 사회 혁신의 가능성에서 비롯되는 것일 것이다.

참고문헌

한국불학사 교재의 구성 목차와 수록 내용: 김동화·박종홍·조명기·고익진
『한국불교사상』 관련 저술의 비판적 고찰을 통하여

고려대 한국사상연구소가 펴낸 『자료와 해설, 한국의 철학사상』(서울: 예문서
　　원, 2001).
고영섭, 『불학과 불교학』(서울: 씨아이알, 2016).
高榮燮, 『한국불학사』(연기사, 1999~2005) 1~3권.
고익진, 『한국의 불교사상』(서울: 동국대출판부, 1987).
길희성, 『인도철학사』(서울: 민음사, 1989; 2011; 소나무, 2019).
길희성, 『인도철학사』(서울: 민음사, 1989; 2011; 소나무, 2019).
김동화, 『삼국시대의 불교사상』(서울: 민족문화사, 1987).
김동화, 『한국불교사상의 座標』(서울: 보림사, 1984).
김동화, 『한국철학사상사』(상, 油印本, 1960?).
김영태, 『한국불교사상』(특강)(서울: 경서원, 1997).
동국대 불교문화연구원, 『한국불교사상사개관』(서울: 동국대출판부, 1993).
동국대학교 대학원 불교학과 BK21 세계화시대 불교학교육연구단 제1팀 '한국
　　학에서 불교학의 국제화' 교육연구팀, 『한국불학자의 생애와 사상』 1~4
　　권(서울: 동악사, 2009~2013)
리처드 왓모어, 『지성사란 무엇인가』, 이우창(서울: 오월의 봄, 2020).
박길진박사기념사업회, 『한국불교사상사』(이리: 원불교사상연구원, 1975).
박성배, 『한국사상과 불교』(서울: 혜안, 2009).
박종홍, 『한국사상사: 불교사상편』(서울: 서문당, 1972; 1999).
불교신문사, 『한국불교인물사상사』(서울: 불교신문사, 1995),
서윤길, 『한국불교사상』(서울: 운주사, 2006).
서윤길, 『한국불교사상』(서울: 운주사, 2006).
심재룡 외, 『조선시대의 불교사상』(서울대출판문화원, 2020).
심재룡 편역, 『고려시대의 불교사상』(서울대출판문화원, 2011).

안계현, 『한국불교사상사연구』(동국대출판부, 1983).

이기영, 『한국불교연구』(한국불교연구원, 1982).

이병욱, 『한국 불교사상의 전개』(서울: 집문당, 2010).

이병욱, 『한국의 불교사상』(서울: 집문당, 2010).

조명기, 『신라불교의 이념과 역사』(서울: 신태양사, 1962; 경서원, 1962; 1982).

중앙승가대신문사, 『한국불교인물사상사』상하(서울: 중앙승가대신문사, 2000).

펑유란, 『간명한 중국철학사』, 마루비(서울: 까치, 2018).

풍우란, 『중국철학사』상하, 박성규(서울: 까치, 2000).

한국원전번역연구회, 『인물로 보는 한국불교사상』(서울: 예문서원, 2009).

한기두, 『한국불교사상연구』(서울: 일지사, 1980; 1985).

한종만, 『한국불교사상의 전개』(서울: 민족사, 1998).

허남진 편역, 『삼국과 통일신라시대의 불교사상』(서울대출판문화원, 2011).

高榮燮, 「뇌허 김동화의 불교인식」, 『선문화연구』 제18집, 한국선리연구원, 2018.

高榮燮, 「철학으로서 불교철학의 지형과 방법」, 『한국불교학』 제77집, 한국불교학회, 2016), p.83.

高榮燮, 「한국불교사 교재의 구성 목차와 수록 내용」, 『한국불교사연구』 제18호, 한국불교사학회 한국불교사연구소, 2020.

高榮燮, 「한국불교사 기술의 문법과 방법」, 『한국불교사연구』 제1호, 한국불교사학회 한국불교사연구소, 2012.

高榮燮, 「효성 조명기의 불교사상사 인식」, 『한국불교사연구』 제3집, 한국불교사학회 한국불교사연구소, 2014.

신라 원측(圓測) 유식과 당대 규기(窺基) 유식의 동처와 부동처

원측, 『般若心經贊』, 『한국불교전서』 제1책, 동국대출판부, 1979.

원측, 『解深密經疏』, 『한국불교전서』 제1책, 동국대출판부, 1979.

원측, 『仁王經疏』, 『한국불교전서』 제1책, 동국대출판부, 1979.

원측, 『造塔功德經』「序」, 『한국불교전서』 제12책, 동국대출판부, 2003.
원측, 『成唯識論測疏』(고영섭, 『서명문아(원측)학통연구』, 불교영상, 1999).
太賢, 『成唯識論學記』, 『한국불교전서』 제3책, 1983.

上山春平 외, 『佛敎の思想』, 박태원·이영근, 『불교의 역사와 기본사상』(대원
　　정사, 1989).
元義範, 「원측의 유식사상」, 『숭산박길진박사화갑기념논총: 한국불교사상사』
　　(익산: 원광대, 1974).
황성기, 「원측의 유식학설 연구」, 동국대학교 대학원 불교학과 박사학위논문,
　　1975.
김영태, 「불국사 화엄법사 원측에 대하여」, 『한국불교학』 제19집, 1994.
오형근, 「원측의 일승사상」, 『한국불교학』 제10집, 1985.
신현숙, 「당 규기와 신라 원측의 상위설 연구(1)」, 『한국불교학』 제4집, 1979.
신현숙, 「당 규기와 신라 원측의 상위설 연구(2)」, 『불교학보』 제17집, 1980.
K.S. KENNETH Ch'EN, Buddhism in China-A historical Survey, 박해당, 『중
　　국불교(상)』(민족사, 1991),
丁永根, 「원측의 유식철학」, 서울대학교 대학원 철학과 박사논문, 1992.
丁永根, 「신라유식과 중국유식 - 그 연속과 불연속」, 김영호 엮음, 『한국불교
　　의 보편성과 특수성』(한국학술정보[주], 2008).
丁永根, 「원측의 교체론」, 『태동고전연구』 제10집, 한림대 태동고전연구소,
　　1990.
丁永根, 「원측의 교판태도」, 『이기영박사고희기념논총: 불교와 역사』, 한국불
　　교연구원, 1991.
丁永根, 「원측의 유식학에 대한 혜소의 비판」, 『태동고전연구』 제18집, 한림
　　대 태동고전연구소, 1998.
키츠카와 토모아키(橘川智昭), 「원측사상의 재검토와 과제 - 일승해석의 논의
　　를 중심으로」, 『보조사상』 제16집, 보조사상연구원, 2001.8.
조윤호, 「원측 교체론의 사상적 지반」, 『한국불교학』 제56집, 2009.
高榮燮, 『한국불교 서명 문아(원측)학통 연구』(서울: 불교춘추사, 1998).
高榮燮, 「서명(문아)원측 전기류의 재검토」, 『불교사연구』 제2집, 중앙승가대

학교 불교사학연구소, 1998.

高榮燮, 「문아의 일승학」, 『국학연구』 제1호, 한국국학진흥원, 2003.

高榮燮, 「문아 원측 『성유식론소』의 연구」, 『문학 사학 철학』 제14호, 2008년 가을, 대발해동양학한국학연구원 한국불교사연구소, 2008년 가을.

高榮燮, 「원효 一心의 神解性 분석」, 『불교학연구』 제20호, 불교학연구회, 2009.

高榮燮, 「한중일 삼국의 근대불교학 연구방법론」, 『불교학보』제51집, 동국대학교 불교문화연구원, 2009.

白眞順, 「원측의 교체론과 일음사상」, 『인물로 보는 한국의 불교사상』(예문서원, 2007).

白眞順, 「교체론에 나타난 원측과 규기의 언어관」, 『가산학보』 제11호, 가산불교문화연구원, 2003.

박인석, 「원측의 승의제관」, 『인물로 보는 한국의 불교사상』(예문서원, 2007).

차상엽, 「이당낀시까델(Yid Dang Kun dzhi idKa grel)의 심식론에 나타난 원측의 영향」, 『한국불교학』 제56집, 한국불교학회, 2010.

남무희, 『신라 원측의 유식사상 연구』(민족사, 2008).

분황 원효의 기신사상(起信思想): 일심(一心)과 본각(本覺)의 접점과 통로

『法句經』 제1장, 제1구.

석지현 역, 『법구경: 불멸의 언어』(민족사, 1994; 1997), p.12

Anguttara Nikāya I-6, F. L. Woodward 번역, The Book of the gradual Sayings(London: Pali Text Society, 1979), p.5.

菩提流支 譯, 『入楞伽經』, 「請佛品」(『大正藏』 제16책, p.519상).

智愷, 『大乘起信論一心二門大意』(『속장경』 제71책, 4투).

池田將則, 「杏雨書屋所藏敦煌文獻 『大乘起信論疏』(疑題, 羽333V)について」, 『불교학리뷰』 Vol. 12, 2012, pp.46~47.

曇延, 『大乘起信論義疏』 卷上(『속장경』 제71책, 4투).

玄奘 譯, 『顯揚聖敎論』(『대정장』 제32책, 577상).

元曉, 『大乘起信論別記』(『대정장』 제44책, 234중).

元曉, 『二障義』(『대정장』 제44책, p.215상).

元曉, 『大乘起信論疏』(『大正藏』 제44책, p.212중).

元曉, 『本業經疏』(『한불전』 제1책, p.519하).

法藏, 『華嚴經探玄記』 권3(『대정장』 제35, p.148중).

遁倫, 『瑜伽論記』(『한불전』 제2책, p.410중하).

『大宗地玄文本論』(『대정장』 제32책, pp.668~693).

『釋摩訶衍論』(『대정장』 제32책, pp.591~668).

均如, 『釋華嚴敎分記圓通鈔』 권제3(『韓佛全』 제4책, p.324하).

永超, 『東域傳燈目錄』(『대정장』 제55책, p.1158하).

圓超, 『華嚴宗章疏幷因明錄』(『대정장』 제55책, p.1134중).

石田茂作 編, 『寫經より見たる奈良朝佛敎の硏究』, 「奈良朝現在一切經目錄」
  (東洋文庫, 1930), p.126.

武邑尙邦, 「シナ・日本の因明思想」, 『講座佛敎思想第二卷 認識論·論理學』(동
  경: 이상사, 1974), pp.311~333.

舟橋尙哉, 『初期唯識思想の硏究』(동경: 國書刊行會, 1976), pp.128~131).

鎌田茂雄, 「新羅元曉の唯識思想」, 『伊藤眞誠·田中順照 兩敎授頌德記念佛敎學
  論文集』(동경: 동방출판, 1979), pp.355~364.

동국대학교 불교문화연구소, 『한국불교찬술문헌총록』(서울: 동국대학교출판
  부, 1976), p.33

丸山眞男, 『日本政治思想思硏究』(동경: 동경대학출판회, 1983), 마루야마 마
  사오·김석근(서울: 통나무, 1998).

石井公成, 「東アジア佛敎史」, 최연식 역, 『동아시아 불교사』(서울: 씨아이알,
  2020), p.289.

許興植, 「義天의 圓宗文類와 廓心의 集解」, 『季刊書誌學報』 제5집, 1991,
  p.55.

吉津宜英·慈崎照和, 「郭心 圓宗文類集解 卷中について」, 『駒澤大學佛敎學部
  硏究紀要』, 제52집, 1994, p.90 참조.

은정희, 「원효의 번뇌론」, 『이장의』(서울: 소명출판, 2004), pp.8~10.

高榮燮,『분황 원효의 생애와 사상』(서울: 운주사, 2018).

高榮燮,『붓다와 원효의 철학』(서울: 동국대학교 출판문화원, 2021).

高榮燮 엮음,『한국불교사연구』(서울: 민족사, 2022).

高榮燮 엮음,『한국불교학연구』(서울: 민족사, 2022).

박태원,「본각이란 무엇인가? - 궁극적 관심사를 둘러싼 두 가지 사유방식과 관련하여 -」,『철학논총』제93집, 새한철학회, 2018.7, pp.127~159.

高榮燮,「철학으로서 불교철학의 지형과 방법」,『한국불교학』제77집, 한국불교학회, 2016, p.83.

高榮燮「한국 起信學 연구의 지형과 내용」,『불교학보』제86집, 동국대학교 불교문화연구원, 2019.3.

高榮燮(a),「분황 원효의 일심사상」,『선문화연구』제23집, 한국선리연구원, 2017.12.

高榮燮(b),「분황 원효『대승기신론소』의 내용과 특징」,『불교철학』제6집, 동국대학교 세계불교학연구소, 2020, 4, p.44.

高榮燮(c),「분황 원효『금강삼매경론』의 주요 내용과 특징」,『불교철학』제7집, 동국대학교 세계불교학연구소, 2020년 10.

高榮燮(d),「원효의 三細六麤說과 퇴계의 四端七情論의 통로」,『한국불교사연구』제93집, 한국불교사연구』제11호, 한국불교사학회 한국불교사연구소, 2017, p.92.

부석 의상의 화엄은 성기사상이 아닌가?:
'의상 화엄사상의 성기적 이해에 대한 재검토'의 비판적 고찰

『長阿含經』「遊行經」(『대정장』제1책, p.26상).

『디가니까야』2, p.243.

南傳『대반열반경』(Mahāparinibbāna Sutta, DN16.6.1).

『디가니까야』2, 각묵 역(울산: 초기불교연구원, 2003), p.283.

『根本說一切有部毘奈耶雜事』권37(『대정장』제24책, p.384중),

『大方廣佛華嚴經』(『대정장』제9책, p.568하).

智儼. 『華嚴經孔目章』(『대정장』 제45책, p.580하).

智儼, 『華嚴經搜玄記』(『대정장』 제35책, pp.62하~63하).

義湘, 『華嚴一乘法界圖』(『한불전』 제2책, PP.2하~3상).

『舊唐書』 권83, 列傳, 「蘇定方傳」.

『新唐書』 권111, 列傳 「蘇烈傳」.

『新唐書』 권220, 「百濟傳」.

『太平寰宇記』 권20, 登州.

義湘/智通, 『華嚴經問答』 하(『대정장』 제45책, p.10중).

均如, 『華嚴敎分記圓通鈔』 권4(『한불전』 제4, p.439상).

均如, 『華嚴敎分記圓通』권4(『한불전』 제4, p.439중).

義天, 「新編諸宗敎藏總錄」 권1(『한불전』 제4책, p.682상).

贊寧, 『宋高僧傳』 권4, 「義解」, 「唐新羅國黃龍寺沙門元曉傳」 상하(中華書局, 1995), p.78.

贊寧, 『宋高僧傳』 권4, 「義解」, 「新羅國義湘傳」 상하(中華書局, 1995), p.75

金富軾, 『三國史記』 권4, 眞平王 17년 11월 조;『新唐書』 권43, 地理志.

金富軾, 『三國史記』 권28, 義慈王 18년 조.

一然, 『三國遺事』 권1, 「太宗春秋公」 조.

體元?/天其?,『法界圖記叢髓錄』 卷下之二(『대정장』 제45책, p.762상중).

坂本幸男(1956), 『華嚴敎學の硏究』(경도: 평락사서점), pp.421~449.

吉津宜英(1986), 『華嚴禪の思想史的硏究』(동경: 대동출판사), p.82.

전해주(1993), 「의상화엄사상사연구」(서울: 민족사).

의상 강의·지통 기, 『화엄경문답』, 김상현 교감번역(2013), 『교감번역 화엄경 문답』(서울: 씨아이알).

吉津宜英(1983), 「舊來成佛について」, 『印度學佛敎學硏究』 32-1, p.243.

石井公成(1985), 「華嚴經問答の著者」, 『印度學佛敎學硏究』 33-2.

石井公成(1996), 『華嚴思想の硏究』(동경: 춘추사).

孫兒鉉(1982), '老鐵山水路航路'『韓國海運史』, pp.29~30.

金知見(1988), 「華嚴과 禪의 세계」, 『大華嚴一乘法界圖幷序: 김시습의 선과 화엄』(서울: 대한전통불교연구원), pp.261~262.

金在瑾(1989), 「한국 중국 일본 고대의 선박과 조선술」, 『진단학보』 제68집, p.194.

金知見(1973), 「해동화엄학의 계보와 사상」, 『학술원논문집』 제12집, p.12.

채인환(1982), 「의상화엄교학의 특성」, 『한국화엄사상연구』(서울: 동국대출판부), p.95.

김상현(1984), 「신라화엄학승의 계보와 그 활동」, 『신라문화』 제1집, 동국대학교 신라문화연구소, pp.37~38.

申灐植(1989), 「한국 고대의 西海交涉史」, 『국사관논총』 제2집, pp.2~120.

윤명철(1993), 「고구려 해양교섭사 연구」, 성균관대 박사논문, pp.163~170.

金杜珍(1992), 「의상의 횡진법계관」, 『의상, 그 생애와 사상』, 『擇窩許善道先生停年紀念 한국사학논총』(서울: 일조각).

金杜珍(1993), 「의상의 中道實際思想」, 『역사학보』 제139집(서울: 역사학회), pp.1~34.

金杜珍(1995), 『의상: 그 생애와 사상』(서울: 민음사)

全海住(1990), 「신라 의상의 화엄교학 연구」, 동국대학교대학원 박사학위논문.

全海住(2002), 「의상의 법성과 법계관-일승법계도를 중심으로」, 한국불교학결집대회 조직위원회, 『한국불교학결집대회논문집』 제1집 상권, p.369.

金相鉉(1996), 「『錐洞記』와 그 異本『華嚴經問答』」, 『韓國學報』 제84집, 가을호, pp.28~45.

丁永根(1998), 「의상 화엄학의 실천적 지향」, 『종교연구』 제16집(서울: 한국종교학회), pp.176~183.

朴太源(1996), 「의상의 성기사상」, 『철학』 제49집(서울: 한국철학회), pp.5~31.

권오민(2012), 「다양성과 유연성의 불교② 법성: 성전의 기준과 불설 정의」, 『문학 사학 철학』 제31·32호, 대발해동양학한국학연구원 한국불교사연구소.

권오민(2015), 「불교 지성의 전통과 역사」, 『동아시아불교문화』 제23집, 동아시아불교문화학회, p.9 재인용.

高榮燮(1999), 「의상의 二起學: 性起(理·橫)와 緣起(事·竪)의 긴장과 탄력」, 『한국불학사: 신라·고려시대편』(서울: 연기사), pp.197~206.

高榮燮(2017), 「원효의 오도처와 화성 당항성」, 『신라문화』 제48집, 동국대학교 신라문화연구소.

高榮燮(2019), 「한국불교가 중국불교에 미친 영향: 철학자의 길과 번역자의 길」, 『문학 사학 철학』 제56호, 대발해동양학한국학연구원 한국불교사연구소.

高榮燮(2019), 「퇴옹 성철의 실천성과 지성성」, 『한국불교사연구』 제15호, 한국불교사학회 한국불교사연구소.

金天鶴(2012), 「동아시아 화엄사상에서 의상과 법장의 위상」, 『불교학보』 제61집(서울: 동국대학교 불교문화연구원), pp.65~87.

장진영(진수, 2013), 「화엄경문답의 연구」, 동국대학교 대학원 불교학과 박사논문.

최연식(2016), 「한국불교에서의 성기와 연기: 의상 화엄사상의 성기적 이해에 대한 재검토」, 『불교학보』 제74집(서울: 동국대학교), pp.245~269.

신라 중대의 선법 전래와 나말 려초의 구산선문 형성: 북종과 남종의 전래와 안착

義湘, 『一乘法界圖』(『韓國佛教全書』 제2책).

明曉, 『海印三昧圖』(『韓佛全』 제3책).

均如, 『釋華嚴教分記圓通鈔』(『韓佛全』 제4책).

金富軾, 『三國史記』 권38, '職官' 上.

覺訓, 『海東高僧傳』(『韓佛全』 제4책).

閒靜筠, 「道義傳」, 『祖堂集』(『高麗藏』 제45책).

天頙, 『禪門寶藏錄』 권중(『韓佛全』 제6책).

李能和, 『朝鮮佛教通史』 중권(신문관, 1918; 보련각, 1976).

編者 未詳, 『法界圖記叢髓錄』 4권(『韓佛全』 제6책; (『高麗藏』 제44책)

조선총독부 편, 『조선금석총람』 상권, 아세아문화사, 1976.

申千湜 외, 『韓國佛教禪門의 形成史研究』, 민족사, 1986.

추만호, 『나말여초 선종사상사 연구』, 이론과 실천, 1992.

이지관, 『校勘譯註 歷代高僧碑文』 1~6책, 가산문고, 1993~2003.

정성본, 『新羅禪宗의 研究』, 민족사, 1995.

高榮燮, 『한국불학사: 신라시대편』, 연기사, 2005.

金杜珍, 『신라하대 선종사상사 연구』, 일조각, 2007.

趙凡煥, 『羅末麗初 禪宗山門 開創 研究』, 경인문화사, 2008.

趙凡煥, 『新羅禪宗研究』, 일조각, 2001.

趙凡煥, 『羅末麗初 南宗禪 研究』, 일조각, 2013.

金映遂, 「曹溪禪宗에 就하야」, 『震檀學報』, 1938.

金煐泰, 「五敎 九山에 대하여」, 『불교학보』 제16집, 동국대 불교문화연구소, 1979.

金煐泰, 「曦陽山禪派의 成立과 그 法系에 대하여」, 『한국불교학』 제4집, 한국불교학회, 1978.

金煐泰, 「曦陽山禪派의 成立과 그 法系에 대하여」, 『韓國佛敎史正論』, 불지사, 1997.

金煐泰, 『7월의 문화인물: 道詵』, 문화체육부, 1996.

高翊晋, 「新羅 下代의 禪 傳來」, 『한국선사상연구』, 동국대출판부, 1984,

許興植, 「禪宗 九山派說의 批判」, 『高麗佛敎史研究』, 일조각, 1986; 1990.

許興植, 「禪宗의 繼承과 所屬寺院」, 『고려불교사연구』, 일조각, 1986.

崔炳憲, 「新羅 下代 禪宗九山派의 성립」, 『한국사연구』 제7호, 한국사연구회, 1972.

정선여, 「신라 中代末 下代初 北宗禪의 수용」, 『한국고대사연구』 12, 한국고대사연구회, 1997

최인표, 「나말여초 禪宗佛敎政策 연구」, 효성가톨릭대학교 박사학위논문, 1998.

高榮燮, 「無相의 無念學」, 『한국불교학』 제49집, 한국불교학회, 2008.

樓正豪, 「새로 발견된 新羅 入唐求法僧 慧覺禪師의 碑銘」, 『史叢』 제73집, 고려대사학회, 2011.

양정석, 「九山禪門 伽藍 認識에 대한 考察」, 『신라문화』 제40집, 동국대학교 신라문화연구소, 2012.8.

보조 지눌 사상의 고유성과 독특성:
'중층적 인식 구조'의 확립과 '통합적 이해 체계'의 확보와 관련하여

실차난타 역, 『大方廣佛華嚴經』(『대정장』 제10책, pp.272하~273상).

大慧 宗杲, 『大慧普覺國師語錄』(『大正藏』 제47책, pp.893하~pp.894상).

永明 延壽, 『宗鏡錄』 권45(『대정장』 제48책, p.679중)

知訥, 『勸修定慧結社文』(『韓佛全』 제4책, p.700중).

知訥, 『修心訣』, 『普照全書』(서울: 보조사상연구원, 1989), pp.40~41.

知訥, 「序」, 『華嚴論節要』(『한불전』 제4책, p.767하).

慧諶, 「圓頓成佛論 看話決疑論 跋文」, 『普照全書』(서울: 보조사상연구원, 1989, pp.426~427.

知訥, 『法集別行錄節要并入私記』(『한불전』 제4책, p.743하).

金君綏, 「佛日普照國師碑銘」, 『普照全書』(서울: 보조사상연구원, 1989), p.420.

김용옥, 「序」, 『三國遺事引得』(서울: 통나무, 1992), p.3.

고영섭, 『불학과 불교학: 인문학으로서 불교학 이야기』(서울: 씨아이알, 2016),

김형록(인경), 「知訥 禪思想의 體系와 構造」, 『보조사상』 제10집, 보조사상연구원, 1999, p.185.

김방룡, 『동국대학교 세계불교학연구소 제20차 학술대회 자료집: 국학과 한국학으로서 불교학의 지형과 방법』(2021), p.45.

김방룡, 「최근 30년간 보조 지눌의 선사상에 대한 연구동향과 앞으로의 과제 -『보조사상』에 수록된 내용을 중심으로-」, 『보조사상』 제50집, 보조사상연구원, 2018.3, pp.82~115.

김형찬, 「한국철학의 정체성과 한국철학사의 관점」, 『한국사상과문화』 제100집, 한국사상과문화학회, 2019.12. p.1084.

高榮燮, 「지눌의 眞心學」, 『한국불학사: 고려시대편』(서울: 연기사, 2005), p.228.

高榮燮, 「지눌의 진심사상」, 『보조사상』 제15집, 보조사상연구원, 2005.

高榮燮, 「보조선과 임제선의 간화선의 동처와 부동처 - 한국의 간화선은 보조
　선인가 임제선인가 -」, 『동아시아불교문화』 제40집, 동아시아불교문화
　학회, 2018.
고영섭, 「한국불학의 보편성과 특수성: 물리적 결합과 화학적 삼투」, 『한국불
　학사: 신라시대편』(서울: 연기사, 1999).
고영섭, 「한국불교의 보편성과 특수성: 물리적 비빔과 화학적 달임」, 『대학원
　논문집』 제3집, 중앙승가대학교 불교학연구원, 2013.
高榮燮, 「보조 지눌의 사상 형성에 영향을 미친 고승」, 『보조사상』 제42집,
　보조사상연구원, 2013.

한국 간화선의 정통성 문제: 한국의 간화선은 보조선인가 임제선인가

馬祖, 『馬祖道一禪師語錄』(『續藏經』 제119책).
宗密, 『圓覺經大疏鈔』 권3之 下(『續藏經』 제14책).
永明 延壽, 『宗鏡錄』 권45(『大正藏』 제48책).
知訥, 『法集別行錄節要并入私記』(『韓佛全』 제4책).
知訥, 『看話決疑論』, 『普照全書』(보조사상연구원, 1989).
知訥, 『圓頓成佛論』, 『普照全書』(보조사상연구원, 1989).
知訥, 『勸修定慧結社文』(『한국불교전서』 제4책, 1985).
金君綏, 「昇平府 曹溪山 松廣寺 佛日普照國師 碑銘竝書」, 조선총독부 편, 『朝
　鮮金石總覽』 상(아세아문화사, 1976).

강건기, 『목우자 지눌연구』(부처님세상, 2001).
길희성, 『지눌의 선사상』(소나무, 2001).
심재룡, 『지눌연구』(서울대출판부, 2004).
김방룡, 『보조 지눌의 사상과 영향』(보고사, 2006).
이덕진, 『보조지눌 연구』(해조음, 2007).
김태완, 『조사선의 실천과 사상』(장경각, 2001).
월 암, 『간화정로』(클리어마인드, 2006; 2009).
대한불교조계종교육원, 『간화선』(조계종출판부, 2005).

김방룡, 「여말 삼사의 간화선 사상과 그 성격」, 『보조사상』 제23집, 보조사상
　　　연구원, 2005.
高榮燮, 「浮休 善修系의 선사상과 법통인식」, 『한국불교사연구』 제4호, 한국
　　　불교사연구소, 2014.2

일연 『삼국유사』 「의해」 편의 중심 내용과 주요 특징:
'향가(鄕歌)' 계승 의지와 '찬시(讚詩)' 창작 수록과 관련하여

一然, '圓光西學', 「義解」 제5, 『三國遺事』 권제4.

채상식, 『일연의 생애와 사상』(서울: 혜안, 2018).
高榮燮, 『한국불교사궁구』 1(서울: 씨아이알, 2019).
김영회, 『천년 향가의 비밀』(서울: 북랩, 2020; 2022).

이기백, 「삼국유사의 사학사적 의의」, 『진단학보』, 제36집, 진단학회, 1973.
김태영, 「일연의 역사의식」, 『경희사학』 제5호, 경희사학회, 1974.
金煐泰, 「삼국유사의 체재와 그 성격」, 『동국대논문집』 제13집, 1974.
高翊晋, 「삼국유사 찬술고」, 『한국사연구』 제38호, 1982.
허흥식, 「삼국유사를 저술한 시기와 사관」, 『인하사학』 제10집, 인하역사학회,
　　　2003.2.
정구복, 「삼국유사의 사학사적 고찰」, 『삼국유사』의 종합적 검토』(성남: 한국
　　　정신문화연구원, 1987), pp.16~17.
김두진, 「삼국유사의 體制와 내용」, 『한국학논총』 제23집, 국민대 한국학연구
　　　소, 2000, p.22.
김두진, 「삼국유사의 불교사자료와 그 성격」, 『청계사학』 제16~17집, 한국정
　　　신문화연구원, 2002, pp.758~768
정규훈, 「삼국유사 의해편 소재 고승 전설 소고」, 『계명어문학』 제1집, 계명어
　　　문학회, 1984.
최병헌, 「삼국유사 의해편과 신라불교사」, 『신라문화제학술논문집: 신라 왕경
　　　유적과 고승이야기-『삼국유사』 「의해」 편 I.

김상현, 「삼국유사 의해편의 내용과 성격」, 『신라문화제학술논문집: 신라 왕
경유적과 고승이야기-『삼국유사』 「의해」편II, 제33집, 경주시 신라문화
제선양위원회, 2012.

정병삼, 「신라불교사상사와 『삼국유사』 의해편」, 『불교학연구』 제16호, 불교
학연구회, 2007.4.

이정훈, 「삼국유사 의해의 성격 고찰」, 『한국문학이론과 비평』 제41집, 한국
문학이론과 비평학회, 2008.

이정훈, 「삼국유사 의해의 성격 고찰II」, 『건지인문학』 제6집, 전북대학교 인
문학연구소, 2011.

高榮燮, 「『삼국유사』의 「흥법」편과 「탑상」편의 성격과 특징」, 『신라문화제학
술논문집: 신라 초전불교와 그 특징』 제32집, 경주시 신라문화선양위원
회, 2011.

高榮燮, 「삼국유사의 고승과 성사 이해」, 『한국불교사연구』 제15호, 한국불교
사학회 한국불교사연구소, 2018.

高榮燮, 「분황 원효 금강삼매경론의 중심 내용과 주요 특징」, 『불교철학』 제7
집, 동국대학교 세계불교학연구소, 2020.10.

신태수, 「『삼국유사』〈의해편〉의 인물층위와 그 입전방법」, 『국학연구론총』
제21집, 택민국학연구원, 2018.6.30.

청허 휴정(淸虛 休靜)의 선교(禪敎) 이해

圭峰宗密, 『禪源諸詮集都序』 권상1(『大正藏』 제48책).

智賢, 「陳提刑貴謙答眞侍郞德秀書」, 『緇門警訓』 권7(『大正藏』 제48책).

淸虛, 「三老行蹟」, 『碧松堂行狀』(『韓佛全』 제7책).

淸虛, 「碧松堂行蹟」, 『淸虛集』 권3(『韓佛全』 제7책).

淸虛, 「敬聖堂行蹟」, 『淸虛集』 권3(『韓佛全』 제7책).

淸虛, 『淸虛集』(『韓佛全』 제7책).

淸虛, 『淸虛堂集』 補遺, 「淸虛堂行狀」(『韓佛全』 제7책).

淸虛, 『禪敎訣』(『韓佛全』 제7책).

淸虛, 『禪敎釋』(『韓佛全』 제7책).

淸虛, 「三乘學人病」, 『心法要抄』(『韓佛全』 제7책).

淸虛, 『禪家龜鑑』(『韓佛全』 제7책).

中觀 海眼, 「四溟堂松雲大師行蹟」, 『四溟堂大師集』 권7(『韓佛全』 제8책).

李廷龜, 「國一都大禪師西山淸虛堂休靜大師碑」, 『朝鮮金石總覽』 하권(보련각, 1975)

谿谷 張維 撰, 「海南大興寺淸虛大師碑」, 李能和, 『朝鮮佛敎通史』 권상(국민서관, 1918; 보련각, 1976).

許端甫, 「松雲大師石藏碑銘竝書」, 『淸虛堂集』(『韓佛全』 제7책).

鞭羊 彦機, 「西山行蹟抄」, 『鞭羊堂集』 권2(『韓佛全』 제8책).

鞭羊 彦機, 「蓬萊山雲水庵鍾峰塔影記」, 『鞭羊堂集』 권2(『韓佛全』 제8책).

高橋亨, 「贈曦峻禪德」, 『李朝佛敎』(大阪: 寶文館, 1929).

性 徹, 『한국불교의 법맥』(해인총림, 1972).

金煐泰, 『한국불교사』(경서원, 1997).

申法印, 『西山大師의 禪家龜鑑 硏究』(신기원사, 1983).

박경훈, 「해제: 서산대사의 생애와 사상」, 『청허당집』(동국역경원, 1987)

禹貞相, 「西山大師의 禪敎觀에 대하여」, 『불교사학논총: 趙明基博士華甲기념논총』(동국대도서관, 1965).

金煐泰, 「朝鮮 禪家의 法統考」, 『불교학보』 제22집, 동국대학교 불교문화연구원, 1985.

高翊晉, 「碧松智嚴의 新資料와 法統問題」, 『佛敎學報』 제22집, 동국대학교 불교문화연구원, 1985.

高榮燮, 「조선 전기 불자와 유자의 시공관」, 『동양철학』 제24집, 한국동양철학회, 2004.

高榮燮. 『한국불학사: 조선·대한시대편』(연기사, 2005).

高榮燮, 「虛應 普雨의 佛敎 中興」, 『한국불교학』 제56집, 한국불교학회, 2010년 춘계.

金龍泰, 「淸虛 休靜과 조선후기 禪과 華嚴」, 『불교학보』 제74집, 동국대학교 불교문화연구원, 2016.

벽암 각성의 생애와 사상:
李景奭 撰「華嚴寺 碧巖堂 覺性大師碑文」을 중심으로

『律藏』(Vinaya Ⅲ, p.24).

『인조실록』 권39; 인조 17년 10월 8일(辛卯).

『인조실록』 권40. 인조 18년 5월 21일(辛丑).

李景奭 撰, 「華嚴寺 碧巖堂 覺性大師碑文」, 權相老 편, 『韓國寺刹史料』 권상
　　　(조선총독부, 1911).

白谷 處能, 「賜報恩闡敎圓照國一都大禪師行狀」, 『大覺登階集』 권2(『한불전』
　　　제8책, p.329).

李能和, 「涵月海源(1691~1770)和尙後跋」, 『朝鮮佛敎通史』 권하.

李能和, 『朝鮮佛敎通史』 권상(서울: 신문관, 1918), pp.248~252.

조선총독부 편, 『朝鮮金石總覽』 권하(서울: 아세아문화사, 1919; 1976), pp.
　　　916~920.

동국대학교 불교문화연구소 편, 『한국불교찬술문헌총서』(서울: 동국대출판부,
　　　1976), pp.184~185.

槎川 李秉淵, 「奉呈碧巖大師」, 李能和, 『朝鮮佛敎通史』 권하(보련각, 1976).

한국사지총서편찬위원회, 『傳燈寺本末史誌』(아세아문화사, 1978), p.48.

권상로, 『한국사찰전서』(서울: 동국대출판부, 1979).

金煐泰, 『한국불교사』(서울: 경서원, 1997).

임석진, 『대승선종 조계산 송광사지』; 이정 편, 『한국불교사찰사전』(서울: 불
　　　교시대사, 1996), p.354.

李智冠 編, 「海南大興寺淸虛堂休靜大師碑文」, 『韓國高僧碑文總集: 朝鮮朝·近
　　　現代』(가산불교문화연구원, 2000), p.61.

한국학중앙연구원 편찬, 『한국민족문화대백과사전』(encykorea.aks.ac.kr).

한명기, 『광해군: 탁월한 외교정책을 펼친 군주』(서울: 역사비평사, 2000),
　　　p.39 참조.

高榮燮(1), 『한국불학사: 조선시대편』(연기사, 2005).

高榮燮(2), 『한국불교사연구』(서울: 한국학술정보, 2012).

高榮燮(3), 『한국불교사탐구』(서울: 박문사, 2015).
高榮燮(4), 『한국불교사궁구』 1.2(서울: 씨아이알, 2019).

이기백, 「신라 경덕왕대 화엄경 사경 관여자에 대한 고찰」, 『역사학보』 제83
　　집, 한국역사학회, 1979.
김갑주, 「남한산성 義僧番錢의 종합적 고찰」, 『불교학보』 제25집, 동국대학교
　　불교문화연구원, 1989); 이봉춘, 「조선불교 도총섭 제도와 그 성격」, 『사
　　명당유정』(서울: 지식산업사, 2000);
이봉춘, 「조선불교 도총섭 제도와 그 성격」, 『사명당 유정』(지식산업사, 2000).
문명대, 「무염파(無染派) 목불상의 조성과 설악산 신흥사 목아미타불 삼존불
　　상의 연구」, 『강좌미술사』 제20호, 한국미술사연구소, 2002.6.
문명대, 「벽암 각성의 조형 활동과 설악산 신흥사 극락보전 아미타삼존불상과
　　그 복장품의 연구」, 『강좌미술사』 제45호, 한국미술사연구소, 2015.12.
정승석, 「호국불교의 인도적 연원」, 『대각사상』 제31집, 대각사상연구원, 2018. 12.
김정희, 「벽암 각성의 불화 조성」, 『벽암 각성과 불교미술문화재 조성』(사단
　　법인 한국불교사연구소, 한국미술사학회, 2018), pp.108~111.
박도화, 「벽암 각성의 불경 조성」, 『벽암 각성과 불교미술문화재 조성』(사단
　　법인 한국불교사연구소, 한국미술사학회, 2018), pp.116~167.
김상영, 「雷默 處英의 생애와 불교사적 위상」, 『불교연구』 제48집, 한국불교
　　연구원, 2018.2.
高榮燮(a), 「조계총림 송광사의 수행과 문화」, 『보조사상』 제32집, 보조사상연
　　구원, 2008, pp.634~678.
高榮燮(b) 「해인강원-해인사 승가대학(1900~2009)의 역사와 문화」, 『불교학
　　보』 제53집, 동국대 불교문화연구원, 2010.
高榮燮(c), 「虛應 普雨의 불교 중흥」, 『한국불교학』 제56집, 한국불교학회,
　　2010.
高榮燮(d), 「광해군의 불교인식」, 『한국불교사연구』 제2호, 한국불교사학회
　　한국불교사연구소, 2012.2, p.253.
高榮燮(e), 「국가불교의 '호법'과 참여불교의 '호국'」, 『불교학보』 제64집, 동국
　　대학교 불교문화연구원, 2013.

高榮燮(f), 「조선 후기 승군제도의 불교사적 의미」, 『한국사상과문화』 제72집, 한국사상문화학회, 2014.

高榮燮(g), 「조선 후기 고승의 비석 건립과 문집 간행」, 『한국불교사연구』 제7호, 한국불교사연구소, 2014.

高榮燮(h), 「浮休 善修系의 禪사상과 法統인식」, 『한국불교사연구』 제4호, 한국불교사학회 한국불교사연구소, 2014.

高榮燮(i), 「청허 휴정의 禪敎 이해」, 『불교학보』 제78집, 동국대학교 불교문화연구원, 2017.

高榮燮(j), 「한국 승군의 역사와 성격」, 『문학 사학 철학』 제57집, 대발해동양학한국학연구원 한국불교사연구소, 2019.6.

최연식, 「완주 송광사의 창건 배경 및 조선후기 불교 문파와의 관계」, 『보조사상』 제47집, 보조사상연구원, 2017, pp.132~167.

이자랑, 「『율장』 「건도부」 분석에 의한 승가의 지도자상 정립」, 『인도철학』 제32집, 인도철학회, 2011, p.229, 각주 160 참고.

이종수(a), 「조선 후기의 승군제도와 그 활동」, 『한국 호국불교의 재조명』(조계종 불교사회연구소, 2012).

이종수(b), 「조선후기의 승군제도와 그 활동」, 『한국 호국불교의 재조명』(조계종 불교사회연구소, 2012).

김용태(a), 「조선후기 남한산성의 조영과 승군의 활용」, 『한국사상과 문화』 제78집, 한국사상문화학회, 2015.

김용태(b), 「'浮休系'의 계파인식과 普照遺風」, 『보조사상』 제25집, 보조사상연구원, 2006.

김용태(c), 「조선후기 불교의 臨濟法統과 敎學傳統」, 서울대 국사학과 박사논문의 II-1참조, 2008.

손신영, 「속초 신흥사 극락보전 고찰」, 『속초 신흥사』(사. 한국미술사연구소, 2015.1).

경허 성우의 실천성과 지성성: 종교적 삶과 철학적 앎

『雜阿含經』 권12, 299경 「緣起法經」(『大正藏』 제2책, p.85중).

『中雜含經』권7,「象跡喩經」(『大正藏』제1책, p.467상).

龍樹,「觀四諦品」,『中論』,

莊子,「齊物論」,『莊子』.

元曉,『金剛三昧經論』(『한불전』제1책, p.611중)

北宋 道源,『景德傳燈錄』(1006년) 권22.

普照 知訥,「修心訣」(『韓佛全』제5책, p.100).

虛舟 德眞 엮음, 김석군 옮김,『정토감주』해제(서울: 동국대출판부, 2021), p.6.

錦溪 寶鼎,「조계종사 허주선사전」, 김용태·김호귀 옮김,『조계고승전』(서울: 동국대출판부, 2021).

鏡虛,『鏡虛集』(『韓佛全』제11책).

漢巖,「先師鏡虛和尙行狀」, (『韓佛全』제11책).

대한불교조계종 교육원 불학연구소 편저,『경허·만공의 선풍과 선맥』(서울: 조계종출판사, 2009).

金泰洽,「人間 鏡虛－一名 鏡虛大師 一代評傳」,『비판』제6호, 비판사, 1938, p.108.

대발해동양학한국학연구원 한국불교사연구소,「人間 鏡虛－一名 鏡虛大師 一代評傳」,『비판』제6호,『문학 사학 철학』제45호, 2016년 재수록.

최병헌,「근대 한국불교의 선풍 진작과 덕숭총림」,『경허·만공의 선풍과 선맥』(서울: 조계종출판사, 2009).

고영섭,「경허의 살림살이와 사고방식」,『경허·만공의 선풍과 선맥』(서울: 조계종출판사, 2009).

변희욱,「경허의 선사상에 대한 재조명」,『경허·만공의 선풍과 선맥』(서울: 조계종출판사, 2009).

김경집,「만공의 선학원 활동과 선풍 진작」,『경허·만공의 선풍과 선맥』(서울: 조계종출판사, 2009).

이덕진,「만공 스님의 가풍과 간화선의 진작」,『경허·만공의 선풍과 선맥』(서울: 조계종출판사, 2009).

황인규,「근대 비구니의 동향과 덕숭총림 비구니들」,『경허·만공의 선풍과 선맥』(서울: 조계종출판사, 2009).

오경후, 「경허·만공의 법맥과 한국불교에 미친 영향」, 『경허·만공의 선풍과 선맥』(서울: 조계종출판사, 2009).

홍현지, 「경허의 오도가와 '寄虛舟長者' 詩의 상관성」, 『한국불교학』 제71집, 한국불교학회, 2014.9.

高榮燮, 「분황 원효와 경허 성우의 구도정신」, 『선문화연구』 제27집, 한국선리연구원, 2020.6.

高榮燮, 「퇴옹 성철의 실천성과 지성성」, 『한국불교사연구』 제16호, 한국불교사학회 한국불교사연구소, 2019.6.

용성 진종의 살림살이와 사고방식

『續大典』, 典型 禁制의 '僧尼濫入都城者' 조항.

耘虛龍夏 편, 『佛敎辭典』(동국역경원, 1961), p.694.

「선학원 상량문」.

『한국근현대불교자료전집』 권65(서울: 민족사, 1996), pp.3~4.

「백상규 심문조서」, 『한민족독립운동사자료집』 권12(3.1운동, 2), 국사편찬위원회, p.91.

龍城, 「저술과 번역에 대한 연기」, 『조선글 화엄경』, 삼장역회, 1928.

龍城, 「龍城法語」, 『용성대종사전집』 제1집, pp.337~342.

龍城, 「중앙행정에 대한 희망」, 『불교』 제93호, 1932, p.15.

白龍城, 「僧侶肉喰帶妻問題に關する歎願書」, 『조선불교』 제27호. 1926.7.

龍城, 「용성이 경봉에게 보낸 편지」, 『삼소굴소식』(극락암), p.176.

龍城, 「自敍」, 『覺說梵網經』(대각교중앙본부, 1931.1).

「頻發하는 宗敎界의 不祥事 楡岾寺에 住持排斥運動」, 『매일신보』 1926.11.1.

「朝鮮佛敎의 系脈直傳과 白龍城의 傳戒」, 『불교시보』 제18호, 1937. 1.1, p.13.

李永子, 「白龍城研究序說」, 『불교사상』 제6호, 불교사상사, 1974.

韓普光, 『龍城禪師硏究』(감로당, 1981), pp.91~93.

李能和, 『朝鮮佛敎通史』 권하. "並不報."

鄭珖鎬, 「한국 전통 선맥의 계승운동」, 『근대한일불교관계사연구』(인하대출판
　　부, 1994), pp.88~89.

李能和, 『朝鮮佛敎通史』 권下(보련각, 1976), p.617.

이지관, 『한국불교계율전통: 한국불교계법의 자주적 전승』(가산불교문화연구
　　원, 2005), pp.253~262.

김광식, 「백용성의 불교개혁과 대각교운동」, 『새불교운동의 전개』(도피안사,
　　2002), pp.286~291.

영호당 박한영과 상현거사 이능화의 학문태도와 연구방법

박한영, '年譜'와 '原文'

박한영, 『石顚詩抄』(동명사, 1940).

박한영 『石顚文鈔』(법보원, 1962).

현 성, 『영호대종사어록』(동국문화사, 1988),

중앙대 영신아카데미 한국학연구소, 『이능화전집』(1978).

李能和, '朴漢永'조, 『朝鮮佛敎通史』 하편(보련각, 1976).

이능화, 『조선불교통사』, 윤재영(박영사, 1980).

이능화, 『조선도교사』(보성문화사, 1989).

이능화, 『백교회통』, 강효종(운주사, 1989; 1992).

이능화, 『조선여속고』, 김상억(대양서적, 1979; 동문선, 1990).

이능화, 『조선무속고』, 김열규(삼성출판사, 1981), 이재곤(동문선, 1991).

이능화, 『조선해어화사』, 이재곤(동문선, 1992).

이종은, 「이능화의 생애와 학문」, 『이능화연구』(집문당, 1994).

이병주 외, 『석전 박한영의 생애와 시문학』(백파사상연구소, 2012)

高榮燮 외, 『석전 영호대종사』(조계종출판사, 2015).

종걸·혜봉 공저, 『영호 대종사 일생록: 석전 박한영』(신아출판사, 2016).

이재헌, 「근대 한국 불교학의 성립과 종교 인식: 이능화와 권상로를 중심으로」,

한국정신문화연구원, 1999.

이민용, 「불교학 연구의 문화배경에 대한 성찰」, 『종교연구』 제19집, 한국종교학회, 200.3.

이민용, 「근대 불교/학의 형성과 아카데미즘에서의 위상-서구 불교학 형성에 대한 반성적 성찰」, 『한국교수불자연합학회회지』 제18권 제1호, 한국교수불교자연회, 2012.

이봉춘, 「한국 불교지성의 연구활동과 근대불교학의 정립」, 『근대 동아시아의 불교학』(동국대출판부, 2008).

조성택, 「근대불교학과 한국 근대불교」, 『민족문화연구』 제45집, 고려대 민족문화연구원, 2006.

김상일, 「박한영의 저술 성향과 근대불교학적 의의」, 『근대 동아시아의 불교학』(동국대출판부, 2008).

高榮燮, 『한중일 삼국의 근대불교학과 방법론」, 『불교학보』 제51집, 동국대 불교문화연구원, 2005.

高榮燮, 「한국 불교학 연구의 어제와 그 이후: 이능화·박정호·권상로·김영수 불교학의 탐색」, 『문학 사학 철학』 제2호, 한국불교사연구소, 2007년 여름 통권 9호.

高榮燮, 「대한시대 불교학 연구의 지형」, 『불교 근대화의 전개와 성격』(조계종출판사, 2006).

高榮燮, 「영호(석전) 정호(한영)와 중앙불교전문학교」, 『한국불교학』 제78집, 한국불교학회, 2014.

김영진, 「한국 근대불교학 방법론의 등장과 불교사 서술의 의미」, 『한국학연구』 제23집, 2010.11.

김용태, 「근대 불교학의 수용과 불교 전통의 재인식」, 『한국사상과 문화』 제54집, 한국사상과문화학회, 2008.

한암 중원의 조계종사 인식과 조계종의 회복:
퇴경의 「조계종」과 한암의 「해동초조에 대하야」와 관련하여

(사)한국불교학회, '한국불교의 보편성과 특수성 I: 고려시대 11종의 통합성과

종합성과 관련하여', 『2020년 한국불교학회 추계학술대회자료집』.

이회광(李晦光, 1862~1932), 「불교개종문제(一)」, 〈동아일보〉 1920년 6월 2일.

李能和, 『조선불교통사』, 역주편찬위원회 편역, 『역주 조선불교통사』(동국대학교출판부, 2010), p.311.

錦溟 寶鼎, 「序文」, 『曹溪高僧傳』(『한불전』 제12책, p.381상).

금명 보정, 『조계고승전』, 김호귀·김용태 역(동국대출판부, 2021).

이재창, 「오대산의 맑은 연꽃, 한암스님」, 『정본 한암일발록』하권(서울: 민족사, 1995; 1996; 2010).

權相老, 「曹溪宗 – 朝鮮에서 自立한 宗派의 其四」, 《불교》 제58호, 1929. 4.1.

方寒巖, 「海東初祖에 對하야」, 《불교》 제70호, 1941, p.848.

鄭性本, 「禪宗六祖慧能大師頂相東來緣起考」, 『한국불교학』 제15집, 한국불교학회, pp.185~211.

김호성, 「한암의 '도의-보조 법통설' – 〈해동초조에 대하야〉를 중심으로」, 『보조사상』 제2집, 보조사상연구원, 1992.

김광식, 「방한암과 조계종단」, 『한암사상』 제1집, 한암사상연구원, 2006.

김광식, 「대한불교조계종의 성립과 성격: 1941~1962년의 조계종」, 『선학』 제34집, 한국선학회, 2013.

염중섭(자현), 「한암의 해동초조에 대하여」, 『한국불교학』 제97집, 한국불교학회, 2021.2.

김상현, 「십이종(十二宗)」, 『한국민족문화대백과사전』.

정병조, 「金大悲」, 『한국민족문화대백과사전』.

만해 한용운의 일본 체류 체험과 근대 유럽 인식의 지형: '자유사상'의 확립과 '평화사상'의 확보

한용운, 『조선불교유신론』, 『한용운전집』 제1책(서울: 불교문화연구원, 2006), p.42하.

한용운, 『불교대전』, 『한용운전집』 제3책(서울: 불교문화연구원, 2006), p.21.

한용운 편찬,『불교대전』, 이원섭 역주(서울: 현암사, 1980, 개정10쇄, 2013).

한용운, 「군말」,『님의 침묵』,『한용운전집』제1책(서울: 불교문화연구원, 2006), p.42상.

한용운,『유마힐소설경강의』,『한용운전집』제3책(서울: 불교문화연구원, 2006), p.17.

한용운, 「中樞院 獻議書」,『한용운전집』제2책, pp.87상~88하.

한용운, 「統監府 建白書」,『한용운전집』제2책, pp.88하~89상.

한용운, 「조선불교의 진로」,『한용운전집』제2책, pp.130~234.

한용운, 「佛敎의 維新은 破壞로부터」,『한용운전집』제2책(서울: 불교문화연구원, 2006), p.46상.

한용운, 「불교의 성질」,『조선불교유신론』,『한용운전집』제1책(서울: 불교문화연구원, 2006), pp.35~36.

한용운, 「元曉疏刊行序」,『한용운전집』제4책, p.347하.

한용운, 「조선독립의 서」,『한용운전집』제2책(서울: 불교문화연구원, 2006), p.346상.

한용운, 「조선불교의 개혁안」,『불교』88호, 1931.10.1.

한용운,『경허집』序(p.347하~348상)

한용운, 「鏡虛略譜」(p.348상하)

耘虛 龍夏, 「萬海 龍雲堂大禪師碑」,『한용운전집』제6책(서울: 불교문화연구원, 2006), p.419.

조명기, 「만해 한용운의 저서와 사상」,『한용운전집』제3책, p.18.

조지훈, 「민족주의자 한용운」,『한용운전집』제4책(서울: 불교문화연구원, 2006), p.362하.

안병직, 「만해 한용운의 독립사상」,『한용운전집』제4책, p.376상.

高恩,『한용운평전』(서울: 민음사, 1975), p.14.

申一澈, 「한국사상사서설」,『한국의 사상가 12인』(서울: 현암사, 1976), p.38.

廉武雄, 「한용운의 민족사상」,『한국근대사논고』3, 1977.

方立天,『佛敎哲學槪論』, 유영희 역,『불교철학개론』(서울: 민족사, 1989), p.257.

坂本多加雄,『日本の近代 2: 明治國家の建設』(중앙공론사, 1999).

小島毅, 『近代日本の陽明學』(講談社, 2006), pp.34~132.

김삼웅, 『만해 한용운 평전』(서울: 시대의 창, 2006), p.29.

백종현, 「칸트에서 자유의 이념과 도덕원리」, 『철학사상』 제1집, 서울대학교
　　　철학사상연구소, 1991, p.31.

허우성, 「만해의 불교이해」, 『만해학보』 창간호, 만해학회, 1992, p.93.

송현주, 「한용운의 불교·종교 담론에 나타난 근대사상의 수용과 재구성」, 『종
　　　교문화비평』 제11호, 종교문화비평연구소, 2005.

류승주, 「사회진화론의 수용과 『조선불교유신론』 - 한용운의 불교적 사회진화
　　　론」, 『불교학보』 제50집, 동국대 불교문화연구원, 2009.

윤종갑, 「한용운의 근대 인식과 서양철학 이해」, 『한국민족문화』 제11집, 한
　　　국민족문화학회, 2011, pp.20~21.

송현주, 「한용운의 『불교대전』과 난조분유·마에다 에운의 『불교성전』의 비
　　　교연구 - 구조의 차이와 인용 경전의 특성을 중심으로」, 『불교연구』 제
　　　43집, 한국불교연구원, 2015, pp.8~9.

송현주, 「근대불교성전(Modern Buddhist Bible)의 간행과 한용운의 『불교대
　　　전』: Buddhist Catechism, The Gospel of Buddha, 『불교성전』과의 비
　　　교를 중심으로」, 『동아시아불교문화』 제22집, 동아시아불교문화학회,
　　　2015.

윤종갑, 「한용운의 근대 인식과 서양철학 이해」, 『한국민족문화』 제39집, 한
　　　국민족문화학회, 2011.

조명제, 「한용운의 조선불교유신론과 일본의 근대지」, 『한국사상사학』 제46
　　　집, 한국사상사학회, 2014.4.

고영섭, 「만해 한용운의 일본 인식 - 불교계 애국계몽운동의 사상적 단초」,
　　　『선문화연구』 제18집, 한국선리연구원, 2015.

양은용, 「만해 용운선사 『불교대전』의 교의적 성격」, 『선문화연구』 제20집,
　　　한국선리연구원, 2016, pp.27~28.

강은애, 「만해 한용운의 실천성과 지성성」, 『한국불교사연구』 제21호, 한국불
　　　교사학회 한국불교사연구소, 2022.6.

퇴옹 성철의 실천성과 지성성:
'산속의 육신'과 '현실의 원력'의 중층성을 중심으로

『長阿含經』「遊行經」(『대정장』제1책, p.26상).

南傳『대반열반경』(Mahāparinibbāna Sutta, DN16.6.1).

『디가니까야』2, 각묵 역(울산: 초기불교연구원, 2003), p.283.

訶梨跋摩, 『成實論』(『대정장』제32책, p.250상).

知訥, 『修心訣』(『한불전』제4책).

홍자성, 『채근담』.

한용운, 『채근담강의』.

퇴옹 성철, 『백일법문』상하(서울: 장경각, 1992; 2007 11쇄).

퇴옹 성철, 『자기를 바로 봅시다』(합천: 해인사출판부, 1987년 4판; 장경각, 2002), pp.254~255

성철, 『무엇이 너의 본래면목이냐: 本地風光·설화』20칙(서울: 장경각, 2009), p.118.

성철, 『옛 거울을 부수고 오너라: 성문정로』(서울: 장경각, 2013).

性徹, 『禪門正路』(서울: 장경각, 2013).

〈대한불교〉, 1964년 11월.

〈불교신문〉1982년 1월 1일.

〈조선일보〉1984. 3월 17일.

[다음 국어사전](2019. 05. 23.)

B, Croce, History as the story of Liberty, Egal,transl., 1941, p.19. 베네데토 크로체(1866~1952).

고영섭, 『오늘도 나는 길을 간다: 원효 한국사상의 새벽』(서울: 한길사, 1997; 2009), p.257.

장산, 『화엄경 백일법문』(서울: 불광출판부, 1999).

도대현, 『성철 선사상』(서울: 예문서원, 2005).

김영욱, 「퇴옹의 간화선」, 조성택 편, 『퇴옹 성철의 깨달음과 수행』(서울: 예문 서원, 2006), pp.110~139.

퇴옹 성철, 「수도자에게 주는 글」, 『해탈의 길』(서울: 장경각, 2004), pp.13~99.

원택, 『성철스님 시봉이야기』(서울: 장경각, 2008), p.100.

김성철, 『승랑, 그 생애와 사상의 분석적 탐구』(서울: 지식산업사, 2010).

원택 엮음, 『성철 스님 행장』(미디어글씨, 2012), p.238.

김택근, 『성철평전』(서울: 모과나무, 2017), p.591.

高榮燮(1), 「지눌의 진심사상」, 『한국불학사: 고려시대편』(서울: 연기사, 2002; 2005).

高榮燮(2), 「한국 승군의 역사와 성격」, 『한국불교사궁구』1(서울: 씨아이알, 2019).

高榮燮(3), 「불교 정화의 이념과 역사」, 『한국불교사궁구』2(서울: 씨아이알, 2019), p.631.

박성배, 「지눌과 성철의 닮은 점 세 가지」, 『고경』, 성철선사상연구원, 1996년 봄호.

권오민(a), 「다양성과 유연성의 불교② 법성: 성전의 기준과 불설 정의」, 『문학 사학 철학』제31·32호, 대발해동양학한국학연구원 한국불교사연구소, 2012.

권오민(b), 「불교 지성의 전통과 역사」, 『동아시아불교문화』제23집, 동아시아불교문화학회, 2015, p.9 재인용.

주성옥(명법, a), 「야나기 무네요시의 민예론과 오리엔탈리즘」, 『미학』제68집, 한국미학회, 2011.12, pp.35~66.

주성옥(명법, b), 「불교 지성의 시대적 과제와 현대적 모색」, 『동아시아불교문화』제23집, 동아시아불교문화학회, 2015, pp.124~125.

색 인

가 ················ 247
가락국기 ············ 247
가명(生) ············ 149
가섭(迦葉) ··········· 289
가섭불 연좌석 ········· 248
가섭존자 ············ 548
가슴의 실천 ·········· 76
가야갑사(迦耶岬寺) ····· 177
가야불학 ············ 54
가야산(伽倻山) ······ 310, 311
가유 ·············· 77
가의 설경(說經) ········ 298
가장 나중에 오는 장작이
　제일 위에 온다 ······· 229
가재와 조개 ·········· 295
가지도의(迦智道義) ····· 164
가지산문 ············ 164
가지산조사 ·········· 162
가지산조사해외전등도의국사
　··············· 456, 462
가지산하도의국사문하 ···· 455, 456
가탐 ·············· 128
가행위(수행의 진전) ····· 69
각관 ·············· 154
각의 ·············· 105
각훈 ·············· 273
각훈의 해동고승전 ······ 244
간경도감(刊經都監) ····· 305
간례휘찬(簡禮彙纂) ····· 538
간사승(幹事僧) ········ 332
간화결의론 ········ 200, 201, 225
간화결택 ········· 212, 224, 226
간화경절문 ·········· 203

간화경절문(看話徑截門) ··· 189
간화선 ········ 55, 211, 213, 230, 537
간화선법 ·········· 190, 284
간화선이란 ·········· 218
간화선자 ············ 545
간화선풍 ············ 55
간화성불론 ·········· 221
감분불이 ············ 352
감산 덕청 ··········· 94
감성과 이성 ·········· 507
감자나 무처럼 맛있는 이야기 ··· 543
감통 ··········· 242, 244, 245
감호대사(監護大使) ····· 130
갑신정변(1894) ········ 383
갑오년(1644) ········· 327
강도봉 ············· 387
강서성 홍주의 개원사(開元寺) ··· 164
강소성의 양주 ········· 128
강영균(康永均) ········ 385
강원(승가대학) ········ 230
강원도 유점사 ········· 485
강월헌 법통설 ········· 55
개교사장(開敎師長) ····· 385
개구원각 ············ 438
개산조 ············· 161
개산조(開山祖) ········ 159
개에게 불성이 없다 ······ 280
개조 ·············· 161
개증원각 ············ 438
개천산 정토사 ········· 163
개청(開淸) ··········· 177
개합의 논리 ·········· 38
개합의 자재 ·········· 98
개합자재 ············ 99

객관적인 진리에 도달하기 위하여
　연구하는 수법 ………………… 35
거과권락생신분(擧果勸樂生信分) … 28
거란 ……………………………… 192
거란의 침입 ………………… 270, 274
거문도사건(1885) ……………… 383
거조사(居祖寺) ……………… 192, 226
건립문 …………………………… 132
건백서 ………………………… 389, 390
건봉사 …………………………… 488
걸림 없는 자유 ………………… 369
걸병표 …………………………… 253
겁외가 …………………………… 369
격외일문(格外一門) ………… 204
견당사 …………………………… 129
견도위 …………………………… 22
견등 …………………………… 54, 93
견성성불(見性成佛) ………… 165, 547
견훤 ……………………………… 247
결동수정혜동생도솔동성불과계사문
　……………………………………… 376
결사운동 ………………………… 65
결생상속력 ……………………… 103
결실(結實)의 포섭 ……………… 478
결정상위(決定相違) …………… 113
결정성문 ………………………… 82
결정연각 ………………………… 82
겸익 …………………………… 24, 502
경(修多羅) ……………………… 139
경계상 …………………………… 107
경국대전 ………………………… 305
경대승 …………………………… 204
경덕왕 …………………………… 156
경덕왕 때(742~765) …………… 325
경덕왕 충담사 표훈대덕 ……… 258
경덕전등록 …………………… 160, 551
경명왕 …………………………… 170
경명왕 5년 ……………………… 171

경문 ……………………………… 161
경문왕 ………………………… 173, 323
경보 ……………………………… 170
경봉 ……………………………… 55
경사자집(經史子集) …………… 402
경성 일선 ……………………… 279
경성당선사행적(敬聖堂禪師行蹟) ‥ 287
경성명진측량강습소(京城明進測量
　講習所) ……………………… 486
경세인식 ………………………… 569
경세학 …………………………… 557
경숭(慶崇) ……………………… 178
경운(元奇) ……………………… 482
경유(慶猷, 용암산 서운사/오룡사) … 177
경은 붓다의 말씀[佛言] ………… 288
경의(瓊儀)율사 ………………… 178
경자년(1600) …………………… 315
경절문 …………………………… 301
경절문(徑截門) ………… 208, 233, 280
경주 불국사 …………………… 44
경주의 대흥륜사 ………………… 161
경질(景質) ……………………… 171
경학과 경세학 ………………… 576
경학관 …………………………… 544
경허 성우(鏡虛惺牛) …… 55, 345, 349,
　　　　　　360, 368, 380, 398, 482
경흥 …………………………… 26, 43
경흥의 저서 …………………… 49
경흥의 정토학 ………………… 49
계감산 수석사 ………………… 179
계곡 장유(谿谷張維) …………… 283
계룡산 …………………………… 350
계룡산 동학사 ………………… 349
계림의 하남인 ………………… 171
계립령 …………………………… 125
계명구락부 ……………………… 416
계명자상 ………………………… 107
계묘년(1903) …………………… 373

계보학적인 개념 ·················· 216
계사년(1593) ······················ 311
계조암(繼祖庵) ··················· 327
계학약전(戒學略詮) ············· 424
계허(桂虛) 법사 ·················· 349
계현(戒賢) ·························· 86
계휘(繼徽) ························· 180
고(구)려 영탑사 ·················· 248
고구려 ······························ 128
고구려불학 ·························· 54
고구려의 승랑과 보덕 ··········· 502
고구려행 ····························· 125
고대 신라의 고승열전 ··········· 272
고대불교사 ························· 247
고래와 자라 ······················· 295
고려 ································· 236
고려 사상계 ······················· 204
고려 의종 24년(1170) ·········· 204
고려 중기 ·························· 197
고려 중기 무신정권 ·············· 237
고려 태조 ···················· 178, 324
고려대장경 ························· 513
고려방 ····························· 128
고려시대 ·············· 177, 204, 277
고려시대에는 진억의 지리산
    수정결사 ······················ 569
고려의 균여와 의천, 지눌 ········ 502
고려의 의천(義天) ··············· 184
고려인 ····························· 274
고바야시겐묘(小野玄妙) ··········· 92
고봉(高峰)의 종풍 ················ 285
고봉화상선요 ······················ 329
고불고조 ···························· 546
고불총림 ···························· 557
고석(古昔) ························· 45
고승 전등(傳燈) ·················· 404
고승들의 열전 ····················· 261
고승열전 ······················ 241, 261

고승전 ···························· 243
고암 ······························ 393
고요고요함[寂寂] ·········· 207, 232
고운 정특(孤雲挺特) ············ 341
고운사의 수월 영민 선사 ········· 382
고익진 ······························ 15
고조선 ····························· 247
고종 황제 ·················· 129, 379
고중세 ······························ 92
고중세 사상가 ······················ 51
고타마 싯다르타 ·········· 449, 529
곡산사 ····························· 175
곡성 도림사 아미타불좌상(1653) ·· 329
공(不生) ··························· 149
공불공(空不空) ···················· 95
공사상 ······························ 60
공성 ································· 36
공성의 무아 ······················ 532
공안 ······························ 351
공양(供養) ························ 155
공유(空有) ························· 73
공의(空義) ························· 74
공자(孔子) ························ 279
공적 청정(空寂淸淨) ············· 526
공적영지 ··························· 145
공종(空宗) ························· 79
공주규약 ······················ 552, 569
공주의 규약 ······················· 570
공집과 유집 ······················· 91
과일(果一) ························· 28
과통도사백련암근차환성노사운 ···· 364
관념체계 ····························· 47
관동발연사수석기 ················· 262
관동풍악발연수석기 ····· 249, 258, 269
관동풍안산발연수석기 ············ 266
관록 ······························ 24
관법(觀法) ························ 166
관세 ······························ 129

관심간정(觀心看淨) ············ 222, 223
관심문(觀心門) ············ 207, 232
관심일법(觀心一法) ············ 222, 223
관음종 ············ 32
관행문(觀行門) ············ 209
관혜(觀惠) ············ 148
관혼상제 ············ 320, 538
광덕과 엄장 ············ 249, 273
광덕엄장 ············ 258
광명각품 ············ 28
광무정부(1897~1907) ············ 378
광부(廣府) 보단사(寶壇寺) ············ 164
광언 ············ 418
광택사 법운(法雲) ············ 27
광해군 ············ 306, 323
교 ············ 22
교(敎)·리(理)·기(機)·인(人) ············ 28
교(敎)·행(行)·인(人)·리(理) ············ 28
교·증·행 ············ 29
교·행·신·증 ············ 29
교가의 설궁(說弓) ············ 298
교관병수 ············ 63
교관병수의 주체적 전통 ············ 39
교권재흥 ············ 46
교는 작은 고기 ············ 296
교단구성 ············ 41
교단사 ············ 59
교동도 ············ 127
교룡산성 ············ 382
교리강령품 ············ 516
교리연구적 ············ 42, 43
교문의 지해(知解) ············ 300
교법 ············ 22, 24, 287
교법의 바다를 건너는 보배로운
  뗏목 ············ 378
교산의 영명 ············ 286
교상판석 ············ 515
교선일치 ············ 207, 334

교외별 ············ 165
교외별전(敎外別傳) ············ 176, 296
교의 바다(敎海) ············ 290
교의만능 ············ 45
교의의 밝은 풀이 ············ 251
교일(敎一) ············ 27
교조의 근본사상 ············ 561
교종 ············ 165
교종본사 ············ 306
교종의 판사 ············ 281
교종판사 ············ 278
교주 불타의 소역사 ············ 425
교판설 ············ 62
교학 ············ 22
교학사 ············ 22
교학적 토대 ············ 559
교화(敎化) ············ 130
교화의 길 ············ 368
구경각 ············ 102
구곡각운(龜谷覺雲) ············ 339
구곡각운(龜谷覺雲) 선사 ············ 464
9교학 ············ 23
구극적 진리 ············ 77
구래성불(舊來成佛) ············ 122
구례 화엄사 삼신불좌상(1636) ····· 330
구림관족(鳩林冠族) ············ 175
구마라집 ············ 37
구법 ············ 55
구법승의 활동 ············ 252
구본 ············ 263
구사(비담) ············ 68
구사학 ············ 129
구산선문 ····· 155, 164, 168, 237, 425
구산선문의 개조 ············ 181
구상설 제창 ············ 114
구상설(九相說) ············ 111, 159
9식설 ············ 85
구심점(求心點) ············ 182

90일간 화엄경 ·············· 123
98사(使) ················· 103
구암사 ·················· 401
구역 유식(舊譯唯識) ·········· 77, 119
구역 화엄 ················ 121
구역과 신역 ··············· 91
구족계 ·················· 164
구족십도만행(具足十度萬行, 亦通解證)
···················· 190
구층탑 ·················· 327
구하 ··················· 55
9학 ···················· 36
국가론 ·················· 57
국가불교 ················· 337
국가유교 시대 ·············· 335
국민 선사 ·············· 531, 581
국사 ··················· 581
국사제 ·················· 378
국찰 ··················· 124
국태민안 ················· 168
군산 동국사 석가삼존상 ········· 329
군쟁지평주 ··············· 97
굴산사(崛山寺, 강릉오대산) ······· 175
권간 ··················· 303
권수정혜결사문 ············· 197
권족(眷族) ··············· 526
권지(權智) ··············· 27
귀신사 ·················· 174
귀의불 양족존 ············· 532
귀조사 ·················· 176
귀천(貴賤) ··············· 376
귀축제사 ············ 241, 249, 256
규기(窺基) ·············· 68, 72
규봉 종밀(圭峰宗密) ···· 186, 202, 212,
                    319, 280, 288, 438
규정도총섭(糾正都摠攝) ····· 305, 314
규정소(糾正所) ············ 331
균여(932~982) ········· 37, 55, 115

극락왕생(極樂往生) ·········· 25
근기관 ·················· 62
근기는 끈기다 ·············· 84
근기론 ·················· 83
근대 기행수필이란 ··········· 437
근대 서양철학 ············· 528
근대 일본철학자 ············ 501
근대불교성전(近代佛敎聖典,
    Modern Buddhist Bible) ········ 512
근대불교학 ··············· 399
근대불교학의 방법론 ·········· 398
근본교설 ················· 25
근본무명 ················· 103
근현대 ·················· 92
글자 하나 없는 경 ··········· 543
금강경 ·················· 158
금강경오가해 ·············· 291
금강반야바라밀경(오가해) ········ 329
금강산 표훈사의 무용선 ········· 382
금강삼매 ················· 66
금강삼매경 ············ 110, 256
금강삼매경론 ·············· 118
금강왕보검 ··············· 219
금경(金鏡) ··············· 171
금구 금산사를 우도(右道)
    규정소 ··············· 332
금담(錦潭) ··············· 393
금담화상(錦潭和尙) ·········· 393
금명 보정 ················ 273
금물녀 ·················· 273
금봉 병연(張錦峰, 秉演) ········ 486
금색두타 ················· 548
금석문 ··············· 124, 421
금오신화 ················· 416
금파 경호(琴波竟胡) ·········· 400
금허 법첨(錦虛法沾) ·········· 362
긍양(兢讓) ············ 154, 180
긍양대 ·················· 180

기(起) ·············· 144
기각지세(掎角之勢) ·········· 313
기건립(緣起建立) ··········· 151
기사(己巳, 1809) ··········· 421
기신교의 ·············· 92
기신론소(一道章) ··········· 100
기신론이장장 ············ 100
기신론직해(直解, 2권) ········ 94
기신사상 ··········· 92, 98
기신철학 ·············· 95
기신학의 원효 ············ 39
기신학의 지형 ············ 91
기업상 ··········· 107, 109
기이 1 ·············· 244
기이 2 ·············· 244
기일(機一) ············· 27
기자전감(箕子殿監 ········· 280
기해년(1899) ············ 378
기해동서 ············· 258
기허주장로 ············· 362
기화 ··············· 55
길상사(송광사) ··········· 200
길상사터 ············· 470
길장 ··········· 36, 449
김가기 ·············· 184
김경립(金慶立) ··········· 312
김군수 ·············· 189
김남전 ·············· 387
김대문 ·············· 273
김대산(金臺山) ··········· 421
김대성 ·············· 273
김동삼(金東三) ··········· 486
김동화 ·············· 15
김룡사 ·············· 572
김법린 ··········· 56, 488
김부식 ·············· 153
김석두 ·············· 387
김영 ··············· 165

김율희(金律熙) ··········· 170
김의종(金義宗) ··········· 170
김인광(金仁匡) ··········· 170
김인문 ·············· 121
김주원(金周元) ········· 158, 165
김직재(金直哉) ········· 304, 312
김척명(金陟明) ··········· 253
김천학 ·············· 145
김한신(金韓信) ··········· 129
김헌창(金憲昌) ········· 158, 165
김현 ··········· 249, 273
김흔(金昕, 山中宰相) ····· 161, 171
깃발이 움직인다 ·········· 549
까마귀의 흑 ············ 361
꿈속의 꿈 ············· 543
꿈속의 꿈을 불러 깨웠네 ······· 543

ㄴ

나귀의 해 ············· 371
나당(羅唐) ············ 127
나당연합군 ············ 121
나려(羅麗)는 장성(壯盛)시대 ····· 402
나말여초 ··········· 26, 194
나말여초 선종 ············ 39
나무말 ·············· 365
나옹(懶翁) ········· 55, 177, 235
나옹법통설 ············ 286
나옹왕사비명 ··········· 457
나옹화상 ············· 286
낙공(落空) ············· 99
낙초자비(落草慈悲) ········· 536
난득(難得, 6두품) ·········· 171
난조 분유(南條文雄) ········· 512
난타벽제 ············· 248
남명 조식(南冥曺植) ········· 281
남백월 2성 노힐부득 달달박박 ··· 248
남부사단항로 ··········· 126

남북국 ……………………… 53
남산의 용장사 ………………… 268
남악(회)양 ……………………… 461
남원 실상사 ……………… 158, 181
남월산 …………………………… 249
남전 광언 ……………………… 418
남전 광언/한규(南泉光彦/翰圭) … 375
남전 보원(南泉普願) ………… 174, 451
남종 선법 ……………………… 158
남종 선학(禪學) ……………… 214
남종(南宗) ……………………… 153
남종선 …………………………… 214
남종선풍 ………………………… 158
남한산성 …………… 305, 307, 314, 324
남한산성 축성 ………………… 330
납자 십계 ………………… 552, 565
낭지 ……………………………… 249
네 ………………………………… 23
네 가지 강요 ……………… 24, 25
네 가지 교법 …………………… 24
네 가지 교판 …………………… 23
노(혜)안[老(慧)安] …………… 70
노사나불 ………………………… 325
노사나품 ………………………… 28
노승 명곡 ……………………… 306
논모(論母) ……………………… 139
뇌허 김동화 …………………… 49
뇌허(雷虛) 김동화(金東華) ……… 20
능가경(4권, 10권) …………… 105, 106
능견상 …………………………… 107
능엄경 …………………………… 503
능엄경(베이컨) ………………… 498
능엄대주 ………………………… 570
능인(釋迦佛) …………………… 283
능인학교 ………………………… 409
능입정(能入正) ………………… 113
능집(能執) ……………………… 75
능파사(能破邪) ………………… 113

니시 아마네(西周) …………… 32
님의 침묵 ……………………… 525

ⓒ

다르샤나 ………………………… 33
다비(茶毗)의 본뜻 …………… 320
다비문(茶毘文)」 ……………… 320
다종단의 ………………………… 31
단견 ……………………………… 99
단군 ……………………………… 44
단군신화 ………………………… 48
단막오염 ………………………… 223
단선근(斷善根)천제 …………… 82
단속사(斷俗寺) ………………… 160
단언척구(單言隻句) …………… 510
단의장옹주(端儀長翁主, 景文王의
    女弟) ……………………… 179
단지 문자만 찾으려는 광혜 ……… 225
단헌(丹獻) ……………………… 283
달라이라마 ……………………… 540
달마(達磨) ……………………… 70
달마대사 ………………………… 548
달마선 …………………………… 454
달마선종(達摩禪宗) …………… 454
담계노인 ………………………… 421
담양 호국사 아미타불좌상(1660) ‥ 329
담연의 대승기신론의소 …………… 92
당(唐)나라 ……………………… 156
당고승전 ………………………… 257
당나라 …………………………… 164
당래태 …………………………… 222
당송대 …………………………… 237
당송시대 ………………………… 70
당은포 ………………… 126, 127, 151
당태종 …………………………… 422
대(진)발해불학 ………………… 54
대가 희옥(待價希玉) …………… 340

대각교 운동의 기본 종지 ………… 383
대각교 창립 …………………… 394
대각사(大覺寺)를 창건 ………… 385
대각응세 ………………………… 386
대감 혜능(大鑑慧能) …………… 213
대감국사 ………………………… 457
대교법(Mahāpadeśa) ……… 139, 533
대구 용연사 …………………… 393
대구(大矩)화상 ………………… 240
대구화상 ………………… 252, 270
대능엄주 ………………………… 553
대답한 법문 …………………… 369
대당서역구법고승전 …………… 256
대당서역기 …………………… 129
대대상승(代代相承) …………… 286
대돈오(大頓悟) ………………… 222
대륙의 요하 …………………… 125
대무량수경 …………………… 29
대반열반경 …………………… 139
대붕의 높은 의지 ……………… 180
대비(大悲)천제 ………………… 82
대선사서산청허당휴정대사비(國一都大
　禪師淸虛堂休靜大師碑) ……… 283
대세지불상(1650) ……………… 329
대승가(大乘家) ………………… 45
대승광백론석 …………………… 74
대승기신론 …………………… 91
대승기신론내의약탐기 ………… 93
대승기신론대기 ………………… 105
대승기신론동이약집 …………… 93
대승기신론별기 …… 93, 96, 99, 119
대승기신론소 …………………… 96
대승기신론열망소(裂網疏, 6권) …… 94
대승기신론일도장 …… 93, 96, 100, 102
대승기신론일심이문대의 ……… 92, 107
대승기신론종요 ………………… 104
대승기신론찬주(纂註, 2권) ……… 94
대승기신론필삭기 ……………… 94

대승기신론필삭기회편 ………… 94
대승반야경 ………………… 26, 65
대승백법·팔식규구(1931) ……… 401
대승백법명문론 ………………… 401
대승불교 ………………………… 25
대승사론현의기 ………………… 24
대승선사 ………………………… 345
대승장진론 …………………… 74
대왕흥륜사 …………………… 256
대우(大愚) 선사 ……………… 545
대웅전 …………………………… 91
대원군 …………………………… 383
대원암 불교강원 ……………… 401
대은 낭오(大隱朗悟) …………… 393
대은화상(大隱和尙) …………… 393
대의 …………………………… 97
대일항쟁 ……………………… 442
대일항쟁기 ………… 55, 393, 444
대장경 인쇄 …………………… 378
대장경(大藏經) ………………… 192
대장경(大藏經) 조성 …………… 226
대장교(大藏敎) ………………… 535
대정 22년 ……………………… 227
대정 22년 임인(1182) ………… 198
대정 25년 을사(1185) ………… 228
대종교 …………………………… 423
대중불교 ……………………… 267
대중불교 운동 ………………… 512
대지국사비명 ………………… 458
대지도론 ………………… 140, 534
대참회법 ……………………… 553
대처 …………………………… 391
대처식육(帶妻食肉) …………… 394
대치사집 ……………………… 100
대치품 ………………………… 518
대통 신수(大通神秀) …………… 213
대통(大通) ……………… 160, 174
대학생불교연합회(대불련) ……… 572

대한불교 ······················ 403
대한불교조계종 ·················· 31, 448
대한불교조계종단 ··············· 392
대한시대 대일항쟁기 ············· 402
대한시대 일제강점기 ············· 539
대한시대(1897년~남북통일)
    ····· 39, 55, 94, 415, 446, 527, 531
대한제국(1897~1910) ···· 378, 383, 384
대해(大解) ····················· 133
대행(大行) ··················· 56, 133
대혜 ························· 229
대혜 종고(大慧宗杲) ···· 189, 214, 237
대혜보각선사어록 ············· 199, 228
대혜어록 ········· 189, 200, 207, 438
대혜의 무심합도문 ··············209
대흥륜사 ····················· 161
대흥만(大興灣) ················ 127
대흥사 청허비(1641) ············ 284
덕물도 ······················· 127
덕산 선사 ···················· 544
덕산의 탁발화 ················· 219
덕산조사 ····················· 549
덕유산(德裕山) ············· 310, 311
데카르트 ····················· 503
도가설의 영향 ················· 428
도교사 ···················· 410, 444
도담(道潭) ··················· 175
도덕궁행(道德躬行) ·············· 25
도덕궁행주의 ··················· 60
도등 ························· 24
도리인고 ····················· 350
도명존자입상(1636) ············ 330
도불(道佛) ··················· 412
도불용수 ····················· 224
도생(道生) ················· 37, 221
도선(道詵) ··················· 169
도성 출입 ···················· 347
도성입성해금령 ················ 383

도솔왕생(兜率往生)주의 ········· 25, 60
도승 ······················ 277, 305
도승조 ······················· 306
도승출입 ····················· 383
도승통 ······················· 331
도신(道信) ················· 70, 153
도신장(道身章) ················ 140
도어(度語) ··················· 130
도연명(陶淵明) ················ 414
도우무비공처(到牛無鼻孔處) ······ 353
도윤 ························· 175
도윤화상 ····················· 175
도의 초조 ···················· 470
도의 초조설 ·················· 466
도의(道義) 153, 154, 165, 168, 236, 460
도의국사 ····················· 456
도의국사로 초조(初祖) ·········· 465
도의대사 ····················· 456
도인(道忍) ··················· 178
도장 ························· 24
도중결의 ····················· 333
도증(道證) ················ 24, 69, 86
도첩제(度牒制) ················ 305
도총섭 ······················· 331
도통연원(道統淵源) ·············· 473
도피안의 도 ·················· 526
도헌(道憲) ················· 156, 160
도헌(智證/詵道憲) ·············· 178
도회소(都會所) ················ 304
독립선언서 ··················· 522
독립신문 ····················· 487
독일의 임마누엘 칸트(Immanuel Kant)
    ························· 500
돈오 ······················ 217, 299
돈오견성(頓悟見性) ············· 217
돈오돈수(頓悟頓修) ····· 190, 223, 537
돈오선법(頓悟禪法) ············· 168
돈오성불 ····················· 223

돈오입도요문론 ···················· 539
돈오점수 ········ 63, 206, 212, 537
돈점논쟁 ·························· 222
돈중돈 ···························· 223
돈황 하란 ·························· 154
돈황석실 ·························· 439
돌사람 ···························· 365
동거서래(東去西來) ················ 46
동경 흥륜사 금당 10성 ··········· 248
동광(同光) ························ 171
동국대학교 ························ 412
동국승니록 ························ 273
동래 범어사 ······················ 486
동륜계(銅輪系) ···················· 124
동리 혜철(慧徹) ·················· 169
동리산 ···························· 158
동리산의 혜철 ···················· 158
동리산조사 ························ 162
동맹의 약 ·························· 376
동명관족(東溟冠族) ················ 170
동명왕 ····························· 48
동명왕편 ······················ 48, 65
동사열전 ·························· 273
동산 ························ 393, 561
동산법문 ············ 175, 222, 235
동산법문의 수심(守心)설 ·········· 223
동산화상(東山和尚) ················ 393
동시득법이래(同時得法而來) ········ 465
동심경앙(同心敬仰) ················ 462
동아시아 ····················· 80, 307
동아시아 불교 ···················· 129
동아시아문화권 ···················· 183
동양서원 ·························· 488
동양위(東陽尉, 申翊聖) ············ 312
동의보감 ·························· 538
동일대공(同一大空) ················ 46
동일함미(同一鹹味) ················ 46
동정일여 ·························· 564

동처 ······························ 68
동토(動土) ························ 126
동학농민운동(1894) ··············· 383
동학사 토굴(현 실상선원) ········· 352
동학사(東鶴寺) ···················· 349
동행랑(東行廊) ···················· 323
두순(杜順) ···················· 70, 132
두타(頭陀) ························ 200
두품(頭品) ························ 156
두품귀족 ·························· 156
둔륜 ························· 24, 54
득도사(得度師) ···················· 285
등각 ······························ 84
등계(청허) ························ 283
등정각(等正覺) ···················· 348
등주지방 ············· 126, 127, 151
따오기의 백 ······················ 361
땅막[土龕] ······················ 126
또렷또렷함[惺惺] ············· 207, 232
뜰앞의 잣나무 ···················· 219

ㄹ

라마와 밀교 ······················ 425
라후법사 ··························· 73
래거(來去) ························ 580
래면목 ···························· 351
록펠러 ···························· 542
루소의 평등론 ··············· 511, 512
르네 데카르트 ···················· 505
리일(理一) ························· 27
립이불파 ··························· 99

ㅁ

마곡 보철(麻谷寶徹) ··············· 171
마곡 보철을 이은 무염(無染)의
  성주산문 ······················ 451

마곡(磨谷) …………………… 461
마곡사 범종(1654) …………… 330
마구니의 말 …………………… 165
마른 똥막대기 ……………… 219
마른 지혜 ……………………… 197
마명 …………………… 89, 93
마어 …………………………… 165
마음법 ……………… 287, 297
마음의 토대 ………………… 212
마음자리 ……………………… 133
마조 …………………………… 291
마조 가풍 …………………… 168
마조도일(馬祖道一)
………… 156, 168, 214, 461
만 가지 법이 하나로 돌아가는데
그 하나는[萬法歸一 一歸何處] …… 219
만공 …………………………… 55
만세정법 ……………………… 536
만암 종헌 …………………… 557
만일참선결사회 …………… 394
만주 독립군 2 ……………… 394
만하파 ………………………… 392
만항(萬恒) …………………… 229
만해 교판 …………………… 515
만해 한용운(萬海奉玩, 韓龍雲)
……… 386, 419, 481, 523, 527
만해사상 …………………… 528
만해의 언어 ………………… 525
만해철학 …………… 521, 528
만화 보선(萬化普善) ……… 362
말나(末那) ………………… 113
말초신경적 ………………… 46
망월사 ……………………… 394
맹꽁무니 …………………… 358
맹자(孟子) ………… 166, 279
머리의 이론 ……………… 76
면불괴(面不愧) …………… 333
멸상(滅相) ………… 90, 102

명나라 …………………………… 94
명나라 보태(普泰) ………… 401
명나라 장수 이종성(李宗誠) ……… 318
명난품 …………………………… 29
명률 …………………………… 246
명봉산 경청선원 …………… 163
명성왕후 …………………… 383
명자상(明字相) …………… 136
명종 ………………… 278, 281
명주 오대산 보질도태자 전기 …… 249
명주(溟洲) ………… 158, 170
명진학교 ……… 401, 405, 424
모순 …………………………… 201
모순과 갈등 ………………… 554
모운 진언(慕雲震言) ……… 341
모파원손(母派遠孫) ……… 473
목암 견명(睦庵見明) ……… 240
목우 …………………………… 286
목우자 ……………………… 55
몰록 …………………………… 538
몸짓 …………………………… 31
몸짓인 불심 ………………… 298
몸체 ………………… 31, 133
몸체인 자성을 깨치는 선문 ……… 298
몽골의 침입기 ……………… 240
몽산 덕이(夢山德異) ……… 229
몽중일여(夢中一如) …… 547, 563, 564
묘각 …………………………… 84
묘교(妙敎) …………………… 38
묘도열도(廟島列島) ……… 126
묘법연화경 ………………… 329
묘향산 금선대 ……………… 291
묘향산 보현사 원적암 …… 279
묘향산(妙香山) …………… 314
무공덕(無功德) …………… 166
무관(無觀) …………………… 50
무극(無極) ………………… 258
무념(無念) ………………… 167

무능거사(無能居士) ……… 409
무량방편의 법문 ……… 549
무량사 극락전 ……… 325
무량수경요간(양권무량수경종요) ‥ 115
무량수경종요 ……… 77
무루종자 ……… 81
무명업상 ……… 107
무명진원(無名眞源) ……… 135, 271
무명취상심(無明取相心) ……… 297, 298
무법지법(無法之法) ……… 182
무분별지 ……… 151
무불겸섭(無不兼涉 ……… 402
무불립이자견 ……… 99
무불파이환허 ……… 99
무사선(無事禪) ……… 215, 224
무사한 ……… 354
무상(無常) ……… 566
무상(無相) ……… 154
무상교 ……… 77
무상법륜 ……… 77
무상유정 ……… 82
무생가 ……… 356, 363
무생법인(無生法忍) ……… 222
무생의 한 곡조 노래 ……… 363
무생일곡가 ……… 364, 365, 366
무설 ……… 172
무설토 ……… 172, 173
무설토론 ……… 172, 173
무성(無性)천제 ……… 82
무성공평등(無性空平等) ……… 149
무성유정 ……… 81
무성종성 ……… 101
무성천제(無性闡提) ……… 82
무소유 ……… 56
무속사 ……… 410, 444
무수(無修) ……… 167
무수(無修)의 이성(理性) ……… 167
무시무명주지(無始無明住地) ……… 104

무시선(無時禪) ……… 547
무신정권 ……… 192
무심 선풍 ……… 55
무심(無心) ……… 208
무심선 ……… 55
무심합도(無心合道) ……… 208, 233
무심합도문(無心合道門)
   ……… 190, 207, 208, 209, 232, 233
무아 ……… 138
무애 ……… 98
무애 자재행 ……… 267
무애광여래 ……… 29
무애지법 ……… 298
무열왕 ……… 171
무염 ……… 161, 456
무위 임운(無爲任運) ……… 166
무위(無爲) ……… 166
무위임운지종(無爲任運之宗) ……… 165
무위지법(無爲之法, 佛法) ……… 426
무자(無字) ……… 66
무자성 ……… 36, 151
무장사 미타전 ……… 249
무쟁문 ……… 211
무주 적상산성 ……… 314
무주관 ……… 147
무주법성 ……… 143
무착 ……… 37
무착(無著) ……… 73
무처승려 ……… 394
무학 자초(無學自超) ……… 326
무학왕사비명(無學王師碑銘) ……… 457
무학위 ……… 22
묵조선(黙照禪) ……… 213, 215, 224
묵호자소전 ……… 59
문등현 ……… 128
문무왕 ……… 121
문무왕 법민 ……… 247
문사철 ……… 408

문사철(文史哲) 전통 ·················· 443
문성왕 ·············· 161, 169
문수보살 ············· 164, 548
문아 원측(文雅圓測) ··········· 69
문왕 11년 ················· 175
문자(文字)법사 ············· 234
문자선(文字禪) ·········· 215, 224
문정(文定)대비 윤씨 ··········· 306
문정대비 ················· 278
문지(文持) ················· 151
문헌 고증주의 ············· 432
문화창조 ················· 44
물계자 ··················· 249
미당 서정주 ··············· 419
미래태 ··················· 222
미륵 ····················· 37
미륵불 ················ 25, 60
미륵선화 미시랑 진자사 ········· 248
미륵신앙 ················· 324
미야지마(宮島) ············· 498
미이무이(未已無二) ··········· 345
미진경권(微塵經卷) ··········· 132
미진경권유 ··············· 188
미진경권의 비유 ············· 195
미진법성 ················· 143
미타 ····················· 25
미타정토관 ··············· 377
민간불교 ················· 515
민애왕 ··················· 170
민장사 ··················· 248
민족대표 33인 ············· 386
민족독자적 ················ 43
민족문화 ················· 44
민족사학 ·············· 424, 434
민족운동가 ··············· 386
민족의식 ················· 441
민족정신 ·············· 44, 275
민족주의 사학 ············· 437

민지(閔漬) ················· 455
민휴(敏休) ················· 180
믿음의 불교 ················ 62
밀교수행 ·················· 83
밀교신앙 ················· 155
밀교학 ················· 23, 24

ⓗ

바라밀행 ················· 516
바람이 움직인다 ············· 549
박광(朴洸) ················· 488
박람강기 ················· 420
박상(朴祥) ················· 281
박은식(朴殷植) ········· 437, 486
박종홍 ················· 15, 26
박한영(映湖鼎鎬) ········ 397, 446
반목과 질시 ··············· 560
반야 연구 ················· 25
반야 중관학 ················ 77
반야등론 ·················· 74
반야심경찬 ················ 70
반야중관사상 ············ 80, 87
반조 ···················· 191
반조(返照)의 수행법 ········· 217
반조자심(返照自心) ··········· 217
발심보리(發心菩提) ··········· 85
발심수행 ·················· 95
발심주 ··················· 90
발연석기 ················· 269
발연수석기 ··············· 262
밥에게 먹히지 말라 ··········· 565
방응모(方應謨) ············· 488
방편 ···················· 526
방편설 ··················· 82
방편적 진리(俗諦) ··········· 288
방하(放下) ················· 299
방함청규 ················· 375

백고좌법회 ·················· 60
백교회통 ············ 405, 439
백달산(白達山) ·············· 175
백담사 ························ 488
백률사 ························ 248
백본소주 ······················ 71
104혹 ························ 103
백성욱 ·························· 56
백양사 ························ 557
백양사 운문암 ·············· 400
백엄사 석탑사리 ············ 249
백용성 ························ 393
백운 ··························· 55
128번뇌 ······················ 103
백일동안의 법문 ············ 561
백일법문 ····················· 562
백장(百丈) ···················· 461
백장의 기러기 ················ 219
백장의 여우몸 ··············· 219
백제불학 ······················ 54
백제율종 ······················ 58
백파 긍선 ······················ 55
백학연환 ······················· 32
번경원 ······················· 129
번뇌론 ················· 102, 113
번뇌애 ························· 97
번뇌장 ························· 97
벌제마다 ······················ 93
범어 ·························· 130
범어사 ························ 379
범어사 계명암(雞鳴庵) ········· 377
범어사 금강계단 ············ 545
범어사를 선찰대본산 ········ 377
범일(梵日) ·············· 175, 456
범일(梵日)의 굴산산문 ········· 451
범천의 권청(勸請) ············ 288
범패(梵唄) ··················· 130
범해 각안 ···················· 273

범해(梵海) ···················· 393
법(法, dharma) ········· 244, 533
법거량(法擧量) ················ 544
법계도 ························ 137
법계도시 30구 ··············· 148
법계도인(法界圖印) ········ 135, 141
법계로서 자연 ··············· 141
법계연기 ················· 25, 132
법계연기사상 ················· 60
법공(法空) ····················· 72
법기보살(法起菩薩) ··········· 426
법랑(法朗) ·············· 156, 160
법량(法諒) ··················· 156
법륜 ·························· 78
법맥 ·························· 160
법맥 계보 ···················· 279
법문 노트 ···················· 542
법보기단경 ··················· 189
법상(法常) ··················· 129
법상교학 ·············· 22, 23, 24
법상종의 유식(唯識)철학 ········· 25
법성(Dharmadhātu) ··········· 137
법성게 ························ 271
법성사상 ····················· 137
법성성기 ················· 137, 141
법성성기설 ··················· 142
법성원융무이상 ·············· 143
법신보살 ····················· 101
법안선 ·················· 55, 214
법안종 ························ 450
법왕 ·························· 78
법왕금살 ····················· 248
법운 ······················ 28, 29
법원사(法源寺)의 황성계단(皇城戒壇)
··························· 393
법위(法位) ····················· 77
법응대사 ····················· 171
법일 ·························· 54

법장(法藏) ·············· 151, 204
법전 ························· 56
법정(法頂) ············· 56, 546
법조(法照) ················· 70
법주사 ····················· 309
법주사 대웅대광명전 삼신불상(1626)
··························· 329
법주사 숭정9년명 범종(1636) ······ 329
법주사(法住寺)의 진하(震河) ····· 392
법주사비문 ·············· 319, 333
법진 일(法眞一)선사 ············· 549
법집별행록 ················· 201
법집별행록절요 ············· 202
법집별행록절요병입사기
  (法集別行錄節要幷入私記)
··············· 201, 204, 280, 329
법체항유 ··················· 73
법칭 ······················· 37
법통 ······················· 230
법해보벌 ················ 378, 379
법해화상(法海和尙) ············· 393
법화경 「방편품」 ··············· 366
법화대창 ··················· 461
법화의기 ··················· 27
법화종의 실상(實相)철학 ·········· 25
법흥왕 ····················· 59
베이컨 ····················· 504
벼리 ······················· 24
벽계 정심(碧溪正心)
··············· 55, 281, 339, 465
벽산(碧山金陀) 화상 ············· 488
벽송 지엄(碧松智嚴) ····· 55, 279, 280
벽송당대사행적(碧松堂大師行蹟)
··························· 279 287
벽송은 무진년(1508) ············· 280
벽암 각성(碧巖覺性) ····· 55, 309, 313,
  318, 320, 323, 325, 334, 337, 340, 342
벽암 문파 ··················· 341

벽암의 8대 문파 ··············· 344
벽지불 ····················· 81
벽천 정현(碧川正玄) ············· 341
벽초 ······················· 56
벽하(碧下) 조주승(趙周昇) ·········· 402
변계소집(遍計所執) ············· 69
변기(辯機) ················· 129
변영만 ····················· 419
변화무쌍 ··················· 296
별교일승원교 ··············· 136
별해인상(別解印相) ············· 136
병고(丙古) 고익진 ····· 21, 49, 50, 51
병인양요(1866) ··············· 383
병자호란(1636) ········ 307, 314, 336
보각국사비문 ··············· 456
보각국사일연 ··············· 455
보각환암국사비명 ········· 457, 458
보감국사비명 ············ 457, 458
보개산(寶蓋山) ··············· 314
보경(寶晶) ················· 291
보광거사(普光居士) ············· 378
보광사 ····················· 382
보급실천적 ················· 43
보덕 ······················· 24
보리 달마(菩提達磨) ······· 213, 449
보리대수 ··················· 132
보리의 정분(菩提淨分) ··········· 132
보리종 ····················· 163
보림(保任) ················· 224
보림사 ····················· 158
보문사(普門寺) ··············· 199
보법 ······················· 66
보살가(菩薩家) ··············· 45
보살계 ····················· 67
보살대계 ··················· 570
보살영락경 ················· 84
보살정성 ··················· 81
보살종성 ··················· 82

보살지 …………………………… 69
보살지진 ………………………… 101
보수선사(寶壽禪師) …………… 297
보양 ……………………………… 263
보양이목 ……… 249, 254, 262, 267
보요 ……………………………… 160
보우 ……………………………… 55
보은 법주사 …………………… 304
보은천교원조국일도대선사 ……… 331
보장봉로 보덕이암 …………… 248
보적선사(寶積禪師) …………… 297
보정 ……………………………… 311
보정(寶晶)노사 ………………… 310
보제사 담선법회 ……………… 196
보제중생 ………………………… 337
보조 중천조설 …………… 466, 470
보조 지눌(普照知訥)
……… 184, 214, 280, 323, 334, 364
보조선(普照禪) ……… 211, 221, 237
보조암(普照庵) ………………… 322
보조종조론(普照宗祖論) ……… 452
보진(葆眞) ……………………… 284
보편주의 ………………………… 183
보현보살 ………………………… 548
보현색신보살 …………………… 525
보현행 …………………………… 64
보호(保護) ……………………… 138
복천암(福泉庵) ………………… 324
본각 …………………………… 97, 106
본구일체만덕(本具一切萬德) … 190
본래마음 ………………………… 89
본래면목 ………………………… 546
본래부처 ………………………… 371
본래성불(本來成佛) ……… 18, 217
본래태 …………………………… 222
본법으로서 일심 ……………… 117
본분종사(本分宗師) ……… 202, 203
본분종지(本分宗旨) …………… 383

본불중심(本佛中心) …………… 45
본색종사 ………………………… 225
본업경소(一道義) ……………… 100
본연으로서 자연 ……………… 141
본원심(本源心) …………… 297, 298
본원적 심법(眞如) …………… 299
본유(本有) ……………………… 132
본유수생(本有修生) …………… 132
본조고승전 ……………………… 432
본지풍광 …………… 545, 550, 551
본체론 …………………………… 39
봉덕(奉德) ……………………… 155
봉덕사종 ………………………… 248
봉래산운수암종봉영탑기(蓬萊山雲
  水庵鍾峰影塔記, 1625) ……… 283
봉림 현욱(奉林玄昱) ………… 170
봉림대군(鳳林大君, 뒷날 孝宗) … 314
봉림사 …………………………… 170
봉림산 …………………………… 158
봉림산조사 ……………………… 162
봉암사 결사 ………… 558, 569, 570
봉암사 결사의 계기 …………… 569
봉암사비문 ……………………… 160
봉암사지증대사탑비 …………… 163
봉은사 ……………………… 305, 306
부도(浮屠) ……………………… 157
부동처 …………………………… 68
부석 의상 ………………… 150, 184
부용 영관(芙蓉靈觀) …… 279, 318, 339
부정종성 ………………………… 82
부처 ……………………………… 239
부처님 법대로 산다 …………… 570
부처와 중생 …………………… 363
부처의 경지[佛地] …………… 101
부촉(咐囑) ……………………… 173
부파불교 …………………… 25, 140
부휴 …………………………… 55, 313
부휴 선수(浮休善修) …… 304, 339

부휴계 ·················· 305, 315, 341
부휴계의 영향력 ·························· 340
부휴당대사집 ····························· 329
부휴화상 ···································· 310
북경 ··· 393
북경 원광선사(圓廣禪寺) 경연(慶然)
··· 392
북부연안항로 ····························· 126
북송의 시인인 황정견 ················· 422
북악의 표훈(희랑) ······················ 148
북종 선법 ·································· 158
북종(北宗) ································· 153
북종선 ··················· 154, 156, 180
북종선의 돈오점수(頓悟漸修) ······· 222
북종의 선맥 ······························ 467
북한군(北漢郡) ·························· 164
분반좌 설화 ······························ 431
분별사식 ··································· 108
분황 원효(芬皇元曉)
············· 91, 121, 211, 380, 527
불가사의 ···································· 24
불각의(不覺義) ···············105, 106
불경의 각주 ······························ 498
불공(不共) ································ 111
불공(不共)의 법 ························· 112
불공과 기도 ······························ 553
불과(佛果) ································ 194
불교 ············ 192, 226, 277, 304, 555
불교 신행 ·································· 445
불교 언어 ·································· 515
불교 정화 ···························· 323, 558
불교개혁 ··································· 391
불교계 식민통치의 정책 ············· 391
불교고등강숙 ····························· 424
불교관 ······································· 85
불교교단사 ································· 59
불교교리문답(1881) ···················· 512
불교대장경 ······························· 516

불교대전 ················· 483, 518, 528
불교대전의 편찬(1912~1914) ········ 512
불교문화연구원 ·························· 525
불교방송(BBS) ·························· 273
불교사 ······································ 410
불교사람요(佛敎史攬要) ·············· 424
불교사맹시대(佛敎史盲時代) ········ 431
불교사맹시대(佛敎史盲時代)의
등불같은 존재 ····················· 431
불교사상사 ······················ 193, 213
불교성전(1905) ···················· 512, 515
불교성전(1905; 삼성당, 1966) ······ 512
불교수입 ···································· 57
불교의 사회화 ··························· 578
불교의 삼신(三身)
즉 법신·보신·화신 ·············· 440
불교의 상가 ······························ 569
불교의 상례법 ··························· 320
불교의 유산 ······························ 574
불교의 유신 ······························ 415
불교의 정신사관 ························ 271
불교의 핵심사상 ························ 574
불교의 호국적 지향 ···················· 343
불교전수학교 ···························· 424
불교진흥회 간사 ························ 409
불교진흥회월보 ·························· 415
불교철학 ··································· 206
불교포교 ···························· 385, 391
불도유(佛道儒) ························· 407
불래불거(不來不去) ····· 346, 381, 559
불립문자(不立文字) ···················· 165
불망녑지 ··································· 359
불법여대해(佛法如大海) ··············· 46
불법은 일미 ································ 73
불법을 보호하는 호법 ················· 246
불법의 교의를 잘 풀어낸 고승들[義解]
··· 251
불법의 보호[護法] ······················ 246

불변(不變)과 수연(隨緣) ·············· 215
불상리(不相離) ··················· 106
불상부단(不常不斷) ········· 381, 559
불상조성축원문 ··················· 328
불생불멸(不生不滅) ········· 381, 559
불서해설대사전(전13책) 중 제7권 ·· 92
불설(佛說) ········· 87, 139, 298, 533
불설경전 ························· 299
불성(적멸) ······················ 36
불성론(佛性論) ················ 74, 81
불성본유(佛性本有)설 ·········· 37, 221
불성시유(佛性始有)설 ·········· 37, 221
불수기사(佛授記寺) ················ 70
불애(不愛) ······················ 112
불요의 ··························· 77
불요의경(neyārtha) ··········· 139, 534
불이(不異) ······················ 106
불이(不二) ······················· 50
불이문 ··························· 90
불일(不一) ······················ 106
불일불이(不一不異) ········· 559, 580
불자생불타생(不自生不他生) ········· 149
불조 ····························· 218
불조유훈(佛祖遺訓)의 청규 ·········· 553
불조통기 ············· 243, 244, 272
불타신관(佛陀神觀) ················· 46
불타품 ··························· 516
불타협의 정신 ···················· 523
불토(佛土) ······················ 173
불학사 ··························· 53
불호 ························· 37, 77
불화시처(佛化時處) ················ 432
붓다 정신의 지성성 ················ 541
붓다의 심법 상 ··················· 460
붓다의 입멸 ······················· 73
붓다의 중도 연기 ················· 529
비 ······························ 23
비고유성 ························· 530

비교의 방법론 ···················· 431
비교종교학 ······················ 439
비교종교학적 방법론 ················ 428
비담 ····························· 24
비담학 ··························· 25
비담학의 태현 ···················· 40
비량 ···························· 114
비량도리(比量道理) ················ 111
비로자나불 ······················ 548
비무인생(非無因生) ················ 150
비보사탑(裨補寺塔)설에 입각 ······· 169
비보사탑설 ······················ 179
비불설(非佛說) ··················· 139
비암사 괘불도(1657) ·············· 329
비유비무(非有非無) ················· 50
빙소와해(氷消瓦解) ················ 353

ㅅ

사가대승(四家大乘) ················ 24
사강(四綱) ······················ 22
사교(四敎) ······················ 22
사교입선(捨敎入禪)
········ 235, 237, 292, 299, 302, 335
4구게 ··························· 147
사구를 떠나고 백비를 끊어라 ······ 219
사국 ····························· 53
사굴산 굴산사 ···················· 158
사굴산문 ············· 175, 214, 229
사굴산의 범일(梵日) ··············· 170
사굴산조사 ······················ 162
사권능가경 ······················ 112
사념처 ··························· 22
사단(四段) ······················ 102
사랑쌍수 곽시쌍부(沙羅雙樹 槨示雙趺)
································ 217
사륜계(舍輪系) ··················· 124
사리불 ··························· 28

사리입탑법(舍利立塔法) ·············· 320
사림(士林) ······················· 304
사립 능인보통학 ··················· 409
사마선왕(司馬宣王) ················ 127
사명 송운(四溟松雲) ··············· 282
사명 유정(四溟惟政) ···· 278, 306, 339
사법사(傳法師) ··················· 285
사보은천교원조국일도대선사행장(賜報
　恩闡敎圓照國一都大禪師行狀) ·· 319
사복 ··························· 241
사복불언 ······················ 266
사분설 ························· 37
사불망(思不妄) ·················· 333
사불산 굴불산 만불산 ············ 248
사사무애(事事無碍) ········ 146, 194
사사무애관 ···················· 195
사선근 ························· 22
사선의 마음[祖師心禪] ············ 166
사성제 ························· 22
사승(師僧) ····················· 160
사신 오행 육자법문 ·············· 97
42계위설 ······················ 84
41계위설 ······················ 84
사원경제 ······················ 303
사원세력 ······················ 303
사유 ··························· 35
사유대상의 취급법 ··············· 398
사유의 입각지 ············· 212, 238
사유체계 ······················ 47
사의(四依, pratisaraṇa) ········ 139, 534
사이토 마코토(齋藤實, 3~5대) 총독
　····························· 391
사일(四一) ················· 28, 29
4.19 학생의거 ·················· 531
사일의경(四一之境) ·············· 28
사자산 흥령사(법흥사) ··········· 158
사자산 흥령선원 ················ 174
사자산문 ················· 174, 451

사자산조사 ····················· 162
사자상승(師資相承) ·············· 172
사조 도신(道信) ··········· 153, 236
사종법계(四種法界) ·············· 166
사집과(四集科) ·················· 280
사찰(寺刹) ······················ 89
사찰령 ························· 384
사천왕사 ······················· 60
사회진화론 ················ 429, 431
산강 변영만(山康 卞榮晩) ···· 419, 420
산동 왕완정(山東 王阮亭) ········· 411
산동반도 ······················ 127
산동성 등주(登州) ··············· 121
산문 ··················· 157, 160
산문상승 ······················· 50
산벽시사체증 ··················· 435
살만교차기(薩滿敎箚記) ··········· 413
살불살조(殺佛殺祖) ·············· 547
삼각(三覺)의 관계 ··············· 106
삼각산 장의사(莊義寺) ··········· 171
삼계 ·························· 535
삼계개고(三界皆苦) ·············· 530
삼관석 ························ 149
삼교 회통 ······················ 55
삼구(三句) ···················· 154
삼국불교 ······················ 250
삼국사기 ······················ 239
삼국시대의 도교 수입 ············ 412
삼국유사 ················· 48, 124,
　　　　 239, 243, 273, 406, 426
삼국유사 5권 9편 138조목 중
　48조목에 찬시 49편을 창작 ····· 261
삼국유사의 편재 ················ 243
삼국은 배태(胚胎)시대 ··········· 402
삼국의 빠진 일들 ··············· 240
삼국의 연대기 ·················· 250
삼궤구배 ······················ 314
삼대 ······················ 66, 95

삼대목 ············· 254, 270
삼독심 ····················· 333
삼로행적(三老行蹟) ········· 279
삼론교의 ····················· 22
삼론교학 ····················· 23
삼론사상 ····················· 92
삼론종 ······················· 38
삼론종의 중도(中道) 사상 ····· 25
삼론학 ····················· 580
삼론학의 승랑 ················ 39
삼류경설 ····················· 37
3무성 ······················· 51
삼무성설 ···················· 74
삼문수업 ··················· 302
삼문수행 ··············· 189, 302
삼문수행체계 ··············· 317
300여종 ···················· 92
3번뇌 ····················· 103
삼법인 ······················· 22
삼보사찰 ··················· 377
삼성 ·················· 51, 103
삼성론(三性論) ·········· 69, 86
삼성론과 식론 ··············· 71
삼성묘무(三性妙無) ·········· 80
삼성설(三性說) ······· 72, 74, 87
삼세상 ····················· 107
삼세실유 ···················· 73
삼세제불실비공(三世諸佛失鼻孔) ·· 354
삼승 유식 ··················· 84
삼승교 ······················· 28
삼승부정 ··················· 101
삼승부정성 ·················· 81
삼시교판 ···················· 77
33조사 ···················· 295
삼외(三畏) ················· 174
삼위태백 ···················· 44
삼장강설(三藏講說) ········· 402
삼장역회(三藏譯會) ····· 387, 389

삼제설(三諦說) ········· 110, 119
삼조 승찬(僧讚) ········ 153, 379
삼종세간법(三種世間法) ······· 172
삼처전심(三處傳心) ····· 217, 290, 430
삼천 배 ·············· 572, 574
삼천대천세계 ············ 355, 363
삼편성불편(三遍成佛篇) ······ 180
삼학균수(三學均修) ········· 448
삼학병수(三學幷修) ·········· 61
삼화상 ····················· 284
삼화상의 행적 ·············· 284
상견 ······················· 99
상구보리 ···················· 83
상단(常斷) ················· 580
상당법어 ··················· 548
상동성 ····················· 235
상무주암 ··············· 189, 200
상사각 ····················· 102
상속상 ····················· 107
상시논지 ··················· 406
상입(相入, 力義) ············ 150
상주 ······················· 171
상주 장백사 ············ 158, 181
상즉상리(相卽相離) ········· 509
상즉상리의 관계 ············ 509
상즉상입 ··················· 145
상포계 ····················· 374
상허 혜조 ·················· 382
상현 ·················· 400, 433
상현(無能)거사 이능화 ····· 159, 397
상호 의존 관계 ·············· 23
상호관계성 ················· 510
상호의존성 ················· 529
상호존중행(interrespect) ·········· 529
상호텍스트성 ················ 40
상환암(上歡庵) ············· 324
색즉시공 공즉시색 ··········· 575
생로병사 ··················· 351

생멸(生滅) ……… 31, 580
생명존중 ……… 253
생사관 ……… 320
생사의 윤회 ……… 532
생자필멸 ……… 542
생활공동체 ……… 569
서당 지장(西堂智藏) 158, 164, 168, 169
서대문 형무소 ……… 487
서돈각 교수 ……… 560
서래밀지 ……… 279
서명학통 ……… 69
서산의 개심사 ……… 355
서산종 ……… 294, 339
서산행적초 ……… 283
서역 구법승 ……… 241
서옹 ……… 56
서운사(瑞雲寺) ……… 160
서울의 춘추관 사고 ……… 331
서월화(徐月華) ……… 485
서장 ……… 539
서주(西州) 부사사(浮沙寺) ……… 169
석가(釋迦) ……… 524
석가모니불 ……… 325
석가본행기 ……… 424
석녀의 아이 ……… 71
석두 희천(石頭希遷) ……… 214
석마하연론(신라 월충 저작?) ……… 93
석문(釋文) ……… 136
석문상의집 ……… 321
석문상의초(釋門喪儀抄) 318, 319, 333
석문의(釋文意) ……… 136
석벽 전오 ……… 94
석씨요람(釋氏要覽) ……… 320
석옥 청공 ……… 229
석운(釋雲)대사 ……… 175
석전시초 ……… 417
석존 ……… 25, 43
석주진(石柱鎭) ……… 311

석충 ……… 241
선가귀감 ……… 278, 299
선가의 시구(示句) ……… 298
선각자의 절대 고독 ……… 379
선강태자(忠恭) ……… 168
선곡화상(禪谷和尙) ……… 393
선과 교의 근원 ……… 289
선과 화엄 ……… 278
선교 겸수(禪敎兼修) ……… 299
선교 병행 ……… 407
선교 양종(禪敎兩宗) …… 277, 305, 446
선교 양종제 ……… 277
선교 양종제와 승과제(僧科制) …… 277
선교결 ……… 278
선교겸수(禪敎兼修) ……… 278, 300
선교관 ……… 292, 293
선교방편 ……… 576
선교방편행 ……… 86
선교석 ……… 278
선교성(宣敎省) ……… 157
선교양당 ……… 293
선교일원(禪敎一元) ……… 205, 212,
226, 235, 238, 335, 535
선교일치 ……… 188, 193, 203, 212
선교통합 ……… 278
선농(禪農)불교 ……… 392, 395
선도 악도 생각하지 말라 ……… 219
선말 한초 ……… 442
선문보장록 ……… 176
선문염송 30권 ……… 335
선문염송설화 ……… 430
선문요지 ……… 384
선문의 선화 ……… 401
선문정로 ……… 536
선문정로 ……… 545
선문조사예참문(禪門祖師禮懺文)
……… 159, 164
선문촬요 ……… 378, 379

선문최초구 ……………… 293
선법 …………………… 287
선법 사상 ……………… 55
선법 인식 ……………… 55
선법학 ………………… 91
선사경허화상행장 ……… 373
선사상 ………………… 225
선사상사의 지형도 …… 214
선사의 계통 …………… 393
선수후오(證悟) ………… 190
선심 교천(禪深敎淺) ……… 299
선심 성실(善心誠實) …… 526
선암사에 수반 규정소 … 332
선암사의 금봉(錦峰) …… 402
선업(善業) …………… 317
선에 이르는 바른 길 …… 546
선우 교열 ……………… 299
선우공제회 ………… 387, 388
선원의 청규 …………… 571
선원제전집 ………… 333, 334
선원제전집도중 ………… 319
선원집도중결의(禪源集圖中決疑)
……………… 318, 319, 333
선원청규(禪院淸規) …… 319, 320
선율(禪律)을 겸행 ……… 395
선율불교 ……………… 392
선은 붓다의 마음 ……… 288
선은 신령한 청룡 ……… 296
선의 대중화 …………… 215
선의 등불 ……………… 290
선의 안족설 …………… 293
선임제종중앙포교당 …… 385
선적종 ………………… 158
선정과 지혜[自性定慧] … 206
선정일원(禪淨一元) …… 236
선조 25년(1592) ……… 311, 324
선조(宣祖) ……………… 311
선종 ………………… 154

선종 산문 ……………… 161
선종 중심의 구산 ……… 164
선종구산문 …………… 457
선종대가람 ………… 314, 325
선종본사 ……………… 306
선종사 ………………… 291
선종양종대가람(禪敎宗兩大伽藍) ‥ 325
선종판사 ……………… 278
선종학 ………………… 23
선지(禪旨) ……………… 289
선찰대본산 …………… 446
선풍 …………………… 370
선학 …………………… 22
선학원 ………………… 388
선학원 상량문 ………… 387
선학원본 ……………… 373
선학의 지눌 …………… 40
설두 중현(雪竇重顯) 선사 … 549
설두선사 ……………… 549
설묵 …………………… 311
설묵(說黙)화상 ………… 310
설봉산 석왕사 ………… 326
설악(雪岳) ……………… 170
설악산 억성사(億聖寺) …… 166
설악산 오색석사 ……… 171
설악산 진전사 ………… 158
설운(雪雲) ……………… 329
설유설무(說有說無) …… 50
설인문상(說印文相) …… 136
설일체유부 ………… 25, 221
설일체유부학 ………… 58
설총 …………………… 257
설홍(雪弘) ……………… 311
섭론 …………………… 24
섭론교학 ……………… 23
섭론종 ………………… 25
섭론학 ……………… 129, 449
성(性) ………………… 133

성경(聖經, 敎) ·········· 280
성교량 ·········· 112
성균관(成均館, 泮宮) ··········· 281
성기(性起) ·········· 122
성기관(性起觀) ·········· 148
성기사 ·········· 122
성기사상 ·········· 122
성기적 세계관 ·········· 122
성기전(性起錢) ·········· 149
성기취입(性起趣入) ·········· 151
성기화(性起化) ·········· 141
성동격서(聲東擊西) ·········· 551
성리학 ·········· 303
성명천지(聖命天地) ·········· 402
성문 지관법 ·········· 115
성문정성 ··········81
성문종성 ·········· 101
성문지 ·········· 69
성산포(成山浦) ·········· 128
성상상대성(性相相對性) ·········· 298
성성적적성 ·········· 236
성실 ·········· 24
성실교학 ·········· 23, 24
성실론소 ·········· 24
성실종 ·········· 25
성언량(聖言量) ·········· 111, 114, 288
성월 일전(惺月一全) ···· 375, 393, 400
성유식론 제9권설 ·········· 84
성유식론(659년 역출) ···· 70, 111, 131
성유식론광초 ·········· 70
성유식론별장 ·········· 70
성유식론별초 ·········· 71
성유식론소 ·········· 70
성유식론술기 ·········· 70
성유식론요간 ·········· 71
성유식론응초 ·········· 70
성유식론장중추요 ·········· 71
성유식론측소 ·········· 70, 71

성유식론학기 ·········· 80
성익(性益蜀) ·········· 180
성적등지문(惺寂等持門)
·········· 189, 204, 231
성전암 ·········· 541
성제 ·········· 37
성종과 상종 ·········· 91
성주 무염(聖住 無染) ·········· 171
성주 사고 ·········· 331
성주사 ·········· 161
성주산 ·········· 158
성주산문 ·········· 171
성주산조사 ·········· 162
성철 ·········· 56, 535, 536, 581
성총 ·········· 94
성해(性海) ·········· 329
세계관 ·········· 83
세계관적 범주 ·········· 35
세계신흥 ·········· 45
세구연심(勢久年深) ·········· 536
세작(細作) ·········· 125
세제 ·········· 37
세조 8년(1651) ·········· 327
세종학당 ·········· 185
세친 ·········· 26, 29
세혹(細惑) ·········· 108
소가 되면 콧구멍을 뚫을 곳이 없다
·········· 354
소돈오(小頓悟) ·········· 222
소동파 ·········· 422
소림암(小林庵) ·········· 327
소백산 ·········· 121, 137
소승불교 ·········· 25
소윤(小尹) ·········· 303
소윤인 윤원형(尹元衡) ·········· 303
소율희 ·········· 178
소의경전 ·········· 82, 294
소의논서 ·········· 70

소장돈황문헌(杏雨書屋所藏敦煌文獻) ················ 92
소지애 ················ 97
소지장 ················ 97
소집(所執) ················ 75
소피아 ················ 32
속고승전 ················ 253
속제중도(雙遮) ················ 361
속초 설악산 신흥사 중수 ················ 327
속초 신흥사 ················ 304
손이양(孫詒讓) ················ 421
송계 성현(松溪聖賢) ················ 340
송계(松溪) ················ 170
송고승전 ················ 124, 130, 245, 265
송광사 삼일암 ················ 382
송나라 찬녕 ················ 241
송대 초 ················ 226
송대(宋代) ················ 508
송만공 ················ 387
송운 유정(松雲惟政) ················ 311
송운(松雲) ················ 311
수기론 ················ 57
수기치인 ················ 304
수나라 담연 ················ 107
수도위 ················ 22
수라군(戍羅軍) ················ 125
수미 이엄(須彌 利嚴) ················ 177
수미산 ················ 154
수미산 광조사 ················ 158
수미산문 ················ 177, 181
수미산법성 ················ 143
수미산조사 ················ 162
수법사(受法師) ················ 358
수분각 ················ 102
수상문정혜 ················ 232
수생(修生) ················ 132
수생본유(修生本有) ················ 132
수선결사 ················ 375

수선사 ················ 192, 378
수습위(지혜의 숙성) ················ 69
수승과 과위 ················ 519
수심결 ················ 535
수십전법(數十錢法) ················ 122, 137
수업료는 3천원 ················ 572
수오일시(修悟一時, 悟通解證) ····· 190
수우(守愚) ················ 192, 454
수인계과생해분(修因契果生解分) ···· 29
수인증과 ················ 222
수좌 오계 ················ 552, 564, 565
수진법계관 ················ 144
수처작주 입처개진 ················ 226
수철(秀澈, 816~892) ················ 168
수행 가풍 ················ 300
수행 사단(四段) ················ 445
수행계위 ················ 302
수행법 ················ 210, 235
수행불교 ················ 45
수행신심분 ················ 96, 115
수행위 ················ 84
수행체계 ················ 301
수현기 ················ 132
수호사고(守護史閣) ················ 331
숙면일여(熟眠一如) ················ 563
숙종 28년(1702) ················ 325
순도조려 ················ 248
순일무잡(純一無雜) ················ 351
순지(順之) ················ 160
순창 구암사(龜巖寺) ················ 392
순창 구암사에서 설유 처명 ········ 400
순천 선암사의 경운 ················ 400
순천 송광사 ················ 304, 322
순치 8년 ················ 327
숭산 보적(崇山普寂) ················ 213
숭업(崇業)화상 ················ 179
숭유억불 ················ 343
숭인(崇仁) 노숙(老宿) ················ 281

숭정 기원(1628) ············ 326
숭징 ············ 328
습공산(襲公山) ············ 169
승과(勝果) ············ 519
승과고시 ············ 458
승과제 ············ 306
승광산 ············ 178
승군제 ············ 307
승대장(僧大將) ············ 312, 313
승랑 ············ 24, 37, 50, 449
승랑의 삼론학 ············ 26, 48
승려 응선(應善) ············ 322
승려 응호(應浩) ············ 323
승려들의 대처식육 풍 ············ 383
승록사(僧錄司) ············ 304
승명 ············ 160
승변(僧辯) ············ 129
승병 ············ 338
승예 ············ 37
승장(勝莊) ············ 69
승전촉루 ············ 249, 259, 266
승정(僧政) ············ 304
승조 ············ 37, 449
승찬(僧讚) ············ 70
승철(僧哲) ············ 263
승평부조계산송광사불일보조국사비명
············ 454
시각 사단의 사상(四相) 배대 ······ 114
시각과 본각 ············ 90
시대정신 ············ 400, 531
시륜승 ············ 83
시모노세키(下關) ············ 498
시선일규론 ············ 411
시소위[思想] ············ 34
시유정대사(示惟政大師) ············ 290
시절인연(時節因緣) ············ 161, 407
시정(時政)의 급무(急務) ············ 169
시주질(권9, 권38, 권94) ············ 329

식론(識論) ············ 69
식심견성 ············ 223
식육 ············ 391
신·해·행·증 ············ 29
신간회 ············ 488
신대승 ············ 46
신독(愼獨) ············ 566
신라고승전 ············ 244, 246, 274
신라방 ············ 128
신라불교 ············ 274
신라불교사상사 ············ 252
신라불학 ············ 54
신령한 청룡(靑龍) ············ 295, 296
신미양요(1871) ············ 383
신방 ············ 131
신비한 운율 ············ 412
신수(神秀) ············ 70
신심일여(心身一如) ············ 41
신앙영이(信仰靈異) ············ 48
신역 경론 ············ 102
신역 유식 ············ 77, 78
신인 ············ 239
신인명 ············ 114
신자하(申紫霞, 申緯) ············ 421
신주 ············ 242, 244
신중불지설 ············ 188, 195
신채호 ············ 437
신충 ············ 249
신해수증(信解修證) ············ 166
신행(信/神/愼行) ············ 156, 450
신행선사비 ············ 160
신화엄론 ············ 199, 227
신회(神會) ············ 154
신흥언 ············ 163
실법사 ············ 24
실상(實相)철학 ············ 25
실상관(實相觀) ············ 147, 148
실상사 ············ 158

실상산 ················· 158
실상산조사 ············· 162
실상철학 ················· 60
실유(實有) ·············· 99
실유불성 ················ 84
실재론적(實在論的) 사상 ····· 25, 60
실재의 본성에 대한 통찰(觀) ··· 33
실지(實智) ·············· 27
실차난타 ················ 94
실천궁행 ··············· 571
실천이성비판 ··········· 538
실천적 지성상 ·········· 579
실크로 ················· 80
실행의 불교 ············ 62
심법요초 ··········· 278, 288
심분설 ················· 71
심생멸문 ··············· 110
심성부정(心性不淨) ······· 221
심식(心識) ·············· 68
심식관 ················· 107
심식설 ·············· 71, 98
심식이론 ··············· 68
심왕(心王) ············· 297
심우장 ················· 488
심의식(心意識) ········ 129, 288
심인 ·················· 169
심인법(心印法) ·········· 167
심지계조 ··········· 249, 259
심지법문 ··············· 221
심진여 ················· 31
심체(心體) ·············· 90
심충(沈忠) ············· 179
심충겸(沈忠謙) ·········· 306
심층 마음 ·············· 109
심층의식 ··············· 72
심층적 일심관 ·········· 120
심희(審希) ········· 170, 171
19조목 ················ 570

십권능가경 ············· 112
십문화쟁 ··············· 64
13산문 ················ 160
13학종 ················· 23
십신 ·················· 84
십신의 단계 ············· 84
16국사 ················ 474
십이간지(十二干支) ······· 372
십이명(十二銘) ··········· 545
십이연기 ············ 22, 83
11제자 ················· 24
십주 ·················· 84
십지 ·················· 84
십지경론 ··············· 29
십행 ·················· 84
십현(十玄) ············· 122
십회향 ················· 84
쌍계사 ················ 160
쌍계사(雙溪寺)의 동찰(東刹) ······· 317
쌍계소(雙溪沼) ·········· 160
쌍봉사 도윤 ············ 163
쌍봉운 ················ 163
쌍차쌍조(雙遮雙照) 552, 558, 564, 580
쌍차쌍조(雙遮雙照)의 중도사관 ··· 535
쌍휘(雙輝) ············· 329
쌍흘(雙仡) ············· 284

ㅇ

아공(我空) ·············· 72
아관파천 ··············· 383
아난(阿難) ············· 289
아당안지(我當安之) ······· 530
아도소전 ··············· 59
아라한 ················· 81
아리(뢰)야식 ········ 36, 72, 118
아리나발마(阿離那跋摩) ······· 241, 263
아리야발마 ············· 266

아마라식 ·················· 117
아마라식설 ················· 76
아비달마불교 ·············· 140
아비라 기도 ·············· 572
아사다 후상(淺田斧山) ········ 496
아쇼카왕 ················· 425
아인슈타인의 상대성이론 ····· 575
아전인수격 ················ 45
악취공(惡取空) ············· 99
안변 석왕사 ·············· 304
안빈(安貧) ················ 566
안재홍 ··················· 436
안주 군수 이사증(李思曾) ······ 280
안함 ···················· 24
안휘성 구화산 ············· 154
알음알이 ················· 234
암두 선사 ················ 544
앙굴리 말라 ··············· 81
앙산(仰山, 借名, 假託?) ······· 173
애장왕 ·············· 170, 324
약교이제 ·················· 66
약산 유엄(藥山惟嚴) ········· 175
양계초 ·············· 499, 504
양고승전 ················· 245
양나라 혜교의 고승전 ······· 241
양무제 ·················· 166
양부(楊孚) ········ 154, 160, 180
양유음불 ················· 303
양조국사 ·········· 161, 172, 174
양종(兩宗) ··············· 158
양주자사(揚州刺史) ·········· 128
양지 ···················· 263
양지사석 ·········· 254, 266, 275
양항(良港) ··············· 128
양혜왕 ·················· 166
어째서 없다고 했을까? ······· 220
억성산 ·················· 154
억압시책 ················· 303

억압정책 ················· 303
언어맥락주의 ··············· 40
언하대오(言下大悟) ······· 223, 352
언하변오 ················· 223
언해불전 ················· 305
엄종의 법계연기 사상 ········· 25
업계고상 ················· 108
업계고상을 전6 ············· 107
업계고상의 ················ 107
업설사관 ················· 275
에도시대의 응연 ············ 100
여등당선용심이(汝等當善用心耳) ·· 147
여래 입멸 ················ 139
여래성 ·············· 140, 144
여래성기품 ··············· 132
여래성의 현현[性起] ········· 141
여래여거(如來如去) ··········· 46
여래장 ·········· 36, 92, 102
여래장/불성설 ·············· 37
여래장사상 ················ 95
여래장으로서 일심 ·········· 117
여래지혜(如來智慧) ·········· 195
여래청정선 ··············· 158
여사미거 마사도래 ······ 350, 371
여사인(거인) ·············· 220
여수 흥국사 ·············· 311
여수 흥국사 지장보살좌상 및
  시왕상(1648) ············ 330
여실언교(如實言敎) ·········· 299
여엄(麗嚴) ··············· 174
여이불탈론 ················ 99
여진 ···················· 192
여탈 ···················· 38
여합(如合) ················ 46
역경불교 ················· 391
역경장 ·················· 130
역무점차 ················· 537
역사와 철학 ··············· 19

역사인식 ·············· 405, 531
역사적 지위 ················· 41
역사학적 방법 ·············· 439
역어(譯語) ················ 130
역위시가명(亦爲是假名,
　역시중도의(亦是中道義) ··· 149
역주(譯主) ················ 130
연각승 ··················· 295
연각정성 ·················· 81
연각종성 ·················· 101
연기관 ··················· 148
연기-무자성 ··············· 380
연기법 ··················· 348
연기사관 ················· 535
연기사상 ············· 123, 146
연기적 통찰 ··············· 529
연기전(緣起錢) ············ 149
연방도인(蓮舫道人) ········· 378
연산군대 ················· 277
연생법 ··················· 143
연성이기 ················· 132
연성이기(緣性二起)설 ······· 133
연화 인욱(蓮華印旭) ········ 341
열반경 연구 ··············· 25
열반교학 ················· 23
열반묘심(涅槃妙心) ········· 294
열반의 개의(槪義) ·········· 519
열반의 원인 ··············· 519
열반종의 인격(人格)주의적 사상 ··· 25
열반학 ··············· 58, 449
열암 ···················· 37
열암 박종홍 ············ 32, 49
염거(廉居)선사 ············ 166
염관 제안(鹽官濟安) ········ 175
염불삼매 ················· 359
염불선(念佛禪) ········· 213, 236
염불종(정토종) ············ 453
염화미소 설화 ············· 431

영골(靈骨) ··············· 307
영관 ···················· 55
영명 ···················· 55
영명 연수(永明延壽) ······· 207, 232
영명의 무심합도문 ·········· 209
영묘사 ··················· 255
영산 경순(影山敬淳) ······· 55, 358
영수사 괘불도(1653) ········ 329
영암 구림(鳩林) ··········· 170
영여사 ··················· 249
영운 선사 ················ 371
영운 지근 ················ 371
영원한 대자유인 ··········· 213
영잠(瑩岑) ············ 259, 269
영주 봉황산 ··············· 121
영취산정 ················· 536
영호 정호(朴漢永, 映湖鼎鎬)
　·········· 55, 397, 400, 443, 482, 486
영환(해)지략((瀛海/環志略) ·· 499, 511
예운산인(猊雲散人) 혜근(惠勤) ···· 433
오가 칠종 ················ 154
오가선(五家禪) ············ 214
오관산 ··················· 160
오관산 서운사 ·········· 158, 163
오관석(五觀釋) ········· 147, 148
5교판 ··················· 204
오대산 ··················· 164
오래된 법 ················ 570
오매일여 ················· 564
오복제(五服制) ············ 320
오삼집 ··················· 319
오상(五常) ··············· 174
오성각별(五性各別)설
　············· 37, 71, 80, 81, 87
오성월 ··················· 387
오세창 ··················· 416
54각 ···················· 135
52계위설 ················· 84

색 인 637

5온 ································ 139
5.18 광주민주화운동 ············· 531
오정심 ····························· 22
오조 법연(五祖 法演) ··········· 214
오주여속통고(五洲女俗通考) ····· 413
오직 대각 ························ 395
오척법성 ························· 143
오척법신사상 ···················· 122
오척신 ··························· 143
오척신의 부동함 ················· 143
오청환 ··························· 273
5추상 ··························· 110
오현 ····························· 56
오후수 ··························· 538
옥룡사를 좌도(左道) 규정소 ····· 332
옥천사(玉泉寺) ·················· 326
온 우주가 하나의 공성일 뿐 ····· 372
온고지신적(溫故知新的) ·········· 521
온몸의 삶 ························· 76
올바른 계통 ····················· 216
와발우(瓦鉢盂) ·················· 570
와첨(瓦簷) 4주(柱) ·············· 179
완운대(阮芸臺) ·················· 421
완주 대원사 삼세불상 ··········· 329
완주 송광 ······················ 304
완주 송광사 ···················· 322
완주 송광사 개창불사(1636) ····· 329
완주 송광사 삼세불상(1641) ····· 330
왕검 ··························· 440
왕력 ··························· 244
왕사 ··························· 581
왕사제 ························· 378
왕생정토 ······················ 115
왕양명 ························· 511
왕이불편론 ······················ 99
왕통론(王統論) ············ 473, 479
외래사상 ························· 58
외유내불 ······················ 303

요동반도(遼東半島) ············· 126
요동성 육왕탑 ·················· 248
요별(了別) ····················· 112
요불굴(腰不屈) ················· 333
요서백제 ························· 24
요석공주 ······················ 257
요세의 만덕산 백련결사 ········· 569
요시즈 요시히데 ················ 140
요의교 ··························· 77
요의법륜 ························· 77
욕계 색계 무색계 ··············· 350
용구시(龍口市) ················· 151
용맹(勇猛)보살 ············· 74, 78
용맹대사 ························· 78
용성 ······················ 55, 390
용성 진종(龍城震鍾) ······· 382, 398
용수 ····························· 37
용암 혜언(龍巖慧彦) ············ 362
용암체 ························· 163
용운 봉완 ······················ 400
용운대사 ······················ 526
용장사의 태현 ·················· 259
우리말 법어 ··············· 554, 556
우승열패 ······················ 482
우익 지욱 ······················· 94
욱면비 ··················· 249, 273
운거 도응 ······················ 177
운달산 김룡사 ·················· 574
운달산 법회 ···················· 575
운대 완원(芸臺 阮元) ······· 421, 422
운문 문언 ······················ 551
운문(雲門) ····················· 253
운문사 ························· 253
운문선 ························· 214
운문종 ··················· 450, 549
운허 ····························· 55
웅주 오합사(烏合寺) ········ 161, 171
웅천(熊川) 전투 ················ 311

원각경 ············· 498, 506
원감국사비 ············· 454
원광 ············· 24, 253
원광서학 ······ 241, 249, 252, 257, 266
원규(元奎, 東隱) 사미승 ······ 352, 353
원나라 고봉 원묘(高峰圓妙) ········ 279
원나라 지현(智賢) ············· 288
원돈(圓頓) ············· 228
원돈문(圓頓門) ············· 209, 210, 234
원돈성불론 ············· 200, 201, 221
원돈신해문 ·· 189, 204, 205, 225, 235
원두표(元斗杓) ············· 314
원성실성(圓成實性) ············· 69
원성왕 ············· 158
원시교판론 ············· 62
원시불교 ············· 25
원시유식(原始唯識) ············· 25, 60
원안(圓安) ············· 241
원오극근(圜悟克勤) ············· 237, 547
원융무애(圓融無碍) ············· 407
원융실상 ············· 66
원음 ············· 25
원적 도의(元寂道義) ············· 323
원종 ············· 400, 415
원종흥법 염촉멸신 ············· 248
원측 ······ 24, 26, 37, 43, 49, 502
원화(源花) ············· 414
원효(芬皇元曉)
          ······ 24, 37, 38, 102, 154, 212, 502
원효불기 ············· 124, 241, 257, 267
원효암 ············· 545
원효의 기신학 ············· 26, 49
원효의 삼제설 ············· 120
원효의 화쟁 ············· 49
원효의 화쟁학 ············· 26
원효전 ············· 124, 125
원효행장 ············· 257
월광사(月光寺) ············· 160

월명사 ············· 249
월보 ············· 462
월사 ············· 286
월사 이상공(李相公) ············· 284
월사(月沙) 이정구(李廷龜) ············· 283
월암산(月巖山) ············· 160
월정사 ············· 332
월칭 ············· 37
위당 정인보 ············· 419
위명제소문제경편 ············· 176
위산 영우(潙山靈祐) ············· 371
위암(장지연) ············· 427
위앙선풍 ············· 180
위홍(魏弘) 각간 ············· 240, 261
윌슨의 민족자결주의 ············· 487
유가(儒家) ············· 349
유가계 경론 ············· 131
유가사지론(17품, 17권)
          ············· 54, 73, 129, 131, 534
유가유식 ············· 449
유가행 유식학 ············· 77
유가행(瑜伽行) ············· 69, 72, 86
유관(有觀) ············· 50
유교 성리학을 통치이념 ············· 305
유교사관 ············· 270
유교의 상례 ············· 320
유덕사 ············· 249
유력생과(有力生果) ············· 149
유마경 ············· 140, 534
유마의 언어 ············· 525
유마힐소설경 ············· 525, 528
유마힐소설경강의 ············· 524
유마힐의 가풍 ············· 526
유산포(乳山浦) ············· 127, 151
유상대승 ············· 74
유설 ············· 172
유설토 ············· 173
유설토론 ············· 173

유식(唯識)철학 ························· 25
유식관 ······························· 86
유식론찬요 ·························· 70
유식삼십송 ·························· 69
유식오위 ···························· 84
유식적 공관 ························ 26
유식철학 ······················· 39, 60
유식학 ····························· 256
유식학의 아뢰야식 ·············· 211
유식학의 원측 ····················· 39
유식학통 ··························· 77
유아독존(唯我獨尊) ············· 530
유영경(柳永慶) ··················· 312
유점사 ····························· 390
유점사(楡岾寺)의 영봉 ·········· 392
유정 ································· 55
유정(唯淨)연기 ·················· 132
유정론 ······························ 57
유종(有宗) ························· 79
유지인(劉至仁) ·········· 121, 128, 131
유학사 ······························ 20
유학승 ····························· 183
육(십)바라밀 ······················ 83
6경 11론 ·························· 69
육당 최남선 ··················· 56, 418
육바라밀행 ························· 90
육상(六相)의 법계연기설 ·········· 122
육상산 ····························· 511
육상원융 ··························· 141
육영사(育英社) ··················· 32
육자법문 ····················· 115, 117
육조 법문 ························· 549
육조 혜능 ························· 537
육조(六祖) 조사탑 ················ 175
육조(六祖)대사 ··················· 164
육조단경 ············ 158, 198, 227, 537
육조대사정상탑 ·················· 467
육종염심 ·························· 103

육진(六塵) ························· 111
육추상 ····························· 107
윤눌[處寬] ························ 311
윤다(允多) ························ 169
윤문(潤文) ························ 130
윤세복(尹世復) ··················· 486
윤청광 ····························· 273
윤회 ································ 138
율(律, vinaya: 煩惱調伏) ·········· 533
율곡 이이 ························· 184
율봉 청고(栗峯靑杲) ·············· 362
율사 ······························· 393
율종(남산종) ················· 25, 453
율학 ································· 23
융제 ································ 171
융제(融諦) ························ 171
융천사 ····························· 273
은둔 수행 ························· 552
은밀문 ····························· 113
은산철벽 ·························· 350
을미사변/개혁(1895) ············· 383
음빙실문집 ························ 499
음양오행(陰陽五行) ··············· 169
응기 ································ 172
응연(凝然) ························ 100
의근 ································ 111
의상 10대 제자 ·················· 264
의상(浮石義湘) 24, 121, 155, 324, 502
의상계 제자 ······················ 146
의상의 화엄 ······················· 49
의상의 화엄학 ····················· 49
의상전 ······················· 124, 125
의상전교 ····················· 258, 267
의승군 ······················· 311, 336
의승수군 ·························· 312
의연 ································ 24
의연수행성덕분(依緣修行成德分) ··· 29
의인입증분(依人入證分) ············ 29

의정(疑情) ················ 218
의천(義天) ·········· 26, 39, 159
의타기(依他起) ············· 69
의타기성 ··················· 71
의통 ····················· 55
의해 ············· 242, 243, 244
이경석 ··················· 309
이관(理官, 璀璨) ············ 313
이규보 ···················· 47
이극룡(李極龍) ············· 323
이기철학 ·················· 502
이노우에 데쓰지로(井上哲次郎)
················· 500, 512, 516
이능화 ···················· 55
이량(李樑) ················ 306
이리상즉설(理理相卽說) ·········· 122
이목(璃目) ················ 253
이몽유(李夢遊) ············· 455
이문 ····················· 95
230여종 ·················· 92
이백품제(실제는 203품제) ····· 432
2번뇌 ··················· 103
이변비중 ·················· 39
이병연(李秉淵) ············· 342
이상(6) ·················· 102
이상불교 ··················· 42
이성묘유(二性妙有) ············ 80
이세간품 ··················· 29
이순신(李舜臣) ············· 311
이승관지 ·················· 101
이승의 관지 ················· 90
이시방(李時昉) ············· 314
이시영(李始榮) ············· 486
이시이 코우세이 ············· 140
이엄(利嚴)의 수미산문 ········· 451
이원론자 ·················· 507
이유문 ··················· 111
이의민(제1기) ············· 204

이의방 ··················· 204
이익배(李益培) ············· 454
이장통의(二藏通依) ············ 61
이정(李靖) ················ 175
이정기 ··················· 128
이제(二諦) ········· 79, 288, 301
이제설(二諦說) ············· 119
이제중도적 공관 ·············· 51
이제합명중도(二諦合明中道) ···· 37, 50
이조 혜가 ················· 153
이조불교사 ················ 412
이조정랑(吏曹正郞) 김효원(金孝元)
····················· 306
이종성(李宗誠) ············· 312
이종욱(智庵鍾郁) ············ 459
이지무(李枝茂) ············· 454
이타(利他) ················ 567
이통현 사상 ··············· 145
이통현(李通玄) ····· 123, 145, 150, 189
이학암(李鶴庵) ············· 495
이혜동진 ····· 241, 249, 256, 258, 267
인간관 ···················· 83
인간상 ···················· 83
인과(因果) ················ 567
인과동시(因果同時) ············ 222
인과응보 ··················· 67
인도불교 ··················· 68
인도불교논리학자 ············ 401
인도의 요가 명상법 ··········· 213
인명논리 ················· 110
인명학 ··················· 110
인명학 원용 ··············· 114
인문학자 ················· 397
인법사 ···················· 24
인순왕후 ················· 306
인식방법론 ················· 39
인연관 ··················· 148
인연전(因緣錢) ············· 149

인왕경 ……………………… 173
인왕경소 ……………………… 70
인의(仁義) ……………………… 166
인일(人一) ……………………… 27
인조 10년(1632) ……………… 326
인조 14년(1636) ……………… 323
인조 20년(1644) ……………… 327
인조 2년(1624) ……………… 324
인종(印宗)법사 ……………… 549
인현(印現) ……………………… 172
일각(一覺) ……………………… 481
일념심(一念心) ……………… 224
일도장 ………………… 101, 102
일륜토홍괘벽산(一輪吐紅掛碧山) ·· 550
일미 관행(一味觀行) ………… 118, 119
일본 불교 ……………………… 469
일본 일련종 승려 사노 젠레이
　(佐野前勵) ………………… 347
일본 조동종(曹洞宗) ………… 446
일본불교 ……………………… 43
일본의 일련종 승려 사노젠레이
　(佐野前勵) ………………… 374
일분무성론(一分無性論) ……… 82
일선 ………………………… 55
일성(일체)개성설 ……………… 101
일성개성(一性皆成) … 71, 80, 87
일성개성설 ………………… 37, 82
일소거사 ……………………… 409
일승법 ………………………… 28
일승법계 ……………………… 133
일승법계도 …………………… 135
일승불교 ……………………… 42
일승사상 ……………………… 42
일심(非因非果, 本法) ………… 110
일심(생멸문, 因) ……………… 110
일심(一心) ··· 23, 95, 97, 114, 174,481
일심(진여문, 果) …………… 97, 110
일심관 ……………… 98, 107, 115

일심의 법[一心法] ……………… 297
일심지원 ……………………… 117
일없는 사람 ………………… 355
일없는 태평가 ……………… 363
일연 ………………………… 47, 275
일엽 ………………………… 56
일원론 ………………………… 77
일이(一異) …………………… 580
일이관지자 …………………… 97
일제강점기 …………………… 538
일주문 ………………………… 90
일중(일즉)일체 ……………… 148
일척법성 ……………………… 143
일천제(一闡提) ……………… 81
일천제불성불론 ……………… 82
일체 중생 …………………… 85
일체개성설 …………………… 82
일체법 ………………………… 112
일체처(一切處) ……………… 224
일체화(一體化) ……………… 527
일초직입여래지(一超直入如來地) ·· 168
임경당(臨鏡堂) ……………… 322
임공 양계초 ………………… 499
임마뉴엘 칸트 ……………… 506
임오군란(1882 ……………… 383
임제 ………………………… 55, 544
임제 삼구 인식 ……………… 55
임제 종풍 …………………… 359
임제(臨濟: 黃龍 慧南/楊岐 方會) · 154
임제·태고법통설 ………… 283, 340
임제가풍 ……………………… 281
임제법맥 ……………………… 284
임제법통 …………………… 229, 236
임제선 ……………… 65, 213, 236
임제선 양기파 ……………… 214
임제선법 ……………………… 210
임제선풍 ………… 278, 284, 318
임제정맥(臨濟正脈) ………… 286

임제종 양기(楊岐)파의 법맥 ······· 214
임제종 운동 ························· 388
임제종의 연원 ················ 290, 291
임지(任持) ·························· 138
임진란 ····························· 311
임진왜란(1592) ····· 304, 325, 331, 336
임천대보광선사중창비
　(林川大普光禪寺重創碑) ··· 457, 459
입각지 ······························ 48
입의분 ······························ 98
입의숭현장(立義崇玄章, 4권) ······· 135
입차문내 막존지해 ················ 299
입파(立破) ·························· 38
입파의 무애 ························· 98

ㅈ

자각(慈覺) ························· 319
자각(苦諦) ·························· 39
자기 말에 속지 말라 ·············· 578
자기를 바로 봅시다 ··············· 555
자내증(自內證) ···················· 288
자량위(資糧位) ······· 69, 84, 85, 88
자력갱생 ··························· 277
자리행 ···························· 136
자립불교 ···························· 55
자비문중 ··························· 573
자비의 중도 ······················ 580
자비의 중도행(상호존중행, interrespect)
································· 529
자생불교 ······················ 55, 277
자선(慈善) ·························· 69
자성(문)정혜 ······················ 206
자성(自省) ························· 567
자성의 선정과 지혜[自性定慧] ····· 231
자성이 곧 법성 ················ 212, 298
자성정혜 ··························· 231
자성청정 ··························· 223

자성청정심 ························· 117
자신을 낮추는 마음[自屈之心] ··· 116
자심 선풍 ··························· 55
자심(自心/佛心) ··················· 186
자심시불심(自心是佛心) ······· 197, 536
자심이 곧 불심 ················ 212, 298
자씨보살 ···························· 78
자아화(주체화) ···················· 493
자유 의지(自由意志) ··············· 507
자유법칙 ··························· 507
자유사상 ······················ 527, 528
자유의 언어 ······················ 525
자은 현장(慈恩玄奘) ··············· 121
자은(法相) ························· 68
자은(법상)학통 ····················· 81
자은학통 ······················ 69, 88
자인(慈忍)선사 ···················· 175
자장 ······························· 24
자장정률
　······· 241, 246, 249, 257, 263, 266
자종 ······························· 78
자진국사비 ························· 454
자학(字學) ························· 130
작은 부처 ·························· 313
장경 회휘(章敬懷暉) ··············· 170
장계(狀啓) ························· 253
장곡사 ···························· 175
장로비구 ··························· 139
장미화(薔薇花) ···················· 524
장살(杖殺) ························· 306
장수 자선 ··························· 94
장안 관정(長安灌頂) ··············· 69
장안(長安) 지상사의 지엄 ········· 121
장엄사 승민 ······················ 253
장유 ······························· 286
장육존상 ··························· 255
장육현금상 ························· 179
장자 ···························· 539, 569

장자남화경 ……………… 538
장좌불와 ……………… 572
재영토화 ……………… 205
재조대장경 ………… 240, 270
저수량(褚遂良) ……………… 421
저술의 내용 ……………… 22
적멸로서 일심 ……………… 117
적산포(赤山浦) ………… 127, 151
적상사각(赤裳史閣) ……………… 341
적상산성 수축 ……………… 331
적상산성(赤裳山城) ……… 305, 307
적장(嫡長)의 계통 ……………… 216
적종(寂宗) ……………… 455
적호 ……………… 37
전5식의 허물 ……………… 90
전과 수면 ……………… 103
전남 여수 은적암(隱寂庵) ……………… 358
전등실록 ……………… 427
전법사(傳法師) ……………… 281
전법승 ……………… 68
전사(全史) ……………… 39
전승(續高僧傳, 99세 입적) ……… 252
전식득지(轉識得智) ……………… 91
전신미(錢辛楣) ……………… 421
전인(傳印) ……………… 171
전주사고 ……………… 331
전통 한학 ……………… 528
전통불교의 복원화 ……………… 383
전통적인 선교관 ……………… 300
전후소장사리 ………… 258, 259
절대유일신설 ……………… 46
절대주의 ……………… 183
절대천계설(絶對天啓說) ……………… 46
절중(折中) ……………… 175
점수 ………… 217, 299
점수돈오(約證名悟) ……………… 190
점수이오 ……………… 235
점수점오(證悟) ……………… 190

점중돈 ……………… 223
점찰계법 ……………… 259
정강 ……………… 161
정관 일선(靜觀一禪) ……………… 339
정근(精勤) ……………… 566
정능(貞能) ……………… 178
정두경(鄭斗卿) ………… 309, 319
정로(精廬) ……………… 170
정립형태(定立形態) ……………… 155
정묘호란(1627) ……………… 336
정법상전(正法相傳) ……………… 536
정법안장 ……………… 294
정법안장(正法眼藏) 부촉 ……………… 383
정법중 ……………… 557
정사와 습기 ……………… 103
정수사 ……………… 273
정신사관 ………… 65, 240, 275
정안조사 ……………… 536
정영 혜원(523~592) ……………… 93
정영사 혜원 ……………… 129
정예(淨穢) ……………… 172
정유재란(1597) ………… 322, 336
정인보 ……………… 436
정인호(鄭仁鎬) ……………… 409
정인홍(鄭仁弘) ……………… 312
정자(程子) ………… 279, 285
정절(貞節) ……………… 566
정종분 ……………… 28
정중부 ……………… 204
정중종(靜衆宗) ……………… 154
정진대사원오탑비 ……………… 455
정토 수행 ……………… 236
정토감주 ……………… 359
정토관 ……………… 115
정토교학 ……………… 22
정토사 ……………… 25
정토종학 ……………… 23
정통론 ……………… 314

정통성 ····················· 216
정통조사 ··················· 382
정혜(定慧) ················· 173
정혜결사(定慧結社) ······ 186, 188, 212
정혜결사문 ················· 189
정혜문 ····················· 189
정혜사(定慧社) ············· 322
정혜쌍수 ············· 64, 196, 301
정혜와 견성 ················· 293
정화 ························· 56
정화란 ····················· 558
정화명령 ··················· 558
제41대 헌덕 ················· 259
제6식의 모순 ················· 90
제6현전지 ··················· 132
제7말나식위 ················· 110
제7식의 오류 ················· 90
제8(아리야)식위 ··············· 109
제8식의 (미세한) 번뇌 ········· 91
제9식 ························ 85
제9아마라식(菴摩羅識)
     ················· 66, 117, 119
제관 ························· 55
제교융회 ··················· 203
제론지조종 ··················· 97
제바 보살 ················· 37, 73
제반의식 ··················· 319
제법부동본래적 ·············· 143
제법의 체성 ················· 516
제분황사효성문 ·············· 257
제불(諸佛) ··················· 37
제십삼국사 각엄존자 ········· 465
제왕의 도 ··················· 178
제왕의 연표 ················· 245
제일의공 ··············· 141, 151
제일의제 ····················· 37
제전절차(祭奠節次) ··········· 320
제접(提接) ··················· 130

제종 양기(楊岐)파 ·············· 236
조계 종통의 연원 ·············· 449
조계고승전 ············· 273, 452
조계문선 ···················· 457
조계문선시수개 ······· 456, 457, 462
조계문선유수개 ··············· 457
조계산 ······················ 164
조계산 송광사 ················ 315
조계운손 종휘선사 ············· 454
조계종(曹溪宗) ···· 158, 445, 460, 462
조계종가지산하 ··············· 462
조계종굴산하(曹溪宗崛山下) ······ 456
조계종의 법통 ················ 475
조계종정수역부 ··············· 458
조계종파(曹溪宗派) ············· 457
조동선 ················· 55, 214
조동종대학(駒澤大學) ··········· 491
조동종의 무주(撫州) 소산(疎山)의
     법 ····················· 170
조불 ························ 218
조사돈오선 ··················· 158
조사선 ············· 211, 230, 235
조사선풍 ········· 55, 190, 210, 224
조사심선 ···················· 167
조사예참문(祖師禮懺文) ······· 456, 462
조선 독립 선언의 동기 ········· 522
조선 말엽 ··················· 482
조선 후기(1622년) ············· 323
조선기독교급외교 ············· 416
조선도교사 ··················· 423
조선독립의 서 ········· 487, 522, 527
조선무속고 ············· 413, 428
조선무속고 조선도교사 ········· 405
조선불교 ················ 304, 515
조선불교 선교 양종 승려대회 ····· 447
조선불교본말 ················ 425
조선불교선교양종 ············· 385
조선불교월보 ················ 402

조선불교유신론 ·········· 483, 487, 491,
　　　　　　　　512, 515, 516, 527
조선불교의 개혁안(改革案53) ······ 513
조선불교의 삼대 강백 ················· 402
조선불교조계종 ·············· 447, 469
조선불교조계종의 종정 취임(1941)
　　　　　　　　··························· 478
조선불교조계종의 총본사가 태고사
　　　　　　　　··························· 471
조선불교청년회 ······················ 488
조선불교총보 ·························· 416
조선불교통사 405, 406, 412, 426, 427
조선불학 ······························· 55
조선사 편수관 ························· 416
조선사강좌분류사 ···················· 425
조선사편수회 ·························· 405
조선사회사 ····················· 405, 416
조선선종중앙포교당 ·················· 385
조선성리학 ···························· 186
조선시대 ······························ 277
조선심 ······························· 437
조선십란록 ····················· 405, 416
조선여속 ······························ 416
조선여속고 ··············· 405, 413, 428
조선왕조실록 ·························· 331
조선의 청허와 백파, 초의와 원기 502
조선의약발달사 ······················ 416
조선의학발달사 ······················ 405
조선임제파강구소 ···················· 385
조선정신 ······························ 436
조선종교사 ···························· 405
조선총독부 ···························· 393
조선해어화사 ············· 405, 413, 423
조선후기 ······················· 305, 317
조선후기 불교계 ····················· 343
조설(祖說) ···························· 298
조실선사(籌室和尚) ··················· 353
조심선 ······························· 55

조종저(趙宗著) ······················· 454
조토(祖土) ···························· 173
족강(族降) ···························· 171
족담론 ······························· 539
존재방식 ······························ 72
존재의 방법 ··························· 36
종경록 ······························· 207
종교다원주의적 ······················ 440
종교사 ······························· 425
종교사학 ···························· 434
종교양태론적 ························· 406
종교운동 ····························· 394
종교의 개혁이란 ····················· 560
종남산 ·························· 267, 315
종남산 송광사 ························ 315
종단 통합과 종단 폐지 ··············· 384
종단관 ······························· 480
종달새 ······························· 165
종문대도(宗門大道) ··················· 287
종밀(宗密) ······· 37, 70, 93, 207, 232
종법제(宗法制) ······················· 473
종봉(유정) ···························· 283
종봉영탑기 ··························· 286
종성 ································· 100
종안(宗眼) ···························· 290
종요 ································· 147
종요서 ································ 89
종요의 입장 ··························· 38
종요의 종(宗) ························· 38
종정법어 ····························· 555
종조관 ······························· 480
종파의 분립 ··························· 25
종풍(宗風) ···························· 159
종학 ································· 36
좌선간심 ····························· 222
좌선수행 ····························· 223
주관체(主觀體) ······················· 23
주교종선 ····························· 204

주돈이(周敦頤) ⋯⋯⋯⋯ 414
주상(4)- ⋯⋯⋯⋯ 102
주석학 ⋯⋯⋯⋯ 155
주선종교 ⋯⋯⋯⋯ 204
주인공 ⋯⋯⋯⋯ 238
주자(朱子) ⋯⋯⋯⋯ 279, 285
주자(朱子)의 명덕설(明德說) ⋯⋯ 508
주자학 ⋯⋯⋯⋯ 440
주장문 ⋯⋯⋯⋯ 111
주체(主體) ⋯⋯⋯⋯ 23
죽령로 ⋯⋯⋯⋯ 125
준해(俊解) ⋯⋯⋯⋯ 171
중고기 ⋯⋯⋯⋯ 154
중관 해안(中觀海眼) ⋯⋯⋯ 282, 283
중관적 공관 ⋯⋯⋯⋯ 26
중관철학 ⋯⋯⋯⋯ 99
중관학통 ⋯⋯⋯⋯ 77
중국 5가 ⋯⋯⋯⋯ 158
중국 창도(昌濤) 율사 ⋯⋯⋯⋯ 392
중국 천돈사(天頓寺) 기선(寄禪) ⋯ 392
중국불교 ⋯⋯⋯⋯ 25, 42
중도 연기 ⋯⋯⋯⋯ 25
중도 연기적 세계관 ⋯⋯⋯⋯ 541
중도(中道) ⋯⋯⋯⋯ 79, 149
중도법문 ⋯⋯⋯⋯ 574
중도사관(中道史觀) ⋯⋯ 531, 552, 580
중도사상 ⋯⋯⋯ 60, 123, 141, 564, 574
중도실제사상 ⋯⋯⋯⋯ 122
중도위체 ⋯⋯⋯⋯ 66
중도의 실천관 ⋯⋯⋯⋯ 532
중부연안항로 ⋯⋯⋯⋯ 126
중사성(中事省) ⋯⋯⋯⋯ 157
중생교화론 ⋯⋯⋯⋯ 57
중수불사 ⋯⋯⋯⋯ 311
중앙불전 ⋯⋯⋯⋯ 405
중앙학림 ⋯⋯⋯⋯ 401
중앙학림 불학강사 ⋯⋯⋯⋯ 401
중인연생법(衆因緣生法) ⋯⋯⋯⋯ 149

중전지간심 ⋯⋯⋯⋯ 97
중종 ⋯⋯⋯⋯ 277
중편의 삼보원류(三寶源流) ⋯⋯⋯ 432
즉신성불(卽身成佛) ⋯⋯⋯⋯ 25
즉신성불주의 ⋯⋯⋯⋯ 60
즉심시불 ⋯⋯⋯⋯ 223
즉심즉불 ⋯⋯⋯⋯ 195
증광사(證/澄光寺) ⋯⋯⋯⋯ 319
증도가 ⋯⋯⋯⋯ 539
증득의 불교 ⋯⋯⋯⋯ 62
증명법사 ⋯⋯⋯⋯ 378
증명의 도리[證成道理] ⋯⋯⋯ 113
증범본(證梵本) ⋯⋯⋯⋯ 130
증법(證法) ⋯⋯⋯⋯ 27
증분 ⋯⋯⋯⋯ 141
증의(證義) ⋯⋯⋯⋯ 130
증의(證義)의 역할 ⋯⋯⋯⋯ 130
증진대사 ⋯⋯⋯⋯ 171
지(智, jñāna) ⋯⋯⋯⋯ 139, 534
지개(智愷) ⋯⋯⋯⋯ 107
지공의 법 ⋯⋯⋯⋯ 286
지눌 ⋯⋯⋯⋯ 184, 200,
　　210, 211, 225, 235, 377, 535, 536
지눌선 ⋯⋯⋯⋯ 211
지론 ⋯⋯⋯⋯ 24
지론교학 ⋯⋯⋯⋯ 23, 24
지론사상 ⋯⋯⋯⋯ 92
지리산 ⋯⋯⋯⋯ 281
지리산 영원사 ⋯⋯⋯⋯ 200
지반의 불조통기 ⋯⋯⋯⋯ 272
지방호족 ⋯⋯⋯⋯ 156, 157
지상 ⋯⋯⋯⋯ 107, 110
지상사 ⋯⋯⋯⋯ 134
지선(智詵) ⋯⋯⋯⋯ 70
지성사 ⋯⋯⋯⋯ 43
지성성 ⋯⋯⋯⋯ 345
지성성이란 ⋯⋯⋯⋯ 534
지성이란 ⋯⋯⋯⋯ 40, 534

지엄(智儼) …………… 28, 70, 132
지의 ……………………… 29, 36
지인 ………………………… 239
지장(地藏) ……………………… 154
지장기도 ………………………… 359
지장신앙 ………………………… 155
지장암 비로자나불상(1622) … 330
지정각세간 ……………………… 141
지종 ………………………………… 55
지주(智周) ……………… 37, 69
지천사(支天寺) ………………… 324
지통(智通) ……………………… 123
지해(知解) ……………………… 280
지해종사(知解宗師 ……………… 201
지향점 ……………………………… 48
지형도 ………………… 15, 242
지혜로운 등불이 빛 …………… 363
지혜의 연기법(상호의존성,
    interdependance) ……… 529, 580
지황 ………………………………… 24
직지사 조실 김남천(南泉光彦) … 389
직지인심(直指人心) …………… 165
진각 혜심(眞覺慧諶) …… 191, 237
진각국사비명(眞覺國寺碑銘, 李達衷)
    ……………………………… 457
진각종 ……………………………… 32
진감 혜소(眞鑑慧炤) …… 178, 326
진계(眞界) ……………………… 94
진골 출신 ……………………… 129
진구휴 ……………………………… 163
진귀대사(眞歸大師) …………… 176
진귀조사설(眞歸祖師說) ……… 176
진나(陳那) ……………… 114, 401
진단(集諦) ……………………… 39
진덕여왕 ……………… 247, 327
진망화합식 ……………… 92, 116
진병(鎭兵) 법석 ……………… 192
진성여왕 ……………… 175, 240, 252

진성의 연기 …………………… 141
진소경(계임) …………………… 219
진속이제 ……………………… 58
진심 ……………………………… 184
진양부의 주첩공문(奏貼公文) … 254
진언종 ………………………… 25
진여(眞如) ……………… 46, 506
진여선사(眞如禪寺) …………… 177
진여실재(眞如實在) …………… 46
진응 혜찬(震應慧燦) …… 400, 486
진정 ……………………………… 147
진정사 ………………………… 249
진정사 효선쌍미 ……………… 258
진제 …………………… 36, 37, 92
진제설 ………………………… 86
진표 7대 제자 ………………… 265
진표비문 ……………………… 259
진표의 7대 제자 ……………… 241
진표전간 …… 249, 258, 259, 266
진표조사 ……………………… 266
진호국가사상 ………………… 58
진흥왕 ………………… 124, 324
짐조 ……………………………… 548
집안일 ………………………… 200
집중세미나 …………………… 20
집취상 ………………… 107, 109
징관(澄觀) ……………… 37, 70

ㅊ

차나 마셔라 …………………… 219
차제 교법(次第敎法) ………… 168
차제멸(次第滅) ……………… 111
차제전수(次第傳授) ………… 461
차제점수(次第漸修) ………… 224
차조동시(遮照同時) 346, 381, 564, 569
찬술의도 ……………………… 65
찬유(讚幽) …………………… 171

참구(參句) ･･････････････････ 210
참구문(參句門) ･････････ 209, 234
참상(參詳) ･･････････････････ 299
참상선지 ･･･････････････････ 319
참선곡 ･････････････････････ 351
참선불교 ･･･････････････････ 391
참여불교 ･･････････････ 337, 338
참의(參意) ･････････････････ 234
참의문(參意門) ･･･････ 210, 234
창원(안성) 청평사 ･･････････ 189
창주 신감(滄州神鑑) ････ 156, 160, 450
채근담강 ･･･････････････････ 542
처광(處光) ･････････････････ 178
척불 ･･･････････････････････ 65
천뢰적 시선일규론 ･･･････････ 417
천상천하 유아독존 ･････ 531, 580
천안(天眼) ･････････････････ 195
천왕문 ･････････････････････ 90
천자암(天子庵) ･････････････ 322
천장암 원성실 ･････････････ 355
천제굴 ･････････････････････ 558
천제성불론 ･････････････････ 37
천칠백 공안 ･････････････････ 23
천태 덕소(天台德韶)선사 ･････ 549
천태교법 ･･･････････････････ 22
천태선 ･････････････････････ 213
천태소지관 ･････････････････ 115
천태종 사찰 ･････････････････ 164
천태종(天台宗) ･･･････ 23, 159, 449
천통(泉通) ･････････････････ 169
철감 ･･･････････････････････ 456
철감 도윤(澈鑑道允) ･･･････････ 174
철문(綴文) ･････････････････ 130
철인을 희구하는 학문 ･･･････････ 32
철학도 윤구병(충북대, 철학) ･･････ 560
철학의 한국성 ･･･････････････ 187
철학하는 것 ･････････････････ 429
청나라 ･･･････････ 383, 393, 499, 515

청나라 송감 서계여(徐繼畬) ･･････ 499
청담(靑潭) ･････････ 56, 558, 561
청도군의 장적(淸道郡司籍) ･･･････ 254
청변(淸辨) ･･･････････ 37, 73, 79
청변(淸辯)보살 ･････････････ 74
청봉 거안 ･･････････････････ 362
청원 행사계 ･････････････････ 157
청주 보살사 중수(1649) ･･････ 329
청허 ･･･････････････････････ 37
청허 휴정(淸虛休靜)
      191, 212, 278, 279, 304, 306
청허계 ･････････････････････ 315
청허당행장(西山行蹟抄, 1625) ･･･ 283
체징(體澄)선사 ･････････････ 166
초기불교 ･･･････････････････ 140
초말신경적 ･････････････････ 45
초발의 보살 ･････････････････ 90
초윤리적 ･･･････････････････ 526
초의 의순 ･･････････････････ 55
초의(草衣) ･････････････････ 393
초조 달마(達磨) ････････････ 153
초조대장경 ･･････････････ 261, 271
총본산 건설 운동(1937) ･･････ 459
총석인의(總釋印意) ･････････ 136
총융사(摠戎使) ･････････････ 331
총지종 ･････････････････････ 32
총통화상 ･･･････････････････ 473
총화 ･･･････････････････････ 44
총화불교교리 ･･････････････ 45, 46
총화성 ･････････････････････ 44
총화의 분절 ･････････････････ 44
촬요 ･･･････････････････････ 193
최구경(最究竟) ･････････････ 299
최린(崔麟) ･････････････････ 485
최면술의 이치 ･･･････････････ 575
최범술 ･････････････････････ 488
최세창(崔世昌) ･････････････ 280
최연식 ･････････････････ 122, 137

최잔고목론 ······················· 568
최치원 ····························· 160
추동기 ····················· 123, 144
추사 김정희 ······················ 421
추선(追善) ························ 155
추혹(麤惑) ························ 108
축도생 ····························· 449
춘원 ································· 56
춘추대의(春秋大義) ·············· 314
출가 ································ 181
충남 동학사의 토굴 ·············· 355
충렬왕 ····························· 229
충주 사고 ·························· 331
충지(沖止) ························ 159
취입문 ····························· 132
충적 인식 구조 ···················· 196
치유(滅諦) ························· 39
치인론 ·····························57
친란(親鸞) ························· 29
칠불난야(七佛蘭若) ·············· 315
칠불암(七佛庵) ··················· 392
칠불암에서 서상수계(瑞祥受戒) ·· 393
칠불암의 대은(大隱)선사 ·········· 382
칠불암의 대은(大隱)선사의 법 ····· 382
칠산 선문 ····················· 54, 164
칠종선(七宗禪) ··················· 214
칠중(七衆) ························ 317
침허 율계(枕虛律戒) ·············· 341
칭리섭심(稱理攝心) ··············· 208

ㅋ

카니에 요시마루(蟹江義丸) ·· 500, 516
칸트의 본의(本意) ················ 508
콘텐츠 ······························ 15
콜레라(호열랄) ···················· 351
콧구멍 없는 소 ···················· 352
콧구멍이 없는 소 ·················· 367

ㅌ

타고르 ····························· 524
타력의 아비라 기도 ··············· 575
타인 혁신의 출발 ················· 574
타자화 ····························· 516
탁법수행분 ························· 29
탄문 ································· 55
탄허 ································· 56
탄허 택성 ·························· 94
탈경학화 ··························· 205
탈실천적 ····················· 352, 374
탈실천적 실천성 ·················· 371
탈실천적 실천의 삶 ··············· 346
탑상 ································ 242
탕탕무애 ··························· 554
태고 보우(太古普愚) ······ 55, 235, 339
태고 보우계 ······················ 229
태고가 염불선(念佛禪) ············ 238
태고국사 ··························· 465
태고국사비명(太古國師碑銘) ········ 465
태고법통 ····················· 65, 284, 286
태고법통설 ··············· 286, 340, 344
태고보우국사 ······················ 477
태고연원(太古淵源) ··············· 471
태고종 ······························ 32
태고화상 ·························· 286
태극교 ····························· 423
태안사 ····························· 158
태염(太炎) 장병린(章炳麟) ········ 33
태인 용장사 ······················ 328
태조 26년(943) ··················· 253
태조 이성계 ······················ 326
태종 황제 ························· 129
태종무열왕 ······················· 247
태평가 ····························· 355
태현 ························· 24, 37, 43
태현의 법상 ······················ 49

태현의 법상학 ·················· 49
태흥사(泰興寺) ················ 178
택물 ····························· 253
테쯔가쿠[哲學] ··················· 34
토끼의 뿔 ························ 71
통달위(지혜의 개화) ············ 69
통방 ····························· 258
통방지학 ························· 257
통불교 ····························· 42
통사 ································· 17
통사와 약사 ······················ 19
통섭 과정 ························ 105
통윤 ································· 94
통일 전후기 신라불교 ········· 155
통일신라 ························· 158
통일신라불학 ····················· 54
통찰력 ····························· 46
통합불교 ························· 392
퇴경 ····························· 455
퇴경 권상로 ············· 448, 452
퇴경화상의 조계종에 대한 변론 ·· 462
퇴계 이황 ························ 184
퇴계와 율곡 ····················· 502
퇴옹 성철(退翁性徹)
·············· 529, 530, 541, 580
투자 대동(投子大同) ············ 171
틱낫한 ···························· 540

파계사 성전암 ·················· 572
파릉선사 ························· 549
파이불립 ··························· 99
판본행남(坂本幸男) ·············· 122
판선교도총섭(判禪敎都摠攝) · 305, 312
판조계종종사(判曹溪宗宗事) ···· 457
팔공산 동화사 ·················· 259
팔공산 삼랑사(三郞寺) ········· 171

팔관재회 ························· 60
8대 문파 ························ 341
팔도도총섭 ········ 314, 324, 330
팔도도총섭(八道都摠攝) ······ 305, 313
팔만대장경 ······················ 563
팔만사천법문 ····················· 23
팔상전 사리구(1626) ··········· 329
팔식 ····························· 103
팔식구식설 ···················· 37, 85
팔정도 ····························· 22
펜대를 꼿꼿이 세우고 있는 사람
······························· 579
편록(編錄) ······················ 161
편목(10과) ······················ 244
편양 ································· 55
편양 언기(鞭羊彦機)
·········· 236, 282, 283, 328, 470
편역(編譯) ························· 70
평산의 법 ························ 286
평상심시도 ······················ 223
평화는 인생의 행복 ············· 522
평화사상 ························· 527
평화의 언어 ····················· 525
폐침망찬(廢寢忘餐) ············· 353
포광 김영수 ·············· 159, 448
포교 ································· 62
포교 방법 ························ 518
포교사 양성 ····················· 518
포교의 득과 ····················· 518
포교의 주의 ····················· 518
포교품 ···························· 518
폴 카루스의 붓다의 복음(1894) ··· 512
표문(表文) ······················ 253
표상현법(表相現法) ············· 180
표원 ································· 54
표층 의식 ························ 109
표훈 ······················· 147, 148
풍류와 예기(藝妓) ··············· 414

풍수도참 사상 ·················· 63
풍수지리(風水地理) ·············· 169
풍악(楓岳, 화순 쌍봉산) ······ 174, 175
풍혈연소전 ····················· 551
프랑스의 르네 데카르트 ·········· 500
프랜시스 베이컨(Francis Bacon)
··················· 500, 503
플라톤의 대동설 ················ 511
피은 ······················ 242, 244
피타고라스 ······················ 32
필로소피 ························ 32
필로소피아 ······················ 32

ⓗ

하가산 ························· 199
하고기 ························· 154
하나의 참된 길 ················· 201
하동 쌍계사 ·········· 158, 304, 315
하등근기 ······················ 232
하심(下心) ····················· 567
하택 신회(荷澤神會)
··········· 186, 201, 202, 300
하택종(荷澤宗) ············ 202, 203
하화중생 ······················· 83
학명 도일(學明道一) ············ 352
학문적 방법 ···················· 22
학설사 ························· 20
학종의 무상(無相) ·············· 73
학파 ·························· 36
한 가지 길 ···················· 102
한 물건[一物] ·················· 295
한국고승전 ····················· 273
한국도교사 ····················· 16
한국불교 ····················· 540
한국불교사 ················ 15, 18
한국불교사상 ··············· 15, 20
한국불교사상의 좌표 ············ 20

한국불교사연구 ················· 19
한국불교역사 ··················· 18
한국불교의 법맥(1976) ··········· 546
한국불교철학 ·········· 15, 19, 191
한국불교통사 ··················· 19
한국불학사 ·········· 15, 17, 19
한국사상가 ···················· 212
한국사상사 ····················· 33
한국사상사-불교사상편 ·········· 21
한국선문(韓國禪門) ············· 155
한국선의 지형도 ··············· 236
한국역사 ······················ 18
한국유학사 ····················· 16
한국의 불교사상 ················ 20
한국철학 ······················ 15
한국철학사 ····················· 16
한국학 ······················ 187
한국학으로의 확장성 ··········· 407
한국학의 방법 ················· 205
한성 침명(翰醒枕溟) ············ 358
한성외국어학교 ················ 409
한암 중원(漢巖重遠)
··········· 55, 362, 373, 445, 447
한암필사본 ···················· 373
한용운(龍雲奉玩) ······ 419, 446, 542
한일 불교동맹 조약 체결 ········· 486
한일합방 ······················ 486
한정섭 ························ 273
한주 휴암인(鵂巖人) ············ 174
한흥사(漢興寺) ················· 330
함경도 석왕사 주지 이대전(李大典)
························· 389
함양 백운산 화과원(華果院) ······· 394
함월해원화상후발 ··············· 326
합시일인(合詩一印, 法界圖印, 槃詩)
····················· 135, 136
합유(合糅) ····················· 70
항마군(降魔軍) ················· 313

항몽(抗蒙) ································ 192
항몽(抗蒙) 의식 ····················· 226
항포(行布) ····························· 289
항포법문 ································ 166
항포법문(行布法門) ················· 166
해동고승전 ···························· 256
해동불교 ································ 546
해동불보 ································ 400
해동사무외대사 ······················ 170
해동의 불교 ··························· 427
해동의 전등실록 ···················· 427
해동조계종 ···························· 475
해동초조에 대하야
           445, 448, 459, 478
해룡왕사(海龍王寺) ··················· 160
해심밀경 ······················· 54, 81
해오(解悟) ····························· 190
해인사 ················· 148, 324, 377
해인사 주지 오회진(吳會眞) ········· 389
해인삼매(海印三昧) ··················· 122
해인삼매도 ···························· 122
해정 ···································· 328
해주 오관산 진전(珍傳)법사 ········· 175
해주만 ································· 127
해탈 ···································· 138
해탈분 ·································· 85
해탈의 개의(槪義) ··················· 519
해탈의 자유 ··························· 532
행근(幸近) ····························· 171
행법 ···································· 230
행우서옥 ································ 92
행일(行一) ····························· 28
행적(行寂) ····························· 177
향가집 ································· 240
향가집 삼대 ··························· 261
향곡 ···································· 56
향덕 ···································· 249
향상관 ································· 148

향성사 ································· 327
향하관 ································· 148
향하문 ································· 147
허공의 꽃 ····························· 71
허균(許筠) ····························· 282
허령불매(虛靈不昧) ··················· 508
허응 보우 ····························· 278
허장성세(虛張聲勢) ··················· 551
허주 덕진 장로 ······················ 356
허주 덕진(虛舟德眞) ····· 55, 356, 362
허주대사(虛舟大師) ··················· 357
헌강 ···································· 161
헌강왕 ················· 161, 164, 175
헌덕왕 ····················· 169, 170
헌안 ···································· 161
헤이안(平安) 시대 ···················· 140
현가(玄可) ····························· 169
현각 ······················· 241, 263
현계산 ································· 179
현계산(賢溪山) 안락사(安樂寺) ···· 179
현극(玄極) ····························· 176
현대법사 ································ 382
현료문 ································· 97
현료문과 은밀문 ····················· 103
현비이량설(現比二量說) ··············· 114
현상세계 ································ 72
현소 ···································· 54
현시정의(顯示正義) ············· 100, 106
현신성도(現身成道) ··················· 25
현신성도주의 ·························· 60
현양성교론 ···························· 112
현우(賢愚) ····························· 376
현욱 ···································· 456
현유 ···································· 263
현유가 해화엄 ········· 249, 259, 268
현응(玄應) ····························· 130
현장 ······················· 36, 101
현장(玄奘) ····························· 68

현정토진실교행문류 ······················ 29
현조(玄照) ······························ 178
현종 1년(1660) ························ 315
협판 이원긍(李源兢) ···················· 405
형계 담연(荊溪湛然, ···················· 69
형미(가지산) ··························· 177
형초(逈超) ······························ 180
혜가(慧可) ······························ 70
혜감국사비 ······························ 454
혜강 최한기 ····························· 184
혜공 ······························· 256, 267
혜공왕 ································· 156
혜관 ···································· 24
혜구(惠球) ······························ 283
혜균 ·························· 24, 36, 502
혜근 ···································· 433
혜능(惠能)
       ······· 70, 154, 189, 236, 295, 451
혜능의 남종선 유통 ···················· 460
혜륜 ······························· 241, 263
혜린(慧璘) ······························ 322
혜목사 고달선원 ······················· 163
혜목산 고달사(高達寺) ·········· 158, 170
혜목산 심희 ····························· 171
혜목산 현 ······························ 163
혜목육 ································· 163
혜소(惠沼) ···················· 37, 69, 158
혜숙 ···································· 256
혜심 ···································· 200
혜암(성관) ······························ 56
혜암(현문) ······························ 56
혜업 ···································· 241
혜월대사 ······························· 357
혜은 엄군(嚴君) ······················· 179
혜자 ···································· 24
혜철 선사 ······························ 169
혜철(慧哲)의 동리산문 ················· 451
혜총 ···································· 24

혜현 ···································· 24
혜화전문학교 ··························· 401
호거산 ································· 154
호국적 참여불교 ······················· 338
호법(護法) ·············· 73, 79, 246, 449
호법중(대처) ··························· 540
호서지역 ······························· 374
호서화상 ······························· 374
호암 약휴 ······························ 332
호암 체정(虎巖體淨) ··················· 362
호족 연합 ······························ 192
호지 ···································· 138
홀연염기(忽然念起) ···················· 104
홀연히 염(念)이 일어남을 ·········· 104
홍가(弘可) ······························ 175
홍명희 ································· 436
홍연천(洪淵泉) ························· 421
홍인(弘忍) ······················· 70, 154
홍인(弘忍)-지선(智詵)-처적(處寂) · 154
홍자성의 채근담 ······················· 539
홍주종계 ······························· 470
홍척(洪陟) ·········· 154, 155, 158, 167
홍척(洪陟)의 실상산문 ················· 451
화광동진 ······························· 373
화기광 동기진 ························· 373
화두의 참구(參句) ·············· 209, 233
화두참구(照了專精) ···················· 217
화랑도 ································· 58
화랑도정신 ····························· 60
화산강숙(華山講塾) ···················· 486
화산의 북두드림 ······················· 219
화선자 ································· 550
화성 당항성 ····························· 125
화엄 진심 ······························ 117
화엄10찰 ······························ 324
화엄가 승통(僧統) 지원(智遠) ······ 166
화엄경(칸트) ··························· 498
화엄경문답 ················· 123, 144, 146

화엄교단 ····················· 157
화엄교학 ················· 22, 157
화엄대경 ····················· 134
화엄론절요 ··················· 190
화엄법계(華嚴法界) ··········· 407
화엄사 영산회괘불도(1653) ········ 329
화엄사비문 ············· 318, 319
화엄석경(華嚴石經) ··········· 311
화엄선 ····················· 213
화엄성기사상 ················· 145
화엄업의 법해 ················· 266
화엄의 존신 ················· 165
화엄일승법계도 ········· 121, 140
화엄적 공관 ·················· 26
화엄조사 ····················· 142
화엄종학 ······················ 23
화월(華月) ··················· 382
화쟁의 논리 ··················· 38
화주(권21) ··················· 329
화학적 삼투(달임/실천)의 통섭
····················· 187, 206
화회적 학문 ··················· 102
환성 지안(喚醒志安) ····· 55, 362, 382
환암 혼수(幻庵混脩) ······ 283, 339
환웅 ······················· 440
환웅 탄영 ··················· 400
환인 ······················· 440
환적 인문 ··················· 340
활구 ······················· 220
활연대오(豁然大悟) ··········· 217
황룡사 ················· 124, 252
황룡사 9층탑 ················· 248
황룡사 장륙 ················· 248
황벽(黃蘗) 선사 ············· 544
황벽은 ····················· 290
황복사 ················· 124, 129
황산곡(黃山谷, 庭堅) ········· 421
황현포구(黃縣浦口) ······ 127, 151

회광 사선(晦光師璿) ··········· 384
회광반조 ······················ 63
회두(回頭) ··················· 567
회암사 ····················· 306
회창법란(會昌法難, 844) ········ 175
회통(會通) ··················· 202
회향심 ······················· 90
횡진법계관 ············· 134, 144
효공왕 ····················· 177
효봉 ························· 55
효봉 학눌(曉奉學訥) ··········· 323
효봉계 ····················· 323
효선 ············· 242, 244, 245
효성 ··················· 41, 46
효성(曉城) 조명기 ········· 21, 49, 52
후고구려 ··············· 240, 261
후기중관학 ··················· 449
후백제 ············· 240, 247, 261
후삼국 ················· 261, 270
후삼국불학 ··················· 54
후쿠자와 유키치(福澤諭吉)
··········· 482, 499, 500, 516
훈고학적 ··············· 155, 180
훈구 척신(戚臣) ········· 303, 304, 306
훈습(薰習) ··················· 507
휴정 ··················· 55, 289
휴정은 선교석 ················· 293
휴정의 선교관 ················· 291
휴정의 선교석 ················· 294
흔홍(昕弘) ··················· 171
흠광(欽光) ··················· 168
흥덕사(興德寺, 연희동 → 혜화동 1번지)
··························· 304
흥덕왕(826~836) ········· 167, 168
흥령선원 ····················· 175
흥륜사 금당 10성 ············· 248
흥리제해책(興利除害策) ········· 173
흥법 ··················· 65, 242

홍봉산 홍법사 ····························· 163

홍천사 ······································· 304

희강왕 ······································· 170

희양산 ······································· 160

희양산 봉암사 ····························· 158

희양산 봉암용곡(鳳巖龍谷) ·········· 179

희양산 지증문하(智證門下) ········· 455

희양산문 ······························· 157, 451

희양산조사 ································· 162

희철학 ······································· 32

흰 따오기 혹 까마귀 ················· 361